THE COLLECTED WORKS OF DULU WANG

王度廬選集

Crouching Tiger, Hidden Dragon Pentalogy (Book Two)

武俠小說　鶴—鐵五部之二

Adapted for Crouching Tiger, Hidden Dragon film
and won four Oscar Academy Awards

Precious Sword, Golden Hairpin

DULU WANG

王度廬

Edited and Modified by Hong Wang

校訂者：王宏

JIANGHU PUBLISHING　　江湖出版社

*In Memory of My Father
Dulu Wang (1909−1977)
who wrote the original books*

Copyright © 2020 by Hong Wang, The Villages, Florida, USA
Precious Sword, Golden Hairpin

Crouching Tiger, Hidden Dragon Pentalogy Book Two
THE COLLECTED WORKS OF DULU WANG
王度廬選集，鶴 - 鐵五部 第二部，寶劍金釵

ISBN: 978-1-7772527-8-6 (Paperback)
ISBN: 978-1-7772674-8-3 (eBook-Kindle)
ISBN: 978-1-7772527-9-3 (eBook-epub)
Library of Congress Control Number: 2020914169

All rights reserved, including the right to reproduce
this book or portions thereof in any form whatsoever.
For information, address the publisher.

汇 湖 出 版 社
JIANGHU PUBLISHING

Jianghu Publishing
PO Box 35075 Fleetwood Postal Outlet
Surrey, BC Canada V4N 9E9
www.jianghubooks.com

出版說明 (PREFACE)

Dulu Wang (1909−1977) was a famous Chinese Chivalry (Martial Art) novelist in the nineteen thirties and forties who wrote many novels including Crouching Tiger, Hidden Dragon Pentalogy (Dancing Crane, Singing Phoenix 舞鶴鳴鸞記 aka 鶴驚昆侖, 1940; Precious Sword, Golden Hairpin 寶劍金釵, 1938; Sword Spirit, Pearl Light 劍氣珠光, 1939; Crouching Tiger, Hidden Dragon 臥虎藏龍, 1941; and Iron Knight, Silver Vase 鐵騎銀瓶, 1942) which was adapted into a film under the title Crouching Tiger, Hidden Dragon by Ang Lee and his colleagues in 2000. Its spectacular action, rhapsodic landscapes and tragic romance have touched audiences in Asia, North America and around the world and won over 40 awards and was nominated for 10 Academy Awards, including Best Picture, and won Best Foreign Language Film, Best Art Direction, Best Original Score and Best Cinematography. In 2019, the film was ranked the 51st in 100 best films of the 21st century list by Guardian.

Dulu Wang is considered one of the five greatest wuxia (which literally means "martial hero") fiction writers of the Northern School in the Republican. He was less interested in writing about ruthless killings; instead he focused on his characters' development, their emotions, friendship, and passions. Wang had great sympathy for women who suffered cruel oppression by the society and its feudal system, and his novels featured many strong female characters, warriors, and heroines. Most of his stories featured tragic endings. His perfect combination of chivalry, romance and tragedy in his novels have thrilled many critics and readers and this style have influenced many authors.

During 1925−1949 Wang published more 90 novels and thousands of articles and poems.

This book, Precious Sword, Golden Hairpin, is Volume 2 of Wang's Crouching Tiger, Hidden Dragon Pentalogy and was published in 1938 and edited and modified by Hong Wang in 2020.

More Wang's books will be in the Collected Works of Dulu Wang series.

Jianghu Publishing 江湖出版社
www.jianghubooks.com

出版說明（PREFACE）

　　王度廬是中國著名的武俠言情小說作家，在上個世紀三四十年代曾發表过大量小說、雜文、詩詞等作品。《鶴驚崑崙》、《寶劍金釵》、《劍氣珠光》、《臥虎藏龍》、《鐵騎銀瓶》是王度廬創作的五部內容相互關聯，又各自獨立的武俠悲情小說，通常被合稱為"鶴-鐵五部"。2000年李安導演根據該系列改編的電影《臥虎藏龍》，曾獲得40多個國際電影大獎，並榮獲了第73屆奧斯卡最佳外語片等四項大獎。

　　《寶劍金釵》是"鶴-鐵五部"的第二部，原名《寶劍金釵記》，初載於1938年的《青島新民報》，後由上海勵力出版社印行，改題《寶劍金釵》。

　　本社出版的《王度廬選集》，收入了王度廬先生的包括"鶴-鐵五部"在內的不同時期不同類型的部分作品，王宏並對其做了一些必要整理和訂正，該選集中的各部小說將在近期陸續出版。

Jianghu Publishing 江湖出版社
www.jianghubooks.com

序 (Foreword)

徐斯年

　　王度廬是位曾被遺忘的作家。許多人重新想起他或剛知道他的名字，都可歸因於影片《臥虎藏龍》榮獲奧斯卡獎。但是，觀賞影片替代不了閱讀原著，不讀小說《臥虎藏龍》（而且必須先看《寶劍金釵》），你就不會知道王度廬與李安的差別。而你若想了解王度廬的"全人"，那又必須盡可能多地閱讀他的其他著作。這部選集收錄了他的一些代表作，這篇序文裏還會提及他的另一些作品，都有助於讀者認知全人。

　　王度廬，原名葆祥，字霄羽，1909年生於北京一個下層旗人家庭。幼年喪父，舊制高小畢業即步入社會，一邊謀生、一邊自學。十六歲開始，先後在《平報》和《小小日報》發表雜文和連載小說（包括武俠、偵探、社會言情等類別），並曾在《小小日報》開闢個人雜文專欄"談天"，就任該報編輯。1933年往西安，與李丹荃結婚，曾任陝西省教育廳編審室辦事員和西安《民意報》編輯。1936年返回北平，繼續賣稿為生。次年赴青島，淪陷後始用筆名"度廬"，在《青島新民報》及南京《京報》發表武俠言情小說，同時發表的社會小說則署名"霄羽"。1949年赴大連，任大連師範專科學校教員。1953年調瀋陽，任東北實驗學校（即遼寧省實驗中學）語文教員。文革後期以退休人員身份隨夫人下放昌圖縣農村。1977年卒於鐵嶺。

　　早在青年時代，王度廬就接受並闡釋過"平民文學"的主張。他的文學思想雖與周作人不盡相同，但在"為人生"這一要點上，他們的觀念是基本一致的。

　　從撰寫《紅綾枕》（1926年）開始，王度廬的社會小說就把筆力集中於揭示社會的不公，人生的慘淡，以及受侮辱、受損害者命運的悲苦。

　　戀愛和婚姻是五四新文學的一大主題。那時新小說裏追求婚戀自由的男女主人公，面對的阻力主要來自封建家庭和封建禮教，作品多反映"父與子"的衝突——包括對男權的反抗，所以，易卜生筆下的娜拉尤被覺醒的女青年們視為楷模。到了王度廬的筆下，上述衝突轉化成了"金錢與愛情"的矛盾。

　　正如魯迅所說：娜拉衝出家庭之後，倘若不能自立，擺在面前的出路只有兩條——或者墮落，或者"回家"。王度廬則在《虞美人》中寫道："人生"、"青春"和"金錢"，"三者之間是相互聯係着的"，而在當時的中國社會裏，金錢又對一切起着主導性的作用。他所撰寫的社會言情小說，深刻淋漓地描繪了"金錢"如何成為社會流行的最高價值觀念和唯一價值標準，如何與傳統的父權、男權結合而使它們更加無恥，如何導致社會的險惡和人性的異化。

　　王度廬特別關注女性的命運。他筆下的女主人公多曾追求自立，但是這條道路充滿兇險。范菊英（《落絮飄香》）和田二玉（《晚香玉》）付出了生命的代價；

虞婉蘭（《虞美人》）終於發瘋，生不如死。惟有白月梅（《古城新月》）初步實現了自立，但她的前途仍難預料；至於最具"娜拉性格"，而且也更加具備自立條件的祁麗雪，最終選擇的出路卻是"回家"。

這些故事，可用王度盧自己的兩句話加以概括："財色相欺，優柔自誤"（《〈寶劍金釵〉序》）。金錢腐蝕、摧毀愛情，也使人性發生扭曲。人是"社會關係的總和"，他的社會小說正是通過寫人，而使社會的弊端暴露無遺。

在社會小說裏，王度盧經常寫及具有俠義精神的人物，他們扶弱抗強，甚至不惜捨生以取義。這些人物有的寫得很好，如《風塵四傑》裏的天橋四傑和《粉墨嬋娟》裏的方夢漁；有些粗豪角色則寫得並不成功，流於概念化，如《紅綾枕》裏的熊屠戶和《虞美人》裏的禿頭小三。

上述俠義角色與愛情故事裏的男女主人公一樣，也是現代社會中的弱者。作者不止一次地提示讀者：這些俠義人物"應該"生活於古代。這種提示背後隱含着一個問題：現代愛情悲劇裏的那些曠男怨女，如果變成身負絕頂武功的俠士和俠女，生活在快意恩仇的古代江湖，他們的故事和命運將會怎樣？這個問題化為創作動機，便催生出了王度盧的俠情小說，這裏也昭示着它們與作者所撰社會小說的內在聯繫。

《寶劍金釵》標誌着王度盧開始<u>自覺</u>地把撰寫社會言情小說的經驗融入俠情小說的寫作之中，也標誌着他自覺創造"現代武俠悲情小說"這一全新樣式的開端。此書屬於厚積薄發的精品，所以一鳴驚人，奠定了作者成為中國現代武俠悲情小說開山宗師的地位。繼而推出的《劍氣珠光》《鶴驚崑崙》《臥虎藏龍》《鐵騎銀瓶》[1]（與《寶劍金釵》合稱"鶴—鐵五部"）以及《風雨雙龍劍》《彩鳳銀蛇傳》《洛陽豪客》《燕市俠伶》等，都可視為王氏現代武俠悲情小說的代表作或佳作。

作為這些愛情故事主人公的俠士、俠女，他們雖然武藝超群，卻都是"人"而不是"超人"。作者沒有賦予他們保國救民那樣的大任，只讓他們為捍衛"愛的權利"而戰；但是，"愛的責任"又令他們惶恐、糾結。他們馳騁江湖，所向無敵，必要時也敢以武犯禁，但是面對"廟堂"法制，他們又不得不有所顧忌；他們最終發現，最難戰勝的"敵人"竟是"自己"。如果說王度盧的社會小說屬於弱者的社會悲劇，那麼他的武俠悲情小說則是強者的心靈悲劇。

王度盧是位悲劇意識極為強烈的作家。他說："美與缺陷原是一個東西。""向來'大團圓'的玩藝兒總沒有'缺陷美'令人留戀，而且人生本來是一杯苦酒，哪裏來的那麼些'完美'的事情？"（《關於魯海娥之死》）《鶴驚崑崙》和《彩鳳銀蛇傳》裏的"缺陷"是女主人公的死亡和男主人公的悲涼；《寶劍金釵》《臥虎藏龍》《鐵騎銀瓶》裏的"缺陷"都不是男女主角的死亡，而是他們內心深處永難平復的創傷；《風雨雙龍劍》和《洛陽豪客》則用一抹喜劇性的亮色，來反襯這種悲愴。

王度盧把俠情小說提升到心理悲劇的境界，為中國武俠小說史作出了一大貢獻。正如佛洛伊德所說："這裏，造成痛苦的鬥爭是在主角的心靈中進行着，這是一個不同

---

[1] 這裏敘述的是發表次序。按故事時序，則《鶴驚崑崙》為第一部，以下依次為《寶劍金釵》《劍氣珠光》《臥虎藏龍》《鐵騎銀瓶》。

衝動之間的鬥爭，這個鬥爭的結束決不是主角的消逝，而是他的一個衝動的消逝"[2]。這個"衝動"雖因主角的"自我克制"而"消逝"了，但他（她）內心深處的波濤卻在繼續湧動，以至遺恨終身。

李慕白，是王度廬寫得最為成功的一個男人。

有人說，李慕白是位集儒、釋、道三家人格於一身的大俠；這是該評論者觀賞電影《臥虎藏龍》的個人感受。至於小說《寶劍金釵》裏的李慕白，他的頭上決無如此"高大上"的絢麗光環。古龍說得好：王度廬筆下的李慕白，無非是個"失意的男人"。

在《寶劍金釵》裏，李慕白始終糾結於"情"和"義"的矛盾衝突，他最終選擇了捨情取義，但所選的"義"中卻又滲透着難以言說的"情"。手刃巨奸如囊中取物，李慕白做得非常輕易；但是他又投案伏法，付出的代價極其沉重。他做這些都是自願的，又都是並不自願的。出發除奸之前，作者讓他在安定門城牆下的草地上作了一番內心自剖，這段自剖深刻地展示着他的"失意"，這種心態可以概括為三個字——"不甘心"。

早期王度廬曾以"柳今"為筆名發表雜文《憔悴》，其中寫及自己當時的心態，與上述李慕白的自剖如出一轍。而在《紅綾枕》中，男主角戚雪橋為愛人營墓、祭掃時的一段內心獨白，其心態又與柳今極其相似。於是，我們看到了王度廬、柳今、戚雪橋（還有一些其他作品裏的男性角色）與李慕白之間的聯繫——李慕白的故事，是戚雪橋們的白日夢；戚雪橋、李慕白們的故事，則是柳今、王度廬的白日夢。

不把李慕白這個大俠寫成一位"高大上"的"完人"，而把他寫成一個"失意的男人"，這是王度廬顛覆傳統"俠義敘事"，在中國武俠小說史上作出的一大貢獻。

玉嬌龍，是王度廬寫得最為成功的一個女人。

玉嬌龍的性格與《古城新月》裏的祁麗雪有相似之處，但是她的叛逆精神更加決絕、更加徹底。為了自由的愛情，她捨棄了骨肉的親情；同時，她也捨棄了貴冑生活，選擇了荊棘江湖，捨棄了"城市文明"，選擇了草莽蠻荒。

對玉嬌龍來說，最難割捨的是親情；最難獲得的，是理想的婚姻。她發現自己選擇羅小虎未免有點莽撞，所以又離開了他。她獲得了自由的愛情，卻在事實上拒絕了自由的婚姻。這與其說反映着"禮教觀念殘餘"、"貴族階級局限"，不如說是對文化差異的正視。儘管如此，這位"古代娜拉"並未"回家"，而是毅然決然地踏上一條不歸路。這條路是悲涼的，同時又是壯美的。

2　佛洛伊德：《戲劇中的精神變態人物》（張喚民譯），《二十世紀西方美學名著選》（上），第 410 頁，復旦大學出版社，1987，上海。

玉嬌龍和李慕白都是"跨卷人物"。《劍氣珠光》裏的李慕白寫得不好，因為背離了《寶劍金釵》中業已形成的性格邏輯。《鐵騎銀瓶》裏的玉嬌龍則寫得很好，她青年時代的浪漫愛情，此時已經昇華為偉大的、無私的母愛。她青年時代的夢想，終於在愛子和養女的身上得以成真，但是他們攜手歸隱時的心態，也與母親一樣充滿遺憾。

王度廬的上述成就，都是對於傳統武俠敘事的揚棄，這使他的武俠悲情小說擁有了現代精神。

王度廬又是一位京旗作家。

清朝定都北京之後，即將內城所居漢人一律遷出，由八旗分駐內城八區。王度廬家住地安門內的"後門裏"，其父是內務府上駟院的一個小職員。王氏一族當屬擁有滿洲旗份的"漢姓人"，雖無滿族血統，卻浸潤著滿族文化。

滿人崛起於白山黑水之間，民族性格剛毅尚武，自立自強，粗獷豪放。入關定鼎之後，宴安日久，八旗制度的內在弊端開始呈現，"八旗生計"問題日益突出，以至最終導致嚴重的存亡危機。王度廬出生時，恰逢取消"鐵杆莊稼"（即旗人原本享受的"俸祿"），父親又早逝，全家陷於接近赤貧的境地。他的早期雜文經常寫到"經濟的壓迫"，"身世的飄泊，學業的荒蕪"，疾病的"纏身"，始終無法擺脫"整天奔窩頭"的境況。他的許多社會小說及其主人公的經歷、心境，也都寄託著同樣的身世之感和頹喪情緒。這種刻骨銘心的痛楚，蘊含著當時旗人不可避免的噩運，漢族讀者是難以體會這種特殊苦痛的。

同時，王度廬又十分景仰滿族優秀的民族精神。他的作品，明確書寫旗人生活的有十多部；他所塑造的許多旗籍人物身上，都寄託著對民族精神的追憶和期許。

從這個角度考察玉嬌龍，首先令人想到滿族的"尊女"傳統。這一傳統的形成至少出於四點原因：一、對母系氏族社會的清晰記憶；二、以採集、漁獵為主的傳統經濟，決定了男女社會分工趨於平等；三、入關之前未經歷很多封建過程；四、旗族少女在理論上都有"選秀入宮"機會，所以家族內部皆以"小姑為大"。[3] 玉嬌龍那昂揚的生命力，正是滿族少女普遍性格的文學昇華。《寶刀飛》可能是第一部把入宮前的慈禧，作為一位純真、浪漫而又不無"野心"的旗族姑娘加以描繪的小說。作者以"正筆"書寫入宮前的她，用"側筆"續寫成為"西宮娘娘"之後的她，沉重的歷史感裏蘊涵幾分惋惜，情感上極具"旗族特色"。

在《寶劍金釵》和《臥虎藏龍》裏，德嘯峰雖非主人公，卻可視為旗籍"貴冑之俠"的典型。他沉穩、老練，善於謀劃，善於掌控全域，比李慕白更加"拿得起、放得下"。他的身上比較完整地體現著金啟孮所說京城旗人遊俠的三個特徵：一、淩強而不欺下，一般人對他們沒有什麼惡感。二、多在八旗人居住的內城活動，沒什麼民族矛盾的辮子可抓。三、偶或觸犯權勢，但不具備"大逆不道"的證據，故多默默無聞。[4] 鐵貝勒、邱廣超和《彩鳳銀蛇傳》裏的謝慰臣都屬此類人物。

――――――――――

3　參閱關紀新《多元背景下的一種閱讀——滿族文學與文化論稿》，第219頁，遼寧民族出版社，2013，瀋陽。
4　參閱關紀新《老舍與滿族文化》第80頁所引，遼寧民族出版社，2008，瀋陽。

進入民國之後，由於政治、經濟原因，京中旗人的精神狀態呈現更趨萎靡甚至墮落之勢（《晚香玉》裏的田迂子即為典型），但是王度廬從閭巷之中找到了民族精神的正面傳承。《風塵四傑》實際寫了五個"閭巷之俠"——那位"有學有品而窮光蛋"[5]的"我"，也算一個"不武之俠"。作者清楚地認識到：雖然如今早非"俠的時代"，但是天橋"四傑"[6]身上那種捍衛正義，向善疾惡，剛健、豁達、堅韌、仗義、樂觀的民族精神，卻是值得弘揚光大的。這已不僅僅是對旗族的期許，更是對重振中華民族傳統美德的期許。

　　凡是旗人，都無法回避對於清王朝的評價。王度廬在雜文裏認為，"大清國歇業，溥掌櫃回老家"[7]乃是歷史的必然，人民期盼的是真正實現"五族共和"。他更在兩部算不上傑作的小說中，以傳奇筆法描繪了兩位清朝"盛世聖君"的形象。《雍正與年羹堯》裏的胤禛既胸懷雄才大略，又善施陰謀詭計。他利用"江南八俠"的"復明"活動實現自己奪嫡、登基的計劃，又在目的達到之後斷然剪除"八俠"勢力。但是，他對漢族的"復明"意志及其能量，卻日夜心懷惕懼，以至"留下密旨，勸他的兒子登基以後，要相機行事，而使全國恢復漢家的衣冠"。書中還有一位不起眼的小角色——跟着胤禛闖蕩江湖的"小常隨"，他與八俠相交甚密，又很忠於胤禛。"兩邊都要報恩"的尖銳矛盾，導致他最終撞牆而殉。作者展示的絕不限於"義氣"，這裏更加突出表現的是對漢族的負疚感和對民族殺伐史的深沉痛楚。王度廬對歷史的反思已經出離於本民族的"興亡得失"，上升為一種"超民族"的普世人文關懷。《金剛玉寶劍》中的乾隆，則被寫成一個孤獨落寞的衰朽老人，這一形象同樣透露着作者的上述歷史觀。

　　滿族入關後吸收漢族文化，"尚武"精神轉向"重文"。有清一代，湧現出了納蘭性德、曹雪芹、文康等傑出滿族作家，其中對王度廬影響最大的是納蘭性德。"搖落後，清吹那堪聽。淅瀝暗飄金井葉，乍聞風定又鐘聲。"[8]納蘭詞的淒美色調，融入北京城的撲面柳絮和戈壁灘的漫天風沙，形成了王度廬小說特有的悲愴風格。

　　旗人的生活文化是"雅""俗"相融的，王度廬繼承着旗族的兩大愛好：鼓詞（又稱"子弟書"、"落子"）和京劇。他十七歲時寫的小說《紅綾枕》，敘述的就是鼓姬命運，其中還插有自創的幾首淒美鼓詞。至於京劇，據不完全統計，僅在《落絮飄香》《古城新月》《晚香玉》《虞美人》《粉墨嬋娟》《風塵四傑》《寒梅曲》

5　見王度廬早期雜文《中等人》，原載於北平《小小日報》1930年4月5日"談天"欄，署名"柳今"

6　民國初年，"天壇附近的天橋大多數的女藝人、說書人、算命打卦者都是滿人。"轉引自關紀新《老舍與滿族文化》第122頁。

7　見王度廬早期雜文《小算盤》，原載於《小小日報》1930年5月20日"談天"欄，署名"柳今"

8　納蘭性德詞：《憶江南》——當年王度廬與李丹荃相愛，曾贈以《納蘭詞》一冊，李丹荃女士七十餘歲時猶能背誦這首詞。

七部小說中，寫及的劇目已達96折⁹之多！作為小說敘事的有機內涵，王度廬寫及崑曲、秦腔、梆子與京劇的關係，"京朝派"（即京派）與"外江派"（即海派）的異同，"京、海之爭"和"京、海互補"，票社活動及其排場，非科班出身的伶人、票友如何學戲，戲班師傅和劇評家如何為新演員策劃"打炮戲"，各色人等觀劇時的移情心理和審美思維……。他筆下的伶人、票友對京劇的熱愛是超功利的，而她（他）們的社會角色和物質生活則是極功利的——唯美的精神追求與慘淡的現實生活構成鮮明反差，映射着人性的本真、複雜和異化。他又善於利用劇情渲染故事情節和人物情感，例如《粉墨嬋娟》中，憑藉《薛禮歎月》和《太真外傳》兩段唱詞，抒發女主人公不同情境下的不同心緒，展示着戲如人生、人生如戲的微妙契合，極大地增強了小說的詩意。

入關以後，旗人皆認"京師"為故鄉，京旗文學自以"京味兒"為特色。王度廬的小說描繪北京地理風貌極其準確，所述地名——包括城門、街衢、胡同、集市、苑囿、交通路線等等，幾乎均可在相應時期的地圖上得到應證。《寶劍金釵》《臥虎藏龍》主人公的活動空間廣闊，書中展示清代中期北京的地理風貌相當宏觀，又非常精細。玉嬌龍之父為九門提督，府邸位置有據可查，作者由此設計出鐵貝勒、德嘯峰、邱廣超府第位置，決定了以內城正黃旗、鑲黃旗（兼及正紅旗、正白旗）駐區為"貴冑之俠"的主要活動區域。李慕白等為江湖人，則決定了以"外城"即南城為其主要活動區域。兩類俠者的行動則把上述區域連接起來，並且擴及全城和郊縣。《落絮飄香》《古城新月》《晚香玉》《虞美人》等社會小說中，主人公的活動空間相對狹小，所以每部作品側重展示的是民國時期北平城的某一局部區域：或以海淀——東單——宣內為主，或以西城豐盛地區——東單王府井地區為主，等等。拼合起來，也是一幅接近完整的"北平地圖"。上述小說之間所寫地域又常出現重合，而以鼓樓大街、地安門一帶的重合率為最高。作者故居所在地"後門裏"恰在這一區域，在不同的作品裏，它被分別設置為丐頭、暗娼等的住地。這反映着作者內心深處存在一個"後門裏情結"，他把此地寫成天子腳下、富貴鄉邊的一個小小"貧困點"，既體現着平民主義的觀念，又是一種帶有幽默意味的自嘲。

王度廬小說裏的"北京文化地圖"，是"地景"與"時景"的融合，所以是立體的、動態的。這裏的"時景"，指一定地域中人們的生活形態，包括節俗、風習。無論是妙峰山的香市、白雲觀的廟會、旗族的婚禮儀仗、富貴人家的大出喪、"殘燈末廟"時的祭祖和年夜飯、北海中元節的"燒法船"，以至京旗人家的衣食住行，王度廬都描寫得有聲有色，細緻生動。這些"時景"與故事情節融為一體，成為展示人物性格、心理的重要手段；它們同時也頗具獨立的民俗學價值。王度廬在小說裏常將富貴繁華區的燈紅酒綠與平民集市裏的雜亂喧鬧加以對比，他對後者的描繪和評論尤具特色。例如，《風塵四傑》裏是這樣介紹天橋的："天橋，的確景物很多，讓你百看不厭。人亂而事雜，技藝叢集，藏龍臥虎，新舊並列。是時代

9　由於現存《虞美人》和《寒梅曲》文本均不完整，所以這一數字是不完整的。而未列入統計的《寶劍金釵》《燕市俠伶》等作品中，也常含有京劇演出、觀賞等情節，涉及劇目亦復不少。

的渣滓與生計的艱辛交織成了這個地方，在無情的大風裏，穢土的彌漫中，令你啼笑皆非。"他筆下的天橋圖景，噴發着故都世俗社會沸沸揚揚的活力和生機，嘈雜喧囂而又暗藏同一的內在律動；它與內城裏的"皇氣"、"官氣"保持着疏離，卻又沾染着前者的幾分閒散和慵懶。這又是一種十分濃厚，相當典型的"京味兒"！

"京味兒"當然離不開"京腔"。王度廬的語言大致是由兩部分組成的：敘事以及文化程度較高角色的口語，用的是"標準變體"，即經過"標準化處理"的北京話，近似如今的"普通話"；底層人物的語言，則多用地道的北京土語，詞彙、語法都有濃厚的地域特色，比一般的"京片兒"還要"土"。故在"拙""樸"方面，他比另一些京派作家顯得更加突出。

筆者認為，1949年前促使王度廬奮力寫作的動力當有三種：一曰"舒憤懣"；二曰"為人生"；三曰"奔窩頭"。三者結合得好，或前二者起主要作用時，寫出來的作品品質都高或較高；而當"第三動力"起主要作用時，寫出來的作品往往難免粗糙、隨意。當然，寫熟悉的題材時，品質一般也高或較高，否則，雖欲"舒憤懣"、"為人生"，也難以得到理想的效果。是否如此，還請讀者評判、指正。

斯年於姑蘇香濱水岸，2020年6月[10]。

---

[10] 本文原係作者為北嶽文藝出版社《王度廬作品大系》所撰總序，移入本選集時作了一些刪改。

目录

第一回	銀髯鐵臂老鏢頭隱居 美景芳春小俠女救父	1
第二回	碧玉出小家滿城驚豔 狂徒生奇想深夜偷香	9
第三回	飄零書劍名士惹春愁 冒擾煙塵少年窺麗影	15
第四回	單劍戰嬌娥喜得繡帕 輕裝走驛路突遇強徒	22
第五回	又遇危機鋼鋒助父女 同羈逆旅豔色惹邪魔	30
第六回	衰老投監一朝悲殘命 風塵送嫁千里盡柔情	39
第七回	薄命總紅顏夜傾愁緒 雄關連翠嶺雨滌俠心	50
第八回	立決雌雄青鋒降畫戟 從今憔悴壯士困窮途	61
第九回	誤惹煙花呆生遊曲巷 狂揮鐵掌俠客鬧歌樓	69
第十回	妓以俠名華燈窺俏影 情真難遣濁酒澆愁心	78
第十一回	醉後狂言紅樓貽笑柄 仇生小隙寶劍對花槍	90
第十二回	雨夜留髡魂銷香褥枕 庵堂試武拳打瘦彌陀	100
第十三回	難遏妒恨重揮鐵拳頭 不禁離情暗彈珠淚影	106
第十四回	人散夜闌史胖傳消息 刀鳴劍嘯馮茂敗江湖	117
第十五回	禍患突來英雄罹大獄 遭逢不幸名妓感前塵	127
第十六回	落花有主徐侍郎藏嬌 冤獄得伸鐵貝勒仗義	139
第十七回	暫避鋒芒德五逃塞北 相商密計冒六引風濤	149
第十八回	寶劍生光驚眸窺俠士 秋燈掩淚痛語絕情絲	161
第十九回	秋風吹古寺侍疾結交 碧血染香巢鋤奸仗義	175
第二十回	陋巷殘花淒涼驚宿夢 寒風傲骨慷慨卻癡情	188
第二十一回	飛駒寶劍星夜出都門 素烏青衣風塵尋夫婿	199
第二十二回	提刀闖宴泣涕詢真情 走馬離京死生酬義友	210
第二十三回	碧血銀槍將軍遭暗算 蓬門病榻魔手碎殘花	219
第二十四回	義憤護殘花人欽俠女 寒宵憐薄命腸斷金釵	234
第二十五回	揮刀縱馬俠女殲強徒 正色直言貝勒息惡鬥	245
第二十六回	寒夜揮刀單身驅悍賊 俠心垂死數語寄深情	254
第二十七回	血湧刀橫寒宵驚慘劇 心枯淚盡風雪別燕都	266
第二十八回	風雪走雙駒情儔結怨 江湖驅眾盜俠女施威	279
第二十九回	墮淚傷心驚言聞旅夜 刀光鬢影惡鬥起侵晨	291
第三十回	曠野飛沙孤墳沾痛淚 黃昏細雨怪客報驚音	303
第三十一回	相會鐵窗正言規俠友 獨來青塚悲淚吊芳魂	316
第三十二回	駿馬嬌姿微言感情義 明槍暗箭薄暮起凶謀	331
第三十三回	炎天起解摯語囑良朋 驛路飛駒鋼鋒殲眾盜	342
第三十四回	小院死奸徒銷仇盡義 鐵窗來奇俠匿劍驚釵	353
跋 – 尋找父親的足跡 (Epilogue)		369
已知王度廬著作目錄 (Bibliography)		379

第一回　　銀髯鐵臂老鏢頭隱居　　美景芳春小俠女救父

　　河北省（昔稱直隸）南控黃河，北依燕山，東面是一片汪洋的渤海，西面則是綿亙數百里的太行山，山上有偉大的歷史遺跡長城，當中是一片廣大的平原，沙河、滹沱河、永定河等幾條大河，就在這廣大平原的胸膛上流動着。由於地理的形勢，可知古代燕、趙等國何以能在此稱霸爭雄，而北京又為什麼能做數百年的國都了。此地人民生性質樸，講忠孝，尚俠義，重然諾，善武技，所以唐代的韓文公曾說"燕趙古稱多慷慨悲歌之士"，而屠沽市井之中，也有肝膽相照的美談，這完全是歷史傳統和地理環境所造成的一種民風。

　　本書所說，就是直隸省巨鹿縣，在前清時代出了一位老俠客，此人姓俞名雄遠，這時年紀有六十多歲了。他自幼學得一身超人的武藝，十八歲時就入了鏢行，闖蕩江湖，保鏢各地，曾折服過許多江湖豪強，做過許多慷慨仗義的事情，江湖上的人送給他一個綽號，叫作"鐵翅雕"。後來他年紀老了，人家就直呼他為"老雕"，俞老鏢頭也很喜歡人家這樣叫他。

　　本來俞老鏢頭是給北京泰興鏢行保鏢，泰興鏢行因為有他這麼一個鏢頭，曾做了二十多年的好生意，被稱為京中頭一家鏢店。到了四十餘歲時，俞老鏢頭不願再依人作計，就回到家鄉巨鹿，開了一家雄遠鏢行。他這鏢行也用不着許多鏢頭，若是應了買賣，只要在車前插上他的鏢旗，鏢車的夥計帶上他的幾張名帖，便無論走多遠的路，也是毫無舛錯。因此他這鏢店很得一些客商的信任，十幾年來買賣也非常之好。

　　可是有一次，俞老鏢頭忽然單身走了一趟河南，去了有一個多月。由河南一回來，他就把夥計們全都遣散，把鏢行的招牌摘下，從此歇業，不再保鏢。他的為人也比早先變得更為和善了，並且輕易也不出門。一般認識俞老鏢頭的人，都在背地裏互相談論：有的說俞老鏢頭的鏢車在外面出了事，他栽了跟斗；也有的說他在外面一定是做了什麼犯法的事情。可是自從雄遠鏢行歇業以後，至今已五六載，既沒聽說有人來找俞老鏢頭，叫他賠償鏢銀，也沒有官人來捉他，可見一般人對他是妄加猜度了。俞老鏢頭的鬍子是比早先更白了，可是身體卻仍如早先一般硬朗。他每天只在清晨提個畫眉籠子，到茶館裏找熟人談談天，少時就回到家裏閉門不出。

俞老鏢頭家中的人口也很簡單，只有老妻劉氏和女兒秀蓮，住着自置的幾間瓦房。這時，鐵翅雕俞老鏢頭之名，已漸不為人所注意，可是他的那個女兒俞秀蓮姑娘，滿城裏卻沒有一個人不知，因為俞姑娘實在生得太美麗了。俞姑娘的身材不高不低，十分窈窕，瓜子臉兒，兩隻水靈靈的眼睛，不笑時也像帶着笑意，櫻桃小口的兩旁，陪襯着兩個笑窩，雖然腳稍大些，但也掩不住二八芳年的處女風流。

因為俞秀蓮姑娘生在鏢師之家，舉止未免豪爽，不似一般書香之家的小姐永遠不出閨房。俞秀蓮家中沒用着婆子丫鬟，買針買線總是她自己出門去叫貨郎，因此就時常被人睹見她的芳姿，那些見過她的人，只要是個年輕人，就莫不魂銷心醉，腦子裏留下不可消磨的美麗印象。自然，有不少當地的富家公子、輕薄兒郎，都對秀蓮姑娘懷着野心，可是又曉得這位姑娘的父親就是那號稱"鐵翅雕"的俞老鏢頭，誰敢因為要接近這一朵鮮花，去惹那老雕的鐵翅呀？而秀蓮姑娘貌雖風流，但性情極端淑，輕易不用眼睛看人，每日除了從母親做些針黹之外，便隨她父親學習武藝。

這時，正是正月中旬的天氣，忽然有俞老鏢頭的師姪金鏢郁天傑，從河南彰德府來到巨鹿縣，特地給師叔拜年。俞老鏢頭留他在家中住了兩天，叔姪二人說了許多話。郁天傑走後，俞老鏢頭就仿佛十分憂愁，像是有一件很要緊的事，卻不能對老妻和女兒去說。

到了晚間，他就把大門關得特別嚴，並囑咐老妻和女兒說："從明天起，外面若有人打門，你們不許去開，非得先告訴我，才能開門。"秀蓮姑娘聽了，很覺得詫異，便問："爸爸，為什麼事，要這樣小心呢？"俞老鏢頭只很煩惱地說："你女孩子家，不要多問！"秀蓮姑娘的父親，向來沒這樣厲聲地說過她，當下她便不敢再問了。

老鏢頭又把壁上懸着的一口鋼刀摘下，鏘的一聲抽了出來。這口刀作深青色，被老鏢頭用過二十多年了，也喝過幾個惡人的鮮血，可是現在老鏢頭已有好幾年沒有用過它了。老鏢頭拿在手中掂了掂，覺得有些沉重，他不由得長歎了口氣，自言自語地說："到底我是老了，逞不得強了！"說到這裏他不禁想起：自己快到五十歲時才生了一個孩子，還是一個女兒，雖然也跟着自己學了一身的武藝，可是到底不中用，假若秀蓮是一個男孩子，那何至於自己如此煩惱。想到這裏，感覺到老境的淒涼，不由得又歎了一聲。

他的老妻劉氏，跟了俞雄遠半輩子，常見她丈夫有時自己對着自己笑，有時又連聲歎氣，所以如今對老鏢頭這樣的舉動倒不甚介意。可是秀蓮姑娘卻從沒見過她父親這樣難受過，當時芳心便十分難受，她看了看她母親，只見母親依舊近着燈光在縫衣服，並不問父親因何這樣，秀蓮不由就落下幾滴眼淚。雖然她不敢再向父親去詢問，可是心中也略略地明白，猜着大概是父親在外有什麼仇人，現在那仇人必是要來報仇。所以前天郁天傑到這裏來，一定不是專為給父親拜年，必是把仇人要來報復的消息告訴了他，所以父親才這樣小心謹慎地提防着。

秀蓮姑娘似乎猜得不錯，當夜她父親果然沒睡好覺，到半夜裏還能聽見他在床上歎氣，那口鋼刀也在老鏢頭的枕旁放了一夜。

次日一清早，老鏢頭就在院中耍了一趟刀，仿佛是練習的樣子。秀蓮姑娘正在屋裏梳頭，她隔着玻璃窗往院中去看，只見鋼刀嗖嗖地響，寒光隨着老鏢頭的身子繚繞，煞是好刀法！可是老鏢頭的這趟刀，練了不過一刻鐘，就收住了刀勢。他臉也紅了，頭上也流下汗來，口中喘着氣，吹得雪白的鬍子亂動。秀蓮姑娘見了，眼淚便不住亂滾。由鏡裏斜看，見門簾一啟，母親進屋來了，秀蓮趕緊用手巾擦了擦臉，又擦了些胭脂，就把淚痕掩去了。

當日老鏢頭沒有到茶館裏去，畫眉掛在簷下，不住地嘰嘰喳喳亂叫，老鏢頭也仿佛沒有聽見。他只是背着手，揚着頭，在院中來回地走，像是在思索着一件很重要的事情似的。而且老鏢頭的經神極為警覺，只要聽得門一響，他就先回到屋裏拿上刀，才出去開門。

俞秀蓮姑娘也不穿素日的肥袖衣裳了，她只穿着練武藝時的那身窄袖窄襟的青布短衣褲，並且時時抬頭凝望着壁間懸掛的那一對雙刀，心說：只要父親的仇人來，不用父親自己動手，我就非要跟他拼命不可，也叫父親曉得，他老人家不是白白地把武藝傳授給我了！

一連過了十幾天，他父女倆這樣小心防備着，可是一點兒事也沒有發生，更沒有什麼陌生的人來找俞老鏢頭。這時秀蓮姑娘才算放了心，可是她又憂愁父親也許是有了神經病，本來是一點兒事也沒有，他老人家自己這樣疑神疑鬼，未必不是舊日受過什麼刺激，做過什麼虧心事，到了現在才這樣的。此時老鏢頭見無事發生，一切舉止也就恢復了往日的狀態，每天早晨照樣提着畫眉籠子上茶館，在家中照樣跟老妻和女兒有說有笑，仿佛他的心裏已沒有什麼恐懼了。

一連又過了一個多月，這天是三月清明，按照習俗，家家要到祖塋上焚紙掃墓。俞老鏢頭去把他早先手下的一個夥計，名叫地裏鬼崔三的人，找來給看着家，便準備帶着全家去掃墓。他去雇了一輛騾車，讓秀蓮姑娘和她的母親坐在車裏，俞老鏢頭跨着車轅，這輛車就出了巷口，順着大街往北門走去。

走在大街上，有路過的熟人，看見車上掛着燒紙和金錢紙錠等物，就低着腰向俞老鏢頭招呼道："俞老叔上墳燒紙去嗎？"俞老鏢頭便在車上含笑點頭，說："可不是嘛！"同時，路過的人自然難免要往車廂裏去望，那位本城的絕色美人兒俞姑娘，就坐在裏面，她穿着一身淺紅的衣裳，真像這三月裏盛開的桃花一般。

出了北門，騾車就順着車轍往東走去，俞氏的祖塋在北門外東北方向約有十六里路，所以騾車也得走很多時候。此時遍野麥苗青青，村舍旁桃花向人露着笑靨，黃的、白的小蝴蝶在青草野花之間飛舞，溫軟的東風撫着人們的臉同手，秀蓮姑娘在車裏嬌聲呼道："爸爸你瞧，這麥苗兒都長這麼高啦！"

俞老鏢頭漫答應着道："真的是！今年一定是好年成。"說話時他卻眼望着那麥田之間累累的墳墓，有的墳上堆着燒過了的紙灰，有的墳旁還有穿孝的人在哭泣。俞老鏢頭摸摸他那被春風吹得亂動的白鬍，心中發出一種莫名的悵惘，想着自己已是六十多歲的人了，恐怕過不了幾年，也就要長眠於地下了！

這時秀蓮姑娘卻與她的父親不同，她卻對這新垂絲的綠柳、才開放的桃花和這遍野芳菲，心中發生無限的青春快樂。而那位老太太像個木頭人，坐在車的最裏邊，什麼也不看，什麼也不想，她只盼着快些到墳地，燒完了紙快回家，好去拆洗家裏的那些夾衣。

車走到下午一時許，就到了墳地，俞家歷代都是以武藝謀生的人，沒有什麼顯赫的人物，所以墳地上不但沒有一座碑，連一棵樹也沒有。秀蓮和她母親下了車，俞老鏢頭就帶着她們，給每一座墳都叩頭燒紙，然後又到在附近住着的看墳人的家中歇了一會兒。在那裏喝了些茶，吃了些粗點心，便又坐着車往回裏去走。

車走了五六里地，已然遠遠望見巨鹿縣的北門城樓了，這時忽然面前來了四匹馬。第一匹黑馬上是一個年有二十多歲，大眼睛、紫紅臉的年輕漢子，來到俞老鏢頭的車前，他就喝道："下來，下來！"俞老鏢頭的臉上這時已然變了顏色。

那四個人全都下了馬，各自抽出一口明亮亮的鋼刀來，那紫紅臉的人，就對着俞老鏢頭冷笑說："到了今天，我父親的大仇可算報了！"說時四人一齊上前，要拉俞老鏢頭下車。

俞老鏢頭想不到今天竟遇着這事，如今帶着妻女，手中又無兵器，可怎麼辦？他正要跟他們講幾句話，忽然秀蓮姑娘由車裏鑽了出來，向那四個人連連擺手，急說："你們先別動手！我問你們到底是為什麼？"

那四個人看了看秀蓮姑娘，就冷笑着向俞老鏢頭說："嘿！你還有這麼好模樣的女兒呀？"俞老鏢頭把秀蓮護住，向那四個人怒斥道："你們先退後一步，我這就下車去，要殺要砍隨你們！"但那四個人哪裏肯聽這話，有一個黃臉膛的掄刀就向俞老鏢頭砍去。

這時秀蓮姑娘突然跳下車去，她把那人持刀的手腕托住，很快地就奪刀在手，接着把鋼刀嗖嗖地掄了兩下，逼得那四個人不得不退後兩步。俞老鏢頭在車上叫道："秀蓮，快把刀給我！"那三個手裏還有兵刃的，哪容秀蓮把刀遞給她的父親，就一齊掄刀來砍秀蓮。秀蓮姑娘掄刀如飛，五六下，就一刀砍在了一個胖子的背上，那胖子哎喲一聲躺在地下了，秀蓮便又去敵住那兩個人。

這時俞老鏢頭也跳下車去，將那受傷胖子手中的刀奪在手，掄刀過去，他一面與那兩個人交戰，一面急急地說："秀蓮往後去！"但是秀蓮姑娘的鋼刀，寒光飛舞，正敵住那紫紅臉的人，哪肯退後。俞老鏢頭與一個有黑鬍子的人交手，那人敵不過俞老鏢頭，轉身就跑。此時那紫紅臉的人反倒落得人單勢孤，一口鋼刀敵住俞老鏢頭父女，雖然他武藝高強，但也難以取勝。

這時道旁已聚了許多行人，齊呼道："喂喂！再打就要出人命了！"可是他們刀光繚繞，弄得大家眼睛都亂了，誰也不敢近前來解勸，那三口刀便又交戰了十幾合。這時忽有一個少年由人叢中跑了過去，他手持一口寶劍，把俞老鏢頭父女和那紫紅臉的漢子那三口鬥得正緊的鋼刀分開，說道："別動手啦！別動手啦！有什麼話對我說。"

那紫紅臉的漢子，正喜有這麼一個人從中解勸，就趕緊收住刀勢，退後幾步，他氣喘吁吁的，那張臉此時就像個燒焦了的茄子一般，又黑又紫。

這時趕車的人才從車裏頭鑽出來，俞老太太還在不住地打哆嗦，那兩個跑了的匪人也走了回來，由地下把那個背上挨了俞秀蓮一刀的胖子拉起。這時二三十個走路的人齊都過來，有人認得俞老鏢頭，就說："俞老叔跟姑娘受驚了！"又有人說："把這幾個強盜綁起來，送到衙門去！"

俞老鏢頭一面向眾人拱手道謝，一面說："不要綁他們，他們不是強盜，卻是跟我有仇的人。冤家宜解不宜結，問問他們，若是也不願打官司，就叫他們去吧！"這時那三個人攙着一個受傷的，提着兩口刀，牽着四匹馬，什麼話也不說就往北走去了。

這裏的人有的就問俞老鏢頭跟那幾個人有什麼仇，有的就不住地稱讚秀蓮姑娘的武藝高強。那剛才給勸架的提着寶劍的少年，也問俞老鏢頭與那幾個人爭鬥的原因，老鏢頭卻向那少年說："我是以保鏢為生的，闖了半輩子江湖，自然難免與人結仇，所以今天才出了這事。幸仗閣下從中給勸開了，不然一定要出人命。其實打官司我也不怕，不過我老了，總是多一事不如少一事好。"說時，又叫女兒向眾人道謝。秀蓮姑娘把兩隻手擱在前胸，向眾人拜了拜，然後就上車了，俞老鏢頭也向眾人拱手，遂就跨上車轅，趕車的人揮動鞭子就走了。

俞老鏢頭的車進了城，回到家門首，俞老鏢頭先叫秀蓮姑娘攙着她母親下車，開門進去，然後他開發了車錢，手提着奪來的那兩口刀，也進了門

崔三迎面問道："老叔回來了？"俞老鏢頭答道："回來了，累你看家！你先走吧，回頭把孫正禮叫來。"崔三答應了一聲，看了看老鏢頭手中提着的那兩口鋼刀，就出門走了。

老鏢頭親自把門關好，並用一塊大石頭把門頂住，就進到屋裏。秀蓮姑娘趕緊給她父親倒茶，俞老太太就問，剛才到底是怎麼回事？那四個人為什麼那樣的兇？俞老鏢頭長長地歎了口氣，說："等我歇一會兒，我再告訴你們！"他把兩口刀立在牆角，遂坐在椅子上，不住地喘氣。

秀蓮問道："爸爸喝茶吧？"老鏢頭從女兒的手中把茶碗接過來，喝了一口，便望着秀蓮姑娘說："今天幸虧有你跟着，要不然，我非遭仇人的毒手不可！"秀蓮聽父親稱讚了自己，又回想起將才那緊急危險的情形，心裏一陣難過，眼淚就滴滴地落下來。

老鏢頭幾十年都沒哭過，但此時也不禁落下幾點老淚，他歎了口氣，便向女兒說："在六年以前，那時你已十一歲了，大概你還記得，我曾到過一趟河南。從河南回來，我就把鏢行收了，再也不做買賣，我和今天那幾個

人的深仇大恨，也就是從那時結起！"

說到這裏，他的眼淚越發像湧泉一般地流下，帶着淒慘的聲音說："你有一個何二叔……"說話時他用手指了指靠着桌子正擦眼淚的老妻，說："你母親見過他，名叫寶刀何飛龍，在年輕時與我是最好的朋友。那時我們都在北京做鏢頭，我在泰興鏢行，他在保安鏢行，沒事兒時我們就一同飲酒，一同談天，真如兄弟一般。可是他這個人武藝雖然高強，心地也不錯，只是太好女色，時常勾引良家婦女，我勸他，他也不聽。後來因為結識了一個婦人，與另一個男子爭風吃醋，他動刀把人殺了。幸虧我幫助了他三十兩銀子，他才逃出北京，奔到河南。聽說他在河南當了幾年強盜，後來不知怎麼就發了財，改名為何文亮，在衛輝府置了田產，也有了妻子和孩兒，但是我們卻彼此不通音信了。

"六年以前，我答應了一個買賣，是新河縣的胡舉人得了河南武陟縣的知縣，我就派了兩個夥計拿着我的名帖，保護胡舉人夫婦到任上去。不料走在衛輝府，就被何飛龍勾結了山賊，把胡舉人劫住了，銀錢、行李全沒搶去，只把胡舉人二十來歲的夫人搶到山上的一座廟裏，留下三天才給放了。夥計回來向我報信，我就十分憤恨，親自到了衛輝府找着何飛龍。我本來還跟他講四十年前的交情，只向他嚴詞質問，不料他竟翻臉不認人，十分兇橫，我就與他交起手來，不料就一刀將他殺死了！"

說到這裏，俞老鏢頭覺得很難過，秀蓮姑娘卻聽得很入神。俞老太太也回想起四十年前在北京時見過的那個何飛龍，那時他年紀不過二十上下，白淨臉、大眼睛，永遠穿着綢緞的衣裳。何飛龍管自己叫大嫂子，跟丈夫天天在一起，後來犯了人命案，就一去不知下落。現在想着他也快到六十歲了，卻不料已被丈夫在六年以前給殺死了！

俞老鏢頭又繼續說："我殺死何飛龍以後，他的家裏因此事與盜案有關，也不敢去告狀，胡舉人因為妻子被辱，也不願聲張，事情就私了啦。這件事只有我的師姪郁天傑和幾個夥計曉得詳情，因為他們當時跟着鏢車，再也沒有別人知道。我回到家裏來，心中卻十分難過，第一是我的鏢車在外面出了事，就是沒有多少人知道，我也沒有臉再開鏢行了。第二是何飛龍本來是我多年的好友，雖然他後來學壞了，做了那件天地所不容的事，而且與我翻了臉，但我親自動手，把一個五十多歲的老朋友給殺死了，事後想着也未免心中難過。所以我就將鏢行關了門，亦不再走江湖。

"這事已過了五六年，我也就忘了，不料兩個月前郁天傑來給我拜年時，忽然對我說，現在何飛龍的兩個兒子全都長大了，一個叫鐵塔何三虎，一個叫紫臉鬼何七虎，並有他的女婿金槍張玉瑾和他的女兒女魔王何劍娥，在這幾年以內，他們全都學會了一身驚人的武藝。現在他們又想起了報仇，並聽他們曾對人說過，在三個月以內，必要到巨鹿來殺死我。所以郁天傑走後，我就時刻防備着，可是後來並沒見仇人來找，我也就懈怠了。卻不料今天因為上墳燒紙，竟遇見這件事兒！"

秀蓮姑娘聽她父親說了與何家結仇的始末，就安慰父親說："爸爸，今天的事情一過，你也就用不着再憂愁了。他的兒子和女婿，本領也不過如此，今天他教咱們打走了，一定就怕了咱們，再也不敢找爸爸搗亂來了。」

俞老鏢頭搖頭說：「咳，你真是小孩子的見解！今天攔住我們車的那四個人中，大概就有何飛龍的兩個兒子。這幾個人我倒不怕，我所憂慮的就是那個金槍張玉瑾。」

秀蓮姑娘忙問道：「張玉瑾是怎樣的一個人呢？」

俞老鏢頭說：「此人我沒見過，不過在前幾年我就聽人說過，此人的武藝十分高強，一杆槍沒遇見過對手。他現在也就是三十來歲，想不到他娶的竟是何飛龍的女兒。聽郁天傑說，張玉瑾恨我刺骨，他罵我是沒義氣的人，大概他早晚必來尋我，以替他丈人報仇。」

秀蓮姑娘聽完了這話，便不住冷笑，芳容上帶着怒色，向她父親說：「爸爸你別着急，那張玉瑾若來，叫我抵擋他。別說是一個張玉瑾，就是他們來幾十個人，我也不能叫他們傷了爸爸一根鬍子！」

俞老鏢頭聽了女兒這句話，不由得笑了。本來自己平素不大注意女兒的武藝，以為一個女孩子家，無論刀法拳術學得怎樣好，也敵不過身高力大的男子漢。可是今天在城外見秀蓮徒手奪刀，力敵四個莽漢，而且還被她砍傷了一個，她那身手的靈敏、刀法的純熟、爭鬥時的勇敢，真是出乎自己的意料之外，足見生下女兒也不見得不如男子。如今聽了女兒這幾句激昂慷慨的話，他不禁心中就寬慰了些，便點頭說：「好吧，我也不發愁了，反正他們要是打算報仇，我無論躲到哪裏去，他們也會追了去的。現在咱們還在這裏住着，每日要小心些，看他們還有什麼手段對付我？假若那個金槍張玉瑾來了，咱們爺兒兩個也許能夠把他打走。」

秀蓮姑娘見她父親的心仿佛寬慰了些，便很高興地又同她父親談了些旁的閒話，這時俞老太太便忙着去做晚飯。

飯後，那地裏鬼崔三便把孫正禮找來了。這孫正禮年有三十餘歲，高大的身材，膂力驚人，拳腳更是打得好，人送給他一個綽號，叫作「五爪鷹」。早先他也是俞老鏢頭手下的夥計，給俞老鏢頭出過很多的力，俞老鏢頭也時常指點他的武藝，因此孫正禮總叫俞老鏢頭為師父。今天孫正禮正在城裏劉財主家教拳，忽見地裏鬼崔三來找他，說是俞老師父叫他今天去，所以吃過晚飯，他就跟着崔三來見俞老鏢頭。

因為今天有那件事情發生，俞老鏢頭對於自己有仇人的事，也無法再隱瞞，遂把自己與何飛龍的兒子何三虎、何七虎以及金槍張玉瑾結仇的事，對孫正禮說了一遍，然後就說：「我老了，精神、力氣都不成了。秀蓮雖然武藝也學得不錯了，但究竟是女孩子，再說她早已許了人家，倘若有什麼舛錯，我也難以見親家之面。所以我把你請來，叫你幫助幫助我。」

五爪鷹孫正禮一聽，他就拍着胸脯說：「師父別着急，都有我了！我現在就在劉家教兩個徒弟，教完拳我就沒事兒了。由今天起我就搬到這裏來住，無論白日或是黑夜，若有什麼不知死活的江湖小輩到這裏來，師父跟姑娘全不要管，我非得打他們一個屁滾尿流不可！」

俞老鏢頭曉得孫正禮不是誇口，近幾年來他的武藝真練得不錯了，當下就點頭說："好，你跟崔三都把舖蓋搬來，就住在外院吧。"

　　當下孫正禮和崔三就搬來舖蓋，在俞家外院的兩間西屋裏去住。由此，孫正禮每日除了到劉家教一會兒拳之外，便在俞家住着，他把一口鋼刀擦得雪亮，每夜都要到院中和房上巡查三四次，可是一連過了兩三天，並沒有什麼事情發生。

第二回　碧玉出小家滿城驚豔　狂徒生奇想深夜偷香

　　自從俞秀蓮姑娘在城外單身救父，徒手奪刀，力敵四條莽漢之事發生後，不到兩天巨鹿縣就傳遍了，人們都驚訝地互相談說着："啊呀！原來俞家姑娘的武藝比她爸爸還高強得多呢！"又有些平素對這位絕色美人兒抱着野心的青年們，聽了這事，卻大為懊喪，想着：完了，倘或那位姑娘是個柔和的人兒，倒許還有希望親近親近她，現在她竟是這麼厲害，一個人能夠把四個拿着刀的大漢子打走，這以後誰還敢向她調情呀！要是叫她的手指戳一下，那還不得送了命嗎？因此巨鹿縣的一般人，雖然對俞姑娘的秀色還是那樣地驚羨，但是對於俞姑娘的武藝也懷着戒心，唯恐有時多看了她一眼，便招出一頓毒打來。
　　在那次城外的事情發生後的第四天，午飯才過，俞姑娘聽見門外有搖鼓的聲音，她想起應該買些絲線，好把自己的那雙繡鞋做起來，於是跑出屋去，開了門，就點手叫道："貨郎！貨郎！"一個五十多歲的老貨郎背着個木箱，提着小鼓就轉了回來，向他的熟主顧問道："姑娘，要什麼線？"說時把箱子放在門前的石階上。
　　秀蓮姑娘站在門檻裏，只將手探出門外，挑揀着各色的絲線，這時忽聽有人叫道："姑娘！"秀蓮抬頭一看，見是個三十來歲的青年，黃臉重眉毛，右臉上有一顆很顯眼的紅痣。這人穿着青洋縐夾襖，一雙青緞靴子，他向秀蓮姑娘深深地作了一揖，便帶笑問道："請問姑娘，俞老叔在家裏嗎？"
　　秀蓮姑娘覺得這人有點兒眼熟，可是又想不起在哪裏見過，她立刻臉上泛起來紅暈，回身向門裏叫道："崔三哥，崔三哥，外面有人找！"她卻不跟這青年答話，連正眼也不看，便又挑選了幾條紅綠的絲線，把制錢扔下，就跑進院裏去了。
　　這時地裏鬼崔三由屋裏出來，到門前一看，便問道："你找誰？"那青年一面看着秀蓮姑娘跑進院裏時那倩麗的背影，一面向崔三拱手說："我是找俞老叔，請你進去給言語一聲！"崔三看着這個人的來頭有些不正，便揚目問道："你到底姓什麼呀？我給你進去言語，也得先知道你是幹什麼的呀！"那青年又向崔三拱手，說："姓梁，就住在西邊的'泰德和'，俞老叔見過我。"

崔三還沒進去給他傳達，俞老鏢頭就提着一口鋼刀出來了，那青年趕緊深深打躬，叫了聲："俞老叔！"俞老鏢頭看了半天才認出來，這人原是那天在城外勸住雙方爭鬥的那個青年，當下俞老鏢頭便向那人賠着笑，連忙把他讓到了外院西屋裏。

這時孫正禮也在屋裏，俞老鏢頭就給引見說："這是我的徒弟孫正禮，大爺你貴姓？"那人一面向孫正禮拱手，一面向老鏢頭答道："小姪名叫梁文錦，西邊泰德和糧店就是我家開的。"俞老鏢頭說："哦，原來是梁東家，一向少拜望。那天在城外，虧得你從中解勸，要不然我們就許鬧出人命來！"說時把手中的刀立在牆根下，又叫崔三給梁文錦倒茶。

當下梁文錦就說："小姪家住在南宮縣，因在這裏有買賣，所以常到這裏來玩。前天是到城外訪友回來，正遇見老叔與那幾個人交戰，姑娘也上前幫助。我在旁邊看了會兒，見老叔和姑娘全都刀法熟練，小姪心中十分欽佩，但又想老叔若是殺傷了他們，也難免要打官司，因此才從中解勸。本來昨天我就想來看老叔，但因為有點兒旁的事兒，沒得工夫，今天特來拜見老叔，並問老叔和姑娘那天從城外回來可好？"

俞老鏢頭說："多謝關心，我俞雄遠離開江湖已快十年了，輕易不願和人惹氣，那天的事實在是突如其來，我至今還不明白那幾個人為什麼要害我？想是我早先曾不經意把人得罪過，如今他們才找我來作對。"

梁文錦說："老叔是江湖聞名的英雄，早先你老人家在各地行俠仗義，自然難免結下仇人。現在他們見老叔年高了，就打算來欺負老叔，可是不料老叔雖然年邁，但英勇不減當年，而且姑娘的武藝也是那麼高強。他們現在既知道了，大概以後也就不敢再來找尋老叔。"俞老鏢頭卻搖頭說："那也不一定！"

梁文錦說："不要緊，小姪也頗會些武藝，以後再有人來找尋老叔，就請老叔派人給我送個信兒，我也可以每天來看一看。無論他們來多少人，不用老叔動手，就由我和那位妹妹，我們兩人也能把匪人打走！"

老鏢頭聽這姓梁的青年說話有些不知自量，便不愛搭理他了，只是點頭。旁邊五爪鷹孫正禮卻覺得這青年有點可恨，就想要把他趕出去。這時那梁文錦站起身來，要請俞老鏢頭帶他到裏院去拜見嬸母，老鏢頭見他這樣，越發從心裏不耐煩，便漫答道："她是有病的人，不願意見人，恕我不往裏讓你了。"

梁文錦也看出老鏢頭有些不太高興，又見那個孫正禮瞪着兩隻大眼睛望着自己，也彷彿很生氣，便不敢在此久留，忙起身告辭。老鏢頭送他出了屋門，那梁文錦又往二門裏望了望，才出門去了。孫正禮追將出去，握着拳頭罵了聲："什麼東西！"梁文錦卻連頭也不回，就往巷口外走去了。孫正禮關上門回到屋裏，就向俞老鏢頭說："師父就應該不理這個人，我看他來到這裏是沒懷着好心！"

俞老鏢頭擺手說："算了，不用提了，我知道這個人，他是泰德和糧店的少東家。他們是有名的南宮梁百萬家，他家的少爺們都會幾手武藝，向來不務正業。現在他來，我也明白，是為你的師妹，可是我也不願和他惹氣，因為早先咱們開鏢行時，跟他家也有些來往。"說完便往裏院去了。

五爪鷹孫正禮卻十分氣憤，心想：俞老鏢頭真是一上了年紀，人就不行了，什麼事全講究不惹氣。人家何飛龍的兒子，那天持刀劫住你，想害你的老命，後來你女兒幫助你，砍傷了他們一個人，你就應該把那幾個人捉住，告他們一個持刀打劫、意圖傷害的罪名。你不敢惹氣，把他們放走了，可是卻又提心吊膽地找我來給你看家。現在這個姓梁的小子，進到你們大門裏想調戲你的女兒，你卻又是不敢惹氣。你二十年前性情也是這樣嗎？想不到你江湖上有名的老雕，如今竟軟弱成這個樣子！孫正禮心中十分不平，他恨不得出去給俞老鏢頭闖一個禍，看他到那時還軟弱不軟弱。

生了一會兒氣，他就到城內劉財主家去教拳，吃過晚飯才回到俞家。地裏鬼崔三一見他回來，就跟他說："孫大哥，我告訴你一件事，今天後半天那'泰德和'的少東家又來了。"孫正禮趕緊問道："他又幹什麼來了？"崔三說："他沒進來，只是在胡同裏來回地走，時時用眼睛盯着咱們這個門。後來我在大街上，又見他跟着兩個年輕的浪蕩公子，一面走，一面說笑，就上慶記酒樓裏去了。"

孫正禮問說："你沒聽見他們說什麼話嗎？"崔三笑了笑，說："我跟在他們後頭，聽得清清楚楚的，那姓梁的說：'我要不把俞家那姑娘弄到手裏，我就永遠不到巨鹿縣來了！'"五爪鷹孫正禮氣得罵道："他媽的，這小子倒想得不錯！哼，別說人家俞姑娘已經有了婆家，就是沒有，老雕打算招他做女婿，我也不能答應，非得叫他知道巨鹿縣的人不是那麼好欺負的。"

地裏鬼崔三說："這事兒也別淨怪人家，咱們那位師妹可也太招事兒了。人家的姑娘講的是大門不出、二門不邁，咱們這位師妹，一天得上三四趟街，而且打扮得那麼花俏，怎會不招一些年輕的人生壞心？現在你到城裏打聽打聽去，誰不知道咱們這位師妹是個出名的美人兒？咱們那位老師父寵愛着女兒，一點兒也不管！"

孫正禮卻搖頭說："你說得不對，我瞧師妹人很端重。出門口買針買線那是沒有法子，因為家裏沒有個使喚丫鬟，要說長得好，那更是沒法子，難道姑娘還能為怕人生壞心，就先把鼻子割了嗎？總而言之，是那些年輕的人混帳！等着吧，他們可別碰在我的手裏！"說着氣得哼哼地喘氣。

那崔三由懷裏掏出個小酒壺來，一口一口地喝着，另一隻手由衣裳口袋裏摸出花生米來吃。孫正禮心裏卻很急躁，因為他在俞家住了這幾天，一點事兒也沒有，仿佛武藝沒處去施展，手腳都覺得有些癢癢。

到了晚間，孫正禮在燈下擦他那口鋼刀，崔三已喝得半醉，就躺在炕上睡了。少時俞老鏢頭到屋裏來，跟孫正禮說着些閒話。孫正禮近幾年結識了些江湖朋友，他就對俞老鏢頭說，北京城有一位邱廣超，人稱銀槍將軍；還有一位黃驥北，是做外館買賣的，人稱瘦彌陀；以及河南的吞舟魚苗振山，深州的金刀馮茂，這些全是如今江湖上有名的英雄，自己都想會一會他們。

俞老鏢頭早先若聽見這些個江湖英雄的名號，他一定會高興地仔細打聽，說不定立刻就能起身，找人家比武藝去，可是現俞老鏢聽了這些話，只是撚髯微笑，仿佛不但沒有興趣，還對這一般人都有些瞧不起似的。

孫正禮又說起俞老鏢頭當年所做的英雄事情，打算借此以打動俞老鏢頭好勝的心，但不想俞老鏢頭聽了，只是微笑，說："早先我做的那些事，簡直是胡鬧，也幸虧那時候走運，沒碰在釘子上，不然也早就完了。"這時更鼓已交到三下，俞老鏢頭就說："把門關好了，你們也睡吧！"

孫正禮一肚子氣，跟着俞老鏢頭出屋，把大門鎖好了，那俞老鏢頭又在各處仔細地查看，仿佛恐怕哪裏藏着個小賊似的。孫正禮此時反倒有些可憐這位老鏢頭了，暗歎道：人真是千萬別老！這麼大的英雄，江湖上有名的鐵翅雕，如今因為鬍子白了，竟落得這樣！簡直小心瑣碎得像一個老婆子了！

俞老鏢頭在前院查看了一陣，便又往裏院去了。這裏五爪鷹孫正禮就回到了屋裏。他本來心裏就不痛快，又見這幾天也沒有什麼事情發生，就想着一定是老鏢頭自己心裏搗鬼，其實已沒有人再來與他作對了，所以就放心睡去。

也不知睡了多大時候，他忽然被一種異樣的聲音驚醒，只聽房上的瓦被踏得亂響，又有刀劍相擊之聲。孫正禮嚇了一大跳，趕緊爬起身來，摸着鋼刀，他剛開開門，忽聽咕咚一聲由房上摔下一個人來，孫正禮問道："是誰？"這人卻不答話，爬起來掄刀向孫正禮就砍。

房上卻是秀蓮姑娘的聲音，喊道："孫大哥閃開，讓我來捉他！"說時那姑娘便掄着雙刀從房上跳下來，與孫正禮一同敵住那使劍的人。

交手十幾合，那使劍的人怎能敵得住？他就跑到牆根，說："別動手，別動手，我認輸了！"

孫正禮罵道："你認輸也不行，今天非要你的狗命不可！"說着掄刀奔過去，向那人就砍。

這時後面就有一個人把他胳臂拉住了，是俞老鏢頭的聲音，他勸道："正禮，別傷了他！"

此時地裏鬼崔三也由屋裏打着燈籠出來了，用燈一照，只見一個持劍的青年，靠着牆根畏縮着，極為可憐。孫正禮看出正是白天來的那個梁文錦，他就嚷嚷着說："好啊！你堂堂南宮縣梁百萬家的少爺，跑到我們這兒做賊來了？還不快把寶劍扔下！"

那梁文錦就把寶劍噹啷一聲扔在了地上。孫正禮走過去，掄着蒲扇大的手掌，劈頭蓋臉地打了他幾下，打得梁文錦的臉也腫了，鼻子也流出血來，但他不說一句話。

俞老鏢頭本來也很生氣，可是又想：梁家原是南宮的大戶，在各地全都開着買賣，也有不少鏢行的朋友，若把他家的人打傷了，一定又要結下仇恨，將來麻煩不休。再說他深夜到自己家中，非奸即盜，他又是有錢的少爺，人家絕不信他是來偷我的東西，一定會玷污自己女兒的名聲，那豈不是有口難辯？

第二回　碧玉出小家滿城驚豔　狂徒生奇想深夜偷香

當下老鏢頭把手中的鋼刀交給崔三，叫秀蓮姑娘先回裏院去，然後他把五爪鷹孫正禮拉開，就過去向梁文錦問道："梁少東家，你黑天半夜拿着寶劍到我家來，到底是什麼居心？"梁文錦低着頭，哪還敢說一句話。

俞老鏢頭氣得罵道："你們年輕人學會一點兒武藝，就敢這樣行事，你也不想想，在我鐵翅雕的手下，像你這樣的鼠輩，還能鬧得出什麼花樣來？我要不是看在你們梁家是正經買賣人，今天就把你剁死在這裏，滾吧！"說着就打了梁文錦一個嘴巴。

俞老鏢頭的這一掌可比孫正禮打得重得多，梁文錦被打得幾乎暈了過去。俞老鏢頭又叫崔三把門開開，那孫正禮就提着梁文錦的耳朵，送到門首，一腳把梁文錦踢出門去，隨着就把大門關上了。

那梁文錦被踢在門外，半天才爬了起來，臉上疼得像刀割一般，用手摸了摸，又是腫脹、又是濕黏，他這時真恨不得要尋死，心說：我這樣兒可怎麼回去呀？明天臉更得腫起來，那可怎麼見人呢？可是他也沒有法子，只得慢慢往舖子走去。

本來梁文錦是南宮的富家公子，本身是個秀才，並且學了一身武藝，平素自命文武全才，翩翩闊少。這次同着舅爺牟子春、同學席仲孝到巨鹿來，一來是為到櫃上查帳，二來是為在此地遊玩遊玩，不料竟看見了俞秀蓮姑娘，使得他心迷神蕩。尤其是看到秀蓮姑娘的武藝，他很是佩服，就想要較量較量，他自信憑着自己的武藝，足可以叫秀蓮姑娘芳心羨慕，由此就許把這位絕色美人弄到手中。所以他白天就來拜訪了俞老鏢頭，打算借此結識，以後好天天往俞家來跑，卻不料受到一場冷淡。

梁文錦當時心裏就氣不過，暗道：憑我這樣人物，憑我那家產，別人家拿着姑娘巴結我都巴結不上，你一個保鏢的老頭子，女兒有點兒姿色，會上幾手武藝，竟這麼高抬身價！看着，我非得把她弄到手不可。今天在慶記酒樓吃飯的時候，又受了牟子春、席仲孝的幾句諷刺，所以梁文錦就起了歹心。

牟子春素日曉得鐵翅雕俞雄遠不是好惹的，憑梁文錦絕鬥不過那老頭子。席仲孝也是南宮有錢的子弟，他素日拈花惹草，處處要比梁文錦佔先，可是對於俞老雕的姑娘，他連想也不敢想，因為明知是一朵玫瑰花，看着美麗，聞着芬芳，可是用手一摸，就得觸到刺兒上。他也不相信梁文錦能夠占到什麼便宜，不想梁文錦今天黑夜竟敢到俞家來。梁文錦本想至少也可以偷到俞姑娘一兩件貼身的東西，拿回去向牟子春、席仲孝去誇耀，卻不料才爬上房去，就被俞秀蓮察覺，躥上房去與他交手。人家那一對雙刀，叫他實在無法招架，結果被俞姑娘一腳踹下房去，接着孫正禮就出來了，他這才不敢再逞能，吃了幾個嘴巴，挨了一腳，就被踢出門來。他這時真恨不得要尋死，心說：我這樣兒可怎麼回去呀！明天臉更腫起來，那可怎麼見人呢？可是沒有法子。只得往舖子走去。

這時黑天沉沉，四下沒有一個人，梁文錦才出了巷口，忽見迎面來了幾個人，提着兩個燈籠。梁文錦剛要躲避，只見那幾個人已經趕到臨近，有一個人舉起燈籠來，照着梁文錦的臉，向那幾個人哈哈地笑着說："我說你們上這兒來找你們少東家，就一定找得到嘛，你們少東家現在正走着桃花運，你們快看，桃花兒都開滿了臉啦！"說話的人正是席仲孝。

梁文錦立刻惱羞成怒，掄拳就打，並罵道："混蛋，你敢譏笑梁大爺？我從今不認得你了！"牟子春和兩三個夥計趕緊把他勸住，說："你喝醉了，摔成這個樣子！人家好意找你來，你反倒跟人家翻臉！"梁文錦口中依舊大罵，席仲孝卻只是冷笑着說："由你罵，我現在什麼也不說，等明天回家我見老伯去。"

在這深更半夜的街上，這幾個人說說吵吵的，就回到了泰德和糧店內。牟子春叫夥計打來洗臉水，梁文錦洗了臉，躺在木榻上抽了一口大煙。他的臉上身上還是疼痛難忍，而且心裏回想着有些後怕，暗想：今天這事兒，自己可是太冒險了，剛才要叫那俞家的姑娘雙刀殺死，或是叫那大漢子給打死，也就算完了！若是教老頭子給捆起來送官呢，那縱使自己家裏能夠花錢打點，可也太丟人了！還幸虧俞姑娘手下留情，老頭子心地也慈善，才把我放了。得啦，這也算給我一個教訓。

他又想：這事只有牟子春和席仲孝知道。牟子春是自己的舅爺，自己丟人的事兒，他絕不能對外人去說，可是席仲孝卻靠不住，他若是把這事兒跟別人一說，自己不但那點兒小小的名聲完了，簡直就不能再出門見人了。於是他就趕緊過去向席仲孝作揖賠罪。

席仲孝起先還裝腔作勢地不肯講和，後來問明白了梁文錦在俞家挨打的詳細情形，才笑着說："得啦，老弟！你罵我的那些話，我也不計較了。可是這件事兒拿在我的手裏，以後你要是不聽我的話，咱們就講出來，看你拿什麼臉去見人！"梁文錦又是羞愧又是生氣，但是沒有法子，好容易才把席仲孝安頓下去，他回來躺在床上，臉痛得一夜也沒睡着。

次日天一亮，他就叫人雇車，跟着牟子春、席仲孝一起回南宮去了。當日回到南宮縣梁家莊自己的家中，見了爹娘，他就說是喝醉了酒，在街上摔傷的。他爹娘罵了他一頓，幸虧有他舅爺在旁做證人，說他確是摔傷的，才沒把在俞家偷香被打的事露出來。梁文錦因為臉腫得跟茄子似的，而且左胯骨被摔得也有些痛，就不敢再出門見人了。他每天在家裏睡覺，時時還夢見俞秀蓮，不過他夢見的秀蓮姑娘，卻不是那樣明眸笑靨，而是個手持着雙刀，如夜叉一般的人了。總之，梁文錦對於俞秀蓮算是死了心了，並且也無顏再往鉅鹿縣去。

第三回　飄零書劍名士惹春愁　囂擾煙塵少年窺麗影

梁文錦的武藝雖不甚高強，但是他的師父卻是直隸省一位著名的老俠。那位老俠名叫紀廣傑，是一位秀才出身的老俠客，一生落拓江湖，到處行俠仗義，一口寶劍從來沒遇見過對手。紀廣傑在六十歲以後，才隱居南宮縣，以授徒為生，一時從遊者甚眾。梁文錦和席仲孝都是富家公子，年輕好事，便也拜了紀老俠客為師。

紀老俠客教授徒弟的方法頗為特別，每天只給他們打一趟拳，或練一趟劍，好歹你自己去學去練。梁文錦和席仲孝全是裘馬少年，怎能刻苦練習工夫？所以三年光景，梁、席二人的拳法劍術和躥房越脊的工夫，雖然也會了一點兒，並且自己也覺得不錯，但認真說起來，實在是稀鬆平常，紀老俠客對他們的武藝連正眼也不看。

紀老俠客在南宮住了四五年，就病死在南宮。他平生收了徒弟不下三十人，但真正能夠得到他的傳授者只有一個人，這人就是南宮人李慕白。李慕白是南宮縣內的一個秀才，年有二十餘歲，生得相貌魁梧，神情瀟灑。他住在南宮城外五里村，現依叔父度日，他的父母都早已亡故了。

說起他的父親也是個很奇特的人。他父親名叫李鳳傑，本是南宮縣一農家子弟，但他生性不羈，既喜文學，又好武藝，他的師父就是曾經名震江湖的蜀中龍。李鳳傑是一個很落拓的人，曾隨同某將軍做過幕賓，走過許多地方，交了許多朋友。李鳳傑曾在嵩山養過傷，在那裏遇着了一位俠客，此人名叫江南鶴，二人結為異姓兄弟。後來李鳳傑娶了親，生下一子，就是李慕白。

慕白從小在江南長大，六歲時就隨父親習學武藝，可是在他八歲的時候，江南瘟疫流行，他的父母同時死了。李鳳傑臨終時曾託付盟兄江南鶴，將慕白送回南宮家鄉胞弟李鳳卿之處撫養，所以江南鶴把鳳傑夫婦葬埋了之後，就將李慕白送到南宮縣，然後他隻身往天涯流浪去了。李慕白便由其叔父撫養成人。

他的叔父種着幾十畝田地，頗稱小康之家，而且膝下並無子女，所以就把李慕白視如己出。他叔父平素最羨慕讀書的人，尤其是舉人翰林，他叔父就當天神一般地尊敬，所以令慕白自幼讀書。李慕白十三歲時就應鄉試，中了秀才，於是把他叔父喜歡得了不得，又盼着他中舉，中進士。可是這時李慕白的性情改變了，原來他的生性與他父親差不多，喜歡瀟灑放蕩的生活，不願意寒窗苦讀，與筆硯廝守。尤其是兒時的一些印象，父親教授自己劍術時的雄姿，江南鶴慷慨英俊的丰采，他一一都能記得起來，所以他時時想自己也學成一身武藝，能像他父親和江南鶴一般，做一個江湖俠士，卻把功名富貴不放在眼裏。

　　在他十六歲時，老俠客紀廣傑就來到南宮，李慕白也就跟去習學武藝。原來紀廣傑未來到南宮之時，就遇到過江南鶴，江南鶴曾託付他，說："李鳳傑之子，名叫李慕白，現住南宮縣。你如到了南宮，千萬要把這人收下做徒弟，認真把武藝傳授給他。"所以紀老俠客見了李慕白，問清了他的家世，便把他另眼看待。又兼慕白聰明過人，刻苦學藝，所以不到四五年，李慕白已把師父的武藝、拳腳，和種種特有的功夫，完全學會了。不過他只顧了學武，文章卻無暇去讀，連應了兩次省試，全都未得中舉，因此不獨慕白自己對功名灰了心，就連他叔父對他的感情也冷淡了。

　　李慕白年至二十四五歲尚未娶親，為此事，他的叔父嬸母對他益發不滿。原來李慕白心中有一個志願，娶妻必想娶一絕色女子，而且必須是個會武藝的，若是不合這兩個條件，無論什麼名閨淑媛他也不要。因此他的婚事總沒有着落，一般同學和朋友也莫不笑他。

　　這天，李慕白在場院中舞了一趟劍。舞畢之後，他提着寶劍呆呆地佇立，眼望着田間麥苗青青，籬外桃花灼灼，春風撲面，蝴蝶依人，天際一團團的春雲變幻飄蕩，他不禁感慨身世，長歎了口氣。正待回屋內，忽見道上來了一匹馬，馬來到臨近，李慕白見馬上的人係同學席仲孝。席仲孝身穿紫緞夾衣，青緞鞋，把辮子梳得又黑又亮，一副闊少的樣子。李慕白本不願接近這種人，但席仲孝向來欽佩李慕白的文章和武技，所以時常到這裏來看他。

　　當下二人相見，李慕白就問："怎麼好多天不見你？"席仲孝下了馬，把馬拴在棗樹上，一面抖着衣裳一面說："我跟梁文錦到巨鹿去了幾天，昨天才回來。"李慕白又問說："梁文錦在巨鹿開着買賣，可你到那裏有什麼事？"席仲孝說："我不過是到巨鹿閑玩一玩罷了。"李慕白把席仲孝讓到屋內，席仲孝就笑着向李慕白說："你猜我今天幹什麼來了？"李慕白聽了他這話，不由得一怔，問道："你說這話是什麼意思？"席仲孝又笑了，說："你得先給我道謝，我是給你做媒來了！"李慕白一聽這話，心裏就不耐煩，說："算了吧，你趁早別說那些話了！"

　　席仲孝正色說："這回我可不是拿你開心，真的，我給你物色着一個品貌絕俊、武藝高強的佳人。可是我也不認得人家，只能把這個人告訴你，你若覺着中意，你就自己求親去。"李慕白聽他這樣一說，倒覺得很有趣味，便笑着問道："你說的是誰家的姑娘？"席仲孝說："巨鹿縣鐵翅雕俞雄遠，你認得不認得？"李慕白說："俞老鏢頭的大名，我倒曉得，只是沒有見過此人。"席仲孝說:"我說的就是他的女兒。這位姑娘名叫俞秀蓮,今年不過十六七歲。要講容貌身段,我敢說真是傾國傾城,西施見了也得低頭,姮娥比之也須減色,在巨鹿縣你若提起俞美人兒來,那真是無人不知,無人不曉。"李慕白點頭說:"小地方有一個品貌好的女子,自然要被人注意。"

席仲孝搖頭說"不,我看名都大郡也尋不出那樣的絕色女子。還有一樣,早先人家不過曉得俞老鏢有一個美貌的女兒,現在才知道這姑娘武藝也是超群。前幾天,俞老鏢帶着女兒從城外上墳回來,走在半路上,忽然遇着幾個舊仇人,持刀把車攔住,要害俞老鏢的性命。那時俞老鏢手無寸鐵,危在頃刻,卻不料俞秀蓮姑娘突然由車上跳下,奪過仇人的一口刀,然後一個人敵住四五個兇猛的大漢子,結果被她砍倒了一個,其餘盡皆驅走……"

李慕白聽到這裏,不禁出神,說:"哦!這樣的女子,可真是難得!"席仲孝說:"難得的是她色藝雙全。所以從這件事發生之後,人都曉得俞姑娘不但容貌出眾,武藝也是超群。大家不但愛慕她,而且怕她,獨有咱們那位梁師弟,不知自量,在姑娘手中吃了一個大虧,幾乎沒把性命送掉。現在他躲在家裏不敢見人,臉腫得跟茄子一般。"李慕白問道:"怎麼,梁文錦叫人家打了?"

席仲孝笑道:"幾乎被她打死!"他遂把梁文錦那天在城外,親眼看見姑娘殺走了她父親的幾個仇人後,就着了迷,晚間到俞家去偷香,卻被姑娘捉住飽打了一頓,算是俞老鏢頭心好,把他放了。然後他又說:"師弟,你向來自誇非絕色和精通武藝的女子不娶,現在這俞姑娘正堪為你之配。現在你若能到巨鹿去一趟,與那姑娘比武三合,將姑娘贏了,然後再向俞老鏢頭求親,那時不但你娶了個如意的夫人,也算給我們南宮人爭一口氣!"

李慕白聽了這話,雖然心裏躍躍欲試,可是又覺得這事兒有點不太可能,便笑着說:"哪有這樣的事兒?不用說人家姑娘不能跟咱們素不相識的男子比武,即使比了武,贏了人家,俞老鏢頭就得氣死,哪還能招我做女婿?"

席仲孝見李慕白不願前去,他便編謊說:"俞老鏢頭曾親口對人說,誰若是比武贏了他的女兒,他就把女兒許配給誰。雖然現放着這件便宜事兒,可是沒有人敢去試一試。我看只有師弟你的武藝高強,人才出眾,到了那裏,姑娘也許一眼看上,不用比武,她就認輸了。"說畢他用眼望着李慕白,不住地笑,心裏卻想着:平日你自誇武藝比我們強,現在你敢去嗎?若能用寶劍賺回來個媳婦,那我們也佩服你了!

李慕白沉思了一會兒,忽然笑道:"你把這姑娘誇得世間少有,但我還沒見過她。"席仲孝說:"見她倒容易,這姑娘不像別的人家,不出閨房。"李慕白含笑點頭說:"好,那我就到一趟巨鹿,娶她倒未必,不過我一定要叫這女子曉得,天下還有比她武藝高強的人!"

席仲孝見李慕白中了計,便笑着說:"就這樣辦。明天一早我找你來,咱們一同前去。我還要在你們定親之後,喝你的頭一杯喜酒呢!"李慕白笑道:"那事兒倒不用提,不過我自信到了巨鹿,或者不至於像梁文錦那樣丟人。"當下二人商量好了,又談了一些旁的閒話,席仲孝就走了。

這裏李慕白獨自在屋裏，冥想了半天，他手摸着寶劍，眼前擬想出一個容貌美麗而武藝高強的佳人來，忽聽耳旁有一個很粗老的聲音說道："慕白，你沒到你姑媽家去，問問京裏有信來了沒有？"李慕白這才收住了他那綺情幻想，趕緊扭頭一看，卻是他叔父李鳳卿，叔父是什麼時候進到屋裏的，他也全不曉得。

李鳳卿在這時候還穿着灰布大棉襖，腰上繫着一條褡包，他的灰白色的鬍子掀動着，又說："我看現在你懶得厲害，一點兒也不為自己的事情想一想。你舉也沒中成，在家裏這樣閑待着，待到八十歲，還是個窮秀才。你整天地耍劍，那頂得了什麼？難道你將來還想到街上賣藝求錢去不成？"說到這裏，他的鬍子越發往上撅，臉上的顏色越發難看。

李慕白只是皺着眉，心裏十分難過，剛待還言，又聽他叔父說："我看你還是托托你姑媽。你姑媽的大伯在京裏刑部做主事，主事並不是小官，你若能到京裏去見見他，他一定能給你在部裏找個差使。好好地幹，自然也能有很大的出息。"

李慕白點頭說："是，不過我須得到京裏表叔的回信，我才能去，不然我到了那裏也是賦閑。昨天我到姑媽家去，京裏的信還沒有來，所以還得等幾天。"遂又乘機說："前年在省裏應考的時候，我認識了巨鹿的一位賈成勳，他是前年中的舉，做過一任知縣，新近才回到家裏。我打算明天到巨鹿去拜會他，將來他若再得了差使，也是我的一個門路。"

他叔父說："本來嘛！你也應該在外頭應酬應酬，多認得幾個人總是好。不然你縱有天大的才學，老在家裏待着，也沒有劉備三顧茅廬來請你！"說完，他叔父就出屋走了。聽了這話李慕白真是苦惱，可是因為眼前還有一個美麗的希望，倒頗能減去他的一些痛苦。

次日一清早，席仲孝就坐着他家裏的一輛車來了，李慕白隨即帶上寶劍和隨身的行李，出門上車，席仲孝跨着車轅，就往巨鹿縣去了。那席仲孝十分高興，說："昨天我到梁文錦家裏去了，我把你也要去會俞姑娘的事情向他說了，他還有點兒吃醋。他說你找俞家父女去，應該替他報仇出氣才是，若是把那俞姑娘娶回家來，他就從此不認得你了。"

李慕白冷笑着說："豈有此理！不要說我此去不想娶那俞姑娘，就是真格地娶了回來，梁文錦也管不着我。"說到這裏，他心中又有些生氣，就想：如果那俞秀蓮的人才、武藝真像席仲孝所說的那樣，那自己就非要娶她為妻不可，也向梁文錦一般人誇耀誇耀。

席仲孝見李慕白似乎有點兒生氣，就更在旁邊用話來激他。李慕白也看出來了，就想："席仲孝叫我到巨鹿去幹這件事兒，他一定是沒懷着好心，至少他是想叫我也在俞家父女的手裏栽一個跟斗。"但李慕白自負奇技，偏要跟席仲孝賭這一口氣。

車行到正午，二人在路上找了個飯舖，吃過飯，歇了一會兒，又往下走。走到下午四時許，便到了巨鹿縣。依着李慕白要找店房，但席仲孝總嫌店房裏不方便，就在泰德和糧店內歇下。席仲孝以前常同着梁文錦到這裏來，所以他跟櫃上的人，上自掌櫃的，下至夥計，全都極熟。

掌櫃的老徐見席仲孝才走了兩天又回來了，便趕過來問說："我們少東家的傷好了沒有？"席仲孝說："不但沒好，反倒比早先更青更腫了。"

他先同着李慕白進到櫃房去，躺在木榻上燒煙，他一面燒着煙，一面跟掌櫃的閒談，又指着李慕白說："這就是你們少東家時常提說的那個李慕白，現在到這裏是來說親事的。"徐掌櫃問說："不知是哪一家的小姐？"席仲孝說："就是這裏俞老鏢頭的姑娘。"李慕白在旁聽着不禁面紅，就向徐掌櫃說："掌櫃的不要聽他信口胡說，沒有這件事兒，我現在是同他到這裏來玩一玩。"

李慕白雖是這樣解說，但徐掌櫃卻信以為實了，他用驚異的眼光看着李慕白，說："要說俞家的姑娘，可真是才貌雙全！俞家雖然是保鏢出身，可是人家很清白，也不算辱沒了李少爺。"李慕白聽徐掌櫃這樣地說，越發極力辯白，席仲孝卻在旁一面抽着煙，一面不住地笑。

徐掌櫃又同二人談了一會兒閒話，就出屋去了。這裏李慕白卻仰着面幻想着：或者席仲孝說的不是假話？聽這掌櫃子說，那俞家的姑娘實在是才貌雙全，並且身家還很清白。本來我也不是什麼世家子弟，與她家倒也配得過去。如此想着，真恨不得立刻就見着姑娘之面才好。

這時候席仲孝的煙癮也過足了，他便叫來了本號的一個夥計。這夥計姓何，原是他們梁財東的遠親，為人極其油滑。他又專管跑外，所以對於街面上的事情，他是非常地熟，他們少東家和席仲孝惦記俞家姑娘的事，那也全瞞不了他。

當下席仲孝把他叫到屋裏，就笑吟吟地問說："我走了這兩天，那俞家沒出什麼新鮮的事兒嗎？"何夥計就笑着說："人家安分守己地過日子，哪能夠淨出事兒呀？"席仲孝也笑了笑，便指着李慕白說："這位李少爺來到這裏，就是為要看一看你們這裏那位出名的美人兒俞姑娘。"何夥計說："這個容易，明天是東關長春寺開光，我想俞家姑娘一定要跟着她父母到廟裏去燒香。李少爺在廟門先去等着，一定看得見她。"席仲孝點點頭，又望了望李慕白，說："今天也晚了，明天咱們就到那廟裏看看熱鬧，順便也會會那佳人。"李慕白笑道："這算什麼要緊的事兒，明天、後天都不要緊。"席仲孝由榻上坐起身來，笑着說："我就不信，你的心裏會一點兒不着急？"少時，何夥計又往前櫃去了。

當日席仲孝和李慕白就歇在櫃房裏，一夜之間，李慕白也沒有睡好。好容易盼到了次日，天色未明他就起來了，漱洗已畢，他特意換上一件寶藍色軟綢夾袍，薄底官靴。席仲孝見李慕白神清目秀，身體魁梧，真是個英俊青年，心說：若論起外表來，李慕白比我和梁文錦可強得多了，那俞家姑娘看了，也許真愛他。若叫他真把那朵玫瑰花兒捏在手裏，那他才算走運呢！這樣想着，心中未免又有些嫉妒。於是他也換上了一件絳色的春綢夾袍，粉底官靴，繫上一條金絲帶子，帶子上掛着眼鏡套、錢袋和種種花紅柳綠的繡活。

少時舖子裏就開飯了，席仲孝的心裏忙得很，他早派了何夥計到俞家門前看望去了。飯還沒吃完，何夥計就跑了回來，他笑得嘴都合不上了，說：

-19-

"李少爺跟那俞姑娘真是有緣，剛才我到俞家住的那胡同裏去看，就見那裏停着一輛大鞍車，大概真是那老兩口子要帶着姑娘逛廟去。"

席仲孝趕緊催着李慕白說："快些把飯吃完了，咱們這就得趕了去，要不然人家先到廟裏，一擠進人群，咱們可就找不着他們了。"李慕白自然也是恨不得立刻就見着那姑娘，於是草草吃完飯，二人又洗了洗臉，席仲孝就叫李慕白帶上寶劍，遂就出了泰德和糧店。席仲孝說："咱們先到她家門前看看去，看他們走了沒有。"於是席仲孝在前，李慕白在後，便往俞家住的那個胡同去了。

今天因為是東關長春寺開光的日子，而且天氣晴和，所以大街上的行人車馬很多，小小的巨鹿縣城頓時熱鬧起來。席仲孝帶着李慕白到了俞家住的那個胡同裏，就指着路北的一家小黑門說："那就是俞老雕住的房子！"可是門前哪裏停着什麼大鞍車呢？席仲孝立時慌了，便說："咱們得趕緊走，人家姑娘一定是先到廟裏去了。"遂就急急匆匆地出了這小胡同，走到大街上，叫過一輛趟子車來，二人一同上了車，就叫趕車的快點給趕到東關長春寺去。

車輪走在石頭道上吱吱地亂響，少時就到了東門，只見城門洞裏行人車馬十分擁擠，也有許多有錢人家的大鞍車擠在裏邊，車裏坐着老太太、少奶奶、小姐和丫鬟們，全都是為到長春寺燒香的。一出東門，沿路淨是香攤，街上走的人手裏也多半拿着香燭等等。有些個小家婦女，穿着紅紅紫紫的新衣裳，擦着滿臉的胭脂，頭上戴着包金的首飾，你攙着我，我攙着你，扭扭捏捏，笑語喧嘩，三三五五地走着。

有一個年輕的富家公子，騎着高頭大馬，後面跟着小廝，專往人群中有年輕婦女之處去闖，口裏還喊着："借光呀！躲一躲，小心撞着！"喊着時，馬鞭子便從一個穿着鮮豔、身材苗條的年輕婦女的頭上掠過去了。那婦女羞憤地向馬後瞪了一眼，那富家公子卻轉過頭來，輕狂地笑了笑，說："我沒瞧見呀！小嫂子！"接着，他又催馬去調戲另一個婦女去了。

席仲孝、李慕白的這輛騾車，也隨着人群往東走去。席仲孝跨着車轅，就像隻餓鷹一般，兩隻眼睛不住地東張西望，前尋後找，他把一些車上的、步行的少婦長女全都看遍了，可是也沒看見那俞秀蓮姑娘的芳容。他未免有點兒灰心，心想：也許姑娘沒到這廟裏來吧？李慕白在車裏也靠着車窗向外去看，一路上自然也有不少豔裝婦女的影子映入他的眼簾，可是沒有一個能使李慕白心動魂銷。暗想：果然那俞秀蓮姑娘的容貌，要是跟這人長得差不多，那無論她的武藝有多好，我也不敢領教，即日我就回南宮去。

此時由車上抬頭望去，已看見對面兩根高高的紅油旗杆，上面飄蕩着杏黃旗子，上面寫着什麼"萬古長春"。來到廟門前，只見紅牆和山門都是新油飾的，門前已被一些善男信女擁擠得水泄不通，並有許多賣零食的小販和化緣的窮僧貧道，在路旁亂叫亂喊。席仲孝就回首向李慕白說："人真多！"

二人遂在門前下了車，剛要跟着眾人擠進廟去，忽聽旁邊有人高聲喊道："席少爺！"席仲孝心說是誰呀？就把頭左右轉着去找，忽見前面人叢中站着一個人，向他們招手，一看，原來是何夥計。席仲孝不由大喜，趕緊拉着李慕白擠了過去，後面趕車的就喊道："大爺，還沒給車錢呢！"李慕白趕緊又擠了回來，由身上取出錢，給了那趕車的人。

這時席仲孝已擠到何夥計的跟前，問道："你怎麼倒先來了？"何夥計眯縫着眼笑了笑，並不答他這話，卻說："我看見那個俞姑娘了，跟着她的媽，還有一個黃臉的瘦子跟着。"席仲孝趕緊問道："在哪兒啦？"何夥計向裏面努嘴，說："剛進去，這時候大概正在大殿裏燒香呢。"席仲孝趕緊喊着，叫李慕白擠過來，他在先，何夥計在第二，李慕白在最後，就分開眾人往裏去擠。那些人被席仲孝東推西擠，又有的被李慕白的劍鞘絆得幾乎摔倒，於是全都惡狠狠地瞪着他們，口裏發出怨言，席仲孝也不管不顧，就這樣直擠到了正殿。

正殿前的人更多，香煙像雲一般地瀰漫着、繚繞着，一些男女老少在佛前焚香叩頭，也看不見正殿中到底供的是什麼佛。席仲孝、李慕白正在東張西望，忽然何夥計一拉席仲孝的袖子，說："那不是她嗎？"席仲孝、李慕白全都隨着他的目光看去，只見由前面下來一個四十多歲，身穿藍布短衣的黃瘦漢子，這人在前面擠着，喊着借光，後面跟着一個五十上下，身材不高的老婆婆，穿着黑緞子的夾衣裙，一個姑娘在旁邊攙着她。

這位姑娘年紀不過十六七歲，身材窈窕，瓜子臉兒上淡淡地擦着些脂粉，兩隻眼睛像秋水一般地靈活，似乎像帶着些笑，但那笑媚之中，又有一種不能令人輕視的神態。她鼻梁微高，櫻唇點得很紅，兩道眉毛纖秀而清楚。頭上梳着一條青亮的長辮，鬢邊插着一朵絹做的月季花和一枝金釵，兩個金耳墜上鑲着小珠子，在耳下亂擺。姑娘上身穿着玫瑰紅色的夾袍，鑲着細窄的繡着蝴蝶的邊子，下面是水綠緞子的長褲，在她攙着母親的兩隻手上，戴着二三個金戒指，皓腕上還套着金鐲。

席仲孝跟何夥計此時全都看呆了，他使勁拉了李慕白一下，說："快看，這個就是！"李慕白也注目到這位姑娘的身上，他仿佛是見到了一個夢都夢不到、想也想不出的美麗而寶貴的東西，連自己現在在哪裏全都忘了。

此時俞姑娘已攙扶着她母親往外走去，席仲孝便帶着李慕白又往外去擠，他們的頭頸高高揚着，呆望着這位絕色的，而又身懷絕技的少女背影。

第四回　單劍戰嬌娥喜得繡帕　輕裝走驛路突遇強徒

　　今天是長春寺開光，俞老太太是個信佛的人，所以才帶着女兒來此燒香。俞老鏢頭因為不放心，便託付地裏鬼崔三，跟着她母女到廟裏來。本來俞秀蓮姑娘喜歡熱鬧，雖然這麼擁擠，但她一點也不以為苦，她只是討厭老是有一些人賊眉鼠眼地盯着她，她認為凡是死盯着自己的人，尤其是年輕的，那必不是好人。

　　今天有兩個最討厭的人，那就是席仲孝和李慕白。這兩個人直跟着俞姑娘出了廟門，看着俞姑娘上了車，他們還在後面緊緊地跟着。俞姑娘雖然沒有怎麼去看這兩個人，但席仲孝的那身繡花活計和李慕白的那口寶劍，她是看見了，她心裏不禁生疑，暗想：看那穿寶藍色衣服的人，身材很雄健，腰間且掛着寶劍，一定是個練武藝的。他們緊緊地跟隨我，別是我父親的仇人吧？這樣一想，她坐在車裏，也趴着車窗往外去看，只見那兩個人還是步行跟着，並且時時望着自己這輛車。秀蓮姑娘心想：這一定是父親的仇人了！他們跟着我們這輛車，是要看我們住在哪裏。

　　她此時不但不害怕，反倒很喜歡，因為倘若這二人真是父親的仇人，自己又可以得個機會施展施展武藝了。地裏鬼崔三也看出席仲孝和李慕白二人的形跡可疑，心說：這兩個壞蛋，又瞧上我們姑娘啦，也不知道還要不要命啦？於是一賭氣就催着趕車的快些走。當時這輛大鞍車，就在石頭道上飛跑起來，少時就進了城，又走了些時候就回到家裏去了。

　　席仲孝、李慕白拋下那何夥計，步行追了半天車，後來見那輛車飛跑起來，二人就追趕不上了。李慕白回首向席仲孝笑說：「他們看出我們來了！」席仲孝就說：「讓他們先跑回去吧，反正咱們知道他們在哪個門兒住。」於是二人走到城門口，也叫了一輛車，就一直到了那俞家住的巷口。

　　下了車，來到俞家門前一看，那兩扇小黑門關得很嚴。二人停住足，呆然地望了一會兒，席仲孝就悄聲向李慕白說：「師弟，現在是姑娘也看見了，門兒也找着了，就瞧你的膽氣了。你上前一打門，進去和那姑娘比武，贏了她，立刻就把這位美貌的姑娘給訂下了，嘿！那時誰不羨慕你？」

第四回　單劍戰嬌娥喜得繡帕　輕裝走驛路突遇強徒

　　李慕白此時真像是被秀蓮姑娘給攝去了魂魄似的，雖然未嘗不覺得上前打門有些唐突，而且看席仲孝那樣子，明明是想要看自己在他眼前栽個跟頭，但是也不知為什麼，他就身不由己地上了石階，把手往門環上叩去。席仲孝看他真敢打門，反倒嚇得顏色改變，趕緊退後幾步。

　　李慕白又叩了幾下門環，裏面就把門開開了，出來一人。這人年有三十來歲，高大身材，黑臉膛，盤着辮子，穿着緊身衣褲，抓地虎鞋子，他惡狠狠地望着李慕白，說：「你找誰？」

　　李慕白一看這個人的樣子很兇，就想：自己現在來，原是要找姑娘比武，誰跟這黑大漢惹氣呢？於是就態度很和藹地說：「我是要拜訪俞老鏢頭。」這時，剛才在廟裏見過的那個黃瘦漢子，也探出頭來，他低聲跟這黑臉漢子說了兩句話，這黑臉漢子可真氣了，說：「把我的刀拿來！」說着一步跨出門檻，伸手就去抓李慕白。李慕白退下台階，那大漢捋着袖子，說：「你到底是幹什麼的，由東關廟裏追到這兒來？告訴你，把眼睛睜大些！你要打算殺害俞老鏢頭，先得問問我五爪鷹孫正禮，是好惹的不是？」說時掄掌打來，卻被李慕白一手推開。

　　這時地裏鬼崔三已由裏面把刀拿了出來，孫正禮接過鋼刀，向李慕白就砍，李慕白也抽出寶劍，用劍去迎，刀劍相擊，戰了三四回合。這時秀蓮姑娘換了一身短衣，頭上包着繡帕，手提雙刀出了門，叫道：「孫大哥躲開，讓我來殺他。」

　　李慕白一看把姑娘招出來了，他就跳到一旁，向孫正禮說：「住手，住手！我今天非有別意，就是聽說這位小姐武藝高強，我要同她比一比武。無論是輸是贏，比武之後，我轉身就走，絕不糾纏。」

　　孫正禮罵道：「混蛋！我師妹憑什麼跟你比武？」說時又掄刀撲上。俞秀蓮也舞着雙刀過來，孫正禮雖然喊着叫她退後，但秀蓮姑娘哪裏肯退後一步，她把雙刀翻飛地舞動，像兩朵花一般，倒使孫正禮不能上前了。

　　此時李慕白一手掄劍擋住了三口刀，一手把腰間掛着的劍鞘揪下，扔在地下，把衣襟掖起。身上一便利了，他就把劍法施展開了，同時留意着秀蓮姑娘的刀法。交手十幾個回合，孫正禮簡直插不上手了，他提着刀在旁不住地喘氣，口裏還喊着叫秀蓮姑娘躲開，讓他上。李慕白此時卻劍法越熟，身軀越靈活，而且面上帶着微微的笑容，眼睛露出深深的情意，並且寶劍使得很謹慎，彷彿怕傷了秀蓮姑娘似的。俞秀蓮見李慕白的寶劍舞得似一條銀蛇，把自己的兩口刀東磕西撞，震得雙腕都有些發疼，她盡力地用雙刀去找李慕白劍法的隙處，心裏卻又是驚訝，又是羞愧。

　　這時孫正禮已喘過氣來，便又掄刀上前，去戰李慕白。地裏鬼崔三就站在屋裏向外望，擔心着秀蓮姑娘要敗。而席仲孝早已跑得遠遠的，往這邊望着。旁邊有些行人，也全都停足觀望，但沒有人敢過來把他們勸開。正在這刀劍翻騰，難分難解之時，俞老鏢頭俞雄遠手提着畫眉籠子走到了巷口，席仲孝一見，就趕緊跑開，旁邊就有人說：「俞老闆，趕快看看去吧，你的姑娘跟人動刀打起來了！」

俞老鏢頭大吃一驚，趕緊跑進胡同，就見女兒秀蓮和孫正禮，正掄着刀敵住一個使劍的青年。俞老鏢頭有眼力，一看這青年的劍法，就曉得他受過名人的傳授，秀蓮絕敵不過他，孫正禮更是不行。不過看此人還沒有什麼惡意，於是他就走到近前，喝道："住手，住手！"而此時李慕白已用劍把俞秀蓮頭上的繡帕挑下。

秀蓮姑娘見父親來了，就趕緊提刀跑過來，哭着說："爸爸，這個人他欺負咱們！"孫正禮還在那裏一面喘氣，一面與李慕白拼命。

俞老鏢頭把鳥籠交給女兒，由女兒的手中要過雙刀來，上前把二人的刀劍架住，怒喝道："有什麼話，對我俞雄遠說，不許交手！"

李慕白趕緊收住劍勢，退後幾步，孫正禮也停住刀，喘着氣說："這小子太可恨！師父，咱們爺兒倆一齊上手，非得叫他知道咱們的厲害不可！"

俞老鏢頭卻冷笑道："咱們現在還有什麼厲害？安分守己地在家過日子，還不斷地有人找到門上來欺負咱們呢！"遂就一擺手，叫女兒回去，然後向李慕白說："我看閣下儀表堂皇，武藝精通，似不是江湖中人。你我素不相識，更沒有什麼仇恨可言，你今天為什麼提着寶劍找到我的家門來，欺負我的女兒和徒弟？"

李慕白被俞老鏢頭質問得滿面慚愧，他把劍鞘拾起，掛在身上，將寶劍入了鞘，衣襟抖開，然後恭恭敬敬地向老鏢頭施禮，說："老前輩不要動怒，我今天自認是太唐突了，可是我也沒有惡意。我姓李，名慕白，南宮人，乃是江南鶴和紀廣傑兩位老師父的弟子。"

俞老鏢頭聽他說出這兩位老俠的名號，不由得面顯驚訝之色，說："啊！原來你是紀廣傑的徒弟！紀廣傑是我的老朋友了，他在南宮住的時候，常來看我，我們是兄弟一般，至於江南鶴，我雖沒見過，但也久仰其名，如此說來你是老賢姪了！"說到這裏，他便笑了笑，上前拉住李慕白的手說："來，請到裏面咱們細談一談！"李慕白聽說俞老鏢頭是先師的老朋友，便更覺得羞愧，遂就跟着老鏢頭進了門。

老鏢頭把李慕白讓到外院西屋裏，叫崔三給李慕白倒茶，又給李慕白向孫正禮引見，李慕白便向孫正禮賠罪。

老鏢頭就說："我自從把鏢店收拾了以後，六七年來就閉門家居，再也不與江湖朋友來往。所以你師父紀廣傑住在南宮，離此地不過一天的路程，他還來看過我幾次，但我也沒有去回拜他，後來就聽說他已去世了。我如今老了，對於江湖上後起之秀更是不曉得，今天你要不說出紀廣傑是你的師父，我簡直不曉得他生前還收下了你這樣的好徒弟。"

李慕白遂把自己的家庭身世略說了一遍，俞老鏢頭就問李慕白今天到這裏來，是有什麼事。李慕白見老鏢頭一問，越發羞得臉紅，本想不說出來意，但那秀蓮姑娘的絕世芳容和超人武藝，又把他的神魂全都繫住了，何況如今提說起來，與俞老鏢頭又有叔姪之情，他便想着這件婚事必定成就了，於是囁嚅地說道："因為久仰老叔的英名，早就想來拜望。新近又聽說老叔有一位愛女，武藝更是超群，老叔曾對人說過，只要是年輕未婚的人，能與這位

第四回　單劍戰嬌娥喜得繡帕　輕裝走驛路突遇強徒

小姐比武，勝了，便可以求親。所以小姪冒昧來到這裏與姑娘比武。"

說時，他從袖子裏取出一物，就是用寶劍由秀蓮姑娘頭上挑下來的那塊繡帕。他雙手把繡帕放在老鏢頭眼前的桌上，表示自己是比武勝了姑娘。俞老鏢頭見他這樣，不由得又是生氣，又是好笑，便哈哈地笑道："老賢姪，你上了別人的當了！我哪裏說過那樣的話？"

李慕白一聽，就像腦門兒上吃了一拳，立刻神情改變，剛要發話去問，就聽俞老鏢頭帶笑說道："小女秀蓮，在幼時就定了親事，許配的是宣化府孟老鏢頭的次子。今年小女已十七歲，明年我就要送她去於歸了，我豈能還有什麼比武擇婿之事？我想這一定是你的年輕朋友同你鬧着玩，不料你就信以為真。可是這件事兒我也不生氣，你也不要懊惱，總算今天我知道我那紀老哥，竟有了你這樣一個武藝高強、人物出眾的徒弟了。以後你不妨常到我這裏來，我如看見與你合適的姑娘，一定要為你做媒哩！"

李慕白頓時覺得心裏同冰一般地涼，仿佛一切希望和前途全都失去了一般。他怔了半晌，才歎道："老叔不要說了，再說我就無地自容了！"說完悔恨地跺了一下腳，便站起身來說："我真冒昧！幸虧老叔不肯加罪於我，可是我此後也無顏再見老叔之面了！"說着向外就走。

俞老鏢頭也很覺不好意思，便起身勸阻他，並說："你何妨多坐一會兒？咱們再談談別的話，剛才那事兒只當沒有一般，你我都不必記在心上！"

李慕白卻搖頭說："不，我要即刻就走！"遂向俞老鏢頭深深打了一躬，向外走去。

俞老鏢頭隨後送他出去，並囑咐他說："你回去見了你那朋友，也不可為此事爭吵。年輕人，總不免要彼此鬧着玩的！"

李慕白說："我不能怨恨朋友，這只怪我自己太冒昧！"當下出了門，又向俞老鏢頭拱拱手，就向巷口外走去。此時他就仿佛是一個落第舉子一般，神情懊喪，兩條腿都發軟了。

才出了巷口，就見席仲孝站在那裏正等着他。一見李慕白出來，席仲孝就趕過去問道："怎麼樣了，喜事成了沒成？"李慕白帶着怒意地冷笑了一聲，說道："你真算會騙人，叫我幹了這件大荒唐事兒！"說着便順大街走去。

回到泰德和櫃房裏，李慕白把寶劍摘下，放在桌上，長歎了一聲，就垂頭喪氣地坐到椅子上，他真是悔恨得要死。席仲孝哪能服氣，他躺在炕上，一面拿起煙槍，一面說："師弟，你怎麼能說我騙了你？難道俞家的姑娘不夠美嗎？武藝還不算好嗎？與你還配不過嗎？"李慕白聽席仲孝這麼一說，心裏越發難過，便問說："你怎會沒騙我？俞老鏢頭幾時曾說過叫他女兒比武擇婿之事？"

席仲孝不禁撲哧一聲笑了，他就說："我要是不那麼說，你也未必肯來呀！可是無論俞老鏢頭說過那話沒有，你與那俞姑娘已經比過武了，你的人才，你的武藝，俞老鏢頭也都看見了，難道你開口向她求親，俞老鏢頭還能夠拒絕你嗎？"

李慕白冷笑道："俞老鏢頭本是師父生前的好友，人家的姑娘早已許給了宣化府孟老鏢頭的次子，明年就要送往婆家去了。"

席仲孝一聽這話，也仿佛有點兒失望，就說："姓孟的小子真算有福氣，原來他早把這個絕世的珍寶訂下了，得啦，就算咱們沒福就得了！師弟你還算好，跟這姑娘打了半天，還把姑娘頭上的繡花帕子得到手裏玩玩，梁文錦是一點兒便宜沒得着，先鬧個鼻青臉腫，你想他得多喪氣呀！"說着笑了笑，就呼哧呼哧地抽他的大煙。

李慕白也不願與席仲孝多費唇舌，就坐在椅子上發怔，他回想着俞秀蓮姑娘的芳容秀態，以及那對熟練精彩雙刀，暗想：如得此妻，即使窮困終身也可以無憾。我李慕白所以年過二十，尚未婚娶，就是為物色這樣的一個佳人。現在完了，俞姑娘已是孟家未婚的媳婦，我絕不能再對人家有一點兒非分之想。可是我如今見過她以後，我的婚事就越發難有成就了，天下哪能再尋到像俞姑娘那樣色藝雙全之女子？

當下他十分感慨，坐都坐不安，便催着席仲孝當天就趕回南宮。席仲孝這時煙癮還沒過足，十分疲憊，就說："忙什麼的？你回到家裏不是也沒有事兒嗎？"

李慕白便站起身來，說："你若不走，我可要雇車回去了，因為我實在不願在此多待。"

席仲孝不高興地說："你這個人性情真彆扭，難道娶不成媳婦，這巨鹿縣就不能再住一天了嗎？"

正自說着，何夥計又進到屋裏，李慕白就說："何夥計，你給我雇一輛車去，我回南宮。"

何夥計說："李少爺忙什麼的？多在這裏玩兩天不好嗎？"

李慕白卻絕對不願再在這裏多停，就說："我回去還有事兒。勞你駕，看看車店裏有往南宮去的車沒有？"何夥計只是望着席仲孝。

席仲孝自己在這裏還有些別的花哨事情，他也不願意李慕白這樣古怪的人跟着自己，便點頭說："得啦，你就給李少爺雇一輛車去吧！要雇可雇熟車，別叫李少爺連南宮也不回，跑到別處當和尚去了。"說着他坐起身來，又向何夥計說道："你不知道嗎？李少爺娶不着俞家的姑娘，心裏正煩着呢！"

李慕白生氣道："你叫我在這裏做下荒唐事，你還要耍我？"席仲孝坐在榻上只是哈哈地笑。何夥計也不敢笑，就到外面雇車去了。

少時把車雇來，李慕白就拿上隨身的包裹和寶劍，出門上車。那徐掌櫃還送出門去，說："李少爺，以後有工夫可以常到這裏來玩。"李慕白在車上拱了拱手，當下這輛車便出城去了。

李慕白離了巨鹿縣，順着來時的道路往回走，心裏卻不似來時那樣高興，坐在車上也無意看那大地上的陽春煙景。走到晚間方才回到南宮縣家中，開發了車錢，就回到自己那間寂寞的小屋裏。他叔父跟進屋來，問他到巨鹿見着那個曾做過知縣的朋友沒有，李慕白只說沒見着，聽說那個朋友往北京謀差事去了，他叔父聽了也很是失望。

第四回　單劍戰嬌娥喜得繡帕　輕裝走驛路突遇強徒

當日晚間，李慕白飯也吃不下去，書也無心去讀，只是對着孤燈發怔，心中無限地惆悵。少時就寢，在睡夢中也彷彿正與俞秀蓮姑娘比武，又夢見俞老鏢頭已經答應把女兒許配給自己了，醒來看得明月滿窗，四面寂靜，又不禁唉聲歎氣。

到了次日，他連寶劍都懶得去練了，並且看到那村前的麥苗、舍旁的桃花，以及遠遠的含煙楊柳、似黛青山，就更增加了無限新愁，他的精神也振作不起來了。

又過了兩日，席仲孝來了，要邀李慕白一同去看梁文錦，李慕白卻搖頭說自己不願意去。席仲孝又要說俞秀蓮姑娘的事兒，也被李慕白攔住，不許他說。席仲孝見李慕白把俞秀蓮的那事兒看得這樣認真，便也十分不高興，坐了一會兒就走了，他暗想：你想也是白想！難道人家俞雄遠還能跟那孟家退婚，把姑娘給你嗎？李慕白本來就厭煩席仲孝、梁文錦那一般紈絝子弟，自有此事之後，便越發不願與他們見面。

過了兩個多月，此時榴花似火，槐柳成蔭，已到初夏時期。李慕白在家越發疏懶，每天除了讀唐詩，便是睡覺，把那些八股文章和寶劍及拳腳功夫，全都擱置起來，並且終日衣冠不整，精神頹廢，連他自己也不曉得是為什麼緣故。

這天他的叔父李鳳卿到城內他姑媽家去看望，回來時很是高興，拿出由北京帶來的一封信，給李慕白看。李慕白的姑媽，嫁給了城內大戶祁家，他姑媽的大伯祁殿臣，現在京裏刑部做主事。從去年起，李鳳卿就托人帶信，請求親戚給李慕白在京謀事。直到現在才有這封信來，信上就寫着叫李慕白先到北京去，祁殿臣要看看他，然後再給他謀事。

李鳳卿十分高興地對他姪子說："你瞧你表叔，人家真不錯呀！現在一定是已經給你找着事了，是還不知道你幹得了幹不了，所以叫你去一趟，他先見見你。反正你到了北京，吃喝住處他不能不管，若能在部裏弄個差使，真比在外頭做知縣還強。可是你也得好好地幹，把性情也得改一改，老是那麼彆扭，不聽別人的話，可不行。"

李慕白此時也很願意到外面去散散心。而且久聞北京乃富麗之地，名勝極多，也應當去開一開眼界，於是很高興地就答應了。他叔父就叫預備隨身的行李，並翻閱曆書，見後天就是頂吉的日子，便決定叫他那天就起身。於是李慕白就着手收拾自己隨身的東西，次日又到城內他姑媽之處辭行。到了第三天，他叔父李鳳卿取出五十兩積蓄來，給他作為路費。李慕白雇來一輛車，帶着隨身衣包和寶劍，便拜別了叔父嬸母，離了南宮縣，乘車北上。

李慕白此次離家，並非專為謀事，他最大的志願還是要闖一闖江湖，遊覽遊覽各地的名勝，更希望能於風塵之中，遇見一個與俞秀蓮相像的女子，以完成自己的婚事。

這時天氣很熱，坐在驛車裏，悶得實在頭暈。李慕白算計着手上有叔父給他的五十兩，還有自己原有未用的二十幾兩，總共雖不足八十兩紋銀，但也差不多，他就想買一匹馬。所以一到冀州，李慕白就把車打發了，自己到馬店裏買了一匹白色的不十分強壯的馬，花了四十兩紋銀。又用八兩銀子買了一套半新不舊的鞍韉。

備好了馬，李慕白騎上，手揮皮鞭，心中非常得意。李慕白生來最喜歡騎馬，在家鄉時，梁文錦家中有兩匹馬，李慕白時常借來騎，所以他的騎術也很不錯。如今他連路費夠不夠全都不管了，買了這匹雖不算太好，但也看得過的馬，他的精神就振作了好多，暗想：有了這匹馬，我就能夠闖蕩江湖了，又何必要娶妻生子，謀前程呢？因為天氣太熱，李慕白就在市上買了一頂馬連坡的大草帽，戴在頭上，陪襯上他那身青布短衣褲和鞍下掛着的一口雙鋒，越發像是一位慣走江湖的青年俠客了。

策馬離了冀州城，他就順着大路往北走去，當日走了七十餘里，過了滏陽河，便找了宿處。次日清晨依然往北走，約在上午十時左右，就來到武強縣境。因為天氣太熱，李慕白不願緊緊趕路，就騎着馬，慢慢地前行，路上的行人車馬也不多。李慕白一面走，一面想着，自己到了北京之後，應當做怎樣打算。又想：如若表叔給自己在刑部找個事，終日埋頭案牘之間，那自己便算完了。最好是能夠找到一個教拳或保鏢的事做，可是表叔是做京官的人，他絕不能讓自己去幹那下流的事情。這樣想着，便覺着自己到了北京之後，實在無甚意味，所以更不肯在這炎夏天氣下，趕路前行了。

又往下走了十幾里地，忽聽身後一陣馬蹄雜亂之聲，李慕白剛待回頭去看，就見有三匹馬由自己的身旁，像箭一般地掠過去了。李慕白看這三匹馬上是兩個男子一個婦人，男子都是短衣大草帽，一個高身材，一個身體略胖；婦人是有二十餘歲，頭上罩着黑紗首帕，身穿淺紅的綢襖，黑色暑涼綢的褲子，兩隻紅緞鞋蹬着馬鐙，似是慣於騎馬的樣子。最惹人注目的就是這三匹馬的鞍下，全都捆着帶鞘的鋼刀。李慕白當時十分驚異，暗道：這幾個人是幹什麼的？恐怕不是江湖賣藝的，就是強盜之流吧，一時忍不住年輕人的好事之心，他遂就催馬趕了上去，離那三匹馬不過幾十步遠。

李慕白在後面緊緊跟隨，同時留心這男女三個人的面目，只見那高身材的人年紀有三十上下，紅臉膛，嘴上有些短鬚；那微胖的人身材不高，是紫黑臉，兩眼又兇又大，年有二十餘歲；婦人不過二十三四的樣子，長臉，面色微黑，眉目間倒還有些姿色，可是她的左腮上有一塊紅痣，仿佛是特地要顯露出這女人的兇悍樣子。三人在路上並不怎麼談話，只是策着馬緊緊前行，仿佛是有什麼事情在等着他們去辦，又像是在追趕着什麼人。

李慕白往下跟了有二三里地，那三個人就不住地回頭去看，又彼此說着話，仿佛十分疑惑李慕白。李慕白卻面色泰然，只是騎着馬不即不離地跟着他們。

又走了一裏多地，忽見那三個人把馬勒住了，李慕白依舊從容不迫地往前走，那高身材的人就把馬一橫，向李慕白招呼道："朋友，你是幹什麼的？"李慕白故意一發怔，抬起頭來，看了看他們三個人，裝呆說道："我是走路呀！"那高身材的人又問："你上哪兒去？"李慕白說："我是到北京去的。"那高身材的人聽李慕白說是上北京去的，就更加注意，他從頭上至腳下地打量着李慕白,似是想看出李慕白到底是個做什麼的人。

這時旁邊那個紫黑臉的人卻急了,他怒目向李慕白問道:"我們不管你往哪裏去,就問你為什麼老跟着我們?"

李慕白看了看他這兇樣子,一點兒也不畏懼,就微微冷笑着說:"你們可也太不講理了!這是康莊大道,無論客旅行商,誰都可以隨便在此行走,你們在前,我在後,各人趕各人的路,怎見得我是跟着你們呢?難道我闖了十幾年的江湖,走過江南海北,不跟着你們,我便不認得路了嗎?"

李慕白還沒說完,那婦人就要由鞍下抽刀,卻被那身高的人用眼色把她攔住。高身材的人被李慕白的大話給嚇住了,他不知道李慕白是怎樣的人,也不願爭鬥,就笑了笑說:"得啦朋友,我們明白啦!你說得對,各人行各人的路。"遂向那一男一女說道:"走咱們的,看他還能怎麼樣!"說着三個人便氣憤憤連揮幾鞭,那三匹馬就飛也似的,蕩起多高的塵土,往北跑去了。李慕白在後面不住地哈哈大笑。

第五回　又遇危機鋼鋒助父女　同羈逆旅豔色惹邪魔

　　李慕白聽了那高身材的人所說的話，他已大概明白了，這兩男一女都是江湖賊人。看他們把自己也認為江湖人，而且不願惹氣，可見他們在前面必有要緊的事，多半也不是什麼好事。他就想：我既然遇見，豈可把他們放過？到底要看看他們是做些什麼，倘若是些傷天害理的事，我非要拔劍削除不可。於是望着那三匹馬的後影，緊緊追趕下去。

　　又走了十幾里地，前面的車馬行人多了，三匹馬也就去遠，李慕白怕撞着路上的行人，遂把馬勒住，慢慢地向前行走。原來前面是一座熱鬧市鎮，李慕白此時腹中也覺得饑餓，便趕到鎮上，找着一家小飯舖，吃了兩碗面，並把馬牽到一家草料舖餵了，然後騎上馬，又往鎮外走去。

　　才走了不遠，忽聞有個很蒼老的聲音叫道："李少爺，李少爺！"李慕白趕緊扭頭一看，不由得十分驚訝，原來後面來了一輛騾車和一匹馬，馬上那位身材雄壯、花白鬍子的老叟，正是巨鹿縣的鐵翅雕俞雄遠老鏢頭，車中坐着的正是曾一度惹得自己既戀慕又懊惱的那位俞秀蓮姑娘，還同着她那年邁的母親。

　　李慕白此時又不免心魂一蕩，不敢再去瞧姑娘，他趕緊下了馬，向老鏢頭打躬。俞老鏢頭在馬上笑着說："快請上馬吧！不要多禮，不要多禮！咳，我身體不利便，也不能下馬去了！"一面說着一面拱手，態度十分和藹。

　　李慕白想起兩月以前，自己在他家所做的那件冒失的事情，不禁又是面上發紅，再斜眼往車上看時，姑娘已把青紗的車簾放下了。

　　李慕白心裏更覺得難受，他牽着馬，真不知應當對俞老鏢頭說什麼才好。這時俞老鏢頭倒彷彿把早先的事全都忘了似的，只問說："李賢姪，你現在是上哪裏去呢？"

　　李慕白見問，越發慚愧，便說："我是到京都去，看望一家親戚。"

　　俞老鏢頭說："京都你常去嗎？"

　　李慕白臉又一紅，說："前幾年倒是去過一次，不過沒住多少日子。"

　　俞老鏢頭便點頭說："京都確實是個好地方，我年輕的時候，在那裏住過十幾年，現在前門外打磨廠泰興鏢店裏還有我的老朋友。你要見了他們，提一提我，彼此總有些照應。"

李慕白連連點頭，又問："老叔現在上什麼地方去？"

俞老鏢頭遲疑了一下，便指了指車子說："我送她們到保定府去。"

李慕白點了點頭，牽着馬又怔了一會兒。

俞老鏢頭就說："賢姪若有要緊的事，就請便吧！我們這輛車太慢。"

李慕白聽了這話才覺得有了一個下場機會，遂拱手說："那麼我由京都回來時，再看老叔去吧。老叔在京都要有什麼事，可以吩咐我給辦！"

俞老鏢頭笑着說："沒有什麼事。"李慕白便扳鞍上馬，與俞老鏢頭作別。才走了幾步，忽聽後面俞老鏢頭又叫道："李賢姪！"

李慕白趕緊勒住馬，回頭去看，只見俞老鏢頭已催馬趕了過來。見他似乎要說什麼，李慕白就問道："老叔還有什麼吩咐？"那老鏢頭仰着頭想了半天，可是始終沒有把話說出口來。

這時後面的車已來到身旁停住，青紗的車簾一啟，俞秀蓮姑娘露出半邊臉來，向老鏢頭叫道："爸爸，咱們走吧！"李慕白又趁機看了一眼，更覺得姑娘豔麗無雙。

此時俞老鏢頭就笑了笑，說："我真是老得什麼都不成了，一點兒小事都想不起來了，好在也不要緊。賢姪你請吧，將來咱們見了面再談！"弄得李慕白倒莫名其妙，只得又拱了拱手，策馬走去，走了有一箭之遠，回頭去看，只見俞老鏢頭的那匹馬和那輛車，仍在後面慢慢地走着。

此時李慕白的心緒很亂，既被秀蓮的豔色所迷，惹起了兩個月以前的癡情，又覺得剛才俞老鏢頭那樣欲語不語的態度，十分可疑，他暗想：看那俞老鏢頭是個爽快的人，怎會剛才他把自己叫回去，卻又有話不肯說呢？又想：自己與俞老鏢頭原無深交，而且兩月前那件對不起他的事情，其實今天在鎮上相遇，我又沒先看見他，他若是不招呼我，我也就走過去了。可是他卻不記舊事，把我叫住，一聲一聲地叫我賢姪，看他那十分誠懇的樣子，莫非是有什麼事要求我嗎？

因此他又有些心醉魂銷，暗想：也許秀蓮姑娘許配孟家，那原是一番假話，在這兩個月內，俞老鏢頭把我的家世和人品都打聽出來了，現在他又要把女兒許配給我了？這樣一想，他不禁心花怒放，又想：剛才秀蓮姑娘一看見自己就把車簾放下，彷彿是害羞似的，她為什麼害羞？大概是因為曉得她父親有意要把她許配給自己了吧？

他越想越覺得不錯，就不住回頭去望，只見那俞老鏢頭騎着馬，押着車，款款而行，車簾還在放着。李慕白不知現在他們全家因為什麼事情往保定去，本想要撥馬回去，與他們一路走，可是又覺得那樣未免太討厭了，於是便想了一個主意。

往前走了四五里地，見前面有一片松林，原是一個大戶人家的墳院，李慕白就下了馬，牽着馬走進了林中。林中的一些鳥兒，看見有人牽着馬進來，驚得亂飛亂叫。李慕白把馬繫在樹上，就坐在一塊斷碣上歇息。等了少時，就聽見林外一陣車輪聲、馬蹄聲。李慕白向外偷眼望去，就見正是俞老鏢頭那匹馬和俞秀蓮母女的那輛車，從這林前走過去了。李慕白心裏忍不住要發笑，等得他們的車過去了半天，他才解下馬，由林中出來，抬頭向前面望去，俞老鏢頭的車馬已經走出有一裏多地去了。李慕白心說：好了！我在後面跟着他們，看他們到保定到底是幹什麼去？遂就扳鞍上馬。

才要策馬前行，忽聽身後一陣馬蹄的聲音。李慕白趕緊回頭去看，只見一片塵土滾滾，自己早晨在路上遇見的兩男一女，又騎着馬飛跑前來。李慕白心中十分驚訝，暗道：這三個賊人到底是想做什麼？他們的馬這般快，怎麼倒走在自己的後邊了？

此時那三匹馬來到臨近，那曾跟李慕白說話的高身材的人，向李慕白笑着說："朋友，你倒走在我們前頭了！"那紫黑臉的漢子和那婦人，也都用眼瞪了李慕白一下。三匹馬又越過李慕白的坐騎，往北飛跑去了。

李慕白呆呆地望着他們，策着馬也向北走去，才走了不遠，忽見那三匹馬追趕上了俞老鏢頭的車馬，他們就全都跳下馬，抽出明晃晃的刀來。李慕白不由得大驚，趕緊揮鞭催馬，飛奔過去。此時俞老鏢頭的車馬已經停住了，只見俞老鏢頭由鞍下抽刀，跳下馬來，與那三個賊人廝殺起來。俞秀蓮姑娘也由車上提着雙刀下來，幫助他父親敵住那個女賊。李慕白一面策馬如飛，一面張手大喊："住手，住手！"

俞老鏢頭父女和三個賊人交手已有二十餘回合，俞老鏢頭雖然刀法純熟，但年歲老了，手腳遲緩，眼看要敵不住那兩個男賊，俞秀蓮也覺得那女賊十分兇悍，自己的雙刀不敢有一點疏忽。這時李慕白已來到臨近，他手挺寶劍，跳下馬來，奔向那兩個男賊，並向俞老鏢頭喊道："老叔請退後些！"

俞老鏢頭見李慕白趕到，心中甚喜，便退後幾步，讓李慕白上前。那紫黑臉的漢子就怒問道："我們打架，幹你什麼事？"那身材高的賊人也說："朋友，趁早躲開，咱們無冤無仇，我們不願傷着你！"

李慕白卻怒罵道："混蛋！你們欺負我俞叔父，就跟欺負我一樣！"說着把寶劍舞動得似一條銀蛇，逼得那兩個男賊不得不退後些，交手幾合，李慕白便一劍將那長身的男子砍倒。俞老鏢頭又掄刀過去，幫助女兒去戰那女賊。

那紫黑臉的漢子見敵不過李慕白了，轉身就跑，他搶了一匹馬，一面跑一面回頭向那女賊叫道："妹妹快走吧！"

那女賊真夠兇悍，一點也不畏懼，一口單刀敵住俞老鏢頭父女，不但刀法不亂，反倒逼得俞老鏢頭父女不住向後退。李慕白暗道：這個女賊武藝真是了不得！遂就不去追那個男賊，而去幫助俞家父女戰這女賊。

李慕白一上前，那女賊的一口刀可真招架不住了，她便大喊道："你們幾個人來打我一個呀！"這句話沒說完，就被俞秀蓮姑娘一刀砍在了臂上，那女賊哎喲一聲，便摔倒在地下。秀蓮姑娘的雙刀還要往下去砍，卻被他父親攔住，李慕白也住了手。此時那個紫黑臉的漢子已然逃走，不見蹤影了。

在他們刀劍相拼之時，兩旁就聚集了不少行人和車馬，如今見他們住了手，就全都趕過來看熱鬧。只見那個高身材的漢子是左腿上受了傷，他坐在地下，疼得不住哼哼。那個女賊倒真強悍，她臂上的刀傷很重，淺紅的衫子都染成深紅色的了，但她還掙扎着爬到道旁的一棵樹下，靠着樹坐着。她連疼帶氣，臉上煞白，便瞪着兩隻兇眼怒罵着說："你們三個人打我一個，算什麼英雄？"又罵李慕白多管閒事，更用許多穢言穢語辱罵俞秀蓮姑娘。氣得俞秀蓮蛾眉直豎，又掄着雙刀過去，說："我殺死你這個潑婦！"

李慕白上前把姑娘攔住，說："姑娘別傷她，現在旁邊有這許多人做見證，咱們把她送到衙門治罪去就得了。"秀蓮姑娘氣得仍不住喘氣，她微抬眼皮，望了望李慕白，便轉身走到她父親的身畔。

這時，俞老鏢頭把刀入鞘，向一些行路的人抱拳說："諸位都看見了，我們好好地走路，這三個人從後面趕來，抽出刀來就要殺害我們。若不是我們父女會些武藝，身邊帶着防身的兵刃，恐怕此時早就遭他們的毒手了！"

旁邊的人都替俞老鏢頭不平，有人就上前踢打那個高身材受傷的人，罵着問道："你們是久慣劫路的賊人不是？現在從哪兒來？快說實話！"

那個受傷的人便一面哼哼一面說："你們諸位別冤枉我們！我們可不是打算劫他們，他們也不配我們劫。我們是找他來報仇的，因為我們有十年的仇恨，這俞老頭子殺死過我的師父！"

此時，那個受傷的婦人又向俞老鏢頭罵道："姓俞的，你趁早把車讓給我們坐，我們就饒了你，要不然，打起官司來也沒有你的好處。還告訴你，現在我們還有十幾個弟兄呢，你要把我們交到衙門，他們也不能饒了你！"

俞老鏢頭這時急得滿頭是汗，本來自己也不願意打官司，可是此時本地的鄉約地保全都來了。俞老鏢頭就說，自己年歲老了，不願意多事，情願跟他們私了，給他們雇一輛車，叫他們自己養傷去。怎奈那鄉約地保十分固執，說："你們打得這麼兇，把這兩人傷得這麼重，可不能由你們私自了結。這地方歸饒陽縣管，現在的縣太爺唐大老爺，辦事最為認真。尤其是這段路上，前兩天就出了土匪劫人，未曾捉獲，現在我們若叫你們各自走開，縣太爺若曉得了，一定說我們放縱匪人，要拿我們去問罪。現在沒有旁的說的，把你們交到衙門，是打官司，還是私自了結，你們到堂上再說去。"

這時俞秀蓮姑娘已上車去了，俞老鏢頭皺着眉，望了望李慕白。

李慕白就說："看這樣子，不去打官司是不行了。可是老叔也別着急，咱們沒有什麼理屈的地方。"

俞老鏢頭卻歎道："我什麼都不怕，我只是怕麻煩呀！"李慕白見俞老鏢頭十分懊惱，可是此時又無暇問他與這男女賊人結仇的始末。

少時，鄉約地保就套來一輛牛車，把兩個受傷的人抬到了車上，他們牽着賊人的兩匹馬，拿着賊人的那兩口刀，並叫幾個行路的人跟了去做見證。俞老鏢頭與李慕白全都上了馬，秀蓮母女的那輛車也跟在後面，就一同順路往西北去了。

走了十幾里地就到了饒陽縣城。進了城直到縣衙，鄉約地保就找來衙役，把兩個受傷的男女攙了下去，並把俞老鏢頭、李慕白和秀蓮母女及那幾個在場的見證人，全都帶到裏面。

少時，縣太爺升大堂審問，俞老鏢頭一看這位縣太爺鷹鼻鷂眼，就知道是個很厲害的人。這知縣先問了俞老鏢頭、李慕白及那兩個受傷的人的名字，俞老鏢頭此時才知道那長身的賊人名叫曾德保，那個女賊就是何飛龍的女兒，綽號叫"女魔王"的何劍娥。

當下知縣就問俞老鏢頭："你與他們有什麼仇恨，招得他們這樣追趕着要殺害你？"俞老鏢頭說："我是以保鏢為生的，時常押着鏢車在各處行走，有時若遇有強盜要打劫我的鏢車，我自然要與強盜們爭鬥，難免要殺傷人，結下仇家。所以我與他們究竟有什麼仇，我也記不得了。"

知縣又問那受傷的男女。依着那曾德保，本是要把俞雄遠殺死他師父何飛龍，以致結下仇恨的事說出，可是何劍娥卻不肯說，因為若一說出她父親的事情，這足以證明她是賊人的子女，於俞雄遠沒有什麼損處，自己卻更要吃大虧。她便氣憤憤地說："大人也不必細問，江湖上的帳本來就難算，我就知道我的爸爸是教俞雄遠給殺死了。那是七八年前的事情了，那時候我還是個孩子，也不曉得詳情，不過我只想着替我爸爸報仇，所以我才立志學習武藝。此次我和胞兄何七虎、師兄曾德保，本來是找到巨鹿縣，要害俞雄遠的性命，可是俞雄遠已經事前曉得我們要去找他，他就帶着家眷逃走了。我們追趕了幾天，方才趕上他們。本來我們能夠殺死那老頭子，可是又來了這個人……"說話時，她一指李慕白，臉上露出兇悍之色，仿佛恨不得要撲過去，把李慕白殺死似的。

她接着又說："要不是這個人，我們早把仇報了。你這小子，將來我們饒了俞老頭子，也饒不了你！"李慕白在旁，望着這個兇悍的婦人，只是不住地冷笑。

然後知縣又問李慕白。李慕白便據實說自己是南宮縣的生員，因為赴京探親，路過此地，正遇見這兩個人和那逃走的人攔劫俞老鏢頭，自己看着不平，所以才拔劍相助。至於自己與俞老鏢頭，雖然住在鄰縣，彼此認識，但並無深交，他們結仇的事，自己更不曉得。

知縣又問了問那幾個在場親眼看見他們爭鬥的見證人。那幾個人全說俞老鏢頭是好好地行路，那三個人就騎馬趕到，抽刀出來，把他們劫住，並且不待他們講理，就掄刀要殺害他們。俞老鏢頭父女才取出兵刃來抵擋，那李慕白也確實是後來才趕到的。

知縣聽罷，點了點頭，便向那兩個受傷的男女說："這件事你們不必爭論了，明明你們是有盜匪的行為。他們雖然砍傷了你們，但那是他們自衛的手段，我不能判他們的罪。"遂當堂命俞老鏢頭父女及李慕白等退出聽傳，又命把這兩個受傷的男女押下監去。

當下俞老鏢頭等人叩頭感謝，剛要退出，忽見那女魔王一躍而起，由桌上抄起硯台向知縣就打。知縣趕緊趴在椅子上，硯台算是摔在旁邊地下沒有打着。兩旁衙役趕緊上前，把女魔王何劍娥扭住，一面用板子打，一面又給她加上了一條重鎖。那女魔王大罵大鬧，把公案桌子都給踢翻了。那知縣躲到一邊，指着女魔王只是亂喊亂斥。但女魔王兇悍依舊不減，幾個衙役全都揪不住她，後來又來了幾個衙役，才把女魔王按在地上，打了十幾大板，並上了腳鐐，才把女魔王和曾德保押下監去。

此時俞老鏢頭、李慕白、秀蓮母女及那幾個見證人，便全都退下堂去。出了縣衙門首，俞老鏢頭和李慕白就向那幾個做見證的人作揖道謝。那幾個人走了，俞老鏢頭叫秀蓮母女上了車，然後就向李慕白說："剛才縣太爺吩咐咱們退下聽傳，想咱們一兩天內，還不能離開此地，這樣倒耽誤賢姪的事情了！"

李慕白說："我倒沒有什麼要緊的事，在這裏多住幾天也不妨。咱們就在附近找一家店房住下吧，老叔也應當休息了！"

俞老鏢頭與李慕白剛要上馬，忽見衙門裏有幾個人趕了出來，其中兩個人是穿着官衣的衙役，還有一個闊少模樣的人，白臉膛小眼睛，穿着紫袍子，青緞坎肩，頭戴一頂青緞小帽，後面跟着兩個長隨，也穿得很是乾淨整齊。那兩個衙役就揚眉瞪眼地向俞老鏢頭問說："喂！你們打算上哪兒去呢？"

俞老鏢頭說："我們打算在城內找一家店房歇下，縣太爺隨傳隨到。"

兩個衙役說："這可不能由着你們自己找房，到時我們哪兒找你去呀？"

俞老鏢頭說："那麼就請二位大哥給我們找房子吧。"

這時，那闊少模樣的人走近車前，掀開車簾，探着頭往裏看，俞姑娘趕緊往車裏去躲，擠在她母親的懷裏，那闊少就眯着小眼睛，笑了笑。旁邊俞老鏢頭和李慕白看着，全都十分生氣，可又不知此人是衙門裏的什麼闊人，也不敢惹他，俞老鏢頭只得上前賠笑道："這車裏是山荊和小女。"

那個闊少點了點頭，把車簾放下，什麼話也沒說，兩個衙役就說："走，我給你們找店房去。"

俞老鏢頭和李慕白全都牽着馬，跟着那兩個衙役往東去走，車也在後面跟着。李慕白還不住地回頭去看那個闊少，只見那闊少帶着兩個長隨站在衙門前，呆呆地看着秀蓮姑娘那輛車的後影，並且彼此鬼鬼祟祟地說着什麼。李慕白心中十分生氣，暗想：一個女子若長得太美貌了，也是痛苦，到處都能遇見這樣可厭的人！

當下由那兩個衙役帶着他們找到一家店房，字號是"福山老店"。進去後，俞老鏢頭找了一間寬大的房子，李慕白找了一間小屋，就把車子上的行李搬到屋裏。俞老鏢頭又拿出兩塊銀子來，私下遞給那兩個衙役，說："你們二位打點兒酒喝吧！"

兩個衙役揣起銀兩來，臉上的顏色立刻改變了，一個就說："老爺子，你何必多禮？"又一個也安慰俞老鏢頭說："這件官司你也不用着急。本來你是事主，他們是強盜，今天過堂的時候，那娘兒們又向縣太爺那麼一鬧，縣太爺非重辦他們不可。沒有你的什麼事，連堂都不用再過，明天縣太爺就許叫我們帶來話，叫您走您的。"

俞老鏢頭點頭說："是，是，一切事都求諸位關照吧！"兩個衙役便走了。

這裏俞秀蓮姑娘跟她母親坐在炕上，就說："爸爸你歇一歇吧！你現在也別着急了。"

俞老鏢頭說："我不着急，我也不累，我跟李少爺說幾句話去。"說着就出屋去了。

李慕白因為自己與俞姑娘有過冒昧求婚的那件事，所以為了避免嫌疑，便不到俞老鏢頭那屋裏。他徑到了自己的屋中，把寶劍和隨身的包裹放在炕上，叫店夥沏了一壺茶，便坐在凳子上歇息。

這時俞老鏢頭就進屋來了，李慕白趕緊站起身來，俞老鏢頭就說："賢姪請坐！"遂在李慕白的對面坐下。俞老鏢頭歎口氣，說道："今天這事，真是想不到，幸虧遇着賢姪，若沒有賢姪在旁幫助，我們父女非要遭那三個賊人的毒手不可！"

李慕白說："哪裏！我看那三個賊人之中，只有那個婦人確實兇悍，那兩個男子全都不是老叔和姑娘的對手。"俞老鏢頭說："那婦人就是十年前河南有名的大盜寶刀何飛龍之女，名叫女魔王何劍娥，聽說她嫁給了金槍張玉瑾。那張玉瑾乃是近年陝豫及兩淮之間最有名的好漢，他若曉得他的妻子被我們砍傷入獄，一定不肯與我們甘休，那倒是一件可憂慮的事！"

李慕白一聽那女魔王原是張玉瑾的妻子，也不禁吃驚，因為金槍張玉瑾近幾年來威震江湖，幾乎無人不知他的大名。李慕白也想到如今冤仇已經結下，將來必難免麻煩，但他並不畏懼，只是笑着說："不是小姪說一句大話，若是那金槍張玉瑾犯在我的手裏，我也得讓他槍折人死！"當下又問俞老鏢頭與那何飛龍家結仇的始末。

俞老鏢頭見問，便十分感慨地將此事從頭到尾地說了一遍。並說前幾日師姪郁天傑又來報告說，那金槍張玉瑾和何飛龍的兒子何七虎，帶着許多江湖人又由衛輝府動身，要到巨鹿來尋找自己報仇。自己因想他們人多勢眾，難免到時遭他們毒手，所以才把家拋下，帶着妻子女兒離開巨鹿，打算先到保定府朋友家中暫避些日，不料到底在路上被他們追住，出了這件事。說到此處，俞老鏢頭不禁唏噓歎息，然後又說："我俞雄遠現在老了，而且多年不走江湖，在外面已沒有什麼朋友，何況又有老妻幼女累着我。我若現在還年輕，真不怕這些個人！"

李慕白見老鏢頭鬚髮皆白，如今又有仇人這樣苦苦逼迫他，也覺得這位老英雄很是可憐，可是因為有前幾個月的那件事，也不能對他說什麼親近的話，只得安慰俞老鏢頭說："老叔也不要為此事憂煩。如今女魔王何劍娥已被我們砍傷捉獲，交官治罪，他們兩次尋老叔報仇，全都失敗了，我想他們現在也必然膽戰心寒，知道老叔非易欺之人，必不敢再和老叔為難了。這件事情辦完之後，小姪要到北京去，若以後老叔再有什麼難辦的事情，就請派人到北京去找我，我必要盡力幫助老叔。"

俞老鏢頭點了點頭，遂又長歎了口氣，彷彿心中還有許多話要說，卻沒說出來，又坐了一會兒，他便回屋裏去了。

又待了一會兒，俞老鏢頭就要叫店夥給開晚飯。俞老太太卻喊着心疼，晚飯怕不能吃了。俞老鏢頭見老妻因這次驚嚇，宿疾復發，便坐在桌旁發愁。

第五回　又遇危機鋼鋒助父女　同羈逆旅豔色惹邪魔

俞老太太躺在炕上，秀蓮姑娘就給她母親撫摸着胸口。

這時，忽然進屋來了一個人，老鏢頭一看，原來是今天送自己到這店房來的那個衙役，他心中一驚，忙站起身來，讓座說："大哥，有什麼話請坐下說！"

那衙役滿臉賠笑，說："老爺子，你別這麼稱呼我呀！"遂就落座說："你這件官司不要緊了。縣太爺為人最惜老憐貧，他剛才把我叫了去，讓我來告訴你，請你放心，一點事也沒有。大概三兩天把兩個賊人定了罪名，就能叫你走了。"

俞老鏢頭說："多謝太爺這樣維護我們，我們將來一定要給太爺叩頭去！"

那衙役又望着秀蓮姑娘，笑着說："姑娘跟老太太都受驚了！"

俞老鏢頭說："我們姑娘小孩家，倒不曉得害怕，只是賤內，她胸口痛的病又犯了！"說着微微地歎氣。

那衙役又問："姑娘十幾歲了？"俞老鏢頭說："她十七歲了。"

那衙役又問："還沒有人家兒吧？"

俞老鏢頭說："親事倒是早定了。"

那衙役一聽，似乎很是失望，可又有些不相信，便說："不是那麼說，姑娘若是還沒有人家兒，我可以給姑娘提一門親事。我們縣太爺的大公子，今年二十七歲，人物很俊，才學也很好。大公子娶妻現已十年了，可是還沒有小孩。我們縣太爺想抱孫子的心切，早就想再給大公子說一房，可總沒有合適的。今天他老人家在堂上，看見你這位姑娘很不錯，就跟大公子商量了一下，大公子也十分願意，所以才派我到這兒來向你求親。如果你答應了，不但現在這官司好辦了，還可以結一門闊親戚，你就算我們縣太爺的親家老爺了，並且我們太爺還說，你要使些彩禮，那也辦得到。"說畢，他就望着俞老鏢頭等回話。

坐在炕上的秀蓮姑娘又羞又氣，便低下頭去，俞老鏢頭強忍着怒氣，慘笑着說："煩大哥替我回稟太爺，說也並不是不識抬舉，實因小女自幼就許配了人家，這件事絕不能答應！"

那衙役一聽，臉上就變得難看了，說："老爺子，你可別錯會了意，我們太爺這實在是誠心誠意，姑娘過了門絕不能受委屈。再說這也跟明媒正娶差不多，雖然是二房，可是比做妾強得多了。"

老鏢頭本來極力壓着氣，可是到此時已忍無可忍，他便把桌子一拍，說："你這位大哥，怎麼這樣麻煩！我的女兒自幼便許配給人，難道還能一女二嫁不成？"

衙役聽了這話，並未變臉，他勉強笑着，向俞老鏢頭警告說："我的老爺子！到了現在，無論怎麼着，你也得巴結巴結縣太爺，要不然你那件官司，非得把你拉到監獄裏不可！"

俞老鏢頭大怒，冷笑說："官司怎麼樣，難道還能判我殺頭的罪名嗎？"

俞秀蓮姑娘就勸她父親說："爸爸別生氣，有什麼話慢慢地說！"

-37-

俞老鏢頭卻氣得又拍桌子，說："那些話你都聽見了，本地的知縣把我看成了什麼人？我俞雄遠雖然走了一輩子江湖，但是身家清白，想不到現在老了，竟受人家這樣地欺負！那何飛龍的兒子女兒已經逼得我拋家棄產，這麼大年歲又出外來奔波，如今遇見這個知縣，也是這麼混帳！不用說你現在已許配了孟家，就是你沒許了人家，我堂堂俞雄遠，也不能把女兒給人家去做二房啊！"

老鏢頭這樣憤憤地說着，秀蓮姑娘的心中也十分難過，便忍不住哭泣起來，俞老太太也流着淚說："走到哪裏都受人欺負，不如咱們一家三口都死了吧！"

那衙役一見俞老鏢頭真氣急了，他恐怕再挨一頓打，便冷笑了兩聲，走出屋去了。俞老鏢頭坐在凳上也不住垂淚。

李慕白聽見爭吵的聲音，便到屋裏來。一看俞老鏢頭夫婦和秀蓮姑娘，都在哭泣，便問為什麼事。俞老鏢頭把剛才的事說了一番，然後又歎息因為自己年老，到處受人欺負。李慕白聽了，也不住歎息，見秀蓮姑娘坐在炕上，背着臉哭泣，他心中越發難過，便向老鏢頭又勸解一番。

那老鏢頭用拳捶着桌子，憤憤地道："我俞雄遠少年時是個最性烈的人，平生不受人家的欺侮，不然我也不能手刃二十多年的好朋友何飛龍，結下今日的仇恨。自把鏢店關門之後，我養心靜性，安分守己，絕不願與人相爭，卻不料如今還是遇着這些事，咳！"他又說："我俞雄遠雖然老了，可是鋼刀還會使，武藝也都沒有忘，若逼得我急了，那我可要拼出這條老命去了！"

李慕白就勸道："老叔也不要這樣生氣，凡事還要顧慮嬸母和姑娘。有小姪在這裏，就是有拼命廝殺的事，也應當讓小姪去做，老叔犯不上跟他們爭鬥！"

俞老鏢頭又歎了一聲，說："我怎肯連累你？你現在還有你的前程，因為我在這裏耽誤你幾天，我的心裏就已經很難受了！"李慕白聽了也默默不語，又勸了俞老鏢頭幾句，便回到自己屋內。回到屋內，李慕白就為俞老鏢頭父女的事又是打抱不平，又是歎息，又想：因為俞老鏢頭現在帶着家眷，秀蓮姑娘雖有通身的武藝，但俞老太太卻是老病不堪，倘若一時氣憤，再出了什麼事情，那就更是麻煩了。他想來想去，也得不到什麼好辦法，晚飯以後，便很早就睡下了。

次日清晨，李慕白出了店門，打算到縣衙附近去打聽打聽，昨天的那件案子有什麼結果沒有。他在縣衙門前徘徊了半天，卻不知道向誰去打聽才好，便信步順着大街向西走去。走了不遠，就見路北有一家茶館，裏面的人很是雜亂，李慕白就走了進去，找了一個空座坐下。茶館的堂倌給李慕白沏了一壺茶，拿過一個茶碗來。李慕白自己斟上茶，喝了兩口，便聽旁邊的一些茶座上眾說紛紜。就有人談到昨天知縣衙門裏捉來兩個賊人的事情，並說那女賊十分兇橫，在堂上大鬧，幾乎將縣官打傷。

第六回　衰老投監一朝悲殘命　風塵送嫁千里盡柔情

　　李慕白在茶館裏坐了半天，本想探聽出昨天那案子的結果，可是一聽，雖然有不少人談到昨天的那件案子，但只知道那男女兩個賊人是收在監獄裏了，至於縣官是打算怎麼發落，卻沒有人曉得。又聽旁邊一張桌子上有兩個人正在談論另一件案子，雖然並未敢明罵出縣官來，可是李慕白聽那口氣，就覺得這裏的唐知縣政聲很不好。於是他便想：俞老鏢頭昨天把知縣得罪了，假若那女魔王一撒刁，案子再生出別的枝節來，就怕於俞老鏢頭很是不利。如此想着，不免為俞老鏢頭提着心。

　　又坐了一會兒，他就給了茶錢，走出了茶館，順大街往東，回到福山店裏。不想他才一進店門，那店掌櫃子就說："大爺你回來了，快到那位俞老先生的屋裏看看去吧！那老先生剛才叫衙門裏的人給鎖走了！"李慕白一聽，不由得吃了一驚，心說：果然有這樣的事情！那個唐知縣也太狠毒了！

　　到了俞老鏢頭住的房前，就聽屋裏面，秀蓮姑娘和她母親哭得很是淒慘，李慕白又是難過，又是氣憤，便先咳嗽了一聲，然後進到屋裏。只見秀蓮姑娘坐在炕上，哭得和淚人兒一般，俞老太太是躺在炕上，已經起不來了，一面哭着一面喊胸口痛。

　　本來李慕白自己覺得無顏向秀蓮姑娘談話，可是到了此時，他也顧不得什麼嫌疑了，便皺着眉問道："姑娘，俞老叔是怎麼叫官人給傳去了？"

　　秀蓮姑娘滿面是淚，鬢髮蓬鬆，憔悴得像一朵經過雨淋的桃花似的，她一面用塊花手絹拭着淚，一面向李慕白說："李大哥，快到衙門裏看看我爸爸吧！剛才來了兩個衙役，把我爸爸給鎖走了，大概……就是因為昨天那件事，把知縣給得罪了！"

　　李慕白氣得跺腳，連說："姑娘不要着急，我這就到衙門打聽去！"說着轉身向外就走。他氣得心肺都要炸裂了，暗想：知縣本是人民的父母官，既食朝廷的俸祿，就應當明察是非，愛民如子。如今這個唐知縣竟因為人家不肯把女兒給他兒子做妾，就把人押起來，這樣的貪官不除，世間真無天理了！

李慕白氣憤憤地到了縣衙門前，只見衙門首站着六七個衙役，都威風赫赫，不准閒人在附近站立。李慕白上前，向一個衙役拱了拱手，問道："請問大哥，有一個福山店住的姓俞的老頭兒，剛才被這裏給傳來了。我可以進去見一見他嗎？"

　　那門上的衙役認得李慕白就是昨天在這裏打過官司的，因見他穿得還很整齊，便想他大概肯花幾個錢，遂就斜着眼睛看了看他，冷淡地說道："我們不知道，你上監獄裏問問去。"

　　李慕白拱手道了一聲謝，就進了衙門。只見南房便是監獄，李慕白走進去，就見這房子分着裏外間，裏間屋裏有十幾個人，有的在寫公事，有的在談天。李慕白不敢直進裏屋去，只在外屋一站，就有一個官人由裏屋出來，繃着臉，向李慕白問道："你有什麼事兒？"

　　李慕白拱了拱手，賠笑說："因為我有一個世交的叔父俞雄遠，剛才被這裏傳來了，我打算過完堂之後，見一見他。"說時他由身邊摸出一塊銀子來，遞給那個官人，又說："這是我的小意思，請你收下吧！"

　　那官人把銀子接到手裏，手就揣在袖子裏了，臉上也立刻露出來些和悅的顏色，他就問說："你姓什麼？"

　　李慕白："我姓李，跟我俞老叔是一路來的。"

　　那官人點頭說："我曉得，昨天你不是還過堂了嗎？"

　　李慕白點頭說："正是。"

　　那官人揚着頭想了一會兒，便說"你的事是完了，現在你要走也不要緊。就是那俞雄遠，他被女賊給叼上了，說他早先也是江湖大盜，所以縣太爺才把他抓來。可是我想，若是沒有什麼證據，也不要緊，頂多在監裏多押幾天，也就放了。"

　　李慕白就問："若是押在監裏，我們可以給他送飯嗎？"

　　那官人點頭說："那當然可以，我能給你在管監的那裏疏通疏通，不過你得花幾個錢。"

　　李慕白說："錢倒不要緊。"遂又掏出一錠銀子來交給他。

　　這個官人索性笑了，連說："你放心吧，你就在這兒等一等。回頭他過完了堂，我叫個人帶你去見見他就得了。"

　　李慕白拱手道了一聲謝，就在旁邊一條板凳上坐下。

　　那官人便進裏屋去了。接着又有許多人到這裏屋來打點官司、詢問案情，總之沒有一個不花錢的。李慕白不禁暗暗歎息，同時又想：將小可以喻大，知縣衙門裏的官人是如此貪贓受賄，刑部裏恐怕尤甚。將來我若到了北京，表叔若給自己在刑部安置這麼一個事情，那自己如何能做？

　　過了一會兒，忽然見那剛才收了銀子的官人出屋去了。又待了不多時間，那個官人就回來了，他還帶進一個衙役來，就向李慕白說："你見姓俞的不是？你跟着這位去吧。"李慕白遂就跟着那個衙役出屋，一直到了監獄。

　　原來，此時俞老鏢頭已然過完了堂，被押在獄中。李慕白在鐵柵欄外，見俞老鏢頭身帶鐵鍊，不禁心中一陣難過，滾下淚來。俞老鏢頭此時倒像不怎麼傷心了，他望了望李慕白，便說："李賢姪，你看，我活了六十多歲，生平沒做過犯法的事情，想不到如今倒叫人給押在監獄裏了！"

老鏢頭又說："你來得很好，我這官司不要緊。那縣官倒打算叫女魔王把我拉上，說我早先也做過強盜。可是那女魔王跟那姓曾的到底是江湖人，有些義氣，他們知道我平生是個好漢子，當堂就說，我們跟姓俞的有仇，我們殺不了他，將來也有人能殺他，可是我們不能誣賴他。"

李慕白聽了，才略略放心，說："既然如此，又無憑無據，縣官為什麼還要把俞老叔押起來呢？"

俞老鏢頭笑着說："他要押我，我有什麼法子呢？"遂又長歎了口氣，說道："總而言之，事到如今，我捨不得把女兒給他們，也得把錢給他們了。好在我離開家裏時，還帶着四百多兩銀子，你回去跟秀蓮要過來，替我在衙門裏打點打點，每天再給我送些飯來。只要不叫我死在監裏，我就甘心，要不然……"說到這裏，他把牙咬了咬，瞪着兩隻熊彪彪的大眼睛，半晌說不出一句話來。

李慕白就勸慰俞老鏢頭道："老叔現在也就不必生氣了，只盼老叔能夠兩三天內，出得獄來，就好了。"

俞老鏢頭眼裏滾下淚來，慨然地說道："就是出了監獄，恐怕我也不能活多久了！秀蓮和她媽媽，就求你多照應她們吧！"

李慕白聽了這話，也不禁辛酸落淚。才待用話安慰老鏢頭，忽見旁邊看獄的人走過來，說道："得啦得啦！話也說夠了吧？他這麼大的年歲，也應當叫他歇一歇了。你也得出去給他想個辦法，淨這麼說，能頂得了什麼事？"李慕白遭了這番奚落，只得辭別了俞老鏢頭。

李慕白一路愁眉不展地回到福山店，見了俞老太太和秀蓮姑娘，他就把自己剛才到監裏看見俞老鏢頭的情形說了一遍，俞老太太和秀蓮姑娘聽着，不禁哭泣起來。

李慕白見俞老太太因為胸口痛，還是不能起炕，便叫店家請來醫生，給俞老太太看了病。他去抓來藥，又向店家借了個小黃土爐子，秀蓮姑娘就在屋裏給她母親煎藥。李慕白又叫店家給預備兩樣菜，回頭好給俞老鏢頭送往監裏去。

見眼前的事都辦得差不多了，李慕白便回到自己的屋裏，他躺在炕上歇着，就想：現在自己手中所餘的銀錢不多，絕不夠打點官司之用，雖然俞老太太手裏有錢，可是自己也不願向她開口。他就想把自己的那匹馬賣了，得個三四十兩銀子，給俞老鏢頭花在監裏。於是他就打算回頭去監裏送飯回來，到馬店裏去問一問。

又躺了一會兒，忽聽窗外有人輕輕地一聲咳嗽。李慕白趕緊站起身來，就見房門一開，俞秀蓮姑娘進屋來了。雖然這兩日李慕白不斷與姑娘見面，但他從沒敢正眼看過姑娘，如今見秀蓮姑娘真是憔悴了，她穿着一件青綢子的汗衫，青布褲子，頭髮很散亂，脂粉也沒有擦，雖然是容貌依然秀麗動人，但絕不似春間在巨鹿縣長春寺初遇之時那樣地華艷了。

此時秀蓮姑娘的眼淚還沒有擦淨，她把手裏一個很沉重的包兒放在桌上，就向李慕白說："這是四封銀子，大概是二百兩。我爸爸現在監裏，沒有錢打點怕不行，我想李大哥身邊大概也沒有什麼富餘錢，所以我拿過來，給李大哥先用着。"

李慕白點頭答應，說："剛才俞老叔也跟我說了，叫我拿錢給打點打點。不過我出來時實在帶錢不多，剛才我就想跟姑娘要，但我不好出口。"

俞秀蓮姑娘輕輕地歎了口氣，說："李大哥也太客氣了。現在是辦我們的事，難道還能叫大哥跟着在銀錢上為難嗎？何況我們這次出來，還帶着四五百兩銀子。"又說："這次若不在路上遇見大哥，我們說不定得落到什麼地步了！為我們的事，耽誤大哥往北京去，我們的心裏就已然萬分難過了！"說到這裏，眼淚又像斷線珠子一般地滾了下來。

李慕白也不住歎息，低頭無語。

秀蓮姑娘又說："回頭我打算到衙門裏給我爸爸送飯去，大哥看可以不可以？"

李慕白想了一想，便很遲疑地說："我看姑娘還是不必去吧！因為衙門裏沒有什麼好人，姑娘去……倒不很好。"

秀蓮姑娘心裏明白，李慕白不叫自己到衙門裏去，是怕她遇見那唐知縣的兒子，難免又生事端，遂又歎了一聲，說道："那麼就全憑大哥分神吧！我現在真怕我爸爸在監獄裏病了，他老人家年紀已高，天又這麼熱，怎能受得了那樣的罪！"說着又掩面痛哭。

李慕白也不禁流淚，他用袖子擦了擦淚水，說："姑娘也不用傷心了，因為傷心也是無濟於事。姑娘就是好好地服侍老太太，老叔的官司由我打點，我想一半天老叔也就能夠出獄了。"

秀蓮姑娘便一面哭泣着，一面點了點頭，就出屋子去了。

看着姑娘的後影，李慕白心裏卻別有傷心，他想：自己真是無福！看秀蓮姑娘，也並非看不起自己，假若姑娘不是早日許配給人，想俞老鏢頭也一定肯把她許配給自己。可是現在自己絕不敢再有一點非分之想，就是俞老鏢頭跟那孟家退了婚，自己也不敢娶秀蓮姑娘了，否則，自己現在這樣幫助他們父女，都成了有所貪圖才做的，那豈不是連豬狗也不如了嗎？因此他就決定把自己這件傷心之事，忍痛拋開，割斷自己對於俞姑娘的癡情，只想着快些把俞老鏢頭救出監獄，然後自己就往北京去，或是到天涯海角流浪。

少時店夥把菜飯端來，李慕白便問吩咐他們做的菜飯好了沒有，店夥說也做好了，李慕白就趕忙吃完了飯，身上帶了一封銀子，把其餘的銀子全都收好，就出了屋。他叫店家派了一個小孩給提着食盒，就往縣衙門給俞老鏢頭送飯去了。

李慕白到了縣衙監獄內，把飯送給俞老鏢頭吃完，就打發那小孩子提着食盒回店房去了。他又去見了看獄的人，給了二兩銀子，求他多多照顧俞老鏢頭。然後他又到監獄裏，找早晨見的那個官人。

此時那官人已下班回家去了，可是他事先留下了話，說若有事時，就到他家裏去找他。當下便由一個衙門裏的小廝，就把李慕白帶到離着縣衙不遠的那個官人家裏。那個官人知道李慕白肯花錢，遂就十分地客氣。李慕白就談到自己打算花點兒錢，給俞老鏢頭打點官司，並說多的沒有，一二百兩銀子總還拿得出。那官人聽李慕白露出情願花錢的話來，便滿應滿許，說兩三天內，一定能把俞老鏢頭救出獄來。李慕白又放下了十兩銀子，便告辭走了。回到店內把這話告訴了秀蓮姑娘，秀蓮才略略放心。

　　本來俞老鏢頭被押入獄之事，並沒有確切的罪名，不過是因為唐知縣想叫秀蓮給他的兒子做妾，碰了俞老鏢頭一個釘子，因此老羞成怒，才把俞老鏢頭押起來出這口氣。現在由那個官人給疏通，結果由李慕白拿出一百五十兩銀子來，知縣整收了一百兩，那官人剩下了三十兩，其餘的二十兩是由衙役和獄卒們均分，三天以後，才把俞老鏢頭由獄中釋放出來。

　　俞老鏢頭在監獄內雖然每頓飯都由李慕白往裏送，並且因為銀子花到了，獄卒也不怎樣向他為難，可是禁不住獄中的污穢和炎熱，又加上胸中的氣惱，所以俞老鏢頭在獄中三日，就如同在外面三年，是更顯得衰老了。他勉強振作精神，回到店房裏，那時已有下午二時左右，俞老鏢頭就催着女兒趕快收束行李，說是立刻就起身。

　　李慕白此時進到屋裏，見俞老太太還是躺在炕上，不能夠起來，就說："老叔，現在事情既然完了，就是在這裏多住一天，也不要緊呀，何必要這樣忙着走？現在嬸娘的病還沒十分好，再說老叔才由獄裏出來，也應當歇一天呀！"

　　俞老鏢頭卻不住地搖頭長歎道："李賢姪，你哪裏曉得！第一，我不願在此多留一日，若再住一天，非得把我氣瘋了不可，第二……"說到這裏，他把聲音壓下，又說："我在監獄裏都聽說了，那女魔王何劍娥和那姓曾的，雖然現在是以強盜的罪名押在監獄裏，可是外面還有人到監裏看他們，並給他們送刀傷藥。"

　　李慕白聽了也不禁吃驚，便說："這可真奇怪，莫非他們在這裏有熟人？"俞老鏢頭搖首說："他們是河南人，在這裏未必有什麼朋友。不過你要知道，他們既然千里迢迢，從河南到直隸省來找我報仇，就絕不能只是二三個人，一定暗中還有人呢。他們錢花到了，什麼事做不出來？我看那女魔王和姓曾的不久就許出獄，我若不走，麻煩的事，立刻就能找到頭上來！"

　　李慕白一聽俞老鏢頭這話，也近乎情理，當下便由身邊把打點官司所剩下的銀兩，全都放在桌上。

　　俞老鏢頭就說："賢姪，為我的事在這裏耽誤了你好幾天，大概你手裏的一點兒錢，也快消耗完了，你就拿這個用去吧，何必還給我？我現在手中還有二三百銀子呢！"

　　李慕白卻連連搖頭，說："以後我沒有錢時，再找老叔去借！"

　　俞老鏢頭面上現出一陣淒慘，他歎了口氣，說："賢姪，咱們今日一別，以後還不知能夠見面不能呢？"

　　李慕白皺眉說："老叔，何必說這樣的話？如果老叔在路上行走不大放心，我可以暫時不到北京，先送老叔到保定去，好在也繞不了多遠路。"

俞老鏢頭卻搖頭說："不用，不用！我也不打算往保定去了！"

李慕白一聽，越發覺得驚異，就見俞老鏢頭挺起胸來，說："我雖然年歲已老，朝不保夕，但只要有一口氣在，就還能夠逞一陣子強，什麼女魔王、何七虎，還未必能夠奈何我。唯有為我的事，耽誤你們年輕人的遠大前程，我卻於心不安！"李慕白聽了，也就不便再說什麼了。

此時姑娘已把行李全部收拾好了，外面店夥進來，說車馬都備好了，俞老鏢頭把他自己的和李慕白的店飯賬全都開發了，秀蓮姑娘就攙着她母親出門上車。俞老鏢頭也出了門，他一手牽着馬，一面回身向李慕白說道："賢姪你再在這裏歇一天吧！咱們爺兒倆後會有期，將來我到北京看你去！"

李慕白也拱手說："老叔一路平安！"

秀蓮姑娘扒着車簾，帶着感激的神色說："李大哥再見吧！"

李慕白聽了姑娘這句話，心中也十分難過。

此時俞老鏢頭打算扳鞍上馬，卻不想在監獄裏押了幾天，腿腳不利便了，差點兒由馬上摔下來，秀蓮姑娘嚇得直說："哎喲！爸爸你慢着點兒！可別摔着！"幸虧李慕白在旁，用力托住了老鏢頭的身子，俞老鏢頭才騎上馬。見他還不住地喘氣，面色蒼白得跟紙似的，鬍鬚亂顫，李慕白不禁皺眉，真怕他出不了城門，就會發生什麼危險。可是老鏢頭性情固執得很，就向趕車的人說："咱們走吧！"當時車在前，馬在後，就往東門去了。

李慕白站在店門首，兩眼呆呆地望着，直到看不見那車馬的後影，他才悵然若失地進到店裏。回到房裏，他坐着發了半天怔，忽然又想不好，看老鏢頭那衰老急氣的樣子，恐怕路上難免會有什麼舛錯，假如那女魔王一夥的人，在路上又追上他，或是他再得了什麼病，那叫秀蓮一個年輕的姑娘怎麼辦呢？這樣一想，他十分地不放心，就決定還是暗中跟隨着保護他們，如若有點兒什麼事，自己也好幫助。於是他收束好了隨身的包裹，便叫店家備好了馬，就出了店門。

李慕白騎着馬直出了東門，駐馬郊原，四下張望，只見禾苗叢生，碧色無際，已看不見俞老鏢頭的車馬了，他就想：俞老鏢頭臨別的時候曾說，也不打算往保定去了，那麼他可能到哪裏去呢？現在何家的仇人還正在逼迫着他，大概他不能回巨鹿縣家鄉去，別管他怎樣，我就順着大道往北去走吧。

李慕白策馬向北走去，這時驕陽如火，原野上沒有一絲風，高粱和禾麥密密地站立在田壟間，紋絲不動，走了十來里地，李慕白的人和馬全都出了一身汗。又往下走，他便找到一處樹林，那林下有許多人在歇息，並有一個賣酸梅湯的小販。李慕白下了馬，把馬繫在樹上，然後買了一碗酸梅湯喝了，心裏才覺得涼快了些。

李慕白坐在地下，用手巾擦着身上的汗，拿草帽扇着涼風，就聽槐樹上蟬聲噪噪，旁邊歇息的人都在閒談，他便向那賣酸梅湯的小販問說："你看沒看見有一個老頭子騎着馬，跟着一輛騾車，從這裏走過去？"

那小販說："不錯，是有這麼一個老頭子，騎着馬從這兒過去，他們

第六回　衰老投監一朝悲殘命　鳳塵送嫁千里盡柔情

也沒有在這兒歇着，車跟馬全都走得很快。」

李慕白問說：「往北去了？」小販點頭說：「是往北走了，這時候恐怕走出有二十多里地去了。」

李慕白心中納悶，暗想：俞老鏢頭何必要這樣急急忙忙地趕路？於是他也不敢耽誤，便站起身，解下馬來，騎着馬又往北趕去。不想直走到天黑，也沒看見俞老鏢頭的車馬，他不禁有些灰心，暗想恐怕是走錯路了，遂就又走了幾里地，找了一個鎮店歇下。

次日清晨，李慕白本想不管俞老鏢頭的事了，自己趕往北京去，可是心裏又總是放心不下，於是便順着大道依舊往北走去。他沿路向人打聽着，就有人說是看見了這麼一個老頭子，騎着馬，跟着一輛車，在一大早兒就往北去了。李慕白曉得俞老鏢頭必是急急地趕路，但不知他帶着女兒妻子是要往哪裏去，他只得催着馬又往下走。

走到將要吃午飯的時候，就見大道之上，行人稀少，前面遠遠地有一輛車和一匹馬，李慕白仔細一看，正是俞老鏢頭的車馬，不禁心中甚喜。可是他反倒不往前趕了，只在遠遠的約有半里之遙，策着馬慢慢地走。前面那俞老鏢頭跟着車，在這炎熱的天氣下，一刻也不停地向前走。又走了七八里地，天色已將到正午，越發炎熱，李慕白的衣服全已被汗濕透，馬也吁吁地喘，渾身流着汗，像水洗過一般。

此時前面是一個岔口，俞老鏢頭的車馬已轉了過去，被田禾遮住看不見了。李慕白就把馬催得快些，往前趕去。轉過了那個岔道，就見俞老鏢頭的車馬在前不遠，李慕白趕緊勒住馬躲在道旁，恐怕被前面的俞老鏢頭回身看見。李慕白見俞老鏢頭的那匹馬走得很慢，連他前面的車都趕不上了，他不禁感歎，就想：俞老鏢頭當年也是一位英雄，現在上了年紀，竟連馬都騎不動了。正在這時，忽見俞老鏢頭雙手撫着胸口，仿佛是叫了一聲，立刻翻身摔在馬下，那匹馬便跳到了一旁，李慕白大吃一驚，趕緊催馬趕過去。

俞老鏢頭這幾個月來就是有時憂愁，有時興奮，有時又是生氣，再加上這幾日在路上的勞頓，又受屈含冤地在饒陽監獄裏被關押了三天，年老的人實在是經受不起，當下便吐了一口血摔下馬去，就起不來了。

前面的車子立刻停住，俞秀蓮趕緊下了車跑過來，由那趕車的人幫助，才把俞老鏢頭攙得坐起來，可是老鏢頭的腿太軟，還是站不起身來。只見他吐了一身血，白慘慘的鬍子也已被血染紅，那張滿是皺紋的臉，蒼白得可怕，他兩眼緊閉着，口中呼呼地不住喘氣，說不出一句話來。

秀蓮姑娘流着淚，用臂扶着她的父親，心痛得如刀割一般。正在着急沒有辦法，忽見李慕白趕到，俞秀蓮不禁又驚又喜，便哭着說：「李大哥快來看看吧！我爸爸恐怕不好！」

李慕白趕緊下了馬，說：「姑娘不要着急！」一面說着，一面蹲下身去，抱住了俞老鏢頭的腰。

秀蓮姑娘脫開身，半跪在地下，哭着叫道：「爸爸，爸爸！」

叫了半天，俞老鏢頭才微微緩過氣來。他半睜着眼睛看了看女兒，又看見了李慕白，他就似乎放心了些，說："幸虧賢姪你來！"

李慕白說："我因為不放心老叔，才趕緊跟來。老叔，你也不要着急，我看你並沒有什麼大病，不過是中了點兒暑罷了，趕緊找個地方歇一歇就好了。"

此時，俞老太太也下了車，看了俞老鏢頭這種情景，也不由得痛哭。

李慕白就問那趕車的，附近有什麼市鎮沒有，那趕車的人說："再往下走二三里地就是一個鎮店，那裏叫榆樹鎮。"

李慕白就對秀蓮姑娘說："趕緊到那裏找一家店房，叫俞老叔歇一歇去吧！"當下李慕白便和那個趕車的人，把俞老鏢頭抬到了車上，因為車上再沒有坐的地方了，俞老太太就跨着車轅，俞秀蓮騎上了她父親的那匹馬，李慕白也上了坐騎，車馬便往北走去。

李慕白見俞秀蓮滿面愁容，騎在馬上，心中覺得她十分可憐，又有一種戀慕的深情，在暗暗地掠動着。

秀蓮姑娘一面走，一面和李慕白談着話，她說："我爸爸這病一定是由急氣所得，他老人家倘若有點兒舛錯，那才不好辦呢！"說話時十分地憂慮。

李慕白便皺了皺眉，說："我看大概不要緊，找個地方歇一歇，再請醫生給看一看，三兩天也許就好了，姑娘不要發愁吧！"秀蓮姑娘用手帕擦着眼淚，就不再言語了。

李慕白又斜眼看着，見姑娘騎在馬上，姿勢很好，心裏越發羨慕，暗想：原來這位姑娘，不但武藝精通，看這樣子騎馬的功夫也不錯，真是難得！又想：她的未婚夫孟家二少爺，不知是個怎樣的人物？能否比得上這位品貌絕倫、武藝出眾的姑娘？轉又暗自傷心道：我李慕白此生是完了！恐怕再也覓不到適當的配偶了！想到這裏，他不禁心灰意懶，彷彿一切的希望和樂趣，都被這俞姑娘給斷送了一般。"相見終如不相見"，李慕白想到了這句詩，越發心中淒然。

車馬往北行了兩三裏，就到了那榆樹鎮。找着一家店房，把俞老鏢頭抬進去，然後李慕白就叫店家快請醫生來。此時俞老鏢頭神智雖然還清醒，可是由他的面色去看，病勢是越發重了。俞老鏢頭喘了半天氣，又吐了兩口血，便慢慢地睜開眼，見女兒和老妻在旁邊哭，李慕白滿面愁容地站在眼前，老鏢頭的心中越發難過。良久，他慢慢地把手伸向李慕白，李慕白趕緊把自己的手交給老鏢頭，老鏢頭就緊緊地握着，喘着氣說："李賢姪，我終生無法報答你了！"李慕白聽了這話，不禁淚如雨下，卻不知拿什麼話安慰俞老鏢頭才好。

秀蓮姑娘靠在她父親的身旁痛哭，老鏢頭望了望女兒，又歎了一口氣，說："秀蓮，你要把李大哥當親哥哥一般看。"

秀蓮姑娘哭着答應。

李慕白拭了拭眼淚，就說："老叔何必這樣傷心！你這病休養兩天也就好了，至於姑娘，當然是如同我的同胞妹妹一般。"說到這裏心中也十分難過，但他強忍着，不使眼淚流出來。

第六回　衰老投監一朝悲殘命　鳳塵送嫁千里盡柔情

老鏢頭張着口喘了一會兒，就說："我怕不成了！"

秀蓮姑娘聽了她父親的這句話，不禁哇的一聲痛哭起來，俞老太太也哭得氣都接不上，此時李慕白竟不知先勸誰才好。

又見俞老鏢頭勉強掙扎着，說道："我死了，隨便找個地方……先埋了！"又說："慕白！你千萬送她們母女到宣化府去！"

李慕白聽了俞老鏢頭這話，他才明白，原來此次俞老鏢頭帶着家眷北來，並不是上保定訪友，卻是要到宣化府為秀蓮姑娘完婚去。趁着老鏢頭的一口氣尚存，自己應當光明磊落地把心跡表明，於是就說："老叔放心！萬一老叔真在此地去世了，我們就將老叔暫且葬在這裏，然後把嬸母和妹妹送到宣化府孟家。只等妹妹孝服滿後，成了親，再將老叔的靈櫬回祖塋。不過老叔也不要以為這病真是不能好了！"

俞老鏢頭聽了李慕白這話，他完全放了心，卻又感激得落淚。

此時，店家就把醫生給請來了。醫生給俞老鏢頭診了診脈，他不住地皺眉，說是急氣所得，又受了些外感，當下開了藥方。秀蓮姑娘給了醫生的車馬錢，李慕白就把醫生送出門去。

醫生又回首向李慕白說："這位老先生的脈象太壞了，吃了我這劑藥，若見好再請我，若不見好，就趕緊預備後事吧！"

李慕白聽這醫生說的病源很對，如今這囑咐大概並非過慮，看這樣子俞老鏢頭是不容易好了。自己又不能勸慰她，他皺着眉頭，心裏淒然地想着：秀蓮姑娘若真父死母病，才是可憐呢！

他在鎮上找了一家小藥舖，把藥買了回來，親自到廚房把藥煎好，就拿到屋裏，交給了秀蓮姑娘。秀蓮給她父親服下藥去，那老鏢頭就閉着眼躺在炕上，若不是吁吁地喘着氣，真像個死人一般了。秀蓮姑娘給她父親用扇子驅着蒼蠅，俞老太太坐在炕上，靠着牆，一手撫着胸口，一手擦着眼淚，李慕白又勸慰了她母女一番，然後就出了屋，叫店家另外給找了一間房子歇息。

當日俞老鏢頭的病勢愈來愈重，到了次日又吐了兩口血，索性氣也短促了，話也說不成了。又把昨天那醫生給請來看了看，醫生卻不管開方子了，秀蓮和母親急得只是痛哭，一點兒主意也沒有。

李慕白又叫店家請來另外一個醫生，那醫生診了診脈，也說："人不成了，你們趕緊預備後事吧！"

李慕白一面勸秀蓮母女不要徒自悲痛，一面跟店家去商量買辦衣衾棺材及停靈諸事，為這些事李慕白跟店家奔走了一天。

到了晚間，那俞老鏢頭氣越短促了，不過他還是斷斷續續地說出幾句話來，第一就是說，不要和那何飛龍的兒女再結仇恨；第二就是告訴秀蓮，到了婆家，要好好地做媳婦；第三就是莫忘李慕白對我們的好處，並且那言外之意，是很後悔自己早給秀蓮定了婆家，不然秀蓮姑娘與李慕白正是一對很好的小夫妻。說這些話的時候，李慕白並沒在旁，於是秀蓮姑娘心中更加悽楚。

-47-

到將就寢的時候，李慕白到這屋裏來看了看，只見俞老鏢頭出氣多入氣少，已然危在頃刻了，李慕白就向秀蓮姑娘說："老叔現在恐怕不好，可是姑娘也別着急，現在我把衣衾都買來了，就在我的屋裏擱着。棺材也看好了，是松木的，倒很結實，並且停靈的地方，我也找妥了，就在東邊關帝廟。"

此時秀蓮姑娘哭得跟淚人兒一般，只是點頭，卻一句話也答不出。

李慕白就坐在旁邊的凳子上，姑娘守着她父親，俞老太太在炕上又像哭着，又像睡着了。桌上的油燈發着慘淡的光，屋內悶熱得難受，隔壁住着的旅客，已發出雷一般的鼾聲。

李慕白坐了一會兒，遠遠聽得更鼓悠悠，已交三下，見秀蓮姑娘低頭坐着，似乎也很疲乏。李慕白覺得自己在這裏有許多不便，遂就回到自己屋內去了。在屋內悶坐了一會兒，不禁浩歎，便和衣躺在炕上歇息。

剛要睡去，忽聽秀蓮姑娘和她的母親同聲痛哭起來，李慕白大吃一驚，就趕緊站起身來，出了屋。到了那屋門前，只聽秀蓮姑娘哭着叫爸爸，他趕緊進屋，就見俞老鏢頭已然咽氣了，李慕白也不禁大哭。

少時他收住眼淚，又去勸秀蓮母女，這時店裏掌櫃子和兩個夥計也都跑來了。李慕白叫店夥去請陰陽先生，並叫棺材匠把棺材抬來，他回屋取來了壽衣壽衾，由店掌櫃子幫助把俞老鏢頭的衣服換上。少時陰陽先生來到，開了殃榜，死人就停在炕上。秀蓮姑娘和她母親守着死人，哭了半夜，李慕白也一夜沒有睡。

次日一清早，棺材才抬來，遂後入了殮，便抬出店房，停在東邊關帝廟裏。請了僧人超度了一番，又商量厝靈的事，那廟裏的和尚就說："這廟後有一塊空地，還有幾棵樹，風水很好。不如就先葬在那裏，將來起靈，也很容易。"李慕白一聽，覺得這個辦法也很好，遂就跟秀蓮姑娘商量。

秀蓮姑娘也想到，她到了宣化府以後，不知幾時才能回到這裏來接靈回籍，遂就垂淚對李慕白說："若能夠暫時埋在這裏，那自然比停着好得多了，多花幾個錢倒不要緊。"李慕白說："也不能多花錢。"於是就決定了。

到了第二天，雇來人，打了坑，在俞老太太和秀蓮姑娘母女的痛哭聲中，就把那鋼筋鐵骨、一世英雄的鐵翅雕俞老鏢頭，葬埋在這小廟的牆後，新墳隆起，無限淒涼。

秀蓮姑娘和她母親在新墳前哭了一番，焚燒了些紙錢，然後就滿懷着悲痛，隨着李慕白回到店房內。

秀蓮姑娘把一切的錢開發了，然後她就向李慕白說："李大哥，幸虧有你這樣幫助，才把我爸爸的事情辦完。如果沒有你的幫助，在我們與那何家的人交手相拼時，在我爸爸押在獄裏時，恐怕他老人家也早就死了，現在無論如何，總算是壽終呀！"說着又不住抽搐着痛哭。

接着，秀蓮又說："李大哥如果在北京有事，就不必送我們娘兒倆往宣化府去了，你要再為我們的事，耽誤了自己的前程，那我們心中更不安了！"

李慕白見姑娘這樣悲痛，說的話又是這樣淒涼婉轉，心中益發難過，便說："姑娘不要這樣說，我實在當不起。俞老叔是我師父的朋友，他老人家也就如同是我的師父一樣，我能盡這一點兒孝心，並不算什麼。至於姑娘打算自己獨自同着老太太到宣化府去，其實也可以，以姑娘的武藝說，無論遇着什麼事，也不能受欺負，不過究竟母女走路，總處處不大方便。再說，我到北京不過是看一家親友，遲些早些，都沒有什麼要緊。俞老叔臨終時又曾囑咐我，叫我送嬸母和姑娘到宣化府去，我也在他老人家面前答應了，所以無論如何，我也得親自送姑娘和嬸母到宣化府，見着那裏的孟老伯和孟二少爺，然後我才能放心，才算對得起死去的俞老叔！"

秀蓮姑娘見李慕白這樣說，她又是傷心，又是感激，便不住地用手絹拭眼淚。

旁邊俞老太太就說："還是叫李少爺送咱們去好，若沒個男子跟着，在半路上一定又得出事兒！"

秀蓮姑娘就說："那麼咱們明天就走吧。我爸爸死了，留下那匹馬也沒有人騎了，李大哥就把牠賣了吧！"李慕白答應了，遂出去叫店夥把馬牽到市上問價錢。

俞老鏢頭的那匹馬本來很好，那是老鏢頭在離家的前幾日，用了二百兩銀子買的。現在在這小市鎮上，還賣了一百六十兩，秀蓮姑娘就叫李慕白拿着這筆錢，作為往宣化府去的路費。

當日在這榆樹鎮又歇了半天，次日就付清了店賬，李慕白依然騎着自己的那匹馬，跟着秀蓮姑娘母女的那輛車，離了榆樹鎮往西北去。原來這榆樹鎮是歸望都縣管，往西北再走三十餘里就是望都縣城，李慕白和俞秀蓮母女在那裏用了午飯，然後又往下走，過完縣，越五回嶺，出紫荊關，直往宣化府。

此時的李慕白只盼快些到了宣化，能把自己所珍愛的這棵花草，安全地移植到另一個地方，那就足了自己的心願了。雖然他自己的心裏，是多麼惋惜，又是多麼惆悵，因為這棵心愛的花草不僅不能長久陪伴着自己，並且因為它是有了主人的，他連親近也不敢親近。但是他也沒有什麼怨恨，覺得這只是一件無可奈何的事。而且為了表示自己的心地純潔，行為正大，他處處都謹慎防嫌，在路上，他絕不與秀蓮姑娘談閒話；到晚間找店房，必要兩個單間。

俞老太太有時過意不去，就問他家中還有什麼人，結了親沒有？李慕白只是含糊地回答，卻不多說。因為李慕白想着，只要把俞秀蓮姑娘送到她婆家，自己就算把俞老鏢頭所遺囑的事辦完了，從此天涯海角，去度自己的流浪生活，與她母女永無見面之日，那麼自己又何必叫她們深深地記住李慕白這個人呢？如此，他們在路上並不稍作停留，在那塞北炎夏的大地上，一連又走了七八日，這天約莫在午後三時許，就進了宣化府的城垣。

第七回　薄命總紅顏夜傾愁緒　雄關連翠嶺雨滌俠心

　　李慕白在路上就已向俞老太太問明白了，知道那秀蓮姑娘的翁父名叫孟永祥，外號人稱口北熊。他在宣化府開着的鏢店字號也叫"永祥"，三四十年專保往口外做買賣去的商人。孟永祥老鏢頭的大兒子名叫孟思昶，聽說已娶了妻，二兒子就是秀蓮姑娘的未婚夫，名叫孟思昭，兄弟倆全都武藝精通，幫助他們的父親做買賣。

　　李慕白騎馬在前，車在後面跟着，就找到了那永祥鏢店。李慕白一看，這座鏢店很大，一進大門就是馬圈，裏面養着二十多匹馬，還有幾頭駱駝。門前大板凳上坐着幾個夥計，一見李慕白下了馬，就有一個三十來歲短鬍子的人，上前問道："找誰呀？"

　　李慕白拱了拱手，說："我是巨鹿縣俞老鏢頭派來的，現在是送俞老太太和姑娘來了。"

　　那人一聽，又驚又喜，說："哦，原來是俞老伯把老太太跟姑娘送來了，你先請老太太跟姑娘下車吧！"遂就走近車前，見了俞老太太就說："大媽，你好啊！我六年沒見你了，你不認得我了吧？呵！姑娘都長得這麼高啦？"

　　俞老太太和姑娘細看了看，才認出這個人來。這人名叫短金剛劉慶，早先是給俞老鏢頭做夥計，後來俞老鏢頭把鏢店關了門，就將劉慶薦到這裏來了。

　　當下劉慶把俞老太太和秀蓮姑娘請下車來。他見這母女頭上都戴着孝，就不由得一怔，一面請她母女往裏面走，一面回首向李慕白說："這位老弟貴姓？"

　　李慕白說："我叫李慕白。"

　　劉慶說："哦，李老弟。"遂悄聲問道："俞老伯好嗎？"

　　李慕白也低聲答道："他老人家已經故去了！"

　　劉慶一聽，便面現悲哀之色，也不暇細問，就在前領路，一面用袖子擦眼睛。

　　此時已然有人傳報進去，說是巨鹿縣的俞老太太帶着姑娘來了，當時，孟永祥老鏢頭和他的老妻就齊都迎了出來。俞老太太一見孟老太太，就上前拉着手，哭着說："我的老妹子！"孟老太太也是淚流滿面，又很親熱地拉住了秀蓮姑娘的手。

孟老鏢頭迎出來的時候，本來很是喜歡，雖然知道自己三十多年的老朋友俞雄遠沒有來，可是至少也可以問問他的近況，如今一見這位俞老嫂子和姑娘全都哭着，並且頭上都戴着孝，他臉上的顏色就變了，便說："攙着點兒老嫂子！"就叫他的老妻請俞老太太母女到裏院去。

他又問是誰送來的，短金剛劉慶說："是這位李爺給送來的。"

孟永祥老鏢頭就滿面笑容地上前與李慕白相見，說道："多辛苦了！請教大名？"

李慕白行了禮，通了姓名，劉慶在旁又說："剛才聽這位李老弟說，我的俞老伯已經故去了！"

孟老鏢頭把腳一跺，歎了聲："咳！"遂就老淚汪然而下，劉慶也咧着嘴哭着。

孟老鏢頭請李慕白到櫃房裏，有夥計送上茶來，孟老鏢頭擦了擦眼淚，就問李慕白說："俞老哥平日保養得很好啊！他還不到七十歲呢，怎會就故去呢？得的是什麼病呀？"

李慕白歎了口氣，說："因為急氣，死在半路的！"孟老鏢頭和劉慶等人越發驚訝。

當下李慕白就將自從俞雄遠老鏢頭六七年前與何飛龍家結仇，直到現在發生的種種事情說了一遍。然後他又說，自己原是紀廣傑的弟子，因此與俞老鏢頭有叔姪之誼，現在把俞老太太和姑娘送在這裏，自己算是辦完了俞老叔的遺命。等到秀蓮姑娘孝服滿後，與這裏的二少爺成了親，再辦俞老叔運靈回籍之事。至於自己因為到北京還有要緊的事，不敢再耽誤了，所以打算明天就走。

孟永祥老鏢頭聽了李慕白所說的這些事，不禁感歎，就拭着眼淚說："真是想不到，我俞老哥會遭遇了這些不幸的事情！我在年輕時，與我俞老哥同在北京泰興鏢店做鏢頭，我的武藝多半是他所傳授的。後來他回到家鄉巨鹿去開鏢店，過了兩年，我也在這裏開了鏢店。每隔一年半載，我必要到巨鹿縣去看望他，因此我們就約定將來做兒女親家。後來他把劉慶薦到我這裏，我才知道，他因為殺死何飛龍，自己灰了心，把鏢店關門了。

"何飛龍也是我們年輕時的朋友，那時他與俞老鏢頭的交情，比與我還深厚，想不到後來因為何飛龍走入歧途，到了暮年，兩個老朋友倒拼起來了！我為此事也十分難過。因為年老不願再出遠門，所以我就派人帶了一封信去安慰我的俞老哥。這幾年我也不斷地派人去看他，回來的人都說他很享福，身體也還健康。何飛龍的事兒我也早把它忘了，想不到他還有兒子、女兒、女婿，如今生生把我的俞老哥給逼死了。咳！我想他們大概是前世的冤家吧！"

-51-

接着他又皺眉說：“這兩年來，我的心緒也不好，我的二兒子思昭，從去年春天離家，至今並無下落，要不然也就早把俞姑娘接來，給他們完了婚事了！”

李慕白在旁聽着，不禁十分驚訝，便問道：“這位二令郎，為什麼事離開家沒有下落呢？”

孟永祥老鏢頭見問，遲疑了一會兒，良久才歎了一口氣，說：“我這個二兒子，人極聰明，只是生性驕傲，不聽我的管束。九歲時他就丟失了，就有幾年不知下落，那時我還以為他死了，可是過了幾年，到他十三歲的時候，他又回來了。原來他是跟着一幫匪人走了，這幾年到過蒙古，到過河套，跟盜匪在一塊兒住過，跟兵家也住過。他竟學了一身武藝，並且字也認得了。我便教他入學讀書，他也變得很安靜，並且自己天天溫習武藝，刀劍全都使得很好，十五歲時他就能幫助我管理鏢店的事了。後來我便給他訂了俞姑娘，打算過個五六年就給他成親。不料後來他的性情又壞了，時常與人毆鬥，並且好管閒事，拿着錢隨意揮霍，在外面亂交朋友。我和他哥哥把他管教了一頓，他就更不願在家住着了。去年春天，他又在本地惹了一場大禍！”

李慕白本來聽孟老鏢頭說了那孟思昭以往的事情，就很覺得奇異，如今又聽說他曾在這裏闖下大禍，便趕緊問是什麼事。

孟老鏢頭咳了聲，又說：“我們這宣化府有一家大財主，本地人都叫他張萬頃。那張萬頃有一個叔父，在禁宮中當大總管，權勢比軍機大臣還要大，就是這裏的府台大人也不敢惹他。張萬頃生性好色，家裏有十幾個妾，但他還在外面姘識着婦女。城內有一個賣菜的吳老大，他的妻子很是美貌，被張萬頃看見了，就霸佔到手裏。後來吳老大把他妻子打了一頓，他妻子就羞憤自盡了。吳老大知道張萬頃不能饒他，便逃走不知去向，也許是死了。其實這件事固然可恨，但與我們無關，不料被我那不孝的兒子思昭知道了，他竟提着寶劍找到張萬頃的門上，把張萬頃的兩條腿都砍掉了。惹完了禍，他身邊一個錢也沒帶，就逃得不知去向。那張萬頃雖然沒死，可是人家哪裏答應，就在衙門裏告了，幾乎把我給押起來問罪，為此事我花了四五百兩銀子，才漸漸壓下去，可是我那不孝的兒子，也永遠不能回宣化府來了！”

孟老鏢頭說到這裏，又惋惜秀蓮姑娘，說：“我俞老哥這位姑娘，命也真苦！現在爸爸死了，母女無依無靠，我那兒子孟思昭，若是個安分守己的人，現在家裏，過些日就可以叫他們成親。我這大年歲，看着心裏也是喜歡。可是偏偏我那兒子又是這樣，現在還不知生死，豈不是把人家的姑娘害了！咳！現在我的俞老哥也死了，我真對不起他呀！”他說到這裏，不由得老淚頻揮。

李慕白聽完了孟老鏢頭的這些話，也不由得感慨萬分，他一方面可憐秀蓮姑娘的命苦，一方面卻對於孟老鏢頭所說的那個孟思昭無限地敬慕，暗想：這樣說來，孟思昭一定是武藝高強，生性慷慨，是一位十足的豪俠青年，這樣的人，倒真不辱沒秀蓮姑娘。於是他便安慰孟老鏢頭說：“老叔父也不要為此事難過。將來我若在外面遇見思昭二哥，就是他不能回來，我也得叫他設法把姑娘接去，在旁處去成婚。"

孟老鏢頭說："咳！接了去，不是叫人家姑娘也跟着他去受罪嗎？現在姑娘到了我這裏，我就拿她當作親女兒一般看待。好在姑娘年紀還不大，再過二年，若是准知道思昭是死在外頭了，或是他還是惡性不改，那乾脆我就收俞姑娘做義女，給她另配人家了！"李慕白聽孟老鏢頭這話，雖然覺得不對，但因為初次見面，與俞、孟兩家都沒有什麼深交，便不能再說什麼。孟老鏢頭就站起身來，說："我還得到裏院安慰安慰她們娘兒倆去。"說着就出了櫃房，往裏院去了。

這時，又進來了兩個鏢頭，那短金剛就給他們引見說："這是紀廣傑老師的徒弟李慕白，現在是送鐵翅雕俞老鏢頭的家眷來到這裏。"又向李慕白說："這是我們這裏的大鏢頭唐振飛、許玉廷。"彼此見了禮，談了一些閒話，然後就說到這裏的二少掌櫃的孟思昭。

李慕白聽他們所說的孟思昭，武藝確實高強，為人頗有血氣，素日行俠仗義，可稱是個漢子，只是性情古怪些，跟人總是合不來。李慕白就說自己將來要到外面訪一訪他。

許玉廷說："他這個人相貌可很平常，身材不高，黃瘦的臉，眼睛很大。他會說好幾省的話，蒙古話他也會說。"

李慕白說："他幼年既然到蒙古去過，想必在蒙古有朋友，也許現在他逃到口外去了？"劉慶搖頭說："沒有沒有，他在蒙古是很有名的，可是我們托了許多往口外去的人打聽他的下落，都沒有人打聽出來。"

李慕白又問到孟老鏢頭的大兒子孟思昶，劉慶說："他保着鏢往歸化城去了，他那個人的心地和武藝，比他兄弟可差得遠了！"談了一會兒，劉慶就叫人給收拾出一間屋子，請李慕白去歇息。

晚飯以後，李慕白獨自坐在燈旁，想到秀蓮姑娘的身世，不禁為她傷感，又想到自己將來的前途，也是渺茫得很。他歎息了一陣，因為明天還要上路，所以在二更的時候，就熄燈睡下了。李慕白夢見自己來到了一個什麼地方，遇見了一個青年人，那人就是秀蓮姑娘的未婚夫孟思昭。孟思昭手裏拿着一口血刃，要來殺自己。自己就光明磊落地向他解釋，說自從曉得秀蓮姑娘已定了婚之後，便對她從無別的念想，同行數百里地，經過許多事情，自己對她處處守禮，言語謹慎，此心可對天地，不信你可以用你的刀挖出來細看！又恍惚那孟思昭聽了自己的話，很受感動，便扔開了刀，握着自己的手痛哭。

正在夢魂顛倒之時，仿佛聽到有人在耳邊叫着自己，他不禁一驚，睜開眼睛一看，只見炕前黑黝黝地站着一個人，這人低聲細語地叫道："李大哥，李大哥！"

李慕白趕緊爬了起來，就要取火點燈，卻被那人攔住，就聽那人說："李大哥，不要點燈，我是秀蓮，我說完幾句話就走！"

他這時才清醒。知道了面前站着的是秀蓮姑娘，李慕白不禁越發驚訝，他便趕緊站起身來，問道："姑娘有什麼話？請對我說吧！"

那秀蓮姑娘卻半晌不語，哽咽著，良久才說："那……老鏢頭的二兒子已走了一年多，至今沒有下落，李大哥知道嗎？"

李慕白說："我已知道了。那孟思昭倒是個武藝精通、慷慨尚義的人，因為殺傷了本地的惡紳張萬頃，所以才逃走在外。"

秀蓮姑娘又說："聽說還不僅為此事，平日這裏的老鏢頭就不大喜歡他的二兒子。他的大兒子孟思昶，聽說是個挺壞挺兇惡的人，他打算將來獨霸家產，才將他的兄弟擠出去！"說著又哽咽著痛哭起來。

李慕白歎了口氣，便安慰秀蓮姑娘道："姑娘也不用發愁。我明天就走，到外面設法找著孟思昭，無論如何也要勸他把姑娘接走。"

秀蓮姑娘聽了，似乎放了心，又彷彿十分羞澀，李慕白隱隱見她似乎還在擦眼淚。

少時，秀蓮姑娘就說："我現在沒有可依靠的人，一切就都求李大哥分神了！"

李慕白說："姑娘何必跟我客氣？我就拿姑娘當我的胞妹一樣看待，我一定盡心盡力設法找著那孟思昭兄弟。"

秀蓮姑娘聽了這話，心中越發難過，幾乎要哭出聲音來。

李慕白的眼淚也只管往下落，幸虧屋內沒點著燈，未被秀蓮姑娘看見。

少時就聽姑娘說："我走了，李大哥請歇息吧！"說著，她輕輕地把屋門開開，出了屋子，一點腳步聲兒也沒有，就往裏院去了。

李慕白感慨萬端，獨自坐在黑洞洞的屋子裏，歎著氣。想著剛才秀蓮姑娘突然前來的事，及自己那個恍惚迷離的夢，他又不禁覺得好笑起來，心說：我是怎麼啦？我堂堂男子漢，怎麼如今竟弄得這樣兒女情長，英雄氣短？算了吧！不要再在這裏耽擱了，明天趕緊走吧！於是他把門閉上，頂上一把椅子，就依舊和衣倒在炕上去睡。

這時遠遠的更聲交了四下，他卻輾轉反側，怎樣也睡不著了。直熬到五更天氣，窗紙就露出淡青的顏色，少時天就亮了，院中的雄雞高聲啼叫起來，那聲音就像女人的哭聲一般。李慕白的頭昏沉沉的，想到今天自己就要起身，不知為什麼，心中倒有一絲惜別之意。

他懶懶地起來，這時就聽院中有腳步之聲和刀槍相擊之聲。李慕白把椅子挪開，開門一看，就見短金剛劉慶和那唐振飛，每人拿著一口刀，光著膀子，正在那裏練習。李慕白看了他們的刀法，心中覺得好笑，暗想：這樣的武藝，若遇到俞秀蓮姑娘的手裏，用不了二三個回合，就得趴下！

劉慶和唐振飛見李慕白起來，又故意賣弄身手，舞了半天。唐振飛先收住刀勢，向李慕白笑道："李少爺可別笑話我們！"

李慕白賠笑道："很好，很好！唐兄何必客氣！"

有個鏢店裏的小夥計給李慕白打來了洗臉水，李慕白洗過臉，換上衣服。這時，孟老鏢頭披著件小褂，由裏院出來了。李慕白就出屋趕過去，向孟老鏢頭說："孟老叔，我這就要走了。俞嬸母此時大概還沒起身，我也不進裏院辭行去了，回頭請孟老叔替我說吧！"

孟老鏢頭說："李大爺，你就在這裏多歇兩天何妨？"

李慕白搖頭說："不，不！我確實到北京去還有些事情，過兩月我再來看老叔吧！"

孟老鏢頭見留不住他，遂就叫小夥計把他的馬備好，他便和劉慶、唐振飛一齊送李慕白出門去。李慕白把衣包和寶劍放在鞍下，就上了馬，向孟老鏢頭抱拳，說了聲："後會有期！"

孟老鏢頭說："那件事兒我就託付你了！"

李慕白在馬上說："孟老叔放心吧！我一定留意。"當時就騎着馬往東去了。

李慕白出了宣化城，只見遍野禾黍，大道平坦，朝陽發射出無限的光暉，晨風飄飄地，吹着他的衣襟，吹着草帽上的飄帶，他的心中頓時寬敞了許多，仿佛覺得自己已把這些日的憂慮煩惱，以及綿綿的情思，全都拋開了。路上的人馬車輛，荷囊的、挑擔的，熙熙攘攘，各人奔各人的前途。李慕白一路上詢問着道路，向前行走，雖然馬不很快，但他也不急着走路，走了兩天，就已然到了懷來縣境了。

又走了不遠，就看見前面蒼翠的綿延不絕的山嶺上，又有蛇一般趴伏着的忽隱忽現的長城，問了問道旁的行人，據說前面就是居庸關了。李慕白記起早先在書上看過，"居庸疊翠"乃是燕京八景之一，現在眼前既是居庸關，想必離着北京不遠了。於是他找了個鎮市，用畢午飯，便上馬加鞭快行。

走了六七里地，天色已至正午，炎日當空，似火一般，炙得人渾身是汗，李慕白便勒住馬，慢慢地往前走去。又走過幾個村莊，見眼前的山越走越近，路上的行人可就不多了，李慕白暗想：聽說這居庸關乃是往北京去的要道，怎會路上沒有什麼行人呢？又想：也許是因為天熱，這正午的時候，行路的客人們都找了涼快的地方歇下了，所以這時路上沒有什麼行人。

正在想着，忽聽一陣串鈴的響聲，從那麥浪上淅瀝地灑了過來，李慕白心裏很驚訝，催馬走了幾步，到了一股岔口上，往北一看，只見由那邊來了幾輛騾車，騾子上全都掛着鈴鐺，車上插着紅邊黃地的鏢旗，旗上也繫着鈴鐺，因此鈴聲亂響，越走得近了就越覺得噪耳。

李慕白一見是鏢車，不由得駐馬觀看，只見那幾輛車來到臨近，車上鏢旗寫着是"延慶全興鏢店"，另有一根白布長旗，上寫"神槍楊健堂"。頭一輛車上坐着兩個人，跨車轅的有四十來歲，身材很健壯，車裏坐着的是個瘦子，有兩撇小鬍子，兩人全都穿着黑暑涼綢的短褲褂，戴着草帽，手裏拿着扇子。後面車上坐着的幾個人，都穿着夏布小褂，拿着團扇，像是做大買賣的商人。

李慕白看了，心裏就想着：看這樣子一定是很有名的鏢車了，只不曉得哪一個是神槍楊健堂？當下便策馬走開。那幾輛鏢車就在後面跟着，仿佛也是出居庸關的，往前走了不遠，李慕白便聽見身後有人叫道："前面的那個人，你上哪兒去呀？"

李慕白在馬上回過頭去，見是那個四十來歲、身材健壯的人，跨着車轅在對自己說話，他就等着那輛車過來，讓自己的馬跟那匹騾子相並着走，李慕白說："我是到北京去的，你們哪一位是楊大鏢頭？"

那人說："我們掌櫃子沒跟着。這是一股熟路，就是我們一個人也不跟着，只叫趕車的趕着騾子，只要有我們的鏢旗，就是半夜裏走，也敢保沒有一點兒舛錯，要不怎麼會叫字號呢！"說着臉上現出驕傲的神色。

車裏的那個瘦子又向李慕白問說："你是遠處來的吧？你的膽子可真不小！一個人就敢起這兒過居庸關上北京去？"

李慕白一聽這話，不禁覺得驚異，就說："這有什麼不敢走？這麼平坦的大道，一天不知要有多少人行走呢！"

那瘦子一面揮着扇子，一面笑着說："每天從這裏走的人倒是不少，可是大幫客人非得有鏢店保着，小客人也得湊個四五十人才敢過山進關。像你這孤身客人，幸虧遇見我們，跟着我們走還沒錯，要不然不但你的行李馬匹都得被劫去，碰巧連命也得饒上！"

那跨車轅的人也說："實在，你一個人走真危險！你就跟着我們走，只當你也是我們鏢店裏的夥計就得了！"

李慕白一聽，明知道這兩個保鏢的人是一番好意，但是心裏卻覺得彷彿是一種侮辱似的，他暗想：神槍楊健堂又是個怎樣的人？我李慕白何必借着他的名字，保我的平安呢？於是就傲然說："這倒不必，我既然一個人敢走這條山路，自然就不怕什麼山賊。他們不劫我便罷，倘敢劫我，那我非得把他們賊子賊孫全都殺盡了不可！"說着，便微笑着拍着鞍下的寶劍，說："這就是給我保鏢的！"

那車上的兩個保鏢的一聽李慕白這話，不由得都怔了，那跨車轅的人就問說："朋友，你貴姓大名？一向在哪個鏢店裏做生意？"

李慕白笑着答道："我叫李慕白，我不是保鏢的，我只是會使幾手寶劍。"

那兩人一聽李慕白這個名字，他們在江湖上並沒聽說過，便不禁有些瞧不起他，就說："朋友，我勸你趁早兒別逞強，先得打聽打聽那居庸關山上的寨主是什麼人物？不用說閣下，就是我們的掌櫃子神槍楊三爺，也不能得罪他！"

李慕白問道："你告訴我，居庸關上的賊首，叫什麼名字？"

跨車轅的人說："你在這裏可千萬別這麼賊呀賊呀地亂說，倘若被人聽見，連我們都受連累。那居庸關山上的寨主，名喚賽呂布魏鳳翔，原是北京城最有名的鏢頭，一口寶劍，一枝畫戟，天下無敵。因為在北京得罪了瘦彌陀黃四爺，二人比武三次，不分勝敗，後來黃四爺請出來世襲安定侯銀槍將軍邱廣超，兩個人才把魏鳳翔打敗。魏鳳翔一怒，他才來到居庸關山上。因為他是鏢行出身，所以絕不打劫鏢車，他占山為王的意思，就是因為黃四爺在口外有買賣，黃四爺手下的人若想出入居庸關，那他是非劫不可！"

第七回　薄命總紅顏夜傾愁緒　雄關連翠嶺雨潑俠心

　　李慕白笑道："這口氣可真賭得厲害，因為與人比武敗了，就不惜落草為寇。我再打聽打聽，這個黃四爺又是何許人物？那個姓邱的，一個侯爺為什麼要幫助他？"

　　跨車轅的人說："大概你這是頭一次到北京去吧？要不然你怎麼連北京城這麼有名的兩位好漢，全都不曉得呢？我告訴你，黃四爺名叫黃驥北，是聞名的外館黃家，專做蒙古買賣，在張家口、歸化城，全都開着許多大買賣。黃四爺家大業大，本人的武藝又極為高強，慣使一對護手雙鉤，除了魏鳳翔之外他還沒遇見過對手。他生性好佛，時常拿出許多錢來修廟、放齋，捨粥捨錢捨棉衣，因此人呼他為瘦彌陀。

　　"那邱廣超是世襲安定侯邱立德的大少爺，他的府就在西城北溝沿，雖是個公子哥兒，可是自幼學得通身武藝，一杆銀槍真賽過當年的趙子龍，有人說他比黃四爺的武藝還強得多呢。可是他們兩人沒比過武，因為他們是最好的朋友，你將來到了北京就知道了，這二人在北京真是頭一等有名的人物！"

　　這些話在李慕白真是聞所未聞，他心裏十分高興，暗想：我到了北京，沒事兒時倒可以去會會這兩個人，看他們到底是怎樣的人物？當下他又問那兩個人說："咱們談了半天，我請教你們二位貴姓？"

　　那跨車轅的人說："不敢當，我姓孫行七，外號叫鐵腦袋，這位是我的盟弟賽悟空劉五，我們都是滄州人，一向在延慶幫神槍楊三爺保鏢。"

　　李慕白問說："你們楊三爺的武藝也不錯吧？"孫七詫異道："你連楊三爺也不知道？我問你，你是哪兒的人呀？"

　　李慕白笑着答道："我是南直隸人。"

　　孫七說："就是南直隸的人，也應當曉得楊三爺的大名呀！楊三爺是順天府直隸省頭頂有名的鏢頭，那一杆神槍，不要說別人，就是銀槍邱小侯爺的槍法，還有許多是跟楊三爺學來的呢。"

　　李慕白聽罷，點了點頭，心想：怎麼這些人都講究使槍呢？若是有什麼神劍、銀劍將軍，我倒可以跟他們比一比。

　　當下三人談着話，車馬就往前走着，那孫七、劉五又十分謹慎地囑告李慕白說："朋友，現在可快到居庸關了，你可留點兒神。要不然回頭真遇見了賽呂布魏鳳翔，你把他給得罪了，他要是跟你為難，我們可誰也幫不了你！"

　　李慕白微笑道："你們二位放心吧，我就是出了什麼事兒，也不能叫你們二位跟着受累。"一面說一面往前走，眼看就進了山路子，此時連長城上的垛口都看得很清楚了，看着山勢的險峻，長城的雄偉，李慕白不禁想到當年修造長城時的艱難勞苦。

　　又走了不遠，就見後面的幾輛車全都停住了，鐵腦袋孫七趕緊也叫車停住。李慕白撥過馬往後去看，只見後面來了五個人，全都穿着短汗褂，敞着胸，有兩個人戴着草帽，另外三個人就拿手巾包着頭，手裏全都拿着刀，李慕白知道這一定是那賽呂布魏鳳翔手下的強盜了。

此時就見孫七、劉五二人跳下車來，走過去，一齊向那五個強盜含笑抱拳，說："你們幾位是魏二爺那裏的嗎？"

一個強盜就說："不錯，你們是哪家鏢店的？"

孫七說："我們是延慶神槍楊三爺那裏的，兄弟名叫鐵腦袋孫七。"

那五個強盜聽了，便一齊抱拳，說："原來是神槍楊三爺那裏的，那麼就請賞一張名帖，過去吧。"

孫七到車裏拿了一張名帖，交給那為首的強盜，說道："請幾位老兄把名帖呈給魏二爺，並說我們楊三爺問他好。"

那強盜接過名帖，便點頭說："交給我們吧，你們就請吧！"說話時那強盜看了一眼李慕白，以為也是神槍楊健堂手下的鏢頭，也不細問，便拱了拱手，提刀回身走去。

孫七、劉五剛要上車，李慕白卻已經下了馬，他由鞍下抽出劍來，趕過去喝了一聲："站住！"

前面的五個賊人嚇了一跳，趕緊回身去看，李慕白就冷笑着說道："你們幾個人還沒有跟我要名帖呢，怎麼就走了？"

那五個人全都覺得詫異，為首的說道："你不也是楊三爺手下的嗎？"

李慕白搖頭說："我向來就不認得什麼楊三爺，我姓李，我叫李大爺。"

孫七、劉五一看李慕白要闖禍了，便嚇得嚷着說："我們不認得他，是剛才在路上遇見的，他不是我們鏢店裏的人！"

李慕白說："對了！我李慕白是堂堂好漢，絕不能仰仗你們楊三爺的名字叫強盜放我進關。現在我說明白了，你們這夥強盜愛打愛劫就上前來吧，只要能敵得住我這口寶劍！"

五個強盜氣得全都破口大罵，並說道："既然你不是楊三爺手下的，我們就不能饒你！來，你先把寶劍扔下，把馬跟行李給我們。"說時提着刀一齊奔了過來。

李慕白微微冷笑着把寶劍揚起，向那為首的強盜砍去，那強盜趕緊用刀把劍架住，說道："呵！你還敢動手找死嗎？"說着五口刀一齊向李慕白砍來。

李慕白的寶劍東砍西刺，不一會就刺倒了兩個人。那另外三個強盜更不是李慕白的對手了，又戰了幾合，他們簡直沒法兒招架了，就一齊轉身，撒腿就跑。李慕白追過去，又砍倒了一個人，並向那兩個逃走的賊人說："你們去把那賽呂布魏鳳翔找來，告訴他，我在居庸關口等着他，他要是不服氣，就叫他趕緊到那裏找我去。"說着，他又去看那躺在地下的三個強盜，只見有一個傷勢重些，已然暈將過去，另外兩個疼得一面哼哼嗨嗨地叫着，一面向李慕白求饒。

李慕白就說："我也不要你們的性命，不過你們這夥賊人平日作惡多端，也應當今天叫你們吃些苦頭。你們聽明白了沒有？我叫李慕白，與那神槍楊健堂無干。現在我到居庸關口去，在那裏等一會兒，賽呂布若打算報仇，就叫他趕快到那裏找我去，若是遲了，我可就走了。"說着牽過馬來，收起寶劍，上馬揚鞭走去。

此時，那孫七、劉五看見李慕白在這裏傷了人，闖了禍，嚇得趕緊催着車走，只聽鈴聲雜亂，那幾輛車就飛快地逃走了。

李慕白不慌不忙地騎着馬，少時就來到了居庸關口。因想着要等一等那賽呂布魏鳳翔，他便在關口鎮上找了一家茶館，進去喝茶歇息。他暗想：這居庸關乃是由北京往口外去的要道，豈能容像魏鳳翔這樣的強悍匪人在此盤踞？不知這裏的官兵為什麼不管？

喝了幾碗茶後，也不見那魏鳳翔和山上的賊人找來，他心說：也許他們曉得我李慕白不是好惹的，不敢找我來了，那我又何必再在這裏傻等他們？於是便付了茶資，上馬順着大道往東南走去。

越走天越熱，路上的行人也越多，此時天上遮滿了烏黑的雲氣，悶得人身上更覺得難受。少時天上轆轆地響起雷來，路上的人全都亂跑，喊着說要下雨了。李慕白身邊也沒帶什麼油布衣服，只能加緊催馬。走下不到十幾里地，天空越發陰沉，雷聲越發響亮，路上一個行人也沒有了，接着就有很大的雨點兒打在李慕白的草帽上。此時前後看不見村鎮，李慕白只得冒雨催馬前行。五月天氣的雨只要一下，就下得很大，雨絲像箭一般把李慕白的身上和馬身上滿淋得是水，草帽檐上也像瀑布似的流下水來。四下看去，只見禾麥搖動，霧氣茫茫，雨聲和田禾的搖曳聲攪在一起，如同響起了一陣刺耳的鑼鼓。

道旁小溪裏的水都溢到路上來了，地上的泥濘有二寸多深，馬蹄只要陷在裏面就不容易再拔出來。李慕白一面拿手巾擦着臉上的水，一面用鞭子抽馬，心裏卻想：糟了！這麼大的雨，要是找不着一個宿處，那可怎麼辦呢？自己座下的這匹馬，本來是只花了四十幾兩銀子買來的，又老又瘦，由冀州到宣化府的那一條長路，就快把這匹馬累死了。如今由宣化府往北京來，這條路是又遠，山路又多，十分地難行，大雨之下，一定不能把馬滑倒，自己摔一身泥倒不要緊，若是馬摔壞了起不來，那才更糟了。

李慕白只得冒着雨慢慢地向前行走，身上雖已被雨淋濕，但倒覺得分外涼爽。走了半天，雨才住了些，可是天色也快黑了。好容易才看見前面有一座城鎮，他於是放下了心，在城外找了一家店房。他先叫店夥把馬牽到棚下去餵草料，然後進到屋內，把渾身上下的衣褲、襪子全都脫下，擰了一地的水，換上乾衣服。他坐在炕頭上，叫店夥給沏了一壺茶來，喝了幾口茶，心中才覺得痛快些。這時店夥把油燈點上，又問李慕白吃什麼飯，李慕白說："燒一盤豆腐，拿幾個饅頭來就成了。"又問："你們這是什麼地方？離北京還有多遠？"

那店夥說："我們這裏是沙河城。你要上北京，馬快一點兒，一天也就趕到了。"

李慕白一聽距離北京只有一天的路程，就放了心，暗道：走了這許多日，才算到了北京，恐怕我的表叔都等急了，他哪裏知道我在路上又管了一件閒事兒呢？於是他又不禁想起了俞秀蓮姑娘，仿佛看到了那嬌美秀麗而略帶憂鬱的秀蓮，正在那裏啼哭呢。

　　他呆呆地想了半天，連店夥進來送飯他都不知道，店夥便問他還要什麼不要，李慕白這才明白過來，便搖頭說："不要什麼了。"見店夥出屋去了，他又自責道：我怎麼又犯了癡病？我雖對俞秀蓮有情，但她與我卻無緣，我這樣時常地為她失魂散魄，不但失了我的品行，而且也足以消磨了志氣，還是把這些煩絲情網用利劍斬斷了吧。

　　吃畢飯，他便關好門，在炕上靜臥，窗外依然有淅淅瀝瀝的雨聲，仿佛是在故意挑逗他的愁思，李慕白歎了一口氣，便吹燈睡去。

第八回　立決雌雄青鋒降畫戟　從今憔悴壯士困窮途

次日清晨，李慕白忽然被外面的吵鬧聲攪醒，一看窗紙已然發白，也聽不見雨聲了，只有幾個人在院中吵鬧，聽一個啞嗓子的人怒聲問："我問你們，這裏昨天來了一個姓李的沒有？"又聽是店夥的聲音說道："我們這裏一天來來往往的客人多極了，我們哪裏記得清誰姓張誰姓李呀？"

那啞嗓子的人便罵道："混蛋！我沒跟你說嗎？這姓李的有二十來歲，騎着一匹馬，帶着寶劍。"店夥卻說："我們這兒沒有拿着寶劍的客人。"又聽有許多人在旁邊說："既然這裏沒有住着什麼姓李的客人，你就到旁的店裏找去吧！"那啞嗓的人卻說："旁的店裏都沒有。其實你們這裏沒有這個人也不要緊，不過你這個當夥計的不能這麼說話，大清晨的，我是不願意惹氣，要不然我真給你一刀！"那店夥冷笑道："你憑什麼給我一刀呢？你是強盜也不能這麼不講理呀！"

李慕白曉得必是那賽呂布找自己來了，心說：這強盜膽子真不小，敢到這地方來！遂就把門開了，挺着胸出去，高聲問道："什麼事兒？是找我的嗎？"

這院中站着的四個夥計和本店住着的十幾個客人以及那來此找李慕白的三個人全都吃了一驚，齊都把目光集中在李慕白的身上。李慕白仔細打量那三個賊人，只見為首的身穿青洋縐長衫，大松辮，年有十七八歲，高身材，紫黑臉膛，大概此人就是那個居庸關上的強盜賽呂布魏鳳翔；後面跟着的兩個人全都是藍布褲褂，一身泥水，盤着辮子，倒都像是山賊的樣子，其中一個提着一口刀、一口劍。

那身穿青洋縐長衫的人看了看李慕白，便走上前來問道："你就姓李嗎？"

李慕白毫無懼色，就點頭說："不錯，我姓李，我叫李慕白，在居庸關上殺傷三個強盜的，那就是我。"

那人微微點頭說："好，原來你就是李慕白。你殺傷人的事我不管，我只聽說你這個人很高傲，我現在找你來，就是為要請教你！"

李慕白笑了，說："你說我高傲，我倒不覺得我怎麼高傲。若講比武，那我也可奉陪，不過你須先通出名姓來，我不能跟無名小輩比武。"

那對面的人怔了一怔，似乎是要想個別的名字，李慕白就說："你放心，我不是吃公家飯的，我不能為官家捉賊，我就問你吧，你是姓魏不是？"

魏鳳翔咬着牙說："不錯，我就姓魏。"

李慕白笑道："好了，你把你的方天畫戟取來，我回屋去拿寶劍，這個院子也很寬，咱們就在這院裏較量較量。"

原來那魏鳳翔還有兩個手下的人在店房外等着，給他牽着馬拿着畫戟，當下魏鳳翔一面叫人去把戟取來，一面向四下抱拳，說："眾位朋友，我姓魏。今天找這李慕白來，也非是有什麼仇恨，不過是因為他這個人太是驕傲，在江湖上說了許多大話，我聽着氣憤不平，所以才來找他較量較量！"

一些客人聽了，有的本來要走，現在也不走了，都站在台階上，等着看二人比武。

店裏的掌櫃的和小夥計卻過來把魏鳳翔攔住，說："你們別在我們店裏比武呀！門口也很寬敞，你們到那裏愛怎麼打怎麼打！"

魏鳳翔推了店掌櫃子一把，臉上帶着兇惡之色，說道："你放心，絕出不了人命！"

此時李慕白已換了短衣，由屋內提着寶劍走出來，魏鳳翔也掖起了衣襟，他手下的人把畫戟遞在了他的手裏，李慕白便上前問道："姓魏的，你現在是打算拼命，還是打算比武？要拼命咱們還是到外面去，犯不上帶累人家店家。"

店夥在旁說："對，對，李大爺說的這話聖明，你們還是上外頭打去吧！"

魏鳳翔搖頭說："不用，外面地上淨是泥，施展不開。"遂向李慕白道："咱們倆沒有什麼不共戴天之仇，用不着拼命，還是比武好了。我若贏了你，你要當着眾人給我叩一個頭，要不然你得跟着我走，由我發落。"

李慕白說："我若贏了你，你可也照樣給我叩頭？"

魏鳳翔氣得臉上越發紫紅，說道："那是自然！"說時，把手中的畫戟一晃，直向李慕白的前胸刺來。

李慕白用劍一磕，將魏鳳翔的畫戟撥開，聳身一劍砍去。魏鳳翔閃開身，把戟向着李慕白前胸亂點，李慕白只用劍去磕。忽然魏鳳翔的招數改變，把戟向李慕白的咽喉惡狠狠地刺去。李慕白閃開，將寶劍順着他的戟杆削去。魏鳳翔趕緊退後兩步，把戟抽回。李慕白撲奔過去，擰劍就刺，魏鳳翔左閃右躲，雖然寶劍挨不着他的身，但他的戟卻緩不過手來。旁邊看熱鬧的人見李慕白快要勝了，全都大聲喝彩。

此時，忽見魏鳳翔用戟把李慕白的寶劍架住，說道："先別動手！"

李慕白收住劍勢，問道："你認輸了嗎？"

魏鳳翔喘了口氣，說："勝敗未分，我憑什麼認輸？不過這院子太小，旁邊看着的人又多，我恐怕傷了別人，戟掄不開，我打算換寶劍使用，你敢跟我劍對劍地比武嗎？"

李慕白笑道："你外號叫賽呂布，你使戟我且不怕你，你若換了寶劍，我更得贏你了。你自己斟酌着，揀你那拿手的兵刃去使。"

魏鳳翔氣憤憤地把戟一扔，他手下的人便把寶劍遞給他。他接過來掄劍向李慕白就刺，李慕白也用劍相迎，當時兩口寒光，上下飛舞，二人全都身手敏捷，左右躲閃，前後進逼，劍和劍磕在一起，鏗然作響，有如龍吟虎嘯之聲。二人往返三十餘回合，不分勝敗，旁邊看着的人，有的為李慕白提心，有的為魏鳳翔吊膽，全都看得呆了。二人越殺越兇，越逼越近，忽見李慕白的寶劍一晃，那魏鳳翔立刻跳到一旁，他的左臂上便流下鮮血來，手下的人趕緊上前把他攙扶住。

李慕白也收住劍勢，傲然地向他笑道："現在你還不認輸嗎？"

魏鳳翔此時連羞帶氣，那張紫黑色的臉越發難看，忽然他大叫一聲，便扔下劍，暈將過去，幸被兩個人攙扶着才沒有倒在地上。

李慕白冷笑着道："你不用裝死！告訴你，我用不着你給我叩頭，像你這樣的本領，還得投師再練幾年去！"

剛才那店房的掌櫃的和夥計，因為看魏鳳翔的來勢太兇，還不敢怎樣惹他，現在見他被李慕白砍傷了，就齊都變了臉，罵那兩個跟着魏鳳翔的人說："還不趕緊把他抬走，非得等着他死在我們這兒是怎麼着？"旁邊有客人說："傷倒不重，他是怕磕頭，所以才裝死。"有一個店夥就罵道："像這樣的本事，還出來泄什麼氣！"

此時那兩個小強盜已把賽呂布魏鳳翔給抬出店門去了，隨後又進來一個小強盜，撿起畫戟和寶劍，然後又問李慕白是幹什麼的，在哪裏住家。李慕白還沒答言，幾個店夥和客人就上前連踢帶罵，把那小強盜趕出去了。

李慕白向店家和眾人抱拳，連說攪擾，然後回到屋內，把寶劍入鞘。他本想即刻就起身，可是又怕那魏鳳翔再來生什麼事兒，再說大清早兒在這店裏攪了半天，完了事兒自己一走，難免要挨店家的罵。不如在這裏吃完早飯，多給店家些賞錢，然後再趕往北京去，也就完了。

正想坐下歇息一會兒，忽聽屋門外有人問道："李爺在屋內嗎？"是個北京口音。李慕白問："是誰？"趕緊開門一看，就見是個年約三十來歲的人。這人矮身材，身穿一件官紗大褂，足蹬薄官靴，李慕白認得此人是這裏住的客人，剛才自己與魏鳳翔比武之時，他曾在旁看着，那些人裏只有他最高興喝彩，而且他給自己喝的彩最多。

李慕白將他請到屋內，讓了座，此人也很客氣，向李慕白笑着說道："兄弟名叫德嘯峰，是正白旗滿洲族人，現在內務堂上當差。因為平日也愛好武藝，喜同鏢行朋友、護院的把式們結交，所以有人送給我一個綽號，叫作'鐵掌德五爺'。"

李慕白連連抱拳，說："久仰，久仰！"又說："大概德五爺練的是氣功和腕力了？"

鐵掌德嘯峰笑道："什麼氣功、腕力的，不過也就是會瞎打幾手兒罷了！"遂又問說："李老兄的大號怎樣稱呼？府上是直隸省哪一縣？現在到北京去有什麼貴幹？"

李慕白通了姓名，又說自己是冀州南宮縣人，現在到北京是看望在刑部做主事的一位表叔。

那德嘯峰似乎很是驚訝，問說："怎麼你老弟是南宮人，卻由居庸關來？"

李慕白說："我是先到宣化府看了一位朋友。"

德嘯峰說："這就是了。我是因為在這裏有些地租子，現在正鬧着糾葛，所以我才親來料理。大概再過一兩天，我就回北京去了。我住在東四牌樓三條胡同，路北一個大門，那就是舍下，李兄到北京之後，如若有暇，可以到舍下去坐坐。"

李慕白說："我到北京之後，一定要到府上去拜訪。"

德嘯峰又問到李慕白與那魏鳳翔比武的事。李慕白因見德嘯峰為人直爽慷慨，不似什麼奸狡之徒，就把自己的來歷，大概說了一番。又談到居庸關遇着強盜，以及自己故意要鬥一鬥那賽呂布魏鳳翔的事情，鐵掌德嘯峰聽了，不禁越發敬佩，說道："這樣說來，李兄你竟是個文武全才，真可當儒俠二字無愧了。"

李慕白笑着說："德大哥太過獎了，兄弟哪裏當得起儒俠二字？本來我學書學劍，一無所成，才來到北京想托親戚謀個小事，哪裏敢在北京這大地方逞什麼英雄？不過我聽說現在京城裏倒很有幾位武藝高強的人，將來如有機緣，倒想會一會他們。"

德嘯峰說："若論武藝，我們北京現在倒有幾位。就舉最有名的說，現在北京的小侯爺銀槍將軍邱廣超，那真是無人不知，無人不曉，還有外館黃家的瘦彌陀黃驥北，慷慨好義，更是出名的俠士。鐵貝勒府的小貝勒鐵二爺，外號人稱'小虯髯'，武藝更是高強。我跟這三位雖然都認識，但也不過是遇着紅白喜事，趕一個人情，深交往卻沒有，因為人家是富貴門第，咱們也不便高攀。"

李慕白說："他們有錢的人家能夠花錢請名師，而且有的是閒工夫練習，自然武藝要好了，可是若走在江湖上，就不知怎麼樣了。"

德嘯峰說："邱小侯爺曾跟着他父親出過一次兵，很立了些功勞，不過他是不願意做官，要不然至少也得當個總兵。瘦彌陀黃四爺也常到口外去，口外那些強盜沒有一個不聞風遠避的，由此就可知他確實是有真本領，並不是徒有虛名。"

李慕白聽了，對這邱廣超和黃驥北越發敬慕，暗想：我到了北京之後，非要會會這兩位不可。

德嘯峰和李慕白又談了一會兒，便起身告辭，回他的屋裏去了。李慕白吃過了早飯，便給了店飯錢。他把馬備好，先到德嘯峰屋內去告辭，然後就牽馬出了店門。

德嘯峰把他送出門口，很誠懇地說："咱們到北京再見吧！"當下二人拱手作別，李慕白上了馬，離了沙河城，往北京走去。

雨雖住了，但路上仍泥濘難行，又加上天氣太熱，所以李慕白當天就

第八回　立決雌雄青鋒降畫戟　從今憔悴壯士困窮途

走不到北京了。到了清河鎮，天已黃昏，他就找了店房，歇了一宵。次日清早再往南走，有八九點鐘時候，就看見了北京的城垣，只見形勢壯麗，人煙稠密，真不愧是歷代名都。

李慕白素日聽說北京城的人是最愛笑話人的，而且有許多地方，不許騎着馬走，所以他一到德勝門前就下了馬，又把青洋縐的大褂取出穿上，帽子也戴得端正些，就牽着馬進了城。他想：表叔祁殿臣住在南半截胡同，大概是得往南走了。可是北京城之大，要憑着自己瞎找，一定是找不到的，於是就向路上的人去問。

那人倒很和氣，說道："這兒是德勝門大街，南半截胡同在順治門外，離這兒可遠啦！我要告訴您，您也找不着。乾脆您就一直往南走，那裏有一條胡同，叫蔣養房，由蔣養房一直走，出了西口兒，就是新街口，在那裏往南就看見順治門啦。可是看見雖然看見啦，要走可還得走十里地呢。"

李慕白聽這個人指手劃腳地說了半天，還是不大明白，只得道了聲"有勞"，就牽馬走了。到了德勝橋，又向人打聽，才找到那蔣養房。走出蔣養房西口，就見街上的行人益多，兩旁的舖戶益加繁盛，李慕白見有人在街上騎着馬走，自己遂也上了馬，順着大街一直往南走去。走過了西四牌樓，就看見對面遠遠地有一座城樓，十分巍峨壯麗，心說這一定就是順治門了，於是一直走去。

走了半天才出了順治門，於是他又下馬去向人打聽，原來那半截胡同已離此不遠了。李慕白因為自覺得滿面風霜，不便立刻去見表叔，遂就向人問附近哪邊有店房，有人指告他說："這條胡同叫趕驢市，一直往東就是西河沿，那兒有幾十家店房呢！"

李慕白遂就找到了西河沿。看見那裏店房真是不少，不過都是高門大戶，比小縣城裏的縣衙門還威風得多，有的還掛着"仕宦行台"等等的金字招牌，李慕白心說：我又不是做官的，這種闊店房住不起，而且叫表叔知道了，也必說自己太浪費。於是就在附近找了一家小店房，字號叫元豐店。

李慕白進了店房，把馬交給店家，找了一間小房間。洗過臉，他便換上一身褲褂，外罩青洋縐長衫。他穿上薄底靴子，戴上青紗小帽，手裏還拿上了一柄摺扇，跟店家打聽明白了往南半截胡同去的路徑，遂就出了店房，順路走去。

好容易才找到那南半截胡同。他進了胡同，打聽到那祁主事的門首，一看是一個青水脊的門樓，門框上釘着個紅漆金字的小牌子，上面寫着"善德堂祁"。李慕白曉得這是姑媽家的堂號，看大門開着半扇，遂就上前打門。

少時裏面有人答應了一聲，出來了一個二十來歲，穿着月白大褂，黑紗坎肩的人，就問李慕白找誰。李慕白看這個人大概是表叔的跟班，遂就說："我姓李，是從南宮來，這裏的祁老爺是我的表叔。"那跟班的趕緊請安，笑着說："原來您是李少爺，我們老爺跟太太這些日子淨盼着您呢，您請進吧！"一面說着，一面在前帶路，並回道："南宮縣的李少爺來了！"

進了屏門，到了客廳裏，李慕白一看，屋裏不過陳設着幾張榆木擦漆的桌椅，掛着幾幅字畫，並沒有什麼富貴氣象。李慕白就曉得自己表叔的居官一定很是清廉。那跟班請李慕白先在這裏坐了一會兒，他就到北房裏去回稟。待了一會兒，又進到客廳來說："老爺、太太請李少爺到上房去見。"

李慕白站起身來，用手整了整衣服，就跟着那跟班的，恭恭謹謹地到了北房裏。就見這屋裏倒還華貴些，李慕白的表叔祁主事坐在一張烏木椅上。李慕白上前深深打躬，並說自己的叔父、嬸母和姑媽全都問表叔、表嬸好。這時那祁主事的夫人楊氏也由裏間出來，就說："姪子，你怎麼這時候才來呀？幾時起家裏動的身呀？"

李慕白見問，不由得臉上微紅，就說："我倒是上月從家裏來的，可是在半路上病了幾天，所以今天早晨才進城。"祁主事點頭說："我看你臉上的顏色就不好，你坐下吧！"

李慕白等表嬸落了座，自己才在旁邊的板凳上坐下，就見祁主事仿佛不太高興似的，一面揮着鵝毛扇子，一面說："我在四年前，回家去見過你一次，現在你倒是比早先身材高了，可是瘦了，大概是你不常出門的緣故。本來從去年你姑媽就托人帶信來，叫我給你找事。可是你知道，我不過是一個小京官，雖說在刑部裏，可是我又不像別人那樣會抓錢，所以名兒主事，其實窮得很，現在當朝的一般貴人，我也沒有什麼來往。你又不過是個生員，沒中過舉，要想給你找差事，實在是不容易！"

祁主事說一句，李慕白便應一聲"是"，同時心裏十分難過，又聽他表叔說："好容易在前些日，部裏文案上死了一個先生，可以借着這機會，補上一個人。恰巧我認得一個人正往大名府有事，我就叫他帶去一封信。本想你見了信就趕來，沒想等了你半個多月你也不來，人家就補上人了。也算你時運不濟，把這麼好的一個機遇又放過去了！"

李慕白聽了，倒不為此事惋惜，只是想到自己的將來難辦，已經來到北京，自然無顏再回鄉裏，可是在這裏長期住閒也不行，因此不由得把眉頭皺了皺。

祁主事又問："你沒帶着什麼行李嗎？"李慕白說："就有一匹馬和一個包袱，現在店房裏了。"祁主事又問住的是哪一家店，李慕白就說是西河沿元豐店。祁主事沉思了一會兒，就說："你先在店裏住着吧！我這裏也沒有寬餘房子，而且有你兩個表妹，你在這裏住着也拘束。有工夫寫幾篇小楷來，我看一看，然後再給你想法子。你若沒錢用時，可以跟我說。"

李慕白連連笑應，又跟他表叔表嬸談了幾句。因見他表叔坐在那裏打了一個哈欠，他心說，天氣熱，大概表叔要睡午覺，自己不便在這裏打擾，遂就向表叔表嬸告辭。那祁主事也不多留他，就說："明天你再來，頂好在下午三四點鐘左右，那時候我正在家。"李慕白連連答應。

跟班的把他送出，說："李少爺，明天來呀！"李慕白點了點頭，就拖着沉重的腳步往北走去。他一面走一面暗暗歎息，心說：我李慕白怎麼這樣時運不濟？雖然那刑部文案的小事，就是讓我去做，我也不屑於做，可是現在竟落得落拓京華。雖說表叔說是我用錢時，可以向他開口，但我難道真

第八回　立決雌雄青鋒降畫戟　從今憮悴壯士困窮途

能向人家伸手要錢花嗎？

走到菜市口，他找了一家紙店，進去買了兩個宣紙的白摺子和一枝寫小楷的筆。手裏拿着這點兒東西，他卻覺得比拿寶劍還要重，心說：這筆墨真害了我了！我若像我父親一樣，一口寶劍，漂泊天下，那倒也痛快，現在呢，至多僅在衙門裏去寫公文，若干幾年，恐怕把我的青年壯志都給消磨了！

李慕白回到店裏，把紙筆向桌上一擲，並不去寫小楷。吃畢午飯，倒在床上就睡，直睡到黃昏時候。晚飯以後，他又走到前門大街逛了逛，看那商舖繁華，行人擁擠，倒也略略開心。

少時回到店房裏，獨對孤燈，又十分煩悶。他看着桌上放着的紙筆，覺得這件事不辦完還是不行，既然表叔向自己要小楷看，自己若不寫出，就沒法再見表叔去了。於是他長長地歎了口氣，從行李內把墨硯找出，把墨磨好。剛要濡筆去寫，就聽旁的房裏的客人，有的高聲談笑，有的扯着嗓子怪聲怪氣地唱二簧，攪得心裏更煩。屋中十分悶熱，他出了滿身的汗，就又放下筆，歎息了一會兒，決定明天再寫。

他把燈吹滅，躺在床上揮着扇子，心裏卻又想起了俞秀蓮姑娘，不知她現在怎麼樣了。這時旁的屋裏有人高聲唱道："店主東帶過了黃驃馬，不由得秦叔寶淚如麻⋯⋯"聲調蒼涼頹靡，觸到李慕白的心上，他越發難受，就想：在北京再住幾天，如若還沒有事做，就把馬賣了，隻身單劍，闖江湖去！愁煩了半夜，才迷迷糊糊地睡去。

次日，李慕白萬般無奈，耐着心寫了一張小楷，自己看了倒還滿意，只是想到十年以來，筆硯誤人，又不禁傷心。到了下午，又到南半截胡同去見表叔，不想祁主事因為今天有個約會，一下班就出去了。

李慕白只得去見了表嬸。表嬸就說："現在京城百物昂貴，主事的官兒掙不了多少錢，應酬又很多，所以家裏弄得很虧空，屢次想活動個外任的官兒做，可是都沒成。"然後又說到李慕白的親事，他表嬸就說："你的叔父嬸娘也不辦正事兒！怎麼你這麼大了，還不給你成家？難道還叫你打一輩子的光棍不成？"

李慕白聽了這話，不由得臉紅，就說並不是自己的叔父嬸母不張羅自己的親事，而是自己想着舉也沒中，事情也找不成，所以不願意這時就娶妻。他表嬸點了點頭，說："你倒是有志氣，慢慢地看吧，你表叔若給你找着個差使，親事就交給我了。我倒想到一個姑娘，也算是咱們的鄉親呢！"李慕白是旁人一提他的婚事，就覺得難過，好不容易才把表嬸支吾過去。

又等了半天，還不見表叔回來，天色已快晚了，李慕白就把自己寫的那篇小楷留下，起身告辭。他表嬸還要留他吃晚飯，李慕白謝卻了，便回到店房中。因為今天表嬸提到他的婚事，這更使他傷心，晚飯時便喝了幾盅悶酒。他覺得渾身發熱，屋裏氣悶，實在坐不住，便穿上長衫，出了店門。

李慕白穿着幾條胡同隨意地走，越走覺得越熱鬧，不覺就走進了一條胡同，只見面對面的小門，門首全都掛着輝煌的門燈，門前都停放着幾輛漂亮的大鞍車。在胡同往來的人，也多半是衣冠富麗，喜笑滿面，都像是些達官閥少、鉅賈富賈之流，三三五五地在各門前出來進去。李慕白見人家這樣得意歡喜，自己卻如此落拓無聊，不禁暗自感歎，忽然看到幾家門燈上寫着字，寫的卻是什麼"福仙班""麗春館""百美班"等等，兩旁並掛着些小牌子，他頓然明白了，暗道：這大概就是北京城內的平康巷吧？我一個窮困潦倒的人，來到這紙醉金迷的地方，豈不是笑話嗎？於是趕緊轉身就走。

　　剛走了不幾步，忽見從一家妓院門裏出來了兩個嫖客，正要上車，其中有一個人一眼看見了李慕白，就趕過來叫道："慕白老弟，哈哈！想不到在這兒遇見你了，你還躲什麼？"

第九回　誤惹煙花呆生遊曲巷　狂揮鐵掌俠客鬧歌樓

　　李慕白嚇了一跳，回頭一看，原來卻是自己在沙河城遇到的那位鐵掌德嘯峰，不禁一陣臉紅，趕緊過來相見。

　　德嘯峰穿着寶藍官紗大褂，青紗馬褂，梳着光亮的辮子，他手持摺扇，滿面含笑地說：「慕白老弟，那天我一見你，就知道你是一位儒俠，想不到你還是一位風流俠客呀！」

　　李慕白聽了，越發慚愧。既然自己無意中走到這花街柳巷之中，便有口也難辯了，他只得笑了笑，問道：「大哥什麼時候回來的？」

　　德嘯峰說：「你走的那天，我恰巧把事辦完了，隨後我也就回來了。我正後悔當初沒問你來到北京之後，住在什麼地方，恐怕找不着你，不想這麼巧，在這地方會遇見你了。」遂又給李慕白引見旁邊的一個三十來歲、又胖又闊的人，說：「這位是楊二哥，北京城有名的楊當家，他名叫楊駿如，你就管他叫胖小子得了。」

　　李慕白抱拳相見，德嘯峰就指着李慕白說：「這位就是我剛才跟你說的，我在沙河相遇的那位李慕白兄弟。他的武藝高強，是現在的俠客，你可別得罪他，留神他打你！」楊駿如也笑了。

　　德嘯峰又拉住李慕白說：「老兄弟，你的貴相知在哪個班子裏？我們得去見見！」李慕白聽了，羞得越發臉紅，連說：「沒有，沒有！我是吃完了飯，出來隨便走走，不想就走到這裏了。」

　　德嘯峰搖頭說：「我不信，哪有那麼巧，隨便走走就走到石頭胡同了？」

　　李慕白說：「真的，我還不知這叫石頭胡同呢！」

　　德嘯峰說：「得啦！老兄弟你太跟我客氣。現在你既然沒有什麼事兒，你跟我到北邊，到一個相好的那裏坐一坐去。」

　　李慕白聽說是「相好的」，以為是他的朋友家裏，便點頭說：「好好！」當下德嘯峰在前，李慕白和楊駿如並着肩，一面閒談着話，一面往北走去，他們的兩輛大鞍車就在後面跟着。

　　走了不遠，就來到一家妓院門首，門前的牆上寫着「雲香班」「清吟小班」，李慕白看着不對，就站住身，兩輛車也停在了門首。德嘯峰大搖大擺地走將進去，楊駿如就往裏讓李慕白，此時李慕白就像頭一回下科場時那樣，兩腿覺得發軟，心也亂跳，無奈何，只得跟着德嘯峰、楊駿如二人走了進去。

到了門裏一看，只見華燈四照，院落乾淨，擺着許多盆夾竹桃、晚香玉、梔子花等等。有許多毛夥跟媽來來往往，又聽各屋裏全都有男女喧笑之聲，並有濃妝豔抹的妓女，把客人送出屋外，還親熱地說着話。

德嘯峰、楊駿如一進門，就有毛夥高聲喊道："德五老爺、楊二老爺來了！"趕緊在前帶路。

只見西屋裏有一個跟媽打起簾子，說："請德五老爺、楊二老爺先在這屋裏坐吧！"

德嘯峰等三個人進到屋裏，屋裏早有一個麗人，迎着面向德嘯峰半笑半怒地說道："呵！德五老爺，怎麼這些日子都沒見您哪？今兒也不是哪邊刮來一陣風兒，才把您的大駕吹來！"

跟媽也在旁笑着說："真的，德五老爺有六七天沒上我們這兒來了，我們姑娘天天想着您！"

楊駿如在旁說："你不知道嗎？你們德五老爺新放的粵海道，人家淨張羅着上任去了，哪還有工夫上你們這兒來？"

那妓女和她的跟媽全都很驚喜，笑着說："那我們可得給德五老爺道喜！"

德嘯峰說："你們別信他的話，這胖子的話比屁還不如。我是上沙河辦事去了，昨兒才回來。"此時楊駿如坐在一把椅子上，捧着大肚子，只是哈哈地笑。

李慕白進到這個陌生的地方，四下去看，只見屋裏陳設得頗為華麗，壁上掛着幾條對聯，看那上款都寫着"媚喜校書"，李慕白就知道是這個妓女的名字了。再看這個媚喜，不但不媚，簡直看了討厭，年紀有二十五六歲，小眼睛，塌鼻梁，擦着一臉胭脂粉，抹着血似的嘴唇，頭上梳着雲髻，滿插着珠翠。身上穿着大紅肥袖衣裳，鑲着繡花條子，下面是蔥心綠的褲子，粉紅繡花鞋。

這個媚喜托着一隻琺瑯水煙袋過來，帶着笑問道："這位老爺貴姓？"

李慕白只說："姓李。"媚喜說："李老爺。"遂要給李慕白點煙。李慕白搖頭說："我不抽煙。"

德嘯峰就說："這位李老爺是老實人，你們可別跟人家開玩笑！"

媚喜笑着說："那我們怎敢？李老爺還得多照應我們呢！"

德嘯峰把水煙袋接了過去，呼哧呼哧地抽着水煙，又跟楊駿如和媚喜說笑了一會兒。

少時，楊駿如在這裏認識的妓女笑仙也進到屋來，李慕白看她倒還略有幾分姿色，笑仙在這裏說笑了一會兒，就把楊駿如請到她的屋裏去了。

德嘯峰喝着茶，媚喜替他扇着扇子，德嘯峰就問李慕白說："慕白兄弟，你現在住在哪裏？"

李慕白說："我住在西河沿元豐店。"

德嘯峰點頭說："好，我一半天看你去。"

李慕白又問："大哥府上在什麼地方？"

德嘯峰說："我住在東四牌樓三條胡同。過兩天，我在家裏預備預備，請你到我們家裏吃個便飯。"

李慕白說："大哥不必如此，一兩天內我到府上拜訪就是了。"

德嘯峰說："兄弟你不要跟我客氣，你我一見如故，要不然我不能叫你跟我到這地方來。將來我們相處長久了，你就明白我是個怎樣的人了。我這個人最率直，對於朋友向來熱心，可是不會客氣，說話時常得罪朋友。我跟你先說明白了，以後我有說錯了話的時候，你別介意就是了。"

李慕白說："我也是個爽直的人，一向在鄉下讀書，沒到外面闖練過，來到北京，一個朋友也沒有。既蒙大哥不棄，以後還要多指教我才好。"

德嘯峰笑道："老兄弟，我指教你什麼？我指教你嫖賭倒還行！可是你別以為我是個荒唐人，我來這裏只是逢場作戲，實在說起……"說到這裏，那楊駿如跟笑仙又進到屋裏來，把兩人的談話打斷了。

旁邊的媚喜本來聽德嘯峰、李慕白談着正經的話，她在旁邊搭不上話，只拿着鳳仙花染指甲，這時楊駿如和笑仙進來，她又把精神打起，大家說笑了一陣。

楊駿如因見李慕白年輕文雅，談吐不俗，以為李慕白是一位外縣財主的少爺，便也直跟他套近，又張羅着給李慕白也拉上一個貌好的妓女。

李慕白剛要開口推辭，那德嘯峰先擺了擺手，說："要是給李兄弟找個人兒，可不能不加意選擇些，要不然，也配不上他這樣的英俊人物。據我看，南城這幾條胡同，所有的姑娘們不是殘花敗柳，就是夜叉妖精。"

楊駿如扭着肥大的腦袋向笑仙、媚喜說："你們聽見沒有？德五爺說你們都是夜叉妖精！"

兩個妓女就全都佯怒帶笑着向德嘯峰不依，說："德五老爺，我們又不吃人，怎麼會是妖精啦？您倒得說說！"

德嘯峰笑道："你們雖不吃人，可是把人迷得也夠瞧的了，是妖精不是妖精都不要緊，我跟楊胖子全都是專愛妖精的！"說畢，楊駿如哈哈大笑，兩個妓女也全用手絹掩着嘴笑。

德嘯峰又拍了拍李慕白的肩膀，向楊駿如說："真的，要給我們這位兄弟挑人兒，只有一個，准保他瞧得上眼。"

楊駿如和兩個妓女一聽，全都歪着頭想。媚喜就帶着妒意說："德五老爺說的莫非是嫣桃？"

德嘯峰搖頭說："不是你們這院裏的。"

楊駿如說："我猜着了！你說的是芳春家的小梅？"

德嘯峰冷笑道："小梅哪配？連我也看不上眼呀！"

楊駿如又說出幾個名妓的名字，德嘯峰都搖頭說不是。

李慕白被眾人給擺佈得迷迷糊糊，如今卻也有些好奇，要聽德嘯峰說出這個妓女的芳名，可是德嘯峰卻仿佛獨有心得似的，微笑着說道："現在我連李兄弟全都不告訴。他剛來到北京，我讓他先歇兩天，等過些日子，他有了工夫，我再帶他去賞鑒賞鑒。"說畢只是抽水煙。

楊駿如曉得德嘯峰對於妓女的眼光，向來與眾不同，他能把西施和無鹽看成一樣的美，當下也不高興往下再猜了。

又說笑了一番，李慕白就要走，德嘯峰看了看表，說："這時候不過才八點多鐘，你忙什麼的？再待一會兒，咱們一同走好不好？"

李慕白搖頭說："不，我回去還有點兒事兒。"

德嘯峰看出李慕白是不常涉足花叢，他在這裏不會說、不會笑的，也沒有什麼意思，遂就說："我叫我的車把你送回去。"

李慕白搖頭說："不用，店房又離此不遠，我還是走回去吧。"

德嘯峰卻把他攔住，遂叫人把自己的那趟車的叫進來，叫他把李大爺送到西河沿元豐店去。當下德嘯峰、楊駿如和兩個妓女把他送出屋去，說聲："明天見！"李慕白才算逃出了這魔窟色海。

出門上了車，趕車的揚鞭往北走去，過了幾條胡同，全都是花街柳巷，車輛紛紜，李慕白就想：這地方是王孫公子尋樂之處，我以後還是不來為是。又想：德嘯峰以後還難免要拉着自己前來，自己也不好過於顯得執拗。他在車裏想了半天，不由又起了一種頹廢放蕩的思想。

少時，到了元豐店門首，車停住了。李慕白要給趕車的幾串賞錢，趕車的知道李慕白是他們老爺新交的好朋友，無論怎麼說，他也不敢要，李慕白只得罷了。

進到店房內，點起燈來，坐了一會兒，因為蚊子都撲着燈光進來，李慕白便熄燈躺在床上。想着剛才遇見的那些事。他覺得德嘯峰倒是一個慷慨好交的人，他雖號稱"鐵掌"，武藝卻不知如何。那楊駿如大概是個大富賈，不過還不太市井氣。又想到那媚喜、笑仙兩個妓女，真像是德嘯峰所說的妖精夜叉，可是認真想起來，她們也是可憐蟲呀！如此思緒纏綿，半夜方才睡着。

次日醒來，精神十分不濟，他沒有什麼事，也不便到表叔家裏去，就只在屋裏悶悶地坐着，十分無聊。午飯後，因為天氣太熱，李慕白十分疲倦，就躺在床上要睡，忽聽院中有人高聲叫道："慕白！"

李慕白一聽是德嘯峰的聲音，趕忙坐起身來。此時店房的夥計把門開了，說道："李大爺，外頭有一位德大老爺來找。"李慕白一面說"請"，一面穿鞋。

德嘯峰卻一點兒不客氣，早已走了進來。他一面寬衣，一面揮着扇子，四下一看，見李慕白的行李十分蕭條，他就說："我一來，倒把你的午覺給攪了！"李慕白說："我也睡不着，不過沒事兒做就越躺越懶！"遂給德嘯峰倒茶。

德嘯峰說："兄弟你別張羅我，我今天是特來看你。你見着令親了沒有？事情有點兒眉目沒有？"李慕白微微歎了口氣，就把見自己表叔的事說了一番。

德嘯峰說："兄弟你別着急，慢慢地自有機會。沒事兒時我來找你，或是你找我去，咱們倆下下棋，聽聽戲，或者逛逛胡同都可以。總之，你不可以整天在屋裏瞎煩惱，因為那樣，你就是鋼筋鐵骨，也得壞了！"

李慕白聽了德嘯峰的這些話，心中十分感激，便說："我絕不煩惱！"

德嘯峰說："實在你也不必煩惱。雖然你現在找不着事幹，可是君子耐時，哪個幹大事的人，沒受過些困苦？至於錢的事，你不用發愁，有我花的就有你花的，此外的事還有什麼不得了的？"

李慕白笑道："大哥說的話都對，可是我現在並沒憂煩呀？"

德嘯峰笑道："老兄弟你不要瞞我，你心裏怎麼樣，難道我從你的臉上還看不出來嗎？"說着又催着李慕白換衣裳，跟他一同聽戲去。

李慕白便穿上長衫，德嘯峰也穿上長衣，二人就一同出了元豐店。德嘯峰的車停在外面，趕車的名叫福子，就向李慕白請安。李慕白跟着德嘯峰上了車，德嘯峰就向福子說："上'燕喜堂'！"趕車的便搖動絲鞭，出了西河沿東口，進了肉市，很快就到了燕喜堂門首。

德嘯峰在前，李慕白在後，才進了戲園門首，就聽一陣鑼鼓胡琴之聲，由戲樓裏傳了出來。這裏蹲着幾個人，全都穿着灰布短褲褂，抹着一臉的鼻煙，像是北京城的流氓地痞，一見德嘯峰來了，就齊都站起身來請安，笑着說："德五爺您好呀！"德嘯峰含笑哈了哈腰，並不跟他們說什麼，就帶着李慕白往裏走。

此時一陣鑼鼓胡琴之聲，由戲樓裏傳出來，二人進了戲樓，只見台上演的正是《法門寺》，幾個賣座的都過來給德嘯峰請安，問道："德五爺，您怎麼這些日子沒來聽戲呀？"

德嘯峰笑着，就向一個賣座的說："出去跟我那趕車的，把我的水煙袋要來！"那人答應了一聲兒出去了。另一個賣座的又問李慕白貴姓，德嘯峰說："這是我的兄弟，李二爺。"賣座的趕緊給李慕白請安，說："我給您二位老爺在池子找兩個座兒吧。"德嘯峰、李慕白就跟着那賣座兒的擠到池子裏。

池子裏已有十幾個衣冠齊楚的看戲的人，見了德嘯峰來，一齊站起身來，帶着笑哈腰，德嘯峰也賠笑向一些招呼他的人點頭。李慕白心裏就想：鐵掌德嘯峰在北京城果然有些名頭。

當下那賣座的給德嘯峰、李慕白二人找了一張桌子，正在戲台迎面，是個最得看的地方。德嘯峰很是滿意，就與李慕白寬去長衣，坐了下來。賣座的也已把茶沏來，水煙袋取來，德嘯峰抽了幾口水煙，就揮着扇子，要跟李慕白談話。可是這時戲台上的《法門寺》已然唱完，換的是《白水灘》，那十一郎與青面虎打在一起，真是熱鬧！鑼鼓在旁邊亂鳴着，李慕白也看得出了神。此時又有兩個身穿綢褲褂，提着水煙袋，搖着絹扇的人，過來跟德嘯峰談了半天話。

《白水灘》下去，那二人也走了，換的是一出《宇宙鋒》，李慕白聽了一會兒，便覺得不耐煩了，德嘯峰又抽了幾口水煙，就問李慕白說："你們家鄉沒有這麼好的戲吧？"

李慕白說："我們南宮就沒有戲園子。到秋天莊稼收了，才唱兩天謝神的戲，我也不大喜歡去聽。"

德嘯峰笑着說："這樣說來，你在家裏也很悶得慌啊！"

李慕白點頭說："可不是！我在家中，連像你這樣的朋友都沒有，我每日除了看看書、練練劍之外，什麼事也不做。"

德嘯峰又問說："有幾個小孩？"李慕白一聽，心裏就猶豫了一下，本想告訴他，自己尚未成家，可是又想，德嘯峰是個好管閒事兒的人，他若知道自己家中沒有妻子，將來一定要張羅着給自己說親，那時又必添上許多麻煩，遂就含糊着說："我還沒有小孩。"德嘯峰一聽，也就不再往下問了。

又看了一會兒戲，忽聽後面傳來一陣吵鬧之聲，聽戲的人全都站起身往後面去看，原來有人打起架來，中間還夾着勸架的聲音，就聽有人說道："別吵，別吵！鐵掌德五爺可同着朋友在前面了！"接着，就聽有一個外鄉口音的人大聲罵着說："什麼他娘的德五爺！就是九門提督來了，他也得講理呀！"這一聲大罵，嚇得許多人都看着德嘯峰，德嘯峰的臉上便現出些怒色，他把水煙袋放下，走將過去，眾人都說："好啦，德五爺來了！"

德嘯峰一看，這打架的共有六個人，其中一個德嘯峰認得，是在緞庫當差的恩保，素日專好摔私跤，有個外號叫"硬腿恩子"。另外五個人都穿着白布褲褂，個個都是身體健壯，挺胸脯壯胳膊，氣勢洶洶的，仿佛立刻就要把硬腿恩子揪倒，打他一頓才出氣。

硬腿恩子也是東南城站得起來的人物，哪肯服這口氣，他先前是拍着胸脯要跟那幾個人打架，如今一見德嘯峰來了，他就搶先說："德五爺，您給評評理兒。他們在前頭坐着，我在後頭坐着，我的煙袋沒留神，燙了他一下，我趕緊跟他說了聲'沒瞧見'，不也就完了嗎？可是他們還是這樣不依不饒。"

那幾個人中有一個高大的漢子，氣得紫漲着臉，脖子上跳着紅筋，說："你們前前後後的人都聽見了，剛才他是這麼說話的嗎？他不罵我，我還能罵他？"

德嘯峰曉得平日硬腿恩子專愛欺負外鄉人，剛才恩子用煙袋燙了人，他嘴裏一定還說不好聽的話了，遂就擺手說："得啦，完了，完了！為一點兒小事兒，不必攪得人家都不能好好看戲！你們二位都衝着我，誰也不必言語了。"

本來向來無論什麼事，只要德嘯峰說幾句話，沒有不了結的。現在硬腿恩子倒是不言語了，可是那個高大漢子並不知道德嘯峰是怎樣的人，見四圍的人對德嘯峰都很恭維，他看着生氣，就向德嘯峰翻了臉，說："我不認得你，憑什麼衝着你就完了？你是什麼東西！"

他這一罵，實在叫德嘯峰的臉上下不來，旁邊的人也都看着事情要不好，只見德嘯峰把眼一瞪，說："混蛋！給你臉你不要，還開口罵人，滾出去！"

那高大漢子擎起茶壺向德嘯峰就打，德嘯峰一閃身，那茶壺就打在另一個人的頭上了，當時戲樓內越發大亂起來。德嘯峰一把將那人拉得離開座位，說："咱們出去，在這兒攪別人不算好漢！"那高大漢子也氣昂昂地說：

第九回　誤惹煙花呆生遊曲巷　狂揮鐵掌俠客鬧歌樓

"出去就出去！"跟這人在一起的那四個人，也都站起身來跟着出去了。

當下跟這人在一起的那四個人，也都站起身來跟着出去，李慕白、硬腿恩子，還有許多看戲的人，現在都不看戲了，都在看鐵掌德嘯峰跟那幾個人打架，就蜂擁着出了戲樓。

只見剛才在門前蹲着的那幾個地痞，也都脫成光膀子，露着寬板帶子，小褂搭在肩膀上，搖搖擺擺地一齊過來，向德嘯峰說："德五爺，不用您生氣，只要您吩咐一句話，我們就上手！"

德嘯峰說："你們往後些，別管！"遂向那高大漢子說："你們共合五個人，可是我要一招呼，就是五十人也立刻就有，是打群架，還是單打單個？由你說！"

那五個人一見德嘯峰這個勢派，就不由得有點兒心慌，曉得是惹在太歲頭上了。此時也沒有人過來相勸，那高大漢子自然不肯服氣，就把小褂脫了，交給旁邊的一個人，他拍了拍胸脯，說："打架的是咱們兩個人，沒有別人的事兒，何必叫別人也上手呢？"

德嘯峰便點頭說："好！"他剛把袖子挽起，李慕白就過來說："大哥歇一歇，讓我跟他鬥一鬥！"德嘯峰笑道："兄弟你別管，現在叫他看看我的！"說時便左手虛晃一拳向那人打去。

那人也撲過來，一手揪住德嘯峰的腕子，一拳打來，德嘯峰把身子往後一退，便躲開了他的拳頭。那漢子又揪住德嘯峰的左腕，用力往懷中一拽，右手向德嘯峰臉上打去。不料德嘯峰趁勢奔過去奪開左手，握住了他的右腕，自己的右手卻向那人的前胸打去，只聽"吧"的一聲，那人便咕咚一聲坐在了地上。旁邊他那四個朋友趕緊上前把他攙起，只見那人面色像白紙一般，才站起身來，就哇的吐了一口鮮血。旁邊的人齊贊道："好，德五爺，真不愧是鐵掌！"德嘯峰微微傲笑着說："這算什麼？他就是石頭人，我也得給他打碎了！"

那高大漢子的健壯胸脯上，深深地印着德嘯峰的手印，紅得怕人，嘴上和雪白的褲腿上全都濺着鮮血。他此時由兩個人攙着，仿佛一點兒勁兒也沒有了，只抬起頭來向德嘯峰說："朋友，我佩服你，你叫什麼名字？"

德嘯峰還沒答言，那幾個剛才在戲園門口蹲着的人，早替德嘯峰道起字號來了，說："你連鐵掌德五爺的大名都不知道，就敢到北京城來撒野？他媽的，你趕緊回家找你媳婦兒去吧！趁早兒別出門泄這個氣！"那幾個人這時哪敢惹氣，就攙着那受傷的人走了。

德嘯峰向旁邊看着的人抱拳，說："耽誤諸位聽戲！"這些人就七嘴八舌地議論着說，那個人真是自找苦吃，德五爺本來很給他面子，他卻不識抬舉，把德五爺招惱了，這一掌還算手下留情呢，要不然他非得小命兒送終不可！

這時硬腿恩子過去給德嘯峰請安，說："德五爺，你為我的事兒生了半天氣！"德嘯峰笑道："我倒不生氣，我就勸你以後別淨拿那長杆煙袋惹事兒就得了。"旁邊的人也都笑了。

-75-

德嘯峰把李慕白一拉，說："老兄弟，你別淨看我的戲，咱們還是看台上的戲去吧！"說着就拉着李慕白又進了戲樓。

一些看熱鬧的人也都紛紛就座，戲樓裏立刻又恢復了秩序，這時台上還是青衣在那裏一個人唱着。李慕白歸了座，就向德嘯峰說："大哥的掌法打得真好，真是好氣功！"德嘯峰笑着說："得啦，我在別人眼前還可以，在你眼前我只是見笑罷了！"李慕白說："我並不是故意奉承大哥。"

德嘯峰說："你要稱讚我的掌法和氣功，還不如稱讚我的眼力。我在沙河城見你與那賽呂布魏鳳翔比武時，我就看出你受過名師的指點，不但你的劍法精通，高來高去的功夫，你也一定不錯，並且我還敢斷定，至少你闖過兩年江湖。"

李慕白一聽德嘯峰這話，不由大吃一驚，恐怕德嘯峰疑惑自己是江湖盜賊之流，便笑着說："德大哥，你說的話真可笑！我就是到保定去過兩次，到鄰縣巨鹿去過兩次，這回到宣化府訪了朋友，就到北京來了，我哪裏闖過江湖呢？"

德嘯峰笑道："兄弟你瞞不了我。那天在沙河，你跟魏鳳翔比武時，從你那手腳的利落看去，像這樣的戲樓，你一聳身准能上去。再由你那劍法看去，絕不像只在家裏練着玩過，至少你跟人拼過幾次命。"李慕白聽了，不禁暗暗佩服德嘯峰的眼力，當下因怕被別人聽去，注意上自己，便用別的話扯開。

這時台上的《宇宙鋒》下去，換的是《浣紗記》《魚腸劍》，這齣戲完了，就是大軸子的《悅來店能仁寺》。李慕白看見戲台上的那個十三妹，不由又想起了遠在天涯的那位芳容絕技兼備的秀蓮姑娘，一陣惆悵又撲在心頭。德嘯峰一面抽着水煙，一面向李慕白問說："你這樣的青年俠士，應當配一位像十三妹這樣的女俠才對，只不知家裏那位嫂夫人武藝如何？"

李慕白一聽這話，就彷彿用刀子扎了他的心一般，便微歎了口氣。德嘯峰說："你不要煩惱。今天我打了一個架，也很高興，回頭散了戲，我們到正陽樓去吃飯。吃完了飯，我領你到一個地方去，會會現時一位有名的俠妓。這位俠妓雖然不會刀劍拳腿，但性情卻是慷慨俠爽，而且論起容貌來，可以稱得起是傾國傾城。只有你這樣的人，才配與她交好。"

李慕白本來正在情思難遣之時，忽聽德嘯峰提到什麼俠妓，並且說什麼傾國傾城，他就不由聽得出神。德嘯峰又說了半天，李慕白就笑道："回頭吃飯去倒可以，那種地方我可不再去了！"

德嘯峰又說："不過這個人你卻不可不見一見，因為此人是北京平康中第一個絕色，也可以說是世間一個奇女子。我就舉出兩件事來告訴你吧！有一次她同班中的一個妓女，因為花費太大，債台高築，到了年底，被債主逼迫得過不了年。這個妓女既無法擋債，又自傷身世，就在她自己的屋裏上了吊，不料被人發覺，將她救活了，可是她想着生不如死，依然要趁人不備時去尋死。我說的那位俠妓，就慨然動了惻隱之心，她拿出二百多兩銀子來，把那個妓女的債務還清，後來並幫助她尋了個穩當的客人從良去了，讓她脫離了苦海。"

李慕白聽了不禁暗暗稱奇，又聽德嘯峰說："還有一回，是她住的家裏，隔壁有一戶人家養着三四個雛妓。這領家十分厲害，把那三個雛妓虐待得豬狗不如。這位俠妓動了義憤，她就聯合了兩家街坊，在御史衙門裏告了，當時把那養妓女的人判了罪，幾個雛妓叫幾個好心的人家討去做丫鬟了。"

李慕白聽罷，點了點頭，便向德嘯峰發問說："可是她一個當妓女的，自己哪裏有這許多錢，管這些閒事兒呢？"

德嘯峰說："她這個妓女與別人不同。別的妓女多半是由領家管着，掙多少錢，都得交給領家，別看一些妓女遍身綺羅，滿頭珠翠，其實她們手裏一個制錢也沒有，並且連身子都不是自己的。我說的這位俠妓，她卻是自由之身，只有她母親跟着她，掙的錢除了班子裏分去幾成之外，其餘全都歸她母女。還有一樣，她們在班子混事的妓女都是有身份的，無論你花錢多少，只要她不喜歡你，你還是沒法親近她。聽說這位俠妓，向來沒留過宿客，有一位北京城的名士徐侍郎，聽說為她花了不下萬餘金，至今還是撈不到手。"

李慕白說："他們做官的人就能夠隨便花錢嫖妓，不怕御史參奏嗎？"

德嘯峰微笑道："我想人家總會有法子，雖然叫御史們知道了，可也抓不着把柄。"李慕白也笑了。

這時候幾個賣座兒的帶着個先生，在各處查座，那查座的先生見了德嘯峰，也請安問好。德嘯峰給了他們賞錢，幾個賣座的就全都向德嘯峰請安道謝。

德嘯峰就問說："剛才跟我打架的那幾個人，是哪兒的？"賣座的說："那幾個人不常到這兒來，聽說他們是春源鏢店裏的鏢頭，大概也是長了那麼大，頭回到京城來的怔頭兒，要不然怎能招德五老爺生氣呢？"說畢，那幾個人就上別處查座去了。

德嘯峰聽說那幾個人是春源鏢店的鏢頭，仿佛怔了一會兒，不等戲唱完了，他就向李慕白說："天不早了，咱們先吃飯去吧！"遂就穿上大褂，同着李慕白出了戲樓。

才到了門首，就見自己的車已套好了，跟班的壽兒也在門前，見了德嘯峰，就垂下手去，問道："老爺，您現在回家去嗎？"德嘯峰問說："家裏有事兒嗎？"壽兒說："沒有什麼事兒，就是大姑奶奶來了。"德嘯峰說："大姑奶奶來了，自然得留下住兩天，我現在還到旁處有約會，你先回去吧！"那壽兒連應"是是"，看着他們老爺跟李慕白上了車，他就走了。

這輛車往南走了不遠，就到了正陽樓，德嘯峰、李慕白就下了車進去。裏面的掌櫃的和夥計見了德嘯峰，全都十分和氣地說："德五老爺，怎麼好些日子沒見您呢？"德嘯峰一面笑着答言，一面由夥計將他們引到一間很寬敞的屋子裏去。德嘯峰遂就要酒要菜，與李慕白吃完了飯，二人便一同去訪那個北京城聞名的俠妓。

第十回　妓以俠名華燈窺俏影　情真難遣濁酒灌愁心

　　德嘯峰所說的那個俠妓，豔幟所樹的地點，是在韓家潭寶華班。這位俠妓芳名叫作翠纖，因為她會畫幾筆竹蘭，落款只是一個"纖"字，因此與她相好的人，就都叫她纖娘。纖娘來到北京，流浪平康不過二載。以她的姿色和才藝，原可以壓倒群芳，為一時名妓，不過因她的性情有些孤僻，把一些她認為儈俗的客人都得罪了，所以不能與當時一些慣用迷人伎倆的所謂名妓並駕齊驅，除非有一般所謂"目中有妓，心中無妓"的名士派頭的人，才能與她合得來。

　　這天晚間，華燈初上，德嘯峰就把李慕白架到了這裏。李慕白此時也算是正式的嫖客了，他因為要賞鑒這位俠妓，所以也高興地大搖大擺地跟着毛夥上了樓，李慕白在前，德嘯峰在後，就進到了那座香閣之中。只見陳設十分雅潔，一個五十多歲的老媽媽，帶笑迎上來，說："二位老爺請坐，纖娘在裏屋換衣裳，待一會兒就出來。"

　　德嘯峰、李慕白在紅木的椅子上落了座，只見裏間燈影搖搖，紅緞軟簾垂着，卻還不見那位俠妓走出來。老媽媽給德嘯峰點上煙，送過兩杯茶來，又問二位老爺貴姓。德嘯峰說："我姓德，這位姓李，現在是我們這位李老爺要看看你們纖娘。"

　　德嘯峰說話時，李慕白就四周看這屋裏所掛的字畫和鏡屏，只見當中一幅工筆的"風塵三俠圖"和一副對聯，最為惹人注目。那聯語是"翠竹千竿思卿俠骨，纖雲四卷度我良宵"，下款是"燕山小隱"，筆力遒勁，摹的是魏書《張黑女志》。李慕白心說：這位俠妓倒真與一般的妓女不同。旁邊德嘯峰悄聲向李慕白說："你看，架子有多麼大？"李慕白這時也等得心急，就說："這真是千呼萬喚始出來了！"德嘯峰揮着扇子，仰面微笑。

　　待了半天，才見紅簾一啟，溢出一股幽香，俠妓纖娘姍姍地走出來了。德嘯峰、李慕白不由全都把目光射在這位俠妓的身上，只見她年紀不過二十上下，細條身子，瓜子臉兒，細眉秀目，櫻唇桃頰，嬌豔得如同一朵才放的芍藥一般。身上穿着一件銀紅羅襖，石青綢褲，垂着水綠的汗巾，豔麗中又有些素雅。

出屋來，她先用那雙俊眼在李慕白的身上打量了一番，然後便問道："這位老爺貴姓？"

李慕白此時也不知為什麼，臉紅了紅，就說："我姓李。"

那纖娘倩然一笑，低聲說："原是李爺。"說話時，又把目光往李慕白的身上轉了轉，德嘯峰在旁看着不禁微笑。

纖娘又問德嘯峰貴姓，德嘯峰說："我姓德，我今天是陪着我們這位李老爺到這裏來拜訪你。"

纖娘笑道："德老爺這話，我們哪當得起？你二位老爺來，就是賞了我們臉了。"

德嘯峰指着李慕白說："這位李老爺是才到的北京，客中寂寞，想要找個地方常去解解悶。別的地方我不敢帶他去，久聞你的心腸頂好，所以才把他帶到你這裏來，只要你別欺負他就得了。"

纖娘笑道："德老爺說話真是，我們哪敢欺負人？"旁邊那老媽媽也笑着說："我們姑娘也是老實人。"

德嘯峰說："因為知道你們姑娘是老實人，我才把他們兩人湊合在一起呢！"說畢大笑。纖娘又給德嘯峰點煙，給李慕白倒茶，然後坐在旁邊的小杌凳上，陪着二人說笑。

本來李慕白的眼光很高，早先在巨鹿長春寺見了俞秀蓮姑娘，他就認為秀蓮姑娘是人間的絕色，後來因為事實上不可能，他就失望了，心裏有些消沉，人也顯得頹廢。不想如今見了這位俠妓纖娘，竟是別有一番幽豔，那眉目之間彷彿比秀蓮姑娘更可愛，更可憐，他不禁有些銷魂。談了幾句話，又見纖娘言語委婉，雖然有些是應酬話，但也似是由衷之言。

起先是纖娘問什麼，李慕白才答話，後來李慕白竟也發問起來。他問纖娘姓什麼，纖娘答是姓謝。李慕白又問她年齡和家鄉，纖娘說她十九歲，是淮陰人，來到北京才兩年多。李慕白還想問她的身世，卻被德嘯峰用眼色阻止住了。

又談了幾句話，忽聽院中有毛夥叫道："翠纖姑娘！"纖娘就向她母親說："媽，出去看看去！"謝老媽媽出去了一會兒，就拿着個紅紙條兒進來，說："徐大老爺叫你去。"纖娘接過條子看了看，德嘯峰就站起身來，向李慕白說："我們也該走了。"

纖娘趕緊站起身來說："我先不出去呢，你二位老爺何妨多坐一會兒？"德嘯峰說："我們還到別處有事兒，明天再來！"當下與李慕白出了香閣。纖娘送出屋來，說："李老爺，德老爺，明天可一定來！"德嘯峰笑道："反正我不來，他也准來！"當下德嘯峰在前，李慕白在後，便順着樓梯下了樓。抬頭往樓上去看，只見纖娘倚着欄杆，往下看着李慕白笑。

出了門，德嘯峰就向趕車的福子說："送李大爺回去。"遂就與李慕白一同上了車。福子把車趕往西河沿元豐店門首，李慕白下了車，德嘯峰就說："我也不進去了，咱們明兒見吧。"當下車聲轆轆地又往東走去。

李慕白回到自己的屋裏，點上燈，店夥送過茶來。李慕白坐在椅子上只是沉思，腦子裏仿佛又深深地嵌上了一個美麗多情女人的身影。他又想：剛才問到纖娘的身世時，德嘯峰為什麼攔住自己，不叫往下問？哦，是了，想她們當妓女的，每人必有一些傷心往事，客人若問起來，適足以引起她的傷感。咳，她哪裏知道，我這個客人與別的尋歡作樂的人不同，我也是個身世坎坷的人，我們相見，正如白樂天所云：同是天涯淪落人，相逢何必曾相識！

　　想到這裏，他長長地歎了口氣，仰面看到自己的那口寶劍，寂寞無聊地掛在牆上，心中又是一陣悲傷。他站起身來，跺了一下腳，就叫店夥沽來了半斤酒，喝得身熱頭暈，方才吹燈睡去。

　　次日午飯後，李慕白到南半截胡同他表叔家裏去的時候，他表叔正睡午覺。直等到三點多鐘，他表叔祁主事才醒來，見了他，就提到他寫的那篇小楷。祁主事說："你的字雖寫得不錯，可是人家只要一看，就知道你是練過魏碑的。這種字只是名士字，拿它求功名、寫公事可是不行，怪不得你下了兩次場都沒中，大概就是因為你的字太不規矩。現在你看，哪一個殿試的摺子和衙門裏的文書告示，都是趙字！你手下有趙字帖沒有？要沒有，可以到琉璃廠去買一部趙子昂的《龍興寺》。把那所有的草字全都挑出去，專練那規矩的字，用上三兩個月工夫，也就差不多了。現在無論做什麼事，都得筆底下好，你那筆字給人寫寫對聯還可以，若是拿它找事掙錢，可不容易！"李慕白聽了，句句話都刺得自己的心疼。

　　少時向表叔告辭，出得門首，他又傷心又生氣，暗道：雕蟲小技，壯夫不為。我李慕白堂堂男子，難道非得給人家傭書寫字，就不能吃飯嗎？他一賭氣，也不到琉璃廠買什麼趙子昂的《龍興寺》，就在炎日之下回到了元豐店。

　　才進了店門，就見櫃房裏出來一人，見了李慕白屈身請安說："李大爺，我們老爺叫我給您送一封信來。"李慕白認出，這是德嘯峰的跟班的壽兒。他接過信來，心中不禁詫異：德嘯峰給我寫信做什麼？遂就向壽兒說："你回去吧，你就說把信交給我了，下半天我看你們老爺去。"壽兒又請了一個安，就走了。李慕白回到屋內拆開那封信，就見信箋上寫着核桃大的字：

慕白如弟：

　昨日歸來，略感暑熱，身體頗為不適，今晚恐不能出城了。我弟年少有為，且負奇才，雖遭逢失意，客館蕭寥，但總宜多加珍攝，隨意尋樂，不可憂愁憔悴，自毀昂藏七尺之軀。因知我弟謀事無成，手頭必感不裕，故奉上銀票百兩，以備花用。小兄雖非富人，但視此實極微之數，幸望慷慨收下為荷。明後日再前趨訪晤，以傾快談。

此頌時安小兄嘯峰拜上

　　李慕白看了，心中又是慚愧，又是感激，暗想：德嘯峰與我萍水之交，

第十回　妓以俠名華燈窺俏影　情真難遣濁酒灌愁心

竟這樣關心我！這一百兩銀票，我若不收下，倒許得罪了他。遂即把信件和銀票收起。又想到德嘯峰病了，自己應當去看看他，可是又忘了他住在東四牌樓幾條胡同。就又想，明日他如再不來，那就是病還沒好，自己再去看他也不遲。

　　晚飯以後，李慕白到大街錢莊裏，把那張一百兩的銀票換成了零的。他將銀票帶在身邊，就想回店房去，不料才走到珠寶市北口，就見從北邊來了一輛簇新的大鞍車，車上有婦人的聲音，招呼道：「李大老爺！」

　　李慕白覺得十分詫異，就站住了腳，等那輛車來到臨近停住，他才看出來，原來是那謝老媽媽。謝纖娘由車裏探出身道：「李老爺，您出城來了？」說時倩然微笑着。

　　李慕白的臉上不禁又飛紅起來，便向西指着說：「我就住在西河沿。」
　　纖娘說：「晚上您可一定邀上德大老爺，上我們那兒去！」
　　李慕白說：「德老爺他受暑了，今天不能出城。」
　　纖娘說：「那麼您一個人去！」
　　李慕白點頭說：「我一定去！」
　　纖娘便笑着說：「好吧，回頭可准見！」說時秋波一轉，嫣然一笑，又進到車裏，車就趕進珠寶市口裏去了。

　　這裏李慕白怔了半晌，心中又十分後悔，自己不該應她今天晚上去。他懊惱着回到店房，忽又想起德嘯峰來信說，不可憂愁憔悴，應當隨意尋樂。他便想：以我現在這樣景況，徒自煩惱，以酒澆愁，也是無濟於事，還不如隨意玩耍玩耍，找個風塵中的可憐蟲，彼此談談，也省得寂寞。於是等到天黑，他便換上衣服，往寶華班去了。

　　寶華班裏的纖娘應酬走了一批客人，心裏卻覺得十分寂寞，總仿佛是在期待着一個人來似的。她自己也不明白，為什麼昨天來的那個姓李的青年，永遠懸在自己的心上，不能釋去。她想：今天在前門大街遇着他，他說是回頭准來，可是看他也是很窮寒的樣子，恐怕他絕不肯在這花錢的地方常走吧。纖娘呆呆地坐着，想着李慕白那清瘦的面容、寒儉的衣裳和那雙炯炯有神的眼睛，心中覺得這個人又是可憐，又是可愛，由此又想到自己的身世以及茫茫的將來，不禁滾下幾點眼淚。因恐怕被母親看見，她趕緊背着燈，把眼擦了擦。此時樓下各姊妹的房中，騰起陣陣歡笑之聲，她轉過頭來，看着燈依舊覺得刺眼，那殘淚掛在睫毛上，如同晶瑩的明珠一般。

　　纖娘坐了一會兒，因見沒有什麼客人來，就想到裏屋去，躺在床上歇息歇息。忽聽樓下有毛夥大聲喊說：「翠纖姑娘的客！」謝老媽媽趕緊打起簾子。少時就聽樓梯一陣響，謝老媽媽向外笑着說：「李老爺來啦！」纖娘這時也有了精神，她理了理頭髮，站起身來，就見李慕白換了一件寶藍綢子的長衫，手持摺扇進來。

　　纖娘笑道：「李老爺說來就真來了！」
　　李慕白微笑着說：「我這個人是向來不失信的！」遂即寬了衣。
　　謝老媽媽給倒了一碗茶，放在李慕白的面前，纖娘又很殷勤地問說：「李老爺若不願意喝熱茶，我這兒有自己泡的酸梅湯！"

李慕白一面揮着扇子，一面說："隨便，隨便！"

纖娘卻很敏捷地進到裏間去了。謝老媽媽就向李慕白笑着說："我們姑娘真跟李老爺有緣，別的人來，她向來沒這麼高興。"李慕白笑了笑。

少時裏間的紅綢簾一啟，纖娘端着一個小銀碟子，上面是一隻仿康熙五彩的茶碗，走了出來。她雙手捧在李慕白的面前，李慕白微欠身接過來，喝了一口，覺得香甜清涼，纖娘就笑着問道："你嘗我做的這酸梅湯，不錯吧？"

李慕白連說："很好！很好！"這時他才仔細打量纖娘，只見她今天梳的頭改換了一個樣式，更顯得嬌媚，頰上的胭脂卻比昨天還淺些。穿的是一身淡粉色的綢衣褲，鑲着紫邊，不太肥，也是越顯得俏麗。

纖娘坐在對面，臉上帶着紅暈，向李慕白問說："李老爺，你是住在西河沿嗎？"

李慕白點頭說："我住在西河沿元豐店。"

纖娘又問："太太沒有跟來嗎？"她問這句話時，一雙水靈靈的眼睛特意注視着李慕白的神情。

李慕白微笑了笑，說："我還沒有娶妻。"

此時謝老婆婆出屋去了，纖娘默然了一會兒，又接着與李慕白談話，她就問："李老爺現在在哪個衙門？"

李慕白說："我來此不久，還沒有找着事。"

纖娘微皺了皺眉，說："我聽說現在做官也不容易，有許多位老爺都是什麼候補知府、候補道台，都放不了實缺。"

李慕白便微笑着說："我倒不想做官。我來到北京，原是打算找個小差使，可是來到這裏一看，一來不容易找到，二來我也不願意做，只在這裏閑住着。幸有那位德老爺，我們交情很厚，常在一起玩兒，還不至於寂寞。"

纖娘聽了李慕白這些話，覺得李慕白真是一個誠實的人，不像旁的人來到妓院裏，都把自己吹噓得很闊。不過她又想，這姓李的既是這樣一個時運坎坷的人，自己這個地方，似乎應叫他不要常來才是，遂就說："我看李老爺年紀還輕，現在雖然不很得意，將來一定能夠出人頭地。我雖然是個妓女，但也看得出好壞人來，昨天我一見你，心裏就很尊敬你！"說到這裏，不禁低下頭去。

李慕白聽了這話，心中真有無限地感慨，便說："你太過獎我了。我也是聽德老爺說你為人很是誠實俠爽，與別的人不同，所以我才來，要不然我向來是不到這種地方來的。"

纖娘微歎道："不過這裏也總是少來為是。這話我只能對李老爺說，要是別人我也不能說，我雖然是當妓女的，但也有人心，很不忍叫一個有志氣的人，在這裏消磨了！"說完就用手絹擦着眼角。

李慕白真想不到由一個妓女的口中能說出這樣的話來，剛要說話，又聽纖娘說："可是，我也很願意跟你說說話兒！"說着偷看了一眼李慕白。見李慕白皺着眉頭，十分憂煩的樣子，她便笑着站起身來，說："得啦，別淨說這樣的話啦,我們也說些高興的話兒吧!"她向窗外一望,就顯得很歡喜,她嬌媚地拉起李慕白,指着紗窗外說:"你快看,今兒的月亮多麼好呀!"

李慕白此時滿腔感慨,見紗窗外澄潔的一輪月色,又回首望着纖娘的嬌容和握着自己胳臂的那纖指皓腕,不禁黯然銷魂,點頭笑了笑。

此時謝老媽媽進到屋來,說:"明兒又是十五啦,再過兩個月就是中秋節啦!"李慕白落了座,又跟纖娘談笑了一會兒,因為有別的客人來了,他就走了。

這一夜在旅舍裏,李慕白仰臥床上,看着窗外的月色,心緒煩亂,總是睡不着。直到天已發曉,院中的小鳥噪起,方才睡去,直睡到吃午飯的時候方才起來。午飯後,他悶坐無事,又很不放心德嘯峰,不知他的病體如何。想起那天德嘯峰對自己說的住址仿佛是東四三條,就想,無論是三條還是二條,我且看看他去,德嘯峰是個北京城有名的人物,大概也很容易打聽着他的住處。於是他換上衣服,拿着摺扇出了門,走到前門橋,就雇了一輛騾車,往東城去了。

天氣很熱,李慕白在車裏不住地揮扇子,那趕車的也滿頭是汗。快走到東四牌樓了,趕車的就問說:"是三條胡同西口呢,還是東口?"李慕白說:"我也不知道,我還是頭一次找這個朋友。"趕車的又問說:"姓什麼?"李慕白說:"姓德,是個旗人。"

趕車的回過頭來,特意看了李慕白兩眼,說:"你找的是鐵掌德五爺吧?"李慕白點頭說:"對了。"趕車的說:"德五爺住在三條中間路北的門。德五爺可真是個好人,現在咱們東城,叫字號的朋友,就是他跟瘦彌陀黃四爺了。"說着,趕車的人高興起來,他掄着鞭子,車輛很快地走着,少時就進了東四三條的西口。

來到德嘯峰的門前,李慕白便給了車錢,下了車。只見德嘯峰的住宅是個紅漆大門,旁邊蹲着兩個石頭獅子,東邊是車門,門口有兩個穿得很講究的僕人,正在那裏買晚香玉。李慕白上前問道:"德五爺在家嗎?"那兩個僕人打量了李慕白一番,就問:"你貴姓?"李慕白說:"我姓李,我住在西河沿。"有一個僕人就趕緊帶笑說:"您是元豐店的李大爺吧?您請進,您請進!"

這個僕人昨天就聽跟班的壽兒說過,他們老爺新交了一個好朋友,姓李,是個外鄉人,住在西河沿元豐店。趕車的福子談天時也說過,他們老爺這兩天跟那姓李的,除了聽戲,就是逛班子,兩人的交情非常之好。

當下這僕人哪敢怠慢,便在前引路。李慕白跟着過了一道垂花門,就是穿廊,恰巧跟班的壽兒正在院子裏澆花,一見李慕白進來,便趕緊放下噴壺,請安說:"李大爺來啦!"

李慕白笑着點了點頭,壽兒就把李慕白請到了客廳裏。李慕白一看,這客廳是六間大廈,陳設的盡是花梨紫檀的桌椅,壁上掛着大幅的行獵圖及大幅小幅的名人字畫,條案上擺着古鼎銅彝等等。李慕白落座,那僕人送上茶來,壽兒就進內宅回報德嘯峰去了。

待了一會兒，就見德嘯峰穿着綢子的短衣褲進了客廳，向李慕白笑着說："老弟，你真會找到我這兒了！"

李慕白問道："大哥的病好了沒有？"

德嘯峰說："好了，好了！前天受了點兒暑，瀉了兩次肚，昨天就好了。"遂在李慕白的對面坐下。

那僕人送上茶來，壽兒拿過水煙袋，李慕白就說："大哥何必還……"

德嘯峰不待他說完，就擺手攔住，說："兄弟你別說了，那算什麼？你要是把那件事兒放在心上，就是你見外了。以後你有什麼事兒，或是要用什麼，就請告訴我，我沒有個辦不到的。你既然認得我這個地方了，沒事兒就可以常來找我，每天我十點鐘下了班，什麼事兒也沒有。你來到這兒也不要客氣，這些底下人你隨便指使，他們誰也不能怠慢你。"

李慕白便點頭說："好好，以後我自然常看大哥來了。"

德嘯峰抽了兩口水煙，又笑着問李慕白說："翠纖那兒你又去了沒有？"李慕白見問，不由臉一紅，就說："昨天下午我在前門大街遇見了她跟着她母親，她停住車，叫我晚上到她那裏去，我當時就隨口答應了。後來我想，對於她們那種人不應該失信，所以晚上我就到她那裏去了，坐了有一刻多鐘。"

德嘯峰聽了，笑得閉不上嘴，說："老弟，你何必說得這麼曲折宛轉呢？告訴你，到那兒隨便玩玩是不要緊的，總比在店裏一個人發愁好得多。再說，咱們都是走馬看花，逢場作戲，說去就去，說不去，就是一輩子不去也沒有什麼。"李慕白微笑着點頭，心裏卻很慚愧自己沒有德嘯峰這樣的魄力。

德嘯峰又笑着說："我告訴你，那翠纖真跟你有緣。她是有名的架子大的姑娘，有許多人在她身上花了幾千幾萬，她連一句親熱的話兒也不說，可是你看她前天見了你，是多麼夠面子。昨兒在街上還叫住你，這要是別人，真是樂瘋了，趕緊得把大元寶抬了去。"

李慕白說："不過那種地方我也不願常去。"

德嘯峰說："不常去也好，免得相處久了，有了感情，那時就是天大的英雄，也不容易拔出腳來了。不過聽說翠纖那個人還好，並不是拉住了客死不放手的，再說她也沒有嫌貧愛富的壞脾氣，論理說，她眼中見過了多少闊人，可是她偏偏看上了你，這就算難得！"

李慕白便笑道："得啦，大哥，咱們不要淨說這些話了！"

德嘯峰說："真格的，你吃了飯沒有？"

李慕白說："我在店裏吃完飯才來的，大哥呢？"

德嘯峰說："我也才吃完飯。大概今天你也沒有什麼事兒，咱們上二閘玩玩去好不好？"

李慕白說："二閘在哪裏？"

德嘯峰笑道："連二閘你都不知道，要叫我們北京人聽了，一定得笑話你了。咱們這就走，坐車出齊化門，再坐小船到二閘，玩夠了，再坐船到門臉，就叫我的車在齊化門臉等着，回來到我這兒來，我請你吃晚飯。"

李慕白點着頭說："好好，大哥換衣裳去吧。"

第十回　妓以俠名華燈窺俏影　情真難遣濁酒灌愁心

德嘯峰便很高興地叫人告訴福子套車，又叫壽兒告訴廚房，今兒晚上多預備幾樣菜，然後他就進了裏院。

德嘯峰的家裏只有老母和他妻子、兩個孩子。德嘯峰向他太太說："李慕白來了！"德大奶奶就說："為什麼不請進來？"德嘯峰笑着說："那個人太拘泥，他在客廳坐着了，我同他逛逛二閘去。"說着便換上衣裳。他拿着扇子，走到外面來，向李慕白說："咱們走吧！"遂就一同出門。

上了車，壽兒把水煙袋送到車上，德嘯峰又囑咐他說："到四點鐘，就催廚房預備着！"壽兒"是是"地應着。當時福子就趕起車來，往齊化門去了。

出了齊化門，德嘯峰與李慕白下了車，他就告訴福子說："你先趕着車回去吧，到四點鐘，你再到這兒接我們來。"二人遂就到了護城河邊，上了一隻船。船上共有十幾個人，男女全有，大概都是上二閘逛去的。小船在滿浮着綠藻的河水上，悠悠地向南走去。兩岸密森的垂柳，碧綠得可愛，拖着千萬條長絲，在暖風和煙塵裏搖盪着。一脈巍峨的城牆，綿延不絕。雖然天色才過中午，炎日當空，但是在這小船上倒不覺得怎樣熱。

德嘯峰與李慕白坐在船棚下，聽一個打喳板的藝人唱着小曲，唱的是什麼《王二姐思夫》。這個藝人有點兒黑胡兒，穿着襤褸的布長衫，他一面唱，一面還做出裊娜的身段，旁邊聽曲的漢裝的、旗裝的姑娘奶奶們，全都掩着嘴不住地笑，同時又都有些臉紅。

李慕白在北京住得不久，他聽不懂北京的小曲，只是扭着身子，看水面上游着的一群一群的鴨子。見那些鴨子白羽翩然，擊得水花飛起，嘎嘎地亂叫，一個一個像小船兒一般，優遊自得，李慕白忽然回憶起自己在七八歲時的一些事。那時隨着父母和江南鶴住在鄱陽湖畔，經常和他們一起去玩水。江南鶴的水性真好，他在湖水裏游泳，像魚一般地敏捷，就是在水中極深之處，他也能夠睜眼視物。自己的父親從他練習，後來水性也不錯了。現在父母屍骨早寒，江南鶴大概也有六十多歲了，還不曉得他現在是否活在世間？

小船悠悠地走着，一面想着，一面看那河裏的水，越走河水越清澈，鴨群也越來越多，兩岸的柳樹也越來越密，遠處的田舍村落，如同圖畫一般。又走了些時，前面就看見了一座橋。唱曲的唱完了，伸着手向船上的人求錢，德嘯峰給了他幾個制錢，便拉着李慕白說："到了。"李慕白便站起身來。

少時，船靠了岸，德嘯峰、李慕白二人上了岸。李慕白一看，這裏真是風景優美，遊人熱鬧。河中的水像鏡子一般的澄潔，岸上的柳樹蔥蘢茂盛，如綠雲一般，灑下濃密的蔭涼。柳蔭下搭着許多席棚，裏面設着茶座，有些闊人在裏面歇息，此外還有許多賣零食的小販和賣藝唱曲的人。往來的遊人，男女老幼、貧富都有，最惹人注目的就是旗裝的少婦和垂着辮子的姑娘，有幾個穿得很闊綽的荷花大少和青皮、土棍，就在人群裏追着那些婦女們，亂擠亂鬧。李慕白很看不慣，心說：北京城是天子腳下，這般人怎麼這樣沒規矩？

走了不遠，德嘯峰就拉着李慕白說："咱們別跟着人亂擠了，找個茶棚歇歇吧！"遂就進了一座茶棚。那茶房一見德嘯峰來，就趕緊請安，說："德五爺，您今天怎麼這麼閒着？"德嘯峰認得這人是齊化門裏住的小張，遂就笑着說："你給我們找個座兒。"小張就給找了一個乾淨敞亮的座位。寬了衣，擦過臉，小張拿過來一壺頂好的龍井，還有花生、瓜子碟子，李慕白便一面揮着扇子，一面喝茶，德嘯峰卻抽着水煙，不住地往茶棚花障外的人群裏去看。

這時由東邊來了三個穿夏布大褂的人，其中一人，身材不高，面目黑瘦，但是氣度不凡，兩個僕人跟着他，手裏都提着錢口袋。他們身後追着二三十個男女乞丐，向那人要錢，那兩個僕人就由口袋裏掏出錢來散給，因此乞丐越聚越多，兩個放錢的僕人忙得很。那人卻同着兩個朋友，大搖大擺地往前走。道旁有許多青皮和土棍，也仿佛見了王爺似的，上前賠着笑，向那個人請安，那人卻不大睬他們，只是羅衫飄飄，紈扇搖搖，一副悠然的神態。

李慕白心說：這是什麼人，有這樣大的身份？就聽德嘯峰說："快看，這就是瘦彌陀黃驥北！"說話時德嘯峰便站起身來，帶着笑望着那黃驥北。

黃驥北走到這茶棚前，瞧見了德嘯峰，便含着笑一彎腰。德嘯峰也帶笑哈腰，高聲叫道："黃四哥，今天閒在？"那黃驥北卻像是沒聽見，只含笑點了點頭，就走過去了。

德嘯峰覺得當着李慕白，黃驥北竟不過來跟自己寒暄幾句，未免有些難堪，便紅了臉，坐在椅子上，悶悶不語。李慕白心裏覺得不平，就說："這瘦彌陀黃驥北，原來是這樣的人物，勢派雖不小，可是看他未免太驕傲些了！"

德嘯峰搖頭說："他並不是驕傲，他跟我的交情很是平常，我們二人不但不常來往，並且還有點兒小小的仇恨！"

李慕白趕緊問說："是為什麼事兒結下的仇恨？"

德嘯峰說："其實說起來，也算不得仇恨，不過是有一點兒小磕兒罷了。因為我有一個內姪女，嫁給了北新橋的宏家，因為受大小姑子的虐待，死了。他家的人不但不好生發葬，反倒說了許多不是人的話。我知道了，就未免生了些氣，打發了幾個人，到他家裏去鬧了一場，後來有人出來說合，才算完了。事後我才知道，那宏家與黃驥北是至交，黃驥北因此對人說，我是不給他留面子。"

李慕白說："既然在出事時，他不出頭給兩家說合，事後卻說閒話，這個人也太不對了！"

德嘯峰道："你哪裏曉得北京人的脾氣，專好挑眼。這黃驥北是北京有名的富戶，他本人又是武藝超群，在東城沒有一個不尊他的。唯有我德嘯峰，家財雖沒他大，武藝雖不如他，但我在內外城也有不少的朋友，有時我到外面，比他還有面子，這也是招他嫉妒的一個原因。因此我們雖也相識十幾年了，但從沒在一起暢談過一回。"

李慕白聽着，不禁生氣，就說："這樣說來，瘦彌陀黃驥北原是個器量小的人，早晚我要會一會他，給大哥出一口氣！"

德嘯峰連忙攔阻說："不必，不必！他雖然嫉妒我，但我卻不願得罪他。再說我們兩家遇着事情，還彼此慶吊相通，倘若弄翻了臉，以後誰也不能見誰了，尤其他現在同銀槍邱小侯爺最好，我絕不能因一時之憤，得罪了他們兩個人。"

李慕白微笑說："我也不是要得罪他們，我是要考究考究他們的武藝，即使我見著他比起武來，也不能說我與大哥是朋友。"

德嘯峰聽了笑道："老弟，你這真是年輕人說的話，你是不知道那黃驥北有多大的聲勢，他手下的耳報神是有多少了，現在你我相交的日子雖不多，可是我想他必然早已知道了，不過他還未必曉得你是怎樣的一個人。再說我與他雖有微嫌，但還絕不至鬧翻了臉，誰也不至於成心跟誰作對。你若一去找尋他，那可就壞了，他若欺侮了你，事情還許好辦；可是你若是打了他，那他非要叫你不能在北京立身不可。兄弟，雖是你年輕力壯，到哪裏也能吃飯，不過我們既然來到此地了，現在雖然坎坷不遂，可是慢慢地等待時機，將來總能在此立一番事業，豈可因為一時的氣憤，就與他那樣的人爭鬥？再說他又不是什麼強盜惡霸！"

李慕白見德嘯峰這樣懇懇相勸，也不忍叫他為難，便說："大哥放心吧，我絕不能給大哥惹事兒！"

德嘯峰說："我並不是怕你給我惹事兒，我是為你兄弟的事情設想！"

李慕白點頭說："我知道，大哥對我的關心，我全知道！"說到這裏，不禁長長地歎了口氣。

德嘯峰見自己的這一席話，又勾起了李慕白的憂惱，心中也很不安。他又喝了一杯茶，便看了看表，說："咱們再玩一會兒也應該回去了。今天在我們家裏，請你吃我們北京人的家常便飯，你看怎麼樣？"

李慕白笑了笑說："我吃慣了北京的飯，將來回到家鄉可怎麼辦？"

德嘯峰也說道："那不要緊，你可以把家眷接來，咱們就住在一起，吃喝不分。只要兄弟你肯賞給我臉，我卻是求之不得。"

李慕白笑道："我還有什麼家眷？我一個人就是我的全家！"

德嘯峰聽了這話，十分詫異，索性又裝上一袋水煙，一面用紙媒子點著，一面問說："正經，你娶了夫人沒有？"

李慕白搖頭說："沒有！"

德嘯峰彷彿不相信的樣子，說道："你們在鄉下住的人，不是十二三歲就娶媳婦嗎？"

李慕白點頭說："不錯，我們鄉下人確實早婚，不過唯有我是很特別。"說到這裏，他便歎了一聲，說："咱們先玩一會兒，回頭在你府上吃晚飯時，我要把我家世的詳細情形一一告訴大哥。因為大哥是我平生第一知己，我不能不告訴你，若是別人，我是一字也不提的！"說到這裏，不禁又唏噓歎息。

德嘯峰聽了，便點頭說："好好，今天咱們痛快遊玩一天。晚飯後我跟你出城，咱們還要到纖娘那裏看看去呢！"

李慕白聽了，也笑了笑。當下德嘯峰付了茶資，一同離了茶棚。二人在這二閘的地方，又遊玩了半天，才依舊乘船，回到齊化門。

這時福子趕著車，已在門臉等著了。回到東四三條德宅，德嘯峰先把李慕白請到裏院，見了自己的母親和夫人，然後又讓到客廳，切了西瓜吃了。

少時僕人就把杯盤擺上來，二人面對面飲酒吃菜，李慕白就詳細訴說了自己的身世和家庭情形，自己如何因為要娶了一個才貌雙全的女子，所以婚事才耽誤到現在，後來又說了自己與俞秀蓮姑娘的那段淵源。他說到江南鶴和紀廣傑老俠客時，是眉飛色舞，慷慨激昂；說到年幼失去雙親時，又不禁淒然落淚；後來說到怎樣與俞秀蓮姑娘比武，怎樣在路上幫助他們與仇人爭鬥以及秀蓮姑娘已經許配了人家時，他又是得意，又是失意，說完了，他一手支頤，一手擎杯，伏在桌上，皺眉不語。

德嘯峰聽了李慕白這些話，心中很為自己得了這樣一位朋友高興，但也為他的坎坷難過，良久，便說："這樣說來，我的眼力還不錯，兄弟你真是當世一位奇俠！至於你的婚事，也不要發愁，那俞秀蓮姑娘所許配的人，既已出門不知下落，姑娘自然不能老在婆婆家裏住着守活寡。將來我到一趟宣化府，見一見那位孟老鏢頭和俞老太太，我就做個媒人，把那位俞姑娘說給你就得了。本來俞姑娘在孟家並未過門，這也不能算是改嫁，那孟老鏢頭也不能永遠耽誤着人家的姑娘！"

李慕白連連擺手，感慨地說："即使確實知道俞姑娘所許配的人已死，俞姑娘也情願嫁我，我也絕不能娶她，否則我李慕白就成了一個貪色忘義的小人了！總之，我雖愛慕那俞姑娘，但我心中並沒有別的想頭，只可把她作為我的義妹，卻不可把她作為我的妻子，否則我對不起已死的俞老鏢頭！"

德嘯峰曉得李慕白生性骨鯁，大義分明，他寧可傷心一輩子，也不願娶人家已訂過婚的女子，當下也不禁歎息着說："兄弟，你的心事我都明白了，俞家的事可以不提了。但你既覺得事情不能辦，也不可徒自傷心，慢慢地，我若看見與你合適的姑娘，咱們再提說，好在現在你目前所急的還不是這婚事！"

李慕白便點頭說："大哥說得極是！"

當下二人慢慢地飲酒談心，直談到天黑，客廳裏點上了燈。李慕白今天是滿腹的塊壘，只盡力地用酒去澆，所以等到飯吃完了，他已懷着醉意，渾身發着燒，但是他的心裏卻仍煩悶得很，恨不得找一個對頭，痛快地發洩一下才好。

後來撤去杯盤，李慕白就說要到纖娘那裏去，德嘯峰卻勸他說："你有點兒醉了，還是回去歇歇好。今天我也不打算出城了，我叫車把你送回去得了。"

李慕白也沒聽明白德嘯峰的話，只點了點頭。德嘯峰就叫壽兒出去叫人套車，他親自幫助李慕白穿上長衫。少時外面的車套好，德嘯峰把李慕白送上了車，他才回去。

李慕白坐在車上，昏昏暈暈地由着福子趕着車走，也不知走了多半天，李慕白就問福子說："到前門了沒有？"福子答道："這就出城了。"李慕白說："到韓家潭去，我先不回店裏去了！"福子答應了一聲，心裏卻暗笑道：醉得這個樣子了，還要去嫖，我們老爺交的這個朋友也是個荒唐鬼！這時李慕白在車裏晃晃悠悠地，心裏卻覺得十分難受，他恨不得把車打碎，跳下車去；

又想等到見着了那纖娘，就痛哭一場，然後抽出劍來，自刎在她的香閣裏。

車又走了少時，就停住了，福子說："到了。"李慕白就下了車。福子又說："李大爺若不再上哪兒去，我可就回去了。"李慕白只答應了一聲，便拖着沉重的腳步，晃晃悠悠地進了那華燈齊列的寶華班。一進去，就聽毛夥喊着說："翠纖姑娘的客！李老爺來了！

第十一回　醉後狂言紅樓貽笑柄　仇生小隙寶劍對花槍

　　這時纖娘正在屋裏對燈悶坐，思索自己的事情，忽聽見下面的喊聲，便趕緊站起身來。她的母親也出屋迎接，就見李慕白一路歪斜，上得樓來。
　　一進屋，纖娘就聞着他的酒氣，上前笑道："你在哪兒喝的，醉得這個樣子？"
　　李慕白的舌頭都好像短了，他問道："德嘯峰沒來嗎？"
　　纖娘的母親答道："德大老爺沒來。"
　　李慕白聽了，仿佛清醒了一些，便點頭說："對了，我是剛從他家裏來！"
　　纖娘笑着說："你瞧你，都醉糊塗了！"
　　李慕白還不承認，說："我沒醉，我是傷心！"說着往椅子上一靠，差點兒連人帶椅子全都摔倒，幸仗纖娘把他扶住。
　　纖娘皺着眉，說道："你好好坐着，我給你倒碗冰鎮酸梅湯去！"又說："媽，你給倒一碗來吧！"謝老媽媽不大高興地到裏屋倒了一碗酸梅湯，拿出屋來。纖娘接到手裏送到李慕白的唇邊。
　　李慕白喝了一口，打了兩個嗝，便擺手說道："不喝了。"
　　纖娘放下手，站在旁邊，剛要向他談話，忽聽李慕白長長歎了口氣，說："纖娘，我到你這裏來，並不是嫖來了，因為我們都是天地間的可憐人！"
　　纖娘聽了這樣的話不禁心中一痛，仿佛有一種東西，准准地打在了自己的心坎上，眼淚不覺就撲簌簌地落下。又見李慕白緊緊握着拳頭，仿佛很氣憤的樣子，說："我這樣的英雄，你這樣的美人，卻都所欲不遂，倒被踏在一般庸俗小人的腳底下！"
　　纖娘一面拭着眼淚，一面笑着說："李老爺，你真是喝醉了，你說的這話，我全聽不懂！"
　　正自說着，忽聽樓下的毛夥上來，在門外叫道："翠纖姑娘的條子！"謝老媽媽出去，拿進個紅紙條來，說："徐大人跟盧三爺在'廣和居'了，叫你趕緊去！"
　　纖娘接過條子來看了看，便皺眉說："他們也是，怎麼這時候才吃飯！"

第十一回　醉後狂言紅樓貽笑柄　仇生小隙寶劍對花槍

遂向李慕白說："李老爺，我扶你到我的床上歇一歇去，我現在出一個局，一會兒就回來。"

李慕白本想要回店裏去，但是此時酒全都湧上來了，委實走不動，便含糊地答應說："好吧，你去你的吧！"當下纖娘將李慕白寬了長衫，攙到裏屋，扶他在床上臥下，並拉過紅緞的夾被給他蓋上。然後放下幔帳，又給他點了一枝蚊香，自己便換上衣裳，同着她母親應召赴局去了。

李慕白昏昏暈暈地躺在纖娘的床上，只覺得胸頭髮堵，渾身燒得躺也躺不住，折騰了半天，便翻身坐了起來。忽然心裏一緊，哇的一聲嘔吐出來，他趕緊彎下腰去，連吐了幾口，就把在德嘯峰家吃的酒飯全都吐出來了。吐出之後，李慕白才覺得輕鬆了，腦子裏也清醒了些。

此時樓上樓下各屋裏，傳來一陣陣歡笑之聲，有人柔聲媚氣地唱着小調："常言道，事不關心，關心則亂。自從公子一去後，小奴家我，茶不思，飯不想，好沒有精神哪！"李慕白這才想起現在自己是在纖娘的屋裏了，心說：糟了，我怎麼在她這裏吐了！遂把燈挑了挑，只見骯髒的東西吐了一地，連那鋪得很整潔的床單、緞被全都弄髒了。他趕緊把簾子打起，走出屋來，就着燈一看，自己的衣襟上、褲子上，也吐了不少，不禁覺得很難為情。

他倒了杯茶，正在漱口，忽聽一陣樓板響，原來是纖娘和她母親回來了。李慕白此時真羞得無地自容，趕緊攔住纖娘說："你別往裏屋去了，我把你的被褥都弄髒了！"

纖娘看了看李慕白的身上，便曉得他是吐了，就說："李老爺吐了，不要緊，我叫人來打掃打掃。"她往裏屋看了看，反倒笑了，說："李老爺，這可把你心裏的牢騷都吐出來了！"

李慕白也想起了剛才自己醉了時，向纖娘所說的話，不禁紅了臉，便也笑了笑，自己覺得十分慚愧。

此時，樓上的毛夥過來打掃屋子，纖娘給李慕白倒了一杯茶，就說："這可怎麼辦？你吐的身上都是，我們這兒又沒有衣裳可給你換，叫人上你店裏取去吧！"

李慕白搖頭說："不用，我的門自己鎖上了，店裏也不知我的衣裳放在哪兒，我還是回去換吧。"說着要過長衣，披在身上。他又取出五張一兩的銀票，放在桌上，說："我把你的被褥都弄髒了，你也不能要了，你拿這錢另做新的吧！"

纖娘拿起銀票來，看了看，只收下一張，其餘全都交還李慕白，並正色地說："這我可不能收。一床被子算什麼的，你就要賠我們？你這簡直是瞧不起我！"

李慕白臉紅着，接過銀票，卻不知怎樣才好。

纖娘背着銀燈，忽地嫣然一笑，她眼角帶着深情，上前拉住李慕白的手說："你別把這事兒放在心上。"回首看了看毛夥跟她母親正在裏屋打掃，纖娘又帶笑悄聲說："我既然把你攙到我的床上去睡，我就不怕你吐！"

李慕白此時心旌搖擺，說不出是什麼滋味，呆了半天，他才說："那麼我回去了。"

纖娘似乎有些依戀不捨，遲疑了一會兒，才說："好吧，明兒見！"李慕白便出屋下樓了。纖娘依舊扶着樓上的欄杆，看着李慕白出了門，她才回屋去了。

李慕白出了寶華班，也雇不上車，就走回西河沿元豐店裏。他把衣裳換了，洗了洗臉，想着剛才喝醉酒的事，他覺得非常後悔，立志以後再不多飲。他又想，自己也太頹廢了！這樣下去，人就完了，將來即使遇有什麼大事業，恐怕也不能擔當了。因此自己又下決心，由明天起，要重新振作起精神。

次日午飯後，李慕白又到南半截胡同表叔家裏去了。祁殿臣見了他，就問他這兩日為什麼沒來。李慕白心中有愧，見問不由得臉紅，就說："這兩天我受了點兒暑，身體不甚好！"祁殿臣看了看他，便說："我看你也瘦了！有一件事兒我得要告訴你。"

李慕白一聽，吃了一驚，不知是有什麼事兒，就聽他表叔說："我想你在店裏住着也不是長事，第一房子太小，店裏住的人雜亂，你也安不下心去，再說也太費錢。倘若在店裏住上一半個月，再找不着事，你從家裏帶來的那點兒錢，也就花完了。我昨天見着東邊丞相胡同法明寺裏的老方丈廣元，我跟他說，我有一個親戚，是個唸書的人，從家裏來到北京找事，打算借他一間房子住些日子。老方丈聽了很喜歡，他說廟裏西跨院有一間閒房，你隨便哪一天都可以搬了去，將來你給他抄寫抄寫經卷，他們還可以貼補你幾個錢。廟裏地方又大，又清靜，再說不用花房錢，總比住在店裏強得多了。每天兩頓飯，你可以到附近的切麵舖隨便吃些，那就費不了多少錢了。"

李慕白聽了，便點頭說："很好，那麼我今天回去收拾東西，明天就搬了去！"

祁殿臣又說："我叫來升先帶你到廟裏見一見老方丈，順便看看房子。若是房子漏或是太潮濕，那自然也不能住。"遂就叫過跟班的來升，叫他拿上自己的一張名帖，帶着李慕白到法明寺去。

李慕白跟着來升到了丞相胡同法明寺，見了老方丈廣元。這老方丈年有六十多歲了，骨瘦如柴，倒真像一個老比邱。

老方丈派了一個名叫智通的徒弟，帶着李慕白去看房子。這座廟本來很大，不過年久失修，香火既少，又沒有什麼大施主，所以顯得很窮苦，上下和尚，不過十幾個人。

李慕白到了那西跨院，只見有三間小殿堂，也不知裏面供的是什麼神佛。兩廂停着十幾口棺材。另外有兩間東房空閒着，裏面有一鋪炕、一張桌子、兩隻凳兒。雖然屋裏很暗，倒不甚潮濕，並且聽智通和尚說，這房倒不漏雨。李慕白看了看，環境既清淨，院子又寬敞，沒事兒時若在院中練習寶劍也很好，於是便向智通說，自己明天搬來住。

出了廟門，李慕白就叫來升回去，自己卻出了丞相胡同，順着大街走去。他想，現在自己既要搬到廟裏，從今以後，除了與德嘯峰往來之外，就是常常練習自己武藝，纖娘那裏，總是少去才是。又想起昨天自己在她的床上嘔

第十一回　醉後狂言紅樓貽笑柄　仇生小隙寶劍對花槍

吐了一陣，給她銀子，她又不肯收，她這種情義，叫自己心中實在難安。遂就走到一家綢緞莊前，信步進去，他挑選了兩種顏色明豔、花樣新穎的彩緞，每樣撕了十幾尺，便拿着走到韓家潭寶華班。

此時纖娘正在梳頭，忽見李慕白拿着彩緞來了，便着急道："李老爺，你這是幹什麼？"

李慕白說："昨天的事情，我實在心裏不安，所以我才扯了幾尺緞子。顏色花樣也不大好，你隨便做一件什麼就得了！"

纖娘微笑道："我就猜着了，李老爺一定要給我買幾丈綢緞，為是賠我們的被褥。可是一賠我們，從此也就不上我們這兒來了！"

李慕白見纖娘這樣的伶牙利齒，不禁急得頭脹臉紅，勉強笑着說："沒有的話！我回頭走了，今天晚上就來。每天至少我要到你這兒來一次！"

李慕白還要往下去說，卻被纖娘截住了，她微帶着倩笑，又仿佛正正經經地問道："准的？說了話可得算話！"

李慕白後悔自己把話說得太慷慨了，便笑道："你放心，只要我有工夫，我一定來，除非遇見了事，牽贅住我的身子。可是我就是人不能來，我的心也時時刻刻不能忘你！"

此時謝老媽媽出屋去了，纖娘聽了李慕白這話，忽然雙手扶住李慕白的肩頭，仰着臉看着他，接着眼圈一紅，驀地流下淚來，一頭就倒在李慕白的懷中。

李慕白皺着雙眉，低頭看着纖娘柔秀的髮髻，心裏卻緊蹙着、悽楚着，他勉強戰勝了自己的感情，把纖娘的頭扶起來，替她拭着眼淚，並微歎着說："這樣很容易糟踐身子，你千萬不可再這樣了。你的傷心之處，我全都知道，以後有工夫咱們再細談，我必要給你想法子！"

纖娘聽了這話，更是哭泣得厲害，李慕白也不知用什麼法子可以勸解她。

少時忽聽屋外有人說話，是纖娘的母親謝老媽媽的聲音，纖娘趕緊指了指椅子，讓李慕白坐下，她便走到鏡台前重新敷粉點脂，整理雲鬢。李慕白坐在椅子上，望着那面大鏡子裏纖娘的芳容，見她眼睛依然濕潤潤的，心裏好生難過。

這時謝老媽媽掀簾進到屋裏，說道："聽他們底下的人說，前門大街有好些個人在那裏打架，都動起刀來，把人砍死了！"李慕白聽了，自然很是注意，但又想這與自己無關，便也不願仔細地去問。坐了一會兒，他覺得自己心中雖有許多的話，但仿佛又說不出來，便站起來要走，纖娘又笑着說："晚上可想着再來呀！"

李慕白出了寶華班的門首，便往西河沿走去，他一面走，一面想：剛才自己還想着搬到廟裏之後，就與纖娘疏遠了，現在卻又完全打亂了。纖娘實在是個可憐可愛的女子，她必有許多悲慘的心事，打算托付在自己的身上，可是我現在是什麼環境？我有什麼力量來救她呢？而且我一個青年男子，就這樣地為兒女私情消磨了志氣，也不對呀！可是又想：假若能得到幾百金，為纖娘脫籍，叫她做自己的正式妻子，自己也是願意的，只怕表叔和家鄉的叔父嬸母，他們必不答應。

　　他一路尋思着，暗歎着，剛一到元豐店門前，就見德嘯峰的車停在那裏。進了門口，店裏的一個夥計，迎着頭就向李慕白說："李大爺，快到你屋裏看看去吧！你認識的那位德老爺剛才在前門大街跟人打架，受了傷哩！"

　　李慕白一聽，不由吃了一驚，心說：原來剛才在前門大街打架的是他呀！不知他傷得重不重？他趕緊進到屋裏，只見德嘯峰坐在他的床上，身上的衣裳都撕扯破了，右胳臂上還浸着血色。

　　一見李慕白進來，德嘯峰便問道："你上哪兒去了？"李慕白說："我到我表叔那裏去了一趟。大哥，你跟誰打架了？傷得怎麼樣？"

　　德嘯峰把右胳臂露出來，給李慕白看了看，卻是一處很深的刃物傷痕，鮮血流了不少。但德嘯峰彷彿一點兒也不覺得疼痛，他說："他們十幾個人，把我的車圍住，與我拼命，我卻只是一個人一口刀。雖然我的右臂上受了他們一刀，可是我也把他們砍傷了兩個人，其餘的都被我交到御史衙門裏去了。"說時臉上帶着傲笑。

　　李慕白問說："那些個人都是幹什麼的？他們與大哥有什麼仇恨？"德嘯峰說："還提呢？就是因為那天咱們在燕喜堂聽戲，我不是為那個硬腿恩子，把一個高個兒的人，打得吐了一口血嗎？原來那個高個子名叫馮三，是春源鏢店花槍馮五的哥哥。他兄弟們是深州有名的馮家五虎，兄弟五人全都武藝高強，大爺已經死了，二爺名叫銀駒馮德，在張家口開着鏢店。三爺就是被我打的那個人，名叫鐵棍馮懷，現在到北京才一個多月，住在他五弟家中。那花槍馮五，單名一個隆字，在北京開設春源鏢店已有六七載，這人武藝高強，一杆花槍，據說可以敵得住銀槍將軍邱廣超。最厲害的乃是他家的老四，名叫金刀馮茂，是現今直隸省內頭一條好漢，連瘦彌陀黃驥北、銀槍將軍邱廣超，全都不敢惹他，他們那春源鏢店，之所以名震遐邇，一些鏢頭時常在各處滋事，人家都不敢惹他們，就是因為有這金刀馮茂之故。"

　　李慕白聽德嘯峰把這金刀馮茂說得名聲如此之大，不由得憤憤不平，便問道："今天與大哥在前門大街打架的，就是這個金刀馮茂嗎？"

　　德嘯峰搖頭說："不是他，今天若有他在這裏，我更要吃虧了。不瞞兄弟說，那天我打了那個人，後來曉得他是春源鏢店裏的鏢頭，我就很後悔，因為我實在不願意與那馮家兄弟結仇。這兩天我不到南城來，一來是身體不大舒服，二來也是防備着他們要找我麻煩。今天我在家裏實在待不住了，又知道昨天你是喝得大醉走的，福子回去告訴我說，他把你送到寶華班去了。我怕你昨天因為酒醉，鬧出什麼事來，所以我才出城來。我還特意在車上帶着一口刀，以作防身之用，不想走在前門橋，就被春源鏢店的十幾個鏢頭把我給圍住了，都拿着單刀、梢子棍，其中倒沒有馮家兄弟。

　　"我起先跟他們講和，可是他們不聽，非要打我不可。當着街上許多人，我也氣了，就與他們交起手來。結果我雖然挨了一刀，可是他們比我吃的虧更大，後來有官人趕來了，那些官人都跟我認得，就把那十幾個人給抓走了。可是這麼一來，我跟馮家兄弟們的仇就更大了，我想他們以後非要找尋我不

第十一回　醉後狂言紅樓貽笑柄　仇生小隙寶劍對花槍

可，我以後真不能常出城來了！"

德嘯峰面上帶着憂鬱之色，用一塊血跡斑斑的手絹擦着右臂上的血，又說："我叫福子回去給我取衣裳和刀創藥去了。兄弟你知道，我鐵掌德嘯峰也是一條站得起來的好漢子，不要說受了這麼一點兒傷，就是把我的胳臂整個兒砍下來，我要是哼哼一聲，就不算英雄。春源鏢店裏的那些個鏢頭，連花槍馮隆都算上，我也不怕他，我只憂慮的是那金刀馮茂，怕他將來要找尋我，他認得許多江湖上著名的強盜，什麼事兒都做得出來，到時候可能叫我很難對付。"

李慕白這時氣得面色發紫，便冷笑道："大哥放心！無論是花槍馮隆或是金刀馮茂，他們若是找尋大哥，就請大哥告訴我，我可不怕他們！"

德嘯峰說："自然，以後免不了叫你幫助我！"

李慕白遂又說了自己要搬到丞相胡同法明寺去住之事，德嘯峰說："那也好，你在這店裏住着，終非長久之計。我早就想叫你搬到我那裏去住，只怕你覺得拘泥。"

李慕白說："明天我先搬到廟裏住去，以後再說。"

正自說着，德嘯峰家趕車的福子和跟班的壽兒，還有兩個僕人，就一同來了，並給他拿來了衣裳和刀創藥，德嘯峰就問說："你們來這些人幹什麼？家裏丟了誰管呀？"

壽兒說："老太太跟太太聽說老爺受了傷，很不放心，叫我們請老爺趕緊回去，並叫我們多來幾個人。"

德嘯峰冷笑着說："多來幾個人便怎麼樣，憑你們還能給我保鏢？"他一面說着一面叫壽兒給他往傷處上藥，趕車的福子和那兩個僕人就退出去了。

待了一會兒，德嘯峰敷好了藥，換上衣服，他這時仿佛又忘了疼痛，也忘了那些令人氣憤、憂慮的事，並且還不想走。他又跟李慕白談起纖娘的事情，知道了李慕白昨天在纖娘的床上吐了，今天還去送了緞子，德嘯峰不禁哈哈大笑，說："這兩天我沒去，你們就弄得這麼熱，過些日子我還要到東陵去一趟，等到我回來，恐怕你們早租了房子住下了！"

李慕白究竟心裏慚愧，便說："我明天一搬到廟裏去住，就不再上她那裏去了。"

德嘯峰笑道："明兒你雖然搬到廟裏去住，但你又沒有落髮出家，誰還管得着你逛班子去？"

李慕白說："不是，我很明白，那地方不宜久去，久去了難免會發生些難以解脫的事。"

德嘯峰聽了微笑不語，仿佛在心裏算計着什麼事。

正在這時，忽見趕車的福子跟那兩個僕人，由外面驚慌慌地走進屋來，福子說："老爺，剛才這店裏的夥計說，那春源鏢店的掌櫃子，帶着十幾個人，全都拿着單刀木棍，在東口兒站着呢！大概是等着老爺。"

德嘯峰聽了，似乎吃了一驚，李慕白說："我會會他們去！"就要由牆上摘下寶劍。

德嘯峰卻擺手說："兄弟，你別着急，容我想個辦法！"

李慕白氣憤地說："大哥還想什麼辦法？我去把他們打走了就完了。他們也太欺負大哥了，簡直逼得大哥不能在街上走了！"

福子說："要不然我去到官廳上，把官人找來？"

德嘯峰冷笑說："若用官勢壓人，我姓德的可不幹！"遂就決斷地說："走，我見他們去！"他站起身來，向李慕白說："兄弟你陪我去一趟！"又轉臉向福子、壽兒等四個人說："你們到時候不准多管閒事，只在旁邊跟着，他們若打你們，你們也不准還手。"福子和壽兒的臉全都嚇白了。

李慕白就摘下寶劍，向德嘯峰說："大哥，你現在受了傷，怎能再跟他們惹氣？不如我一個人去，把他們打走了吧！"

德嘯峰卻搖頭微笑道："不要緊，既然是那花槍馮隆在東口等着我，我索性去見他，想他是開鏢店做買賣的人，無論怎樣，也得講點兒理！"當下披上長衫，往屋外走去，李慕白就在後面跟着他。

出店門時，那店家和夥計，全都注目看着這位德老爺，想着他回頭見了那花槍馮隆，必有一場惡鬥，就有好事的人在後面跟着他們。這時李慕白也沒穿長衫，他挽着辮子，手提寶劍，走在德嘯峰的前面，所以更是惹人注目。

德嘯峰步行着，叫車輛和僕人在後面跟隨，才出了東口，就見迎面來了十幾個漢子，有的穿着短衣褲，有的叉着膀子，齊都搖搖擺擺地走過來。那為首的就是花槍馮隆，這人年紀不過三十上下，身材不高，黑臉膛，穿着繭綢短褲褂，一臉的兇氣，他空着手兒，旁邊有人給他拿着一杆紅穗子的長槍，杆上纏着花帶子。

馮隆走到德嘯峰的面前，就瞪着眼睛喝道："姓德的，站住！"

德嘯峰站住腳步，冷笑着，向花槍馮隆說："馮鏢頭，別這樣兒！咱們彼此都有個認識，有什麼話不妨好說。"

馮隆瞪着眼說："好說什麼？在戲館子裏，你把我三哥打得吐了血，到現在還躺在炕上不能起來，剛才你又砍傷了我們兩個人，仗着你們當官的勢力，還把我們的十幾個人都抓去了，你這簡直是不叫我們馮家兄弟在江湖上混了！告訴你，姓德的，現在咱們說老實話，我的鏢店現在也沒有臉開了，我就跟你拼定了命吧！反正你是內務府有名的德五爺，我也跟你拼得着，來，這兒就是咱們兩人的墳地！"說着，他由旁邊人的手中接過槍，抖起來，向德嘯峰就扎。

李慕白趕緊上前，用寶劍把馮隆的槍攔住。馮隆瞪着眼，望着李慕白，怒問道："你是幹什麼的？敢管我們的閒事兒！"李慕白說："德嘯峰是我的大哥，你欺負他就是欺負我！你要打算跟他拼命，先得贏了我的寶劍！"

馮隆看李慕白這樣子，他就有點兒遲疑，旁邊圍上許多看熱鬧的人，有的就過來解勸。馮隆卻跳着腳大罵，非要跟德嘯峰拼命不可。

德嘯峰見這事沒法了結，他就把李慕白勸得退後，上前向馮隆說："你既然要跟我拼命，我姓德的也不怕你，不過這前門大街卻不是拼命的地方，

第十一回　醉後狂言紅樓貽笑柄　仇生小隙寶劍對花槍

咱們的死屍躺在路上，礙得人家車馬都過不去，那也太挨罵。我想不如咱們找個別的地方，愛怎麼樣就怎麼樣。"

馮隆也怕在這裏招得官人來了，把他們都捉了去，便點頭說："也好，南下窪子你敢去嗎？"

德嘯峰冷笑說："有什麼不敢去的？說走咱們這就走！"

馮隆把槍一掄，說："走，誰要不去，就不是好漢子！"

此時德嘯峰氣得臉煞煞的白，他上了車，說："李兄弟，上車來！"李慕白就提着寶劍跨上了車轅。那花槍馮隆一幫人，氣勢洶洶地在旁邊走着，還有許多看熱鬧的人在後面跟着，眾人就往南下窪子去了。

這時壽兒和那兩個僕人在後面又急又怕，壽兒就說："他們這麼些個人，老爺跟李大爺只是兩個人，這要到了南下窪子，老爺非得吃大虧不可！"

那兩個僕人就說："不如我們趕緊回去，告訴太太去！"

壽兒着急道："告訴太太也沒有法子。乾脆我豁出來讓老爺罵我了，我上御史衙門見張大爺，叫張大爺派官人給他們勸架去吧！"說着壽兒就趁着德嘯峰沒看見，溜走了去報告衙門。

德嘯峰、李慕白與花槍馮隆等人走到南下窪子，找了一塊空敞的地方，那馮隆就用槍指着德嘯峰的車，說："這個地方很好，你們就下車來吧！"

他這話尚未說完，就見李慕白躍身下車，手掄寶劍，直奔馮隆，並說："我德大哥的右胳臂受了傷，你贏了他，也不算英雄，還是咱們兩人先拼一拼吧！"說着撐劍向馮隆就刺。

馮隆問道："你姓什麼？"

李慕白一手持劍，一手拍着胸脯道："你大爺名叫李慕白，直隸南宮人，我與德嘯峰是盟兄弟。不要說你花槍馮隆，就是你哥哥金刀馮茂和什麼瘦彌陀、銀槍將軍，無論是誰，要敢欺負我德大哥，就先要敵得過我的寶劍！"

這時德嘯峰也下了車，就向馮隆說："我這兄弟說得不錯，你若是能贏了他這口寶劍，我當着眾人給你叩頭！"

馮隆氣得一跺腳，說："好！"又向他旁邊的一些人說："你們閃開些！看我來鬥這個小輩！"說時挺槍向李慕白就刺。

李慕白用寶劍把他的槍磕開，緊接着嗖嗖幾劍，逼向馮隆。馮隆急忙用槍招架，但怎奈李慕白的劍法新奇，忽刺忽剁，弄得馮隆手忙腳亂。交手不幾合，李慕白的寶劍嗖的一聲就砍在了馮隆的背上，那馮隆疼得哎喲一聲，扔了槍，就趴在了地下。旁邊看熱鬧的眾人，不由齊聲高叫了一聲："好！"

這時花槍馮隆手下的人，個個掄刀持棒，一齊撲向李慕白，李慕白卻把寶劍一晃，冷笑道："你們誰不要命誰就過來！告訴你們，我在饒陽縣砍傷過女魔王何劍娥，在沙河城打敗過賽呂布魏鳳翔，你們不要說十幾個人，就是再來幾十個，我李慕白要怕你們，就不算紀廣傑老俠客的徒弟！"

那十幾個春源鏢店裏的夥計，聽李慕白說他把賽呂布魏鳳翔都給打敗了，便嚇得有些手顫。這時花槍馮隆已被人扶起，他背上流着血，疼得臉上的汗珠直往下流，他曉得李慕白的武藝高強，便把手下的人攔住，只說："問问他在哪里住？"

一些看热闹的人齐把眼光注视在李慕白的身上，李慕白就拍着胸脯说："我住在丞相胡同法明寺，你回去把金刀冯茂找来吧！我李慕白一概不含糊！"

那花枪冯隆被一个人背着走了，十几个镖店伙计也提刀拽枪，垂头丧气地跟着走了，这时远远地就来了几个官人。看热闹的人一见官人来到，齐都散去。

德啸峰就迎着官人走了过去，拱着手说："没有什么事儿了！那春源镖店里的花枪冯隆，本来是要跟我拼命，后来我这位李兄弟把他们管教了一顿，他们就跑了。"他一眼望见了跟班的寿儿，就申斥道："为一点儿小事儿，你何必又去劳动这几位老爷呢！"

那官人便说："这些日子，南城这些地痞们真闹得不像样子！听说刚才在前门大街，德五爷还受了点儿伤！"

德啸峰把受伤的那只胳臂抬起，给几个官人看了看，说："倒不要紧，调养几天也就好了。你们诸位现在请回吧，又白麻烦了一回，改日我再去道谢！"

几个官人一齐笑道："哪儿的话？您太客气了！"说着几个官人就回去了。

德啸峰怒目瞪了寿儿一眼，也没有工夫去说他，便向李慕白笑着说："兄弟，今天多亏有你，可是刚才你却不该说出瘦弥陀和银枪将军来。你不知道，他们的耳目太多，刚才那些看热闹的人里，就有许多他们的人，你那话若传到他们的耳朵里，一定又要生事儿。"

李慕白冷笑道："不要紧，好在我今天把我的姓名和住处全都道出来了，他们谁要不服气，谁就找我去！"

德啸峰晓得李慕白是武艺高强，性情难免骄傲，便也不再说什么。当下一同上了车，寿儿等三个仆人在后面跟着，李慕白就护送德啸峰回到东四三条。在德啸峰家吃过晚饭，他方才回到店里去。

次日，李慕白把他那匹马托店家卖了，就由元丰店搬到法明寺去住了。他没事儿时就在院中练习宝剑，心中渐渐畅快，不似以前那样颓废了。

过了两天，这天他就到东四三条去看德啸峰。德啸峰臂上的伤请了医生调治，买了贵重的药敷上，再过些日子也就快好了。二人在客厅里谈了半天，德啸峰就说："兄弟，我猜得怎么样？果然咱们在南下洼子跟花枪冯隆打架的事，叫瘦弥陀黄骥北知道了。昨天他请了一个刘七爷来，跟我说，黄骥北要见见你！"

李慕白微笑道："这没有什么，我就见见他。"德啸峰摇头叹息说："你见他干什么？他那个人势力大，得罪不得！"

李慕白冷笑道："想他一个做买卖的人，还能有多大势力？"

德啸峰直着眼问说："什么？你以为做买卖的人就没有什么大势力吗？你打听打听去，前门外的胖卢三，一个人开着六家大字号的钱庄，就是王公

第十一回　醉後狂言紅樓貽笑柄　仇生小隙寶劍對花槍

貝勒見了他也得笑臉相迎。東北城，頭一個有錢的人就得數黃驥北，你問問，哪個府裏不欠他幾千兩銀子的賬？"

李慕白冷笑道："這樣說，有錢就有勢力了？"

德嘯峰說："那是自然，在北京城不講究胳臂粗，拳腳好，只講究有錢。縱使瘦彌陀的武藝不如你，可是比你有錢，他能花出錢來與你作對！"

李慕白聽了，覺得這些話太不入耳，便坐在椅子上不住地冷笑。

德嘯峰也曉得李慕白心中不服氣，便和婉地勸他說："現在你已然得罪了賽呂布魏鳳翔和金刀馮茂，這兩個人都是江湖上的霸王，他們絕不能甘休，以後一定要找你麻煩來，何況黃驥北又要會一會你，邱廣超還不知怎麼樣？這四個人實在夠你辦的。有我在這裏，咱們兩人彼此商量着對付他們，總還好些，不過下月我就許走，到東陵辦皇差去，至少也得一個月才能回來。你一個人在這裏，街面上又不熟，他們要暗算你，你都不曉得。所以我勸你在此時，鋒芒不要太露，等我由東陵回來，咱們再想法子，或者請出朋友來給說合，或者就索性比武，見個高低！"

李慕白聽德嘯峰這樣絮絮不休地說着，心中十分不耐煩，只是微微地點頭，不同他辯論。直談到晚間，李慕白在德嘯峰家吃了晚飯，到點上燈時，他才告辭走去。

第十二回　雨夜留髡魂銷香褥枕　庵堂試武拳打瘦彌陀

　　李慕白一個人出了東四三條的西口，順着大街往南走，這時天上黑雲如墨，一顆星星也沒有，隱隱聞得滾滾雷聲。街上的行人車馬都快走疾馳，恐怕被雨淋着，李慕白卻雇上一輛往南城去的車，往韓家潭去了。

　　到了寶華班門首，下了車，那雨已然下得很大了。李慕白進了門，毛夥喊了一聲，李慕白就上了樓，只見纖娘屋子只是裏間有燈光，外屋卻是很暗。李慕白到了屋門前，故意把腳步放重些，就聽纖娘母女正在屋裏談話，李慕白隔着簾子向裏面叫道："纖娘！"裏屋謝老媽媽問道："是誰呀？"又聽是纖娘的聲音說："大概是李老爺來了。"謝老媽媽就持着燈，到外屋來了。

　　此時李慕白已進屋來，謝老媽媽迎面笑着說："真是李老爺來了！"李慕白笑了笑，因見纖娘沒迎出來，他就到了裏屋。纖娘正坐在床沿上，見李慕白進來，並不起身，臉上似帶幽怨之色，她斜着眼睛看了看李慕白，就說："李老爺，你還上我們這兒來呀？我還當是你做外官去了。"

　　李慕白笑道："做外官？我這輩子什麼官也做不了啊！"說着就在杌凳兒上坐下，謝老媽媽給倒過一杯茶來。

　　這時窗外的雨聲淅瀝，下得更緊，雷聲依舊像轆轤聲似的響着。李慕白向纖娘笑着說："你別怪我，這兩天我實在忙得厲害，一來是我搬家，二來是德五爺要我給他辦點事兒。"說話時看了看纖娘的芳容，見她似乎又帶着點笑色了，他就又說："我有三天沒來了，就真仿佛有三個月似的，心裏總不安，所以今天雖然下着雨，我也抓工夫來了。"

　　纖娘聽到這裏，不禁嫣然微笑，帶着一種濃情蜜意向李慕白問說："你今天既是抓着工夫來的，一定又得趕忙着走呀？"

　　李慕白搖頭說："不，我現在沒事兒了。家也搬了，朋友要我辦的事兒也都完了，以後就可以天天來了。"說到這裏，心裏又覺得說錯了，哪能夠天天地來呀？

　　纖娘聽了他這話，卻很是喜歡，就笑着說："你說天天來，我可不信，不過今天下着雨，也沒有什麼客來，你就先別走了！"

李慕白點頭說："我不走，半夜裏我再回去都行。"

纖娘笑道："不怕李太太盤問你呀？"

李慕白聽了這話，不由臉上一紅，笑着說道："我沒告訴過你嗎？我到現在二十餘歲，還未成家，這次到北京也只是我一個人，以前住在店裏，前兩天才搬到丞相胡同的廟裏住。"

纖娘並不知李慕白是個尚未成婚的人，如今聽他一說，仿佛有些驚訝，便問道："李老爺，你為什麼不娶太太呢？"

本來這是李慕白的一件傷心事，旁人要提起，他心中都要難過，何況如今問他的又是這個已經用情絲縛住了他的謝纖娘，當時李慕白的心中就一陣疼痛，真像要嘔出一口血來。他勉強忍了一會兒，便拍着膝頭，長歎道："不要提了！那是我的傷心事！"

纖娘聽了這話，怔了半天，李慕白恐怕纖娘錯會了意，又見謝老媽媽出屋去了，才歎着氣說："這話我只能對你說，朋友們全不知道。我是自幼便拿定主意，非才貌好的女子不娶，所以有親友給說了幾個姑娘，我總不中意。後來我認識了一位姓俞的姑娘，這位姑娘才貌雙全，她也看得起我，她的父親也待我很好。"纖娘在旁聽得入神，就插話道："不會請位媒人，一說不就成了嗎？"

李慕白苦笑着，搖頭道："不行，不行！人家的姑娘從小時就已許配人家了！"

纖娘聽了，也不禁為之變色。她注視着李慕白，只見他靠在桌上，一手支着頭，仿佛有無限憂愁，纖娘覺得這是個誠實又多情的人，十分地可憐，不由眼睛有些濕潤。李慕白此時感慨萬端，他很想向纖娘說，自己在俞姑娘之外，看見的美女子就是她，將來自己願意設法為她脫籍，結為夫婦，自己實可娶一個秀麗多情的娼妓，也不願娶那粗俗醜陋的才女，但是這點總覺得不能出口。二人便相望無語，脈脈傳情。

此時窗外雷雨依然咆哮着，樓下傳來了笙歌，不知是哪個妓女在那裏唱着，聲音柔細淒慘，仿佛是風雨中的啼鴻一般。纖娘聽着不禁淒然落淚，她用手絹擦了擦眼，心裏想起一句話來，剛待向李慕白去說，忽見她母親進屋來了。謝老媽媽手裏拿着一張紅紙條子，李慕白曉得一定又是哪位闊客要叫她去，看着外面的狂雷暴雨和纖娘那可憐的樣子，他心中未免氣憤。

謝老媽媽拿着紅紙條子，向纖娘說："盧三老爺打發車接你來了，說是徐大人在那兒等着你呢！"纖娘皺了皺眉，說："這麼大的雨，他們還叫我去！媽媽告訴他們，就說我今天病了，不能出去！"謝老媽媽說："那如何使得？人家徐大人在你身上花了多少錢，你一不去，不是就把人得罪了嗎？再說徐大人若聽說你病了，一定不放心，又得叫盧三老爺看你來！"

纖娘聽她母親這樣地說，她便微微歎了一聲，站起身來，向李慕白說："李老爺在這兒等一等，我一會兒就回來！"李慕白便點頭答應。謝老媽媽見她女兒把李慕白留在這裏，自然不大高興，但又想李慕白曾送過她們幾十尺緞子，又是個常來的客，所以也不敢得罪，就說："李老爺你可別走，要是累了，就躺在床上歇歇！"李慕白搖頭說："我不累！"當下纖娘對鏡理了理雲鬢，就跟着她母親下樓去了。

纖娘母女去後，李慕白獨自倚燈悶坐，聽外面雨聲雷響，十分煩惱。想這個地方，自己本不應常來，大丈夫也應拿得起，放得下，但是不知為什麼，纖娘的芳姿柔情和那可悲可憐的境遇，竟使自己難割難捨。想不到自己經過了和俞秀蓮那場若有情而無情的姻緣之後，又遇見這場孽債，自己現在依然困頓，毫無發展，將來還不知怎麼樣呢？又想：自己來到這裏幾次，都遇見那個徐大人叫她的條子，此人大概就是德嘯峰所說的那個徐侍郎。他因為身有官職，恐怕御史察覺參奏，所以幾次都是把纖娘叫出去會面，可是那盧三老爺在其中又是做什麼呢？莫非就是那在南城開着六家錢莊的胖盧三嗎？由此又想：纖娘既然認識這許多貴客，她卻對我又是這樣有情，不知是什麼緣故？

李慕白想了一會兒，覺得身體疲乏，便躺到了纖娘的床上，信手拉過一個枕頭來。這枕頭是蘇漆的涼枕，有一尺多長，李慕白覺得很是沉重，便有些詫異，拿過來一看，原來這個蘇漆木枕，裏面卻是空的，可以置放東西，就像匣子一樣。李慕白見沒有鎖着，未免起了好奇之心，就將枕頭套解開，打開枕頭匣蓋一看，他不由吃了一驚，原來裏面並沒有什麼釵環之屬，卻是一口八寸長的明亮亮的匕首。李慕白趕緊把匣蓋蓋上，枕套繫好，心中覺得十分驚詫，暗想：纖娘一個做妓女的人，為什麼在枕頭中暗藏匕首，莫非她真是什麼俠女之流嗎？

他呆呆地想了半晌，就覺得纖娘這個女子是有許多可疑之處，大概她必有一段傷心之事，如今墮落煙花，實非得已。她對自己那樣情意纏綿或者是知道我李慕白平素的為人，想要委身於我，以為她解決什麼為難的事情吧？

這時窗外雨聲漸微，越發使人心中愁苦，屋中燈光搖搖，照到紅紗帳上、紫羅被單上，顯出一種神秘的氣氛。樓下的歌聲已斷了，四下已沒有什麼喧笑言語之聲。又待了一會兒，忽聽樓梯一陣響，李慕白便趕緊躺在枕上，假裝睡熟，接着就聽簾子一響，腳步聲已進到屋裏，果然是纖娘回來了。

纖娘一進到裏屋，就說："喲！李老爺睡啦！"說着就由床上揭起被來，要給李慕白蓋在身上。

李慕白便揉着眼睛慢慢坐起身來，說："我才躺了一會兒，不知不覺就睡了！"

纖娘說："你要睡就再睡一會兒吧！"

李慕白站起身，由謝老媽媽的手中接過一杯茶來，一面喝，一面笑着說："天不早了，我也得回去了！"說着就抖了抖衣裳，要走。

纖娘一手將李慕白拉住，只見她的芳容上帶着紅暈，眼角裏蘊着深情，似怒似笑地向着李慕白說："雨還沒住，街上難走極啦！你今兒真好意思回去嗎？"

李慕白被這話問得臉也紅了，就被纖娘按在椅子上坐了下來，纖娘又嬌媚地笑着："今兒無論如何，不許你走！"李慕白心情若醉地望着她，不

第十二回　雨夜留髡魂銷香褥枕　庵堂試武拳打瘦彌陀

由得也笑了笑。此時窗外雨聲淅淅，直下了一夜。次日早晨，李慕白叫了一輛車，才回法明寺去。

從此李慕白與纖娘的戀情愈深，李慕白也問過她的身世，不過她不肯詳說，只是哭泣，李慕白也知道傷心的人總怕問起身世，所以也避免提及。李慕白本來每天必要到纖娘那裏去一趟，可是纖娘曉得他現在沒有事做，手下必沒有什麼富餘錢，便勸他少到這裏來，說二人每隔一兩天見一次面就可以了，李慕白便也依從，他想將來就叫纖娘從良，跟自己成為夫婦。

想到表叔說給自己找的事，直到現在，還一點兒希望也沒有，長此閒居下去，雖有朋友接濟，總非辦法。所以，他見着德嘯峰，就說："大哥，你在北京認識的人多，你能不能托人給我找個事？能給我找個教拳的地方是最好。"

不想德嘯峰聽了他這話，卻只是搖頭，說道："教拳那些事，全都是些略會武藝的人，在江湖上沒飯吃了，才幹那些事，兄弟你如何做得？尤其咱們兩人現在交了朋友，我要叫你去幹那一節幾兩銀子的小事，我也沒有臉見人。現在你先別着急，一月一百、二百的銀子，哥哥還供得起你，你用錢時自管跟我說。你先這麼閒住着，等我由東陵辦完皇差回來，咱們再想長久之計，我也許湊些錢，咱們開一座鏢店，比你給人家幹事受悶氣好得多！"李慕白見德嘯峰這樣說，自然也不能勉強叫他給自己找事了。

又過了十幾天，德嘯峰就派福子趕着車，把李慕白接到了他家裏。德嘯峰說："我明天就得起身到東陵去，同行的還有我們內務府堂上的幾位，你明兒也別送我。我這回出京，多則兩個月，少則二十幾天，反正八月節以前准回來，兄弟你千萬在這兒等着我，幫助照應照應我家裏。還有一件事兒，就是咱們是已經把深州的馮家五虎得罪了，早晚那金刀馮茂必來，找咱們搗麻煩。我說一句實話，憑你的武藝，一定能把馮茂打敗，不過他認識的江湖人太多，什麼想不到的事情他都能做得出來，咱們總還是不要惹他為是。他要是來找你，你就推在我的身上，就說等我回來再理論。

"至於纖娘的事，你既有心把她接出來，做你的太太，我也很贊同，不過你還得多斟酌斟酌，因為做妓女的多半靠不住。現在聽說徐侍郎要接她出去，又有人說要跟胖盧三從良，這些話雖說都是傳聞，可是你也得謹慎些，那徐侍郎和胖盧三，全都有錢有勢，咱們可惹不起！"

李慕白聽了德嘯峰這些話，雖然心裏氣憤，很不以為然，但想也不必和德嘯峰爭論，他走之後，自己愛怎麼樣就怎麼樣，所以就含糊地答應着。在德家吃了晚飯，臨走時，德嘯峰給了他一個錢莊的存摺，叫他用錢時隨便去取，李慕白就走了。

次日又到德家來，門上的人說："我們老爺今兒一清早就走了。"李慕白就說："若是有什麼不認識的人，到這宅裏來找麻煩，你們就出城找我去！"門上的人說："我們老爺臨走時，也囑咐過我們了，說是有什麼事兒就請李大爺去。"李慕白就回廟裏去了。

自從德嘯峰一走，偌大的北京城，李慕白更無一個朋友，寂寞時只有到纖娘那裏去談談。他因為很注意那徐侍郎與胖盧三這兩個人，就問過纖娘。據纖娘說，徐侍郎是她的熟客，胖盧三不過是徐侍郎的朋友。因為徐侍郎是個做官的人，不便出入花街柳巷，所以每次只是由胖盧三把她找去或是叫條子出去，見面的地方，有時在飯莊子，有時在胖盧三的外家。並說那個徐侍郎年有六十多歲，是個很闊的人，並且跟一位王爺最好，所以胖盧三很巴結他。

李慕白又問到外面傳說纖娘要跟徐侍郎從良的話，纖娘羞得滿臉通紅，說："我並不願意跟徐侍郎從良，徐侍郎家裏已有兩個妾，他也不願再要人。這都是胖盧三，要拿着我應酬徐侍郎。"李慕白聽纖娘這樣說，就把那胖盧三恨入骨髓，心想：早晚見着他，非要揍他一頓不可！

在德嘯峰走後的第五天，這時正在三伏，十分悶熱，李慕白的小屋裏熱得更是蒸籠一般。他就在院中陰涼下，鋪了一領涼席躺着，揮着扇子。這個院子裏，只有殿中供着的古佛和兩廊停着的棺材，連和尚都不常到這裏來，李慕白仰面看了會兒天際飄浮的白雲，剛要睡覺，忽聽一陣腳步雜亂之聲，有三個人進到院中來了。

李慕白一看，為首的是個身穿白色夏布大褂，手持團扇的人，年有三十來歲，身材不高，面貌黑瘦，眼睛卻很有神，精神也十分軒昂。李慕白認得這人，就是曾在二閘見過一回的那個北京城鼎鼎有名的瘦彌陀黃驥北。他十分驚訝，趕緊站起身來，一面扣着短衣上的紐扣，一面問道："找誰？"

那瘦彌陀黃驥北帶着兩個小廝，來到近前，含笑抱拳道："閣下就是李慕白李爺嗎？"

李慕白不曉得黃驥北來找自己，是懷着什麼心，便也拱了拱手說："不錯，我就是李慕白。"

黃驥北抱拳說："久仰，久仰！"又打量了李慕白一番，便說："兄弟名叫金朗齋。"

李慕白見他不肯露出真實姓名，便不禁暗笑，又聽黃驥北說："因為兄弟頗好武藝，故對於江湖有名的英雄，都很敬仰。近來聽說閣下與鐵掌德嘯峰相交甚厚，德嘯峰借着閣下，便自命為北京城第一英雄，並聞說閣下曾在沙河城打敗過賽呂布魏鳳翔，在南下窪子刺傷了花槍馮隆，閣下並且揚言，要打服瘦彌陀黃驥北、銀槍將軍邱廣超和金刀馮茂，可有這些事嗎？"問話的時候，雖然冷冷地帶着微笑，但神氣卻非常嚴肅。

李慕白情知黃驥北來意不善，便也昂起胸來，說道："不錯，那些話都是我說的。別人不論，只有瘦彌陀黃驥北這個人，仗着他的財勢，竟像一個霸王似的，我看不上他，等着天氣涼快一點兒，我非得找他去較量不可！"

黃驥北聽了這話，臉氣得發紫，便說："閣下也不必去找他，那黃四爺素日行俠好善，原是個好人，再說他也不願與江湖無名之人比武。我是他的朋友，有人若小看他，我就不能依。不過閣下既是德嘯峰的好友，咱們就不能不講些交情了，現在我來這裏，就是為向閣下領教領教，閣下若能勝了我，那瘦彌陀黃驥北也必將對閣下欽佩。"

李慕白冷笑着，心想：黃驥北倒也真狡猾，他來找我比武，還不肯說出真名實姓。也好，索性我拳下不必客氣，打完了他再說！於是就笑着說："奉陪奉陪！"

瘦彌陀黃驥北脫去了長衫，裏面露出米色綢褲褂，又把扇子、衣裳給僕人拿着。他挽了挽袖子，走了幾步，拉開架式，瞪眼向李慕白說："李兄，先上手吧！"

李慕白曉得瘦彌陀的武藝必定有些功夫，便也挽起袖子，聚精會神地一拳打了去，先試探試探黃驥北打的是哪家招數。只見黃驥北一閃身，轉往左邊去，斜進一步，雙手向李慕白推來。李慕白看出黃驥北打的是八卦拳，自己就想法要制住他，遂就一閃身，突地躥到黃驥北的背後。

黃驥北趕緊回拳，只見李慕白一拳迎面打來，他趕緊抄住李慕白的左腕，用力往懷中一帶。本來黃驥北的力量很大，手攥得李慕白的左腕都覺得麻木，但李慕白兩腳斜站着，任憑黃驥北用力，他的身子卻絲毫不動。黃驥北驀然右腳抬起要踢李慕白的小腹，李慕白把腳一跳，左手奪回，突地上前一拳向黃驥北的前胸打去。只聽咚的一聲，黃驥北一陣頭暈，身子搖了一搖，兩個僕人趕緊上前把他攙住。旁邊就有一個山西口音的人，高叫了一聲："好！"

黃驥北胸部被打，臉色立時像白紙一般，他斜着眼望了望旁邊給李慕白喝彩的那個人，卻是一個身材不高，圓臉的胖子，這人穿着一件油泥滿身的白布褂子，繫着油裙，像是個做小買賣的人，不知是什麼時候進到廟裏來看他們比武的。

這時李慕白傲笑着，向黃驥北說："朋友，你認輸了吧？"

黃驥北面帶憤恨之色，說："我輸了，可是瘦彌陀黃四爺他不能服你，一半天他必要找你來！"

李慕白聽了，不住哈哈狂笑，說："黃驥北，你真欺人太甚！你以為我不認得你就是瘦彌陀嗎？"瘦彌陀黃驥北被李慕白說穿，羞得無地自容，他便長歎了口氣，被兩個僕人扶着出廟去了。

那個繫着油裙的胖子，就走過來向李慕白伸着大拇指，說："李大爺，我真佩服你！前些日你砍傷了花槍馮隆，現在又打服了瘦彌陀黃驥北，北京城

若講起武功夫來，頭一把交椅得叫你李大爺坐了！"

李慕白得意地微笑着，說："這不算什麼！若真是有本領的人，我還不敢誇口，像這瘦彌陀之流，徒負虛名，自以為是天下沒有比他再強的人了，這種人，我非得把他們一一打服不可！"說着就指着地下鋪着的那張席，說："掌櫃的，請坐，咱們談談！"

第十三回　難遏妒恨重揮鐵拳頭　不禁離情暗彈珠淚影

　　這個繫着油裙的矮胖子，原來是這丞相胡同北口外小酒舖的掌櫃子，他說的是一口晉南土音，可見他來到京城不久。他那酒舖只是一間門面，只有他和一個小夥計照管，李慕白時常到他的小舖去喝酒，有時買幾個燒餅，借着他那裏的酒菜，也就算一頓飯。

　　這個酒舖掌櫃子，本來不大愛說話，可是自從李慕白在南下窪子打敗了花槍馮隆之後，也不知怎麼會被他知道了，他就對李慕白特別尊敬，時常跟李慕白談天。這時他就對李慕白說："我瞧見瘦彌陀黃驥北坐着大鞍車進胡同來了，我就想着他一定是找李大爺比武來了，我連圍裙也顧不得脫，就跟來看熱鬧。我還想着，瘦彌陀他是北京城有名的人物，李大爺跟他打起來，多少也得費點兒力氣，哈哈！卻沒想到李大爺你只消兩拳，就幾乎把他打趴下。李大爺，你這麼好的本事，是跟哪個老師學的呀？"

　　李慕白微笑道："我也沒認過老師，不過自己住在鄉下時，瞎練過幾年。"遂又問："掌櫃子，咱們也常常見面，還沒問過你貴姓大名呢？"那酒舖掌櫃子笑道："好說，我姓史，有個名字，因為多年沒有人叫，連我都忘了。人家都叫我史大，也有人叫我史胖子。"李慕白說："史掌櫃子，我看你的武功也不錯吧？"

　　史胖子一聽，便面帶驚異之色，說"李大爺說什麼？買賣說不上不錯來，主顧還不少。酒倒賺不了多少錢，菜裏頭有點兒賺頭，好在櫃上就是我們兩個人，吃喝總賺出來了。"

　　李慕白笑道："我說的是史掌櫃子，你對於刀槍拳腳，大概也很在行？"

　　史胖子便笑道："李大爺，你別抬舉我了，我一身肥肉，走都快走不動了，哪還能夠掄刀打拳？可是我頂佩服人家有本領的人，什麼江湖賣藝的和戲台上的武把子，我都愛看！"

　　李慕白聽了，又問道："你怎會認得瘦彌陀？"

　　史胖子說："我來到北京也快兩年了，怎能不認得他？李大爺你打聽去，東北城的瘦黃四、南城的胖盧三，這是北京城的兩個財神爺！那胖盧三雖然開着幾個錢莊，認得不少闊佬，可是究竟沒有黃驥北的名頭大，就拿黃驥北的武藝和他那好施捨、好修廟燒香的名兒，胖盧三也比不了。"

李慕白見這史胖子由黃驥北又談到胖盧三，不由勾起他心中一陣妒恨，暗想：今天打了黃驥北，早晚非得把那胖盧三也打了不可，別叫他們有些財勢，就覺得了不起。遂就說："據我看黃驥北和胖盧三這兩個人，既然這樣有錢有勢，平日一定是無惡不作。"

史胖子說："可不是！那個黃驥北還好些，雖然有時仗勢欺人，但他總還懂得交朋友，還知道行善事。那胖盧三真是無惡不作，誰要是得罪了他，他一句話就能把人給押起來，因為順天府、都察院，跟他都有交情。還有石頭胡同韓家潭那些班子裏的姑娘們，提起盧三來，都是心裏恨着，可是嘴裏也不敢說他不好，現在無論什麼做官的、有錢的，要想討一個從良的姑娘，先得打聽打聽這姑娘跟盧三爺認得不認得，要是盧三爺認得的人兒，就是倒找錢，誰也不敢要。"

李慕白聽史胖子把那個胖盧三說得簡直跟霸王似的，就有些不相信，可也覺得驚異，又聽史胖子說："今兒李大爺你把瘦彌陀打了，你還得小心點兒，留神他想出別的辦法來報仇！"

李慕白冷笑着搖頭道："我不怕他們。我在這裏是孤身一人，頂多他們逼得我不能在此立足，可是我就是臨離開這裏時，也得做一件驚人的事，叫黃驥北他們看一看。"

正自說着，忽見和尚進這院裏來了，史胖子就站起身說："李大爺，回頭見吧！"

李慕白也站起身來，說："我不送你了。"

史胖子走後，那和尚就像禮佛似的向李慕白打躬問訊，說道："聽說剛才外館的黃四爺來了。黃四爺向來是好善的，新近重修的大慈寺、潮音庵，都是黃四爺佈施的。李大爺既跟黃四爺認識，就求你跟黃四爺說一說，跟我們廟裏結個善緣，只要黃四爺能開頭寫上幾百兩銀子的佈施，我們再拿到別處，也就好化了。"遂又指着大殿說哪處應該修葺，哪處應該油新，並十分懇切地央求李慕白幫他向黃驥北去說。

李慕白聽着不由好笑，心說：我剛把黃驥北打了一頓，他們卻又想叫我找黃驥北寫佈施，這簡直是笑話。當下他不好說出與黃驥北打架的事，便含糊着答應道："好吧，慢慢我再跟他說，因為今天跟他才初次見面，這些話不能提。"和尚又託付了半天，才出了這個偏院。

李慕白一個人坐在席上，不住地歎息，心說：真是世風不古了，想不到出家人也知道巴結有錢人！那黃驥北和胖盧三不過是兩個庸俗之輩，既無才能，又無爵祿，只因為有錢，就可以這樣勢比王侯。我李慕白雖然有一身本領，可是連一個書辦的小差也謀不到，若不是有好友德嘯峰以金錢接濟我，此時恐連衣食都不周了！

想到這裏，心中的牢騷與感慨同時湧起，他就跑到屋中，拿上寶劍，在院中舞了一陣，出了一身汗。李慕白手持寶劍，注視着那青霜一般的鋒芒，心中生出無限自憐自愛之情。他長歎了口氣，把寶劍扔在地下鋪着的席上，在院中西房的陰涼下來回地走，心裏卻像有許多的憂煩和憤慨，要找一個地方發洩才好。

挨到黃昏時，見滿天的餘霞，作淡紫色，一塊一塊的，像是自己胸中的塊壘，又像是那纖娘可憐可愛的芳頰，李慕白提着寶劍回到屋裏，穿上長衫，便出了廟門。

史胖子那小酒舖裏，屋裏只有兩張桌子，四條板凳，卻坐了八九個人，正在那裏喝酒談天。李慕白一看人滿了，他就轉身要走。

史胖子光着膀子，拿着油裙，向李慕白喊着說："李大爺，你來吧！這兒能騰出個座兒來！"

李慕白笑着說："若是沒有座兒，我回頭再來。"

史胖子卻連連笑着說："有，有，有！"史胖子請李慕白到櫃台裏面的一個小凳兒上坐下，說道："李大爺在這兒坐着好不好？"

李慕白坐下笑道："我在這兒一坐，就成了你們的掌櫃子了。"

史胖子笑着說："好，李大爺若做了我們的掌櫃子，那我這酒舖非得改九間大門面不可。"史胖子笑的時候，渾身的肥肉都直顫動。

屋裏的酒客齊都不住地去看李慕白，就有人仿佛認得他，彼此交頭接耳的也不知是說什麼話。史胖子卻像是他這舖子裏來了貴客，又替李慕白寬衣，又遞給他扇子，並且自己動手給李慕白擺酒菜、斟酒。

李慕白倒覺得過意不去，就說："史掌櫃子，你別張羅我了！回頭你叫夥計給我到隔壁餅舖裏，烙半斤蔥餅就得了。"史胖子連聲答應。

李慕白就坐在這悶熱的小酒館裏，一面揮着扇子，一面喝着酒。喝過一壺酒，李慕白便覺得滿臉發燒，他恐怕再喝醉了，便不再喝。少時走了幾個酒客，史胖子不太忙了，他就趕過來跟李慕白談天。夥計已把蔥花餅給拿來了，李慕白就一面扯着餅吃，一面吃着史胖子做的酒菜。

史胖子坐在櫃台上，臉上流着黃豆大的汗珠子，他用芭蕉扇拍着屁股，仿佛有什麼重要的事情似的，說道："李大爺聽說沒有？菜市口寶德公布舖的掌櫃子剛才吞大煙死了！"

李慕白知道這個布舖就離此不遠，便說："我看他那舖子，生意不錯呀？"

史胖子說："生意不錯也不成呀，賺的錢還不夠給利錢的呢。前年他修飾門面、添貨，大概借了財得發錢莊幾千兩銀子，那財字號的錢莊，全是胖盧三開的。"

李慕白一聽胖盧三，就特別地注意，就聽史胖子又說："聽說利錢大極了，現在連本帶利都許快到萬了！今天胖盧三催着布舖的掌櫃子，叫他還錢。那布舖把利錢給了，胖盧三說不成，立刻要還本錢，布舖的掌櫃子就又湊了一半本錢。胖盧三仍不答應，說是要告訴衙門，封了他的舖子，還得把他押起來。因此那個布舖掌櫃子又生氣，又害怕，吃過了午飯，就躲到屋裏去睡覺，不知什麼時候，他就吞下大煙死了！"

史胖子不過是當個新聞似的這樣說着，李慕白聽了卻是十分氣憤，他又喝了一口酒，就冷笑着說："原來胖盧三的財都是這樣發的！好！早晚我叫他認得認得我！"這時進來兩個喝酒的人，史胖子便趕忙又去張羅。

少時，李慕白吃飽了，叫史胖子寫上帳，便披上長衫，出了酒館。在濃星微月之下，他徘徊在街頭，心中本來又愁又氣，再加上些酒意，越發覺得無法排遣，又想回到廟裏也是無聊，不如找纖娘去談一會兒。心裏一想到纖娘，情思撩起，他更感到傷心。

信步走着，到了韓家潭，只見那寶華班的門前，明燈輝煌，出入的人很多，並停着幾輛大鞍車。李慕白暗想：也許纖娘現在有別的客，可是無論如何我得見她的面。

進了門，就有毛夥上前笑着說："李大爺來了！翠纖姑娘屋裏有客。"

李慕白就問說："是什麼人？"

毛夥笑着說："是盧三爺在她屋裏了，大概再待一會兒也就走了。先借一間別的屋子，您坐一坐！"

李慕白說："不要緊，我跟盧三爺也是相好，我上樓看看去！"

毛夥趕緊笑着說："您請上樓吧！"遂在底下向上喊了一聲："翠纖姑娘的客！"

此時，李慕白已腳步咚咚地跑上樓來，才到纖娘的屋前，那謝老媽媽就出來了，她蒼老的瘦臉上帶着假笑，仿佛唯恐屋裏有人聽見似的，悄聲向李慕白說："李大爺，你回頭再來吧！盧三爺在屋裏了！"

李慕白一見此種情形，氣得臉上發紫，還沒發言，就聽屋裏傳出一陣粗俗的男子狂笑之聲，接着又有女人柔媚的格格的笑聲。李慕白聽了又氣又妒，就高聲向謝老媽媽說："什麼？胖盧三在屋裏了！他又是什麼東西？我不怕他！你把纖娘叫出來，我跟她說兩句話就走。"

李慕白這樣一嚷，真把謝老媽媽嚇慌了，她急得跺着小腳，說："李大爺，你小點聲兒說呀！"

此時屋裏笑聲忽止，簾子叭的一聲掀起，出來一個又高又胖的人。借着簾下掛着的燈，李慕白看得很清楚，這人年有四十多歲，沒有鬍子，小眼睛，大嘴，兩腮胖得肉凸出來，比鼻子還高，穿着一件上面夏布下面春羅的兩截大褂，像是很有勢派的樣子。他瞪眼望了望李慕白，撇着嘴問說："你是幹什麼的？"

李慕白一見，知道此人必是那胖盧三，手掌不自覺地就要抬起來打他。他勉強捺着怒氣，挺着胸說道："我叫李慕白，是纖娘的熟客！"

胖盧三傲慢地點了點頭，說："噢，原來你就叫李慕白。這些日我常聽街上一些窮小子談論着你的名字，聽說你挺愛打架？我問你，剛才叫我胖盧三的是你嗎？"

李慕白昂然說："不錯，我早就認得你這胖盧三，知道你要把纖娘買出去，巴結什麼徐侍郎，今天你又把菜市口那布舖的掌櫃子逼死了，我來就是特為鬥鬥你胖盧三！"

胖盧三是個從來不吃虧的人，他看李慕白樣子不善，又知道他連花槍馮隆都打過，自己這麼胖，又剛吃了一肚子燕窩魚翅，恐怕禁不住這小子一拳頭。俗語說"好漢不吃眼前虧"，何況自己是有身份的人，跟他這窮小子拼不着。胖盧三遂就把那又圓又厚的大下巴，往上拱了拱，由鼻子裏哼哼地笑了兩聲，說："好，算你姓李的有膽量，我現在也沒工夫跟你惹氣，咱們將來見面再說！"說畢，轉身就要進到纖娘的屋裏去，卻被李慕白自後一把抓住，喝道："回來！"

胖盧三被李慕白揪得轉過身去，臉都嚇青了，他着急地說："你要怎麼着呀？"李慕白揚手一掌打在胖盧三的臉上，只聽叭的一聲，胖盧三的臉上就像着了火。他伸着肥手要揪李慕白，口裏叫道："好呀，你敢打我！"

李慕白抄過他的腕子一擰，腳下一踢，那胖盧三咕咚一聲就跪在了樓板上。李慕白罵道："今兒李大爺非要打死你不成！"說時向他後腦猛力一腳，胖盧三大叫一聲就倒下了。李慕白接着又踹了他一腳，胖盧三就叫道："哎喲，踹死我啦！"

下面的毛夥、老媽和各屋裏的妓女、嫖客，聽見樓上有人打架，就全都跑上樓來。纖娘也跑出屋來，哭着把李慕白抱住，說："李老爺！你別打了，別把他打死了啊！"

李慕白一面連氣地向胖盧三的肥腿、胖臀之上用力地踢踹，一面罵着："打死了，不過給你們髒了一塊地，我今天豁出去給他胖盧三抵命了！"胖盧三就倒在樓板上像狼似的嗥了起來。

這時有兩個嫖客上前把李慕白勸住，又有毛夥把胖盧三攙扶起來。胖盧三見人多了，他就不再怕李慕白了，又指揮着毛夥說："你們給我打他！打死他不要緊，我每人給你們一百兩銀子！"

他懸出這賞來，對方若是別人，毛夥們早就上手了，誰不願意在胖盧三爺的手裏討點兒賞呢？可是毛夥們知道李慕白不是好惹的，又知他是德嘯峰的好朋友，誰也不敢得罪他，只得勸胖盧三說："得啦，盧三爺，您也就別生氣了！李老爺也是外場人，他老人家今兒一定是喝醉了。我們先攙他回櫃上歇息去得啦，明兒再請出朋友來說和說和，也就完了，李老爺是個年輕人，您就多擔待擔待他就得了！"

這時給胖盧三趕車的也上樓來了，大家就一齊把他連攙帶架地扶下樓去了。胖盧三嘴裏還大罵着："姓李的，擱着你的，放着我的，你別忙，早晚我叫你認得盧三爺！"氣得李慕白又要追下樓去打。

纖娘忙揪住他的胳膊，流着淚說："你別再打他了，給我留點兒面子！"

謝老媽媽也在旁說："可不是嘛！盧三爺是有錢的人，咱們惹不起人家呀！"

李慕白卻冷笑着說："別人惹不起他，我李慕白可惹得起他。他有錢，我有拳頭，倒要看看是他的錢硬，還是我的拳頭硬！"說着便拉着纖娘進到屋裏。

那些看熱鬧的妓女、嫖客，跟那些勸了半天架的毛夥們，全都下樓的下樓，回屋的回屋，不過還都在紛紛談論着，有的就說："這姓李的不但會

第十三回　難遏妒恨重揮鐵拳頭　不禁離情暗彈珠淚影

武藝，一定還有些勢力，不然他如何敢打胖盧三？"又有人說："胖盧三向來在南城一帶，比財神還有錢，比閻王還厲害，想不到如今竟挨了這麼一頓毒打，跌了這麼大一個跟頭！不過他絕不能善罷甘休，說不定回頭就得派人來打那姓李的。"

謝老媽媽嚇得臉色始終沒有緩過來，她哆哆嗦嗦地向李慕白勸說："李老爺，依我說你還是躲一躲吧！回頭那盧三爺一定帶着人來，聽說他手底下的人蠻多的呢！他們就是打死了人也不償命！前些日子不是嘛，百順胡同的什麼班子裏有個姑娘得罪他了，他就派了些拿刀動杖的人，把那姑娘打得頭破血流，屋子裏的傢俱也都給砸啦，還把那姑娘的一個客，也給打了個半死，臨了，他還托出人情，把那班子裏的人也押起了幾個來！"

李慕白氣憤憤地說："你放心，我想他回頭絕不能來，因為要那麼一來，胖盧三被人打了的事，就弄得無人不知了。胖盧三他絕不能幹那事，頂多了他將來想法用官司陷害我，或是在街上聚眾毆打我，可是我也不怕他！"言下臉上顯出得意之色。

見纖娘在旁邊坐着，用手帕擦着眼淚，不住地痛哭，李慕白就說："你也不要害怕，無論他是什麼人，若敢欺負你，我就要他的性命。假若你怕在這裏待不住，那也不要緊，你們母女可以跟我走，無論到什麼地方，我絕不能叫你們吃苦！"

他說這話本是要安慰纖娘，不想纖娘聽了，反倒越發抽泣起來，又勸了半天，她還是止不住地哭，李慕白心中未免有些反感，就暗想：為這麼一點兒小事，她就至於傷心成這個樣子？莫非她以為我今天不應該打那胖盧三嗎？我打了胖盧三，莫非她覺着心痛？

李慕白呆呆地坐了一會兒，又偷眼望了望纖娘，只見她坐在燈旁，哭得淚人兒一般，仿佛有極大的傷心之事。見那謝老媽媽在旁也是哭喪着臉，仿佛心中很恨自己給她們得罪了闊客。李慕白心中未免有些生氣，本想向她們質問幾句，但又想：她們也都是可憐的人，自己何必再逼迫她們？於是便長長地歎了口氣，扔在桌上一張銀票，跺了跺腳，就走出門去。

往常纖娘不但送出屋來，叮囑他明天千萬要早來，並且還要倚着樓上的欄杆，往下笑着向他招手，今天她卻連送也不送，還在屋裏哭着，只有謝老媽媽說了聲："李老爺明天可來呀！"說話時的神氣也像很不自然。李慕白心中越發難受，強忍着氣應了一聲，便下樓去了。

到了樓下，幾個毛夥見了李慕白，全都像是很害怕的樣子，都勉強帶着笑說："李老爺你走啊？"李慕白就向他們說："胖盧三若再帶着人來，你們就叫他到丞相胡同法明寺找我去。你們可以放心，有什麼事我李慕白一人擔當，絕不致連累你們一點兒！"幾個毛夥齊都賠笑說："是，是，是！我們都知道了。李老爺你也放心，那胖盧三他知道你不是好惹的，他也絕不敢再來找你麻煩了！"李慕白點了點頭，便走出了寶華班，往廟裏走去。

他的心中既氣憤，又雜着傷感，回到廟裏，也睡不着覺，他想着：自己這兩個月來，實在是做錯了事情，憑自己這樣一個窮困潦倒的人，豈可到花街柳巷去混？而且相處一久，愛慕之心不禁發生，把我竟弄得連一點兒丈夫氣也沒有了。何況謝纖娘原是現時之名妓，與她相熟的人，像什麼徐侍郎、胖盧三一類的人，不知要有多少？她因見我年輕，對她又誠實，所以也對我很鍾情，可是要叫她將來跟我從良，隨我去到處流浪，怕她也未必願意吧？這樣一想，李慕白便對纖娘也有些灰心了，歎息到半夜，方才睡去。

次日清晨起來，想起昨天一日之間，打了瘦彌陀黃驥北和胖盧三這兩個北京城最有名有勢的人，他的心中十分痛快、高興。可是又想到他們二人被自己侮辱了，必然不肯甘休，定要設法陷害自己，於是又覺得不可不謹慎些。這一天天氣很熱，他除了到史胖子的舖子裏喝酒吃飯之外，便沒有出門。

晚間越發覺得無聊，他情不自禁地又到纖娘那裏去了。不想纖娘對李慕白竟與往日大不相同，態度冷冷淡淡的，皺着兩道纖眉，連一點兒笑容也沒有。李慕白坐了一會兒，覺得沒意思，便出了寶華班，又到史胖子的小酒舖裏去喝酒，原來史胖子也知道他昨天在寶華班拳打胖盧三之事了。李慕白很覺得驚異，便笑着問說："史掌櫃子，你的耳風真快！怎麼昨天晚上我把胖盧三打了，今天你就知道了？你天天照應着買賣，不常出門，怎會外邊的事情，你全都知道？"

史胖子聽了李慕白這話，心中十分地高興，就笑着說："李大爺，你別看我終朝每日不離櫃台，可是給我報信的人多極了！"李慕白越發覺得奇異，就問道："到底是誰告訴你這些事情？"

史胖子笑着說："李大爺是聰明人，怎麼連這都想不出？我這個酒舖門面雖小，可是我史胖子的人緣卻好，所以主顧很多。三兩個朋友，到我這兒一坐，喝上幾盅酒兒，談起閑天兒來，什麼話都說。李大爺昨天打的若是別人，我還許聽不見人說，可是昨天挨打的又是胖盧三。胖盧三這些年在北京無惡不作，可是昨天挨打卻是頭一回，所以有一個人知道了，就大家傳說起來，聽了的人沒有一個不興奮的，更沒有一個不衝着李大爺伸大拇指頭的。"說時伸着大拇指，望着李慕白笑。李慕白的面上，也不禁露出得意之色。

史胖子就又說："李大爺，你知道你在寶華班認得的那個翠纖姑娘，被胖盧三給撮合着，要嫁給前任禮部侍郎徐大老爺嗎？"

李慕白一聽史胖子提到這件事，心裏就不痛快，說："我早知道胖盧三要拿纖娘巴結徐侍郎，可是纖娘親口跟我說過，她因為徐侍郎年歲已老，而且家中已然有了兩房妾，無論怎麼說，她也不願意跟徐侍郎。"

史胖子點了點頭，說："我倒也聽人說過，寶華班的翠纖姑娘，是一個與眾不同的妓女。李大爺你既與她相好，為什麼不湊些錢把她接出來，叫她跟你過日子去？比你一個人在廟裏住着不強得多嗎？"

李慕白笑了笑，說："我現在自己還顧不了，哪還能從班子裏接人？"

史胖子說："李大爺你太客氣，憑你這身本領，要想闊起來可是容易。接出一個人來，只要她能忍耐着過日子，也耗費不了多少錢。"李慕白聽了，只是微笑着搖頭，喝了幾杯悶酒，就回廟裏去了。

到了次日，天氣十分悶熱，天際的雲氣很低，仿佛是要下雨。李慕白無事，

第十三回　難遏妒恨重揮鐵拳頭　不禁離情暗彈珠淚影

就在屋中讀書消遣。約莫在午前十時左右，忽聽院中有人叫道："李大爺在屋裏嗎？"

李慕白聽得聲音很生，趕緊起身出屋去看，只見院中放着一擔子西瓜，那前天吃了打的瘦彌陀黃驥北，帶着一個小廝和一個挑西瓜的人又來了。只見瘦彌陀黃驥北衣冠齊楚，滿面笑容地上前拱手說："慕白兄，前天的事兒不算，今天我是特意拜訪你來了。給你送來點兒西瓜，你切着消暑吧！"李慕白見瘦彌陀今天忽然恭敬來訪，不禁又是驚訝，又覺得有些不好意思，便也賠笑抱拳，請黃驥北進到屋裏。

黃驥北落了座，瘦臉上鋪滿笑容，說道："慕白兄，我久仰你的大名，早就想要找你來領教領教。只因你天天跟德嘯峰在一起，嘯峰我們也是老世交，我想他絕不肯叫你跟我動手比武，所以前天我知道他走了，我才改了個假名，來找你請教。動手之下，我才知道慕白兄的武藝實在比我高強百倍。我十分佩服，昨天又聽說你老兄把南城有錢有勢的胖盧三也給打了，心中更是欽佩。我今天是誠心敬意地來拜訪老兄，老兄如若不記着前天的事，那我就願意高攀一下，與老兄交個朋友！"

李慕白是個慷慨熱情的人，見黃驥北如此恭敬自己，便也拱手，連說不敢當，前天的事確實是自己太魯莽了。黃驥北就說："前天的事沒有什麼，要說魯莽，還得算我。平日沒會過面，忽然來到廟裏，要與老兄動手比武，這件事若叫旁人知道，人家得要把我笑話死了。可是咱們二位也是不打不成相識，老兄你若與我相處一久，你就知道了，我黃驥北實在是一個有嘴無心、最誠實的人，嘯峰最知道我，等他回來你問他就知道了。"

李慕白說："黃兄的大名，我沒到北京時就早已聞知，那次我跟着德嘯峰逛二閘，也曾見過黃兄一面。"

黃驥北說："哦，原來那天在二閘跟德嘯峰在一起的是李老兄呀？因為那天我還同着兩個別的朋友，所以見了嘯峰也沒得工夫談話，要不然咱們在那時候就認識了。"

當下二人又閒談了一會兒，黃驥北又問李慕白的家世和現在的景況，李慕白略略地說了。黃驥北對李慕白也很表同情，並勸李慕白不要因為現在不得志，便心中抑鬱不舒，等到德嘯峰回來，我們再一同商量辦法，必為老兄代謀一個出處。二人直談到正午時候，黃驥北還要請李慕白跟他出去，一同到飯館裏吃午飯，李慕白卻說自己吃過了，並說改日再到他府上回拜。瘦彌陀黃驥北便拱手告辭，帶着小廝走了。李慕白送他出了廟門，看黃驥北上了車，方才轉身進去。

才回到屋裏，就見廟裏的和尚又來了，口裏說着："呵，黃四爺送給你這些個大西瓜！"他一面說着，一面進到屋裏，就向李慕白笑着問說："剛才黃四爺來了，你沒把我那天的話向黃四爺說嗎？"李慕白就說："我說了，他說過幾天想一想，再給我回話。"和尚聽了不禁歡喜，連說："李大爺多幫忙吧，這也是一件功德。"李慕白又說："他送給我那些瓜，我一個人也吃不了，師父拿幾個去吧。"和尚說："謝謝李老爺了。"說着就歡天喜地地出屋去了。

　　李慕白一個人在屋裏又悶坐了一會兒，心裏想着：黃驥北表面上雖然誠懇可親，可是他究竟是安着什麼心，自己還不知道，這個人總是不要太與他接近才好。

　　少時睡了一個覺，醒來就想應到表叔那裏去一趟，遂就穿上長衣，出了廟門，到南半截胡同去。到了他表叔的門首，一敲門，跟班的來升就出來了。見了李慕白，他請了個安，問說："少爺，你這兩天怎麼沒上我們這兒來呀？"李慕白說："這兩天我有點兒旁的事兒，所以沒來。"說着就要往院裏去走。來升卻似乎要攔李慕白，說："我們老爺出去還沒有回來，太太現在睡覺還沒醒！"

　　李慕白聽了不禁一怔，心想：表叔出去，向來是帶着跟班的，今天莫非他一個人出去了？又想：看這情形，大概是表叔聽說我打了黃驥北、胖盧三，他以為是給他惹了事兒，不願意見我了吧？於是他賭氣地說："好，既然這樣，我就走了！"說着便氣憤憤地轉身走去。來升還在後面說："李大爺，回頭你來呀！"他卻裝作沒有聽見。

　　李慕白又是生氣，又是灰心地回到了廟裏，心想：我來到這裏已近一月，事情也找不到，現在表叔也不願見我，我還在此停留作甚？不如把銀錢摺子還給德家，收拾行李，我就離開北京走吧！這樣一想，他便決定主意，一兩日內就離京他去。

　　晚間，李慕白又到史胖子那小酒舖，跟史胖子談了一會兒，並說自己要走了。史胖子就說："可是長在北京這地方，也沒有什麼意思，憑李大爺這身武功，很應該去闖蕩江湖，打出一番事業來。不過德嘯峰是你的好朋友，他現在走了，把家裏託付給你照應，據我想，你總應當等着他回來，再走不遲！"

　　李慕白搖頭說："我不能等他，他是到東陵辦皇差去了，不知道什麼時候才能回來？他家裏只是老太太和他的夫人，婆媳兩個帶着幾個男女僕人，安分過日子，也不能有什麼麻煩事情，再說他們的親友還很多呢。

　　"我這回走，當然得把事情辦乾淨了，德嘯峰臨走的時候，曾把他一個取錢的摺子交給我，明天我得親自交給他家老太太的手裏。黃驥北雖然跟我打過一回架，可是今天早晨他又到我那裏，誠意拜訪，說是願意與我結交，明天我也得到他家裏去辭行。就是寶華班的纖娘，雖然她不過是一個妓女，而且自從我打了胖盧三之後，她就對我冷淡了，可是前些日她卻對我很好，我回頭也得去一趟，把我要走的話，向她說明白了。春源鏢店花槍馮隆那裏，我也得去一趟，告訴他們，砍傷馮隆的是我，他們有本事可以找我去，卻不必與德嘯峰作對！"

　　史胖子聽了李慕白這話，突然想起一件事來，就說："我也忘了對李大爺說了，昨天我聽一個人說，那直隸省有名的英雄金刀馮茂，現在已由深州動身，往北京來了。"

　　聽說金刀馮茂將來到北京，李慕白不由得一怔，暗想：果然金刀馮茂

第十三回　難遏妒恨重揮鐵拳頭　不禁離情暗彈珠淚影

若來到，我可不能走了。他便說："他既然由深州往北京來了，想是要找我鬥一鬥，我若聽說他來，就離開此地，那顯見是我怕他了。這樣吧，我在這裏再等他三天，三天之內他若不來找我，我就迎着深州道上找他去了！"

史胖子尋思了一會兒，就說："我看金刀馮茂來到北京，知道瘦彌陀黃驥北也叫李大爺給打了，他必不敢找李大爺來了。因為這些年來，金刀馮茂在直隸省稱雄一世，就如同河南的金槍張玉瑾一般。"李慕白一聽史胖子提到金槍張玉瑾，不由又想起了那與俞老鏢頭作對的何家兄妹，連帶而想起俞秀蓮姑娘來，不知這位姑娘現在怎麼樣了？於是不免一陣傷心。又聽史胖子說："金刀馮茂若顧慮他的名頭，我想他絕不能輕易與本領高強的人動手爭鬥，不然他若一下子敗了，他半生的名頭就全完了！"

李慕白卻笑道："由他去吧，我是一點兒也不怕！我現在先到寶華班去一趟。"說着便出了史胖子的酒舖。

到了韓家潭寶華班，他一進門就先問毛夥，那胖盧三來過沒有。毛夥看着旁邊沒有別的人，就笑着向李慕白說："胖盧三自從挨打之後，就沒有來，大概是在家裏養傷了，也許是叫李老爺給打怕了！"李慕白笑了笑，就上了樓。

聽了聽纖娘的屋裏沒有客，他就一直進到屋內，見纖娘穿着一件銀紅的衫子，正在燈下悶坐。見李慕白進屋，她懶洋洋地站起身來，要給李慕白寬下長衣。李慕白擺了擺手，便在椅子上坐下。纖娘站在李慕白的身旁，給他倒了一杯茶，雙眉帶着愁容，又像有依戀之意。李慕白喝了一口茶，便和顏悅色地向纖娘說："我來告訴你，一半天我就要離開北京走了，今天我是特來向你辭行！"

纖娘一聽李慕白要走，不禁吃了一驚，她眼裏含着淚，表露出留戀的樣子，拉着李慕白的手說："你要上哪兒去啊？還回來不回來了？"

李慕白覺得仿佛又要被這可憐可愛的柔情給麻醉了，他便極力地掙扎着說："我一時也不想回家，也沒有一定去處，將來也許還到北京來，不過至少須在三五年之後吧！"纖娘一聽，秀媚的眼圈越發紅了。

李慕白又慨然地說："不過我是非走不可，因為我在此居住已無味。在臨走時，我有許多話要對你說。你須知道，我與別的嫖客不同，若是別的嫖客，章台走馬，愛來就來，愛走就走，根本就沒把你們這做妓女的看作人，玩完了，就隨手扔開，我卻不是那樣。實同你說，我跟你認識這些日，我實在是愛你憐你，假若我有錢，你也願意的話，我真願救你脫離這苦海，你我一夫一妻地度日。可是現在不成了，自從我打了胖盧三之後，我也看出你的冷淡了！"纖娘聽到這裏，眼淚像斷線的珠子一般，一對一對地滾下，她哽咽着，仿佛心裏有許多的話說不出來。

李慕白歎了口氣，又說："因為我見你與別的妓女不同，我才對你說這些話。一個女子不幸墮落娼門，過去的傷心、現在的苦境都且不提，無論如何須為自己的將來想一想。一個女子能有幾何青春？那些胖盧三、徐侍郎之流，又曉得什麼情義？還是應當趁早尋覓一個年輕的、誠實的人，無論他窮富，只要他能夠拿你當人看待就行了！"纖娘聽到這裏，越發哭得厲害。

李慕白便說："總之，無論如何不可嫁胖盧三和徐侍郎，你我認識一場，我絕不能叫你這樣的聰明女子，去受那般俗物的蹂躪。假若將來他們憑藉財勢強佔了你去，只要我知道了，我非趕回北京來，要他們的性命不可！"

纖娘見李慕白說出這樣的話，她便哭出聲來，斷斷續續地說道："你放心！我絕不能跟徐老頭子去！可是你說我這幾天對你冷淡了，你卻是冤屈我！"說時哭得嬌軀亂顫。

李慕白見這種情景，自己的心中也很是難過，便勉強克制着自己的情緒，說："我不過從表面看，你似乎是對我冷淡了，可是現在我知道了，你確實對我很好！"說到這裏，也覺得委實對纖娘有些戀戀不捨，就說："我雖然走了，我的心裏一定忘不下你，只要外面沒有什麼事牽贅住我，我必早些回來。"

纖娘很決斷地說："只要你回來，就是三年、五年，我也等着你！"

李慕白一聽這話，心倒軟了，真要把行意打消，他想了一想，便笑着說："你也不用那樣等我，只盼着我們能夠再見一面就得了！"

纖娘一邊拭着眼淚，一邊問說："那麼你這回走，到底是什麼事兒呢？要上哪兒去呢？難道非走不行？"

李慕白怔了一怔，便說："其實不走也行，不過我在此居住，實在沒有什麼意思。告訴你實話吧！我雖然是南宮縣的一個秀才，但我卻有一身武藝，北來不到兩個月，我便打敗了賽呂布魏鳳翔、花槍馮隆、瘦彌陀黃驥北這幾個北面有名的好漢。現在與我作對，尚未分雌雄的，只有一個深州的金刀馮茂，我在北京再等他三天，此人如不來，我就迎頭到深州道上去找他。我們二人鬥戰之後，我要回家去一趟，以後也許還回北京來。"

李慕白說話時，握着拳頭，眉飛色舞，纖娘的面上卻更顯出憂愁之色。這時謝老媽媽又走進屋來，手裏拿着個紅紙條兒，纖娘趕緊過去，把條子接到手裏，就揉了。李慕白心裏明白，一定是那胖盧三、徐侍郎又來叫纖娘，他也不願細問，就站起身來說："大概你要出局了，我也要走了，咱們過些日子再見！"

纖娘急忙兩手握在他的臂上，悲切地說："你不是過三天才走嗎？明兒你就不來了嗎？"

李慕白想了一想，就說："也不一定能不能再來，因為我還有許多私事，得在這兩天以內辦理清楚了，然後我才能走，也算對得起朋友。"

旁邊謝老媽媽就問說："李老爺怎麼要上別處去呀？"

李慕白點頭道："我要到外面走一趟，可是回來得也快。"遂又望着纖娘。只見纖娘凝着秀目，仿佛想了一下，然後她把李慕白放了手，淡淡地說道："那麼你就走吧！"也不曉得纖娘心中想着什麼。

李慕白雖有依戀之意，但又狠着心想道：我李慕白真是這樣兒女情長，英雄氣短嗎？遂就略一點頭，出了屋子，連頭也不回，一直下樓去了。到了樓下，幾個毛夥就說："李爺你走呀？"他略點了點頭，便出了寶華班的門首。

第十四回　人散夜闌史胖傳消息　刀鳴劍嘯馮茂敗江湖

　　李慕白往西走，打算回廟裏去，不料才走了幾步，就突然被一人用力抓住。他嚇了一跳，急忙扭過身來，只聽這人哈哈大笑起來，說："李大爺，是我呀！"

　　李慕白聽着聲音，借着天際的微微月光看去，才知道是那史胖子，他就說："史掌櫃子，你幹什麼來了？"

　　史胖子說："我特為找李大爺來！"

　　李慕白聽了，不禁一怔，趕緊問說："你找我有什麼事？"

　　史胖子說："李大爺，你可別着急！現在你的對頭，在丞相胡同口等着你呢！"

　　李慕白問說："是誰，是那金刀馮茂嗎？"

　　史胖子點頭說："正是他，他已到了北京了。剛才我看見他還帶着兩個人，在胡同口裏徘徊呢！我恐怕李大爺身邊沒有防備，回去遭他們的暗算，所以我才趕緊到這裏來找你！"

　　李慕白一聽金刀馮茂竟於黑夜之下，到他家門前等着他了，不由十分生氣，就說："我這就去會一會金刀馮茂，我看他到底用什麼手段對付我！"說完轉身就要走。

　　史胖子又一把將他拉住，說："李大爺，剛才我可看見他們手裏全都拿着刀戈，你現在手無寸鐵，見了他們，若動起手來，豈不要吃虧嗎？"

　　李慕白一想：也是，自己這些日來，出門總不帶着寶劍，金刀馮茂又非別人可比，此人既有偌大的名頭，本領一定不錯，自己徒手未必能贏得了他。可是轉又一想：早先俞秀蓮姑娘以一纖弱女子，遇着四五個手裏都有兵刃的莽漢，尚且能夠空手奪刀，砍傷仇人，救了她的老父，現在我竟這樣畏縮，難道連一個女子也不如嗎？遂就向史胖子微笑道："史掌櫃，你以為我手裏離開寶劍，就不成了嗎？"

　　史胖子一聽李慕白這話，他想李慕白一定是藝高人膽大，所以不把金刀馮茂放在眼裏，遂就跟着李慕白出了韓家潭，往丞相胡同走去。史胖子還是有些不放心，便一面走一面勸道："李大爺，回頭你與金刀馮茂比武時，可要小心，他力大如牛，刀法也特別。不過我聽說他這個人倒還誠實，不至於使什麼詭計。"

李慕白一面很快地走着，一面氣憤憤地說："這人怎會誠實？他要與我比武，何不光明正大地去找我，然後定個寬敞地方，再分個雌雄？現在天都黑了，他在胡同裏瞥着暗算我，這不是詭計是什麼？"

兩人說着便來到了丞相胡同的北口，這時天上的微月，已躲到了雲影裏，胡同裏越發顯得黑暗。丞相胡同雖然不是什麼僻靜的胡同，可是到了這二更時分，已然沒有什麼人走動了，李慕白便回首向史胖子說："史掌櫃，你回去吧，你若跟着我，叫他們再疑惑你是幫助我的，那你可就要為我受累了！"

史胖子連聲答應道："好，我這就回去，可是李大爺你千萬別輕視了那金刀馮茂！"

李慕白點頭道："我曉得。"於是把腳步放慢了些。進了丞相胡同，並沒看見什麼人，他暗想：莫非是史胖子看錯人了？少時，來到法明寺的門首，李慕白上前推門，覺得門關了，便敲了兩下門環。忽聽身後有人用很粗暴的聲音叫道："喂，你是幹什麼的？"

李慕白趕緊回身，就見由南邊來了三個人，都穿着黑色短衣，因為天黑，看不清面目，他便昂然站在石階上，從容不迫地向那三個人問道："你們幾位是春源鏢店裏來的嗎？是要找我李慕白嗎？"

那三個人一聽這話，全嚇得一怔，只見有一個人回身叫人把燈籠點上。後面的人取出火來，點上了個紙燈籠，燈光一照，他們看出了李慕白的雄姿，李慕白也看出了這三個人。這三人全都是中等身材，年紀都在三十上下，個個身體結實，臉上帶着怒容，其中一個人胳膊下夾着兩三口插在鞘裏的鋼刀，一個人手裏拿着個紙燈籠，還有一個人是空着手，纏繞着辮子，敞着胸，露出那彷彿是鐵錘也砸不壞的強壯胸脯。

李慕白把這個空手的人打量了一番，就問說："朋友，你就是金刀馮茂嗎？"

馮茂走近一些來，氣憤憤地說："你既認得我馮四太爺，你何必又問！"

李慕白聽他自稱太爺，不禁也生了氣，就說："喂，朋友，你嘴上客氣點兒，先別充太爺！你現在找我來，是想幹什麼就幹什麼，你別看我現在空着手，也沒有別人幫助我，可是你們自管一齊拿刀撲上來，我李慕白若含糊一點兒，就不是紀廣傑的徒弟，江南鶴的盟姪！"

馮茂聽李慕白說出這兩位老俠的大名，不禁吃了一驚，就冷笑道："你抬出紀廣傑和江南鶴的名頭來，就能把我嚇回去嗎？"又說："好啦，既然你也是有點兒名頭的人，咱們更得鬥一鬥，我不但要為我三哥、五弟出那一口氣，還要領教領教你這紀廣傑的徒弟，到底有多大的本領！"

李慕白見金刀馮茂的神色和緩些了，便說："你先不要說這些廢話，告訴你吧，我自劍傷了你兄弟花槍馮隆之後，就專等着你來，你若再不來，我就要往深州道上迎你去了。今天咱們既然見了面，我就要問問你，你是想要與我拼命，還是要與我比武？你要與我拼命，就請你們抽出刀，一齊過來！"說時就把兩隻臂向胸前一抱，專等着馮茂等人掄刀過來拼命。

馮茂這時反倒嘿嘿冷笑，他瞪目望着李慕白說："你以為我金刀馮茂是量小心毒的匹夫嗎？今天這黑天半夜，你手裏又沒有兵刃，我們就是打了你，也算不得英雄，再說，你雖然凌辱了我的弟兄，但馮四太爺向來不輕易殺人，也用不着和你拼命。果然你有膽子，明天早晨可以到打磨廠春源鏢店裏，咱們當着眾朋友決一雌雄！"

李慕白便狂笑道："那好極了！明天什麼時候？你說出來，到時我一定去。"

馮茂說："明天早晨八點，你可以把德嘯峰也邀上，一同去。"

李慕白說："德嘯峰出京辦事去了，再說這件事也與他不相干。你們不服氣，只管跟我姓李的幹就是了，明天到時候我一定去。"

馮茂瞪着眼逼問着道："明天一早你可一定去？"

李慕白冷笑道："君子一言既出，豈能反悔！"

馮茂點頭說："好！"遂回首向他身後的兩個人說："咱們走吧！"那兩個人又看了李慕白一眼，然後那個提着燈籠的在前，三個人就往北口走去了。

李慕白回身打門，少時裏面的和尚把門開了，並對他說："李大爺，剛才有三個人來找你。"

李慕白點頭說："我見過了。"一面說一面往裏走。和尚又趕着他問說："李大爺，你今天見着黃四爺了沒有？"

李慕白很不耐煩地說："我今天沒見着他。那件事你們別忙，等我得工夫再催催他。"和尚連說："是了，是了！"

李慕白回到自己住的屋內，點上燈，想着剛才所遇的這些事：看那金刀馮茂倒還是個血氣漢子，這個人我明天只要能贏了他就是，卻不必傷了他。又想：金刀馮茂的事，明天無論如何可以得個結果，此後自己也就沒有什麼事可做了，那麼自己離開北京可往哪裏去呢？

他又想到現在宣化府孟家愁居的俞秀蓮姑娘，不知她憔悴成什麼樣子了？自己也曾向德嘯峰等人打聽過她的未婚夫孟思昭，但全都不認識此人，他是生是死，總要有個下落才好，這樣豈不是耽誤了秀蓮姑娘的終身嗎？宣化府那裏自己也不便再去，過兩天還是到各處去浪遊一番，訪一訪那孟思昭的下落，以慰俞秀蓮姑娘就是了。

由俞秀蓮姑娘不免又想到了謝纖娘，他深深地知道，這是自己的兩層情障，並且相互還有些關係，因為若沒有俞秀蓮姑娘的那件事，使自己傷心失意，自己也不至於就頹廢得去與妓女相戀慕。如今俞秀蓮姑娘那方面，自己算是死了心，可是纖娘的事，將來又怎麼辦呢？以自己的景況說，雖然有心憐憫纖娘，但實無力救她脫出苦海，而且看纖娘的樣子也不像真心要嫁自己，預想將來，此事怕也不會有什麼好的收場吧！

這樣輾轉地思來想去，不覺已交過了三更，燭台上那隻洋油燭都快燒淨了，豆子大的光焰不住突突地跳。李慕白揚首看了看壁間懸掛着的那口寶劍，不禁又壯志勃發，暗想：自己何必要兒女情長，英雄氣短？明天且與那直隸省出名的好漢金刀馮茂鬥一鬥，若是敗在他的手裏，自己當日就回轉家鄉，從此幫助叔父務農，不再談文論武；若是勝了他，那自己索性就去江湖上闖一闖，或許往塞北去遊一遊，到處訪一訪孟思昭；或許到江南去一趟，探問探問盟叔江南鶴老俠是否還在人世⋯⋯當下他便把燈吹滅，門關嚴，倒在榻上，摒去一切思慮，沉沉地睡去。

到了次日天明，李慕白起來盥洗畢，就到院中舞了一趟劍，打了一套拳，自覺得很有打服金刀馮茂的把握。少時回到屋內，他將寶劍入了鞘，穿上長衫，就臂挾着寶劍，出了廟門，往丞相胡同北口外走去。

到了史胖子那小酒舖前，就見史胖子光着膀子，只掛着一條油裙，正在門前張望。一瞧見李慕白走過來，他就笑着招呼說："李大爺，早起來了吧？"李慕白笑了笑，就走進了小酒舖，他將寶劍往桌上一放，揚頭微笑說："掌櫃子，給我來二兩酒、一碟菜，叫夥計到隔壁給我買幾個燒餅去。"史胖子便打發夥計去買燒餅。

這時酒舖裏也沒有別的酒客，史胖子給李慕白送過來酒和酒菜，他的胖臉上堆滿了笑容，一雙炯炯的眼睛望着李慕白，說道："今天大爺你的酒怎麼喝得少了？莫非等着回頭到春源鏢店打服了金刀馮茂再喝嗎？"

李慕白心說：這個胖子倒真有意思，遂點頭笑着說："不錯！昨天你把我找回來，我就在胡同裏見着了金刀馮茂，他還帶着兩個人。金刀馮茂不愧是好漢子，他不願在黑天半夜之下，以他們三個人鬥我一個，所以約我今天上午到春源鏢店裏，他請上幾個朋友，我們當眾比武。史掌櫃子，你若櫃上不忙，何妨跟我去看熱鬧？"

史胖子卻連連搖頭說："哎呀，我可不敢去看這個熱鬧！李大爺你使寶劍，馮茂使雙刀，你們是棋逢對手，回頭不定要打得多麼厲害呢！我在旁邊要是受了誤傷，那才叫冤呢，我這一身胖肉，可是一點兒傷也禁不住！"李慕白聽了，只微微地笑了笑，便不再對他說什麼。這時小夥計把燒餅買來了，李慕白就自斟自飲，吃着燒餅，吃着酒菜。

這時史胖子的肥胖身子，依舊在李慕白的眼前晃動着，他又說："李大爺，江湖的事情我是外行，可是金刀馮茂的名頭，我早就聽人說過。回頭李大爺若見了他，可千萬別把他瞧小了，手底下千萬別大意了！"

李慕白點點頭說："我明白，可是你放心，別說他金刀馮茂，就是再換一個比他更強一些的，我李慕白今天也准能贏了他！"說完這話，他便把酒杯推在一邊，拿起寶劍來，說："酒錢等着晚上再算吧！"起身就走。

史胖子連聲說："不要緊，不要緊！李大爺，晚上見！"說着話，便用目光將這昂然持劍的李慕白送走了。

李慕白出了這小酒舖，就雇了一輛車直往東去，少時轉過珠市口往北，就到了打磨廠。打磨廠這條胡同，除了客棧、鏢局，就是賣刀槍劍戟的兵器舖子，所以在這胡同裏往來的，多半是些江湖人。李慕白的車進了胡同，才

第十四回　人散夜闌史胖傳消息　刀鳴劍嘯馮茂敗江湖

走了不遠，就見路南的一個大門前站着兩個人，正在東張西望。一瞧見車上的李慕白，這兩個人就一齊上前拱手說："請李爺的車停住，我們說幾句話！"

李慕白倒不由一怔，心說：莫非這裏就是春源鏢店嗎？遂就叫車停住，在車上問道："你們是春源鏢店的人嗎？"那兩個人搖頭說："不是，我們是這泰興鏢店的。現在我們這裏的劉起雲老鏢頭知道李爺今天要與金刀馮茂比武，所以叫我們在這兒等着李爺，先請李爺到我們鏢店裏歇一歇，我們劉老鏢頭有點事兒要與李爺商量。"

李慕白一聽，更覺得奇怪。不過這泰興鏢店原是北京最有名的一家鏢店，李慕白更曉得，早年俞秀蓮之父鐵翅雕俞老鏢頭就曾在這裏保鏢，於是便想先到這鏢店裏看看，遂就點了點頭。他跳下車來，給了車錢，便同着那兩個人進了泰興鏢店。

此時早有人進去向劉老鏢頭報告，說是李慕白來了，那劉起雲老鏢頭趕緊出來迎接。李慕白見這位老鏢頭年約六旬，鬚髮蒼白，但精神十分飽滿，便拱了拱手，問說："老前輩就是劉老鏢頭嗎？"劉起雲連忙抱拳說："不敢當，在下就是劉起雲，閣下就是李慕白李爺嗎？久仰極了！"遂就請李慕白在櫃房裏落座。

夥計送上茶來，劉起雲老鏢頭就說："常聽朋友們提到李爺的大名，心裏就很佩服，我並且聽人說，李爺乃是江南鶴、紀廣傑兩位老俠的門徒？"

李慕白點頭說："江南鶴老俠客是先父的盟兄，那紀廣傑老俠客卻是先師，我曾在南宮家鄉中，從紀老俠客學藝有四五年之久。"

劉起雲說："原來李爺府上是在南宮。南宮與巨鹿是鄰鄉，巨鹿縣中有一位鐵翅雕俞雄遠，李爺可曉得此人嗎？"

李慕白見這劉起雲不說他請自己來的用意，卻只說這些閒話，便不大高興。聽他又提到了俞秀蓮之父俞老鏢頭，心中更不禁一陣難過，就簡略地答說："俞老鏢頭也是先師的好友，我也拜見過兩面，不過近日聽人說，他老人家已經病故了！"

劉起雲驚訝地說："哎呀，原來我那位俞老哥已然去世了！二十年前俞老鏢頭幫助先父創下了泰興鏢店這個字號，那時我也年輕，常跟他討教武藝，後來他就回到家鄉自己開了一家鏢店。我因為不常往南直隸去，他也再沒到北京來，因此我們就有許多年沒有見面，可是總不斷有人來回帶信和東西。前幾日我還想着，等到中秋節托人帶點兒北京的東西，到巨鹿看看他去，想不到我這位老哥竟已不在人世了！"說到這裏，他不禁拭淚，又問："李爺可聽說俞老鏢頭是得了什麼病死的嗎？"

李慕白因為一心惦記着與金刀馮茂比武的事，所以不願談說這些事情，便只把俞老鏢頭與何飛龍的人結仇，以致被逼離家，病死在路上的事情略略說了。劉起雲聽了，更是不禁慨歎。

這時李慕白已不願在此多談，遂就問說："不知劉老鏢頭今天把我叫到這裏來，是有何見教？"

那劉老鏢頭這才把悼念老友的悲思暫時拋開，說："我今天請李爺來，就是要求求李爺，回頭見着金刀馮茂，千萬對他留點兒情面。我與馮茂相交多年，知道他雖然性情驕傲些，但確實是個好人，向來在江湖上行俠仗義，濟困扶危，沒做過什麼歹事，而且對朋友也頗有義氣。昨天他來叫我今天到春源鏢店，看他與李爺比武，我因聽說李爺乃是紀廣傑的高徒、江南鶴的盟姪，就怕他今天要吃虧，所以勸他不必與李爺比武，彼此保全名頭。他雖沒答應我的話，可是我打算回頭見了他，再勸勸他。他如若肯聽說和，那李爺就不必再跟他生氣了！"

李慕白一聽，不禁笑了，就說："我並非願意與他作對，乃是他找我的。果然若他肯放棄前約，停止比武，那我又何必要得罪江湖朋友？"

劉起雲說："李爺真是寬宏大度。好吧！那麼我們這就一同到春源鏢店去，見了面，我再勸勸。"

李慕白便點頭說："好。"

當下劉起雲老鏢頭和李慕白一同出了泰興鏢店，往東又走了不遠，就到了春源鏢店。

李慕白一看，這鏢店的大門很是破舊，一進大門，就是一個很寬敞的院子，有一排北房，房前搭着短短的天棚，天棚下設着刀槍架子，並有三張八仙桌，桌上擺列着酒肴。旁邊有幾個人，一見劉起雲老鏢頭同着個年青英俊、氣度昂爽、臂挾寶劍的人來了，有人認得這是李慕白，遂就請將上來。此時屋裏又出來了十幾個人，其中就有金刀馮茂、鐵棍馮懷、花槍馮隆兄弟三人。

劉起雲先給李慕白引見了幾個人："這位是公順鏢店的常伯禹；這位是太平鏢店的趙利山；這位是四海鏢店的劉七席、冒寶昆；這位是銀槍邱小侯爺府上的師父秦振元。"李慕白便把寶劍交給了旁邊的一個夥計，向眾人拱手見禮。

馮懷、馮隆兄弟全都向李慕白怒目相視，金刀馮茂倒是臉上帶着一點笑容，並向李慕白抱了抱拳。當下眾人入座。那些鏢店裏的鏢頭和教拳師父，見李慕白雖然相貌很好，但總像個白面書生，哪裏比得上金刀馮茂那黑短結實、胳臂粗胸脯挺的練家子模樣呢？全都想今天這姓李的非得栽跟頭不可，哪裏敵得過金刀馮茂呢？

此時，金刀馮茂也沒把李慕白放在眼裏，他給眾人斟了酒，昂然起座說："我馮茂兩年多沒到北京，現在因為這位李慕白把我五弟砍傷，並且說要會會我，所以我在深州得了信，就趕上來了。我與這位李慕白素不相識，他雖然將我五弟砍傷，但那也怪我五弟學藝不精，並不怨姓李的手下無情，不過他說是要會會我，我就不能再忍耐了。所以昨天我們二人當面約好，今天在這裏比武，我並把諸位請來，給我們作一個見證。還要預先說明白了，我們這回是比武，不是拼命，兩個人都須拿出真功夫來，不許使暗器，也不許耍無賴，輸了就得認輸，傷了死了，也得認命！"

大家聽了全說："對，馮四爺這話說得痛快！江湖朋友比武藝本來應該先說好了。"李慕白在旁只是微笑不語，態度極為從容，仿佛今天要與金刀馮茂比武的並不是他。

第十四回　人散夜闌史胖傳消息　刀鳴劍嘯馮茂敗江湖

此時劉起雲老鏢頭卻十分着急，他連忙說："我看今天比武的這件事，就算了吧！剛才我跟這位李爺也談了談，原來李爺跟鐵翅雕俞老鏢頭也是相好，說來咱們都是一家人。馮四爺是直隸省有名的英雄，李爺也是新來到北京的好漢，俗語說：'二虎相鬥，必有一傷。'二位都走了這些年江湖，得了現在的名氣，都不容易，何必一定要動手比武？我望二位看在我的老面上，大家把比武改作訂交，豈不是光明磊落的朋友所當為嗎？"

金刀馮茂才喝了一口酒，聽了劉起雲的這番話，就放下了酒杯，他臉上沉沉地帶着怒色，搖頭說道："不可！約會已然訂好了，各位朋友也都來了，再說，我由深州急急趕到北京，為的是什麼？無論如何，今天我也得與這位李慕白分個高低，除非他不等比武，就當着眾人認輸了，我才肯甘休！"

李慕白一聽金刀馮茂說出這樣無禮的話，不由怒氣難遏，就把放在桌上的那口寶劍一拍，說："馮茂兄，你不要說這些話了！我李慕白絕不能向你認輸，今天我還是非要向你請教請教不可！"

此時，眾人的視線全都集中在了李慕白的身上，李慕白又激昂慷慨地說："今天原是劉老鏢頭為保全兩家的和氣，才把我請到他那裏勸我。我也想，只要是馮茂肯於說和，我自然也不願交手。可是如今你們必要與我分什麼高低，我李慕白自然也不怕你們！"說到這裏，他嗖的一聲把寶劍抽出，向馮茂說："咱們現在就動手如何？"

這時旁邊的眾人都齊說："這就比武也好！"

劉起雲老鏢頭便歎氣道："既然這樣，我也不管了！"

金刀馮茂氣得黑臉上發紫，他把小汗褂一甩，露出鐵棒似的胳臂、石頭似的胸脯，離開了座位，向旁邊的人喝道："拿我的雙刀來！"李慕白便提着劍，也離了座位。

馮茂接過雙刀，掄着刀就到了院子的中心，又把兩隻穿着抓地虎靴子的腳，向沙土地上磨了磨。

李慕白脫去長衫，身穿一身米黃色的繭綢短褲褂，從容不迫地走到馮茂的近前，說："你先下手吧！"

馮茂說："好，不客氣了！"當下雙刀便向李慕白砍來。

李慕白一閃身，用劍磕開他右手的刀，兜劍向馮茂腰際砍去。馮茂用左手的刀撥開李慕白的寶劍，右手的刀又向李慕白砍來。李慕白閃開身，一個箭步躥到馮茂的身後，掄劍就砍。馮茂急忙回身，用雙刀把寶劍架住。旁邊的人看了這幾手，真是乾淨利落，不由同喊了一聲："好！"

李慕白抽回劍，退了兩步，馮茂掄着雙刀又逼過來。李慕白也並不退避，把劍舞起，磕得馮茂的雙刀近不得身，只聽鋼鐵相擊，鏘鏘作響。馮茂的兩口刀又同時狠狠地向李慕白砍來，一刀向着李慕白的左臂，一刀向着前胸。忽然見李慕白使了個鷂子翻身，磕開馮茂的雙刀，躥到了馮茂的身左，一腳飛起，正踢中馮茂的左腕。只聽噹啷一聲，馮茂左手的那口刀就摔在地下了。

此時金刀馮茂的手中只剩下一口刀了，但他還不服氣，掄動單刀又向李慕白砍來，李慕白的寶劍也更是兇猛。往返又四五合，忽然李慕白一掌拍在馮茂的右臂上，馮茂就覺得右臂一陣疼痛麻木，便舉不起刀來了。他剛要退後兩步，不想李慕白追過去又是一腳，把馮茂右手的刀又踢落在地。

此時馮茂已剩了空手，他往後跑了幾步，那邊的馮隆趕緊拿過一杆長槍，遞給他。馮茂伸手接過，手拿長槍又向李慕白刺去。李慕白用力使寶劍磕開長槍，轉回向馮茂頭上砍去，馮茂用槍桿橫迎，只聽唔嚓一聲，那鋒利的寶劍就把槍桿砍斷了。

馮茂大怒，把那半截花槍丟了，徒手撲向李慕白。李慕白卻不忍傷害他，擎着寶劍問他道："你還不認輸嗎？"

劉起雲老鏢頭也走過來，擺着手勸道："算了，算了！"

此時金刀馮茂的頭上和脊背上全都汗流如漿，臉氣得又紫又黑，瞪着一雙兇神似的大眼睛。冷不防他一個箭步躥過去，揪住李慕白的右臂就去搶劍。但李慕白哪裏容他把寶劍搶過去，便緊緊地把劍握住。

二人騰挪閃轉，又相持了半天。劉起雲老鏢頭險些被他們撞倒，便倒退到一旁，急得連連擺手說："完了吧！完了吧！要再打就叫人說話了！"旁邊的人，這時也看得眼睛發呆，心裏發顫。

馮懷在旁喊道："快使點勁兒！"他說這話，本是想給增加金刀馮茂的精神，讓他使出那牛一般的力量，好把李慕白的寶劍奪過去，這樣就可以轉敗為勝，卻不料馮茂使盡了氣力，也奪不過寶劍來。忽然馮茂生了毒心，他騰出一隻手來，要去扼李慕白的咽喉，不料此時就被李慕白在他的胸頭搧了一拳，小腹又吃了一腳，咕咚一響，就像懷裏倒着一塊石頭，整個把金刀馮茂摔在了地上。

李慕白退下兩步，一看右臂已被馮茂掐得紫紅。馮茂的臂上也是青一塊，紫一塊，他坐在地下，仰面痛哭起來。劉起雲老鏢頭趕緊過去扶他。

這時那邊的鐵棍馮懷、花槍馮隆和幾個鏢頭夥計，就齊抽兵刃，要奔過來與李慕白拼命。李慕白也橫劍相待，毫無畏色。

金刀馮茂卻站起身來，向他的兄弟們擺手說："不許那麼不講理！李慕白的武藝比我強，我認輸就是了！"說着不住揮淚，又向李慕白拱手說："李兄，從今我馮茂再不向人稱好漢，直南省的江湖讓給你了！"

李慕白此時贏了馮茂，雖然心中十分得意，可是見馮茂這樣慷慨，他倒反覺不好意思起來，遂提劍拱手說："馮兄何必說這話？我今天用了十分的力量，才算贏了你，你的武藝，我也不能不佩服！"

馮茂卻擺手歎道："完了！我十幾年的名氣，今天栽到了你的手裏！可是我也不恨你，以後我不再走江湖就是了！"

李慕白說："你若這樣一來，顯見李慕白不是慷慨的人了！"

馮茂拭淨了眼淚，披上衣裳，上前拉了拉李慕白的手，說："李兄，今天的事咱們什麼也別再提了，咱們回座喝酒去吧！"

劉起雲老鏢頭在旁贊道："這才不愧是江湖好漢！"

當下馮茂拉着李慕白的手，大家重又入座，馮懷、馮隆卻氣得躲到屋裏去了。金刀馮茂親自給眾人斟了酒，自己先喝了兩杯，然後慨然說："列位在此,都看見了,江湖上還有比我金刀馮茂本領高強的英雄。我今天請大家給我送個行,因為我回頭就要走,從此以後,就是再來到北京,我也只做個老實人,再不與人爭強鬥氣了!"說畢,面上浮出苦笑。眾人都向他勸解,但馮茂總是心灰意懶,決定今天就離開北京,永絕江湖。

李慕白此時對於金刀馮茂倒很是敬佩,因為他看出馮茂雖然是個粗魯人,但是慷慨豪爽,這種朋友倒是可以交交,因此他便和顏悅色地同馮茂談話,又問道:"茂兄認識的江湖朋友很多,可知道有一個叫孟思昭的嗎?"

馮茂搖頭說:"我不認得什麼孟思昭,這人是幹什麼的?是鏢行的,還是走江湖的?"

李慕白尚未細說,旁邊劉起雲老鏢頭就問道:"李爺,你說的這個孟思昭,莫不是宣化府孟永祥的二兒嗎?"

李慕白點頭說:"不錯,孟思昭自幼與俞雄遠老鏢頭之女俞秀蓮姑娘定親。現在俞老鏢頭已死,姑娘和她母親住在孟家,可是孟思昭卻於去年闖禍逃走,至今遍處尋找,並無下落,所以孟老鏢頭托我來京打聽他的下落。"

劉起雲老鏢頭便歎息道:"去年我那孟老哥也曾托人給我帶信來,打聽他二兒子的下落。我跟他二兒子也沒見過面,四處托了許多朋友打聽,也打聽不出來,想不到現在這孟思昭還沒回家去。咳,那位俞姑娘命也真苦,父親是死了,沒有成親的丈夫又是音信皆無!"李慕白聽了,自己心中也是一陣難過。

旁邊的人全都呆呆地聽着,那四海鏢店裏的鏢頭冒寶昆尤其聽得入神。這冒寶昆就是巨鹿縣的人,他與那五爪鷹孫正禮是盟兄弟,與俞老鏢頭也相識。前年他曾回家住過幾個月,那時看見俞秀蓮姑娘的芳姿,雖然他心裏也起過些胡思亂想,可是因為怕他的盟兄弟孫正禮,未敢有什麼舉動。如今一聽俞老鏢頭死了,秀蓮姑娘寄居在宣化,她的丈夫又不知下落,便傾耳聽着,併發問道:"俞老鏢頭是因為什麼死的呢?"

劉起雲看了看冒寶昆,就說:"對了,你跟俞老鏢頭是鄉親。"

冒寶昆說:"我們不但是鄉親,俞老鏢頭素日還對我很好,他的徒弟五爪鷹孫正禮,又是我的盟兄弟。就連那俞秀蓮姑娘,我也見過幾次,她還叫我冒六哥呢!"李慕白聽了,便看了冒寶昆一眼。

因為想着今天在座的這些人,不是開鏢店的就是教拳的,所以李慕白又向眾人說了那孟思昭的年貌,託付眾人給打聽孟思昭的下落。劉起雲也向眾人拜託了一番,眾人齊都答應了。

李慕白又飲了兩盅酒就穿上長衣起身告辭。金刀馮茂和劉起雲等把李慕白送出門去,劉起雲說:"李爺以後如有工夫,可以常到我那裏坐坐!"

李慕白挾着寶劍,拱手說:"日後一定常去拜訪!"

金刀馮茂也向李慕白抱拳說:"李兄,咱們後會有期!"

李慕白也拱手說:"後會有期!"遂就往西走去。

李慕白出了打磨廠,找了個小飯館吃了飯,就雇上一輛車回法明寺去。今天他雖戰勝了直隸省最有名的英雄金刀馮茂,但是心中卻很不痛快,沒有打瘦彌陀黃驥北和胖盧三時之高興。那金刀馮茂乃是個有血性的漢子，就因為敗在了自己的手裏，他便從此絕跡江湖，自己未免對他不起。又想到自己近年來事雖未謀成，可是名頭卻弄得很大，長此以往，未免要遭人所忌，此後糾紛恐怕永無休止，還是一兩日內就離京他往吧。

　　一路想着，車已走到了菜市口，剛要進丞相胡同，忽見車前有人高聲叫道："李大爺，今天把金刀馮茂打得真叫痛快呀！"

第十五回　禍患突來英雄罹大獄　遭逢不幸名妓感前塵

　　李慕白抬頭一看，原來是那史胖子站在車前，他腆着胖肚子，滿臉帶笑，仿佛是很替自己高興。李慕白心中未免納悶，暗道：我與馮茂交手比武時，他又沒在跟前，他怎麼會曉得了呢？李慕白一面笑着，一面拿着寶劍下了車，他給了車錢，便問史胖子說："史掌櫃子，你聽誰說我勝了金刀馮茂？"

　　史胖子把臉上的胖肉擠成一堆，笑着說："我還用聽誰說？我都親眼看見了，李大爺你前腳走的，後腳我就跟着去啦！我在春源鏢店的大門前，往裏看得清清楚楚的，李大爺踢馮茂的那一腳……"說時他把那胖腿一踢，姿勢與李慕白踢馮茂時一樣，又接着說："那一腳真叫乾淨脆快！李大爺，你真是這北京城頭一位好漢了！"

　　李慕白面上笑着，心裏卻很驚訝，暗道：以後可要對史胖子留點兒神！現在自己才確確實實地看出來，這史胖子一定大有來歷，絕不是平常的買賣人！他一面想一面打量着史胖子的那身肥肉，可又不像是個練功夫的人。

　　當下史胖子還要讓李慕白到他那小酒舖裏去喝酒，李慕白說："我在春源鏢店已喝了不少的酒，現在要回廟睡午覺去了，咱們晚上再見吧！"

　　史胖子便點頭說："好，好！晚上見！"李慕白也向史胖子點了點頭，就進丞相胡同口裏去了。

　　回到廟內，和尚又過來說道："剛才黃四爺來了，見你沒在，他留下一個職名。"說時把一張名帖交給了李慕白。

　　李慕白見名帖上寫的是"黃驥北　子騏　行四"，便心說：他又來找我做什麼？遂將那張名帖扔在了一旁。

　　那和尚見李慕白呆呆地發怔，仿佛心裏有什麼事似的，也就不便再提那托他請黃驥北捐錢修廟之事，站了一會兒就走了。

　　此時，李慕白卻在想史胖子的為人可疑，又想：北京向稱藏龍臥虎之地，什麼人都有，不但那史胖子像是個慣走江湖、身負武藝的人，就連那妓女謝纖娘確也似一個奇女子，不然如何能在她的枕中暗藏着匕首？這樣一想，他又打算到纖娘和史胖子那裏去問問他們的真實來歷。但又想：纖娘那樣柔媚，史胖子那樣假做顛頂，就是他們真有什麼了不得的來歷，也是一定不肯實說，自己還是不要去瞎費唇舌吧！

他躺在炕上，又想：金刀馮茂今天必已離開北京，重返深州了，我李慕白在此徒負名聲，終日閒居，在這北京城裏充武藝高強的好漢，又有什麼意思呢？於是他決定明天去見表叔辭行，再把那銀錢摺子還給德家，後天就起身離京，以後的生活茫茫，現在也不必打算了。

午覺之後，他也沒有出門。到了晚間，就想到史胖子的那個小酒舖裏喝酒吃飯去，順便再與史胖子談些閒話。這時天際尚鋪着殘霞，可是這座古寺中卻特別顯得昏黑，蝙蝠忽上忽下地飛着，簡直就像是兩廊下停厝的棺材裏現出來的鬼魂。

李慕白也沒穿長衣，倒背着手兒往廟外走去，不想才出了廟門，就見有四五個人迎面走來。到了臨近，李慕白才看出，卻是幾個官人，有兩個提着鎖鏈，其餘的手中提着短棍、腰刀。就有一個人高聲問道："喂，你是幹什麼的？"

李慕白吃了一驚，便說："我是在這廟裏寄店的。"

那官人又問說："你叫什麼名字？"

李慕白便坦然說："我叫李慕白。"

他這句話還未說完，兩個官人就嘩啦啦地抖着鎖鏈，要往李慕白的脖子上去套。李慕白面色立變，趕緊用手把鎖鏈掠開，退後了一步。另有兩個官人就抽出腰刀來，怒喝道："你還敢拒抗官差嗎？"

李慕白說："我並不是拒抗官差，我李慕白平日安分守己，從無犯法行為，你們要拿我，也得先說明我到底是犯了什麼罪呀？"說畢，昂然站在那裏，氣得渾身亂顫。

有個官人走過來，用手拍了拍李慕白的肩膀，說道："朋友，你要問我們為什麼拿你，我們也鬧不清楚，不過是提督大人這麼派下來了，沒法子。你得叫我們交上這件差事，有什麼話，你到衙門再說！"

旁邊就有人搭腔道："對，咱們都是朋友，無論到哪兒都好說。你叫我們把差事交代上去就得了。"

李慕白知道這一定是胖盧三那班人陷害了自己，現在想不跟他們去是不行了，於是就冷笑道："好，我陪你們幾位去一趟，反正我問心無愧就得了！"

當下官人把李慕白鎖上，一半推一半勸地出了丞相胡同的北口。那裏就停着一輛棚兒車，官人們叫李慕白進到車裏，一個官人把着車門，四個官人在後面步行跟着。車子走在這黃昏的街道上，車輪磨着石頭道咯咯地響。也不知走了多遠，就到了九門提督衙門。官人由旁門把李慕白攙下車去，立刻就給砸上腳鐐，押在了監裏。

衙門裏的刑房先生胡其圖，便趕緊打發手下的一個心腹夥計，去給盧三爺送信，就說："大盜李慕白現已安然就捕，押在獄中，即日刑訊定罪。"這個送信的夥計名叫小章，他出了衙門，就到西城太平湖胖盧三的家裏去了。

這時胖盧三正在家裏宴客，筵間只有幾個最密切的朋友，一個就是前任禮部侍郎徐大人，另一位是御史劉大人，還有一位是某王府的大管事焦五爺。有胖盧三的兩個姿容豔麗的大丫鬟在旁服侍着，給他們斟酒。胖盧三就笑向劉御史說："房子我都給預備好了，就等着把人接出來，好叫我們這位徐老爺做新郎了。"

焦五也在旁笑着說："不過徐老爺總是把鬍子剃了才好，要不然我們那位新嫂夫人的臉蛋可有點兒受不住。"

徐侍郎心裏喜歡得很，索性老着臉說："我倒是想剃鬍子，可又怕他們參我。"說時用手一指劉御史。

劉御史把酒杯離了嘴唇，笑着說："我們御史管不着剃鬍子的事兒。"說畢，四個人齊聲大笑。

兩個丫鬟伸着鐲環啷噹的纖手，又給四個人斟酒。劉御史喝了一口酒，又說："真的，我還沒見過那位翠纖姑娘呢！"

胖盧三說："要見可容易，明兒我就叫您見見。您知道月亮裏的嫦娥是什麼模樣，那位翠纖姑娘也就是什麼模樣。"

焦五在旁拍手大笑道："這麼說，徐大爺也快要到月亮裏去了！"

徐侍郎笑着，不知不覺地點着頭，又挾了一塊烤鴨往嘴裏送。他的牙都快掉淨了，怎麼嚼也嚼不動。胖盧三在旁說："您聽見沒有？焦五說您是候補兔兒爺！"見徐侍郎依舊是顢頇笑着，用牙床咀嚼着那塊烤鴨，大家就又笑起來。

這時忽然有一個十幾歲的乾淨小廝走進來，在胖盧三的耳旁低聲說了幾句話。胖盧三說："叫他在客廳坐會兒。"

遂向三位客人說："您幾位先隨便說着，我出去一會兒。"當時他就趕忙出屋去了。

到了客廳裏，小章見了他就請安，先叫了聲盧三爺，然後就說："我胡大叔打發我來，說是告訴盧三爺，那個大盜李慕白已然捕到，現押在獄裏，明天就可以用刑問罪了。"

胖盧三聽了，心裏十分痛快，就點頭說："好，好！我知道了，你回去吧！告訴你胡大叔，就說我多謝他了，明天有工夫，叫他到我西櫃上去！"小章連聲答應。

胖盧三又由衣袋裏摸出兩張錢票給他，說："你雇輛車回去吧！"小章推辭了一會兒，然後就接過錢票，請了安走了。這裏胖盧三含笑回到房去，對眾人什麼話也沒有說，他依舊飲酒談笑，仿佛比剛才更高興了。

少時酒飯用畢，劉御史、焦五又在煙盤子旁磨煩了半天，二人就走了，獨留徐侍郎在這裏，與胖盧三對面躺在紅木的榻上，燃着煙。胖盧三說："剛才胡其圖打發人來了，說是姓李的那小子已給押起來了，問的是大盜的罪名，大概非死不可。這麼一來，我的氣可算是出了，您的對頭也沒有了。趕快去找纖娘，叫她死心塌地地答應了您，然後就接過來，就算把這件事辦成了。"

徐侍郎聽了，不由皺了皺眉，說："那姓李的雖說可恨，不過給他安的罪太重了。他們江湖人都有許多朋友，日後要找咱們來給他報仇，那可怎麼辦？依我說，告訴胡其圖打他幾十板子，在獄裏押幾個月，就放了得啦！"

胖盧三笑道："老哥你別惱我，您這叫假善心。那姓李的小子把纖娘迷住了，纖娘才嫌您老，嫌您家裏有兩個姨太太，要不然她早就跟您過來了，還能這樣累次三番地向她說，她還沒答應？現在姓李的犯了案，她沒得可迷了，也就認頭跟您了。再說那姓李的，一個無來由的人，就因為德嘯峰架着他，鬧得實在不像話！打了我不算，還打了黃驥北，今天不是又聽人說嘛，他把深州有名的鏢頭金刀馮茂又給打了。他是個窮小子，沒家沒業，就有一身武藝，老這樣跟咱們作對，咱們就算了嗎？所以現在花點兒錢，托人把他剪除了，很好！"

徐侍郎仍舊皺着眉說："我總怕他還有什麼不要命的朋友，以後找咱們的麻煩。咱們都是有身份的人，恐敵不過他們！"

胖盧三笑徐侍郎的膽子太小，就說："你放心，此後一點兒麻煩也不能有。第一，我都打聽清楚了，姓李的只是個光身漢。在北京除了有個表叔祁殿臣，是個刑部的窮主事之外，他就認得一個德嘯峰，可是德嘯峰現在也走了，此外他再也沒有什麼朋友。第二，這件事不但給我出了氣，也給黃驥北出了氣。黃驥北跟邱廣超又是至好，有他們兩個人，什麼光棍無賴咱們也不怕呀！"

徐侍郎一聽胖盧三提起黃驥北，就覺得膽子壯了一些，因為黃驥北的武藝高強，誰都曉得。雖然聽說他在李慕白的手裏也吃過虧，但是他手下還有許多有本領的朋友，三五個江湖人，他是不怕的，遂就說："好，那麼過兩天，你就找一趟黃驥北去。"胖盧三說："明天我就找他去。"

他又看了看懷裏的金表，說："現在才九點鐘，咱們上校場五條去，把纖娘跟她媽叫了去。咱們就問她，到底是答應不答應。"

徐侍郎笑道："你怎麼比我還忙！現在大概城門都關了，有什麼話，明天一塊兒再辦好不好？"

胖盧三想了想，也覺得懶起來，而且自己要是到校場胡同外家那裏，這裏的姨太太一定要不願意，遂就點頭說："也好，明天再說吧。"當下徐侍郎在這裏又抽了幾口煙，就走了。

次日，胖盧三就到東城北新橋找瘦彌陀黃驥北去了，說是自己托了人情，把那李慕白押在提督衙門了。並說以後若有什麼江湖人來糾纏我們，那時可得請你幫忙了。他本想黃驥北聽了李慕白被押的事，一定喜歡，因為也算給他出了氣，不料黃驥北卻微微地冷笑，說："本來我與姓李的非親非故，現在他犯了案，與我一點兒干係沒有。不錯，我跟他也曾比過武，他打了我一掌，可是我也打了他兩拳，算是打了個平手。後來我還要跟他比兵器，他可就不敢了，直向我央求。我看他是一個外鄉人，怪可憐的，也就饒了他。"

胖盧三一看黃驥北這個樣子，只替他自己吹，卻不提正經事兒，心裏就有些生氣，暗道：難道我胖盧三非求你瘦黃四便不成嗎？接着黃驥北又說："不過以後要有什麼小事兒，你們自管告訴我，我一定有辦法。"胖盧三一聽這話，心裏才算痛快些，又坐了一會兒，便走了。

到了晚間，胖盧三就在校場五條他的外家那裏等着徐侍郎。他的這個

第十五回　禍患突來英雄罹大獄　遭逢不幸名妓感前塵

外家名叫雅娥，也是由班子裏接出來的姑娘。胖盧三因為家裏還有一個姨太太，安放不下這個雅娥，所以就特地在這裏蓋了一所精緻的小平房，作為他藏嬌的金屋。每次寫條子叫纖娘出來與徐侍郎見面，也總是以在這裏的時候居多。並且現在商量着把纖娘接出來後，也就住在這裏，叫纖娘與雅娥姊妹相稱。胖盧三和徐侍郎可以每天來這裏取樂，以後他們就跟一家子一樣了。

徐侍郎是北京的名士，寫一副對聯都能賣幾百銀子，而且家產巨富，又是某王爺的老師，眼看就要放外省巡撫。胖盧三借着纖娘把他結識住，以後對於錢莊的買賣和官府往來上，都有很大的好處。所以今天他等候着徐侍郎，心裏很着急。

胖盧三的愛寵雅娥，一面在旁給他燒煙，一面磨着他，叫他再給打一副金鐲子，雅娥說："明兒人家翠纖過來，什麼東西都比我多，就我是個窮鬼，我怎麼見得起人家呀？"

胖盧三笑道："別忙，明兒我就叫利寶家來人，你要什麼樣兒的，多重的鐲子，隨便打。你就別再磨煩我吧！"

雅娥一聽，又敲到了一副金鐲子，不由得心裏喜歡，她趕緊又向胖盧三獻媚，可是心裏卻嫉妒着那纖娘，暗想：胖盧三雖是有錢，可是到底是個買賣人，無論怎麼闊，也不能稱"大人"。再說胖盧三又是個吝嗇的人，得一分便宜，才肯花一分錢，哪能比得了那位徐侍郎？又是財主，又是大官！翠纖那丫頭才命兒好呢，一接過來就是闊夫人、官太太。

胖盧三應了雅娥的鐲子之後，未免又有點兒心疼，剛要再強制着雅娥向自己獻些媚，也好彌補損失，這時候就聽到院中有人咳嗽，原來是徐侍郎來了。

徐侍郎進了屋子還是咳嗽，彎着腰像個蝦米，胖盧三坐起身來，笑道："我的老哥，您怎麼才來呀！莫非是我那兩位側嫂夫人拉住您，不讓您出來嗎？"

徐侍郎一面咳嗽，一面說："不是，不是！我腰疼的老毛病又犯了！因為我昨天跟你訂的約會，現在不能不掙扎着來。"說着一頭躺在榻上。

雅娥趕緊把燒好了的煙遞給徐侍郎，胖盧三便問徐侍郎的跟班旺兒跟來了沒有。徐侍郎一面噴着煙，一面說："來了，他在外頭吧。"

胖盧三就叫雅娥出去告訴旺兒，叫他到寶華班趕緊把翠纖叫來。雅娥便出了屋，去跟那徐宅的漂亮小跟班兒的說話去了。

這裏胖盧三跟徐侍郎對面躺着，抽煙說話，等了好大半天，才見纖娘帶着她母親謝老媽媽來了。徐侍郎見纖娘的容顏，今天更俏麗了許多，穿的是元青綢襖、月白綢褲，真像嫦娥一般地淡雅素潔，他立刻連腰疼也忘了，就笑着說："昨天一天沒見你，你的心口痛好了嗎？"

纖娘賠笑說："好了，叫徐老爺惦記着！"謝老媽媽在旁說："這孩子心窄，有時遇見一點不順心的事，她就要心口疼！"胖盧三說："以後好好調養調養也就好了。"

纖娘半跪在榻上，拿起煙籤子來，要給他們二人燒煙，胖盧三攔住她說："你別累着了！交我們自己燒吧！"又回頭向一個使喚的婆子說："你搬兩個小凳兒來，叫姨太太跟翠纖姑娘坐下。"又向謝老媽媽說："老太太，你隨便坐，我不張羅你了！"

當下那婆子在榻前安放了兩個小凳，雅娥靠着胖盧三，纖娘靠着徐侍郎，兩人半躺不坐地依在那裏。胖盧三忽然假作驚訝地向纖娘說："纖娘，我告訴你一件事兒。你知道那個李慕白嗎？你猜他是個幹什麼的？"

纖娘一聽提到李慕白，臉上便泛起紅霞，勉強笑道："我聽說他是個秀才。"

胖盧三笑道："什麼秀才啊！原來他是一個江湖大盜！昨天案子犯了，叫九門提督衙門給抓了去了，一定非砍頭不可！"

纖娘一聽，不由急得顏色改變。那邊謝老媽媽，也驚詫得了不得，說道："哎呀，看那麼斯文的人，原來是個賊呀！"

胖盧三又冷笑着說："斯文什麼？你看他憑着會些武藝，動不動就講打人！打了我，打了黃四爺，還打了北京有名的幾個鏢頭。天天什麼事兒不幹，也要逛班子，也要穿好衣裳，究竟他仗的是什麼？我早就疑心他。果然，昨天案子發了，原來他在外省就是強盜，來到北京之後，也做了幾樁大案。"

纖娘聽了，心裏又是傷心，又是害怕，不由得嬌軀亂顫。

胖盧三又說："衙門裏早就打聽出來了，李慕白做案子得的錢，全花在你的身上了！"

謝老媽媽忙說："哎呀！我們不知道他是賊呀！"纖娘嚇得立時就流下淚來了。

胖盧三說："人家衙門不管你們知道他是賊不是，只要他在你們那兒花過錢，你們就得跟窩主同罪。"說到這裏，他忽然又轉變了口氣，說："可是你們也別着急，我跟徐大人早給你們打點了，衙門不至於派人把你們母女抓了去，可是你們也不能再在寶華班住着了！"

謝老媽媽趕緊央求說："盧三老爺，徐大老爺，您二位老爺千萬可憐我們娘兒倆，求一求衙門……"說着也痛哭起來。

胖盧三假意歎了口氣，說："我也替你們怪難受的，以後若不叫你們在班子裏混事兒，你們不用說沒吃喝，就是連住的地方也沒有呀！"

謝老媽媽趕緊乘機說："上回盧三老爺不是提過嗎？徐大老爺要收下我女兒做妾，我想那不但是抬舉我們娘兒倆，也是可憐我們娘兒倆，翠纖，你快求求二位老爺吧！"

胖盧三看了徐侍郎一眼，面上露出得意之色，仿佛是在說：老哥，你看我盧三的手段怎麼樣？見纖娘用手絹掩面哭泣，真是楚楚可憐，他心中不免又動了點兒妒念，想着：這麼好的美人兒，我送給老頭子去享受，可是未免太便宜他了。轉念又想：以後把纖娘接出來，也是住在自己這個外家裏，日久天長，那還不跟自己的人一樣嗎？於是他便故意做出不着急的樣子，說："要說把纖娘接出來，跟徐大人過日子，可真是你們娘兒倆的造化！不但纖娘享福，你的後半輩子也一點兒不用發愁了。再說，你女兒做了徐大人的姨太太，無論什麼衙門也不敢再找尋你們了。徐大人不久就要做撫台了，家眷

第十五回　禍患突來英雄罹大獄　遭逢不幸名妓感前塵

不便帶，自然帶着你女兒，到了外省，誰還知道你的女兒是班子出身呀？哪個官員不敬奉撫台的岳母呢！"

謝老媽媽一聽這話，不由得破涕為笑，說："哎喲！盧三老爺，這話我可當不起呀！只要徐大老爺行好，收我女兒做個丫頭，叫我做個老媽子，我們娘兒倆就這輩子也忘不了二位老爺的好處了！"

纖娘覺得她母親太卑鄙了，可是又想：徐侍郎要納自己為妾的事已經提過幾次，自己因為李慕白，曾尋思了幾天，也沒決定主意，到底是答應他還是不答應他。如今一看，以自己過去身世上的苦處和現在李慕白案子的牽累，實在不容自己不屈身忍痛去給徐侍郎做妾，以保住母女的生命。這樣一想，越發淚下如雨，嗚咽不叠。

徐侍郎就用手抱住她，勸她不要哭，說："什麼事兒都好辦，你就別哭啦！"

胖盧三噴了兩口煙，又說："徐大人早就有意，我也跟你們提說過兩回，可是纖娘是含糊其辭，也不說願意，也不說不願意。現在既有李慕白的那件事出來，徐大人叫我問明白了你們，纖娘要是願意跟徐大人從良呢，那麼由明天起，你們就搬出寶華班，在公興店找一間房子先住下。三兩天內就叫徐大人把你們母女接來，就住在我這兒。那西房三間纖娘住，東房兩間謝老媽媽住，一切傢俱都現成，再雇上兩個老媽子，足能服侍你們。纖娘雖然沒有身價，可是徐大老爺說過，拿出兩千兩銀子來存在我的櫃上，把摺子交給她自己，這都是說纖娘願意的話。假若纖娘要是不願意呢，那我也得告訴你們，徐大人可是做官的，不能再認識你們這跟大盜有牽連的人了。"

謝老媽媽在旁又是喜歡，又是害怕，趕緊走過來向纖娘說："姑娘，你就答應徐大老爺吧！快給徐大老爺、盧三老爺謝恩吧！"

當下纖娘抽抽搭搭地把眼淚擦淨了，說："徐大老爺這麼抬舉我，我怎能還不願意呢？我跟我媽明兒就搬出寶華班去。"胖盧三一聽纖娘嬌滴滴地說出這樣的話來，不由得哈哈大笑，他拍着徐侍郎的肩頭，說："老哥，我這個媒算是做成了，就等着喝您的喜酒來了！"

當下纖娘向徐侍郎、向胖盧三行禮道謝，雅娥和老媽子也向徐侍郎道喜。徐侍郎喜歡得直咳嗽，腰又疼起來了，可是他掙扎着精神，先問謝老媽媽在外頭還有什麼欠的賬沒有。

謝老媽媽說："賬倒沒有多少，就是在班子裏使了一百兩銀子，外頭還有點兒零碎的賬，算起來總共也合不到二百兩銀子。"

胖盧三說："這算不得什麼，明天你叫他們開個帳單，到我西櫃上領錢去得啦。"

徐侍郎又笑着問纖娘要什麼東西，纖娘搖頭說："我也沒有什麼可要的，衣服首飾，我現在還夠用的，再說現在就是要做什麼東西，也來不及再做。"

徐侍郎說："不過我看你的衣裳都是些淡淨的，無論怎樣，也得有一件大紅的衣裳呀！"

謝老媽媽在旁說："我們姑娘有大紅的襖兒、大紅的裙子，雖然舊了一點兒，可還穿得出去。"纖娘聽她母親提到她那身大紅衣裙，不由又觸到她早先的一件難過的事，心裏一陣難受，眼淚又要奪眶而出，她就勉強忍制住。

胖盧三見徐侍郎為這些小事麻煩，覺得又好笑，又生氣，就說："這都好辦！到那天我想也沒有多少人來，纖娘只要穿得不太素也就得了，難道纖娘非得穿戴鳳冠霞帔，徐大人非得戴上二品頂戴嗎？"說得徐侍郎也不禁掀着鬍子大笑，還一面咳嗽着。

又談了一些別的話，纖娘母女就坐着車走了。纖娘在車裏還不住地流淚，直到寶華班門首，她才把眼淚擦乾。謝老媽媽此時倒很喜歡，下車時覺得身體特別輕便。纖娘也下了車，謝老媽媽攙着她女兒，才一進門，就見毛夥迎上來說："纖姑娘回來了，這位老爺等了你半天啦！"

纖娘吃了一驚，抬頭一看，就見是個闊客人，身材肥碩，沒有鬍子。這人穿着深灰色官紗大褂，青紗坎肩，頭戴青紗小帽，帽上嵌着一顆很大的珠子。謝老媽媽剛想說：我們姑娘明兒就從良去，現在不接客了！卻見這個又胖又闊的人手搖摺扇，望着纖娘笑了笑，說："我是德五爺託付來的，要跟纖娘說兩句話。"

纖娘一聽說是德五爺託付來的，就想：德五爺不是李慕白的那個有錢的朋友德嘯峰嗎？不由打了一個冷戰，說道："有什麼話你就說吧！"

那胖客人說："話很多，你的屋子在哪兒？到屋裏我再跟你細說。"纖娘又驚又怕，沒有法子，只得帶着這個胖客人上樓。謝老媽媽雖然心裏不願意，可是因見這個客人穿得很闊，像是個做官的人，便也不敢得罪。

到了樓上纖娘的屋裏，纖娘把燭挑了挑，就問說："這位老爺貴姓？"

胖客人說："我姓史。"

纖娘勉強笑了笑，說："史老爺請坐吧！"

姓史的胖客人說："我不坐着，我是來告訴你，就是那跟你相好的客人李慕白，昨天叫九門提督衙門抓去了。我是他的朋友！"纖娘和她母親一聽，嚇得面色全變了。

那姓史的胖客人又說："李慕白本是個規矩的人，因為他不受人的欺負，才得罪了胖盧三和徐侍郎。這次全是胖盧三、徐侍郎兩個王八蛋，買通了提督衙門，誣賴李慕白是大盜，要制他死命。可是他們一沒有憑據，二沒有見證，李慕白在北京又有許多好朋友，不多日子必能把他營救出來。我現在來告訴你，就是那胖盧三、徐侍郎要是趁這時候逼你從良，你可不准跟他們去。李大爺待你不錯，你可得講點兒義氣，要不然李大爺出獄之後，一定不依你。我姓史的若知道了，也是誰也不能饒！"說時繃着臉上的胖肉，態度很是兇惡。纖娘和她母親全都嚇得臉色煞白，心突突地跳，兩條腿直打戰。

那姓史的胖客人說完，又囑咐道："你們聽明白啦？"

纖娘點頭說："聽明白了！"

姓史的說："好！好！"說畢，轉身就走。少時聽得一陣沉重的樓梯聲音，那胖客人就走了。

這裏纖娘便掩面哽咽着哭了起來。謝老媽媽嘴裏叨唸着說："這是哪

第十五回　禍患突來英雄罹大獄　遭逢不幸名妓感前塵

兒來的事兒？咱們都答應人家徐大人了，難道還能夠反悔嗎？再說咱們吃堂子飯的，看誰有錢，就能跟誰從良，他姓李的天殺的，在咱們這兒才花了幾個錢，就能攔得住咱們嫁徐大人？這樣的人，真是殺了砍了也不多呢！"

她又指着翠纖說："這都是你，瞧上了那小白臉兒，跟那個窮鬼磨了那麼些日子。依着我，那回他吐了你一床，第二天就不見他面，也不至於讓他把盧三爺給打了，現在犯了案，還差點兒把咱們也連累上。你也不想想，你爸爸臨死的時候，囑咐你什麼了？我跟着你受了多少苦？你難道就在這班子混一輩子嗎？還能跟那窮鬼受罪去？現在這不是托菩薩保佑，徐大人看得起咱們，又有盧三老爺那位貴人，成全着咱娘兒倆。這明兒一過去，你也做做官太太，我也跟你享享福。可是偏偏又來了這麼一個胖東西。你別瞧他穿得闊，多半也是個賊。他來恐嚇咱們！哼，咱們才不怕他呢！明兒我非得告訴盧三爺不可。不管他那一套，回頭我就跟掌班的算帳，明兒咱們就搬出去，看李慕白跟這姓史的能夠把咱們怎麼樣了？"

纖娘聽她母親提到她父親臨死時說的話，又囉唆着說她不該與李慕白那樣好，不禁芳心如絞，便躲到裏間，一頭倒在床上痛哭。不想又把那蘇漆的枕匣觸碰一下，裏面的匕首響了一聲，這越發觸動了她的傷心之處，她便回想起自己以往的淒慘身世。

謝纖娘是淮陽青江浦人。她的父親名叫謝七，會幾手武藝，也能讀點詩文，畫幾筆劃兒，並會諸般雜技，一向在一位財主家中幫閒為生。謝老媽媽年輕時是一個娼妓，後來嫁了謝七，就生了纖娘。纖娘在七八歲時，謝七就被那財主家辭掉，閑了些日，竟弄得衣食不繼。幸仗着他為人聰明，會耍些玩意，他能夠把五把短刀上下地扔着，去用手接，手裏永遠拿着兩把，空中飛着三把，絕不叫一把刀掉在地下，他並且還會吞寶劍、變戲法，又教會了纖娘打花鼓、唱小曲，於是便一家三口，在各處漂流着，賣藝度日，有時也能掙不少的錢。

十幾年來，纖娘隨着父親各地行走，雖然飽受風霜，備嘗辛苦，但卻出落成一位絕世的美人。她父親謝七歷年賣藝所得，也積蓄了幾個錢，而且年紀也老了，便不想再走江湖，遂在河南駐馬店的地方住下，打算買幾畝田地，在此落戶。不料就被本地的一個惡霸看見了纖娘的姿色。

這個惡霸名叫吞舟魚苗振山，是河南省有名的英雄。此人膂力驚人，慣使一口樸刀，水性也精通，並且能打飛鏢，百發百中，走江湖三十餘年，從來沒遇見過對手。此時苗振山已有五十多歲了，但他還時常出外，每次從外面歸來，必是金銀滿載，而且還時常帶回來個年輕貌美的女人，也不曉得他是怎麼得來的。積年既久，他弄得有數十頃良田，蓋得很大的莊院，養了一百多個長工和莊丁。他居然也與官府往來，成了本地的紳士，人咸呼之為"苗大員外"。不過這種尊稱，總是當着他手下的人才用，背地裏卻叫他"苗老虎"，因為苗振山獨霸一方，魚肉鄉里，無惡不作，真比老虎還要厲害，鄉間的人表面上都怕他，但是心裏沒有不恨他的。

苗振山沒有正式的老婆，只有歷年在外面拐騙搶掠和在本地霸佔的女人，約有二十幾個。這些可憐的女人雖然個個也穿綢着緞，似玉如花，但其實比囚犯還要可憐。因為苗振山性情極為暴虐，並且多疑，時常打罵她們。偶有言語或行為不慎，被他起了疑，那就非被他殘害不可。聽說進他門的婦女，至少也有四五十人，可是現在只剩二十幾個了，其餘那些可憐的女人，都不知怎麼糊糊塗塗地就死了。

這次苗振山看見了謝七的女兒纖娘，他就用一種強硬的手段，把纖娘得到手裏，並把謝七和謝老媽媽安置到莊院後面的一間破土房裏去住。頭一個多月他還很寵愛纖娘，給纖娘做了紅緞衣裙，打了金首飾，也不虐待纖娘，可是過了些日，他就發起脾氣來，抓了個隙兒，打了纖娘一頓鞭子。纖娘是在江湖上長大的，性情未免放縱，就哭哭啼啼地頂了苗振山幾句。苗振山大怒，把纖娘摔在院中，命她跪着，並用皮鞭沾上涼水，渾身抽她，旁邊誰也不敢上前來勸。這一場毒打，纖娘鱗傷遍體，兩月未愈。

住在莊後的謝七夫婦，也時常受苗家的奴僕們欺負。這次謝七夫婦便與纖娘商量好了，打算一同秘密逃走。不料三人都已走出了莊子，又被苗振山發覺追回。苗振山喝令莊丁，把謝七打了個半死，把謝老媽媽也抽了一頓鞭子，把纖娘更是毒打了一頓，鎖了十幾天。後來因為到了他的生日，才算放了纖娘。

纖娘這時連一點兒愁容也不敢帶了，她百般獻媚，才把苗振山的脾氣哄好。可是纖娘的父親謝七，卻被那一頓亂棍打傷了內部，在小土房裏趴了半個多月就死了。死的前幾日，纖娘見了她父親一面，她父親就囑咐她說："我快死了，是苗振山把我打死的！我死後你們娘兒倆還得想法子逃命，要不然早晚也得叫他打死！"又說："你們娘兒倆將來若能逃出，就到北京去，那是天子腳下，還不能沒王法。你舅母在北京班子裏當跟人，你們跟着去混事兒也好。將來找個做官的主兒從良，也有個保護，要不然苗振山早晚找你們去！"

後來謝七死了，纖娘反倒處處討苗振山的歡心。不過她卻暗藏着一把父親遺下的匕首，想要等機會刺死苗振山，為父報仇，殺死仇人後，自己也一死。可是她終於沒有下手，第一是懼怕苗振山力大，不容自己下手；第二是想自己死後，母親更沒有了依靠。纖娘又在苗家忍痛受辱，住了半載有餘，這日苗振山忽然接受了他外甥金槍張玉瑾的邀請，往開封府去了。苗振山走後，纖娘便同她的母親冒險逃出，一路艱苦，來到了北京，找着了她的舅母。

纖娘的舅母金媽媽只是孤身一人在京。早先她給班子裏的姑娘們梳頭，積蓄了幾個錢，買了兩個小姑娘，養大了之後，都送在班子裏去當妓女，現在都能替她掙錢。所以金媽媽在南城買了所小房子，又認了個乾兒子，居然是位老太太了。

纖娘和她母親投到這裏，並不敢說是由河南苗家私逃出來的，只說父親死了，無以為生，所以才投奔舅母來。金媽媽一看，這個外甥女長得十分俊俏，年歲又正相當，若送在班子裏，一定是位紅姑娘。她知道謝老媽媽就是娼妓出身，想她們必是什麼事都肯幹，於是就笑着說："你們娘兒倆不用

第十五回　禍患突來英雄罹大獄　遭逢不幸名妓感前塵

發愁，憑姑娘這模樣兒，要想吃好的、穿好的，還不容易嗎？"所以過了幾天，金媽媽就給纖娘置辦了頭上腳下，送纖娘到韓家潭寶華班樹了豔幟。

本來纖娘久歷風塵，備受淩虐，性情已變得狂傲憂鬱，做妓女是不大合宜的。可是因為她太美麗了，而且又多才多藝，所以雖然仿佛有點兒架子大，依舊有不少的闊佬拜倒在她的石榴裙下。尤其是在遇見了胖盧三後，他看上纖娘的性情很對徐侍郎的脾胃，就把纖娘薦給徐侍郎，藉以結識那位有錢有勢的老名士。只是徐侍郎一個人，半年以來就報效了纖娘幾百兩銀子。

纖娘又曾以同類相憐的感情，救過一兩個被虐的雛妓，因此有些好事的人就送了她一個"俠妓"的名號。從此纖娘更高抬了身份，輕易也不留宿客，專心想結交幾個有權有勢的人。這倒並不是纖娘喜愛權貴，而是因為她想着那吞舟魚苗振山，對她母女絕不能善罷甘休，早晚苗振山或是他手下的人，一定會找來的。北京雖是個大地方，官府管轄得也很嚴，可是苗振山是個會武藝的人，手下又盡是些強暴之徒，要想殺害她母女，實在很容易。因此纖娘時時自危，除了暗藏下她父親遺下的那匕首，以備苗振山找來逼迫時，隨時與之拼死之外，並且急於要找一個心地好、有權勢的人，以做靠山。

纖娘為妓一年有餘，也認識了不少達官闊客，可是那些人多半是粗俗惡勢，只知花錢嫖妓女，絲毫不懂得情義。徐侍郎雖然是個闊官，待纖娘很好，纖娘也想過，若是跟徐侍郎從良，不但母女的衣食永遠不用發愁了，就是苗振山再找來，他也惹不起徐侍郎的財勢。不過就是一樣，徐侍郎的年歲太老了，而且他家中已有了兩個妾，未必能容得下自己，因此纖娘才猶豫不決。

在這時偏偏又遇到了李慕白！李慕白雖然不是個做官的人，但他年輕英俊，而且對纖娘十分溫柔，並不以纖娘是個妓女就輕視她。纖娘既愛他的年輕，又因纖娘過去飽嘗艱難、淩虐，如今受不住他的柔情，所以雖然李慕白只來過幾次，卻佔據了她的芳心，只要有一天見不着李慕白，纖娘就仿佛魂魄都丟失了似的。謝老媽媽也看出來了，本來不很高興，可是因為李慕白花錢向不吝嗇，她也就不能說什麼。

那天雨夜裏，纖娘對李慕白深情摯愛，實難自抑，才將李慕白留宿。是夜李慕白曾提到將來要接她從良，作為自己原配的話。纖娘見李慕白這樣地憐愛她，本來十分感激，不過又想，她還有苗振山那一個仇家，憑李慕白一個秀才，如何能保得住她母女？倘若跟李慕白從良之後，做不了幾天夫妻，苗振山忽然來到，那豈不連李慕白也給害了嗎？因此當時她就沒有答應李慕白，但是芳心十分難過。

過了些日，纖娘與李慕白的愛情愈密。纖娘幾次在枕邊流淚尋思，就決定了要拋開徐侍郎，去從李慕白。可是她心裏的這意思，還沒容與她母親商量，李慕白就把胖盧三給打了。李慕白打了胖盧三還不要緊，但他又說出了許多英雄任氣的話來，這確實使纖娘傷心。因為纖娘自幼隨父親漂泊江湖之間，所遇的江湖人不知有多少，簡直沒有一個好人，全都是粗惡暴橫。後來又遇見那個吞舟魚苗振山，打死了她的父親，虐待她幾近一載。因此纖娘簡直恨死了江湖人，怕死了會拳腳的。想不到與她愛情正熾的李慕白，原來

-137-

也是這麼一個人！

　　為此，纖娘終夜啼哭，只得漸漸對李慕白冷淡些。可是一往的情意，總難盡皆釋去，所以前兩天李慕白前來向她辭別時，纖娘不知為什麼，又是那樣戀戀不捨，結果還是說了等候李慕白回來，言外還有委身之意。

　　可是李慕白走後，她又有點兒後悔，就想：他走了也乾淨，我為什麼還要跟他說那樣的話呢？我豈能再嫁一個江湖人呢？固然姓李的現在對我很好，可是從良以後，他要犯起他那江湖人的性情來，我可怎麼辦呢？再說看姓李的也是家無恆產，到處漂流的人，我從小就漂流，直到現在流落娼門，難道嫁人以後，還要去跟着人漂流嗎？何況還有那個苗振山，他知我母女逃走了，不定要暴怒成什麼樣子！將來倘若找到了我，縱使李慕白會武藝，可是也打不過他呀！

　　纖娘這樣來回地一想，就覺得絕不能嫁李慕白，可是心裏又矛盾着，總有些難捨。所以這兩天胖盧三催着叫她答應跟徐侍郎從良，她總是吞吞吐吐，不肯直截了當地答應，其實是芳心回曲，日夜悲傷。

　　今天在胖盧三的外家裏，纖娘知道了李慕白犯案的事，又加上胖盧三連威脅帶利誘，她不得已，才算答應了嫁給徐侍郎。可是一想到那多日對她愛情溫慰的李慕白，現在竟以盜案入獄，她的心裏何嘗不難過呢？不料在回來時，又遇到這個姓史的胖客人，說出李慕白入獄，乃是被胖盧三、徐侍郎二人所陷，其實李慕白卻是規矩人，這更使纖娘悲傷。

　　在聽了她母親絮絮叨叨的一番數落之後，纖娘倒在床上痛哭着、抽搐着，哭得床帳都亂動。這時燈光慘淡，室內寂然，她的母親大概是下樓向掌班的算帳去了。鄰屋內的姊妹們還在和客人們高聲說笑，樓下並傳來婉轉的歌聲，唱的是："可憐你，美貌如花，命薄如紙，聰明人受累是相思……"

第十六回　落花有主徐侍郎藏嬌　冤獄得伸鐵貝勒仗義

　　次日，纖娘和她的母親，就搬往珠市口公興店裏去住了。這公興店也是胖盧三開的買賣，胖盧三早就派人來吩咐了，這裏已給她們母女騰出了寬敞乾淨的兩間房屋。吃午飯的時候，纖娘的舅母金媽媽來了，一進屋就向謝老媽媽和纖娘道喜，說："聽見信兒我就趕來了！姑娘真是造化，轉眼之間就是官太太了，我的親外甥女兒，以後你可別忘了你舅母呀！"說話時用手拍着纖娘那穿着緞襖的柔肩，纖娘也低頭含羞微笑着。
　　謝老媽媽在旁喜歡得閉不上嘴，說："這不是托舅媽的福嗎？我們才來到京城時，要沒有舅媽，我們還不得要飯吃，哪配認得徐大人？現在總算我還有一步老運，跟着也再享幾年福。舅媽看着也一定喜歡，總算沒白相幫我們娘兒倆呀！"又說："她那個窮爸爸，臨死的時候也想不到，今兒我們能夠這樣兒呀！"纖娘在旁一聽，眼圈兒又紅了。
　　金媽媽就抱怨謝老媽媽說："你是怎麼啦？大喜的日子，你不說些高興的話，可又提那死鬼。我看你簡直有點兒福燒的！"
　　謝老媽媽笑了笑，說："你不知道，現在事情可是定了，要說起來也真不容易呀！要沒有人家盧三老爺給成全着，徐侍郎也未必肯答應。"當下金媽媽落座，又談了些應該預備些什麼，到時候怎麼辦的話。
　　少時，金媽媽走了，胖盧三跟徐侍郎就來了。徐侍郎一見纖娘那嬌媚的模樣，也忘了自己多大歲數了。謝老媽媽又氣哼哼地把昨晚那個姓史的胖客人說的那一大套嚇人的話，重述了一番。徐侍郎一聽，不由脊樑骨發冷，臉上的皺紋都聚在了一塊兒。
　　他皺着眉，向胖盧三說："你說這事兒可怎麼辦？"
　　胖盧三卻微微冷笑說："你要把這點兒小事兒都放在心上，那還有完？北京城像這樣的地痞光棍不知有多少，他們不過是想要點兒錢花，你都怕起來還成？"
　　徐侍郎一聽，也覺得這事兒不十分要緊，便說："不用理他，咱們還說咱們的事兒吧！"便向謝老媽媽說："我查過皇曆了，後天就是好日子，中午十二點就接纖娘過去。雖然也沒有什麼可預備的，可是你們也得想一想，別等到了時候又着急。"遂就由靴筒裏摸出個緞子包兒來，取出兩張一百兩的銀票給謝老媽媽。

胖盧三就說："明天我派一個老媽子和一個夥計來，幫助你們收拾收拾，我們可就不來了。"說着不覺打了一個哈欠。他本想跟徐侍郎在這裏抽幾口煙，雖然櫃房裏有煙傢伙，可是又嫌在這裏躺着不舒適，便向徐侍郎說："得啦！你就別只管用眼睛盯着人家了，反正人是你的了，誰也搶不去。"說得纖娘又低下頭去，臉也紅了。

謝老媽媽也笑着說："徐大人要是心急，回頭我就把她送了去。"徐侍郎聽了，笑得鬍子亂扇亂動。

胖盧三說："老哥，咱們走吧！上我的西櫃抽口煙去。"當下徐侍郎就跟着胖盧三走了。

這時纖娘已死心塌地地等着嫁給徐侍郎了。雖然她還對李慕白掛念着，可是想着過門以後，再向徐侍郎說一說，求他再托個人情，把李慕白放出獄去，也就完了。

過了兩天，這日午前，徐侍郎就雇了一頂轎子，把纖娘悄悄地抬到了校場五條胖盧三的外家裏。謝老媽媽也坐車跟着過去了。徐侍郎請了幾個至近的朋友，在那裏吃喜酒，筵間只有劉御史、龐御史、馬翰林、內務府的王司官、齊公府的大管事楊二、還有某王府的大管事焦五和幾個大商人。這焦五雖然不過是個王府的體面僕人，可是因為他的主人正在朝中當權，一般做官的要想謁見那位王爺，就非得先與焦五結交不可，因此在席間唯有他穿的衣服甚是講究，跟誰都開個玩笑。

焦五雖然聽別人說過，徐侍郎接出的這個從良的，長得非常美貌，跟嫦娥一般，可是他心裏總不相信。因為他想着，像徐侍郎這麼個老頭子，雖然有錢有勢，可是真正出色的名妓，絕不能嫁他。想不到纖娘一下轎，焦五一看，簡直眼睛都直了，他心說：哎呀，世間竟有這樣美貌的女人？徐老頭兒的豔福可真不淺呀！又後悔早知道班子裏有這麼一個姑娘，自己也應該去鑽一鑽呀！

旁邊那個龐御史撚着小鬍子看得更是眼直。焦五便心裏懷着妒意，把龐御史拉到一邊，一半玩笑，一半認真地說："朝廷養活你們這幫御史是管幹什麼的？徐老頭子接了混事的當外家，你們不但不參奏，還來喝喜酒？"

龐御史臉紅着說："都有交情，誰能為着這麼一件小事兒得罪人呢？"

焦五笑着說："得罪？你跟老劉你們不定使了徐老頭子多少錢呢！"

龐御史搖頭說："沒有，我也犯不上為這麼一點小事宰他。倒是有一件旁的事兒，跟這事兒有點兒關聯，過兩天我打算宰胖盧三一下子。"

焦五趕緊問是什麼事兒，龐御史就低着聲兒，把他聽來的事告訴了焦五，說是胖盧三為給徐侍郎撮合成這件事兒，把纖娘的一個熟客李慕白誣為大盜，托人押在提督衙門裏了。

焦五一聽，就十分氣憤地說："胖盧三這小子還有王法嗎？"他口裏

第十六回　落花有主徐侍郎藏嬌　冤獄得伸鐵貝勒仗義

這樣說着，心裏可打算挑動龐御史，叫他把徐侍郎、纖娘打散，然後自己再想法子把纖娘弄到手裏，因就說："雖然都是朋友，可是他們做了這件缺德的事兒，你們當御史的卻不能不管。要不然叫王爺知道了，你們可都吃不住！"

龐御史見焦五這麼生氣，心裏明白他是看見徐侍郎接出來這麼一個美人兒，心裏妒得慌。他若是一翻臉，把這句話告訴了王爺，那時大家真都吃不住，自己想敲胖盧三銀子的事兒也就完了，遂就深悔剛才把那件事兒告訴了他。

這時徐侍郎命纖娘出來，給眾客斟酒。纖娘換了一身桃紅的衣裙，越發顯得嬌豔，當她斟酒到焦五的面前時，焦五的半身都麻了。焦五實在忍不住心中的妒火，纖娘回到屋裏之後，他沒等終席就走了。

徐侍郎和胖盧三恭恭敬敬地把他送出了門，他們全都看出了焦五今天的神色有點不對，但不知是為什麼。焦五上了車，就往某王府去了。他心裏非常妒恨，可是又想：自己跟徐侍郎是多年的交情，不好因為此事鬧得太翻了。而且徐侍郎又是王爺的老師，王爺就是知道了此事，也不能太不給徐侍郎面子。他心裏很沒有法子，眼看着徐侍郎弄到這麼一個美人兒，自己一點兒便宜沾不着，又實在氣得難受。

焦五一路盤算着，不覺就到了王爺府。在府門前剛一下車，忽見迎面來了幾匹馬，由幾個衣履整齊的小廝牽着，前面大搖大擺地走着一個人。這人身材高大，白胖臉膛，頦下有些短髯，年紀不過三十四五，身穿絳紫色的袍子、青馬褂，腰繫黃帶子，足下蹬着官靴。焦五一看，來的原是宗室中的出色人物，鐵貝勒府的小貝勒善弘，人稱小虯髯鐵二爺的便是。焦五趕緊過去請安，笑着問道："二爺，老沒見您呀？您從府上來嗎？"

鐵小貝勒因為焦五是個體面的大管事的，平常也愛跟他說笑，當下就笑着點了點頭，說："前天我來了一次，沒瞧見你，聽說這些日子你常跟些堂官、司官來往，越來越闊了！"

焦五不由臉紅，趕緊笑着說："得啦二爺，我哪有工夫應酬他們呀！不過是幾個熟人，有些紅白事，我不能不去一趟罷了！"

鐵小貝勒看今天焦五的頭上腳下特別闊氣，就問說："今天你又上哪兒應酬去了？"

焦五驀然想起，鐵二爺是最好管閒事的，自己心裏的那點兒妒火，得求他替自己出一出，於是就說："咳，還提呢？徐侍郎那老頭子又弄了一個外家，前幾天就跟我說了，剛才我去了一趟，給他道道喜。那徐老頭子也太胡鬧，家裏已然有了兩個，都是十七八歲，他今天又從南城接出這麼一個來。聽說還是班子裏的一個紅姑娘，名字叫什麼翠纖，我看倒不如叫天仙……"說到這裏，他覺得露出自己的心裏話了，就趕緊接着說："說起徐老頭子弄來這個翠纖，也很不容易，不知花了多少錢，胖盧三在裏面又給他幫忙，可是人家翠纖本來不願嫁他。原來翠纖早看上了一個小白臉兒，這人名叫李慕白。"

鐵小貝勒一聽"李慕白"這三個字，他就不由得一怔，於是便注意地

-141-

往下聽。

焦五又說："聽說這人很有兩膀子力氣，有一天把胖盧三打了個鼻青臉腫，因此胖盧三就恨上了這個姓李的。他一半是為自己出氣，一半是為給徐侍郎剷除對手，就在提督衙門托了人情，把那李慕白誣為江洋大盜，押在獄裏了。二爺請想，為討着一個小老婆，竟要把人家好人害死，就是他們有錢有面子，御史們不敢管他，可是也太缺德了！"

鐵小貝勒聽到這裏，不由面上現出怒容，就問："你說的那個李慕白，是不是在南城外住？聽說他只是孤身一人，精通武藝，打過黃驥北，也打過花槍馮隆、雙刀馮茂。"

焦五說："多半就是這個人吧，聽說他跟內務府的德五爺是好朋友。"

鐵小貝勒點頭說："那就是他了！此人是新到北京不久的有名的好漢，他受了冤枉，我不能不管。你告訴徐侍郎和胖盧三，叫他們怎麼托人把姓李的押起來的，就怎麼托人把姓李的放出來，要不然我可不依！"

焦五連說："是，是，我一定跟他們去說。"

鐵小貝勒又氣哼哼地問說："王爺在家裏沒有？"

焦五說："大概在家裏，我給二爺回去。"他一面半跑着往府內去回事，一面心裏卻想着：果然把這位小貝勒的脾氣給惹起來了，徐侍郎和胖盧三不用想好好過日子了。可是這位小貝勒只說救李慕白，可沒說把徐侍郎那個外家給打散，結果還是便宜了那個老頭子呀！又想：小貝勒跟我是這麼說，我見着徐侍郎時，不會再給他添上些厲害的話嗎？因此心裏十分高興。

鐵小貝勒因為惦記着李慕白那件事，見了王爺也沒說多少話，就告辭走了。回到自己府內，他越想這件事越是生氣。本來這些日就已聞李慕白的英名，想必是一位年輕英勇的出色好漢，只因自己是個有爵位的人，不能去與他結交。如今聽說李慕白被惡紳徐侍郎、奸商胖盧三誣陷在獄中，自己若是坐視不救，不但於心難安，且必被天下人恥笑。於是他便派了隨身的小廝得祿，囑咐了他許多話，給了他些銀子，叫他到九門提督衙門監獄裏去探看李慕白。然後又命人寫帖子，請九門提督毛大人今晚到府上來，說有要事面談。

那九門提督監獄中所羈押的盡是些江湖大盜和在京城犯了重案的人，輕易不許外面的人去見。可是如今得祿一來到這裏，說起他是鐵貝勒派來的，那管獄的官吏立刻坐都坐不住，忙說："哦，哦！你是貝勒爺差遣來的，要見誰請說吧！我立刻就派人帶你去！"

得祿擺着架子，取出三十兩銀子來，說："這是三十兩，貝勒爺告訴我說，其中十兩是請你們喝酒的。"

管獄的官吏連說："哎喲，貝勒爺幹嗎還賞我們錢？有事就隨便吩咐得啦！"

得祿又說："那二十兩，爺說交給你們存着，給李慕白添點兒菜。李慕白是貝勒爺最喜歡的人，你們可不准錯待了他。"

管獄的連說："那絕不敢，李慕白那個人很老實，再說他的案子現在又沒審清楚，或許是冤枉呢！大概過些日子也許就把他放了。現在有貝勒爺

第十六回　落花有主徐侍郎藏嬌　冤獄得伸鐵貝勒仗義

的話，我們更不敢錯待他了！"得祿點了點頭，遂叫那管獄的官吏帶他去見李慕白。

本來李慕白是跟十幾個死囚囚在一起，這時候那管獄的官吏，就叫手下的獄卒把李慕白提了出來，另安置在一間乾淨點兒的監房中。得祿就隔着鐵窗見了李慕白。李慕白在這裏拘了幾天，過了兩堂。他不但不屈認盜案，反倒把與胖盧三結仇的事全都說了出來，他說："自己是規矩人，你們做官的不可使了胖盧三的錢，就誣良為盜。"因此堂上打了他兩頓板子，打得他兩股都破了，又加上鎖鏈累身，獄卒虐待，李慕白實在受苦不堪。

這兩天除了那個開小酒舖的史胖子派了他那個夥計來，在獄卒手裏花了些錢，才見了李慕白一面之外，就再沒有旁人來看他。李慕白就盼着德嘯峰快些回京來，好給自己想辦法。這時忽然得祿來見他，而且有管獄的官吏陪着，李慕白就暗想："這是什麼人？"

當下得祿隔着鐵窗，向李慕白哈腰笑着說："我是鐵貝勒府二爺派來的。我們二爺知道李爺這官司很是冤枉，我們二爺先叫我來看看你，叫你放心，別憂慮！我們二爺今晚上就跟提督大人見面，把你這官司說一說，大概過不了幾天，你就可以出來了！"

李慕白聽了，不由一怔，雖然仿佛聽說過那鐵貝勒府，但是不知他所說的這個二爺又是誰，遂問道："你們二爺，我沒見過呀？"得祿說："李爺雖然沒見過我們二爺，可是我們二爺卻久仰李爺的大名。我們二爺的官諱叫善弘，人稱小虯髯鐵二爺。"

李慕白一聽，才驀然想起，似乎是德嘯峰曾向自己說過這小虯髯的大名。此人身居王位，與自己素昧平生，如今肯這樣熱心地營救自己，這種俠義心腸，着實值得感激。於是便慨然歎道："多蒙鐵二爺這樣關心我。你回去可對他說，我李慕白是南宮秀才，來京投親謀事，向來心地光明磊落，安分守己。就為打了惡商胖盧三，才被他托了人情，把我押在獄中，要誣我為強盜。可是他們一點憑據也沒有，就是打死我，我也不能夠屈招。若鐵二爺能替我昭雪此冤，救我出獄，我對他的大恩終身不忘。這話也不用細說，我雖沒見過鐵二爺，但也想得出他是一位義氣朋友，你就對他說吧！盡他的心去辦，若能救出我來，我出獄時再去拜謝他；若救不出我來，我雖死也不忘他這個朋友！"

得祿連連答應，又問李慕白在外面還有什麼事沒有。李慕白說："我在此親友很少，外面也沒有什麼事！"得祿點頭答應，遂即走了。李慕白這時心裏也覺寬敞了好多，又見管獄官吏和獄卒對他也特別和善了，李慕白曉得是鐵小貝勒的人情托到了的緣故。想到權勢的可怕，他不禁感歎，又想：只要能夠離開監獄，到鐵貝勒府拜謝完了，自己連表叔也不見，就趕緊離開北京吧。

到了次日，那史胖子酒舖的夥計，也不用另花錢打點，獄卒就放他進來了。那夥計手提着個食盒，就說："李大爺怎麼挪到這間屋子來了？這間屋可比那邊好得多了。"李慕白微笑着道："反正是監獄，還能好到哪裏去！"

夥計打開食盒，露出兩碟菜、一壺酒和幾個饅頭，就說："我們掌櫃子知道李大爺一定要吃他做的酒菜，所以做了兩樣，叫我給你送來。"李慕白十分感激地說："你們掌櫃子這樣，真叫我過意不去！"那夥計說："李大爺你別這麼樣想，不要說你跟我們掌櫃子還是好朋友，就是位老主顧，現在遭了事兒，我們也應當常常來看看！"

李慕白微微歎着，隔着鐵窗，把碟子和酒壺一件一件地接過去。這時看獄的人，也不大防範李慕白。忽然那個夥計悄聲向李慕白說："那個大一點兒的饅頭，等沒有人時你再吃！"

李慕白聽了，不禁一驚。他草草地把酒喝完，菜吃畢，拿出剩下的兩個饅頭，其中一個就是那個比較大一點的，然後將酒壺和碟子又一一送出鐵窗，那夥計就走了。

待了半天，趁鐵窗外沒有人之時，李慕白悄悄地把那較大的饅頭掰開，只見裏面露出半截鋼銼來，不由驚得面色都變了。他趕緊把銼抽出，藏在地下鋪着的稻草裏，然後就坐在稻草上。他心說：史胖子好大膽子呀！他竟敢在饅頭裏藏鋼銼，要叫我挫斷了腳鐐越獄。他豈不知我李慕白若想脫鎖越獄，不是易如反掌嗎？不過那樣一來，我就成了大罪不赦的人，永遠休想出頭露面，而且還要連累我的表叔。想到這裏，他只微笑了笑，並不依着史胖子的計劃去辦，因此他也更覺得史胖子絕不是個平常的買賣人。

李慕白手裏搓弄着地上鋪着的稻草，十分無聊，不禁又憶起了纖娘的嬌啼和倩笑，由纖娘他又想到了俞秀蓮，因之一陣悲痛便襲上了他的心頭。他將兩隻手按在腳面上，發了半天愁，此時他真願意永遠囚在這牢獄裏，再也不回到那令人傷心絕望的世界上去了。

獄中的白晝特別短促，外面太陽還沒有落，獄中就黑暗得和夜裏一般了。少時獄卒給他送來了飯，飯後又過了少時，連鐵窗外也已黃昏了。忽然聽得院中一陣鐵鍊之聲，不知又是提哪個死囚到堂上去審問，李慕白便想：倘若鐵小貝勒托的人情不見效，胖盧三再花上些錢，自己早晚是要被屈定死罪的，難道自己一個堂堂的年輕人，就這樣等着冤枉死嗎？因此又想到了埋在稻草裏的那把小鋼銼。李慕白剛要伸手去摸，一個正大的念頭又把他攔阻住了，他便長歎了一口氣，倒身在稻草上，蚊蟲圍着他亂飛亂叫，他也不去理，少時就抱着煩惱憂鬱，沉沉地睡去了。

也不知睡了有多長時間，李慕白忽然被一個人給推醒了。他吃了一驚，趕緊坐起身來。睜眼一看，只見獄中黑洞洞的，有一個人趴在自己的身旁，低聲說道："走吧！"說着就要給李慕白卸腳鐐。

李慕白又是驚訝，又是生氣，他用力把那人一推，怒聲說道："我不走！我要想走，還等你來救我？"只見那人站起身來，不住地喘氣。

李慕白問道："你是誰？"那人並不答言。見李慕白要站起身來，那人趕緊開開獄鎖，跑將出去，恐怕李慕白把他揪住。李慕白氣憤憤地坐在稻草上，真疑惑自己是做了一個怪夢。

這時那個救他的人還沒有走，他隔着鐵窗又向裏面說道："快逃走吧！"

李慕白怒聲答道："你不用管我！我不願意逃走，快把門給我鎖上！"

第十六回　落花有主徐侍郎藏嬌　冤獄得伸鐵貝勒仗義

那人無奈，只得一面歎息，一面把門照舊鎖上。接着又聽嗖的一聲，房上的瓦微微響了幾下，那個人就走了。李慕白又是歎息，又是生氣，少時又帶着鎖睡去了。

到了次日，鐵小貝勒也沒派人來，史胖子的夥計也沒給他送飯，獄卒更沒提他去過堂，李慕白的心中十分煩悶。又過了一天，這天忽然鐵掌德嘯峰來了，李慕白見了，就隔着鐵窗叫道："德大哥，你什麼時候回來的？"

德嘯峰滿面愁慘之色，說："昨天我才回來，聽見了你的事兒，我今天就趕緊來看你。兄弟你別着急！你這件案子絕不至定罪。鐵小貝勒為你很出了不少力，聽說提督也答應了，再審問審問，若沒有什麼嫌疑，就能把你放了。"

李慕白聽了便生氣地說："我有什麼嫌疑？他們這兩天就沒叫我過堂！這樣死不死活不活的，不是欺辱我嗎？"

德嘯峰皺眉說："兄弟，現在到了這個時候，你只好暫時忍氣！據我想，這裏的提督大人也決定釋放你出去了，不過他還得押你幾天，要不然於他的面子太難看。我又聽說提督欠着胖盧三銀莊裏兩三萬銀子，這回胖盧三託人情又花了幾千。"李慕白更加生氣，便說："難道堂堂的九門提督，還怕胖盧三嗎？"

德嘯峰歎道："你哪裏曉得？胖盧三雖說是個商人，可是他的權勢比王侯還要大！告訴你吧，就是現在的幾位中堂，凡是賣官鬻爵的事，都非經胖盧三的手不可，這是沒有法子的事！"

李慕白聽了，更氣得臉上發紫，心說：我若出了監獄，非得把胖盧三殺死不可！

德嘯峰又說："現在我們內務府忙得很，我才由東陵回來，聽說又要派我到熱河去。所以我得趕緊給你辦，能夠在兩三天內叫你出獄才好！"

李慕白說："大哥，也別為我的事，耽誤了你的差使！"德嘯峰歎了一聲，說："兄弟！你我相交雖然不久，可是實如親手足一般。你在獄中，我怎能安心遠去？兄弟，我也不跟你多說話了，我現在就到鐵貝勒府見鐵二爺去。"

李慕白說："大哥，你見了鐵二爺，就說我很感激他！"

德嘯峰點頭說："我一定替你說。鐵二爺最敬重好漢子，有他，你絕不會長在這裏吃苦，你放心吧！"說畢，德嘯峰就走了。

德嘯峰出了監獄門首，管獄的官吏送他出來，哈着腰說道："德五爺，您走呀！"

德嘯峰說："我到鐵貝勒府去！"

管獄的官吏說："您見着鐵二爺，就替我們說，李慕白在這兒絕受不了委屈。不過在監獄裏睡覺總沒有外頭好，這我們也沒有法子！"

德嘯峰說："我都知道了，你們就多關照些吧！"說着就上了車，叫福子趕車到安定門內鐵貝勒府。

到了府門前，就見那裏已先停着一輛車，德嘯峰認得，那是瘦彌陀黃驥北常坐的車。他心中未免納悶，想道：黃四怎麼也往這兒跑呢？遂就進了府門。

兩個門上的人向他請安，笑着問道："德五爺，怎麼老沒見你呀？"

德嘯峰說："我出了趟外差。"又問說："二爺在不在？"

門上的一個人說："外館的黃四爺來了，我們二爺正跟他在客廳上說話呢。"

德嘯峰說："你給我回一聲，黃四爺也不是外人。"

當下那門上的人在前，德嘯峰在後，進了兩重院落，才到了客廳前。德嘯峰在廊下站着等了一會兒，那門上的人就進去回了鐵小貝勒，便請德嘯峰進去。德嘯峰到客廳一看，瘦彌陀黃驥北果然在座，他便先向鐵小貝勒請安，又與黃驥北彼此見禮。鐵小貝勒笑着，很和藹地讓德嘯峰在旁邊的繡墩上落座。

小廝送過茶來，鐵小貝勒就問他幾時回來的，德嘯峰欠身答道："我昨晚五點才進的城。"

對面瘦彌陀黃驥北咧着嘴笑道："德五爺的差使，現在當得很紅呀！"

德嘯峰說："咳！紅什麼，不過是窮忙罷了！"

鐵小貝勒又問道："你沒到提督衙門看那李慕白去嗎？"

德嘯峰不便說剛從哪裏來，就說："回頭我打算瞧瞧他去。"

鐵小貝勒一指黃驥北，說："我跟驥北正提着這件事兒呢。本來我與李慕白素不相識，不過聽說此人武藝超群，而且年輕，所以一聽說他被胖盧三和徐侍郎所陷，就派人到衙門獄裏，給他托了人情。我又把毛提督給請了來。可是老毛那個人十分狡猾，他對我絕不認是受了胖盧三的人情，並說李慕白確實是有盜匪的嫌疑，不過現在還沒拿着充足的證據。他又說過幾天再審一審李慕白，若是再沒有人告他，他就可以把他放了。我便限定毛提督在半月以內，務必放李慕白出來。可是剛才驥北又對我說，他知道李慕白確是南直隸的大盜，因為在那裏立足不住，才逃到北京來。果然這樣，我可也不願意多管了！"

德嘯峰一聽，不由嚇得面色改變，趕緊說："這一定是謠言！李慕白是南宮的秀才，他的表叔祁殿臣是刑部主事，並不是沒來歷的人，我敢拿身家擔保他！"說時氣憤憤地瞧着黃驥北。

黃驥北卻微笑着說道："嘯峰，當着二爺，你這話可不是說着玩的！你跟李慕白是怎麼認識的，你們兩人的交情怎麼樣，我也都知道。你當着官差，家裏有妻兒老小，若叫李慕白這麼一個人把你牽累上，弄得你家破人亡，那才叫不值得呢！其實這件事跟我也沒相干，不過因為咱們都有交情，我不能不勸勸你！"

德嘯峰心裏十分氣憤，便冷笑着說："李慕白跟我雖然相交不久，但他的為人，我確實敢作保。他除了性情高傲，忍不得氣，因此得罪了幾個人之外，絕無犯法的事情。我不怕他牽累我，我敢保他，他這官司完全是冤枉！"

黃驥北一聽德嘯峰這話，瘦臉上便顯出怒容，他冷笑着說："既然這樣，當着二爺，以後你若弄出什麼麻煩來，可別怨朋友不事先勸告你！"

第十六回　落花有主徐侍郎藏嬌　冤獄得伸鐵貝勒仗義

德嘯峰一聽這話不禁打了個冷戰，心說：黃驥北這不是分明在警告我，他要用手段來對付我嗎？本來德嘯峰一個內務府當差的，平日不認識多少有權勢的人，而且家道也不過是小康，只因鐵砂掌打得不錯，生性慷慨好交，才得到今日這小小的名聲，可是要與黃驥北鬥起來，他卻未免自歉弗如了。於是他便不敢再拿話頂黃驥北了，並且心裏有點兒恐懼。

這時鐵小貝勒在旁看得明白，便勸道："嘯峰是為朋友着急，驥北是怕嘯峰跟着連累上，你們都是好心，何必說得這麼僵呀！"

黃驥北苦笑道："二爺說話聖明。剛才嘯峰那意思，仿佛我願意李慕白定死罪似的，其實姓李的跟我連認識也不認識！"

德嘯峰趕緊又用好話向黃驥北解釋，黃驥北卻只是冷笑，說："得啦！完了，完了！咱們誰也別提了！"

德嘯峰只好又與鐵小貝勒談了些閒話。瘦彌陀在旁悶悶地坐了一會兒，就起身向鐵小貝勒告辭走了。黃驥北走後，德嘯峰又向鐵小貝勒極力保證李慕白確實是個規矩人，因今之事，實是受胖盧三之害。

鐵小貝勒卻慷慨地笑着說："你不用托我。告訴你，就是你不回來，我也不能眼看着李慕白叫他們這夥混帳給誣害死了！"

德嘯峰一聽鐵小貝勒這句話，心中十分歡喜，又見鐵小貝勒面上似有怒色，說："李慕白的事，我全都知道。因為他打了黃驥北和胖盧三，又跟徐侍郎相好的一個妓女打得很熱，因此胖盧三他們三個人就商量好，花了錢，托了人情，要把李慕白置之死地。他們聽說我照顧李慕白，所以黃驥北今天就到我這裏來，勸我不要管這件事。我若是賭氣的話，立刻就叫輛車，把李慕白由監裏接到我這裏來，他們誰敢攔我！"

德嘯峰一聽，真恨不得鐵小貝勒就照着這句話去辦，又聽鐵小貝勒說："不過我不願讓人說我憑仗着貝勒的勢力，無法無天罷了。李慕白年輕，在監裏多住兩天不要緊，也可以磨一磨他的傲性。過幾天我一定叫他出來，並且還要光明正大地出來！"

德嘯峰見鐵小貝勒對李慕白的事，這樣滿應滿許，心就完全放下了，趕緊請安道謝。又坐了一會，他便告辭離府。坐上車，德嘯峰又到提督衙門監獄裏，把鐵小貝勒所說的話全都告訴了李慕白，叫他放心，不過為免得叫李慕白生氣之故，並沒把黃驥北也在其中陷害他的事說出。安慰了李慕白一番，德嘯峰就坐着車走了。

少時回到了東四牌樓三條胡同自家門首，下了車一進門，就見門房的僕人迎上來說："老爺，剛才有兩個人來找您。我說您出去了，沒在家，他們說回頭再來。"

德嘯峰聽了一驚，趕緊問說："你沒問他們姓什麼嗎？找我有什麼事兒？"那僕人說："他們沒說找老爺有什麼事，他們就說姓馮，是前門外打磨廠春源鏢店的。"德嘯峰一聽，不由嚇得臉上又變了顏色。

回到自己的臥室裏，德嘯峰仍不住心驚肉跳，他喝了一碗茶，就想：不用說，今天找自己來的，一定是金刀馮茂、花槍馮隆倆兄弟了。金刀馮茂兄弟被李慕白給打了，他們氣不過，可又惹不起李慕白，現在李慕白被押在獄裏，他們沒的可怕了，又要找我報仇來了！自己的武藝，如何能敵得了他們兄弟呢？

他急得頭上直出汗，愁得眉頭都皺在一起，忽然又想：李慕白押在獄裏也有好幾天了，他們為什麼早不找，晚不找，單單等我回來的第二天，立刻就來找我呢？想了半天，他忽然明白了：這一定是黃驥北、胖盧三兩人知道我回來了，怕我營救李慕白，所以才一面去勸鐵小貝勒不要管李慕白的閒事，一面又使出金刀馮茂兄弟來，叫他們纏住我。

這樣一想，他就覺得黃驥北與胖盧三的手段真是毒狠，李慕白真不該得罪這兩個人！現在幸虧有鐵小貝勒仗義出頭來援救他，若換個別人，縱使看着不平，可也莫能為力。因又想今天在鐵貝勒府，瘦彌陀黃驥北對自己所說的那些話，想起來真是可怕！黃驥北那人表面是跟菩薩一般，其實背地裏他什麼都做得出來。

德嘯峰想到這裏，真是不寒而慄，他就叫跟班的壽兒出去告訴門房，說是凡是找他的人，除去至親好友，一概說他沒在家。壽兒聽了就出去傳話，他心裏還想着，老爺是因為才從東陵回來，需要歇息幾天，所以才拒見賓客。可是又見他們老爺的神色有些異樣，可也不便問，晚間伺候老爺吃飯的時候，又見德嘯峰手裏拿着筷子不住地發怔。

飯還沒有吃完，忽然門上的僕人進來，面上帶着氣憤的樣子，說："回老爺，剛才那兩個姓馮的又來了。我說你沒在家，他們還不信，跟我發了半天橫，才算走了。"

德嘯峰一聽，嚇得連飯都吃不下去了，趕緊問說："他們沒說什麼時候再來？"

那僕人說："他們沒說，大概就不來了。"

德嘯峰又問："你沒看見他們手裏拿着兵刃沒有？"

那僕人見他們老爺這話問得奇怪，便怔了怔，搖頭說："兩人都空着手，什麼也沒拿着。"德嘯峰就想：大概他們不只是兩個人，還有人在外面等着他們，給他們拿着雙刀花槍呢。遂就點點頭向那僕人說："對啦，無論什麼人再來，你都說我沒在家，他們要是發橫，你也忍着點氣，不用理他們。因為我才從外面回來，得歇幾天，實在沒有工夫跟人應酬。"那僕人連聲答應，就轉身出屋去了。

第十七回　暫避鋒芒德五逃塞北　相商密計冒六引風濤

德嘯峰吃完了飯，就回到臥室裏，他一面抽着水煙，一面說道："我這差使簡直是不好幹，這不是才由東陵回來嘛，大概一兩天又得派着上熱河去！"德大奶奶說："你今兒早晨不是說，熱河的差使並不急嗎？還不一定派你不派你了。"

德嘯峰說："我昨兒聽說是那樣子，可是今天聽說又變了，大概還非派我不可，並且一兩天內就得動身。其實這種外差，很有些好處，別人都爭着幹。可是我卻不願意出外，因為咱們家裏的人口太少，我走了，總不能放心！"

德大奶奶說："得啦，你不在家，我們關着門過日子，才又清靜又太平呢！你一在家，什麼李慕白呀，侯七、黃六呀，天天找你來。你走了，他們連影兒也不見了。"德嘯峰笑道："這樣說，我還是走了好啊！"因此決定了主意，日內就離開北京，避一避黃驥北和金刀馮茂的鋒芒。德大奶奶卻不知她丈夫心裏的事，只想着丈夫的差使越是當得紅，她自己越是光彩。

當晚，德嘯峰因為恐怕那金刀馮茂兄弟躥梁越脊地找他來，所以把門戶關得特別嚴緊，一夜也沒睡好，幸喜沒有什麼事情發生。到了次日一清早，他可發了愁了，本想今天要一天不出門，可是內務府堂上卻不能不上班去。他沒有法子，只得一橫心，盥洗完畢，換好官衣。照例的這時候福子已把車套好，德嘯峰就帶着跟班的壽兒出門上車了。

這時朝陽才吐，曉風中已有些秋意。德嘯峰的騾車穿過金魚胡同，要進東華門入大內，不想才走到東安門大街，忽見一人迎着車走來，叫道："德五老爺，您的車停一停，我有兩句話跟您說！"

趕車的福子一見這人是銀庫上當小差使的佟三，當下把車止住。壽兒跳下車去，德嘯峰從車上探出頭來，問道："佟爺有什麼事兒？"

那佟三臉上帶着驚慌之色，走近車來，向德嘯峰悄聲說："德五老爺，您繞個遠兒進神武門吧！黃驥北派了花鷂鷹劉九、鐵脖子姜三，還有幾個地痞光棍，都拿着鞭子，在東華門等着要打您呢！"

德嘯峰一聽就嚇得臉上變色，可是又不願在佟三的眼前示弱，就發氣道："好啊！他們敢找尋我，我倒要鬥一鬥他們！"說着就叫福子趕車迎上那群地痞去。

佟三趕緊攔住，勸說："德五老爺，這口氣您可賭不得！您就是會打鐵砂掌，可敵不過他們的人多。不用說別的，倘若他們把您的臉抓破了，您就不能當差了！"

德嘯峰一聽，坐在車裏生了半天氣，就點頭說："那麼我就繞個遠兒，進神武門吧！"又說："謝謝你！"當下壽兒又跨上車轅，並把車簾放下，車就繞後門進神武門去了。

當日德嘯峰到了內務府堂上，就去見堂官，說是請把熱河那件差事派他去。堂官說："嘯峰，你剛從東陵回來，怪累的，這件差事我還是叫別人去吧！"

德嘯峰說："我倒不是爭這個差事，是因為我有一家至親，在延慶有點兒地畝的糾紛。堂官若派我去，我明天就起身，先到熱河，然後再到延慶。這樣有一個多月，我就把官事私事都辦完了。"

堂官一聽，他還有私事要順便去辦理，就把這件差事派給了他。因為這件官差辦完之後，至少能剩幾百銀子，旁人就都有點兒不平，彼此私下說："德五他的家當也夠了，何必還要搶這個差事呢？"

德嘯峰領了文書，就去見上駟院的人，跟他們借兩匹好馬，讓今天晚上給他送到家裏去。他已決定明天起身，就想把李慕白的事，完全託付給鐵小貝勒辦，於是坐車又到了鐵貝勒府。

不想今天這府裏來了兩位王爺，鐵小貝勒正陪着談話呢。德嘯峰便託付門上的人給回進去，說自己明天要奉官差往熱河去，現在特來給貝勒爺辭行。門上的人去了一會兒，就出來說："二爺說今天忙，不接見你了。又說二爺昨天又見着了九門提督，提督說再有四五天，就可以把那李慕白放出來了。"

德嘯峰聽了甚喜，當即離了鐵貝勒府，又到提督衙門監獄裏，去見李慕白。見了李慕白，他就說鐵小貝勒親自聽這裏提督說了，四五天內就可以放你出獄。李慕白點頭說："我已知道了。今天早晨鐵小貝勒派人來看我，告訴了我這話，為是叫我放心。"

德嘯峰聽了，不由感歎道："這位小虯髯二爺，對你真是不錯！將來你真不可忘了他的好處！"又說："兄弟，咱們真是緣淺！現在堂上又派我到熱河去，明天就得起身！"

李慕白聽了，也露出惋惜之意，就說："大哥既然因為官事要走，那就不可耽誤。好在我這裏出獄有期，大哥也不必再掛念我了！"

德嘯峰不能把自己受到瘦彌陀黃驥北和馮家兄弟的逼迫，所以才趕緊離開的事向李慕白說出，因為他怕李慕白一聽說了，過幾天出獄了又去惹事，遂歎了口氣說："兄弟你出獄之後，到鐵小貝勒府道道謝，就不必在北京多住了。我這次打算順便到延慶，看一看那裏全興鏢店的神槍楊健堂。因為楊

第十七回　暫避鋒芒德五逃塞北　相商密計冒六引風濤

健堂當年在北京時與我的交情，就仿佛咱們兩個人一樣，真是不分彼此。"

李慕白聽德嘯峰提到神槍楊健堂，就想起了在數月以前，自己在居庸關山路上遇見的那幾輛鏢車，遂說："神槍楊健堂這個人，我知道他！"

德嘯峰說："我想他也必曉得你的名氣。你不如出獄之後，就到他那裏去，你我兄弟就在那裏見面，我還有事要你辦呢！"李慕白點頭說："好吧，我一定去。"

當下二人分別，德嘯峰又送了管獄的幾兩銀子，就離了提督衙門監獄，回家去了。到了家中，下午並未出門。少時上駟院派人給送來兩匹馬，德嘯峰看了很好，就命僕人牽到馬房裏。當日馮家兄弟也沒再找來，不過跟班兒的壽兒由外面回來，說是他看見花鷂鷹劉九帶着幾個地痞，在胡同口外亂轉。德嘯峰便冷笑道："不用管他！"他這時心裏倒不怕了，暗想道：黃驥北，這幾天我德嘯峰算是怕你。等我明天離京到延慶找着神槍楊健堂，然後李慕白再到那裏去，那時我們再想法子對付你！

當夜德嘯峰謹謹慎慎地過了一夜。到了次日一清早，德嘯峰便收拾好了輕便的包裹，並帶上了一口單刀。他叫壽兒把兩匹馬備好，然後囑咐他妻子和僕人們要居家謹慎，並說自己大約有一個月就回來。當下帶着壽兒，主僕出門上馬，順着清晨的大街走去。路上遇見了熟人，德嘯峰只在馬上抱拳，並不多說話。

少時出了德勝門，德嘯峰的心裏便痛快了，他回首向壽兒笑道："你向來沒跟我出過遠門，這回我帶你到口外闖練闖練去。俗語說：在家千日好，出外一時難。可是久走江湖的人，講究在外面一點兒委屈也不受。你知道我為什麼才由東陵回來，就趕忙往熱河去？告訴你，就是因為黃驥北這兩天正跟我作對，我犯不上在北京城裏跟他慪氣。現在咱們走出了城圈子，可就誰也不怕了，有能耐他黃四追上我來！打了他，咱們馬上一走；他打了咱們，咱們爬起身來再幹，誰怕誰？壽兒，在路上學着機靈一點兒，遇見事兒不要畏首畏尾的，你沒看見嗎？我帶着刀刃，十個八個的人要與咱們作對，還不至於怕他們！"德嘯峰說這些話時，揚揚得意，膽氣倍增。壽兒心裏卻有點害怕，暗想：這路上恐怕要出事兒！

這時已走了四五里，前面就是土城。這土城乃是遼時幽州城池的遺跡，現在已頹圮不堪，上面生了許多樹木和亂草。德嘯峰應當由土城西邊走過去，才是北上的大道，不料才走到土城下，忽然從上面劈劈啪啪扔下許多磚頭和石塊來。德嘯峰大吃一驚，趕緊撥馬跑到一旁。壽兒的頭上卻挨了一磚頭，幸虧戴着小帽，要不然早就把頭打破了，他哎喲了一聲，趕緊跳下馬去。

這時土城上跑下來幾個人，有光膀子的，有披小褂的，全都手提着單刀木棍等等，個個兇眉惡眼，都仿佛要拼命的樣子。德嘯峰此時便下了馬，把鋼刀抽了出來。他本來想着，來者大概是金刀馮茂的一幫人，雖然明知自己絕不是他們的對手，可是事到緊迫，也不能不跟他們拼一拼了。不想抬頭一看，見那為首的卻是東北城的著名地痞花鷂鷹劉九，德嘯峰當時就放了心，暗笑道：瘦彌陀黃驥北若能請來金刀馮茂在這兒劫我，我倒許怕他三分，現

-151-

在這幾個地痞算得了什麼？我鐵掌德嘯峰難道還能在他們的手下吃虧？當下橫刀上前，怒喝道："劉九，你不要命了嗎？"

劉九自恃有兩膀的力氣，又會些武藝，今兒跟着他又有十幾個人，哪把德嘯峰放在眼裏？他就提着一杆三節棍，橫眉立目地向德嘯峰說："姓德的，趁早趴在地下叫我們打一頓！你要敢動手，還可以四邊看一看，這兒可沒有人！我們就是把你的命要了，都沒給你喊冤的。"

德嘯峰罵道："混蛋，你們要當強盜嗎？我現在是奉內務府堂上之命，去辦官事的，你們要劫我，就算打劫官差！你們知道打劫官差是什麼罪過嗎？只要你們不要腦袋，就過來，我姓德的絕不怕你們！"他拿官差的名號這麼一嚇，不料真把這十幾個地痞給嚇住了，不由全都瞪着眼，你望着我，我望着你。

壽兒這時也壯起膽子來了，他上前拉住德嘯峰說："老爺，您也犯不上跟他們生氣，您騎上馬，咱們叫官人去得啦！"壽兒這話一說出，那十幾個人越發嚇得面如土色。

有一個名叫張六的，就上前向德嘯峰請安央求說："得啦，德五爺，您高抬貴手，饒我們這一次吧！我們原不敢招您生氣，這都是瘦彌陀黃四爺叫我們來的！"

德嘯峰罵道："黃驥北知道我今天辦官差去，叫你們來這兒劫我，你們就真持刀動杖跟強盜一般地向我打劫呀？我真把官人找來，把你們捉了去砍頭，難道黃驥北還能替你們去死嗎？"

那張六聽了，又趕緊請安，說："德五爺，您不知道，平日我們都受過黃四爺的好處，沒錢花時，人家給我們錢花；沒飯吃時，人家給我們飯吃；爹媽死了，人家給棺材；娶妻生子也花的是人家的錢。現在人家叫我們辦點事兒，難道能不給人家捨命去幹嗎？"

德嘯峰聽了，不禁冷笑，說道："原來黃驥北一向行善施捨，都為的是買了你們，到時候給他賣命呀？我看你們也都怪可憐的，我也不跟你們計較了。你們走吧，回去告訴黃驥北，就說我這次並非專到熱河，卻是先到延慶去，他若不服氣，叫他到延慶找我去！"說畢，叫壽兒把馬拉過，將鋼刀入鞘，就扳鞍上了馬，又回頭向那劉九、張六等人說道："你們還不快滾！"說畢，德嘯峰就帶着壽兒，洋洋得意地順着大道往北去了。

那十幾個地痞，挾着刀，扛着棍，個個垂頭喪氣地往城裏走去。張六就抱怨劉九，說："你不該就怔叫大夥下土城去截他，那不成了強盜了嗎？幸虧他今天沒跟咱們計較，要不然他賴上咱們劫官差，咱們都得綁到菜市口砍頭去！"又有一個人說："本來麼，德嘯峰也是東城叫字號的人，哪是好惹的？黃四爺派咱們的時候，咱們就不應該答應他！"花鷂鷹劉九本來就覺得今天這跟頭栽得可以，而且想起來還真後悔，如今一見大家都這樣抱怨他，他不由連連跺腳，唉聲歎氣地說："得啦，眾位哥兒們，今兒算是我荒唐，把你們請來跟着我栽跟頭。可是我敢起誓，我要知道德嘯峰他現在是辦官差去，黃四爺就是應得給我房子住，還給我娶媳婦，我也不敢來！"眾人聽了

第十七回　暫避鋒芒德五逃塞北　相商密計冒六引風濤

也笑了。

進了安定門，花鷂鷹劉九就叫眾人在茶館等着他，他獨自到北新橋黃驥北的家中去回復。門上的人叫他在門口影壁後頭蹲着等候，回將進去。少時有黃驥北的大管家牛頭郝三，出門來見着劉九，就把他叫到門房裏，問他把德嘯峰打得怎麼樣。花鷂鷹劉九滿心的委屈，向郝三請安道："三叔，你告訴四爺，叫我當孫子都行，要叫我打德嘯峰去，那就先打我吧，我絕不管了！剛才我找了十幾個人，在德勝門土城等着，不錯，倒是等着德嘯峰了，可是你猜怎麼着，德嘯峰人家一點兒也不怕。他說他現在是辦官差去了，我們是劫官差的強盜，說着就要去叫官人。好嘞！我們打不了人家幾棍子，再叫官人抓了去，把十幾個人的腦袋丟了！就是我們的命不值錢吧，可也犯不上就這麼死了啊！"牛頭郝三聽了，不由氣得罵道："簡直你們都是飯桶！"

花鷂鷹劉九說："由你罵，反正這件差事我們當不了。得啦，我們十幾個人一黑早就出城，在土城蹲了半天，也怪不容易的。現在他們都在茶館等着我去，無論怎麼着，你得賞幾個錢，我請他們吃一頓爛肉面！"郝三罵道："你們把事情沒辦好，還跟我要賞錢，別不要臉吧！"說着把劉九往外一推，繃着臉說："滾吧，以後四爺再也用不着你了！"劉九被郝三一推，幾乎把腦袋撞在牆上，他不由得急了，把嘴一撇，就要耍他的無賴。這時忽聽旁邊有個僕人說："四爺出來了！"

郝三向窗外一看，只見他們主人瘦彌陀黃驥北，帶着年輕的僕人順子，由裏面大搖大擺地走了出來。郝三便趕緊迎上去，低聲向黃驥北說了幾句。這裏花鷂鷹劉九也老實了，他提着心，恐怕郝三給他說壞話。可是見黃驥北的臉上並無怒色，他只發了一會怔，就進門房來了。劉九趕緊上前請安，結結巴巴地要說話，黃驥北擺手說："不要說了，我都知道了。德嘯峰他知道你們是我派去的嗎？"

劉九皺着眉說："他怎麼不知道啊！他還叫我告訴您，說您要是不服氣，可以到延慶去找他！"黃驥北一聽這話，面上才現出怒色，他微微冷笑了笑，點了點頭，但什麼話也不說。他又由身邊摸出一張錢票來，遞給劉九說："你喝茶去吧！"劉九伸手接過了錢，臉上倒羞得紅了，就說："四爺，事情沒給您辦成，您倒賞給我們……"黃驥北不等他說完，轉身就出了門房。此時外面的車已套好，黃驥北就帶着順子上了車，說："到提督衙門去。"當下車輪一響就走了。

黃驥北坐在車裏，才氣得喘了幾口氣，暗恨道：好一個德嘯峰，你真會唬人就得了！你現在打着個官差的幌子，逃出了北京，明知在本地你惹不起我，你就到延慶找神槍楊健堂來對付我，難道我就真怕了你嗎？又想：不好！李慕白有鐵小貝勒給他打點着，恐怕不久就要出獄，那個人要出了獄，才算給德嘯峰添了膀臂呢！

黃驥北想了一會，不覺車就到了九門提督衙門。他叫順子先下車，遞進一張名帖去。待了一會兒，順子就同着一個官人來到車前。那官人先給黃驥北請安，說："我們大人請黃四爺！"黃驥北便下了車，帶着順子，隨着那官人到了衙門內的花廳。

略坐了一會，就見提督毛得袞穿着官衣出來了。黃驥北說："大哥，我找您來沒有別的事，還是那個李慕白。無論怎麼着，您得替我把他收拾了，要不然他一出來，我跟胖盧三休想好好過日子！"

毛提督一聽他這話，就皺起了眉，彷彿十分為難的樣子，半天才說："昨天胖盧三來了，他也是為這件事。可是我也跟他說了，這件事我真沒有法子，第一，沒有證據；第二，有鐵小貝勒在裏頭護庇着他，依着鐵小貝勒，叫我在初十以前，就得把人放出去！"黃驥北說："你不會想個法子把鐵小貝勒推脫過去嗎？"

毛提督皺眉歎氣道："那怎能推脫得過去？鐵小貝勒對於李慕白這案子，比咱們還清楚呢。不用說別的，假如李慕白現在獄裏得病死了，我這個提督就坐不住！"黃驥北見毛提督把話說到這裏，就覺得自己再說別的話也是沒有用，遂就點頭說："既然這樣，那就由着你辦吧！我走了。"

毛提督見黃驥北臉上帶着不悅之色，就有點兒着急，因為他也欠着黃驥北幾千兩銀子，而且有些短處都在黃驥北的手裏拿着，要把他招得翻了臉，自己也是吃不住，於是就說："我看暫且再押他幾天，你見着胖盧三你們再商量。"黃驥北冷笑道："多押他幾天也沒有用！"

當下黃驥北起身就走，帶着順子出了衙門，站着發了一會怔，忽然他又往衙門的旁門走去。這個旁門就通着監獄，黃驥北一進去，管獄的官吏就向他請安，笑着問道："黃四爺，你今天怎麼這麼閒在？"黃驥北微笑着點了點頭，說："我看看在你們這裏押着的李慕白。"管獄的官吏趕緊說："我帶着四爺去！"

黃驥北同着獄官到了李慕白的監房前，他一看李慕白的精神很好，帶着的鎖也不重，不禁心裏發恨，但面上卻做出悲憫懇切之色，說道："兄弟，我聽人說你押在監獄了，我起先還不信，因為我知道你平日是個規矩人，絕不至如此。昨天我見着嘯峰，才聽他說你是被人給陷害了，所以我才來看你。剛才我見了提督，他說你這案子不要緊，過兩天也就放出來了。"

李慕白見黃驥北的態度這樣懇切，不由也很受感動，說："多謝黃四哥這樣關心我。我現在這裏倒受不了多少苦，只是氣得很。那胖盧三因為我打過他，他就使出這樣的惡毒手段來，要陷害我的性命，等我出了獄，非要報仇不可！"

黃驥北一聽，不由得心裏打了一個冷戰，便故意裝作很同情李慕白，也憤憤地說："胖盧三那個人，實在奸險無比，仗着他有錢，什麼事都做。我跟他也有很大的仇恨。兄弟，等你出獄之後，我再詳細告訴你，要不是我在北京城熟人多，又有點兒名氣，也早就被他給陷害了。一向我只是躲避他的鋒芒，不敢跟他鬥氣，因為他那個人實在不好惹。我勸兄弟你出獄之後，也不要再去惹他，將來遇着機會，再報仇！"

李慕白一聽瘦彌陀黃驥北也這樣怕那胖盧三，不由更是氣憤，他勉強忍耐着，點頭說："出獄之後我也未必去找他，不過我想離開北京，因為我也無顏再在此地居住了！"

　　黃驥北一聽，心裏便盤算起來，不知道李慕白出獄之後，是要往哪裏去？又想：別是德嘯峰也叫他到延慶去，與那神槍楊健堂勾結在一起，要對付我吧？因就說道："德嘯峰他走得這麼急，可真不對！你跟他是至好的朋友，你現在獄中，他既從東陵回來了，就應該多照應照應你。想不到他回來還不到四五天，就又急急忙忙地走了，倘若你這官司再生了枝節，那可怎麼辦呀？他走的時候也真放心，可是未免太薄情了些！"

　　李慕白搖頭道："不，我知道德嘯峰是因為派下了差事，他不能不趕往熱河去。臨走之前，他還到我這裏來過，說是鐵小貝勒告訴他，四五日內我就可出獄，所以他才放心走的。我豈能錯怪了朋友！"

　　黃驥北聽李慕白這樣一說，他自然不能再說別的話了，只是點了點頭，又問李慕白還需要什麼東西，說他可以給送來。李慕白卻說："我在獄裏什麼也用不着，四哥也不要費心了，四哥今天來看我，我就感激不盡了！"黃驥北連說："咱們兄弟，你何必還客氣！"當下又談了幾句話，黃驥北就走了。

　　出了監獄門首，順子便問說："四爺，還上別處去嗎？"黃驥北今天本來還要到銀槍將軍邱廣超那裏去，可是他又想：邱廣超那個人最不好多管閒事，除非人家欺負到他的頭上。那天李慕白打敗金刀馮茂之時，他家的教拳師父秦振元曾在旁觀看，回去把李慕白說得跟天神一般，所以他對李慕白也十分欽佩。自己若去找他，叫他幫自己對付李慕白，那他不但不能答應，還許要把自己教訓一頓。

　　他坐在車裏，皺着眉頭，發了半天怔，驀然想起一個主意來，就向趕車的說："到打磨廠去，快些走！"順子心裏明白，知道他們四爺又是要去春源鏢店找那馮家兄弟。瘦彌陀黃驥北早先與春源鏢店的馮家兄弟並無來往，自從金刀馮茂敗在李慕白手裏之後，他才極力與馮家兄弟結交。雖然馮家兄弟之中傑出的人才金刀馮茂，自比武失敗之後，他棄絕江湖，當日就離開北京走了，可是那鐵棍馮懷、花槍馮隆，還銜恨着德嘯峰、李慕白二人，必要尋得機會，以報昔日打傷之仇。這些日瘦彌陀把他們聯絡得很好，所以德嘯峰一從東陵回來，黃驥北就使出他們兄弟，天天到德家去找德嘯峰，結果把德嘯峰嚇得不敢在北京居住了。

　　今天黃驥北來到這裏，就是想要叫馮懷、馮隆兄弟，召集北京各鏢店所有的鏢頭，共同對付德嘯峰和李慕白。可是不想他見着馮家兄弟，把他的來意悄悄地說明了，馮隆第一個搖頭，說："這件事不好辦！"黃驥北的面上立刻變了顏色，他趕緊補充着說："我並不明說我是要對付德嘯峰和李慕白，我不過是要叫你給我介紹幾個朋友。我想憑我黃驥北這點兒名聲，他們也不至於不願結交我吧！"

　　馮隆笑道："自然你瘦彌陀的大名是沒有人不知道的，不過你平日不同他們來往，如今忽然又叫我給你引見鏢行朋友，他們豈不要生疑嗎？再說現在北京鏢行裏的這些人，自從賽呂布魏鳳翔走了之後，連一個出色的英雄也沒有，如何能敵得過李慕白呢？"

黃驥北一聽，這個想頭又算完了，不由得皺着眉，發了半天怔。馮懷在旁問道："李慕白真是要出獄了嗎？"黃驥北說："我剛才見了九門提督，提督親自對我說的，這還能是假話？有小虯髯鐵小貝勒在其中給他打點，就是提督也不敢不放他！"

　　說到這裏，他歎了口氣，又說："我的事也瞞不了你們兄弟。我之所以要跟李慕白作對，並不是專為我自己報那一拳之仇，卻是為北京城的眾朋友們打算。自從德嘯峰架來這麼一個李慕白，打了我，打了你們兄弟，又打了胖盧三，簡直是橫行一世，誰也惹不起他了，若叫這李慕白在北京住長了，咱們兄弟是永遠不能抬頭了！"

　　馮懷、馮隆兄弟一聽，不由也怒氣填胸，齊說："黃四哥說得很對，有這李慕白，我們都不能在北京混了！"黃驥北說："只是這個李慕白，簡直是想不出誰能夠敵得過他，德嘯峰倒容易對付。"

　　三個人正在屋裏說話，煩悶得一點兒辦法沒有，這時忽然隔窗看見外面來了一人，拍着簷下的兵器架子，說："你看你們這刀槍都長了鏽哩！也不擦一擦，這還像什麼保鏢的！"

　　馮懷一看，原是四海鏢店的鏢頭冒寶昆，便說："屋裏有人，你先請東屋坐。"可是那冒寶昆已然走進屋來了。他一見黃驥北，就抱拳說："呵！瘦彌陀黃四爺的大駕，怎麼到這兒來了？"

　　黃驥北站起身，見此人生得鼠眉蛇眼，腦門上一塊刀疤，兩個扇風耳朵，一臉的壞氣，想不起這人如何會認得自己，便笑着問道："這位老兄貴姓？我眼拙得很！"

　　冒寶昆笑着說："我常在銀槍邱小侯爺府上看見黃四爺，可是咱們並沒說過話。小弟名叫冒寶昆，就在這東邊四海鏢店。"

　　黃驥北驀然想起，邱廣超府上的教拳師父秦振元曾對自己說過，四海鏢店有一個冒寶昆，此人高來高去的功夫極好，當下就說："久仰，久仰，冒老兄，請坐，請坐！"

　　冒寶昆一點兒也不客氣，就坐在了黃驥北的對面，拿起桌上的茶壺就倒茶喝，馮懷、馮隆全都斜着眼看他，黃驥北跟他寒暄了幾句，他也並不答言。驀然他問道："黃四爺，李慕白快要出獄了，您知道嗎？"

　　黃驥北吃了一驚，心說：他怎麼也知道此事？於是便裝作糊塗，搖頭說："我沒聽說，也因為我跟李慕白不大深交，所以對他的官司沒去打點。"

　　冒寶昆點了點頭，又倒了一杯茶喝。旁邊馮隆剛要和他說閒話，忽然冒寶昆撲哧一聲笑了，說："黃四爺，咱們二人雖然是初次見面，可是你老哥說話也太不實在了。現在北京城的人，只要是知道李慕白的人，誰不曉得他的這檔子官司，是你老哥和胖盧三使的手腕兒呢？"

　　黃驥北一聽冒寶昆說出這話，嚇得臉色更黃了。本來他正私自慶幸，剛才在監獄裏，看那情形，德嘯峰還沒把自己的一切手段告訴李慕白，現在才知道，原來自己陷害李慕白的事，已弄得任何人都知道了。將來李慕白出獄之後，若聽說此事，立刻就能夠提着寶劍找自己去！黃驥北這樣想着，不由得便發了怔。旁邊馮家兄弟也不勝驚訝。

冒寶昆看出自己猜對了黃驥北的隱私，就微笑了笑，說："黃四爺，你也別瞞着我了。我這兩天聽說李慕白要出獄，正替你提着心呢，所以今天我一看見你的車停在這門前，就趕緊看你來了。據我看，現在有鐵小貝勒護庇着李慕白，李慕白不但就要出獄，而且更要沒人敢惹他了。他那人又心高量狹，出獄之後，必然要設法報仇，他第一個要找的是胖盧三，第二個就得找黃四爺。我可不是小瞧你黃四爺，若真的李慕白拿着寶劍找到你府上去，我看你老哥也必然無法抵擋他！"

黃驥北一聽冒寶昆這話，不由得又是着急，又是慚愧，便紅着臉說："我的功夫全都擱下了，當然敵不過李慕白！"

冒寶昆又說："我早先還以為李慕白是個無名的人，前些日由我家鄉巨鹿縣來了一個朋友，提說起來，原來他是直隸省已故的老俠客紀廣傑的徒弟，怪不得他的武藝那樣高強呢！據我看，現在咱們北京城要找出一個能敵得過李慕白的人，恐怕還沒有。黃四爺，你跟邱小侯爺，兩人才戰敗了一個賽呂布魏鳳翔，可是聽說李慕白在沙河城，略略交手，他就把魏鳳翔給刺傷了。所以我想要制服住他，非得到外面請人去不可！"

馮隆在旁說："你說請誰？我四哥在直隸省可稱頭一條好漢，連他都不行，還有誰能制服李慕白？"

冒寶昆撇着嘴笑道："自然有人。你知道河南著名好漢吞舟魚苗振山嗎？苗振山的外甥金槍張玉瑾，更是赫赫有名。若能把那兩個人請到北京，不用動手，就得把李慕白嚇跑。"

黃驥北在旁聽得不覺出神，就說："苗振山和張玉瑾的大名，我倒久仰得很，可是咱們與他二位素不相識，怎能由河南把人家請來？"

冒寶昆說："要辦自然容易。苗振山與我的交情最厚，三年前我還到河南駐馬店去看過他，我要去請他，准行。他若一來，自然也要把他的外甥金槍張玉瑾叫上做伴。"

黃驥北搖頭說："他跟我們素無往來，與李慕白又無仇恨，豈能走這麼遠的路，為咱們辦事？"馮懷、馮隆也搖頭說："恐怕不容易把他請來！"冒寶昆卻微笑着，仿佛有絕對的把握似的。又喝了一碗茶，他就說："只要黃四爺肯寫一封邀請的信，再送他些路費，我包管不出一個月，他准能來到北京。若請不來他，我就沒有臉再在四海鏢店保鏢了！"

黃驥北見冒寶昆敢這樣擔保，他不由吃驚，暗想：看不出這個冒寶昆，莫非他真與吞舟魚苗振山、金槍張玉瑾是至好嗎？果然真能把這二人請來，必能把李慕白打敗，就是自己花上些錢也不要緊。於是他心裏很喜歡，就要問冒寶昆需要多少路費。這時花槍馮隆卻說："冒老六，淨憑你嘴說不行，你得拿出個憑據來，叫我們知道苗振山為什麼聽你的話，我們才能相信。"

冒寶昆一聽似乎有些生氣，就冷笑說："其實我也是多管閒事。姓李的又跟我無仇無恨，我何必跑那麼遠，請人來跟他作對？不過你們不信我能夠把苗振山請來，可未免太瞧不起我。告訴你們實話吧，苗振山那個人性情兇暴，不重朋友，而且他又是個財主，無論什麼交情，多少銀兩，也請他不來。可是現在北京城內有一件事，這件事跟李慕白也有關，只要我把此事向他一說，他一定立刻就到北京來！"

黃驥北跟馮家兄弟一聽此言，趕緊就問是什麼事。冒寶昆卻笑着說："這話要說起來可長了！"遂又伸手要去倒茶。馮隆趕緊把茶壺拿起，給他倒了一碗。

冒寶昆就一面喝茶，一面說道："吞舟魚苗振山那個人，武藝確實高強！這些年來他什麼事也不做，每年只出外一趟。有幾個山上的強盜，把劫來的金銀財物，揀那最好的給他留着，等到他來時孝敬他，倘若不這樣辦，他就能夠幫助官兵將山寨剿滅。他也不算官，也不算盜，只仗着他那身武藝和他那百發百中的鋼鏢，居然發財巨萬，算是駐馬店第一家財主了。

"這老頭子今年也五十多了，可是養着十幾個小婆子，全都是二十來歲，個個跟天仙一般。當他小婆子的也不容易，只要招惱了他，或是跟年輕的男人說了話，叫他起了疑心，那就非得被他用皮鞭子抽死不可。抽死的也不止一個了。前三年我去看他時，正值他得了病，不能下床見客。可是他對我很好，便叫我進內宅去，陪着他談說些江湖的事情，叫他那些小婆子伺候我，真是一點兒也不回避。大概苗振山也知道，像我這模樣兒，絕不能把他的小婆子拐走。"說得黃驥北不由也笑了。

旁邊鐵棍馮懷聽得不耐煩，就說："你倒是快些說呀！到底是怎麼回事兒，莫非那李慕白把苗振山的小婆子給拐跑了嗎？"

冒寶昆翻了半天小眼睛，回想着苗振山的那些迷人的小婆子，然後又喝了一口茶，就說道："苗振山有一個小婆子長得最為出色，簡直比畫兒上的美人還俊俏，就是那個走江湖耍把戲的老謝七的女兒。老謝七把他這女兒看成寶貝，有許多有錢的人要娶她，那老謝七全都不答應。後來可就被苗振山給霸佔到手裏了，倒還很受寵愛。可是老謝七到底不甘心，有一回趁着苗振山不備，他把他的女兒拐出來，要想逃走。可是沒走了多遠，就被苗振山給追上了，一頓亂棍把老謝七給打死了，把他的老婆女兒全都抓了回去。

"那謝姑娘也真有點兒本事，抓回去之後，她就給苗振山灌足迷湯，把老苗哄得消了氣。安分順從地又過一年多，到底那謝姑娘趁苗振山出外之時，跟着她母親又逃走了。聽說苗振山回家後，知道她跑了，氣得不得了，各處派人抓她，可是到底也沒抓着。苗振山至今只要一想起來，就要大罵，說是早晚非得把那淫婦抓回來打死不可。這些事兒我都是去年聽人說的，可是今年，就是前半個月，我忽然把那謝七的女兒找出來了。原來她逃到北京混事來了，起了個花名叫作翠纖，就在韓家潭寶華小班，並且聽說李慕白跟她混得很熟！"

黃驥北一聽，十分驚訝，趕緊說："原來寶華班的那個翠纖，就是苗振山的逃妾呀！可惜那翠纖早已不跟李慕白好了，她卻嫁了徐侍郎。苗振山若來到北京，頂多是徐侍郎倒霉，他不能跟李慕白吃醋！"

冒寶昆說："這些事我也都知道。可是我敢斷定，翠纖雖然嫁了徐侍郎，

第十七回　暫避鋒芒德五逃塞北　相商密計冒六引風濤

她絕忘不了李慕白，李慕白也絕不能死了心，早晚他們必有一場麻煩。我若到駐馬店見着苗振山，就說當初是李慕白把她拐出來的，現在李慕白又把她賣給了徐侍郎，苗振山那脾氣，一聽這話，他立刻就能來找他。咱們再對苗振山殷勤招待，保管叫苗振山跟李慕白、徐侍郎打成一團。咱們給他來個坐山觀虎鬥，你們看怎麼樣？"

黃驥北笑道："那樣一來，可苦了徐侍郎那老頭子！"冒寶昆問說："怎麼，莫非四爺同他相好？"

黃驥北搖頭說："我跟他倒沒有什麼交情。"遂又想了想，就說："好吧，我回去就寫一封信，連銀子一起送來，就奉勞冒老弟走一趟河南，去請苗振山來京。可是苗振山未來到北京之前，我們總要把這件事隱秘一點兒才好。"冒寶昆和馮家兄弟齊都說："那是自然。"

當日瘦彌陀黃驥北回到家中，就給苗振山寫了一封信，大意就是說"久仰大名，恨未得瞻丰采。今勞冒寶昆弟奉請大駕來京一遊，並奉上薄儀若干，代為晉見之禮。即祈早來都門，以慰渴望"等等的客套話。信中並沒提到贈送路費多少，為的是給冒寶昆留下賺錢的餘地。然後他封了五百現銀，五百莊票，共封了一千兩。另外封好百兩碎銀，作為給冒寶昆的路費。並特派了大管家牛頭郝三，給送到四海鏢店去。

牛頭郝三去了半天，方才回來，說："冒寶昆把信和銀子全收下了。他說今天他把私事安頓好了，明天一早他就起身，並且說是快去快回來。"黃驥北聽了，點了點頭，心裏雖然略略痛快了一點，可是又想：自己與冒寶昆素不相識，他若是騙去自己一千多兩銀子，把苗振山請不來，他也不回北京來了，那可怎麼辦？自己不是要被人笑為冤大頭嗎？但是又想：也許不至於。冒寶昆既在四海鏢店做鏢頭，大概不能做出那麼丟臉的事。只要他能夠把謝翠纖在北京的事告訴了苗振山，苗振山就一定要負氣前來。至於那一千兩銀子，冒寶昆是如數送給苗振山，還是他自己昧起來，那我就不管了。不過遠水救不了近火，苗振山最快也得二三十天才能趕到，此時若是李慕白出了監獄，他提着寶劍找自己來，那可怎麼辦？因此心中依然不勝憂愁。

到了次日，鐵棍馮懷就來找他，說是冒寶昆今天早晨走了。他接着又發了半天牢騷，那意思是嫌黃驥北給冒寶昆的路費太多了，他們兄弟也替黃驥北出了很多力，卻只給了五十兩銀子。在這個時候，黃驥北也不敢得罪他們兄弟，只得又取出五十兩來給他，馮懷方才喜歡着走了。

黃驥北為一個李慕白，這樣傷財惹氣，他又是心疼，又是氣惱，因之犯了咳嗽吐痰的舊病，兩三天也沒有出門。到了第四天，這日晚間，黃驥北的愛妾正在服侍他吃藥，忽見順子進來，說："盧三爺來了！"黃驥北還沒說請，胖盧三已進到屋裏。黃驥北趕緊叫他愛妾扶他坐起來。只見胖盧三滿面驚慌急氣之色，吁吁地喘氣，跺着腳說："你說這件事多氣人？那鐵小貝勒到底把李慕白弄出來了！"黃驥北一聽，也不由嚇得面上變色，他一面咳嗽一面問道："什麼時候把李慕白放出來的？"

胖盧三說："現在才出來。衙門裏的胡其圖，派人給我送的信，我聽

-159-

見就趕緊找你來了。"說着又急得跺腳，說："那李慕白不是好惹的！他是個窮小子，什麼都豁得出去，倘若找咱們兩人來報仇，那可怎麼辦？"

黃驥北心裏卻暗想：李慕白現在未必知道我也在暗中陷害他，不過你倒是得小心一點兒！當下他又咳嗽了一陣，就問道："這麼說，李慕白的官司就算沒事兒了？"

胖盧三說："還有什麼事兒？不過叫李慕白取了個保，並叫他一個月內不准離京，隨傳隨到。那不過是給他們衙門保全面子也就完了。"黃驥北聽了，卻着急道："還不如把他放出來之後，就叫他即刻出京呢！現在他在北京這一個月，能夠老老實實地侍着嗎？"

胖盧三坐在椅子上，不禁發愁。黃驥北不願在胖盧三的面前露出懼怕李慕白的樣子，就說："我倒是不怕他，現在我雖是病着，可是他若找到我的頭上，還不知道誰要誰的命呢？只是你……可是你也不用發愁，我告訴你幾個辦法：第一，你晚上別出門；第二，這兩天別再上你的外家那裏去了，在家裏把門關得嚴嚴的。我想那李慕白未必能蹻房越脊地找了你去！"

胖盧三一聽這個辦法也很好，就連連點頭。又看這時天色已然黑了，於是不敢多留，就站起身來說："那麼我這就走了，有什麼事咱們明天再商量吧！"黃驥北說："別忙，我派兩個人送你去。"於是黃驥北就派了家中護院的坐地虎侯梁、梢子棍賈虯兩個人，護送胖盧三回家。他卻躺在炕上，一面養病，一面籌謀對付李慕白的辦法。

第十八回　寶劍生光驚眸窺俠士　秋燈掩淚痛語絕情絲

　　原來胖盧三所得的消息很是確實，現在李慕白已然出獄了。由兩個衙役跟着他，到史胖子的小酒舖裏打一個保，李慕白又給了兩個衙役幾串酒錢，衙役便走了。李慕白這才算恢復了身體自由，他就向史胖子道謝說："我在獄裏這些日，多蒙史掌櫃子的關照我，常常派夥計去給我送飯，我真是感謝不盡！"

　　史掌櫃子笑着道："李大爺哪裏的話！李大爺每天在這裏照顧我們，我們賺了你多少錢？你遭了官司，我打發夥計看上兩次，這也是應當的，你何必要放在心上。現在你出來了，我比誰都喜歡，來，我先給你熱幾兩酒吧！你嘗嘗我新做的酒糟螃蟹。"說着就要給李慕白熱酒。

　　李慕白卻上前攔住，說："這些日我在獄裏，倒不短酒喝，今天我才出來，須要歇一歇，明天我再來。"又回頭看了看，見座上沒有什麼酒客，他就低下聲去向史胖子說："史掌櫃，那天晚上我真辜負了你的美意！實在因為我在北京還有親戚，不能那樣去做。"

　　史胖子聽了，卻仿佛不懂李慕白說的是什麼話，就笑了笑。這時正好有個長衫的酒客進屋來了，史胖子就把頭一揚，向那位客人說："張三爺，你來了！請坐，請坐！"

　　李慕白自然不能再接着說了，就向史胖子和那夥計點頭說了聲："明天見！"起身走了。

　　進了丞相胡同，回到法明寺，一打門，裏面和尚就出來了。他見了李慕白，仿佛很喜歡的樣子，說："李大爺來了，這些日子你可真受了屈啦！"

　　李慕白本想自己遭了這件事，和尚一定不許自己再在這廟裏住了，可是不料今天和尚竟對自己這樣親熱，不禁十分感謝，就說："我這件官司真是冤枉極了！等我慢慢向你說。叫你們這樣關心我，我真是心裏感激！"一面說，一面往裏去走。

　　到了跨院內，和尚先開鎖進屋，摸着一枝洋油燭點上。李慕白到屋裏一看，屋裏收拾得很乾淨，自己的那口寶劍依舊安然無恙地掛在牆上，似久別的故人一般。

和尚望着李慕白那蓬亂的頭髮和生滿鬍鬚的臉，就說："李大爺真瘦得多了！"李慕白歎了口氣，說："現在能把冤屈洗清，得了活命，這不算便宜？"和尚說："幸虧李大爺遇見鐵小貝勒，要沒有這位爺，你就是有口也難分辯。現在總算神佛保佑！"說畢，合掌唸了一聲："阿彌陀佛！"

李慕白倒很驚訝，怎麼鐵小貝勒援救自己出獄的事，連和尚都曉得了呢？剛要發問，就聽和尚說："前兩天鐵小貝勒打發一個人來，寫了四十兩銀子的佈施，並囑咐我們，說是李大爺快出來了，叫我們別把李大爺留下的東西弄散亂了。其實李大爺那天晚上叫官人帶走後，我們就把你這屋鎖上了，什麼東西也不能丟。"

李慕白這才明白，遂笑道："我也沒有多少東西，不過你們為我這樣分神，我真過意不去。"和尚連道："好說，好說！"遂出屋。少時又給李慕白送了一壺茶來，李慕白道了謝，和尚也知道李慕白才出獄，需要休息，便也沒多談話，就又出屋去了。

李慕白檢點了衣包裏的財物，看見什麼東西都沒短少，心裏非常感謝鐵小貝勒，他不但為自己打點官司，並且知道自己在這廟裏住，預先把和尚也打點好了，若不虧他，不然自己就是出了監獄，回來還不定要受多少冷淡呢！因又想到那陷害自己入獄的仇人胖盧三，大概向來受他陷害的不知有多少人，這樣的惡霸若不剪除，良善的人實在沒法安居了。可是現在雖是出了監獄，衙門裏又說在一個月之內，隨傳隨到，自己連到延慶找德嘯峰去都不能，只好暫時在此忍氣吞聲了！李慕白又想到了寶華班的纖娘：她若知道自己入獄的事，心裏不定要如何難過啊！過兩天我倒要看看她去，叫她知道我這件官司是為胖盧三所害，並非我真是什麼江湖強盜。想了一會兒，心緒很亂，他就關門熄燈，躺在炕上睡去。

李慕白這些日來都是在監獄裏帶着鎖睡在稻草上，現在又睡在了柔軟的被褥之間，真是覺得異常舒適。直到次日，紅日滿窗，他方才醒來。起了床，他就出廟到附近的一家澡堂子裏，洗了澡，刮了臉，理了理髮。對鏡一看，依然是早先那青年英俊的自己，不過臉上略略黃瘦了些。

出了澡堂，換上寶藍色的軟綢夾袍，穿上靴子，他就寫了自己的一張名帖，出門雇了一輛車，往安定門內鐵貝勒府去了。在前門大街遇見幾個認得李慕白的地痞們，他們全都帶着驚訝的神色，直着眼睛向車裏望他，李慕白便故意做出從容大方的樣子。

少時車進了城，又走了半天，才看見鐵貝勒府。離着很遠，李慕白就叫車停住，給了車錢。他下了車，走到府門，向那府門前的僕人，深深一哈腰，取出名帖來，說："我姓李，現在要來見見這府上的二爺！"

那個僕人接過名帖看了看，就點頭說："好，好！您在這兒等一等，我給您回一聲去。"說話時他渾身上下打量着李慕白，然後便轉身往裏面走去了。

第十八回　寶劍生光驚眸窺俠士　秋燈掩淚痛語絕情絲

這裏李慕白看這鐵貝勒府，朱門大廈，廣院重重，奴僕出入，真不愧是王公門第。待了一會，就見那得祿由裏面笑嘻嘻地出來了，見了李慕白，就說："李大爺出來了，恭喜，恭喜！我們二爺請您進去說話。"

李慕白先向得祿道了謝，並說："我昨天晚上才出來，今天特來拜見二爺，叩謝救命大恩。"一面說，一面跟着得祿往裏面走。進了兩重院落，得祿就讓李慕白到西廊下屋內去坐，他給李慕白倒了一碗茶，陪着李慕白說了幾句話。

少時就聽見廊下傳來腳步聲，有人使着聲兒咳嗽了一聲。得祿趕緊到門前打簾子，李慕白也趕緊站起身來，那位小虬髯鐵小貝勒就進屋來了。李慕白趕緊上前深深打躬，鐵小貝勒滿面笑容，說道："免禮，免禮！"遂又把左手一擺，說聲請坐。

他自己先在上首落座，李慕白在下首坐下，鐵小貝勒就含笑問道："你是昨天出來的吧？現在身體還好嗎？"

李慕白欠身應道："我身體倒還好，昨天出來時天就快黑了，歇了一夜，今天特來給二爺叩謝活命大恩！"

鐵小貝勒連說："不敢當，不敢當！"又說："你這官司本來是為人所陷，無論何人知道了，都應當救你出來，何況我們吃朝廷俸祿的人？我這個人雖然有着世襲的爵位，其實是個粗人，平日自己好練些拳腳，也沒有什麼真正的功夫，不過因此就喜歡會武藝的人。邱廣超那不用說了，我們是通家至好，其餘像黃驥北、德嘯峰等人，都是因為他們的武藝好，我才跟他們認識的。

"你雖然來到京城不久，可是自從聽說你打敗了瘦彌陀黃驥北和金刀馮茂之後，我就知道你必是一位出色的英雄，就打算去拜訪你。不料你就遭了官司。我聽了不平，才見了毛提督給你說人情。後來德嘯峰回來，他又願以身家為你作保，因此你這件官司才算了結。現在這些都是過去的事了。你雖在獄裏也受了些日的苦，可是正好磨一磨年輕人的傲氣，長些閱歷。我跟德嘯峰雖然為你出了些力，都是朋友應當做的，你也不必記在心裏。至於陷害你的人，你就是知道他是誰，也不必再找他們鬥氣去了。是非自有公論，有這一回事情，以後我們對於那些險惡的小人，躲遠一些就是了！"

李慕白聽了，連連點頭，說道："我絕不再找人鬥氣了！"同時想到德嘯峰以身家為自己擔保之事，更不禁感激涕零。

當下鐵小貝勒又問李慕白家中的景況，以及早先學習武藝的經過。李慕白就把自己幼年隨從父母在江南，後來父母死後，江南鶴帶着自己北來，依靠叔父，以及隨從紀廣傑老俠客學習武藝的事情，全都很詳細地說了一遍。鐵小貝勒聽了，不禁讚歎道："這樣說來，你是世傳的俠義英雄了。"遂又談到各派各門的劍法。

原來小虬髯鐵小貝勒也長於技擊，現在家中還有兩個教劍的師父，但都是平庸之輩。如今跟李慕白一談，聽他只略略說了幾項對於劍術的心得，那鐵小貝勒就高興起來，說："慕白，剛才我聽你這麼一說，簡直有許多都是我不知道的。可見我一向雖學過寶劍，自己也覺得會兩手兒了，實在是井底之蛙，沒見過什麼大世面。現在你的身體既沒有什麼不舒適，我要求你一件事！"

李慕白一聽，不禁詫異，趕緊立起身來，說道："二爺有什麼事，自管吩咐吧！"

鐵小貝勒笑道："不是別的，我久就想看一看你的武藝，剛才一聽你談論劍法，真恨不得當時就見你施展身手才好。你現在何妨跟我到西院裏，你舞一趟劍，也叫我開開眼！"

李慕白趕緊謙遜道："我剛才跟二爺也說過，我當初不過是一半讀書，一半學習武藝，並沒有專用過工夫。二爺不必叫我在你面前獻醜了！"

鐵小貝勒笑道："你不用跟我客氣了，金刀馮茂、瘦彌陀黃驥北都叫你給打敗了，你要說你沒有本事，誰能夠相信？"

李慕白知道小貝勒必要看看自己的武藝，自己便也願意在鐵小貝勒的面前，顯露顯露身手。當時鐵小貝勒就拉住李慕白的左臂，說："你看看去，在西院我有一個場子，打拳練劍正合適。"又回首向得祿說："你到書房把我那口寶劍拿來。"說着，拉着李慕白便出了屋子。

順着廊子走去，就到了一個寬大的院落裏。這院落養着十幾匹駿馬，搭着幾間馬棚，幾間車房，西南角砸了一塊三合土的平地，那就是鐵小貝勒平日習武練劍之處。這時候，正有兩個護院的把式在那裏打拳，一見鐵小貝勒來，就全都停住拳腳。鐵小貝勒就上前指着李慕白，笑着說："我給你們引見一位朋友，這位就是拳打過瘦彌陀黃驥北，劍敗過金刀馮茂的李慕白！"那兩個護院把式，全都呆着眼看李慕白，一面抱拳說道："久仰！"李慕白也含笑抱拳還禮。

鐵小貝勒又向那兩個人說："把他們全都叫來，今天我請李爺練一趟劍，給咱們大家開開眼。"兩個護院的把式，一聽說李慕白要在這裏練劍，就趕緊轉身叫人去了。

這裏李慕白便向鐵小貝勒笑道："我在二爺面前獻一番醜，也就夠了，二爺又何必叫許多人來，看我出笑話呢！"鐵小貝勒說道："他們都知道你。現在叫他們看看你的劍法，也長些見識。"又說："你不知道，現在我家裏有五個護院的把式，三個教武藝的師父，全都是武藝平常，眼睛裏沒見過什麼高人。"

正自說着，得祿跑來了，手中捧着兩口寶劍。鐵小貝勒笑道："這孩子，叫他拿寶劍去，他就給拿兩口來，難道要叫我們兩人比武是怎麼着？"

李慕白明知鐵小貝勒是想要跟自己比武，他倒為難起來了：鐵小貝勒是自己的救命恩人，自己如何能與他動手比武呢？只見鐵小貝勒接過一口寶劍，抽出來給李慕白看，說："慕白，你看看，我這口寶劍值幾兩銀子？"

李慕白一看，不由吃驚，只見這口劍是淡青色，雖然不甚光芒，但看那兩刃銳利之處，確非尋常寶劍可比。當下李慕白接到手中，掂了掂，覺得很重，便說道："這口寶劍，現在縱有幾千兩銀子，恐怕也買不到！"

鐵小貝勒笑道："好眼力！這口劍是一位將軍贈送我的，雖非古器，但也是漢末之物，可惜經人磨過兩次了。我家還有兩三口劍，全都比這口好，現在家大人手中，將來我再給你看。"

這時那幾個教拳的師父和護院的把式，全都來了，一齊向李慕白拱手說："煩李爺施展幾手兒，叫我們開開眼！"

鐵小貝勒也說："人都來了，你就練一趟吧！"

當下李慕白把長衣掖起，走到場中，提劍向眾人拱手，笑着說道："二爺跟眾位可不要笑話我！"說畢，把劍一揚，劍訣點處，寒光隨到。猿軀疾轉，鶴步輕抬，往來走了兩趟，鐵小貝勒在旁看他手腳利落，姿勢挺拔，不禁嘖嘖讚歎。少時李慕白收住劍勢，又向眾人拱手，謙遜道："見笑，見笑！"

他這輕輕的兩趟劍，在別人看着並不怎樣出色，但鐵小貝勒是懂貨的，他就知道李慕白的寶劍，至少有十年的功夫。他心裏既是欽佩，又是技癢，就把得祿手中的另一口劍拿過來，出了鞘，走近場子向李慕白笑道："咱們兩人對練一回吧！"

李慕白趕緊笑着說："我可不敢跟二爺比武。"鐵小貝勒問道："怎麼，你是怕傷了我嗎？那不要緊，我可以叫他們把寶劍用綢子包上。"

李慕白搖頭道："也並不是怕傷着二爺，因為我自知絕比不過二爺，本來這就夠獻醜的了，若再敗在二爺的手裏，以後我就沒有臉再見二爺了！"

鐵小貝勒見李慕白這樣謙遜，似乎有些不悅，就說："慕白，我沒見過你這樣愛客氣的人！你問問我這幾個師父們，他們都跟我比過武，有時我贏了他們，有時他們也贏我，誰勝誰敗，都沒有什麼。咱們不過隨意玩玩，又不是要指着武藝去吃飯。"

旁邊幾個把式都笑着說："我們二爺是個爽快的人，贏了自然喜歡，輸了也沒有不高興過，李爺就別客氣！"李慕白這時臉紅紅的，覺着十分為難。

鐵小貝勒也覺得剛才自己的話說得重了些，恐怕李慕白錯會了意，便笑着，拍着李慕白的肩頭說："我的本事不如你，我卻願意跟你比武。你連金刀馮茂都給打敗的了，你還能怕我嗎？"遂就要叫得祿去把兩口寶劍裹上紅綢子。

李慕白就說："不要裹了，劍鋒上若裹上綢子，倒不好掄，只請二爺手下留些情就是了！"鐵小貝勒聽了，喜歡得大笑。

鐵小貝勒讓得祿給他掖好了衣裳，他挺劍向李慕白就刺。李慕白手快，趕緊用自己的劍，把鐵小貝勒的劍撥開。鐵小貝勒趁勢又進前一步，將寶劍向李慕白的頭頂削去，李慕白趕緊低頭躲開。鐵小貝勒又撐劍向李慕白的左脅探去，卻被李慕白用力一磕。雙劍相擊，只聽鏘的一聲，鐵小貝勒說："磕得好！"遂又撐劍去刺李慕白的左肩。

李慕白卻撥開對方的劍，一步躍到鐵小貝勒的近前。鐵小貝勒手慌了，趕緊用劍去迎，這時忽聽旁邊有人喊了一聲："留神他翻身！"說話時，果然李慕白翻身一劍，向鐵小貝勒砍去。鐵小貝勒因為被人提醒了，就趕緊橫劍架住了李慕白的劍。

李慕白住了手，笑了笑，回頭去看那說話的人。只見是一個穿着短衣，仿佛是個在馬圈裏使喚的人。這人年約二十上下，身材不高，黃瘦的臉，兩隻眼睛卻湛然有神。李慕白心中十分驚訝，暗道：這個人為什麼能看出我寶劍的招數？

　　這時旁邊的幾個教拳師父和護院把式，全都罵那人不該多說話，得祿也狐假虎威地翻着眼睛說："你不去刷馬，跑到這兒瞧着就得啦，你還敢多說話？去吧！"那人只退了一步，微笑着。

　　鐵小貝勒倒是說："不要轟他，叫他看着吧！"遂也不注意，就抽回劍來又向李慕白去刺。

　　李慕白此時心裏只是注意那個人，也無心再與鐵小貝勒比武，只連退幾步。不料鐵小貝勒卻緊掄幾劍，奔了過來。李慕白趕緊躲開，一躥便躥到了鐵小貝勒的身後。鐵小貝勒翻身一劍砍下，鏘的一聲，金星亂迸，卻被李慕白用劍接住。李慕白就笑着說："請二爺住手，我認輸了。"

　　鐵小貝勒這時持劍的右手，被震得都麻木了，又加上氣喘汗流，他也願意就此住手，遂笑道："佩服，佩服！不愧是名震一時的英雄！"

　　旁邊的幾個教拳師父和護院把式，也同聲贊道："二爺跟這位李爺，真是棋逢敵手！"

　　鐵小貝勒笑道："你們別說了！他讓着我許多了。"

　　李慕白把手中的那口古劍交給得祿，鐵小貝勒就說："這口劍你帶上吧，我送給你啦！我還有比這口好的呢。"李慕白不便再謙遜，就由得祿的手中把那口古劍接了過來，又向鐵小貝勒道了謝。

　　鐵小貝勒說："咱們還是到前面坐坐。"李慕白點了點頭，卻又去看那個剛才看破自己劍法，提醒鐵小貝勒的人。只見那人瞪着兩隻炯炯有神的眼睛，也直看李慕白。李慕白本想要過去和他談話，可是鐵小貝勒已然邁步走了。

　　李慕白只得跟着鐵小貝勒，又到了正院。順着廊子，到了剛才談話的那間房裏，又喝了一杯茶，鐵小貝勒就囑咐李慕白以後要常來，並說："你若用錢，或用什麼東西，可以跟我說，不要客氣！"李慕白一一答應，又說了幾句感謝的話，就向鐵小貝勒告辭了。

　　鐵小貝勒叫得祿給他拿着寶劍，送他出去。到了門首，得祿把寶劍交給李慕白，李慕白就問得祿說："剛才我跟二爺比劍時，有一個人在旁邊說話，那個人是在府裏做什麼的？"

　　得祿撇了撇嘴說："李大爺別理那個人，那人叫小俞，不過是馬棚裏一個管刷馬喂草的。在貝勒爺跟前他竟敢那樣放肆！幸虧貝勒爺的脾氣好，要換個別的主兒，一定打他一頓板子，把他趕出去。太沒有規矩了！"

　　李慕白又問："那個小俞在府上幾年了？"

　　得祿說："來了快一年吧！是一個賣皮貨的喇嘛給薦來的。二爺跟那喇嘛熟識，不好意思不用，其實馬棚裏有十幾個人呢，要他也沒有什麼用處。"

第十八回　寶劍生光驚眸窺俠士　秋燈掩淚痛語絕情絲

　　李慕白點了點頭，便向得祿說了聲："再見！"遂就提着寶劍向南走去。李慕白的心裏卻想着：那個姓俞的人，一定是一個落拓不遇的英雄。剛才自己那劍法，原是紀廣傑師父的秘傳，不料竟被那姓俞的識破。可見此人不但會武藝，武藝還一定很好。只是此人為什麼甘心在那府上做一個管馬的賤役呢？他就想以後要注意觀察這個人，果然這人若真有本領的，自己一定要去告訴鐵小貝勒，不可徒養着一些無能的教拳師父，卻屈英雄於槽櫪之間。往南走了不遠，他就雇上了一輛車，一徑回南城去。

　　車走到丞相胡同北口，他叫車停住，給了車錢，下車就走進史胖子的小酒舖裏。史胖子一見李慕白穿着整齊的衣履，手裏拿着一口寶劍，就笑着說："李大爺，你到貝勒府去了嗎？"

　　李慕白點頭說："對了，才見了鐵小貝勒，他送了我一口寶劍，你看看！"

　　史胖子笑道："我看也不懂。"雖然這樣說着，但是他把劍一抽出，就不禁點頭，嘖嘖地說道："這口寶劍可真值些錢！"

　　李慕白問道："你由哪一點看出？"

　　史胖子笑着說："哪一點我也沒看出。我想既是貝勒送給你的東西，還能夠不是好的嗎？"

　　李慕白面上雖然也笑着，但心裏卻說：史胖子，你不要對我裝傻，你以為我還看不出你是個怎樣的人嗎？回首一看，座上一個酒客也沒有，他就想要問一問史胖子的來歷，務必今天叫他說出實話來。

　　李慕白剛要向史胖子發問，忽見史胖子把酒壺和酒菜給他擺上，說："李大爺你先喝酒，今兒我有些個話，要告訴你呢！"

　　李慕白自斟了一杯酒，飲了半口，就笑着問："什麼事兒？"史胖子一手扶在櫃台上，探着頭問道："李大爺，你知道你相好的那個寶華班的翠纖，嫁給徐侍郎了嗎？"

　　李慕白一聽，真仿佛頭上被人擊了一拳，立刻怔了，他放下酒杯，問道："你聽誰說的？她幾時嫁的那徐侍郎？"

　　史胖子說："李大爺你別着急，聽我慢慢跟你說！"遂把頭更探近些，說："自從李大爺那天被官人捕了去，我就猜着了，那件事不但是胖盧三要報仇，並且徐侍郎還要趁着你在獄裏，他把翠纖娶了去。我一時不平，又怕翠纖上了他們的當，心一活動，真跟了那徐老頭子去。第二天我就換上一身乾淨衣裳，到了寶華班。見着了翠纖和那老媽媽，我就向她們說：'李大爺好好的一個人，就因為你們，被那胖盧三和那徐侍郎買通了衙門，給陷害了。可是李大爺在北京有很多闊朋友，他這案子又沒有證據，過不了幾天，一定能夠放出來。在這幾天之內，若是那胖盧三、徐侍郎要接你從良，你可無論如何不准答應他，要不然被李大爺的朋友知道了，可不能饒你們！'"

　　李慕白趕緊問說："她母女聽了你這話，是怎樣答覆的？"

　　史胖子說："那翠纖親口答應我，說她絕不嫁給徐侍郎。可是過了不到三天，那徐侍郎就弄了頂轎子，把她娶走了。現在校場五條，跟胖盧三的外家住在一塊兒，徐侍郎和胖盧三每天在那裏胡混。我聽見這件事兒，本來也生了一陣子氣，可是後來一想，翠纖本來是個妓女，當妓女的還有什麼良心？不管徐侍郎老不老，人家母女現在有了着落了！"

李慕白這時氣得臉上發白，他擎起酒壺，發了半天怔，就又把酒壺放在桌上，搖頭說："我不信纖娘甘心嫁那徐侍郎！這裏面一定另有緣故，一定是胖盧三和徐侍郎拿我那件案子嚇唬她們，她才不得已跟了徐侍郎。現在她不定傷心成什麼樣子了！"

史胖子笑道："無論是怎麼着，反正翠纖到了徐老頭子的手裏了，她要是不願意，不會尋死嗎？李大爺，我勸你是好話，本來跟那些窯姐兒們是不能動真心的。我說話嘴直，你要是不認得翠纖，還不至於打這回官司呢！李大爺，你是年輕人，又有這一身本事，將來前程遠大，千萬不可跟女人那麼情重，要不然就是鐵漢子，也能叫女人給磨得化成膿水。現在翠纖嫁人了，很好，就由她去吧。李大爺，你好好地幹，將來有了名頭，有了事業，要多少女人都成！"

李慕白慘笑道："史掌櫃，你勸我的這話固然很對，我也並非兒女情長，英雄氣短。不過我絕不相信纖娘能夠甘心嫁徐侍郎，因為徐侍郎早就垂涎她，在她身上也不知花了多少錢，可是纖娘總是不答應從良的事，如何又能正是我在監獄裏的這幾天，她便嫁了徐侍郎？這其中一定有緣故。我非要設法再見纖娘一面，問問她不可！"

史胖子一看，李慕白把纖娘這樣丟不開，他就知道他們兩人必有終身之約。現在李慕白就像被人搶去了老婆一般，他絕不能甘心放手。因此史胖子也不再勸他了，就笑着問道："那麼李大爺，假若你要見了這翠纖，你可跟她說什麼呢？"

李慕白很煩惱地喝了一杯酒，聽史胖子這麼一問，他似乎又有些生氣，就說："我並不跟她說什麼廢話，我只問她嫁徐侍郎是否出於本心？"

史胖子問道："假若她說我願意，願意嫁那老頭子，你可怎麼辦？"

李慕白便慘笑道："那我當然什麼話也沒有，就算我李慕白當初昏了心，不該跟妓女講真情。可是她此番嫁徐侍郎，若是非出自本心，全是由情勢所迫，那就是胖盧三、徐侍郎欺辱了我，我誓死也不能忍受，非要與他們拼命不可！"說話時用手捶着桌子，震得酒壺、酒盅都亂響。

史胖子聽了，微笑着想了半晌，就說："這好辦！胖盧三、徐侍郎的外家就在校場五條，離這兒不遠。他們那房子是新蓋的，路西的半間門洞，門口有兩個上馬石，一找就找着。李大爺，你可以在那門前等着，我想翠纖絕不能老是不出門。"

李慕白冷笑道："見她倒是容易，只是近日我的身體不大舒服，不想立刻就找她去。"說完這話，見史胖子揚着頭似乎在想什麼，遂故意作消了點兒氣的樣子，笑向史胖子說："史掌櫃，你放心，我雖然為此事生氣，但是至多不過找他們些麻煩，絕不能鬧出什麼大事來。因為我在這裏還有親戚。"

他說這話，本是要告訴史胖子別害怕，因為史胖子曾給他在提督衙門裏打過一個舖保。不料史胖子一聽這話，卻拍了拍胸脯，說："不要緊，李大爺你隨便做去，有什麼事我史胖子給你擔當！告訴你李大爺，我可不像別的做買賣的人那麼膽小！"

　　李慕白便微笑道："我都明白！"說話時用眼睛盯了史胖子一下，史胖子也眯着眼微笑着，似乎兩個人都互相了解。

　　少時，李慕白把酒喝完，吃了些菜和燒餅，就向史胖子說："晚上見吧！"遂就回廟裏去了。到了自己住的屋內，李慕白一頭躺在炕上，心裏想着：纖娘對於自己的那番情意，着是深切纏綿的，雖然其間曾有過小小的誤會，可是那天自己向她辭別之時，她也曾婉轉可憐地說，一定等候自己回來，可知她確實有意跟自己從良。卻不料胖盧三、徐侍郎知道纖娘對自己情重，他們就施展手腕，將自己押在監裏，趁勢把纖娘娶了去。哼！你們把我李慕白真看成好欺辱的人了！我要不爭爭這口氣，不把那弱女子救出你們的陷阱，我李慕白還算什麼男子漢？還在江湖上稱什麼英雄？

　　李慕白越想胸中的氣越往上湧，真恨不得即刻就到那校場五條，找着纖娘才好。可是這時候又覺得頭疼身懶，不願意動轉。他躺在炕上，隨手把鐵小貝勒送的那口寶劍抽出，仔細看了看，覺得真是一口古代的名劍。他抬頭又看了看牆上掛着的自己原有的那口劍，卻又想：這口古劍，只能當作古玩一般地鑒賞，若說走江湖或與人比武，還是應當使用自己原有的那口劍。那口劍雖是一件普通的兵器，但是已相隨自己多年，自己曾用此劍隨從紀廣傑老師父學藝；曾用此劍與俞秀蓮姑娘比武，挑過姑娘頭上的繡帕；又曾戰敗過女魔王何劍娥、賽呂布魏鳳翔、花槍馮隆、金刀馮茂這幾個人。總之，自己得到今日這樣的名頭，是全賴此劍，無論如何是不能棄置它的！想到這裏，又長歎了口氣。

　　李慕白躺也躺不住了，就坐起身來，把那口古劍也掛在牆上，遂就出了廟門。到了南半截胡同他表叔祁殿臣那裏，上前一打門，少時來升由裏邊出來。見了李慕白，他趕緊請安，面上並帶着驚異之色，說道："李大爺，您怎麼這些日子沒來呀？"

　　李慕白知道他是明知故問，遂就問說："老爺在家裏沒有？"

　　來升說："在家裏，現在會着客哩。李大爺請進來吧！"

　　李慕白說："既然老爺會着客，我也不進去了。這些日因為得罪了一個人，被人陷害了，坐了幾天監獄。"

　　來升故意驚訝地說道："是嗎？到底為什麼事兒呀？"

　　李慕白說："你們老爺一定早就聽人說了。我這案子，現在是一點兒事兒也沒有了，幸而有一個鐵小貝勒跟我是朋友，是他給我保出來的。你就把這話告訴你們老爺，叫他放心就得了。"

　　來升連連點頭說："有貝勒爺給你作保，那自然什麼事兒也沒有了。"

李慕白又說："我現在還住法明寺，打算過一個來月就回家去了。你回頭把這些話告訴老爺，我過幾天再來。"說畢，轉身就走。

　　出了南半截胡同，在大街上呆呆地怔了一會，他就信步到了校場五條，找到了史胖子所說的那個胖盧三和徐侍郎的外家。李慕白不由心中發生一種陣妒恨，恨不得立時闖進門去，見着纖娘，就問她嫁徐侍郎是否出於真心，並把胖盧三抓住，報復他陷害自己之仇。可是他在這門首附近徘徊了半天，只見那小門緊閉着，並不見有一個人出來。李慕白心中忽然另想起一個辦法，就不再在這裏徘徊，於是就轉身走去。

　　回到廟中，他此時覺得頭上、身上越發難受，就想：莫非我是要生病了嗎？他一想到病，不由灰心大半，躺了一會就睡去了。

　　醒來天色已晚，到史胖子的小舖裏吃了晚飯。因為店舖裏的人很多，史胖子正忙着，李慕白也未得跟他閒談。他悶悶地回到廟中，在院中來回地散步。這時已是新秋，仰面看天空，碧青如洗，連一縷雲也沒有，明月已然半圓，三三五五的星光，閃爍着眸子窺人。兩廊停棺材的地方，黑黝黝的，使人心中發生恐怖。砌下蟲聲唧唧，似議論着人間一切煩惱之事。

　　李慕白驀然想起了俞秀蓮姑娘，立刻就覺得秀蓮姑娘的明眸笑靨、窈窕的身材，仿佛在月下出現了一般，不禁一重思慕的情緒又湧在心頭，他就想：我也太固執了！如今秀蓮的父親已死，孟家二少爺又沒有下落，姑娘的青春不可長此擱誤。我既然這樣愛她，何不親自去見孟老鏢頭和俞老太太，重提親事，與俞秀蓮姑娘結成眷屬呢？這樣一想，他恨不得即刻起身往宣化府去。可是又想：這兩月來，自己在謝纖娘的身上枉用了情意，未免有些對不起秀蓮。

　　正自想着，忽然一陣秋風吹來，李慕白打了一個冷戰，心裏立刻又明白了。他覺得跟秀蓮求親的那件事，實在做不得！自己還是應極力為她找着孟思昭，看他二人成了美滿的姻緣，自己才算心安，才不愧為一個磊磊落落的英雄。仰望明月，他慨然地深吸了一口氣，就直到屋裏，連燈也不點，關門去睡。窗外的蟲聲依舊唧唧的，仿佛比剛才的聲音還大，他極力摒除一切思慮，不覺就入了夢鄉。

　　也不知睡了多少時候，他忽然被一陣輕微的、異樣的聲音所驚醒。睜開眼睛一看，紙窗上鋪着淡淡的一角月影，院中除了唧唧的蟲聲之外，並有一種輕輕的擦摩之聲。李慕白就知道窗外有人，他趕緊坐起身來，輕輕地下了炕，由牆上抽出了自己的那口寶劍，慢慢地把門開開，突的出了屋子。只聽耳邊嗖的一聲響，可看不見人。

　　李慕白四下張望，只見月影橫斜，星光稀稀，一團團白雲在深青色的天空上飄蕩，四下絕無人聲。兩廊停棺之處，依舊黑黝黝的，李慕白就想：大概那賊是跑在棺材後面藏着去了。於是他手挺寶劍，在兩廊巡視了一番，可是不要說賊，就連個鬼魂也沒有。李慕白便又飛身上房，四下張望，依舊沒有一點賊人的聲影。

第十八回　寶劍生光驚眸窺俠士　秋燈掩淚痛語絕情絲

　　李慕白剛要跳下房去，這時忽見自己住的那間屋裏，窗紙一亮，仿佛有人在屋裏點火，可是旋即滅了。他飛身下房，這時就屋中跳出一個人來，手持寶劍，向李慕白就刺。李慕白一面還手，一面注意地看這個人，見他身材不高，用手巾蒙着半個臉，寶劍使得極為兇猛。李慕白微微冷笑，手中的劍一步也不讓。

　　兩刃相磕，鏘鏘作響，往來跳躍，上下飛躍，交手二十餘回合，李慕白漸漸詫異了，這個人的劍法太好了，自己平生還沒遇見過這樣的對手。於是他改變劍法，一點也不敢鬆懈，想要勝了那個人。可不想那個人的劍法也改變了。只見寒光對舞，此來彼迎，各盡平生的本領，但是誰也不能勝了誰。

　　李慕白就想把他的劍架住，問問他到底是什麼人，來找自己是何用意。可是還沒有說話，就見那人退了兩步，嗖的躥上房去，比一隻貓還要輕快。李慕白說聲："朋友，你別走！"遂也躥上房去，可是四下看時，那個人早已沒有蹤影了。

　　李慕白提着寶劍，不禁自言自語地笑道："好，好！我總算沒白到北京來，如今竟遇着對手了！"於是下了房。到屋內點起燈來一看，只見牆上掛着的那口鐵小貝勒送給自己的寶劍沒有了。李慕白一見此人是專為這口寶劍而來，心裏就明白了，他不由得十分高興，而且比劍傷魏鳳翔、拳打瘦彌陀、折服金刀馮茂的時候，還要高興得多。當下他把門閉上，熄了燈，便躺在了炕上，剛才的一些柔絲煩緒，這時仿佛全都被另一種物體打斷了一般。少時他就睡去了。

　　到了次日，李慕白的頭上依舊覺得有些發暈。他便到附近的藥舖裏買了一服丸藥，拿到史胖子的小酒舖裏，就着茶服下去了。他又與史胖子談了一會閒話，但是並沒提說昨夜丟失寶劍之事。待了一會，就與史胖子說了聲："晚上見。"便出了舖子。

　　李慕白雇了一輛車，到鐵貝勒府去。但是到府上一問，鐵小貝勒並沒在家。他又要到馬圈裏去找那刷馬的小俞，問他幾句話，可是又想：自己雖不是鐵小貝勒的貴客，但府上這些僕人，都對自己很是恭敬，倘若自己忽然去拜訪他府上刷馬的人，未免叫他們要生疑。當下他便在府門前徘徊了一會，很盼着那小俞這時候會牽着馬出來，可是等了半天，連那小俞的影子也沒有，只得想着：將來再見他吧！遂就離了府門，慢慢向南走去。

　　走了不遠，李慕白就覺得腳步很沉重，頭還是有些發暈，便雇了一輛車，回丞相胡同去了。到了廟中，他就一頭倒在炕上睡去，午飯也沒有吃。直到天色黃昏的時候，方才起來。他身體既不舒適，又覺得煩惱無聊，不禁長長地歎着氣，心想：纖娘的事，今晚無論如何要辦清楚了，辦完這件事，自己就再無牽掛了。然後休養些日，就往延慶找德嘯峰去。

　　李慕白到了史胖子的小酒舖裏，吃過了晚飯，又與他隨便談了一會話，便回到了廟中。他點上燈，躺在屋裏歇息，心中卻還很盼着昨天晚上盜劍的那個人重來。雖然今天自己身體不太舒適，可是他依舊想與那劍法高強的蒙面人，較一個上下高低。他門也不閉，直等到三更以後，可是院中除了蕭蕭的秋風之聲和唧唧的蟲鳴之外，再也沒有一點兒異樣的聲息。

李慕白覺得是時候了，遂就振作起精神，站起身，換上一身青布的緊身衣褲，腰中勒好了帶子，又換上薄底軟鞋。然後他熄了燈，挾着長衣和寶劍出了屋。仰面一看，天空的雲很是陰沉，月亮像一個愁慘的女人面孔，躲在灰色的幕後。

此時李慕白恨不得一下就飛到校場五條，見着那多日未晤的纖娘。當下他躥上房去，由房過牆，就跳到了廟牆外。四下看了看，見胡同裏沒有人，李慕白就把長衣穿上，暗藏着寶劍，出了丞相胡同的北口，就往校場五條去了。

這時因係半夜，街上清寂寂的，一個人也沒有，李慕白穿着小胡同走，連一個打更的和巡街的都沒有遇見。少時就來到了校場五條那胖盧三新建的小房子前。李慕白一看，雙門緊閉，遂走到牆後，把長衣脫下卷起，繫在背後，一聳身就上了牆頭。他由牆上慢慢地爬到北房上，只見這院子是三合房，北房和西房全都有很明亮的燈光，李慕白就趴在了房上。

待了一會，就聽這北房裏有婦人嬌嗔歡笑之聲，並且不是一個人的聲音。後來聲音漸漸大了起來，就聽有一個婦人說："我可要睡去啦，你要是不死心，就等着吧！"這種嬌媚的語聲，很廝熟地吹到李慕白的耳裏，他心中立時便發生了一種悲痛而又急躁的情緒。

此時北房裏的雅娥，已把纖娘送出屋來了，並由一個老媽子掌着燈，往院中照着。雅娥又拿纖娘打耍着說："你一個人睡覺多害怕呀！不如你就在我的屋裏給我做伴吧，就是回頭我們盧三爺來了，那也不要緊！"

纖娘羞得笑罵道："你嘴裏胡說什麼？這話等徐大人來了，我得跟他說！"

雅娥過來又揪纖娘，笑着說："你敢說！你敢說！你要說，我就永遠不叫徐大人來了！"

纖娘一面掙扎，一面拍手笑着說："哎喲，你是徐大人的什麼人呀？他能這麼聽你的話！"說着，脫開身就往西屋裏去跑。

雅娥笑顛顛地又要往西屋去追，只見纖娘把門閉上，說："好姐姐，別鬧啦！天不早了，我想盧三爺也一定不來了，你也好好睡去吧，明兒見！"

雅娥在門外笑着，嘴裏又很污穢地說了幾句玩笑的話，才喘着氣，一扭一扭地帶着她那老媽子回到北房，把門也關上了。

房上的李慕白一見這種情景，不由灰了一半心，暗想：我本以為謝纖娘嫁給徐侍郎做外家，她不定要如何悲傷抑鬱，可是現在一看，她竟像是很快樂地甘心這樣活着。女人的心，真不可測！想到這裏，他十分氣憤，就要走去。可是又見那西屋裏的燈光許久未熄，李慕白就知道纖娘的母親大概在另一間房裏住。他又想：今天徐侍郎和胖盧三不來了，所以拋下了兩個可憐的婦人，守着空房，彼此打鬧着玩，又想：大概是因為他們曉得我已出獄，必不饒他們，所以嚇得不敢到這裏來了。於是他嗖的跳下房來，一直走到了西房前。

第十八回　寶劍生光驚眸窺俠士　秋燈掩淚痛語絕情絲

　　隔着玻璃窗往裏去看，只見纖娘一個人正在燈旁支頤悶坐。李慕白見纖娘穿着很鮮豔的桃紅色的短褲襖，斜低着雲髻，臉因為背着燈，看不很清楚。李慕白的心中不禁又動了憐愛之情，便把寶劍插在背後，上前一推門。裏面的纖娘正在倚燈傷懷、柔腸百轉之際，忽聽有推門之聲，她還以為是雅娥又來找她玩笑，不由得心中不耐煩，就抬起頭來，皺着眉說："雅娥姐，你也睡吧！咱們明兒再說話吧！今兒我真沒精神啦！唉！"
　　李慕白用指輕輕地彈門，說："纖娘開門來，是我！"
　　纖娘嚇得打了一個冷戰，她趕緊起身來，驚慌慌地說："你，是誰？"說到"誰"字就幾乎喊叫起來，這時李慕白已由外面把門撥開，一步走進屋來。
　　纖娘忽然看見進來這麼一個高身材、身穿黑衣黑褲的人，嚇得"哎呀"了一聲。忽然她借着燈光看出是李慕白來，才咽住了喊聲，嚇得渾身亂顫。她俏麗的姿色被燈光斜照着，面上顯出驚訝恐懼之色，兩眼直望着李慕白。
　　李慕白卻深情地看着纖娘，很溫和地擺了擺手，說："你不要怕！"
　　纖娘的身上依舊哆嗦着，她仰着臉，帶着可憐的神色，問道："你怎麼來了？"
　　李慕白咬着下唇，凝着目看了纖娘半晌，就低聲說道："我來告訴你幾句話！"
　　纖娘見李慕白沒有怒意，才鎮定了一些，說："什麼話，你說吧！"
　　李慕白就說："胖盧三跟徐侍郎使出了毒計，把我陷害在獄中，就為的是他們好把你弄到手，你知道嗎？"
　　纖娘點頭說："我全都知道，我也知道你出來了。這兩天他們不敢到這兒來，就因為怕你！"
　　李慕白冷笑道："幸虧他們沒有在這裏。若在這裏，我非得把他們殺死不可！"纖娘聽了這話，又是一個冷戰，同時也看見了李慕白身後背着的那口寶劍。
　　李慕白又走近一步，面帶憤恨之色，說："我李慕白是好漢子，不能受他們這樣的欺侮，更不能眼看着你給那個家裏已有了兩三個妾的老頭子做外家！你跟我走，咱們明天就離開北京，無論到哪裏，我也不能叫你受苦！"
　　纖娘一聽李慕白要叫她跟着他走，只嚇得連退了兩步，搖着頭說："我不能跟你走！"
　　李慕白剛要伸手去拉她，忽聽她說出這樣的話，不由一怔，就接着問道："你為什麼不走？難道你願意給那徐老頭子做外家嗎？"
　　纖娘搖頭說："絕不！我不願意。可是……徐大人有勢力、有錢，他又待我很好，養活我們母女，我們不能沒良心，不能……"說到這裏，她哭了，她也彷彿不再害怕了，就跺着腳，哭着說："反正我不能夠嫁你！你們，你們江湖人沒有好的！我願意跟徐大人一輩子，你要想殺他，就得連我給殺了！"

此時李慕白的心已完全冰冷了，他呆呆地怔了半晌，便點頭說："好，好！既然你說了這話，我什麼也不能再提了，算我自己認錯了人。好了，我走了！"說畢，他轉身出屋，並還把屋門給帶上了。

　　只聽嗖的一聲，接着房上的瓦微微一響，纖娘曉得李慕白是走了，他那英俊的神氣、爽快的談吐、深厚而溫和的情意，是永遠再也見不到了。纖娘又有些後悔，想着剛才不該跟他說那些無情的話，遂一頭趴在桌上，不禁嗚嗚地痛哭起來。

　　李慕白回到廟中，並不氣惱，只是悔恨自己不該這樣濫用情。從自己對俞秀蓮姑娘發生愛慕之心，後來又知道她已許嫁孟家之後，自己離了宣化府，就應該安分在京謀事，或是索性闖蕩江湖去，不該又在煙花柳巷之中，認識這麼一個纖娘，尤其不該對她用真心實意。正如史胖子所言，自己若不認識纖娘，也就不至於被胖盧三所陷。既然因此事坐了些日牢獄，如今出獄之後，卻又去見纖娘，結果自己的深情厚愛，無人了解，反倒遭受纖娘一番奚落。總算自找羞辱，不必再怨尤他人了！想到這裏，不由歎息，恨不得用寶劍戳刺自己幾下。懊惱半夜，方才睡去。

第十九回　秋風吹古寺侍疾結交　碧血染香巢鋤奸仗義

次日李慕白身體愈覺不適，站起身來，就覺得頭暈腳軟。他咬着牙從炕上爬起來，掙扎着出門去了。到了史胖子的小酒舖裏，他一進門就坐下，用手支着頭，什麼話也不說。史胖子看着，不知道他是身體不適，還以為他是為纖娘之事煩惱呢，便笑問道："怎麼樣了？李大爺，你見着那翠纖沒有？"

李慕白不耐煩地搖頭說："不要再提這件事了！"

史胖子見李慕白的頭越往下低，不禁暗笑，心說：你這麼大的英雄，怎會讓這麼一點小事給糾纏住，就沒有辦法了？遂就望着李慕白，笑了半天。忽然史胖子一拍櫃台，說："李大爺，你別再發愁了，你那件為難的事交給我辦怎麼樣？你別看胖盧三開着六家銀號，徐侍郎做着高官，我史大不過是一個酒保，可是我要是想一個主意，叫他們把那翠纖送還你李大爺，可是容易得很呢！"說着，他一隻臂靠着櫃台，望着李慕白只是笑，仿佛是說：你豁不出去，我史胖子豁得出去呀！

本來李慕白這時並非為纖娘的事而煩惱，卻是因為頭暈得難受，史胖子的那些話，他都沒聽明白，便搖頭說："你別胡攪，我現在難過極了！"說着長歎了一聲，就站起身來，說："我在你這兒坐不住，我要回去了。"說着便拖着沉重的腳步，走出了酒舖。李慕白又去買了兩丸藥，然後才回到廟裏，不料他一躺在炕上，就不願再起來了，遂蓋上被褥痛苦地睡去。

也不知睡了有多少時候，李慕白方由夢中醒來，就覺得渾身發燒。他翻了一個身，長歎一聲，想要再睡，忽聽身旁有人叫道："慕白兄！"李慕白心中一驚，睜眼看去，只見炕前站着一個身穿一件青布夾袍的人，這人黃瘦的臉，大眼睛，正是那個在貝勒府做刷馬賤役的小俞。

李慕白趕緊坐起身來，用一隻手支着炕，說："俞兄，我正盼着見你。昨天我到府上去要找你，沒有找着。你請坐，恕我怠慢，因為我病了！"

那小俞也很恭謹地說："我也看大哥像是病了，所以我進屋來，沒有敢驚動。大哥不要着了涼，請躺下吧！"

李慕白說："好，好！我躺下，俞兄你也坐下，咱們慢慢地談話。我桌上有茶，你隨便倒着喝吧！"

那小俞連連答應，又問："大哥你害的什麼病？請大夫看了沒有？"

李慕白躺在炕上，他把枕頭支高些，望着小俞，歎了口氣道："我的病大概不甚要緊，不過是着了點兒涼，也沒請大夫看，只吃了幾服丸藥。大概歇息一兩日也就好了。"說話時，看見桌上放着一口寶劍，正是前天鐵小貝勒贈給自己，夜間又被人盜去的那口劍，就笑道："俞兄，那天在貝勒府我與鐵二爺比劍之時，俞兄你看出我的劍法，指告了鐵二爺，在當時我便看出你必有通身的武藝，所以很留心你。向那得祿一打聽，才知道你姓俞。我很感慨鐵二爺看不出人來，像你這樣身懷奇技的人，竟屈辱於馬廄之中。我想得便向鐵二爺說出，可是昨天，我去訪鐵二爺，又未得會面！"

小俞卻搖頭說："大哥不要向他提說，那刷馬的事情，乃是我自己願意做的。我來到鐵貝勒府，將一年了，平日除了在馬棚裏做我的事之外，絕不問別人的閒事。不過大哥的英名，我卻在前一個月就聽人談着了。前日一見大哥與鐵二爺動手比武，那劍法的新奇、身手的敏捷，真使我心中不勝敬佩，一時忘形，便在旁邊多說了一句話。因此很受了許多人的抱怨，但我也不跟他們計較。那日我見鐵二爺把他家藏的那口寶劍，贈給了大哥，我的心中越發羨慕。所以到了晚間，我就找到這裏來，一來是想向大哥請教請教武藝；二來是想把這口寶劍借回去看一看。現在這口寶劍我已看過了，雖然不錯，是一件古物，但並不怎樣特別鋒利，又知大哥必正在想念着此物，我也無處擱放，所以特來奉還！"

李慕白躺在炕上，微笑着說："這口寶劍我也用不着，就轉送俞兄拿着使去吧。那天晚上你雖然蒙着臉，可是我也知道是你，所以第二天我只是想要會會你，並不是想再要回寶劍。俞兄，不瞞你說，我李慕白出門走江湖雖然不久，但是魏鳳翔、黃驥北、金刀馮茂等，這些個有名的人物，我也領教過了。實在說，他們的本領都平庸得很，我勝他們之時，並沒費多少力氣。可是前天晚上一與俞兄對起劍來，我真是遇見了對手，我一面欽佩俞兄的武藝高強，一面自喜，我還能夠敵得過你，所以那時候真是高興極了！"

李慕白說着心中十分歡喜，他又要掙扎着坐起身來，但怎奈頭沉肢軟，不能夠起來了，他就望着那小俞道："我還沒請教，俞兄你的大名是什麼？府上在哪裏？"

那小俞見問，就微微歎了口氣，說："我原是張家口的人，自幼就喪了父母，在江湖漂流着。有人叫我小俞，也有人叫我俞二。"

李慕白一聽，就知這小俞是不願意把他的名字告人，心想：此人必是頗有來歷，現在隱身於王府僕役之間，也必然是另有居心，或是有什麼不得已的苦衷。現在初次相識，自己就是問他，恐怕他也未必肯說，只好等以後與他交情深了，再向他打聽吧。

那小俞又說："這口寶劍我因無處放置，還是留在這裏吧！以後我需用時，再向大哥來借。大哥現在病着，我看不宜耽誤，總是請位大夫來診治才好！"

第十九回　秋風吹古寺侍疾結交　碧血染香巢鋤奸仗義

李慕白見小俞這樣關心自己，不由心中十分感激，就說："好！好！俞兄，你就不用惦念我了，我回頭託付本廟的和尚把大夫請來就是了。煩勞俞兄，若見著鐵二爺，就說我現在得了小病，過一二日再去看他。"

小俞點頭說："我見著鐵二爺，一定把大哥的話說明。請大哥歇息吧，我也要走了，明天再來看大哥。"

李慕白便說了聲："恕我不送！"

小俞答應一聲，就出屋去了。這裏李慕白就想：看這姓俞的為人很是誠實，交上這樣一個朋友，也不枉此生。只是以他這樣武藝高強而且年輕的人，卻甘心做那刷馬的賤役，真叫人心裏不明白。李慕白因為身體不適，便也不再思索。

少時廟中的和尚到屋裏來看他。他本想要托和尚把醫生請來，開個方子，可是又想沒人抓藥，也沒人給煎藥，便始終沒有把話說出。和尚出屋以後，他的心中卻不禁淒然難過。想自己臥病客邸，連一個至親也沒有，倘若不幸，在這秋風蕭寺之中，自己死去了，恐怕也沒有人來管吧？又想到俞秀蓮姑娘的孤苦情狀，謝纖娘的柔懦薄情，以及自己數載來的坎坷遭遇，百般煩惱、憤恨、辛酸，便一一湧在心頭。雖然李慕白是個鋼筋鐵骨、擒龍打虎的英雄，但也禁不住病體的影響，心理變得很脆弱，遂就覺得痛苦起來，淚水便一滴一滴地流到了枕邊席上。

此時窗上鋪着的陽光，漸漸沉了下去，大概天色已不早了。李慕白一天也沒有吃飯，現在要想喝一口水，都沒有人給送到唇邊。正在渾身難過，心中痛楚之時，忽聽見院中有了腳步之聲，原來是那小俞又來了。李慕白就掙扎着說："俞兄，請你給我倒碗水喝！"

小俞倒了一碗涼茶，給李慕白送到口邊，並說道："大哥，你別叫我俞兄，大概我比你要小幾歲，你就叫我兄弟好了。"又說："我剛才回到府裏，沒有見鐵二爺，我只向得祿說了。我並向他說，李慕白現在一個人病在廟裏，沒有人服侍他，他要叫我去。

得祿就說：'既然這樣，你就服侍李大爺去好了，回頭我跟二爺說一聲就是。'"

李慕白呻吟歎息道："兄弟，你我初次相識，就累你這樣看顧我，我真心裏難安！"

小俞說："大哥你不要這樣想。咱們走江湖的多半是孤身一人，無家無業，走在外面餐風冒暑，免不得要生病，那時全仗彼此扶持。有的本來是萍水相逢，因此也能成為生死弟兄！"李慕白聽小俞說話是這樣慷慨，自己便也不再說什麼了。

當下小俞服侍李慕白喝完了水，他看天色還不太晚，便又出去了。少時請來了一位醫生，給李慕白診了病，開了藥方。醫生走後，小俞就出去買來藥，並買來小泥火爐、砂鍋和一些柴炭、白米等等。小俞先給李慕白煎了藥服下，又給他煮稀飯吃，直忙到天黑。李慕白心中十分過意不去，口裏連聲道謝。小俞似乎不甚喜歡聽，就正色說："李大哥，你不要對我這樣客氣，我服侍你算不得什麼。你好好地養你的病吧！將來你的病好了，咱們相交日久，你就曉得我俞二是怎樣的一個朋友了！"

正自說着話，忽見房門一開，進來了一個胖子，一口的山西話，說道："怎麼，李大爺你病啦？"小俞順手把燈點上，與進來的這個人，彼此注目看着。就見這個人身材不算高，可是很肥胖，圓腦袋，梳着辮子，穿着一條油裙。

李慕白睜眼一看，原來是史胖子，就說："史掌櫃，你看我大概是要病死在這廟裏了！"

史胖子說："李大爺你別滿口胡說，哪有人不生病的？你們這些年輕人，有個頭疼腦熱的更不要緊，過兩天也就好了。"

李慕白又說："現在你不是正忙着嗎？你怎麼有工夫看我來了？"

史胖子說："櫃上現在倒是有幾個座兒，可是有我們那個夥計忙着，也就行了。本來這兩天我看着你的神色就不大好，恐怕你要生病。今天一整天也沒看見你，我就不放心，趕緊看你來了。"

李慕白就笑着向小俞說："你看，我雖只是一個人在北京，但是我的人緣可很好。這位掌櫃一天沒見着我，他就不放心了。"

史胖子回頭望了望小俞，就問說："這位大哥貴姓？"

小俞笑着回答道："我姓俞。"李慕白說："這位是我的俞二弟，武藝比我高強十倍。"又向小俞介紹說："這位是史掌櫃，就在胡同口外開着酒館，也是我的老朋友了。"

當下小俞與史胖子二人抱拳相見。史胖子直着眼睛望了小俞半天，然後又問李慕白請來醫生，吃了藥後，覺得怎麼樣。小俞就代替李慕白說："大夫說這病不要緊，大概吃上幾劑藥也就得了，不過須要多加休養。"史胖子點頭說："可不是，這位李大哥的武藝雖好，人物雖風流，可就是心事太重了。本來年輕人最忌的就是女色！"

史胖子一說出這話，那小俞就是一怔，趕緊去看李慕白。李慕白也要攔阻史胖子，不叫他往下說。可是史胖子卻不管不顧，依舊說："比女色還厲害的，就是相思病。"

李慕白在炕上躺着斥道："史掌櫃，你可不要信口胡說！"

史胖子笑了笑，說："這何必瞞人？李大爺，你憑良心說，你這病難道不是為那翠纖而起嗎？翠纖不過是一個窰姐兒罷了，她愛嫁胖盧三，愛嫁徐侍郎，就都由她去吧！咱們男子漢大丈夫，只要有這套身手，要娶多少女人都行。你何必整天在心裏熬煎着，毀壞了你鐵打般的身子，那些沒良心的窰姐兒才不管呢！李大爺，你是明白人，我看你也不用吃藥，只要把心眼一放寬了，自然就好了！"說的時候氣憤憤的。

說完了他也有點覺得不對，就向小俞說："我這個人是心直口快。我為李大爺的事，是真着急，因為李大爺不但是我們的老主顧，也是老朋友了！"小俞只是點頭，卻不便說什麼。

李慕白躺着冷笑道："史掌櫃，你說的全不對。雖然，我曾認識過一個妓女，可是現在我早已把她忘掉了。我這病與她是一點相干沒有。"

第十九回　秋風吹古寺侍疾結交　碧血染香巢鋤奸仗義

史胖子笑道："得啦！李大爺，你現在就好好地養病吧！我也不跟你爭辯。我也走了，明天我再來瞧你！"說着向小俞一點頭，就轉身出屋了。

小俞覺得這個史胖子很是奇怪，尤其是在他走出屋時，雖然他的身體很是肥胖，但是腳步卻頗為敏捷。

李慕白也看出小俞很注意史胖子，就向小俞說："你別看這個酒舖掌櫃子，他很有些奇特之處，我早就看出來了，可是他始終向我不認帳！"

小俞說："我也看出來了。這個人的神氣和他走路時的腳步，似乎是個練功的人。"

李慕白說："此人必然大有來歷！等我病好了，非要把他的來歷探出來不可。還有幾件事，都使我生疑，咳，以後我慢慢再對你說吧！"

小俞想要知道李慕白和那胖盧三、徐侍郎及妓女翠纖的事情，但見李慕白這時似乎疲倦極了，閉着眼躺在炕上，一句話也不願說，自然也不便去問，他便坐在燈旁歇息。此時屋內孤燈暗淡，沒有一點聲息，窗外月色正好，砌下的秋蟲很繁雜地叫着。

李慕白躺了半天，覺得身上各處又熱又痛，不禁呻吟了兩聲。他微微睜開眼睛，就見那小俞坐在燈旁，一手支着頭，也是愁眉不展。李慕白見他頭髮不整、衣服襤褸，不禁暗暗歎氣，就想：看他那窮愁的樣子，誰也不能知道他會有一身驚人的武藝，這世上不知淪落了多少英雄！鐵貝勒府那些教劍的師父、護院的把式，個個全都衣錦食肉，而像小俞這樣的人才，卻沒有人曉得！

他又想：聽這小俞談吐不俗，絕不能是久在江湖上混，連個名字也沒有的人。只是看此人把他的身世來歷，仿佛諱莫如深，自己又不能過於追問他。不過他既負有一身驚人的武藝，而又不肯在江湖間與一般盜賊為伍，也可見他是個潔身自愛的人了。他與自己並無深交，肯於這樣服侍自己的疾病，更足見他的俠義肝腸！因此李慕白對於小俞，心中生出無限的感激和尊敬，便說道："兄弟，天色不早了，你也歇息吧！可惜我只有兩床被褥，一床還是薄的，現在天氣又這麼冷了！"

小俞被李慕白這話打斷了思緒，他便站起身來，說："我沒有被褥也行，現在才到秋天，還不算怎樣冷。明天我就把我的被褥拿來。大哥，你喝水吧！"說着，又倒了一碗溫開水，送給李慕白喝。少時他閉好了門，熄了燈，就蓋着那床薄被睡去。

到了次日上午，鐵貝勒府的得祿就來了，見了李慕白就說："我們二爺聽說李大爺病了，很是不放心，特意叫我來看看你，還給你薦了一位常大夫。這位先生是位名醫，我剛才去請了一趟，大夫說還有兩個門診沒有看完，回頭自己就坐着車來。"

李慕白很感謝地說："二爺這樣地關心我，真叫我無法報答！"

得祿又說："我們二爺還叫我跟大爺說，李大爺若用錢時，請只管說話。我們二爺現在給你預備着幾十兩銀子，只是因為怕你多心，所以沒敢叫我送來。"

李慕白說："錢我倒還夠用，只是二爺對我這番美意，真使我十分慚愧！"遂又指了指在旁的小俞，說："這位俞爺也很幫助我。你回去跟二爺說，如若府上沒有什麼事，就叫他在我這裏多住幾天吧！我也需要一個人服侍。"

得祿連說："這不要緊，我可以做主，就叫他在這兒服侍你得了。反正他整天在馬圈裏也沒有多少事。"得祿彷彿一位大管家似的這樣說着，那小俞只在旁邊站着靜聽，臉上一點表情也沒有。

李慕白真不明白，以小俞這樣的人才，為什麼偏要做那賤役，受這些奴僕的欺辱？他心中雖然不平，但也不便向得祿說出小俞是有多大的本領，應當叫鐵小貝勒怎樣另眼看待他。

當下那得祿坐在椅子上，喝了一碗茶，又等了一會，那鐵小貝勒給請的大夫就來了。常大夫也是北京的一位名醫，平日專走王門府第，所以他的架子很大。來到李慕白這狹小的屋子裏，他連話也不說一句，只給李慕白按了按脈，忙忙地開了方子就走了。得祿把大夫送出廟門，看了看那張藥方，估得價錢一定不輕，就向李慕白說："這方子我拿去吧，我們府裏跟鶴年堂有賬。"

李慕白說："不用，回頭叫俞兄弟抓去就得了。"

得祿便把藥方給放下，又說："那麼我走啦。"

李慕白說："好，你回去替我向二爺道謝吧！"當下得祿便出屋去了。

這裏小俞向李慕白說："鐵二爺真待大哥不錯！這得祿是他的親隨，能叫他到這麼遠來看你，可見是敬重大哥了。"

李慕白點頭說："我在監裏時，也是這得祿去看過我幾次。"遂又歎了一聲，說："俞兄弟，我真不明白你！以你這樣的人才，無論做什麼事，何愁不能出人頭地？你為什麼單單要在鐵貝勒府幹那馬圈的事情呢？"

小俞見李慕白這樣懇切地垂問，不由得低着頭，長歎了口氣。良久，他才抬起頭來說道："不瞞大哥，我俞二從幼小時起，就在江湖上漂蕩，現在我實在不願意再度那流浪的生涯了！"李慕白說："既然這樣，你何不向鐵貝勒顯一顯身手？我想他也是一個愛才之人，果然他若知道你有這一身武藝，說不定也能叫你做一個護院的把式，豈不比這刷馬的事強嗎？"

小俞卻連連搖頭，說："現在我還不願幹那些事，因為那樣一來，別人就容易知道我了。"

李慕白說："噢！這樣說，兄弟你現在幹那刷馬的事，就是為隱身匿跡，不願意叫旁人認出你來？"小俞便點了點頭。

李慕白剛要再問小俞，是因為什麼事逼得他這樣做，只見小俞又歎了一聲，說："大哥，現在你既明白了，就不必再問我了，總之，我的心中實有難言之事。也並非我俞二怕誰，我更沒做過什麼犯法的事，我現在鐵貝勒府幹這刷馬的事，不過是暫且耐時，一俟時來運轉，我還是要走往別處去。"

李慕白說："兄弟，我病好了之後，要到延慶去一趟，有我的朋友鐵掌德嘯峰和神槍楊健堂在那裏等着我。兄弟，你也隨我去好不好？咱們在那裏找個鏢頭的事做做。"

第十九回　秋風吹古寺侍疾結交　碧血染香巢鋤奸仗義

小俞搖頭道："延慶那地方我不能去。"

李慕白聽了越發感到驚異，覺得這個小俞為人太古怪了！當下剛要向他詳細追問，忽見小俞站起身來，拿起藥方說："我給大哥抓藥去了。"

李慕白說："兄弟，你拿上錢。我衣包裏還有幾兩銀子。"

小俞卻搖頭說："不用，我有錢。"一面說着，一面就走了。李慕白又為着小俞這個古怪的人，納悶了半天。

待了一會，小俞就回來了，他在簷下升起了小火爐，給李慕白煎藥。李慕白服藥後便沉沉睡去，小俞就又到鐵貝勒府，去取來他的舖蓋。

當日，李慕白的表叔派了跟班的來升，來看了他一次，聽說他病了，回去又給他送來十兩銀子。晚上，史胖子也打發夥計來，給李慕白送來稀飯等等。

李慕白病中有這些人看顧着他，倒也頗不寂苦，只是因為終日靜臥無事，腦裏未免有時思緒紛紜。想到俞秀蓮，又想到謝纖娘，不過想完了之後，自己卻又都很後悔，就想：這都是過去的事情了，算是自己經歷了兩番情劫。此後無論如何，絕不再與女人接近。也學小俞的樣子，孤身飄蕩，無論什麼事都可以做，那樣倒也爽快。

如此一連過了數日，李慕白的病體便漸漸好了，只是還很衰弱。小俞就勸李慕白再在炕上歇息幾天，一切的燒水做飯等事，還是由小俞操作。這兩日，史胖子也沒再打發夥計來看李慕白。鐵小貝勒府倒是每天都派人來，還給李慕白送了些燕窩、銀耳等等的補品。

這天又落了一場小雨，天氣很涼，小俞就把小火爐搬到屋裏，一面燒着飯，一面與李慕白談閒話，倒頗不寂寞。正在這時，忽聽屋外有人叫道："李爺在家嗎？"李慕白一聽，聲音很生疏，便不由得詫異。小俞趕緊開門一看，原來是個官人。

這官人把雨傘放下，立在牆根，就進了屋。李慕白一看，原來是九門提督衙門裏的官人。這官人就是那天捕李慕白入獄的那個頭兒，今天他見了李慕白，樣子倒是十分和氣，就問說："李爺，這幾天沒出門嗎？"

李慕白知道他在雨天之際到這裏來，一定是有點蹊蹺的事情，遂就十分鎮定地說道："我病了有十幾天啦！吃了幾劑藥，現在的病雖好了些，可是還不能夠下炕。老兄，你今天來找我有什麼事嗎？"

那官人坐在炕頭，由懷裏掏出個小煙袋來，他一面抽煙，一面看着桌子上的藥包、地上的藥鍋以及李慕白臉上的病容，然後就笑了笑，搖着頭說："沒有什麼事，我不過是來看看李爺。李爺這幾天沒有見着鐵二爺嗎？"

李慕白說："我這場病，多虧有鐵二爺照應着，才算好了。鐵二爺每天必要打發人來看我，並且請大夫、買藥，都是鐵二爺拿的錢。"

那官人點頭說："鐵二爺向來是個熱心人！"說完這句話，他彷彿又尋思了一下，忽然發問道："李爺，你知道胖盧三和徐侍郎的那件事嗎？"

李慕白聽了，不覺一怔，搖頭說："我跟他們並不認識。"

官人便很和緩地說："李爺，我告訴你這件新聞。昨天夜裏，胖盧三跟徐侍郎都住在校場五條他們的外家那裏，不料忽然去了一個人，拿着刀，把胖盧三和徐侍郎全都給殺死了！"

李慕白一聽，不由驚訝得變了顏色。那官人又說："殺完了胖盧三、徐侍郎之後，兇手就逃跑了，什麼東西也沒丟，可見是仇殺無疑。我們衙門裏一聽見這事，就忙起來了，把胖盧三的外家劉雅娥、徐侍郎的外家謝翠纖和翠纖的母親謝老媽媽，全都給抓在衙門裏去問供。那劉雅娥可就把李爺你給拉上了。"

李慕白一聽，不由生氣道："莫非那婦人說是我殺的胖盧三和徐侍郎嗎？"

那官人擺手道："李爺，你別着急，這官司拉不上你。雅娥雖然是說胖盧三跟李爺有仇，胖盧三因為知道李爺出獄了，怕去找尋他，所以他跟徐侍郎這幾天都沒敢到他外家那裏去。昨天還是雅娥、翠纖叫人把他們兩人請了去的，不想半夜裏就出了這事。可是那兇手是個胖子，頭上、胳臂上全都纏着黑布，連使喚的老媽子都看見了。"

李慕白一聽兇手是個胖子，心中越發驚訝，就冷笑說："幸虧我不是個胖子！"

那官人說："我們衙門裏的人也都知道，絕不能疑心到李爺的身上。不過那雅娥既說出李爺你的名字，我們頭兒就不能不派我來，跟你這兒打聽打聽。"

李慕白冷笑道："跟我打聽什麼？胖盧三雖然陷害過我，我心中雖也恨着他，但這種黑夜殺人的卑鄙行為，我李慕白卻不幹。何況我這些日都在病中，哪還有力氣去殺人？你們若不信，可以把貝勒爺府給我薦的大夫找來，問問他，我是真病，還是假病？"

那官人連忙賠笑說："我不是先跟你說明白了嗎？我們衙門裏誰也沒敢疑心到你的身上！"

李慕白說："既然這樣，那就問不着我。胖盧三、徐侍郎二人平日倚仗財勢，無惡不作，受過他們害的，不知有多少人。我李慕白因為在京有親友，不能夠跟他拼命，別人可不見得跟他拼不來！"李慕白說話之時，十分激憤，又仿佛聞說盧、徐二人被殺，覺得很快活似的，那官人看這情形，他顯然與此案無關，坐了一會，也就走了。

在官人走後，李慕白就向小俞說："你看，幸虧我病了這一場，不然我又得打殺人的冤枉官司了！"

小俞說："那也不能，因為那幾個女人明明看見兇手是一個胖子。"

李慕白微微笑着，想了一會，便點了點頭，卻不說什麼了。

旁邊小俞又問道："那徐侍郎的外家翠纖，是與大哥相識過嗎？"

李慕白見問，不由感到一陣慚愧，便歎道："兄弟，青年人最惹不得的就是兒女私情。我李慕白這半年以來，痛苦備嘗，志氣頹廢，以及遭遇坎坷，不幸的事情頻來，完全是因為一點兒女私情所致。現在我才明白，並且非常後悔。兄弟，你聽我一一對你說！"

第十九回　秋風吹古寺侍疾結交　碧血染香巢鋤奸仗義

小俞久就想知道李慕白所經過的一些風流事情，當下微笑了笑，就坐在炕頭上，傾耳靜聽。就見李慕白先慘笑了一聲，然後就說："我今年曾遇見兩次情障。第一個女子，是我們鄰縣巨鹿人，與兄弟你是同姓！"

小俞一聽這話，立刻吃了一驚，臉上的顏色也變了，兩隻炯炯有神的眼睛也發直了。他越發注意地聽李慕白往下去說。李慕白倒並未留心，只慨然地往下述說自己與俞秀蓮姑娘的那段情史，並說了自己如何因為對俞秀蓮姑娘失了意，才致心情頹廢，結識了妓女翠纖，因此與胖盧三、徐侍郎二人結仇，自己被陷下獄，以及憂煩致病，都與這些事情有關。說完，他就表示自己深深地懺悔，並說從此絕不再惹情魔了。

那小俞對於纖娘的事倒不甚注意，唯有俞秀蓮姑娘的事，卻仿佛刺激了他，呆了半晌，他才微微地笑道："我聽大哥這樣一說，那位秀蓮姑娘確實堪與大哥相配！"

李慕白心中本來餘情未死，聽了這話，便歎道："我年已將三旬，所以至今未娶之故，完全是為要等待秀蓮姑娘那樣的一個人物。卻不想我福薄緣淺，姑娘早已許字他人。現在我是絕無任何的妄想了，我只想設法尋找着那個孟思昭，使他們夫婦完婚，我的心裏也就安慰了。至於我，尤其是因為有了纖娘這件事，我立誓終生不提婚娶妻！"

小俞聽了，便冷笑道："大哥，你何必這樣固執？那孟思昭既然離家不知下落，大哥何妨就娶那俞秀蓮姑娘為妻？"

李慕白笑道："兄弟，我李慕白雖然不才，難斷私情，但這種不義的事，我卻絕不能做。即使孟思昭永遠沒有下落，或者知道他已不在人世了，我也不能娶俞秀蓮姑娘為妻。我寧願鰥居一生！"

小俞聽了，不禁冷笑道："大哥未免太固執了！"說完了這句話，他就站起身出了屋子，在簷下望着庭中蕭蕭的秋雨。站了半天，方才進屋來。

晚間，小俞把飯做好，二人吃了，然後點上燈，又對坐談話。李慕白就勸小俞不必這樣自甘貧賤，年輕的人既有這身本事，總應當找一個識主。又說："鐵小貝勒雖然現在待你很薄，那是因為他不知道你，假若他曉得你的武藝能與我相敵，我想他立刻就能把你待如上賓了。"

小俞卻搖頭說："他既不留心我，我也不願意在他面前賣弄身手，以邀恩寵。再說，現在我已經改了主意，我打算等大哥的病體痊癒之後，我就離開北京，到別處去！"

李慕白趕緊問說："兄弟，你打算到哪裏去呢？"

小俞很遲疑地答道："我要往江南去，找一個朋友。"

李慕白聽了十分喜歡，說："好極了，我也久要往江南去。因為我雖然是直隸省的人，但是生在江南，我有一個盟伯父，就是江南鶴老俠客，我也打算拜訪拜訪他去。兄弟，等我病好了之後，咱們一同南下遨遊，好不好？"

小俞卻搖頭說："大哥不可跟我相比。我俞二是孤身之人，到處為家，而且什麼事都能做得，大哥卻在家鄉尚有叔嬸。而且自來到北京之後，大哥名聲日高，朋友日眾，我望大哥你不要把這些事拋棄了。將來大哥能在此立一番事業，然後再與那俞秀蓮姑娘結成眷屬，方不負男兒的志氣。至於我俞二，是因為遭逢不幸才這樣漂流落魄，也實在是沒有法子了！"

李慕白聽了小俞這話，心中好生不痛快，尤其是聽小俞又提起了俞秀蓮，真叫李慕白不高興。同時他又覺得小俞這人是成心跟自己疏遠，相處這許多日，自己把身世和心中的隱情，全都詳細地告訴了他，可是他從來沒對自己說過一句真話，直到現在，自己還是只曉得他姓俞行二，連名字全都沒有。要說他是個沒有感情的人吧，可是又不然，他對待自己卻是很懇切、很殷勤的。總之，這真是一個令人摸不着脾氣的很奇怪的人。

此時，窗外秋雨依舊簌簌地響，簷水有節奏地滴着，令人沉悶，引人發愁。兩口寶劍黯然無色地掛在牆上，蠟燭也燒得只剩了一點兒。李慕白身體疲乏了，剛要叫小俞把門關上睡覺，忽然見小俞站起身，一面向李慕白擺手，一面急忙由牆上抽劍。李慕白趕緊側耳靜聽，就聽到院中有很輕微的腳步之聲。因為有小俞在旁，李慕白便很放心，用不着他自己起來動手。

小俞把寶劍抽出，剛要撲出門外，忽聽窗外哈哈一陣狂笑之聲，小俞趕忙問道："是誰？"外面卻是山西的口音，答道："是我！"說話之間，門開了，進來了一人，身穿着黑布緊身衣褲，頭上戴着瓜皮小帽。小俞和李慕白借着黯淡的燈光，趕緊去看，原來卻是史胖子。不過史胖子卻不似往日那麼臃腫了，身上很利落。當下李慕白坐在炕上，笑着說道："史掌櫃，今天可露出你的本相來了！"

史胖子微笑了笑，說道："李大爺，咱們一向都是心照不宣。我現在來，是特意向你辭行！"

李慕白聽了一怔，接着冷笑道："你倒真有本事！你把胖盧三和徐侍郎殺完了，你一走了事！你可知道，今天提督衙門的官人又來找我了嗎？"

史胖子笑着搖頭道："那不要緊，你李大爺現在有鐵小貝勒給你作保，就是你犯了案，也不要緊了。"說着一屁股坐在炕頭，又說："李大爺，我現在有些話要對你說。提起我的名字來，大概你也知道，我就是山西的爬山蛇史健。在太行山一帶，混了十幾年，也頗幹了不少出名的事情！"

小俞一聽他就是山西有名的俠客爬山蛇史健，不由多看了他兩眼。

史胖子又接着說："兩年前，我在山西與幾個江湖朋友結了仇，他們幾個人一齊收拾我，我就栽了跟頭。我帶着一個徒弟來到北京，開了這座小酒館。本想就這麼再混些年，不必再跑到江湖上爭強鬥氣去了，可是不想又遇到你李慕白。你的武藝真叫我佩服！後來你受了胖盧三、黃驥北的欺負，又真叫我生氣。所以你在監獄的時候，我就前去救你，打算叫你越獄，跟我一同逃往江湖。可是不想你李大爺比我聰明，你卻專等着鐵小貝勒救你，不肯同我逃走，去做一個黑人。所以從那回事起，我就不想再管你的閒事了。"

李慕白不服氣地道："那次你叫夥計給我帶進一個鋼銼去，夜間你又撬開獄門的鎖去救我，在你固是好意，可是你卻不想，我在北京有親有友，如何能依你那主意去做？"史胖子笑道："我並不是惱了你。你也看得出來，我自從做了買賣就放了膘，要不仗着用帶子纏着，我連房也爬不上去呀！

第十九回　秋風吹古寺侍疾結交　碧血染香巢鋤奸仗義

說話時，他把胳膊上的紐扣解開，捋開袖子，李慕白和小俞一看，原來他用黑布帶子已把渾身的胖肉纏緊。李慕白不由也笑了，小俞便又在燭台上換了一枝蠟燭。

史胖子愈說得慷慨起來，他站起身，拍着胸脯道："憑良心說，我史胖子這兩三年也不大願管閒事，可是胖盧三倚仗財勢，作惡橫行，我卻久就想要把他剪除。尤其是他們又把你陷在獄中，趁勢把那翠纖搶了去，害得你這麼大的英雄得了相思病，這樣的事我看不下去。在昨夜我就到了校場五條，把那作惡多端的胖盧三和徐侍郎全都殺了。翠纖現在成了小寡婦，難道她還不嫁給你李慕白嗎？"

李慕白紅着臉斥道："你簡直是胡說。"

史胖子笑道："我也不叫你答情，反正我心裏的一些骯髒氣現在是都出了。現在我知道已有衙門裏的人瞅上我了，我不能再在北京住了，今夜我就走。可是我告訴你一件事，你別以為黃驥北是好人！這兩天我方聽說，原來你那場官司，不但是胖盧三陷害你，黃驥北在其中也給你灑了不少毒藥。德五爺回到北京不到三天，就叫他給逼走了。現在聽說他又勾結了馮懷、馮隆兄弟，托了四海鏢店的冒寶昆，到河南去請吞舟魚苗振山、金槍張玉瑾，專為來跟你拼命。乾脆一句話，你李慕白要小心一點，張玉瑾的金槍、苗振山的飛鏢、黃驥北的笑裏藏刀，都不是好惹的。我告訴你了，我可幫不了你。"說到這裏，史胖子就笑着向李慕白、小俞二人一拱手，說："我走了，後會有期！"說時一直出屋，只聽一陣風聲瓦響，那史胖子就走了。

這裏李慕白不禁哈哈大笑，向小俞說："兄弟，你說我李慕白的名頭也不小吧，竟招得這麼些人嫉妒！你聽剛才史胖子說，那瘦彌陀黃驥北又托了個姓冒的，快把那金槍張玉瑾和苗振山邀來了。張玉瑾那人，我早就聽俞老鏢頭說過，苗振山之名我還是初次聽見。好極了，大概他們一來到北京，我的病也就好了，我倒要會會他們。"因又冷笑着，罵那黃驥北說："好一個黃驥北！我在獄中時，你還假意去看我，原來你卻是個口蜜腹劍的人呀！好，現在我也不去找你，等你把人請來時，咱們倒要鬥一鬥！"

小俞卻在旁默默不語，彷彿對於這些事並不十分注意似的，他把門閉上，就睡去了。這裏李慕白又是想着黃驥北的事情可恨，又想着史胖子的事有趣，卻又覺得小俞的一舉一動，全都頗為可疑。

又過了五六日，李慕白的病就好了，小俞也就搬回到鐵貝勒府的馬圈去住，並不再來。這天晨起，李慕白穿着軟綢的棉襖，戴着夾風帽，才出了屋子，就見迎面一陣風起，涼得透膚。李慕白不由打了一個寒戰，低頭看時，只見庭中砌下，已有不少的落葉了，心中不禁感到一種書劍漂泊、青春蹉跎之思。信步慢慢地走出廟門，就到了丞相胡同的北口外，只見史胖子的那間小酒舖，緊緊地釘着門板，淒涼得像一座墳墓。李慕白不敢在這裏徘徊，恐怕有人認出自己是與史胖子素有交情，遂就雇上了一輛車，往安定門貝勒府去了。

到了鐵貝勒府，門上的人就把他讓進去。在小客廳裏坐了一會兒，那小虯髯鐵小貝勒就出來接見。一見李慕白，他就很驚訝地說："哎呀，你真瘦了！"李慕白慘笑了笑，遂在鐵小貝勒的對面坐下。鐵小貝勒很懇切地問道："你的病算是完全好了吧？"

李慕白點頭說："就算好了。再休養幾天，也就復原了。"又說："我這場病多虧二爺看顧，並有那位俞二弟服侍我。"鐵小貝勒點頭說："小俞那孩子倒還老實。就是聽人說，他太懶惰。"

李慕白一聽，剛要為小俞聲辯，並想告訴鐵小貝勒，那小俞原是個武藝高強的人，絕不可長久把他安置在馬廄之中，卻聽鐵小貝勒笑了笑說："慕白，我也盼望你快些好了。你知道黃驥北派人請了河南的吞舟魚苗振山、金槍張玉瑾，要來北京與你比武的事情嗎？"

李慕白面上一點也不顯出驚詫之色，就問說："二爺是聽誰說的？"

鐵小貝勒說："前天我見着了銀槍將軍邱廣超，他對我說的。為此事，他很替你抱不平，特意去質問過黃驥北。但是黃驥北給個不認帳，不但說他跟你沒仇，也沒挨過你的打，並說跟你還是好朋友，還說你在監裏時，他還去看過你呢！"

李慕白冷笑了笑，就說："黃驥北幾次跟我攀交情，倒不是假，可是誰知道他的心裏是怎樣？不過我雖剛剛病好，但也不怕他們。我本是想到延慶去，可是現在一有了這事，我又不能走了。我倒要等他把苗振山、張玉瑾邀來，看看那兩個，到底是怎樣的人物？"

鐵小貝勒也露出憤慨的樣子，說："對，我也願意你給咱們爭一口氣！"

二人對坐，沉默了一會兒，鐵小貝勒忽然又歎息了一聲，說："京城這個地方真是人情險惡！外方來的人若是在此稍顯才能，便要遭人所忌。譬如你，若不是認識我和德嘯峰，現在不知道要遭人多少暗算呢！近來還有一件可氣的事，因為你病得很厲害，我也沒叫人去告訴你，就是那胖盧三和徐侍郎，在他們的外家那裏被賊人殺死了。他家的女人明明看見行兇的賊人是一個胖子，而且盧徐二人平日倚勢欺人，結下的仇人也很多，可是黃驥北卻又乘機害你，他跟提督衙門的人說兇手是你。為此事九門毛提督特來找我，我就說你現在病着了，我敢給你作保，因此才算沒有事。"

李慕白也把自己病尚未愈之時，衙門的官人找了自己一次的事說了，然後也憤然道："我未到北京之時，聞得黃驥北的名聲，倒還很景仰他，想不到他原來是這樣一個笑裏藏刀的小人。我回頭倒要拜訪拜訪他去，問問他為什麼對我這樣使盡了奸謀！"說話時，氣得蒼白的臉上泛出紫色。

鐵小貝勒卻搖頭說："你也不必去找他，你的病才好，不可又惹氣。再說你也絕見不着他。他自你出獄之後就不常出門，現在胖盧三、徐侍郎被殺的事一出，他更嚇得不敢出門了。你只要以後防備他一些就得了。"

李慕白口中雖不言語了，但心中依然怒氣未息。又同鐵小貝勒談了一會，他便告辭出了府門。又到馬圈裏去找那小俞，可是據馬圈裏的人說，小俞昨天出去的，直到現在沒有回來。李慕白一聽，十分驚詫，發了一會怔，只得雇了一輛騾車回南城去。他坐在車上就想：自己怎麼淨遇見些奇怪的人？本

第十九回　秋風吹古寺侍疾結交　碧血染香巢鋤奸仗義

來那史胖子就已神出鬼沒地跟自己胡纏了一個多月，他倒是好心，想要幫助我，可是結果反倒幾乎把我給害了。現在這個小俞，卻比史胖子更為蹊蹺，不知他到底是個幹什麼的。車走得很快，少時走到前門外騾馬市大街。

李慕白坐在車裏，也沒放下車簾，往外看看那往來的行人和兩旁的舖戶。正自走着，忽聽迎面有人叫道："李老爺！李老爺！"

李慕白往道旁一看，只見是一個年約半百的老婦人，仔細去看，才看出是纖娘的母親謝老媽媽。只見她穿着一件舊緞子的短夾襖，凍得縮着手，手裏提着一個藥包。李慕白叫車站住，就在車上問說："你做什麼來了？"

謝老媽媽哈着腰走到車前，往南指着說："我跟翠纖搬出來啦，就在粉房琉璃街她舅媽家住着。纖娘天天想李老爺，想李老爺想得都病了！李老爺，您現在要沒有什麼忙事，到我們那兒歇會好不好？"謝老媽媽這樣央求着，樣子是十分可憐。

李慕白明白，徐侍郎死後，纖娘是下堂了。他本想不再見纖娘之面，可是又想起自己在元豐棧住着的時候，有一次在西河沿東口，遇見她母女坐着車招呼自己，那時她是多麼戀慕自己。現在才不過兩月有餘，雖然自己失了意，受了些坎坷，又受了纖娘的無理拒絕，可是她已落得這樣可憐，如今她母親又央求自己去，自己若是不去看慰看慰她，不獨顯得量小，而且也太薄情了！於是他就點頭說："好吧，我看看她去！"下車給了車錢，就跟着謝老媽媽進了粉房琉璃街的北口。

謝老媽媽這時仿佛很高興，腰也直起來一些，她一面走着，一面回頭說："李老爺，我們姑娘一定是跟您有緣分兒。自從您一走，我們姑娘就茶飯懶咽，連打扮也不打扮了。後來跟掌班的鬧了彆扭，我們就搬出來了。依着她舅媽，還要給她另找地方混事，可是那孩子哭天抹淚，說是絕不再吃這碗窰子飯了，就等着李老爺回來。"

李慕白一聽，心中又是好氣，又是好笑，心說：這個奸詐的老鴇婆！她把她們母女下過一次水的事，全都瞞過不提了，以為我是不知道嗎？同時又覺得謝老媽媽說的這些話可疑，莫非她把我請了去，是又想叫纖娘跟我從良嗎？哼，不用說有了徐侍郎那件事，就是沒有，纖娘也是對我不誠心實意，我李慕白再也不惹那些情絲煩網了！

第二十回　陋巷殘花淒涼驚宿夢　寒風傲骨慷慨卻癡情

　　走了不遠，謝老媽媽就在路東一個破板門前站住了，門也沒關着，謝老媽媽說："李老爺，請進吧，這就是我們的家，你可別笑話！"

　　李慕白進了門，一看院子很是狹小，一地的髒水敗葉，曬衣的繩子上搭着些妖紅怪紫的女人褲襖。院子裏不過六七間房子，可是看那雜亂的樣子，大概住了許多家。有的屋裏見謝老媽媽讓進客來，就有兩三個蓬頭散髮的妖佻女人扒着屋門往外看。李慕白曉得，這院裏住的大概都是些養妓女的。

　　當下謝老媽媽走到西邊一間小屋前，把那紙糊的破門窗拉開，就請李慕白進去。李慕白皺着眉進到屋裏，只覺得一陣藥味和污穢的氣味直鑽到腦子裏。屋裏連一張桌子也沒有，只有一舖炕，炕上鋪着一領席，席上攤着一床還不很舊的紅緞被子，李慕白認得，這就是自己給她買的那材料做的。被裏的纖娘蒙着頭睡着，枕畔露着蓬亂的頭髮。謝老媽媽走到枕邊，扒着頭叫道："翠纖，翠纖！你快瞧！你瞧瞧誰來了？"

　　纖娘細聲呻吟着，把頭由被中伸出來，微微地抬起。一看是李慕白，她又是驚訝，又是憤恨，就說："你來了！你瞧，我成了什麼樣子了！你，李老爺，現在你可稱了心了吧！"李慕白一看，纖娘的臉上是又紫又腫，並雜着些淚痕血跡，眼睛雖然還是那麼嬌秀、哀怨，可是帶着恨色。

　　纖娘說完了，又蒙上頭痛哭，謝老媽媽也在旁流着淚。李慕白知道，一定是徐侍郎被殺之後，衙門把纖娘抓了去，用刑拷問了她一番，所以臉上被打成這個樣子。心裏就想：雖然徐侍郎是史胖子所殺，可是不能說與自己絲毫無關。徐侍郎死得不冤，可是纖娘一個可憐的人，落得這個樣子，自己的良心上實在過不去。因之不由歎了一聲，走近纖娘的頭前，就說："纖娘，你別怨我，胖盧三跟徐侍郎被人殺了的事，連我也想不到。我病了有半個多月，直到現在還沒十分好。"

　　纖娘又驀地抬起頭來，冷笑道："我怎能怨你？可是……"說到這裏，她抬眼看了她母親一下，就說："媽，你出去一會兒，我跟李老爺說幾句話！"謝老媽媽聽了她女兒的話，就抹了抹眼淚，走出屋去了。

第二十回　陋巷殘花淒涼驚宿夢　寒風傲骨慷慨卻癡情

纖娘便很憤慨地低聲說：「李老爺，我也知道，人不是你殺的，可是，你能說你不認得那個兇手嗎？」

李慕白不由一驚，就冷笑說：「即使那兇手是我認得的，又當怎樣？徐侍郎死的時候，我正病得厲害，我還能有精神教唆別人去行兇嗎？」

纖娘冷笑了兩聲，說：「倒許不是你教唆的，可是那個行兇的胖子，我早就認得他，他也曾親口對我說過，他是你的好朋友。這些話，我要是在過堂時說了，也不至於叫人把臉打成這個樣子。總之，你別瞧我不過是一個妓女，我還有點橫勁兒，我自己受苦我認命，只盼望你老爺好好兒的，就得了。」說到這裏，她用被角擦了擦眼淚，又說：「我早就知道你們江湖人不好惹，要不然，我也不能嫁那徐老頭子！」說時，又勾起以往傷心痛膚之事，她不禁哽咽着痛哭。

李慕白氣得怔了半晌，才說道：「什麼話？你永遠把我看成了江湖人！」站着生了半天氣，他又覺得纖娘可憐，遂就歎氣說：「我要跟你解說，也是解說不清。不過我告訴你，你別以為我會幾手武藝，就是江湖人，其實江湖上的人多半是恨我刺骨，我也專打一些江湖上的強盜惡霸。我由夏天到北京找我表叔來謀事，路上有幾個江湖人跟我比武，我把他們都打敗了，他們就恨上了我，給我造了許多謠言，以為我是什麼江湖大盜。因此胖盧三和黃驥北就運動官府，幾乎將我害死。直到現在，他們還不肯甘休，將來還有河南的吞舟魚苗振山和金槍張玉瑾，要到北京來找我決鬥！」

聽他說到苗振山，那纖娘忽然抬起頭來，瞪着眼睛，戰戰兢兢地問道：「你說什麼？苗振山？」

李慕白點頭說：「這苗振山是河南一個最有名的江湖人。」又說：「其實這些話你也聽不懂。不過我是告訴你，我李慕白是個行俠仗義的好漢子，也是個規矩人。我會武藝，我跟人打架，那是因為我不願受別人的欺侮。就譬如那天晚間的事吧！我聽了你的話，我知道你是甘心嫁徐侍郎，我立刻就走，什麼話也沒說。你還以為我嫉恨行兇，那實在是錯看了我李慕白了！」

纖娘本來一聽到苗振山要來北京的事，就嚇得神魂都失散了。她流着淚躺在炕上，腦中翻閱着苗振山那兇惡的面孔、粗暴的聲音，想起皮鞭子打在自己身上時的痛楚，以及自己的父親被他們亂棍打死的慘況，就覺得已然是死在目前，只要苗振山一來到，他絕不能寬容自己和母親。所以李慕白後面的一些話，她全都沒有聽明白。

這時謝老媽媽又進到屋裏來了，她見女兒哭着，李慕白皺着雙眉站在那裏，臉上並帶着氣憤之色，便淚眼不乾地在旁邊站着。過了一會兒，李慕白就望了望她，問說：「那麼以後你們打算怎麼樣呢？」

謝老媽媽尚未答言，纖娘就痛哭着說：「誰還能管以後，眼前我們娘兒倆就快死了！」

謝老媽媽一聽，又哭了，她一面抹着鼻涕眼淚，一面央求李慕白說：「我們娘兒倆的事，也瞞不了李大爺啦！翠纖嫁了徐大人不到一個月，徐大人就叫強盜給殺死了，可憐我們娘兒倆，還坐了幾天監牢。翠纖那樣的身子骨兒，本來就常常病，哪禁得住叫衙門打了幾十個嘴巴？我們娘兒倆的東西首飾，全都叫徐宅的人給拿了去，什麼也沒給我們留下。沒法子，這才在她舅媽家裏住着。可是人家也沒有什麼家底，我們娘兒倆在人家這兒，吃這碗窰子飯，長了也不行。想要再找地方混事吧，可是翠纖的臉上還沒好，再說哪裏去借錢置辦衣裳傢俱呢？沒有法子，我才把李大爺請了來，就求李大爺念着早先的好兒，救一救我們娘兒倆吧！"

　　李慕白聽了，心裏也很難過，待了半天，他才歎了口氣，說："事到如今，我能給你們想個什麼辦法呢？"他仰着頭，歎着氣，又想了一會兒，就說："我倒可以向朋友給你們借些錢，你們暫時度日。等纖娘好一點時，趕緊給她找一個適當的人嫁過去，你們母女就都有着落了。據我想，但凡有一線生路，還是不要再入班子才是！"

　　謝老媽媽一聽李慕白答應借錢給她們，就趕緊說："哎呀，無論誰，要是有條活路兒，誰能夠把女兒送到班子裏去啊！李老爺……"

　　謝老媽媽剛要說想叫纖娘嫁給李慕白的話，可是李慕白已然掏出錢夾子來了，他給了謝老媽媽兩張銀票，說道："你們先拿這個用着，過兩天你到法明寺去找我，我再給你們預備十幾兩銀子。我現在病才好，不大愛出門，以後我也不到你們這兒來了，你就叫纖娘好好調養着吧！"說話時，又用眼去看纖娘。只見纖娘仰臥在炕上，瞪着兩隻眼發怔，眼淚順着那青紫斑斑的臉頰向下流，就像是一朵受了摧殘的嬌花一般，使人於可憐之外，還生些愛慕之意。李慕白勉強克制住自己心中的縷縷柔情，就長歎了一聲，說道："我走啦！"謝老媽媽就跟着，把李慕白送出了門外。

　　李慕白連頭也不回，無精打采地走出了粉房琉璃街。順着騾馬市大街往西，找了個小飯舖吃了幾杯酒，吃了飯，就聽飯舖裏有人談說："西邊那小酒舖買賣不錯呀，怎麼那史胖子把舖子抛下跑了呢？"李慕白知道，街上的人現在還不知道史胖子與兇殺胖盧三、徐侍郎的案子有關，就想：史胖子那個人也不知到哪裏去了？假如他不因那案子避走，自己現在總不至如此寂寞吧！吃過了飯，他便出了飯舖，見長街上已是秋風蕭颯。

　　回到了法明寺，李慕白仍時時掛念着纖娘那可憐的情形。但他現在是決定了，設法弄點錢救濟她們母女倒還可以，若乘此時期再談嫁娶的事，那卻絕不可能了。李慕白現在心中只有兩個念頭，第一是要設法探出那小俞的隱秘，也就是倒要明白明白他是個怎樣的人；第二，就是盼着自己快些恢復健康，好等苗振山、張玉瑾來到，憑仗寶劍與他們決一個雌雄。

　　一日過去，到了第二天，秋風吹得更緊。早晨，李慕白在院中慢慢地練了一趟劍，覺得身體還未被那場病給毀了。他擎着寶劍，又想起那夜小俞來此盜劍之時，與自己交手對劍。小俞的身手劍法，真是矯捷可愛，若非自己的武藝受過真傳授，真怕要敵不過他。這樣一想，他立刻把劍拿回屋裏，穿上長衣，就出門雇車，往鐵貝勒府去了。

　　到了鐵府，李慕白下了車，今天他並不由正門進去見鐵小貝勒，卻一直到馬圈裏去找小俞。馬圈裏的人知道李慕白是他們二爺的好朋友，就趕緊

第二十回　陌巷殘花淒涼驚宿夢　寒風傲骨慷慨卻癡情

把小俞找來。小俞滿面的濕泥，仿佛有好幾天沒洗臉了，在這時候身上還穿着藍布的破褲褂。李慕白就很懇切地說："兄弟，昨天我來找你，這裏的人說你出去沒回來。"

小俞點了點頭，只說："這兩天我是有點事。"

李慕白看着他那單寒的樣子，很覺得他可憐，便說："兄弟，你跟我出去，找一個酒舖咱們談一談去！"小俞點了點頭，就跟李慕白出了馬圈，二人往西走去。寒風迎面吹着，李慕白身穿着棉襖，都覺得寒冷，可是回首看小俞，卻一點兒也沒有畏冷的樣子。

少時，在街上找到一家酒舖，進去在一張桌旁坐下。要過酒來，二人對坐飲着酒，李慕白就說："天氣冷了，兄弟，你身上不覺得寒冷嗎？"

小俞搖頭說："我一點兒也不覺得冷。"

李慕白又說："你若是尚沒有棉衣，我可以送給你一件。"

小俞點頭說："也好。"

李慕白見他肯受自己的棉衣，心裏就覺得很痛快，遂笑着說："這兩日見不着你，我寂寞極了！今天我一個人在廟裏練了趟劍，我就想，若是咱們兄弟能常在一起，彼此指點武藝，那有多麼好！"

小俞擎杯點了點頭，接着歎了口氣，說道："大哥，我要離開北京，只是現在身畔沒有盤纏錢！"

李慕白說："那不要緊，我可以給你籌辦幾十兩銀子，不過……"

小俞在旁打斷他的話說："我不用你借給我錢，因為你現在的景況，也比我好不了多少。"李慕白搖頭說："不是我的錢。因為德嘯峰臨走時，他曾送給我一個錢摺子，可以取兩千銀子。我現在一點兒沒動。我想你要用，咱們可以取出些來，德嘯峰是個有錢的人，他必不在乎這一點兒。"

小俞連連搖頭，說："你的朋友的錢，我更不能用了！"他凝了一會神，又說："只好慢慢再說吧，好在我也並非急於要走。"

李慕白用眼審視着小俞，就見小俞仿佛心中有許多牢騷、感慨，不過是表面上用一種凜乎不可犯的俠氣掩蓋着，不肯傾露出來罷了。又喝了幾杯酒，李慕白就說："兄弟，我們相識的日期雖不久，但是我那場病多虧你服侍，我真把你當作我的親兄弟一樣看待。我們原應當不分彼此，緩急相助，可是我看你心裏總像有些事情，你卻不肯向我說實話，真不知是什麼緣故？"

小俞微笑了笑，說："你我雖然都很年輕，都能使寶劍，而且能打個平手，但是彼此的身世與性情卻不同。我要把我的心事告訴你，你也不能明白。不過日後你必曉得，我俞二並非是與你交友不真實。"說到這裏，他把後來拿上來的兩壺酒全都喝了，但並沒有一點醉意，然後站起身來說："大哥，我要回去了，明天我到廟裏找你去，咱們再細談！"說着就一直出了酒舖走了，把李慕白一人拋在這裏。

李慕白髮了半天怔，心想：小俞這個人，真是不近人情。莫非他跟史胖子一樣，原本也是個江湖大盜，因為犯了重案，才避到鐵小貝勒的府上隱身嗎？可是又想着不像，以小俞那樣的本領，若是偷盜，誰能捉得住他？他何至於這樣冷的天氣，連件棉衣也沒穿上？又何至於他要出外還發愁路費呢？他這樣想着，真猜不出這小俞到底是怎樣的一個人。

疑慮了半晌，他忽然想起了泰興鏢店的老鏢頭劉起雲，老鏢頭久在江湖，認識的人必多，我何不去拜訪他，向他打聽打聽江湖上有什麼姓俞的年輕英雄沒有？再說劉起雲與故去的俞老鏢頭、宣化府孟老鏢頭都是好友，我也可以順便打聽打聽俞秀蓮姑娘的近況和那孟思昭到底有了下落沒有。於是付了酒錢，出門雇上車，就往前門外打磨廠去了。

少時，他便到了打磨廠泰興鏢店，見着了劉起雲老鏢頭。劉起雲見李慕白來了，很是喜歡，就說："李老弟，多日未見，我淨想看你去，只是忘了你住在什麼地方。"

李慕白說："我也久想來看看老鏢頭，只因我打了一場冤枉官司，又病了一場，所以總不能來看你老人家。"

劉起雲說："你打的那件官司，我也知道，當初我也很替你着急。後來聽說德嘯峰回京了，鐵小貝勒又很照應你，所以我就放了心，知道他們必能給你想法子。可是還不知你出獄又病了。"

李慕白歎道："我這場病比那場官司還厲害，現在雖然病好了，可是身體還沒有復原。"接着二人就談起閒話來。

李慕白就提到現在江湖的一些有名英雄，又問說："有一個姓俞行二，外號叫小俞的人，不知老鏢頭曉得不曉得？"

劉起雲想了半晌，就說："我知道的江湖人姓俞的很少，我只認得故去的鐵翅雕俞老哥。至於江湖上的後起之秀，我可就不曉得了。"

李慕白點了點頭，遂又問劉起雲，見着宣化府孟家的人沒有，那孟思昭不知有無下落？劉起雲就說："前些日倒是由口外來了個老朋友，他說路過宣化府，見着孟永祥了，他的二少爺孟思昭還是沒有音信。俞姑娘還住在那裏，俞老太太卻聽說病得很厲害！"李慕白聽了一驚，心中很為秀蓮姑娘難過，便擎着一杯茶慢慢地喝着，良久不語。

那劉起雲忽然又說："李老弟，現在有河南著名的兩位好漢，要到北京來會你，你可曉得嗎？"李慕白冷笑着說："莫不是那苗振山、張玉瑾二人嗎？"劉起雲點頭說："正是！四海鏢店的冒六已然走了有半個多月了，大概就快同着那苗振山和張玉瑾來了。"

李慕白便態度昂然地說："要是沒有這件事，我早就往延慶去了！我在這裏就是為等候苗、張二人。那苗振山與我倒素無仇恨，只是那個金槍張玉瑾，我知此人平日兇橫已極。他曾將俞雄遠老鏢頭逼死，他的妻子女魔王何劍娥也曾被我砍傷過，大概現在還押在饒陽的監獄裏。我們二人因有此仇，恐怕見面非要拼個生死不可。最可恨的是那瘦彌陀黃驥北，他既然仇恨我，就何妨與我拼一下，他卻在表面上與我假意交好，暗地裏使盡了心機，要想陷害我，未免太是陰險小人的行為了！"

劉起雲道："黃驥北向來就是這樣的人！所以我最佩服的是金刀馮茂，他負氣而來，與你比武，敗了之後，扔下雙刀就走。他現在回到深州安分守己地度日，連舊日的江湖朋友去找他，他都一概不見了。"

李慕白一聽，心中對金刀馮茂也很是抱歉，就想以後有暇，應當去看看他，交他這個朋友。

當時劉起雲和李慕白又談了半天閒話，李慕白就告辭走了。到了前門大街，他找到了一家估衣舖，按照小俞的身材，買了一身棉褲襖和一件長棉袍，又到別的舖子裏給小俞買了鞋帽，預備明天送給小俞。

李慕白拿着這些東西，迎着秋風，走回法明寺裏。剛一進門，忽見有一個身穿青布棉袍的人，見着他就屈腿請安，叫聲："李大爺，你好呀！"

李慕白還認得，這人是東四三條德嘯峰家的僕人，遂就問道："你幹什麼來了？有事嗎？"

那僕人一面賠笑，一面由身邊取出一封信來，說道："剛才由延慶來了一個人，是我們老爺派來的，給李大爺帶來一封信，並說我們老爺也快回來了。"李慕白把信接過，給了僕人賞錢，那僕人道了謝就走了。

這時李慕白十分歡喜，回到屋內，就把德嘯峰的來信拆開來看。只見信箋有好幾張，上面寫着核桃般大的字：

慕白老弟如晤：別來又將一月矣！小兄此番出都，雖奉官命，亦有私衷，容相見時再為細說！小兄臨走時，我弟尚屈處獄中，沉冤未雪；唯以有小蚪舅鐵二爺之慨諾，小兄始敢放心而去，預料此信到達時，我弟必早已脫難矣。小兄來到延慶數日，與神槍楊三爺談到我弟之事，彼亦深為關心，且甚欽佩，亟欲往北京一睹我弟之英姿。此外，尚有一件可喜事，即係此處新來一貴賓，此人非他，即我弟夢寐不忘之人，俠女俞秀蓮是也！

李慕白看到此處，不禁十分驚訝，趕緊又接着往下去看，只見是：

既然有此奇遇，小兄決為吾弟成此良緣。金釵寶劍，紅袖青衫，有情人若成了眷屬，我德五亦陰功不小。書遣出後，小兄與神槍楊三爺及俞秀蓮姑娘，即同行赴都。關山不遠，計日可達，老弟快辦喜酒，以備我等暢飲！即頌大喜大吉！

小兄德嘯峰拜上 楊健堂慕名候安 俞秀蓮斂衽

李慕白讀過德嘯峰的這封信，既覺得德嘯峰有些胡鬧，又想着這件事奇怪。本來剛才聽劉起雲老鏢頭說，俞老太太現在病得很重，怎會秀蓮姑娘又一人離開孟家到外面來？莫非俞老太太也去世了嗎？看德嘯峰這信所說，彷彿俞秀蓮姑娘已應允嫁給自己了，可是將來若再尋着孟思昭，那可又怎麼辦？他想來想去，覺得無論如何，這件事是應允不得，不能由着德五這樣荒唐着撮合。此事反倒把他的心弄得很難過，他一個人坐在凳子上，聽着秋風吹打着窗簾，心中亂七八糟的。

坐了半天，望了望牆上懸掛着的那兩口寶劍，他又想起小俞來，暗道：小俞那個人是多麼強硬，哪像自己這樣情思纏綿，遇事不決。我真不能做一個好漢子嗎？我真不如小俞嗎？於是便決定無論如何不能答應俞秀蓮的婚事。別管他們來不來，反正我只要會過苗振山、張玉瑾之後就走。主意一決定了，便不再想，他把德嘯峰那封信隨手扔在桌上，出去吃了晚飯，回來就睡了。

　　半夜醒來，聽得窗外秋風颯颯，遠處更鼓遲遲，孤枕寒衾，又倍感寂寞淒涼。李慕白不禁又想到那憔悴於病榻之上，身受凌辱、苦難、窮困、孤零的謝纖娘，想到那正在驛途上的素衣健馬、身伴雙刀、心懷幽怨的俞秀蓮姑娘，他捶着枕頭連歎了幾聲，便用被蓋上頭，抱着無限的愁煩睡去。

　　次日清晨，李慕白就在院中練劍，又到和尚屋內去閒談了一會兒，極力想把心事丟開。到了午飯時候，小俞就找他來了。李慕白十分喜歡，就說：「兄弟，你來了！你先試試，看我這衣裳，你穿着合適不合適？」小俞把棉衣試了試，倒還合體。又看見那新鞋新帽子，他就明白了，這一份衣帽，是李慕白特意給他買的，便臉色微變了變，並不再說什麼。

　　此時李慕白又由桌上把那封信拿起來，遞給小俞，說：「兄弟，你看德嘯峰托人給我帶來一封信，說是神槍楊健堂也要到北京來，並且……」說到這裏，李慕白像是不好意思似的笑了笑，說道：「還有一件事，德嘯峰簡直胡鬧！」

　　小俞捧着信一面看，一面點頭，他直直地瞪着兩隻大眼睛，仿佛要把信上的字一個一個地都裝了進去。黃瘦的臉上也變了色，嘴裏並不住發出嘖嘖的聲音。看了半天，他才把那封信放在桌上，點頭冷笑着說：「這是好事！」又拍了拍李慕白的肩頭，說：「我先為大哥道喜！」李慕白聽了小俞這話，心中十分不悅，便愕然說：「兄弟你看，這件事我如何能應得？而且俞秀蓮姑娘也未必肯這樣辦。」

　　小俞正色道：「這有什麼做不得的？大哥既曾向俞秀蓮比武求婚，又曾在半路上救她父女脫險，助她埋葬父親，千里長途，把她母女送到宣化府。大哥對待俞秀蓮，可以說是情深似海，義重如山。那孟思昭離家棄妻，生死莫卜，他對俞秀蓮姑娘就算毫無恩義了。即使他再出頭，只要他是個好漢子，他又能有什麼話說？」說話時，他激昂慷慨，斬鐵斷釘，仿佛要逼着李慕白承認與俞秀蓮有情，並且必須答應俞秀蓮的婚事才成。

　　李慕白看他這種神態，覺得非常詫異。本來這些日李慕白就覺得小俞的為人可疑，費了多日的思索、探問，始終沒有猜出小俞是怎樣的一個人。如今為了俞秀蓮與自己的這件事，這小俞竟向自己這樣聲色俱厲，慷慨陳情，雖然他還在笑着，可那勉強的笑，畢竟掩蓋不住他內心的悲痛。李慕白驀然明白了，就像大夢初醒，又像找着了一個寶貝似的，他就趁着小俞不防，猛地抓住了他的胳膊，哈哈地狂笑道：「兄弟，你把我李慕白看成什麼人了？我李慕白豈是那樣見色忘義的匹夫、混帳嗎？兄弟，你現在也不必再瞞我了，我早已看出你來了，你就是那個我尋了多日，正尋不着的孟思昭！現在俞姑

第二十回　陌巷殘花淒涼驚宿夢　寒風傲骨慷慨卻癡情

娘也快來了，正好，正好！"

小俞一聽李慕白指明他就是孟思昭，臉色驟變，趕緊劈手將胳膊奪過，轉身向屋外就跑。李慕白笑着說："兄弟，你跑什麼？"一面說着，一面往屋外去追。追出了廟門，只見小俞早跑出北口去了，及至李慕白追出了北口，那小俞早沒有了蹤影。

李慕白站在大街上，東張西望了半天，心中十分着急，就想：小俞莫非就這樣走了嗎？又想：小俞是個有骨氣、講臉面的人，他在鐵貝勒府雖然不過是個馬夫賤役，可是他絕不能不回貝勒府去說一聲，就這樣地走了。而且他現在手中無錢，大概也不能遠去。於是他趕緊回去取了帽子，就出門雇上車，往鐵貝勒府去。

坐在車上，李慕白心中十分痛快，暗想：這許多日我為俞秀蓮的事，一點兒辦法想不出，如今竟把這孟思昭找到了！而且他還是這麼一個武藝超群、生性慷慨的人，真真堪為秀蓮姑娘之配。雖然他現在極力逃避，不願與秀蓮姑娘成婚，但那是他自覺窮困，無力迎娶，並且錯疑了我與秀蓮姑娘彼此有情，他不忍使我終身傷心失意。但實在看起來，他並沒忘掉俞秀蓮姑娘，不然他什麼姓不可以改，何必單要用俞秀蓮之"俞"，孟二少爺之"二"呢？李慕白這樣一想，便恨不得立時把孟思昭抓住，絕不讓他再走了。然後等到德嘯峰帶着秀蓮姑娘來到，就叫他們成婚，自己就算把對秀蓮姑娘的牽掛，乾乾淨淨地了結了。

當下他便催着車快走，少時到了鐵貝勒府，他就先到馬圈裏去找小俞。可是據馬圈的人說，小俞出去還沒有回來。李慕白就囑咐他們說："我先見二爺去。小俞若回來，千萬別讓他走，趕緊叫我去！"於是就去見鐵小貝勒。

那鐵小貝勒見李慕白今天是特別得高興，就笑着問道："我看你今天的臉色太好了，許是喜事臨門了吧？"

李慕白聽了，不勝驚詫，問道："二爺，你這話是從何處說起？"

鐵小貝勒笑着說："昨天我接到了德嘯峰的一封信。他說他快回來了，並有神槍楊健堂，與一位俞秀蓮姑娘同來！據他信上說，這位姑娘乃是當代一位女俠，早先曾與你比武定情，現在這位姑娘到北京來，就是為找你。嘯峰打算到京之後，就給你們撮合成了這一件美滿的姻緣。"

李慕白聽了，卻不住地笑，又歎口氣道："二爺不知，這個故事長極了。並且今天我來，也是想求二爺幫助我解決俞姑娘之事。"於是就先把俞秀蓮的家世說了一遍，又說到自己如何受騙與秀蓮比武求婚，拔劍相助俞氏父女，營救俞老鏢頭出獄，幫助俞氏母女把老鏢頭葬埋，送母女到宣化府孟家，才知道那俞秀蓮的未婚夫婿孟思昭已避仇出走，不知下落。

鐵小貝勒聽李慕白詳細曲折地說到這裏，他就不禁嘖嘖地讚歎道："這位俞俠女真算是紅顏薄命了。慕白，這件事兒叫你空歡喜，枉貪戀，卻一點得不着實惠，我替你怪難受的！"

李慕白卻正色說："不然，二爺還不明白我的心。我對於這位俞姑娘，雖曾有過一番癡心，但自從曉得俞姑娘已許字他人，就再無非分的念想了。

尤其後來聽說那孟思昭乃是一位少年俠義之人，我就只是盼望着能設法尋着那孟思昭，使他們夫妻團聚。所以我自從來京之後，每見着江湖朋友，必要詢問那孟思昭的下落。尋訪了半載有餘，直到今天，我方才把那孟思昭找到！"

鐵小貝勒連忙問道："這孟思昭是在北京了嗎？這人的人才、武藝怎樣？"李慕白說："這人比我還要小兩歲，可是武藝高強，劍法更是出色。我曾與他比過武，我使出了全身的武藝，只能與他打一個平手。他的軟功夫恐怕還要比我高一頭。總之，此人是我到外面來，遇見的第一個有本領的人，與那俞秀蓮姑娘相配是毫無愧色的！"

鐵小貝勒聽得十分入神，連說："既然你把這孟思昭找着了，何妨把他請來，我也瞧一瞧他的武藝到底怎樣？過兩天德嘯峰把那位俞秀蓮帶來，咱們就叫他們成親，不但你心願了結，我們也算做了一件好事。"

李慕白笑道："這個孟思昭倒是已然被我找着了，可是因為我沒有抓住，他又跑掉了！"鐵小貝勒一聽，疑惑他是故意尋自己的開心，面上便露出不悅之色。就見李慕白帶着微笑，探着頭又說道："鐵二爺，你猜這個孟思昭是誰？此人非他，就是二爺府上刷馬的僕役，小俞便是！"

鐵小貝勒聽了，不由吃了一驚，就說："怎麼，那小俞會有一身好武藝？"

李慕白說："武藝實在高強！我在二爺跟前敢說一句大話，這孟思昭的武藝，也就只有我還能敵得住他，若是什麼黃驤北之流，到他手中，便非輸不可。"於是又說了自己那天與鐵小貝勒比劍，小俞在旁看破自己的劍法，並且向鐵小貝勒指點招數，那時自己就注意上了他。後來他蒙面到廟中盜劍，次日又把寶劍送還，因此相識。自己病中又多虧他日夜服侍，因此自己與他的友情，親如兄弟一般。不過小俞對於自己的身世來歷，彷彿諱莫如深。自己屢次要替他設法，不使他再做那刷馬的賤役，他總是攔阻住唯恐略一揚名顯身，就被人注意，就會引出什麼禍事似的，直到今天，小俞知道俞秀蓮要到京城來，就顯得特別興奮、慷慨，力勸自己應納俞秀蓮為妻，並且說他就要往江南去，從此也許永不北來。由此，自己才看出他的神色可疑，剛要抓住他，問了他幾句話，不料他真個神色大變，又脫手逃走。自己想他回頭必要回來，所以特來見二爺，以便商量辦法，將此人穩住，促成他們的婚姻。

鐵小貝勒聽了這些話，不禁有些臉紅，說："我真是有眼無珠！這小俞在我這裏將近一年，我會看不出他是個有本領的人！這若叫外人知道，豈不要恥笑我嗎？"

李慕白說："不是二爺識不出人來，實在是孟思昭隱得太嚴密。二爺怎能想到馬圈裏會有這樣的英雄呢？"

鐵小貝勒點頭說："這些話，我全明白了，你跟孟思昭，你們都不愧是禮義分明的剛強漢子！據我想：孟思昭不但在宣化府惹下了仇家，並且他的心中必另有難言之隱，所以才隱名埋姓，在我這裏住着。他聽了你跟俞秀蓮姑娘的事，他想着你們一定是彼此有情。他雖然是那姑娘的未婚丈夫，可是他自量無力迎娶，而且不忍令你終生傷心。所以你一指破了他，他就跑了。據我想他既然走了，就絕不能再回來了。等到姑娘來京，若是她本人也願意嫁你，你也就無妨娶她。只算是孟思昭把親事退了，又被你娶了過來，細說起來，這也不算是什麼越禮！"

李慕白冷笑道："禮上縱使勉強說得過去，但義氣上太難相容。我與孟思昭若是不相識，或者還能夠從權辦理，可是現在我不獨與孟思昭相識，並且他還曾將我由病救起。我不能報他的恩，反倒要霸佔他的妻子，那真是禽獸不如了。現在我非要把孟思昭尋回來不可，否則即使俞姑娘來到北京，我也不能去見她的面！"

鐵小貝勒見李慕白說話這樣激昂慷慨，心中不禁佩服，就笑着說："既然這樣，別的話都不必提了，咱們就是設法把那孟思昭抓住就得了。小俞這孩子也真有意思，瞞了我這些日子，等我見着他，我還要考究考究他的武藝到底是怎樣高強呢！"於是他就又叫得祿去囑咐馬圈的人，小俞若回來時千萬別叫他走，並且讓他問問，誰知道小俞平日有些什麼去處，趕緊去把他找回來。

這裏鐵小貝勒又與李慕白談了一會那黃驥北和什麼張玉瑾、苗振山的事，少時便叫李慕白在這裏等着，他就回內院歇息去了。李慕白就在這小客廳坐着，等候把那孟思昭找回來。他信手由架上抽出一卷書翻閱，直把書看了兩遍，還不見那孟思昭回來的信息。李慕白十分不耐煩，就想到別處再尋他去。

這時鐵小貝勒又來到了屋裏，看出李慕白着急的樣子，就說："慕白，你也別着急！即使孟思昭從此走了，再也不回來了，那也不要緊，將來俞姑娘來了，叫她自己尋她的丈夫去。"

李慕白聽了，暗暗歎氣，心中非常後悔當初對小俞說出了自己戀慕秀蓮姑娘的事，現在弄得事情越發難辦了。假使秀蓮姑娘現在就來到北京，自己應當怎樣向她去說呢？

鐵小貝勒叫廚房預備了酒菜，就與李慕白對坐飲酒暢談。本來孟思昭和俞秀蓮的這些事，在鐵小貝勒覺得是又好辦，又新奇，可是李慕白卻心中總不能把此事放下，所以酒也飲得不高興。直到黃昏時候，得祿又到馬圈裏去問，回來就說："那小俞始終沒有回來。"

鐵小貝勒就擎杯向李慕白笑道："我看這個小俞是不回來了，只好由他去吧，只要你居心無愧就是了！"李慕白點了點頭，默默不語。

又飲了兩杯酒，便撤去了杯盤。此時鐵小貝勒已帶着醉意，又同李慕白喝着茶，談了一會閒話，他就說："慕白，你今天不用回去了，這裏有住的地方！"

李慕白搖頭說："不，我還要回去看看，也許那孟思昭又去我那裏了。"

鐵小貝勒就說："既然這樣，你就回去吧，明天你再來。反正我這裏你放心，只要是他回來，我就不能叫他再走！"說着，便倚在一張榻上打起哈欠來。李慕白曉得鐵小貝勒是身體疲倦了，於是就告辭走了。

出了府門，天色已黑了，他雇上一輛車就回到法明寺去了。一進廟門，只見落葉在院中亂滾，一片淒涼景象，着實令人心中難過。李慕白很盼望那孟思昭現在就在自己屋內，可是見屋內卻是黑洞洞的。他拉開門進去，把燈點上，忽見壁上只剩了一口寶劍，鐵小貝勒送給自己的那口古劍，卻不知去向了。李慕白不由一驚，又見桌上筆硯縱橫，有一封信放在那裏。他趕緊展開，近燈去看，只看上面草草寫着幾行字，卻是：

　　慕白大哥：兄走後，弟即返回將寶劍取去，即日離京他去，望兄勿枉事尋找可也。弟連年流浪，父母俱不能見面，俞氏女子與弟雖有婚姻之名，但早無夫妻之分。兄如與之有情，即請聘娶之可也。弟此去恐暫不北返，他日有緣，再為見面。即此代作拜別！
　　俞二草上。

　　李慕白一看，不由有些氣憤，暗道：孟思昭，你這簡直是愚弄我！難道你以為我李慕白就不是男兒好漢嗎？遂就把那封信扔在一旁，坐在凳子上，不禁呆呆地發怔。

第二十一回　飛駒寶劍星夜出都門　素鳥青衣風塵尋夫婿

　　小俞是趁着李慕白往鐵小貝勒府之時，他又轉回到廟中，把那口寶劍拿走的，並且給李慕白留下信束。當日，他因為身邊沒有路費，並未出京。約莫在深夜四更時候，鐵貝勒府中就出了一件異事。

　　原來鐵小貝勒平日總是在書房中獨宿，晚間常看書至深夜，次日一清早就騎着馬出城去玩，到午飯時再進城回府，每天習以為常。這天是因為跟李慕白飲酒，飲得有些醉了，所以一到書房就睡去。不料到半夜裏酒醒了，他卻又睡不着了。睜開眼一看，只見床頭前的小茶几上，燈光如豆，窗外的寒風呼呼作響。鐵小貝勒掀被坐起身來，把燈光挑起，由枕畔撿起了自己的金表一看，原來已是深夜三點多鐘了。

　　鐵小貝勒不禁又想起白天李慕白所說的那小俞的事情，心說：不知小俞這時候回來沒有？這個人也真是古怪！他若果然有一身好本領，就是在我的府上教拳護院，我也不能薄待了他。過兩天那位俞姑娘來了，我們大家再幫助他一辦喜事，不也是個樂子嗎？何必要跟李慕白這樣推推讓讓，藏藏躲躲呢？可是又想：孟思昭之所以如此不敢出頭露面，想必是有極大的難處。而且李慕白既曾與那俞姑娘比劍求婚，又一路同行走了千餘里路，縱使他們沒有曖昧之事，也難免彼此有些鍾情。這也難怪孟思昭要生疑心，才索性叫李慕白去娶那姑娘，自己走開。

　　鐵小貝勒正自泛想着，忽聽外屋微微有腳步之聲，他以為是得祿起來了，遂問道："是得祿嗎？"連問了兩聲，外屋並沒有人答言。鐵小貝勒可真有些吃驚了，他趕緊翻身下榻，要由桌上取劍，到外屋去查看。這時忽見軟簾一掀，從外面走進一個人來。這人身材不高，穿着青布小棉襖，藍布單褲，黃瘦的臉，但眉目之間頗有俠氣，尤其是兩隻眼睛炯炯逼人。

　　鐵小貝勒本來有些吃驚，繼而一看，認得正是小俞，不禁又喜歡了，便帶笑說："小俞，你來得正好，我跟慕白找了你一天了。你坐下聽我說，不要着急，我現在既曉得你就是孟思昭了，無論你有什麼為難的事，我都可以替你設法！"說時指着旁邊的椅子，態度非常和藹。

孟思昭深深打了一躬，但他並不坐下，就說："二爺，我現在要走了。因為我要向二爺借用一匹馬，我不能不來稟告一聲！"說完這話，他轉身就要走。

鐵小貝勒趕緊站起身來，說道："你別走，我還有許多話要對你說呢！"說着就奔了過去，伸手要抓他。

孟思昭此時早已掀簾出了外屋，口裏說道："二爺的話我也知道了，不過現在我是非走不可！"

鐵小貝勒哪裏肯放他走，趕緊追出屋去，孟思昭卻早已沒了蹤影，只有寒風一陣陣吹在臉上。鐵小貝勒仰面望着房上，發了半天怔，明知孟思昭是由房上逃走了，但自己卻不會那種高來高去的功夫。當下他一點法子沒有，又不便去驚動別人，不免又是生氣，又是歎息，說道："沒瞧見過這樣的怪人！"便又回到屋裏。

一看得祿還在外間的鋪上睡得正香，鐵小貝勒就把他叫醒了，說："賊都進屋來了，你還睡哩？"

得祿爬起身來，迷迷糊糊地連說："什麼事兒？什麼事兒？"

鐵小貝勒喝道："快起來！一睡就睡得這麼死！"

得祿趕緊披衣下地，連問說："二爺，天還沒亮呢，您幹什麼就起來了？"

鐵小貝勒說："我剛才聽見外面有點動靜，追出屋去一看，房上有一個人，仿佛是那個小俞。你趕緊到馬圈看看去，小俞在那裏沒有？再查看查看圈裏，看丟了什麼東西沒有？可不要吵嚷得誰都知道了！"

得祿一聽，心說：我這位二爺大概是做夢還沒醒啦！今兒為這小俞的事鬧了一整天，現在怎麼小俞又會跑到房上去了？他又是害怕，又是畏冷，沒奈何只得一面扣着衣紐，一面走出屋去。到下房裏又叫醒了兩個僕人，幾個人便一同抱怨着，到馬圈裏去查看。

這裏鐵小貝勒重新把燈挑起，由暖壺裏倒着茶喝，心裏卻為孟思昭的事情納悶。待了好大半天，那得祿方才回來，他喘吁吁地仿佛奔忙了半天，面帶着驚詫之色，說："二爺，這真是怪事！那小俞倒是沒回來，可是馬圈大門的鎖開開了，二爺的那匹黑馬丟了！"

鐵小貝勒一聽，不禁冷笑，便趕緊叫得祿點上燈籠，親自到馬圈裏查看了一番。他又派了十幾個僕人和護院的把式，關照他們趁着還沒開城門，趕緊分頭到九城各門去，只要見着小俞，就把他連人帶馬全都截回來。那些護院把式和僕人們全都莫名其妙，但是鐵小貝勒分派着即刻就要去，他們也沒有法子，只好三三兩兩地打着燈籠，冒着寒風，到各城門去找那盜馬逃走的小俞。

鐵小貝勒後半夜就沒有睡覺。直到天明，派去的那十幾個人方才陸續回來，齊都懨懶着說："二爺，我們沒法兒找那小俞！我們在城門首蹲了兩個多鐘點，開城的時候，連官人都幫助我們查看，查了半天，不要說小俞，連二爺的那匹黑馬也沒有影兒啊！"

鐵小貝勒一聽，更覺得奇怪，心說：莫非孟思昭這時候還沒有出城嗎？

第二十一回　飛駒寶劍星夜出都門　素鳥青衣風塵尋夫婿

本想再打發人到各城門去截，可是又想：北京的城門是裏九外七，孟思昭要走，他出哪個門不成？算了吧，我就把馬送給他吧！於是便又叫人去找李慕白。

少時李慕白來到，一聽說孟思昭昨夜借了一匹馬走了，不禁急得頓足，說："昨天我在這裏，他就到廟裏把二爺送給我的那口寶劍拿了去，想不到昨夜他又把二爺的馬匹盜走了。如今他有了寶劍快馬，一定遠走高飛，我們休想再找到他了！"

鐵小貝勒說："那匹馬我倒是不想要了，不過他那個人太為古怪。昨天夜間他到我屋裏，我本要細細勸他一番，沒想到他竟不容我說話，就走了。"

李慕白皺着眉說："我在宣化府時，就聽那孟老鏢頭說過，他的二兒子脾氣十分古怪，如今一看，果然是這樣。他現在走了，我若不把他找回來，我怎能見那俞秀蓮姑娘呢？"

鐵小貝勒沉思了一會兒，就說："我勸你不要把這件事再放在心上了，反正你既沒有娶俞秀蓮之心，別人也不能給你們硬做媒。俞秀蓮若來到，你就把這些事告訴她，孟思昭又不是你給逼走的，她也不能抱怨你。現在要緊的還是那吞舟魚苗振山和金槍張玉瑾。你先要思量思量，到底咱們敵得過敵不過？因為現在你的病剛好，假若一時力氣不濟，敗在他們的手裏，那時不但你的英名盡喪，就是我的臉上也沒有光彩呀！"

李慕白聽了卻昂然說："這事倒請二爺放心，我絕沒把苗振山、張玉瑾放在眼裏。只可惜孟思昭現在走了，若有他幫助我，就是來上十個八個的苗振山和張玉瑾，我也不怕！"鐵小貝勒聽了，只點頭微笑，就想：這李慕白真是藝高人膽大！他倒很盼望那苗張二人快些前來，看看他們的一場殺鬥。

當下李慕白又在這裏坐了一會，便回法明寺去了。他的心中十分煩悶，對於孟思昭的為人，他既是欽佩，又是氣憤，便決定俞秀蓮姑娘若來京時，自己是絕不與她見面的。

當日天晚，纖娘的母親謝老媽媽來了，說是纖娘現在病得更厲害了，整天趴在枕頭上哭。李慕白聽了，心裏雖然十分難受，但面上卻不露悲憫之色，只歎道："你們自己把自己弄得這樣可憐，我也沒有法子救你們。現在給你們借了二十兩銀子，你們拿去花吧，我也不能再看她去了！"說着把二十兩銀子交給謝媽媽，就說："你趕緊回去，給纖娘看看病去吧！我現在也十分煩惱，不能跟你多說話了！"謝老媽媽接過了銀子，口裏又說了許多感謝及乞憐的話，李慕白只由她說，自己並不答言。

等謝老媽媽走後，李慕白才在屋中不禁頓足歎氣，心想自己這一年來，真是處處自尋苦惱！為俞秀蓮的事，使孟思昭對自己發生誤會，現在弄得無法應付；為纖娘的事，弄得吃了一場官司，還得罪了許多人。現在纖娘貧病垂死，自己若是不管，未免太為薄情，而且良心難安；若是再常去看顧她吧，又恐怕癡心重惹，以後更不易脫身了。想了幾番，才決定用錢財救濟她們則可，卻不能再拿真情癡意對待她了。

過了幾天，那孟思昭還沒有下落，也沒聽說四海鏢店的鏢頭冒寶昆把那苗振山、張玉瑾請來。李慕白在京居住，十分無聊，便想要離京南下，往大道上去迎那苗、張二人。

這天，忽然鐵掌德嘯峰就回來了，與他同來的正是那延慶全興鏢店的大鏢頭神槍楊健堂，還有一位，就是孟思昭的未婚妻，李慕白早先的意中人俞秀蓮姑娘。

原來俞秀蓮姑娘自中途喪父，被李慕白送往宣化府婆家，到了婆家孟氏門中後，才知道未婚的丈夫孟思昭，因在本地惹下禍事，逃走已有一年之久，並無下落。她想到自己父死母病，未婚的丈夫又逃走不知生死，薄命如此，未免芳心傷感，背地裏便流了淚。當夜她就不避嫌疑，去見了李慕白，託付他到外面為自己尋訪孟思昭。次日李慕白走後，秀蓮姑娘的心中不禁更加悲傷。

本來李慕白早先向她家求婚的事，她全都知道。李慕白的風儀、人品、武藝，秀蓮姑娘與他同行了一路，早都觀看出來了，在她的心裏自然也有些愛慕之情。不過秀蓮姑娘卻是深明禮儀，她知道自己是孟家的媳婦，所以無論李慕白人物是多麼英俊俠義，對自己家中是有怎樣的厚情，但自己只能感激他，以恩兄的情分待他，卻不可對他有什麼非分之想。

俞老太太一來到這裏，胸疼的病症更重，她想起俞老鏢頭的慘死，就是痛哭；提到女婿沒有下落，又替女兒抹眼淚。俞秀蓮姑娘卻在人前總是克制着自己的感情，只是低着頭服侍母親的疾病，並伺候婆母和尚未成為妯娌的嫂子。

孟老太太本是個庸愚的人，每天是持着數珠兒唸佛，只盼着二兒子早些回家。她的長媳胡氏，也就是那孟思昶之妻，年紀不過二十四五歲，為人卻極嫉妒陰險，尤其容不下秀蓮。初幾天，見着秀蓮還有點兒假客氣，還做出些笑容來，後來就索性拿秀蓮當丫頭一般地使喚了，刷鍋掃地、劈柴燒水等事，全都叫秀蓮去幹。她並且冷冷地向秀蓮教訓說："妹子，雖然我兄弟現在沒回來，可是妹子也得練着點兒，咱們這小戶人家的兒媳婦就跟丫頭一樣，想要當小姐可是不行。我有兩個孩子累着，可不能幫你什麼忙！"

秀蓮姑娘本也是嬌生慣養，又有一身驚人武藝，自然忍受不了這樣的氣，可是處在這環境之下，母親又病情日重，自己也實在是沒有法子。她只得忍氣吞聲，唯有盼望李慕白能夠早日把孟思昭給找回來。

可是過了半個多月，孟思昭依舊是毫無音信，孟老鏢頭的大兒子孟思昶卻由口外回來了。這孟思昶身高膀闊，黑臉濃髯，一回到家中，看見俞老太太和秀蓮姑娘全都身穿着重孝，住在他家裏，他便向他的老婆大鬧，口裏嚷着說："本來咱們家裏就倒霉，如今又來了兩個穿孝的女人，一點兒也不避諱，早晚得把咱們的買賣給妨壞了！"又罵着說："老二走了這些日子，我聽神槍楊三說，他早死在外頭啦！現在他的媳婦跟丈母娘，老少兩個寡婦，都膩在咱們家裏，這算是怎麼回事兒？"他的老婆胡氏，也反唇相譏，說道："你跟我鬧？俞家娘兒倆又不是我給請來的？你們家裏的人願意請白虎星進門，問得着我嗎？"

秀蓮姑娘在屋裏聽他們這樣罵着，氣得渾身發抖，就要過去質問質問

第二十一回　飛駒寶劍星夜出都門　素鳥青衣風塵尋夫婿

他們。可是俞老太太卻呻吟着、哭泣着，勸她女兒千萬不要出去惹氣。秀蓮姑娘只得忍氣低頭。後來又聽到他們說自己的未婚夫已經在外身死，是什麼神槍楊三說的，她就越發驚疑，那眼淚便一雙一雙地落下。

在孟家住了幾天，秀蓮姑娘就把孟家的事情全都觀察明白了。原來孟老鏢頭頗有財產，買賣也非常興隆，不過全都在長子孟思昶的手裏。孟老鏢頭向來寵任長子，歧視次子，所以才將孟思昭逼得闖下禍事，一走不返。這孟思昶是暴橫異常，連他的父母都有點怕他。他見着了秀蓮姑娘，雖然不說什麼，可是常在屋裏跟他老婆吵鬧，指桑罵槐的，令俞家母女實在難堪。

此時俞老太太的病勢愈甚，孟老鏢頭也不甚看顧。倒是那短金剛劉慶，經常為俞老太太請醫抓藥。秀蓮姑娘便在藥爐病榻之前日夜服侍母親。又過了月餘，俞老太太病體難愈，竟自奄然長逝了。秀蓮姑娘哭得死去活來，便由孟老鏢頭和短金剛劉慶等人給經辦喪事，草草地把俞老太太殮葬了，暫厝在宣化城內福壽寺。

俞秀蓮在寺內守了幾天靈。因與劉慶談起，自己母親已死，孤身一人住在孟家，非媳非女，實難再住下去，所以打算離宣化府他往。那短金剛劉慶也一面歎息，一面說道："姑娘在這裏住着也真難。可是若想不在這裏住着，別處又無親無友，可怎麼辦呢？"

秀蓮卻憤憤地說道："到外面去，何必要投親靠友？我雖然是個女子，可是我有一對雙刀護身，自量無論走到哪裏也不能吃虧！"

短金剛也曉得姑娘的武藝是受過她父親的真傳，在巨鹿曾空手奪刀，單身救父，當下就點頭說："姑娘的武藝我是知道的，走到什麼地方也不能受人的欺負。可是姑娘到外頭到底是要幹什麼去呀？"

秀蓮姑娘見問，不由微微臉紅，就說："我要到外面訪一訪孟思昭的下落。聽說有一個神槍楊三認識他，我要先見見那楊三去。"

劉慶卻咳了一聲，說："姑娘別信大少掌櫃的信口胡說。神槍楊三就是延慶有名的鏢頭楊健堂，他跟二少掌櫃倒是見過兩面，可是沒什麼交情。二少掌櫃離家後，我們也曾到楊健堂那裏打聽過，楊健堂也說他沒見着。如今大少掌櫃忽然又說楊健堂知道他已死了……"他想了一下，又說："簡單地說吧！我們二少掌櫃逃走，一來是為避禍，二來也是受父兄的冷淡，他不願在家住着了。姑娘要出去找他，還是應當往口外去，因為他在那裏的朋友最多。"秀蓮姑娘聽了，便點了點頭。

過了兩天秀蓮從寺裏回到了孟家，就暗暗預備隨身的東西。此時卻又有一件可恨的事情發生了，就是那個孟思昶，自從俞老太太死後，他反倒不鬧氣了，但是只要與秀蓮一見面，他的黑臉上就帶着一種壞笑。秀蓮曉得他是沒懷着好心，就覺得自己在這裏是更住不得了。

這一天，她便向她的翁父孟老鏢頭說，自己要到望都榆樹鎮去看看父親的墳墓。那孟老鏢頭卻說："你不要忙！等再過幾個月，我把錢預備好了，就把你父母的靈柩全都運回巨鹿去安葬。你要一個人走我可不能放心！"俞秀蓮一聽，就曉得是支吾的話。孟老鏢頭向來是一個因循遲緩的人，秀蓮姑娘如何能耐得？便去與短金剛劉慶商量好了。

這天清晨，秀蓮姑娘就收束端正，私自走出鏢店。那短金剛劉慶已為俞秀蓮預備了一匹健馬，秀蓮姑娘就上了馬向劉慶說：「劉大哥，咱們再見吧！」

劉慶說：「師妹在外面千萬要保重。若有什麼事，就趕緊托人給我送信來。」秀蓮姑娘連連答應，就策着馬離了宣化府，往東走去。

此時，秀蓮姑娘身上穿的是青布短衣褲，頭上挽着雲髻，戴着白銀簪子，鞋上也蒙着白布，臉上脂粉不擦，越發顯得素雅、俊俏。她身邊只帶着一個小衣包，包中除了隨身的衣服之外，就是白銀二百餘兩，並有一枝雙鳳金釵。這金釵乃是當年孟永祥老鏢頭為他兒子思昭下的定禮，此次俞家北來，俞老太太就帶在身邊，臨死時才交給了她的女兒。秀蓮如今帶了出來，也為的是如遇見那孟思昭，自己好把這枝金釵給他看，以證明自己是他的未婚妻子。衣包以外，就是秀蓮姑娘防身的一對雙刀了。

秀蓮姑娘自從為保護父親，經過了幾次爭鬥後，心裏很是驕傲，認為除了李慕白能夠敵得過她之外，其他的人，都沒放在眼裏。她此次外出，不但是要尋找她的未婚夫，並且還要尋獲那張玉瑾、何七虎等人，以報他們逼死自己父親的大仇。

當下秀蓮嬌軀健馬，滿心悲痛，一片愁情，就一直到了延慶，找着了全興鏢店，見着了那神槍楊健堂。楊健堂一見突然來了這一位短衣匹馬，攜帶雙刀的美貌少女，便很是詫異，談起話來，才知道這就是鐵翅鵰俞雄遠之女，孟思昭的未婚妻，俠女俞秀蓮。楊健堂就說：「我與孟永祥老鏢頭是多年的朋友，與思昶、思昭昆仲，也都見過幾次面。只是思昭兄弟自家出走之後的事情，我可就不知道了，我更沒向人說過他已死在外頭的話。」

俞秀蓮聽了，雖然頗為失望，可是又私幸知道了思昭未死。她剛要辭去，準備再到旁處去找思昭，不想這時座旁有一位中年矮身、穿着很闊綽的人，卻起身答話了。原來這人就是鐵掌德嘯峰。德嘯峰自被瘦彌陀黃驥北所迫，借着官差躲出京來，到了一趟熱河。在熱河辦完了差事，就帶着小壽兒來到了延慶，見着了楊健堂。

他二人原是多年好友，德嘯峰來此，第一是來看望他，第二是等候李慕白前來，大家盤桓盤桓。那神槍楊健堂也久聞李慕白的大名，很想要會會那位名震京城的青年英雄。不料等了多日，也不見李慕白前來。德嘯峰就生了疑惑了，說：「這可真是怪事！李慕白怎麼還不來？莫非他的官司又出了什麼變故嗎？」

神槍楊健堂說：「我想官司倒不至出什麼變故，李慕白現在大概也出獄了，不過也許叫鐵小貝勒把他留住了。這樣吧，咱們再等他幾日，他若不來，我就陪你到一趟北京。我要看看邱廣超去，並且還有許多事情要辦。」德嘯峰一聽，心中十分喜歡。本來德嘯峰在此遲延，等候李慕白，就是因為懼怕黃驥北，所以不敢回京，若是有神槍楊健堂同行，那自然是什麼也不怕了。

楊健堂覺得李慕白未必肯來此地，所以這些日子就着手安頓事務，打

第二十一回　飛駒寶劍星夜出都門　素鳥青衣風塵尋夫婿

點行李，準備赴京。這天俞秀蓮就來了。本來楊健堂是個拘謹人，一見了女人就說不出話來，何況又聽秀蓮說，那孟思昶誣賴自己對他說過思昭已死在外頭了，為此便很生氣。

旁邊德嘯峰卻極為喜歡，因為他知道這位姑娘就是那曾惹得李慕白銷魂失魄的俞秀蓮。觀察姑娘的模樣兒，真可以說是秀麗無雙，而且在秀麗之中又含着一種俠氣，他便心想：看這位姑娘倒真跟老李配得過！她的未婚夫孟思昭，現在既然音信全無，恐怕姑娘就是找白了頭髮也找不着了，她跟老李又彼此認得，不如我給他們撮成這段良緣，既可使李慕白心滿意足，不再愁煩頹廢，又免得叫這位年輕姑娘風塵僕僕地去尋她那未見過面的丈夫。

德嘯峰這樣一想，立刻就與秀蓮姑娘談了起來，他說自己原是李慕白的好友，常聽李慕白提到姑娘，所以早就甚為敬仰。俞秀蓮一聽提到了李慕白，不由有點兒臉紅，就說："李慕白原是我的恩兄，我父親病故時，是他幫助給葬埋的，後來我們母女到宣化府，也是他給送去的。我正想着到北京看看他去呢！"

德嘯峰說："姑娘要到北京去，那可是好極了！咱們一路同去。李慕白在北京雖不到半載，但他打服了金刀馮茂、花槍馮隆和瘦彌陀黃驥北等等有名的英雄，所以現在李慕白的名頭很大，朋友眾多。姑娘若有什麼事，托他去辦，他大概沒有辦不到的。"

俞秀蓮一聽，心中甚是喜歡。本來自己正發愁着茫茫天涯，無處可去，如今知道了恩兄李慕白尚在京師，而且他的朋友很多，料想若見着他，他一定能盡力幫助自己。再看德嘯峰也像是個豪爽的人，而且他是內務府的官員，楊健堂的好友，諒必不致欺騙自己。於是她便翻愁作喜，問德嘯峰是何日回京，並說自己願意同往。

德嘯峰就指着楊健堂說："我們這位楊三哥也要到北京去。姑娘若想同去，就請在這裏住兩天，我們安頓安頓就起身。"

楊健堂本來恐怕姑娘的來歷不明，將來若有什麼事情發生，自己難對孟家父子。但怎奈德嘯峰在旁直替自己做主意，不容自己推卻，也只好不說什麼了。當日俞秀蓮姑娘就住在全興鏢店的裏院，與楊健堂的老母住在一起。

過了兩天，楊健堂的行裝就收束妥當，並有幾輛鏢車隨行。此時德嘯峰是十分高興，他早寫了兩封信，拿錢雇了人，首途赴京，投給了李慕白和鐵小貝勒。信上說自己把俞姑娘給帶來了，李慕白的婚事眼看着就成了。俞秀蓮似乎也是急於要見李慕白，她在路上依舊騎着那匹健馬，短衣雙刀，神情頗為急躁。

德嘯峰是錦衣繡鞍，揚揚得意，並且時時注意着秀蓮姑娘，暗暗地點頭想着：李慕白到底是有眼力！一個年輕的男人，若看見這樣風流嫵媚、二八年華的少女，而卻得不到手，可真是不能再娶媳婦了。獨怪孟家那孩子無福，他離家後生死不明，累得這位少女風塵僕僕地去找他。

楊健堂也是騎着馬，手下的鏢頭鐵腦袋孫七、賽悟空劉五等人，押着鏢車跟着他，他的徒弟陳錦豹給他提着那杆"神槍"。壽兒是永遠給他們老爺拿着水煙袋。這許多人同行，一路上頗不寂寞，更加上在前面走的幾輛鏢車，都插着鏢旗，掛着串鈴，琅琅地響着，使人在路上都忘了疲乏。

走到第二天，就望見居庸關了。那鐵腦袋孫七和賽悟空劉五，就說起了幾月之前，怎樣在這裏遇見的李慕白，李慕白又是怎樣把賽呂布魏鳳翔手下的強盜給砍傷的。德嘯峰在旁說：「那天李慕白走到沙河城，魏鳳翔就追去了。我親眼看見李慕白把魏鳳翔打敗了，我們也是從那天認識的。」

孫七就說：「大概賽呂布魏鳳翔自從敗在李慕白手裏之後，他就賭氣離了居庸關的山嶺，不知往哪裏去了。現在山上雖然還有幾個強盜，但都不過打劫些孤身旅客，卻不敢作大案子了。」

楊健堂在馬上聽他們談着李慕白，心裏就想着：此人的名氣可真不小！我見着他，倒要跟他交一交。若能托陶德嘯峰，請他到我的鏢店去幫忙，那真是我的一個膀臂。

秀蓮姑娘聽眾人稱讚着李慕白，她卻想起今年春天，李慕白到巨鹿和自己比武求親之事，因之不禁暗暗歎息，就想：假若自己不是自幼許配給孟思昭，現在找到了李慕白，嫁給了他，也不算是過分呀！

各人的心緒不同，但秋風大道，眼前景象無殊。又走了兩三日，就來到北京了。楊健堂把鏢車交卸了之後，便帶着幾個鏢頭，在前門外天福店住下。德嘯峰就把俞秀蓮姑娘請到了東四三條他的家中。

德嘯峰的母親一聽說秀蓮姑娘身世孤零，心中也甚憐愛，便十分誠懇地招待。那德大奶奶更是沒見過這樣的美人兒，又是喜歡，又是親熱。德嘯峰又悄悄地把俞姑娘和李慕白的事告訴了他的太太。那德大奶奶更是急性子，當時就要向俞秀蓮姑娘去說。德嘯峰卻把她攔住說：「這事不能急辦，須得慢慢探詢着。第一，得那孟思昭確實沒有了下落，俞姑娘確實對他死了心；第二，還得問問李慕白。你不知，李慕白也是個很矯情的人，咱們別弄得閒事不成，再落上閒話！」

當日德嘯峰就到法明寺去找李慕白，這時李慕白正好到鐵貝勒府去了。德嘯峰便又叫福子趕着車到了鐵貝勒府。來到這裏的時候，天已近午，鐵小貝勒與李慕白一同吃過了午飯，正在談論孟思昭的事情。德嘯峰先給小貝勒請安，然後與李慕白相見。李慕白就向德嘯峰說，自己出獄之後，本想要到延慶去找大哥，怎奈衙門不准出京，自己又染了一場重病，因此耽誤了許多日。又說現在瘦彌陀黃驥北已托人請了金槍張玉瑾和吞舟魚苗振山，眼看就要到京來了，是專為與自己比武來的。自己因為不能示弱，所以更不能離京他去了。

德嘯峰點了點頭，說道：「這些事我也都聽說了。兄弟你放心，張玉瑾、苗振山若來到，咱們也不怕他。現在我給你請來了兩個幫手：一個是神槍楊健堂，這人的名氣幾乎是無人不知，邱廣超的槍法都是從他學來的，他足能敵得過那金槍張玉瑾；另有一位，就是我在信上已經提過了的俞秀蓮姑娘，現在她就住在我家裏。」於是他又把自己此次往熱河和延慶的始末，及俞秀蓮姑娘如今的來意，與自己心裏的打算，都一一對李慕白細說了。

李慕白聽說俞老太太也因病死去，現在只拋下秀蓮姑娘一人漂流在外，

第二十一回　飛駒寶劍星夜出都門　素鳥青衣風塵尋夫婿

心中不免產生了一些憐愛之情，他歎了一口氣，才向德嘯峰說："大哥，現在當着二爺，我抱怨你一句，你把事情做得太魯莽了。俞秀蓮原是有夫之婦，我以義兄的身份幫助她倒還可以，若叫我娶她，那豈不是笑話嗎？"

德嘯峰一聽李慕白說這話，不由十分不悅，心說：明明你對俞秀蓮有情，這是你夏天在我家喝酒時，親口對我說的，如今你忽然當着鐵小貝勒，又裝起正人君子來了，未免太不夠朋友了！剛要問李慕白幾句，就見李慕白又歎道："大哥不曉得，你走了之後，我們這裏又出了一件怪事，我跟二爺剛才正談着。"於是就把那俞姑娘的未婚夫孟思昭，如何改名為小俞，隱身於鐵府奴僕之間，如何與自己相識，怎樣服侍自己的疾病，以及後來誤疑自己與俞姑娘有情，決然而去的事，詳細說了一遍。德嘯峰一聽，竟有這樣的奇事，這樣的怪人！真是他聞所未聞。

李慕白說話的時候很是激昂慷慨，並謂自己為避免嫌疑，表明心跡，連俞姑娘的面也不必見了。鐵小貝勒便在旁惋歎着，並說那孟思昭的脾氣是太古怪了。

呆了半晌，德嘯峰便笑着向鐵小貝勒說："既然事情這樣，我算白為我們老弟喜歡了一場。現在那些話都提不着了，咱們慢慢地再找尋孟思昭就是了。"

鐵小貝勒點了點頭，又提說自己要會一會楊健堂。德嘯峰就說："楊健堂早就想見見二爺，只因為他是個鏢行中人，沒有事不敢到府門上來。"

鐵小貝勒微笑道："不要緊，我現在又沒做着官，什麼人都可以與我來往。何況楊健堂，我聞說他的大名，不是一年半年了。"

德嘯峰說："既然這樣，我打算明天午間，在我的舍下預備點兒酒，請上我的慕白兄弟和楊健堂。也求二爺賞光，到舍下喝盅酒，彼此見個面，二爺以為如何？"

鐵小貝勒面帶喜色，點頭說："很好，明天我一定去。邱廣超那裏你也下一個帖子。"

德嘯峰皺着眉說："近來邱廣超與我很少往來，何況他與黃驥北又是至好。咱們若請他，他一定想到是要商量辦法對付黃驥北，怕他未必肯去！"

鐵小貝勒說："不然。他雖與黃驥北交情最厚，但黃驥北所做的事，他都不以為然。尤其因為黃驥北托人去請苗振山、張玉瑾與李慕白作對的事，邱廣超曾找黃驥北質問了兩次，二人幾乎因此絕了交。再說我曉得邱廣超與楊健堂也頗有交情，你的請帖上若帶上楊健堂的名字，我想他絕不能謝絕。"

德嘯峰便點頭說："好，就這樣辦吧！"旁邊李慕白也很想要會會那位銀槍小侯爺邱廣超，聽了這話很是喜歡。當下三人又談了一會閒話，德嘯峰與李慕白就告辭走了。

出了鐵貝勒府，德嘯峰就要叫李慕白上車，一同回到他家裏去。李慕白卻搖頭說："我今天不去了，明天一定到府上拜見老伯母和嫂夫人去。還有一件事，就是大哥回去見着俞姑娘，不要叫她到廟裏去找我，就叫她放心在大哥的家裏暫住。不久我一定能將那孟思昭尋找回來。"說着，便滿面愁容地走了。

德嘯峰站在車旁,瞪着眼看着他,直看着他走遠了,方才笑了笑,自言自語地說:"這是圖什麼的!"遂就上了車。

回到東四三條自己的家中,他一直到了內院,見着他的夫人,就問說:"俞姑娘今天沒出門嗎?"

德大奶奶搖頭說:"她沒出門去。我看那位姑娘,人倒安靜。"

德嘯峰就悄聲說:"早先我以為那孟思昭一定不能有下落了,所以打算把俞姑娘說給李慕白,可是今天我在鐵貝勒府見了李慕白,聽他一說,這件事又全都變了!"於是就把那孟思昭的事情又說了一遍。德大奶奶聽了,也很驚訝。

德嘯峰就歎氣道:"我看他們簡直是活冤家,這樣下去,必無好結果。李慕白在病中時,那小俞伺候過他。李慕白不知道小俞就是孟思昭,自然對他無話不談,大概就說到他怎樣與俞姑娘比武相識,俞姑娘的姿容、武藝怎樣使他傾心的話。那孟思昭就錯疑了,以為俞姑娘與李慕白是彼此有情。他不忍使李慕白傷心,而且他自己也沒有贍養妻子的能力,所以他由鐵小貝勒那裏盜去了一匹馬,就走了,那意思他是把俞姑娘讓給李慕白了。"

德大奶奶說:"哎喲,這像話嗎?"

德嘯峰皺眉說:"可不是,李慕白現在為避嫌疑,他說絕不與俞姑娘見面,可是這些話我也不好對姑娘去說呀!"

德大奶奶想了一想,就說:"不要緊,讓我回頭把這些事告訴俞姑娘。"

德嘯峰說:"你告訴她之後,還得勸勸她,叫她不要着急。這兩天因為河南來了兩個人,要與李慕白作對,只要我們把這件事辦完了,大家就分途去找孟思昭,一定能夠把他找着。可是要防備着,若是俞姑娘一時情急,自己走了,那可就更麻煩了!"

德大奶奶說:"我看俞姑娘也是個細心謹慎的人,她絕不能真走了。"

當下德嘯峰把這件事託付給了他的夫人,他就又出城去找神槍楊健堂,然後又一同到法明寺去找李慕白。聽李慕白細談了別後的事情,以及胖盧三和徐侍郎如何被殺和纖娘的近況,德嘯峰不禁嗟歎。請邱廣超的帖子,是由德嘯峰、楊健堂二人具名送去的。

晚間德嘯峰回到家中,剛進到內宅歇了一會兒,德大奶奶就說:"你走後,我把那些話都跟她說了,她哭了一場,並說還要見你細問一問。"

德嘯峰就皺眉說:"咳,也就是這麼一件事,孟思昭到底是怎麼一個人,連我也不知道啊!她要細問,應當叫她問李慕白去,可是李慕白現在又不願見她的面,你說這件事麻煩不麻煩!"說着連聲歎氣。

德大奶奶還沒有答言,忽見一個僕婦進到屋裏,說:"老爺,俞小姐要見你。"德嘯峰趕緊站起身來,就見俞秀蓮姑娘進屋來了。德大奶奶便趕緊讓座。

俞姑娘並不坐下,她面帶悲哀羞澀之色,微蹙雙眉,向德嘯峰說:"五哥,孟思昭的事,我已聽五嫂跟我說過了,可是為什麼孟思昭曉得我要來,他反倒走了呢？我不很明白，五哥，你到底是聽李慕白怎麼說的？"

德嘯峰聽俞秀蓮姑娘這樣一問，自己也覺得這件事的詳情，難以說出口去，不由急得頭上汗出涔涔。着了半天急，才說："說得是呢！那位孟兄弟的脾氣也太古怪了！"

俞秀蓮姑娘卻搖頭說："不然！我想一定有緣故，我要問問李慕白去！"

德嘯峰說："李慕白住在廟裏，姑娘去有許多不便。再說今天也晚了！"說話時，他在燈光下看了看俞姑娘，只見俞姑娘青衣青裙，愁容滿面，且含有一種怒意。德嘯峰平常是一個爽直豪放的人，可是現在他對俞姑娘竟連話也說不出來了。唉聲歎氣了半天，看見秀蓮姑娘在旁邊椅子上坐下了，掏出手絹來拭眼淚，德嘯峰才安慰着秀蓮說："姑娘別着急，明天我在家裏請鐵小貝勒、邱廣超跟李慕白、楊健堂等人吃飯，我們大家再想想辦法。一定能夠把孟兄弟找回來！"

俞秀蓮姑娘聽了，點了點頭，用手絹拭了拭眼淚，就說："德五哥多分心吧！最好我明天能見一見李慕白！"德嘯峰連說："一定見得着他。明天他若來，我先叫他到裏院來。"

俞秀蓮姑娘聽了這話，才認為滿意，就站起身來出屋去了。出了屋子，她就聽屋內德嘯峰彷彿歎着說："李慕白也太怪僻，要想永遠不見俞姑娘的面，哪成呢？"俞秀蓮聽罷，又吃了一驚，便趕緊止住腳步，眼望着那鋪滿月光的窗子，側耳往裏靜聽，但卻再也聽不見德嘯峰說話的聲音了。

少時，有僕婦出屋來，秀蓮姑娘就趕緊走回她住的那間屋裏去了。她倚在燈下，一面拭着眼淚，一面尋思，就想孟思昭的走，一定是與李慕白有關。可是李慕白為什麼不願見我的面呢？雖然素知李慕白慷慨正直，不能胡亂地猜他，但是現在的事情，實在令人可疑。又想到自己父母並皆逝去，在孟家受了不少欺辱，幸仗自己有一身武功，才能風塵僕僕出外來找孟思昭。不料孟思昭一曉得我來，他反倒走了，咳！此人也未免太無情了！俞秀蓮這樣想着，眼淚又不禁撲簌簌地落下，哭泣了半夜，方才歇下，就等待明天要面會李慕白，細詢詳情。

第二十二回　提刀闖宴泣涕詢真情　走馬離京死生酬義友

當日晚間，德嘯峰就囑咐了廚房和僕人們，說是明天都要特別早起，好打掃廳堂，預備筵席。次日，德宅的上下就特別忙。

那神槍楊健堂很早就來了，一進門就向德嘯峰說："我聽說那冒寶昆已把苗振山、張玉瑾請來了，現在都快到保定府了。"德嘯峰聽了，心中未免有點發顫，因為苗、張二人被邀前來，雖說是找李慕白，可是與自己不無關係。這幾個月來，誰不知道李慕白是自己頂好的朋友呀！苗振山、張玉瑾打不了李慕白，還打不了自己嗎？他雖然心裏發着愁，可是今天自己家裏請着客，請的又是北京城內著名的鐵二爺和一位世襲侯爺，這都是旁人所請不到的客，因此也就打起精神來，先不去想仇敵將至的事了。

當下德嘯峰、楊健堂二人談了些閒話，李慕白就來了。嘯峰便對李慕白說明了俞秀蓮姑娘一定要見他的事。李慕白聽了，便十分為難，他發了半天愁，就歎息道："不要說我現在不願見俞姑娘，即使見了她，我也不能說出孟思昭到底是因為什麼走的。現在我只盼望那苗、張二人快些來，我們決了勝負。除非是我傷了死了，否則我必要遍遊各處，把孟思昭找着，強迫着叫他來見俞姑娘。"

德嘯峰皺着眉說："我想你總是見她一面，跟她說一說才好。你是不知道，那位姑娘雖然講情理，脾氣也不壞，可是說話時總是繃着臉。不瞞兄弟說，我真有點兒怯她！"李慕白聽了德嘯峰這話，很是為難。想了半天，就覺得自己若是與俞姑娘見了面，也是不能把孟思昭逃走的原因說出口去。

德嘯峰皺着眉與李慕白愁顏相對，想不出來一點辦法，楊健堂在旁便說："就暫且這麼支吾着俞姑娘吧！我們趕緊想個法子，把孟思昭找回來就是了。"

李慕白點頭說："也就只有此一法。若沒有苗振山、張玉瑾這件事，我早就離開北京找他去了。"

德嘯峰聽了，卻搖着頭，心說：孟思昭他一個流浪漢，他騎着快馬走了，江湖茫茫，你們哪裏尋找他去呀？剛要說話，這時壽兒就進來稟報，說是邱小侯爺來了。

第二十二回　提刀闖宴泣涕詢真情　走馬離京死生酬義友

這位銀槍將軍邱廣超，年紀不過是二十七八歲，生得相貌英俊，身材魁偉。當日他穿的是藍緞棉袍，玄色絨的馬褂，足蹬官靴。他頭上戴着一頂便帽，帽上鑲着一塊寶石，更顯得富貴英俊。一進客廳，他就問哪位是李慕白。德嘯峰便給李慕白向邱廣超引見。邱廣超連道久仰，邊說邊打量着李慕白。德嘯峰又恭恭敬敬地請邱廣超在上首坐下。邱廣超謙遜了半天，方在次席落座。

那神槍楊健堂，早先曾做過邱府的教槍師父，所以與邱廣超之間，沒有什麼客氣，就說："廣超，你跟瘦彌陀黃四是至好。現在黃四托了一個姓冒的，請了吞舟魚苗振山、金槍張玉瑾，要跟這位李爺拼命。眼看着他們就要來了，難道你也不管一管嗎？"

邱廣超面帶羞慚之色，歎了口氣說："在前許多日，我就找過黃驥北，勸他不要如此。但黃驥北卻繃着臉不認。他說他跟李慕白本來無仇，也不認得什麼姓冒的，苗振山和張玉瑾要來到北京的事，他連聽說也沒有聽說。我們為此事還幾乎弄得翻了臉！"

李慕白在旁勸道："邱兄與黃驥北是多年至交，也不要因為我的事，就傷了交情！"

邱廣超搖頭說："不要這樣說。果然黃驥北若是拿出許多錢，由外省請來人與咱們作對，那我可就不怕得罪他了。我一定要與那苗振山、張玉瑾等輩見個高低，給咱們京城的朋友們爭一口氣！"

邱廣超說這話時，激昂慷慨，真像是要替李慕白打抱不平。神槍楊健堂便說："對，邱兄弟，你應該這樣辦。別人咱們可以不管，唯獨那個金槍張玉瑾，咱們值得鬥一鬥，要不然，兄弟你的銀槍、我的神槍，就都不用再見人了！"

德嘯峰在旁說："好極了，我現在倒盼着那金槍張玉瑾快些來了，要瞧着他在你們二位的槍下吃個大虧！"邱廣超、楊健堂二人聽了德嘯峰這話，越發意氣勃勃。

這時鐵小貝勒也來到了，眾人把他迎進客廳，讓在上首落座。鐵小貝勒笑着向眾人說："你們聽說沒有？那吞舟魚苗振山、金槍張玉瑾，還有什麼鐵塔何三虎、紫臉鬼何七虎、女魔王何劍娥等人，全都過了保定，三兩天就到京都來了。現在瘦彌陀黃驥北整天躲在家裏，有許多耳報神給他送信。他又派了許多地痞光棍們到茶館酒肆去傳揚，說是什麼李慕白跟德嘯峰快要倒霉了，現在河南來了一些英雄，要跟他們拼命來了。還說這回李慕白非得送了命，德嘯峰非要落得傾家蕩產不可！"

李慕白聽了，氣得面色改變，眼睛瞪起。德嘯峰卻微微冷笑，說道："不知我怎會得罪了黃驥北？看樣子他是一定要使我傾家蕩產才甘心！其實我這點兒家產，就是傾了、蕩了，也不足惜，何況還有這些朋友幫助我，還不知鹿死誰手呢？只怕他瘦彌陀黃四爺這回若是栽了跟頭，丟了人，我看他還有什麼臉再見北京城內的這些朋友！"

銀槍將軍邱廣超聽德嘯峰這樣挖苦黃驥北，自己不由也有些臉紅，就想：

自己與黃驥北相交多年，如今他請來這些人，倘若真丟了臉，他自然無臉再在北京住了；可是張玉瑾等人若是得了勝，自己銀槍將軍的名頭也就完了！因此心中十分着急。

這時德嘯峰命僕人擺上酒菜，他親自殷勤地勸酒布菜。鐵小貝勒是開懷暢飲，談論豪放，他就說：「他們那邊是張玉瑾、苗振山、何三虎、何七虎和什麼女魔王，咱們這邊是嘯峰、慕白、廣超和神槍楊三爺，我想咱們也足能敵得過他們了。只可惜那位孟思昭沒有在這裏，要不然，那可真是慕白的一位好幫手！」

邱廣超在旁就問孟思昭是誰，鐵小貝勒笑着說：「孟思昭就是我們馬圈裏的那個小俞，這個人……」他說到這裏，手拿着酒杯正要往唇邊去送，忽見滿座的人全都站起身來了，個個面露驚訝之色，直着眼往門外去望。只見由客廳外走進一位少年女子，頭挽雲髻，戴着白銀的首飾，面上未施脂粉。雖略有風塵之色，但那種清秀倩麗，在女子中實屬少見。她一身青布的緊身夾衣褲，腰肢窈窕之中顯出矯健，鞋上蒙着白布，纖手提着一對冷森森、光耀耀的鋼刀。

俞秀蓮姑娘進到廳裏來，把兩隻水靈靈、憂鬱鬱的眼睛一揚，就先看見了李慕白，她便臉上略紅，問道：「李大哥，你們諸位剛才說的話，我也都聽明白了，我知道孟思昭是走了，現在不知下落，而金槍張玉瑾、何三虎、何七虎、女魔王等人又將要來到。想那張玉瑾等人，原是我們的仇家，因為他們要殺害我父親，我們才離開了巨鹿。前後不到半年，我的父母就全都死了！」說到這裏，姑娘不禁淚如雨下。

李慕白也感動得熱淚欲滴，就見姑娘提刀痛哭着，又說：「現在張玉瑾他們來了，請你們告訴我他們在哪兒了，我立刻見他們去，給我的父母報仇。還有，就是那孟思昭……」說到這裏，她便哽咽了。德嘯峰、邱廣超、楊健堂等人，齊都雙眉緊皺，彼此相望着沒有一語。

姑娘又進前一步，向李慕白追問着說：「李大哥，你是跟我的胞兄一樣，無論如何你得告訴我，到底孟思昭是為什麼走的？是他聽說我快到北京來了，他才走的嗎？」她一面說着，一面跺着腳哭泣，把雙刀的刀尖在磚地上磕得鏘鏘作響。

李慕白偌大的英雄，什麼苗振山、張玉瑾，他全沒放在心上，可是如今俞秀蓮姑娘這樣地一哭，這樣地一問，真把他窘住了。他急得滿臉通紅，不知說什麼才好。幸虧這時鐵小貝勒離了座，向秀蓮姑娘一拱手，說：「姑娘別着急，也別傷心！有什麼話慢慢地說！」遂指着旁邊一個繡墩，說道：「請坐下，請坐下！」

秀蓮姑娘把雙刀放在桌上，望了望鐵小貝勒，就一面用手絹擦淚，一面嬌顫顫地問道：「你貴姓？」

鐵小貝勒又拱了拱手，說：「我就是鐵小貝勒，那位孟思昭就是在我的家裏住了一年多。」

俞秀蓮姑娘這才知道此人就是小虬髯鐵二爺，便萬福了，回身在繡墩

第二十二回　提刀闖宴泣涕詢真情　走馬離京死生酬義友

上坐下。李慕白及眾人也齊都落座，同聲勸說："姑娘別着急！"

鐵小貝勒就斜靠在一把太師椅上，向眾人擺手說："你們聽我把這件事，詳細地告訴這位姑娘。"於是就向俞秀蓮說："孟思昭這回走，誰也不能怪，就得怪我。因為我太大意了，竟沒看出他是個有本領的人。在去年，有我熟識的一個張喇嘛，把他薦到了我的府裏，也沒說他會什麼，就說想要找一個吃飯的地方，什麼事都願意幹。我見他年紀很輕，而且我也用不開人，就叫他在馬圈裏幫助刷馬，兩頓飯之外，一節給他二三兩銀子。看他那樣子也很安心地幹，我就沒有留意他。直到他逃走的那一天，李慕白才告訴我，說他不叫小俞，卻是宣化府孟老鏢頭的次子孟思昭，有一身的好武藝。

"我聽了之後，既是慚愧，又是後悔。因為我府中空養着許多教拳的、護院的，都是些個飯桶，我卻把一位少年英雄屈辱在馬厩之中，一年之久，我竟看他不出，我未免太對不住他了！因此我就想趕緊把他尋找回來，他若有什麼為難的事，我可以給他辦，從此我們便成為朋友。

"不想到了那日的晚間，我蒙矓睡着，他忽然到我屋中去見我，說是他想要出外，要向我借一匹馬騎走。我當時就想把他抓住，不放他走。沒想到他的身體靈便，轉身出屋，躥上房去就無影無蹤了。我趕緊派人到馬圈裏去查看，果然他把我的一匹黑馬給騎走了。當夜我不等到天明，就派了十幾個人分頭到九城各門去截他，可是沒有截到，也不知他是什麼時候混出城去的，直至今日，並無下落。

"據我看孟思昭他是藝高性傲，是個寧可自己吃苦，也不願受人憐憫的一個人。至於他為什麼不願見姑娘之面呢？我想他必是自覺得窮途落魄，無顏來見姑娘，所以他才忍痛走了，將來若能在外頭闖一番事業，那時候再回來見姑娘，這全是年輕人性傲之故。

"現在我就勸姑娘先在德五爺這裏住着，過幾天我們必定要分頭去找他，一定能夠把他找回來。至於姑娘說是自己要去鬥張玉瑾，要到外面去找尋孟思昭，那我們可不能允許姑娘。雖然姑娘的武藝高強，可是倘若再出了什麼舛錯，我們就更對不起孟思昭了。"

鐵小貝勒這些話說得十分暢快，俞秀蓮聽了，心中既是感激又是悲傷，只點頭拭着淚微歎。德嘯峰、楊健堂又勸了她半天，結果應的是一個月以內，必能把孟思昭尋回。俞秀蓮見眾人這樣勸慰自己，只得答應了，她向鐵小貝勒等人一一道了謝，便提着雙刀，回轉裏院去了。

這裏楊健堂極力稱讚鐵小貝勒剛才所說的話得當，德嘯峰就歎說："我真怕了這位姑娘了！昨天晚上，姑娘就追問我半天了，可是我怎麼能夠實話實說呢？"

楊健堂道："其實事情也沒有什麼，不過就是難以出口。再說我看那位姑娘又是個烈性子的人，倘若要曉得她的丈夫是因為疑她與慕白弟有情，才走開的，她真許尋了短見。"

鐵小貝勒卻搖頭說："那倒許不至於。我看俞姑娘是個明白人，只要能把孟思昭找着，那就好辦了。"邱廣超又在旁向德嘯峰打聽俞秀蓮姑娘的

-213-

身世及她與李慕白的關係。

大家談論了半天，都是這件事情。李慕白的臉上便紅一陣，白一陣，窘得他坐立不安，心中又是煩惱眾人這樣胡亂猜疑，不明白孟思昭走的意思，又是覺得自己對不起俞姑娘。既悔恨當初在家鄉時，自己不該受席仲孝之騙，往巨鹿縣去與俞姑娘比武求親，又後悔自己既知俞秀蓮已許字了他人，就不該心裏再牽掛她，以致後來無意中把這話向孟思昭說出，使他決定去志。這些事情不要說俞姑娘不能曉得，就是在座的這些人也未必能夠體會呀！想到這裏，李慕白心中十分難過，便悶坐不語了。

良久，德嘯峰和邱廣超又談起徐侍郎和胖盧三的事情來了。李慕白不禁由此又想到了纖娘，雖然說纖娘變心嫁了徐侍郎，與自己恩情已絕，但當初彼此確曾好過一番。現在因為史胖子殺了徐侍郎，以致連累得纖娘失去了依靠，受了官刑，並且貧病交加，或許這兩天她已經死去了。自己對於一個可憐的女子這樣薄情，也未免太說不下去，因就暗暗歎息。想自己只因柔情難斷，既累了俞秀蓮，又傷害了謝纖娘，連一兩個女子全都救不了，還有什麼顏面去向江湖爭英雄呢？他如此自責着、悔恨着，真覺得自己齷齪極了，不禁把酒杯往桌上一磕。他長歎一聲，就站起身來，向鐵小貝勒等人說："二爺，邱兄，你們隨便飲酒，我現在因為頭痛，要告辭回去了！"說着向眾人作揖，轉身就走。

德嘯峰趕緊上前把李慕白拉住，面帶不悅之色，說："兄弟，我今天頭一回請來貝勒爺和邱小侯爺，你不等終席就先走了，你這不是成心跟我過不去嗎？"

李慕白急得連連解釋說："大哥，你不要多心，我現在實在是覺得頭疼！"

德嘯峰說："頭疼了不要緊，你先到書房裏歇一歇，哥哥立刻派人請大夫給你治病，哥哥能夠親自給你煎藥！"

德嘯峰說了這話，李慕白真是沒法走開了。邱廣超、楊健堂也齊都過來勸說，請李慕白在這裏歇一歇，不必即刻回去。

旁邊鐵小貝勒卻明白，李慕白是因為剛才見了俞秀蓮姑娘，勾起了他的傷心，所以煩惱得在此坐不住了，就想：與其叫他在這裏坐着發愁，使大家抑鬱不歡，還不如先叫他回去呢！於是向德嘯峰使了個眼色，就說："既然慕白的身體不舒服，嘯峰你就打發一輛車，送他回去吧！"德嘯峰滿心的不高興，但鐵小貝勒這樣說着，他也不願把事弄僵了，於是就叫福子套車，把李慕白送回去。

李慕白走後，德嘯峰就向眾人歎道："慕白的事，真叫我着急。孟思昭既然走了，其實要由朋友們說一說，勸俞姑娘嫁給他，也許能夠辦到。可是他又不肯。既然不肯，就把這件事拋開了也好，可是他一見着俞姑娘，又忍不住傷心。年輕的人這個樣子，我真有點兒不佩服他了！"說着拿起酒壺來，給眾人敬酒。

鐵小貝勒擎杯笑着說："嘯峰，你我都是已經娶妻生子的人，把這些兒女私情都看得淡了。像慕白那樣的英俊少年，哪能免得了這種事？咱們做

第二十二回　提刀闖宴泣涕詢真情　走馬離京死生酬義友

朋友的，什麼都能幫助他，唯有相思病，咱們卻給他請不着好大夫。"說得德嘯峰也感歎着笑了。遂後幾個人繼續飲酒談笑，就以李慕白作為談資，倒是暢快。

此時李慕白坐着福子趕的車往南城外走去。福子因為跟李慕白熟了，而且覺得他是好脾氣，就跨在車轅上，一面趕着車，一面跟李慕白談天。他就說："李大爺，聽說那位俞大姑娘是你的親戚，也有一身好本事，是真的嗎？"

李慕白本來為俞秀蓮的事正在慚愧、懊惱，聽福子這樣一問，他越發不耐煩，就搖頭說："你不要胡說了！我不過是和俞姑娘的父親有些認識，哪裏是什麼親戚呢？再說俞姑娘會武藝不會武藝，我也不曉得！"

福子一聽，李慕白似乎生了氣，他就趕緊回頭，遞着笑容說："我是聽壽兒這麼說的。"又怕李慕白真個兒因此生氣了，遂就沒話找話地笑着問說："李大爺，這些日子我們老爺沒在京，大概你也沒到韓家潭寶華班玩去吧？"

李慕白一聽這話，他更覺得頭疼了，就點頭歎了一聲，並不回答。福子落得很無趣，就揚着頭，搖着鞭子，嘴裏吹着小曲，車聲轆轆地一直走去。少時便來到了丞相胡同，在法明寺門首停住。

李慕白下了車，懶懶地進了廟門。才一進廟門，就見有一個身穿黑布棉襖的人，向李慕白請安，說道："李大爺，你好？"

李慕白一怔，只見此人面黃肌瘦，十分面生，自己並不認識他，便問道："你姓什麼？你找我有什麼事？"

那人賠笑着說："我姓吳，有個外號叫小蜈蚣，早先常在酒舖裏看見李大爺。現在有一個人來了，他在彰儀門外等着。請李大爺趕緊拿上寶劍，跟我出城，見一見那個人去，有要緊的事！"

李慕白聽着，更覺得詫異，便問道："是什麼人在城外等着我？"

小蜈蚣說："李大爺，你一去就知道了，請李大爺快些走吧！"

慕白暗想：莫非是吞舟魚苗振山和金槍張玉瑾來到了？不然就是孟思昭在那裏等着我？遂向那小蜈蚣冷笑了笑，說道："好，我就同你去一趟。"

到屋內拿上了寶劍，小蜈蚣又說："你帶上些錢。"

李慕白發怔問道："要我帶上錢做什麼？"

小蜈蚣就低聲向李慕白說了幾句話。李慕白立刻面色改變，怔了半晌，就草草地帶上了一個小衣包，提着寶劍，隨着小蜈蚣出了門，一直往彰儀門走去。

李慕白的心中十分着急，所以走得很快，那小蜈蚣在後面都有些追不上他。少時出了城，到了關廂一家小茶館門前，只見那門前的椿子上拴着兩匹黑馬。小蜈蚣半跑着，趕上了李慕白，說道："李大爺！就是這兒！"

李慕白剛要跟小蜈蚣進茶館去，忽見由裏面走出一人。此人身穿青緞子大棉襖，青緞小帽，手提着兩根馬鞭子。他晃着矮身材，聳着肥胖的笑臉，望着李慕白不住地笑，說道："李大爺，這些日沒見，你的臉色真大好了！"原來正是那個早先在丞相胡同口外開了個小酒舖，後來殺死了徐侍郎、胖盧三而逃走的爬山蛇史健。

當下李慕白便問道："是小俞受傷了嗎？"

史胖子點頭說："不錯，那俞二爺自從離了北京，就迎着南下的大道走了下去，為是迎着那吞舟魚苗振山、金槍張玉瑾，去爭鬥一番。走在涿州地面他就遇見了我，我留他在我的朋友家中住了一天，他就又要趕着南下，並且對我說：'士為知己者死。我在鐵小貝勒府住了一年多，都沒有人知道我，李慕白才與我見面，他就看出了我會武藝。這樣的朋友，我就是為他死了，也是值得。現在苗振山和張玉瑾這兩個江湖有名的人，要尋李慕白去爭鬥，倘若李慕白敗在那二人的手裏，真未免太可惜了。我現在南下，先要迎着苗振山、張玉瑾，給李慕白擋一陣去！'"

李慕白聽史胖子說到這裏，不禁感動得要流下淚來。

史胖子又說："我那時在涿州朋友家中住着，也是沒有事，就跟他一路同行，打算會一會那苗、張二人。不想走到高陽地面，就遇見了他們。俞二爺也未免太性急了些，一見着他們，立刻就抽劍奔過去與他們爭鬥。

"要說俞二爺的本領可也真不錯，他的一口寶劍敵住了苗振山、張玉瑾、何三虎、何七虎等六七個強悍的人，結果他還將何七虎的左臂上砍了一劍。但怎奈對方的人太多，而且吞舟魚苗振山的暗器又最厲害，所以俞二爺的左臂上中了苗振山一鏢，右膀又被何三虎砍了一刀。幸虧那時我見勢頭不好，就把官人喊來了，苗振山等人才沒敢殺害俞二爺的性命。我跟我的夥計把俞二爺攙到店中，買了刀創藥給他敷上。可是看那樣子傷得很重，並且渾身發燒，嘴裏說要見你李慕白一面，有些話要說！"

李慕白聽說孟思昭被苗振山傷得這樣重，立刻就落下淚來。

史胖子又接着說："所以我就趕緊騎着馬來了。我又不敢進城，好容易才把這位吳兄弟找着，叫他給你送信去，我就在這裏預備下了馬匹等着你來。李大爺，你就趕緊上馬，咱們趕往高陽去吧！晚了或許就見不着俞二爺的面了！"說着就解下馬來，催着李慕白上馬。

李慕白急得用劍鞘擊地，就說："這些日我專為等候苗振山、張玉瑾，要不然我早就離開北京找小俞去了。現在我若是走了，豈不要叫人說我是因為怕了他們才逃走的嗎？"

史胖子搖頭說："張玉瑾跟苗振山一時絕不能到北京來，我知道他們是由高陽又往保定府去了。現在我看這些事全都不要緊。李大爺，你就趕快上馬，咱們到高陽看俞二爺去吧！俞二爺躺在店房裏，就剩了一口氣兒等着你呢！"

李慕白一聽這話，便咬了咬牙，點頭說："好！咱們現在就往高陽去！"他由史胖子的手中接過馬鞭，便向旁邊的小蜈蚣說道："煩勞你再進城到東四三條德五爺家中，就說我現在離京找孟思昭去了，至多十幾天就可以回來。你千萬不要說我是跟誰走的，也不要說我們是往高陽去了。"小蜈蚣連連答應。

旁邊史胖子又驚詫着問道："孟思昭是誰呀？"李慕白說："孟思昭就是小俞，此人原是頗有來歷，容我在路上慢慢對你說吧！"說時，他把寶劍繫在馬鞍下，就撩衣上馬。

第二十二回　提刀闖宴泣涕詢真情　走馬離京死生酬義友

史胖子也上了馬，就向那小蜈蚣說："吳兄弟，咱們再見吧！"當下兩匹馬就離了彰儀門的關廂，在秋風大道之上，揚起塵土，直往西南去了。

這裏小蜈蚣見李慕白和史胖子走後，他就重又進城，去給德嘯峰送信去了。原來這個小蜈蚣吳大，本是江湖上一個小賊，因為他在易州地方得罪了人，幾乎被人殺害了。幸虧遇見了史胖子救了他。所以史胖子是他的救命恩人，無論驅使他去做什麼事，他沒有不盡力去辦的。後來史胖子到北京開了小酒館，隱身匿跡，小蜈蚣也就來到京中閑混。有時混得不能生活了，就到史胖子的酒館裏去吃喝，史胖子就派他去探些事情。所以李慕白與德嘯峰二人的交情，謝翠纖與徐侍郎的事，以及胖盧三的種種秘事，都是小蜈蚣給打聽出來，又去報告了史胖子。

當下小蜈蚣又想借此機會去認識德嘯峰，以便將來沒有辦法的時候好去求他。到了德宅門首，他就說："我是李慕白大爺派來的，有幾句要緊的話，要見德五爺面談。"門房的人見小蜈蚣像是街上的窮漢，就叫他在門首等候，進去回稟了德嘯峰。

此時德嘯峰剛把鐵小貝勒和銀槍將軍邱廣超送走，正在書房中與神槍楊健堂對坐飲茶談話。忽然見僕人進來，說是李慕白派了一個人來，有要緊的話，德嘯峰聽了不禁一怔，便向楊健堂笑着說："李慕白這個人可真有點古怪！他剛才從這兒走的，現在為什麼又派人來跟我說話呢？"楊健堂也笑了。

當下德嘯峰請楊健堂暫坐，他就出了屏門，見着了那小蜈蚣。小蜈蚣吳大先向德嘯峰請安，就說："李慕白李大爺剛才離開北京走了。他叫我來告訴五爺一聲，說是他至多十幾天，一定能夠回來。"

德嘯峰聽了，不禁一驚，趕緊問說："他是一個人走的嗎？到什麼地方去了？有什麼要緊的事呀？"

小蜈蚣說："李大爺是一個人走的，他是上哪兒去，我也不知道，大概不遠吧。聽說是有一位叫什麼孟思昭的，現在也不知是在什麼地方受了傷啦，李大爺得了信，才趕緊去看他。"

德嘯峰一聽孟思昭現在受了傷，越發驚詫，趕緊詳細追問小蜈蚣。可是小蜈蚣吳大因為李慕白囑咐了他，不許他說是跟史胖子往高陽去了，他自然不敢洩漏，只說："我不知道。我在彰儀門內碰見李大爺，他拉着一匹黑馬，帶着寶劍，跟我說完了話，就騎上馬出城走了。"德嘯峰怔了半晌，只得叫小蜈蚣走了，並囑咐小蜈蚣若聽說李慕白的行蹤，就趕緊來告訴他。

德嘯峰回到書房，急得不住跺腳，向楊健堂說："你說這事兒怎麼辦？孟思昭也不知是在什麼地方被人砍傷了，李慕白離京去看他去了，說是十天左右才能夠回來！"

神槍楊健堂聽了，也覺得這件事來得太突兀，又不曉得孟思昭為什麼被人砍傷了，便勸德嘯峰說："你不要着急，小聲點兒說話！不然被那位俞姑娘知道了，她又得找了去。我想孟思昭大概傷勢不重，所在的地方也遠不了，過上幾天李慕白一定能把孟思昭送回北京來調養，那時倒好辦了。"

德嘯峰聽了楊健堂的話，依然緊皺眉頭。心裏又想着：李慕白現在走了。那苗振山、張玉瑾若來到時，找不着他，豈不是自己一個人要吃虧嗎？於是又跟楊健堂說，恐怕苗、張二人來到，不好應付。神槍楊健堂卻微微冷笑着說："不要緊。苗振山、張玉瑾那幫人若來到，我一人就能夠對付他們！"

　　雖然楊健堂這樣說，但德嘯峰總是不放心。所以當日楊健堂一走，德嘯峰趕緊又去見了鐵小貝勒和邱廣超，就說李慕白因為聞知孟思昭在外受了傷，他立刻就離開北京走了，說是十天左右才能夠回來。那鐵小貝勒和邱廣超聽了，全都覺得奇怪，尤其是銀槍將軍邱廣超，他竟疑李慕白是因畏懼那苗、張二人，故此借詞逃走了。

　　到了晚間，德嘯峰悶悶不樂地回到家中，把李慕白走了的事，也沒對俞秀蓮姑娘去說。他只是吩咐僕人們在門上要謹慎些，並且自己時時把鋼刀預備在手邊，心想：俗語說"求人不如求己"，李慕白是走了，我只仗着邱廣超和楊健堂也是不行，還是等到黃驥北架着苗振山、張玉瑾來找我時，我自己跟他們去拼吧！

　　由此德嘯峰便不常出門，時時在家裏小心提防着。那楊健堂依舊住在前門外天福店中，每天要派手下的鏢頭到德家來探問。有時他自己也來找德嘯峰談話。

第二十三回　碧血銀槍將軍遭暗算　蓬門病榻魔手碎殘花

　　過了四五天，這天銀槍將軍邱廣超在家無事，就想要到黃驥北的家中去看看。並且想告訴他，李慕白現在已然走了，勸他不要再與德嘯峰作對。邱廣超的妻子高氏，素日與黃驥北的正太太舒氏感情也很好，現在聽說舒氏得了病，便也打算看看她去，遂就預備了兩樣看病人的禮物。邱廣超命家人套車，那高氏就稟明了婆母，帶上一個僕婦，隨着她丈夫往黃家去了。

　　邱廣超住在西城溝沿，而黃驥北的家是在東城北新橋，所以他們這兩輛轎車，走了半天，方才到了黃家門首。車一停住，邱廣超就跳下了車，只見門前的樁子上拴着五六匹健馬，並有兩三個身穿土布衣裳，腰插短刀，橫眉豎目的人站在門前。邱廣超一看，覺得非常詫異。這時門上的僕人上前給邱廣超請安，說道："邱大少爺來啦，大奶奶也來了嗎？"邱廣超卻不答話，只指着那幾匹馬，問說："這是誰來了？"門上的僕人笑道："我們四爺的幾位朋友，是新從河南來的。"

　　邱廣超聽了，不由一驚，就想：大概是那苗振山和張玉瑾來了吧？他便要叫自己的妻子回去。可是這時裏面已迎出來了幾個婆子丫鬟，都先向邱廣超請安問好，然後就攙着高氏下了車，往門裏走去。

　　邱廣超的妻子高氏年輕貌美，向來黃家的上上下下沒有一個不羨慕她的。當下僕婦擁着才進了屏門，那黃驥北的妻子舒氏同着兩個姨太太就迎出來了。

　　彼此萬福，高氏就上前說："聽說四嫂子有點兒不舒服，我才特來看看你！"

　　舒氏笑着說："前兩天我倒是有點兒頭疼發熱，現在好得多了。"說時，就往裏面去讓。邱廣超也說了幾句應酬話，便順着廊子，帶着妻子往裏院走去。

　　當走過客廳之時，就聽裏面有雜亂粗暴的喧笑之聲，邱廣超就十分注意，探着頭往裏去望。客廳裏出來兩個僕人，向邱廣超說："我們四爺請邱大少爺到裏院坐！"邱廣超點了點頭，心裏十分不痛快，就帶着妻子，隨着黃家的女眷到了裏院。

邱廣超在黃家向來是穿房入戶，沒有什麼客氣，每次來時總是說說笑笑，與黃家女人也很廝熟。可是今天來到這裏，卻十分不高興。他獨自坐在堂屋椅子上，悶悶不語，丫鬟給他送上茶來，他的妻子高氏就到舒氏的屋中談說家常去了。

邱廣超一個人喝着茶，等了半天，才見黃驥北進到裏院來。今天黃驥北是精神興奮，喜色滿面，他喘吁吁、慌張張地向邱廣超說："兄弟，你先坐着，回頭咱們再談話。我告訴你，那吞舟魚苗振山、金槍張玉瑾和何三虎等人全都來了，現在前面客廳裏。你在這兒等着我，我再應酬應酬他們去！"說着，趕緊轉身又出屋往前院去了。

邱廣超氣得一句話也沒對黃驥北說，他呆呆地發了半天怔，便想：自己與黃驥北相交多年，他就是來了什麼朋友，也不應當不給自己引見。這苗振山和張玉瑾在未來之前，黃驥北對自己是絕不承認與他們相識，現在他們來了，居然又對他們這樣殷勤應酬，把自己冷淡着。想到這裏，他氣憤憤地站起身來，就叫僕婦去告訴大奶奶，說是即刻就回去。

邱廣超的妻子高氏，此時跟黃驥北的妻子們正談得高興，忽然她的丈夫又叫她回去，心裏也不明白是什麼緣故。黃驥北的妻子還要留高氏在這裏吃晚飯，邱廣超卻催着高氏立刻就跟他回去。黃驥北的妻妾和婆子丫鬟們，全都看出邱廣超的面上帶着怒色，可又不能問，只得又把他們夫婦送出屏門。這時黃驥北還在客廳中與苗振山、張玉瑾等人飲酒談笑，也不知正在說些什麼，並不出來送他們。

邱廣超氣憤憤地帶着夫人和僕婦走出了門首，就見那裏站着的幾個腰插短刀的人，齊都把那賊眼盯在高氏的身上，兇惡的臉上帶着壞笑。有一個矮子拉了他旁邊的人一下，用很大的聲兒說："看哪，你的媳婦出來啦！"邱廣超聽得很真切，他立刻大怒，走過去驀地就是一腳，罵道："混蛋！你嘴裏說的是什麼？"踢得那人咕咚一聲坐在了地下。

旁邊的那兩個人就上前將邱廣超揪住。那被踢的人也趕緊爬了起來，由腰下抽出短刀來，向邱廣超就刺，罵道："你敢踢太爺？太爺跟着苗太爺由河南來到北京，能夠受你的欺負？"

邱廣超不容他的鋼刀近身就又是一腳，又將那人踢了一個跟頭。旁邊的兩個人便也齊都抽出短刀，向邱廣超的身上去扎。邱廣超突地奪過一把刀來，反將一個人刺倒。這時門前就大亂起來。邱廣超叫妻子帶着僕婦先上了車，自己扭住一個土棍亂踢亂打，黃家的幾個僕人也勸不住他。

這時客廳裏已得了訊息，黃驥北、苗振山、張玉瑾、冒寶昆、何三虎一干人就齊都出來了。黃驥北一看邱廣超把苗振山帶來的人給扎傷了，他急得顏色都變了，忙奔過去把邱廣超攔住，說道："兄弟，你不可如此！這是苗員外帶來的朋友，都是自家朋友！"

邱廣超口裏罵道："什麼自家朋友？我邱廣超向來不識得什麼苗員外。他們在我的女眷面前滿嘴撒潑，我就要打他們！"他口中喊着，依舊揪住苗振山手下的人不住地踢打。

第二十三回　碧血銀槍將軍遭暗算　蓬門病榻魔手碎殘花

這時苗振山和張玉瑾氣急了，齊過去要抓邱廣超。黃驥北、冒寶昆趕緊把苗、張二人攔住，冒寶昆就說："苗大叔、張大哥，你們二位先不要生氣。這位是銀槍將軍邱小侯爺，是黃四爺的好朋友，彼此就是有什麼不對，也可以慢慢地說！"冒寶昆因為平日本與邱宅的教拳師父秦振元熟識，知道邱廣超不但武藝高強，而且有錢有勢，所以不願叫苗、張二人惹了他，因此才從中勸解。

金槍張玉瑾在河南時，也聽說過北京城內有一位世襲的侯爵銀槍將軍邱廣超，此人少年英俊，槍法無雙，也早就想要與他比試比試。當下一看，這邱廣超果然相貌不俗，便請他的舅父苗振山和何三虎等人不要急躁，他就向邱廣超抱拳說："閣下就是銀槍邱小侯爺嗎？何必這樣生氣！雖然你我並不相識，但你與黃四爺總是相好，有什麼不服氣的事情，可以請到裏面細談。"

邱廣超揚目望了望張玉瑾，只見他年紀不過二十餘歲，身穿藍綢棉袍，青緞馬褂，臉圓圓的，濃眉大眼，頗帶兇悍之氣。邱廣超便問道："你貴姓？"

黃驥北說："這就是河南的金槍張玉瑾。他是金槍，你是銀槍，你們二位正應當做個朋友！"

邱廣超打量了張玉瑾一番，便冷笑道："久仰，久仰！現在你們若沒有事，可以在此等著我。我先把家眷送回，少刻即來，再向你們請教！"說畢，就上車要走。

旁邊的苗振山、何三虎等人和剛才那兩個挨打的人，齊都喊著說："別叫他跑了！"一齊上前要去揪他，卻被張玉瑾橫臂攔阻住。

黃驥北著急地向邱廣超說："兄弟何必立刻要走，我還有事要跟你商量呢！"

邱廣超卻不理他，只向張玉瑾說："張玉瑾，預備下你的那杆金槍，少時我就向你請教來！"說畢，催著趕車的人，趕著兩輛車走去。

金槍張玉瑾望著車影，不住嘿嘿冷笑，他一面吩咐手下人回店房把他的槍取來，一面向苗振山笑道："舅父，回頭你別管，讓我來鬥鬥他銀槍將軍！"

黃驥北請他們前來，原本是為與德嘯峰、李慕白二人作對，想不到頭一個就與邱廣超頂撞起來了。邱廣超與黃驥北是多年的好友，而且黃驥北也因為與他接近，才致名聲日起，如今豈肯見他敗在張玉瑾的手裏呢？因此回到客廳中，便向張玉瑾請求，勸他不要生邱廣超的氣。怎奈苗振山與張玉瑾全是絲毫不講情理，黃驥北的話他們是絕不肯聽。他們命人取來了兵器，就在黃家專門等候銀槍將軍邱廣超前來比武。

這時銀槍將軍邱廣超回到家中，氣得跺腳大罵。第一是氣憤黃驥北，不該由外面勾來這幾個人，凌辱了自己，他還連一句公道話也不說；第二是嫉妒金槍張玉瑾，初次來到北京，他就這樣目中無人。倘若不設法把他制服，自己銀槍的英名就要喪失了，因此他恨不得立刻就提著槍再到黃驥北家找張玉瑾去，與他分一高低。不過究竟慮到他們人多勢眾，而且又曉得苗振山、何三虎等人，也不是好惹的，邱廣超恐怕自己的勢單，在他們的手中吃了虧，遂就趕緊派僕人去請神槍楊健堂和鐵掌德嘯峰，並請他們即刻就來。

邱廣超在家中坐立不安，就把教拳師秦振元請過來，向他說了苗振山、張玉瑾手下的人淩辱自己的事，並說他們驕橫的樣子，自己實在看著不服氣，所以現在就要鬥一鬥他們。那秦振元聽了，就趕緊勸邱廣超不要與苗張二人作對，說道："冒寶昆走了這些日子，就為的是替黃四爺到河南去請金槍張玉瑾和吞舟魚苗振山，大概是今天才把他們請來的。苗、張二人到北京來，為的是與李慕白比武，給黃四爺報仇，與大少爺無干。再說，大少爺也是黃四爺的好朋友，就是不幫助黃四爺，也不應當再與苗張二人作對呀！"

邱廣超冷笑道："你以為我還能夠跟苗振山、張玉瑾他們這樣的盜賊做什麼朋友嗎？李慕白現在是走了，德嘯峰是不大好惹事，我與楊健堂，我們二人卻絕不能眼見那張玉瑾在京城橫行！"

正說著，黃驥北派了牛頭郝三來了。郝三見了邱廣超，就說："我們四爺叫我來，勸你不要跟張玉瑾他們鬥氣。他們是我們四爺請來的，你老人家總要給我們四爺留點兒面子才好！"

邱廣超冷笑道："我若曉得他們是你們四爺請來的，今天我還不敢上你們府上去了呢！你現在回去，告訴你們四爺放心，勝敗我一人承當，連累不著你們四爺。"並說："你再告訴張玉瑾他們，叫他們等著我，我立刻就去！"牛頭郝三聽了，十分為難，跟秦振元在旁又勸了半天，才走了。

少時德嘯峰和楊健堂就來了。邱廣超這時精神興奮，一見德、楊二人，他就說："黃驥北把苗振山跟張玉瑾給請來了，你們知道嗎？"

德嘯峰說："今天早晨我就知道了，聽說他們來的人很不少！"說話時面帶憂鬱之色。

邱廣超就把剛才自己在黃驥北的家中見了苗、張二人，跟他們惹了氣的事說了，然後就說："他們現在還在黃驥北家等候我呢！你們二位跟我走一趟，看我鬥一鬥他們！"

神槍楊健堂也很激昂地說："好，叫人拿上槍，咱們這就走！"

德嘯峰卻搖頭說："我看現在就去，未免太急躁了些，就是黃驥北怎麼不好，咱們也不該找到他的門首去動武呀！頂好還是跟他們定下一個時間地點，然後請出朋友，彼此再較量。"

楊健堂卻急不可耐地說："張玉瑾、苗振山又算得什麼人物？咱們還犯得上請出朋友來跟他較量？今天他們欺辱了廣超，咱們立刻就找他們去，拿槍把他們趕走就是了。"說著就催著邱廣超快些走。邱廣超也急忙換上衣裳，帶著秦振元和幾個僕人，拿上了兩杆長槍、幾口鋼刀，就連同德嘯峰走出門坐上車，又往北新橋去了。

在這時候，那牛頭郝三已然跑回黃家，見著黃驥北，就驚慌著悄聲告訴他說："邱廣超現在氣憤極了，誰也勸不住。他把德嘯峰和神槍楊健堂也找了去，眼看著就一同來了。"黃驥北皺著眉，就想這事實在是難辦。

此時苗振山、張玉瑾、冒寶昆、何三虎等人，仍在黃驥北的客廳中歡呼暢飲，專等著邱廣超前來決鬥。黃驥北的心裏十分著急，表面上還得殷勤應酬。那吞舟魚苗振山蓬著刺蝟似的灰白鬍子，瞪著豹兒般的眼睛，脫去了

第二十三回　碧血銀槍將軍遭暗算　蓬門病楊魔手碎殘花

長衣，只穿着箍身的短褲，掛着一隻錦繡鏢囊。身後站着一個年輕小伙子，替他捧着鋼刀。苗振山大杯地飲酒，滿口的村言村語，顯出他的強盜面目來。黃驥北見了，心中也未免有些後悔，但又不敢得罪他們。待了不多時，就有僕人進到客廳裏，回道："邱小侯爺同着德五爺來了。"黃驥北一聽德嘯峰也來到這裏，他就不由又勾起憤恨。

這時又有人進來告訴了張玉瑾。張玉瑾就趕緊站起身來，向苗振山、何三虎、冒寶昆等人說："邱廣超又來了，你們都不要上手，交我一人來對付他們！"說時，起身出了客廳，往外走去。

今天邱廣超二次前來，他並不進門，只與楊健堂在車旁站着等候。張玉瑾一出來，邱廣超就指着楊健堂向他說："這位就是延慶全興鏢店的神槍楊健堂，現在他是特來會會你！"

那張玉瑾從容微笑着，說聲久仰，又望了望在車轅上坐着的德嘯峰。他哪裏把這幾個人放在眼裏？就請他舅舅苗振山等人閃開些，並攔住黃驥北，不叫他過來解勸。張玉瑾從旁邊的人手中，接過了他的那杆金槍，將槍向邱楊二人抖了一抖，他瞪着兩隻兇神似的眼睛，圓臉上帶着殺氣，說："你們要想較量，就過來吧！這門前也很寬敞，咱們的三杆槍足夠掄得開！"

邱廣超冷笑道："我們兩人戰你一個，也不算英雄！"說時，從僕人的手中接過了銀槍，抖起來就向張玉瑾刺去。張玉瑾用槍撥開，轉槍向邱廣超咽喉去扎。邱廣超的槍法毫不鬆懈，銀槍纏住金槍，槍尖亂點，紅纓飛動，杆子相擊得錚錚地響。

惡鬥了三十餘回合，不分勝敗。旁邊苗振山、何三虎等人都要過來相助。黃驥北急得喊着說："廣超，算了吧！無論如何，衝着我的面子！"邱廣超哪裏肯聽黃驥北的勸說，將那銀槍像一條銀蛇似的左刺右搠，上遮下擋，對手若不是金槍張玉瑾，恐怕誰也敵不過他。

又戰了十數合，旁邊神槍楊健堂就看出邱廣超的槍法實在是大有進步，而張玉瑾槍法嫻熟，身手敏捷，更不愧是一位河南聞名的好漢。他也綽了杆槍在手，目不斜視地看着他們二人的雙槍相鬥，十分覺得技癢。德嘯峰跨在車轅上看着，心裏卻提着心，因為張玉瑾那邊的人多，而且個個全都是兇眉惡眼，仿佛立刻要上前幫助張玉瑾似的，自己這邊怕敵不過他們。

此時黃驥北的門前已斷絕了交通，邱廣超、張玉瑾兩杆槍相持不下，哪個還敢近前呢？二人又鬥了十幾合，依舊難分勝負。那旁邊的吞舟魚苗振山就看得不耐煩了，大喊一聲說："他媽的，比什麼武？"說話時揚手向邱廣超一鏢打去。邱廣超立刻覺得一陣疼痛，右臂就抬不起來了。他往後一退身，張玉瑾趁勢下了毒手，挺槍向邱廣超的咽喉刺去。

楊健堂趕緊跑過去，用槍將張玉瑾的槍磕開。張玉瑾望了楊健堂一眼，罵道："你也敢來送死嗎？"說話時，張玉瑾和楊健堂的兩杆槍又廝殺起來。苗振山、何三虎也一齊奔上來，掄着刀，幫助張玉瑾去敵楊健堂。

此時邱廣超身負鏢傷，已被僕人們抬到車上。黃驥北又要指揮着人過去打德嘯峰。德嘯峰急得翻了臉，就用刀指着黃驥北說："姓黃的，你可小心！

-223-

现在是在你门前，若是出了人命案，你可是跑不开！"黄骥北一听也怕这事情要闹大了，冒宝昆在旁也很着急，两人就各自提了一口刀，奔过去，把苗振山、何三虎、张玉瑾三个人拦住。

黄骥北又望着杨健堂说："杨三爷，你先住手，容我说几句话！"杨健堂这时已气得连话也说不出来，只是挺着枪，要与张玉瑾等人拼命。

黄骥北先向苗振山、张玉瑾拱手，就说："二位来到北京，原是为找那李慕白比试武艺。除了李慕白之外，彼此都是好朋友，就是有一两句言语不合，也可以慢慢地说，不必这样闹翻了脸。邱广超是我的好弟兄，杨健堂我们也是多年好友，大家都要忍些气，多少给我黄骥北留点儿面子！"

苗振山听了黄骥北这话，越发暴躁起来，他跺着脚，抡着刀，摸着镖囊，用他的土话大骂，那意思是他们这次来到北京谁也不怕，并说邱广超、杨健堂都是李慕白的一伙，非见个死活不可。那张玉瑾倒略略懂些情理，他就冷笑着，用枪指着杨健堂说："你们要是还不服气，可以订个地方，咱们再斗一斗，不必在人家黄四爷的家门首乱闹！"说毕，由冒宝昆、黄骥北劝着，苗振山、张玉瑾、何三虎等人才重新被请进门去。

那黄骥北又赶紧跑出来，就见邱广超的两辆车和杨健堂、德啸峰等人，已往西走去了。黄骥北又带着牛头郝三追赶过去，把车拦住，扒着车，问邱广超伤重不重。邱广超半卧在车上，疼痛得面上煞白，他望着黄骥北冷笑道："骥北，咱们是多年的交情，想不到你现在请来这么些个强盗，用暗器来伤我。好！咱们的交情就至今日为止。"

黄骥北急得跺脚说："兄弟，你不听我劝嘛！本来都是自己人，有什么话不好说，何必弄得……"

黄骥北尚未说完这句话，德啸峰就在他肩头上拍了一掌。黄骥北觉得这一掌可拍得很重，他赶紧扭过头来，用眼瞪着德啸峰，带着恶意地笑说道："怎么？德老五你真要跟我作对吗？"

德啸峰冷笑着说："现在我哪能惹得起你黄四爷？不过因为咱们向日都有些交情，我才来告诉你，那苗振山的一伙人可都是江湖上有名的强盗。他们这次来到北京，可是你给请来的，倘若他们在此犯了什么案子，或是闯了什么祸，你黄四爷可脱不开！"

黄骥北拍着胸脯说："那是自然！我还能说他们不是我的朋友吗？你德五爷尽管跟都察院和提督衙门说去，说什么我也不怕。"

德啸峰冷笑着点头说："好，有你这句话就得了！"杨健堂也望着黄骥北不住地冷笑。当下他们便带着邱宅的几个仆人，跟着两辆车，又回西城沟沿邱广超的家里去了。

这里黄骥北呆呆地发了半天怔，把牙一咬，又回到他家中的客厅内。就见苗振山、张玉瑾等人，都在那里得意扬扬地饮着酒，杂乱地谈着话。黄骥北给每人敬了两杯，道了几声钦佩，然后就劝苗振山、张玉瑾不要再与邱广超和杨健堂等人作对。还是想法子把李慕白找着，惩治惩治那小子，才叫人心里痛快。

張玉瑾飲着酒，就狂笑着說："黃四爺，你放心，我們不怕他邱小侯爺。今天縱不是我舅舅用鏢打傷了他，我也得叫他們兩個人死在我的槍下。那李慕白大概是聽見我們來，他先藏起來了，可是早晚我們也得把他捉住。"

苗振山在旁又拍着桌子說："我要見了李慕白，非要他的狗命不可！"何三虎等人提起李慕白來，也都十分憤恨。

苗振山又嚷嚷着說："大概我那個姓謝的娘兒們，就是叫李慕白給拐跑了！"他一說到了他的逃妾，更是拼命飲酒，破口大罵。黃驥北在旁邊看着也不禁暗自皺眉。

冒寶昆見苗振山太不成事體，恐怕他們喝醉了，再鬧出什麼事來，遂就勸着說："苗大叔、張二哥，咱們也該回去了，歇上一半天，還得辦那謝姑娘和李慕白的事情呢。"

張玉瑾也說："咱們應該走了。"

苗振山已喝得紅頭漲臉，酒氣熏人，就說道："回去就回去吧！"又向黃驥北說："黃四爺，你真是個好朋友，我吞舟魚沒白到京城來這一趟。我回店裏住去啦！你可別忘了給我找幾個模樣好的小媳婦，叫我樂一樂。"

黃驥北皺着眉，勉強笑着，只說："好，好！"

張玉瑾倒是向黃驥北抱拳說："打攪，打攪！明天請黃四爺到我們店裏去。"

黃驥北點頭說："一定去，一定去！"

張玉瑾又囑咐黃驥北說："如若那邱廣超的一夥人再不服氣，就叫他們到店裏找我們去！"

黃驥北又點點頭。何三虎等人就攙架着苗振山，這一夥強盜般的人才算離了黃家。瘦彌陀黃驥北親自把他們送出門去，看着他們走了，自己方才唉聲歎氣地回到裏院。他一面派人去看邱廣超，並為自己解釋，一面想着：自己花了許多錢，才請來了苗振山這一夥強盜。可是他們沒抓着李慕白，也沒打了德嘯峰，倒傷了自己的好友邱廣超，而且這夥人對自己還是毫不客氣。倘若再在這京城惹了什麼禍事，自己還得跟着他們受累！他因此十分懊惱，不但覺得不合算，並且還提着心，因為自己也不知他們在外省做過什麼重案沒有。倘若他們犯過重案，外省的捕頭跟來了，自己便難免有結交匪人之罪。但是又想：盼了多日，好容易盼得把這幾個人請到了，自己也得借着他們的武藝和威風，報一些私仇。因此他便預備晚間再去拜望苗、張等人，叫他們先去把德嘯峰收拾了，然後再找李慕白。

這時苗振山、張玉瑾、何三虎、何七虎、女魔王何劍娥等人，是住在崇文門外磁器口慶雲棧內，一切都由冒寶昆給他們安置照料。

本來吞舟魚苗振山是河南省的有名的大盜，不過他這個大盜並非要親自下手去打劫。他有許多徒弟和被他打服了的人，分散在各地，這些人劫了錢，搶了女人，都揀那好的獻給他。因此他在駐馬店安然做着富翁，本人卻沒有什麼顯著的犯法事情。這次他來到北京，第一還是為尋找他的逃妾謝纖娘，其次才是找李慕白決鬥。他恨李慕白，也並非因為李慕白打了瘦彌陀與何三虎兄弟作對之事，卻是因為冒寶昆對他說過，謝纖娘當了妓女之後，與李慕白混得很熟，不久李慕白就要接她從良，回家去過日子。冒寶昆並且說，李慕白曾揚言，他要殺死苗振山為謝纖娘的父親報仇。苗振山信了這話，方才趕忙找了他的外甥張玉瑾，一同北上。

那張玉瑾原是苗振山的義妹狐狸霍五娘之子，自幼學得一杆金槍，橫行豫北一帶，從來沒遇見過對手。尤其是他和苗振山認了親之後，越發沒有人敢惹他。張玉瑾在十幾歲時就娶了何飛龍之女何劍娥為妻。因為何劍娥生性潑辣強悍，而且姿色也不太好，所以夫婦不甚和睦。何飛龍被鐵翅雕俞老鏢頭殺死之後，何劍娥就往來各地，結交江湖豪客，以圖為她父親報仇。張玉瑾也不干涉他的妻子，自己在開封開着一家鏢店，並姘識着幾個婦人。事過數載，他自己屢次想要到巨鹿鬥一鬥那俞老鏢頭，但終是騰不出身子來。

這天忽然內兄何七虎來到，就說他們兄妹三人和師兄曾德保等人，去尋俞雄遠為父報仇，兩次交手，全都失敗了。現在何劍娥、曾德保都身受重傷，陷在饒陽監獄裏。何七虎並說了俞雄遠的女兒是怎樣的年輕美貌、武藝高強，並有一個名叫李慕白的小伙子，手持一口寶劍幫助他們，所以更是難惹。說完了這話，他就催着張玉瑾跟着他去營救何劍娥和曾德保，並追殺俞雄遠父女。

張玉瑾聽說他妻子受了傷，陷在獄中，心中並不甚着急，但卻十分生氣，就想：我的結髮妻子被人欺侮了，我要不來救她，替她把仇報了，江湖人必要笑我金槍張玉瑾懦弱無能。同時想着，自己的妻子武藝亦頗不錯，怎會敗在俞雄遠的女兒手裏呢？又聽何七虎說俞秀蓮的容貌是多麼美麗，年紀才不過十七八歲，張玉瑾又想要看看那個俞姑娘。於是他就要起身，隨着何七虎北上。不料他那幾個姘婦又把他糾纏住，不放他走，因此又耽誤了些日，急得何七虎幾乎要同他吵鬧起來。

這時，冒寶昆已到駐馬店找了他的舅父苗振山，又一同來請他。冒寶昆並且對他說："張大哥，你若能夠騰開身子，為什麼不同我們到北京玩玩去呢？北京城不但李慕白是英名赫赫，誰要是能把他打服，就立刻在北京有了名頭，而且還有個銀槍將軍邱廣超。邱廣超的槍法是跟延慶神槍楊健堂學來的，可是本領卻比楊健堂還要高。張大哥你若能到北京，與他比一比槍，占個上風，那時天下會使槍的人，就要尊你為王了。"

金槍張玉瑾一聽這話，倒覺得很有意思，自己本已久聞邱廣超之名，如今若能去與他會一會，倒也很好。加之苗振山、何七虎在旁催促，張玉瑾便摒擋了事務，帶着手下的幾個人，同着苗振山、何七虎、冒寶昆一同趕路北上。

冒寶昆本來久在江湖上混，知道的典故很多，在路上就說了許多江湖的事情，一半是他聽來的，一半是他編造的。總之他是極力說黃驥北是位仗義疏財的好漢，李慕白卻是個驕橫好色的人。因之苗振山、張玉瑾二人都十分氣憤，恨不得即刻就把李慕白抓住，不但要打服了他，並且還得要他性命才甘心。

第二十三回　碧血銀槍將軍遭暗算　蓬門病楊魔手碎殘花

沿路之上，有許多江湖人聽說他們由此路過，不是到他們住的店房中去拜訪，就是把他們請去，設宴接待。苗振山、張玉瑾因此更是狂傲驕橫。

這天就進了饒陽縣城。此時女魔王何劍娥與她師兄曾德保，押在饒陽獄中已有三個多月了，本來是應當照着盜匪傷人的罪名去審問，可是因為外面有她的胞兄何三虎照應，在唐知縣和管獄的那裏花了許多的錢，又沒有原告在此，竟把案情給更改了，只說何劍娥、曾德保二人是與俞雄遠因爭路互毆，才打的官司。等得張玉瑾等人來到，又拿出些錢來，居然就把何劍娥和曾德保給釋放出獄了。苗振山便叫曾德保先自回河南。女魔王何劍娥因為背上的刀傷尚未痊癒，張玉瑾就叫她跟着到北京，再去請醫治療。

這時又有保定府的鏢頭黑虎陶宏等人，因為慕名，特派人來接請他們以便結識。苗振山、張玉瑾等人就得意揚揚地跟着那來接的人往保定去了。不想剛過高陽地面，就遇着了那單騎孤劍自北京來的孟思昭。

孟思昭此次迎頭前來，心懷着無限的悲痛和義憤，不惜拼死以鬥苗振山、張玉瑾，就為的是酬謝知己，而使俞秀蓮與李慕白有情人成為眷屬。他在路上又遇着了爬山蛇史胖子。史胖子知道孟思昭要迎頭去鬥張、苗等人，又向孟思昭說了許多激勵的話，並且一路同行。

到了高陽地面，一遇着張、苗等人，孟思昭就抽劍與他們交手。苗振山、張玉瑾等人自然也是毫不讓步，遂就打在一處。史胖子幫助戰了幾合，就看出孟思昭的武藝雖然高強，可是敵不過苗振山他們的人多。又見金槍張玉瑾的槍法極為狠毒，何三虎、何七虎的刀法也頗不弱，冒寶昆又在旁邊喊着助威，史胖子就趁空跑開，去喊官人。及至官人趕到，那孟思昭已身受重傷，臥在血泊之中。苗振山那邊，雖然何七虎也挨了孟思昭一劍，究竟算是他們得了勝，便棄下孟思昭，一群人依舊氣焰赫赫地揚長走去。

他們一群人到保定住了兩天，會了保定的幾個英雄，便直赴北京。這天晚上進了城，歇了一天，第二日便來見瘦彌陀黃驥北，不想先與銀槍將軍邱廣超衝突起來，一場爭鬥，苗振山又施展飛鏢將邱廣超打傷。他們也曉得邱廣超是北京城有名的好漢，而且是一位貴族子弟，像這樣的人物如今都敗在了他們的手裏，他們就更高興起來。尤其是他們帶來的那些人，終日在街上橫行，惹出許多是非，不過因為有黃驥北架着他們，北京的一些土痞也不能不讓他們幾步。張玉瑾倒還勸他帶來的人要規矩些，苗振山卻不管那些事，他每天都要帶着幾個人到各妓院亂走，兇橫萬分。所以不到十日，南城裏幾乎沒有一個不知道吞舟魚苗太爺的。

此時銀槍將軍邱廣超在家中醫治鏢傷。楊健堂也是因為苗振山慣用暗器傷人，自己犯不着與他們爭鬥，所以也隱忍着，不常離開店房，並告誡他帶來的人，不可在外面惹氣。德嘯峰更是除了每天到內務府堂上下班之外，絕少出門，並且把李慕白離京及苗振山、張玉瑾等人來京之事，都不向俞秀蓮提說。所以這時北京城的街面上，只有瘦彌陀黃驥北大肆活躍。每天他都要出一次南城，與苗振山、張玉瑾、何三虎、冒寶昆、馮懷、馮隆兄弟聚在一起，所談的話不外是怎樣搜尋李慕白，怎樣與德嘯峰、楊健堂等人作對。

但是苗振山卻不注意這些事，他只催着冒寶昆給他打聽那謝纖娘的下落。

冒寶昆這時也知道了謝纖娘和她的母親因為徐侍郎與胖盧三被殺之事，全都被捉往衙門，受了許多日的罪，後來倒是被釋放了，可是不知她們母女流落到哪裏去了。冒寶昆把這些事告訴了苗振山，苗振山反罵冒寶昆沒有用，說道："你這小子，既然看見了姓謝的娘兒們，就應該把她們先扣住，然後再去請我。現在我來了，人也跑了，你這不是成心拿你苗太爺打耍嗎？我也不管什麼姓徐的、姓李的，只限你十天，把謝家的娘兒們找來便沒事。要不然，小子，你就別要命啦！"

冒寶昆挨了苗振山這一頓罵，真嚇得出了一身冷汗，他趕緊連聲答應，心裏卻很着急。想不到自己因為多管閒事，貪使了黃驥北那些銀兩，倒惹出麻煩來了，把苗振山給請來了，這時李慕白也躲開了，徐侍郎死後謝纖娘又不知下落。苗振山給自己這十天的期限雖不算少，可是倘若到時候依然不知謝家母女是住在哪兒，苗振山若一翻臉，砍上自己幾刀，他再給個離京而去，那豈不就糟了！因此冒寶昆急得像熱鍋上的螞蟻一般，成天煙花柳巷各處亂走，打聽那早先寶華班翠纖的下落。

畢竟功夫下到了，沒有打聽不出來的事兒。因為謝翠纖也算是一時名妓，她跟徐侍郎從良，以及後來吃官司的事，都頗使人注意。所以就有人曉得，她們母女現在是住在粉房琉璃街她們親戚的家中，並且謝翠纖因為在衙門裏受了刑，把臉給打壞了，她憂鬱得病，現在窮得連飯也沒得吃。冒寶昆聽了，自己還不大相信，特意拿錢買了一個在寶華班當毛夥的人，讓這人把自己帶了去。冒寶昆就假說自己是李慕白的朋友，現在李慕白走了，他臨走時託付自己來看看她們母女。

因為冒寶昆新賺了黃驥北的錢，置的一身闊綽衣裳，謝老媽媽一見，以為是個闊人，就喜歡極了，說了許多的恭維的話，並說："我們娘兒倆，這幾個月時運壞極了，翠纖又病着，不用說請大夫買藥，就是吃飯的錢都沒有啊！幸而前些日子李大爺給了我們幾兩銀子，這才能活到現在。翠纖也吃了不少的藥，再過些日也許就好了。"

冒寶昆點了點頭，大模大樣地說："李大爺走了，不知什麼時候他才能回來。他既然託我照應你們，我就不能瞧着你們挨餓受凍。明天我再給你們送幾串錢來，你先湊合着度日，等翠纖好了，我再給你們想長久的辦法。"

說話時，他就望着炕上躺着的謝纖娘。只見她臉上雖然十分憔悴，而且有青紫的傷痕，但是眉目之間依然不減秀麗。纖娘此時眼角掛着淚珠，只是呆呆地望着冒寶昆，一句話也不說。冒寶昆看清楚了纖娘的容貌，就出門走了。當時他就到了磁器口慶雲棧內，告訴苗振山說，謝纖娘的住處已被自己給找着了。

謝老媽媽把冒寶昆送出門之後，她就回屋向她的女兒說："孩子，你也不用發愁了！李慕白總算還惦記着咱們，他離開北京走了，還託付這姓冒的來照應咱們。我看這姓冒的一定比李慕白還有錢。孩子，你的病也好多了，臉上的傷也不那麼看得出來了，明天你掙扎起來，打扮打扮，等姓冒的給咱們送錢來，你也應酬應酬他。只盼着他能夠常來，咱們娘兒倆再托他給想法子，或是跟人，或是借點兒本錢再下班子去混事，總要找一條活路兒才好。要不然，我這年歲……"說到這裏，謝老媽媽又想起了被人打死的丈夫老謝七，想起了女兒纖娘在寶華班時的綺麗生活，以及後來出了凶事，遭官司，受刑罰，財物盡失，挨餓受冷，以及服侍女兒的病，酸苦甜辣，一一想起，不禁老淚縱橫，痛哭了起來。

纖娘伏在枕畔，也哽咽着說道："媽媽，你以為咱們娘兒倆，現在還有什麼活路兒嗎？咱們是死在眼前了！前幾天，李慕白來瞧我的時候，你沒聽他說嗎？那駐馬店的苗老頭子快到北京來了。苗老頭子是個殺人不眨眼的強盜，我爸爸是叫他給打死了，我在他的手裏也不知挨了多少鞭子，受了多少罪！咱們娘兒倆又是逃出來的，他不定把咱們恨成什麼樣子呢！倘若他這次來到北京，訪查出咱們的住處，他還能夠饒咱們娘兒倆的活命嗎？"她說到這裏，已然滿面是淚，顫抖得幾乎連氣也接不上。

謝老媽媽一聽她女兒說是駐馬店的苗老虎快要來了，嚇得她也不哭了，只瞪着眼說："真的嗎？李慕白是說了嗎？"

纖娘用被角拭着淚，說："這是李慕白親口跟我說的。他跟那些江湖人全都認得，絕不能說假話。再說，咱們早先在駐馬店的事情，我也沒跟他提過。"

謝老媽媽怔了半天，就說："苗老虎到北京來許是有別的事，大概他也不知道咱們娘兒倆在北京吧？"

纖娘歎了口氣，便說："只盼着他不知道才好，可是他認識的人多，怎能夠探聽不出來咱們娘兒倆的事情呢？據我看，剛才上咱們這兒來的那個姓冒的，或許就是他派來的探子，因為我沒聽說李慕白認得這麼一個人！"

謝老媽媽一聽，簡直嚇傻了，就說："你這麼一說，我倒想李慕白也許沒走。現在我再到廟裏找找他去，倘或見了他，就求他救救咱們娘兒倆！"說着，就張着淚眼望着她女兒。

纖娘說："唉！媽媽，現在李慕白也不能像早先那樣關心咱們啦！"她抽搐了一會兒，又狠狠地說："其實就是苗老頭子來了，我也不怕他。這北京城是天子腳下，是有王法的地方，他真能夠怎麼樣？至多咱們娘兒倆把命跟他拼上，也就完了！"

謝老媽媽見女兒又犯了那暴烈的性情，急得鼻涕眼淚交流。她想着還是找一找李慕白去吧，於是不等她女兒答應，就轉身出屋，急急忙忙地往丞相胡同法明寺去了。

謝老媽媽走後，謝纖娘越想越覺得剛才來的那個姓冒的形跡可疑，可是事到現在，也沒有別的法子，只有等着苗振山找到時，跟他以死相拼吧。纖娘臥病多日，身體本來虛弱已極，當下便趁着她母親沒在屋中，打開了那隻蘇漆枕頭，將她父親遺下的那把匕首取了出來，壓在褥下。

本來纖娘自徐侍郎被殺之後，所有積蓄的衣物錢財，全都被徐家的人扣留了。這漆枕、這匕首，還都是在將嫁徐侍郎之時，因為這件東西和一些破舊的東西不便攜帶過去，就存放在了她舅母的家中，所以如今還在身邊。這枕中的匕首，連謝老媽媽全都不曉得。纖娘也幾次想到情絕路盡，身世淒涼，不如就以此自盡，但終於是不忍一死，拋下窮苦孤零的母親。如今逼迫在眼前的，不是窮困，也不是與李慕白情盡義斷，內心上的懺悔，卻是這惡獸一般的苗振山眼看着就要撲到自己的身上。除了相拼或是自盡之外，再也沒有別的辦法了。

謝纖娘躺在炕上，凜懼而又憤恨地想着，外面的寒風吹着破舊的紙窗，呼呼地做出一種恐怖的響聲。纖娘閉着眼躺在炕上，心中痛得已然麻木了，真仿佛死了一般。

不知過了多少時間，就聽得窗外一陣雜亂的腳步聲音，接着屋門吧的一響，纖娘立刻翻身坐起。就見小屋裏進來了三四個男子，其中一個是剛才來過的姓冒的，另一個就是纖娘恨在心裏、怕在膽上的那個吞舟魚苗振山。纖娘一見苗振山那張蝟毛叢生的醜惡面目，渾身打戰，問道："你們，為什麼……闖進人家屋裏？"

苗振山瞪着兇彪彪的大眼睛，獰笑着，向謝纖娘道："你這個娘兒們，在河南背着我跑了，來到北京下了窰子，還勾搭上了什麼李慕白，你覺得你的本事很不小啊！今天，你可又到了苗大爺的手心裏了！"遂怒喝一聲："看你還往哪裏跑！"說時，他便伸出一隻大手，猛向謝纖娘抓來。

此時纖娘情急手辣，由枕畔摸出匕首，驀地向苗振山擲去。那苗振山哎喲一聲，趕緊用手掩住了左臉。那口匕首就吧的一聲掉在了地上。苗振山左臉流着血，伸手抓住纖娘，回首向跟來的人喊道："拿刀來，我殺了這惡娘們！"身後的人，就要把刀遞給他。

纖娘這時也不怕他了，就哭喊着道："你殺死我吧！"

苗振山正要接刀行兇，卻被冒寶昆從後面把他的右手揪住了，冒寶昆就勸道："大叔，你別生氣，不可太莽撞了，現在既然把她找着了，難道還怕她再跑了嗎？大叔現在若把她殺死，叫她的媽媽纏住，那倒不好了！"

苗振山急得跺腳，說："她見了我，不說點兒好的，反倒拿刀子險些扎傷了我的眼睛，我還能饒她？殺死她再打官司都不要緊！"說時掄拳就向纖娘的頭上去砸。

謝老媽媽到法明寺找李慕白沒有找着，冒着寒風回來，就遇見了同院住的街坊于二。于二驚惶惶地向謝老媽媽說："謝老嫂子，你回家看看去吧！有幾個大漢全都拿着刀，要殺你女兒呢。我現在找官人去！"

謝老媽媽一聽，魂都嚇丟了，趕緊往回跑。一進門就見有兩個兇眉惡眼的大漢，在院中站着。各屋裏的街坊們全都藏了起來，不敢出屋。她的屋中是一片怒喊和哭叫之聲。謝老媽媽趕緊撲進屋去，只見那臉上流着鮮血的苗振山，把蓬頭散髮的纖娘按在炕上亂打，如同老虎在搜一隻瘦羊似的。謝老媽媽哭喊了一聲："你要打就先打死我吧！"就撲過去，抱着了苗振山的粗壯的胳臂。

苗振山把胳臂一揮，罵道："老乞婆！"謝老媽媽摔倒在地上，頭撞

第二十三回　碧血銀槍將軍遭暗算　蓬門病楊魔手碎殘花

在牆上昏暈了過去。

苗振山由地上拾起了匕首，就要向纖娘的頭上去扎，卻被旁邊的冒寶昆和手下的人攔住了。冒寶昆抱住苗振山的腰，口裏央求着說："大叔，這可使不得！北京城不像別的地方，氣急了就可以殺人！"

苗振山聽了這話，方才有點兒顧忌。他扔下匕首，左手拿袖子擦着臉上的血，向冒寶昆說："你勸我不殺她，可是我這口氣不能出呀！"

冒寶昆說："這事咱們可講得出理去。她是大叔的小婆子，她背着大叔跑到北京來當妓女；現在大叔把她找着了，她還敢持刀行兇，扎傷了大叔，就這兩件事情，若是告在官裏，就能把她們母女押起來治罪。"

這時謝老媽媽也緩過了氣，便爬起身來，向苗振山哭着說："苗太爺，你要是殺就殺我吧！我女兒總算跟你也過了一年多的日子，要不是怕你的鞭子，我們娘兒倆也不會逃跑出來。這兩年來，我女兒只要是一想起來苗太爺，她還是哭，她也知道苗太爺待我們恩厚。我們就盼着，只要苗太爺再仁慈一點兒，不再拿皮鞭子打人，我們娘兒倆不等苗太爺找來，就要回去了。在北京這一年多，下班子，應酬人，不都是沒法子嗎？但凡有一碗飯，或是苗太爺對我們開了恩，誰願意這樣兒呢！"

魔王似的苗振山被謝老媽媽油滑的嘴兒這麼一說，不由得也有點心轉。他看了看纖娘，只見她還躺在炕上哭着，雖然頭髮被揪亂了，臉被打傷了，但是她的愁眉淚眼，喘吁吁的嘴唇兒，還是有點兒迷人。尤其是看見纖娘露着兩隻藕棒似的胳臂，粉紅的舊小褂被撕破了一塊，露出了裏面的紅抹胸，苗振山不禁又有點心軟了。他就暗想：幸虧剛才沒一刀把她殺死了，要不然此時一定有些後悔。遂就氣喘喘地說："你們別到這時候又跟我說好話兒。苗太爺走了一輩子江湖，也沒叫人拿刀在臉上砍過！"

冒寶昆在旁見苗振山的氣消些了，就勸道："翠纖也是一時情急，失了手，傷了大叔。她是大叔的人，死活不是由着大叔嗎？大叔若把她殺了，打官司還是小事，不過鬧得盡人皆知，于大叔的臉上也不好看。不如大叔饒了她們，叫他們收拾收拾，過兩天跟着大叔回河南去。此次大叔對她們這樣地開恩，想她們以後再也不敢喪良心了！"

苗振山憤憤地想了一會，就點頭說："我衝着你，饒她們的命。"又回首向謝老媽媽說："我饒了你們，你們收拾收拾，過兩天跟我回河南去，你們聽見了沒有？"

謝老媽媽趕緊跪在地下叩頭，連說："知道了！可是我女兒現在的病還沒有好，她起不來呀！"

苗振山罵道："起不來，我把她抬了走！"說着，又怒目望着纖娘，握着拳頭，仿佛氣還沒出完似的。冒寶昆在旁死拉活勸，才把他勸出了屋子。

這時院裏住的于二，才由官廳裏把一個戴纓帽的官人找來。這官人一進門，就連聲問着："什麼事兒？什麼事兒？"苗振山和跟他來的幾個打手，就要過去向這官人發橫。

冒寶昆一面勸苗振山先回店房裏去歇息，一面過去向這官人拱了拱手，不慌不忙地笑着說："沒有什麼事兒。剛才出門的那位是河南省的苗大員外，現在是外館黃四爺把他請來的。這屋裏住的謝家娘兒倆，原是服侍苗員外的人。在一年以前，她們拐了苗員外許多銀錢，逃到北京來。這回苗員外來，才把她們找着，剛才跟她們鬧了一場。現在她們也改悔啦，應得過幾天就跟着苗員外回去，照舊服侍苗大爺。事情已然完了，老哥你就不用管了！"

那官人一聽是苗振山到這裏來了，就很驚訝，本來這兩天已聽說苗振山那一些人是黃驥北給請來的，是專為來找李慕白打架的。他們這些幹小差使的，誰也不敢得罪黃四爺，遂就說："原來是這麼一件不要緊的事兒呀！"回手就給了那于二一個嘴巴，罵道："為這麼一點小事兒，你也值得到官廳裏去找我？依着你說，這兒的人命案早就出來了！"

這時謝老媽媽也由屋裏出來了，看見了戴紅纓帽的官人，她就趕緊跪在地上叩頭說："大老爺，你就別追究了，苗太爺已經饒了我們啦！過幾天我就帶着女兒回去。剛才，我女兒是失手傷了苗太爺一點兒，她可也不是成心！"

冒寶昆就用腿踢了踢謝老媽媽，說道："得啦，你也起來吧！憑你叩頭也不行呀！今天要是沒有我勸着苗員外，他也能饒了你們？"他又望着在院子裏看熱鬧的一些街坊，說："謝家母女是苗員外的人，她們在這裏養幾天病就走。你們可也看着她們點兒，她們若是尋了短見，或是出了事兒，可就唯你們是問！"說着，就向旁邊看熱鬧的一個姑娘盯了一眼，並特意向那于二警告說："你聽明白啦！"隨後拉了那官人一把，笑着說："老哥，咱們喝盅酒去！"

見冒寶昆同官人走了，謝老媽媽才站起身來，她掠起衣裳襟，擦着鼻涕眼淚，哭着說："我們娘兒倆真命苦呀！"

金媽媽在旁繃着臉，指着謝老媽媽說："你們從河南到北京來投奔我，我哪兒知道你們是從人家那裏逃跑來的？這一年多，我對你們也操夠了心啦！得啦，現在人家既把你們找着了，你們就趕緊跟着人家走吧，別再給我惹事兒就得啦！"

旁邊有金媽媽養着的幾個姑娘，雖然見謝老媽媽哭得很可憐，心裏也替她們難過，卻一句話也不敢說。倒是于二，因為他把官人找來，反倒吃了一個嘴巴，心裏有點不平，就向謝老媽媽說："謝老嫂子，我看這件事也完不了。你們就是跟着姓苗的回去，他也不能好生看待你們。我勸你們還是趕緊找李慕白去吧！李大爺他是北京城有名的好漢，認識的人又多，他一定能夠給你們想法子。"

謝老媽媽就哭着說："剛才我不是找李大爺去了嗎？李大爺他沒在家，可又有什麼法子呢？"

金媽媽在旁聽着就撇嘴說："據我瞧那姓李的也不行，他也不像有錢的樣子。這時候要是徐大人跟胖盧三活着，倒許能救了你們娘兒倆。可是誰叫你們沒有那好命呢？跟了徐大人不到一個月，就把人家給殺死了！"金媽媽說完這風涼話，又向她養着的那幾個姑娘瞪了一眼，就回她的屋去了。

第二十三回　碧血銀槍將軍遭暗算　蓬門病榻魔手碎殘花

　　這裏于二摸着他那剛才叫官人給打了的嘴巴，始終不甘心，剛要再給謝老媽媽出主意，這時屋裏的纖娘就呻吟着喚她的母親。謝老媽媽抹着眼淚回到屋裏，就見女兒纖娘蓬頭散髮，滿臉青紫傷痕，正在掖被角。原來是剛才纖娘又掙扎着病體，把那口匕首由地下撿起，又藏在被裏了。纖娘喘吁吁地望着她的母親，說："媽，咱們要是跟着苗老頭子回去，也是活不了，不如……咱們娘兒倆索性跟他們拼了命！"謝老媽媽一聽女兒這話，就哭着說："咱們怎麼能拼得過人家呀！"

　　這時于二又跟進屋來，纖娘就說："于二叔，勞你駕，出去找找李慕白。他跟德五爺是至好，你只要找着德五爺，就能知道李慕白是在哪裏了！"

　　于二一聽這話，立刻就給出主意說："我也知道，李慕白跟東城的鐵掌德五爺最相好，他幫助德五爺在南下窪子打過春源鏢店的鏢頭。我想謝老嫂子你不如到一趟東城，見見德五爺。就是找不着李慕白，他也能夠給你們想個辦法。"

　　纖娘躺在炕上又說："李慕白早先也對我說過，德五爺在內務府堂上做官，他在北京很有些勢力。媽，你就去一趟吧！"于二也說："鐵掌德五爺向來惜老憐貧，專好打抱不平。老嫂子，你要是到他門前去求求，他絕不能不管。"

　　謝老媽媽一聽，平白地又想起這一條生路，只得拼着叩頭哀告，再求求德五爺去吧，於是就求着于二帶她去。于二本來也是個閑漢，平常愛管閒事，尤其是今天他自己也受了委屈，想要出出氣，當下就帶着謝老媽媽出門。他先在大街上找着一個熟人，打聽明白了鐵掌德五爺是住在東四三條，二人遂就冒着寒風走去。于二在前面走，謝老媽媽就揣着手，彎着腰，流着鼻涕眼淚，跟在後面，就進了城。

　　走了半天，才到了東四三條德嘯峰的門首，只見大門關着半扇，于二就向謝老媽媽說："你自己進去，先求門房的人給你回一聲。他們見你這一個窮老婆子，倒許能夠可憐你，我要是跟你進去倒不好了。"

　　謝老媽媽答應着，就畏畏縮縮地到了門房裏，向那門房的兩個僕人就請安，說道："勞駕，二位大叔，我要見德五老爺，有一點事求他老人家。二位大叔行個方便，給我回一聲兒吧。"

　　兩個僕人看了，不禁納悶，一個就說："德五爺沒在家，有什麼事兒，你對我們說吧！"另一個又問道："你姓什麼？見過德五爺嗎？"謝老媽媽就擦着鼻涕眼淚，說道："我姓謝！"遂就說她的女兒翠纖早先在寶華班當妓女的時候，德五爺跟着李慕白去逛過幾趟。現在因為有河南駐馬店的苗老虎來逼她們母女，她們找李慕白沒找着，所以才來求德五爺行好，救救她們。

第二十四回　義憤護殘花人欽俠女　寒宵憐薄命腸斷金釵

　　謝老媽媽一面哭泣，一面老聲老氣地說着。德家的兩個僕人聽着，彼此望了望，心裏就想：這兩天我們老爺已經叫姓苗的逼得寢食不安，你現在還要求他給你們想辦法，那怎能成呢？一個就悄聲說："老爺大概管不了這事兒，不如把她打發走了得啦！"另一個想了一想，卻搖頭說："咱們別做主意，我還是進去回回大奶奶吧！"於是就向謝老媽媽說："我們老爺一早出去的，不知什麼時候才能回來。我先給你回回我們奶奶去，看看是叫你在這兒等着，還是叫你改日再來。"說着便站起身來。謝老媽媽趕緊又給那僕人請安。

　　那僕人出了門房，進了垂花門，順着廊子往裏院走去。到了裏院，他就在廊子下停住腳步，向西屋裏喊了聲："回事！"西屋就是德嘯峰的妻子德大奶奶住的。這幾天德宅顯得特別緊張，不要說德嘯峰現在沒在家，就是在家中，僕人也不能對外人實說。無論外頭有了什麼小事，僕人都得進裏院回稟來。

　　當時僕人一喊回事，就有一個老媽子由西房出來，門房的僕人就說："外頭來了一個姓謝的老婆子，說是她跟李慕白李大爺和咱們老爺全認得。現在因為有點事兒，被那個苗振山逼得她跟她的女兒都沒有了活路，來這兒求咱們老爺救她，現在門房裏直哭。你問問大奶奶怎麼辦，是叫她在這兒等着老爺呢？還是把她打發走？"那老媽子說："我問問大奶奶去。"

　　她將要轉身進屋，這時忽然由西屋裏走出來一位姑娘，揚目問道："什麼事兒？先告訴我！"這位姑娘梳着大辮子，穿着青布的旗袍，俊俏的臉上不擦脂粉，顯得有些清瘦，兩隻眼睛，柔和中又帶着威嚴，簡直叫人不敢正視。

　　那僕人一看是俞姑娘，趕緊就低了頭，垂手侍立，他心裏亂打着鼓，嘴上磕磕絆絆地說道："是，是！俞大姑娘！現在外頭來了個老婆子，姓謝。她說她女兒……不是，她認得我們老爺，現在苗振山逼着她們……"

　　俞秀蓮姑娘本來在屋裏就已聽到他在說什麼李慕白、苗振山，此時也不耐煩聽他再說，就決然說："我出去看看！"遂就輕快地順着廊子直往外走去。這裏男女兩個僕人都直着眼睛看着俞姑娘的背影，不知如何是好。德大奶奶也由屋中出來了，就把僕人叫了過去，問說外面有什麼事，並着急俞秀蓮到外面去，怕會鬧出什麼麻煩來。

秀蓮姑娘到了大門前，就進了門房，看見謝老媽媽那副衰老貧寒的模樣，帶着憐憫的態度，便問道："你是姓謝嗎？有什麼事來找德五爺？"那裏的一個僕人看到秀蓮姑娘進入門房，就嚇得趕緊站起身來，低首侍立。

謝老媽媽雖然現在窮困，可是眼睛是看過綢緞的，她見秀蓮姑娘身穿着青布旗袍，大松辮上繫着白頭繩，就想：也許是個丫鬟吧？正在打量着，就聽旁邊那僕人說："這是俞大姑娘，你還不快請安！"

謝老媽媽趕緊請安，並央求着說："大姑娘，求你跟德五老爺說說，把那位李大爺請來，或是給我們想個辦法。那苗老虎眼看着就要把我跟我的女兒逼死啦！"

這時剛才進裏院的那個僕人又出來了，他就向秀蓮姑娘請求着說："我們大奶奶請你到裏院，有話說！"秀蓮姑娘並不理他，就很詳細地向謝老媽媽問明了一切情由。她這時才知道，原來苗振山、張玉瑾等人已來到北京，而李慕白卻不知往哪裏去了。

謝老媽媽在說話時，哭泣得很是淒慘，秀蓮姑娘就覺得謝家母女實在可憐，並且想要看看纖娘去，遂就說："我到你家裏看看去。你不要發愁，那苗振山如若再欺負你們母女，我能夠把他們打走！"說這話時，眉目間露出一種冰霜般的神態。她又回首吩咐僕人說："出去給我雇一輛車來！"僕人只好答應了一聲，便皺着眉出去了。

這裏謝老媽媽聽秀蓮姑娘這樣一說，倒被嚇住了，只是翻着眼睛呆望着。秀蓮姑娘在旁邊凳子上坐下，俊俏的臉龐氣得煞白，眼角帶着怒意。她咬着下唇沉思了一會，便微微歎息了一聲，向謝老媽媽說："大概你不認得我，我叫俞秀蓮，我也是受盡了別人的欺辱的。可是我學過武藝，無論怎樣兇暴的人，我也不怕。現在我要鬥一鬥那苗振山和張玉瑾，一半是幫助你們母女，一半也是為我自己報仇出氣！"

謝老媽媽在旁邊還聽不甚明白，只是連連請安說："俞大姑娘，你就可憐我們娘兒倆吧！"她想着這位姑娘會不會武且不說，大概總是個有錢的人，倘能周濟她們些錢，讓她們娘兒倆找一個地方逃命，那也是個辦法呀！

此時那個僕人給雇了一輛騾車來，無可奈何地向秀蓮姑娘說："俞姑娘，給你雇車來了！"秀蓮姑娘便站起身來，拉着謝老媽媽出門上車，出了東四三條的西口。

這時同着謝老媽媽來的那個于二還在道旁等着呢，一見謝老媽媽坐在車裏，車旁坐的是一位年輕着素的姑娘，他就覺得詫異，趕近車來問道："謝老嫂子，你這是上哪兒去呀？見着德五爺沒有啊？"

謝老媽媽說："沒見着德五爺。這位俞大姑娘是德五爺的親戚，人家能夠幫助咱們，咱們現在回去吧！"說着車也不停，就順着大道往南城外走去。

在車上謝老媽媽就問俞秀蓮是什麼地方的人，跟德五爺是什麼親戚。秀蓮姑娘仿佛在思索着什麼事，並不答她的話。謝老媽媽又十分殷勤地巴結着，又問了許多話。

秀蓮姑娘就說："我跟德五爺並不是親戚，李慕白倒是我的義兄。你放心吧！回頭我見着你的女兒，看看你們的情形，無論是錢上還是人力上，我總能替你們想個辦法。你別瞧不起我，我雖是一個年輕的姑娘，可是我自信一定能夠把苗振山那些人打走。"

謝老媽媽趕緊說："姑娘哪兒的話。我們既求姑娘可憐我們娘兒倆，哪敢又瞧不起姑娘呢！"她口裏這樣說着，心裏卻想：這位姑娘長得可真是體面，要是打扮起來，比自己的女兒還得好，並且年歲又輕，只是看不出這姑娘到底有什麼本事？

車到了粉房琉璃街，在謝老媽媽住的門首停住。俞秀蓮姑娘就看見門前有兩個人正在來回地走着，全是高身材、寬膀臂，披着灰布大棉襖，棉襖裏像是藏着什麼刀子、棍子的樣子。又見謝老媽媽嚇得變色打戰，仿佛是認得這兩個人，秀蓮姑娘就低聲向謝老媽媽說："別害怕！"遂就跳下車來，叫車在門旁等着。趕車的把謝老媽媽攙了下來。謝老媽媽連冷帶害怕，兩腿發軟，一下車就要跪下，秀蓮姑娘趕緊又攙扶住她。

這時在門前徘徊的那兩個惡漢就追趕過來看。秀蓮姑娘卻不睬他們，同着謝老媽媽進到屋裏，就見炕上躺着一個二十來歲，清瘦憔悴，面帶着傷痕淚跡的女人。謝老媽媽見了女兒，眼淚又不禁流了下來，就說："我到德宅去了，也沒見着德五老爺。這位是德宅住的俞大姑娘，人家可憐咱們娘兒倆，說是能救咱們！"

纖娘勉強着坐起身來，一面掠理着頭髮，一面用眼打量秀蓮姑娘，心裏猜度着。她還沒說出什麼話，就見秀蓮姑娘很和氣地說道："你們別着急，我能夠替你們把苗振山打走。李慕白他是我的義兄，你們既然認識他，我更應該幫助你們了，再說，我還要報我自己的仇呢！"纖娘聽了，依舊不明白這位俞姑娘是個怎樣的人。

旁邊謝老媽媽又問李大爺上哪兒去啦。秀蓮姑娘聽人提到李慕白，不禁又引起了她內心的幽怨，便搖了搖頭，說道："我這回到北京來，只見過他一面，我也不知他現在是上哪兒去了！"說時心裏想着：李慕白並不是個冷心腸的人，為什麼自己一來到北京，他也不去看看，細談談別後各人的遭遇，竟是那樣地冷淡無情呢？她看了看纖娘，見謝纖娘的容貌很是清秀，想她必是一個有名的妓女，所以李慕白到北京之後，就與她相識。可是李慕白是那樣一個生性高傲、武藝精通、朋友眾多的人，怎會連這可憐的謝家母女也保護不住呢？

此時炕上坐着的謝纖娘也驀然想起，這位俞姑娘大概就是李慕白曾對自己說過的那個才貌雙全，最合李慕白心意，可是卻早已許配他人的姑娘吧？不知怎麼，她心中仿佛覺得有些愧對俞姑娘似的，想起了那英俊誠懇的李慕白，心中又不禁一陣悲痛。她落了幾點眼淚，便悲切切地說："俞姑娘！多

第二十四回　義憤護殘花人欽俠女　寒宵憐薄命腸斷金釵

謝你這樣好意來幫助我們。可是你不知道，現在要逼我們死的那個苗老虎，是個頂兇橫的人。他手下又養着好些個打手，都是殺人不眨眼，我的爸爸就是叫他們給打死的！俞姑娘，你別為我們的事出了什麼舛錯，那樣一來，我們可就更對不起李慕白李大爺了！"她一邊說着，一邊抽搐着哭泣，肩膀一聲一聲的，用一塊被淚濕透了的桃紅綢帕擦着眼睛，謝老媽媽冷得縮着雙手，眼淚鼻涕流在一起，她也不知道去擦，仿佛傻了一般。

這時屋門一開，有兩個女子探着頭來看俞秀蓮姑娘。這兩個女子都穿着紅綠的綢緞衣裳，梳着美人髻，擦着妖艷的脂粉，雙眉中間還點着一點胭脂。其實她們都不過是十四五歲的樣子，可是那一種妖佻，令人一看就知道是賣笑的婦人。秀蓮姑娘知道這院裏住的人都不大好，就皺了皺眉，向纖娘說："你們放心！我不怕什麼苗老虎，這種惡霸我絕不能饒了他們！"

話剛說到這裏，忽聽街門外傳來一陣吵鬧的聲音，那兩個妖媚的姑娘趕緊又跑出去看熱鬧。秀蓮姑娘站起身來，說："我出去看看去！"這時門外就有男子的聲音哭號大罵着說："你們就打死我吧！"謝老媽媽聽出是這院裏住的于二的聲音，她也趕緊跑了出去。

原來是那于二跟着秀蓮姑娘的車走了回來，才到門首，就被苗振山派在這裏監視的那兩個惡徒給揪住了。他們一個揪住他踢打，一個在旁逼問他剛才把謝老媽媽帶到哪裏去了，跟來的那個姑娘又是什麼人。于二是不肯實說，嘴裏並罵了幾句，兩個惡徒就把他按倒在地下，拳足交加。于二就躺在地下大罵大喊。

秀蓮姑娘出來一看，趕緊由門後找着一根頂門的棍子，掄棍過去，向那兩個惡徒就打。一個惡徒的頭上立刻就被打得流了血。另一個惡徒就一解大棉襖，由腰間抽出短刀來，向着秀蓮冷笑着道："你這個小娘兒們，真敢跟老爺動手嗎？小心老爺一拳，把你的乳頭兒打痛了！"

秀蓮姑娘此時已脫去了長旗袍，露出緊身衣褲，她掄棍過去，又把那個惡徒打了幾下，並將那人手中的短刀也奪了過來。她扔下棍子，過去抓住那人，就向他的臂上刺去。那人跑也跑不了，掙扎也掙扎不得，只喊了一聲"哎喲"，血水就順着胳臂流下。

另一個惡徒一看事情不好，這位姑娘太厲害了，他就抱着被頂門杠打破了的腦瓢，往北口外跑去。才出了北口，就見一個身穿藍緞子棉袍的瘦子走來，身後還帶着三個人，這人正是冒寶昆。原來苗振山回到慶雲店內，他還是覺得不出氣，又怕謝家母女再跑了，所以他又叫冒寶昆帶着人前來，逼着謝家母女收拾東西，當日就搬到他們慶雲店裏去。

冒寶昆還沒進粉房琉璃街，就見那個吃了打的人迎面走來。那人看見了冒寶昆，就趕緊跑過來說："冒大爺，你快去看看吧！那謝老婆子也不知從哪兒請來了一個十八九歲的大姑娘，兇極了！她拿着一根棍子，把我的頭打破了，現在又把我們那同伴揪住，正打着呢！"

冒寶昆一聽，氣得臉上發紫，小眼睛一瞪，臉上的刀痕越顯得清楚，他就罵道："這是什麼事兒？可惜你們兩個大小伙子，會叫一個小丫頭打得這樣，多麼洩氣！"

他一面說着，一面攢着乾瘦的拳頭，很快地走進了粉房琉璃街。只見那裏有許多看熱鬧的人。苗振山的徒弟瞪眼龐七鼻青臉腫的，袖子上滴着血，十分狼狽地走來。冒寶昆就喝道："怎麼回事兒？打你們的那個丫頭，是謝老婆子的什麼人呀？"

龐七哭喪着臉，搖頭說："我也不知道，謝老婆子出去了一趟，就把那個女人請來了。真厲害，我們兩人都打不過她！"

冒寶昆捋着袖口說："走，你們跟我去！我倒要看看是哪個窰子裏出來的小娘兒們，竟這樣潑辣！"說時便很快地來到門首。

那于二這時正得意揚揚地跟那些看熱鬧的人談話，忽然見姓冒的帶着人又來了，他就趕緊跑進去把街門關上，急急地到了纖娘的屋裏，向俞秀蓮說："俞姑娘，那姓冒的又帶了幾個人來了！"

秀蓮姑娘從容地說："不要緊！"這時外面已嘭嘭地有人砸門。秀蓮姑娘就把剛才搶過來的那口短刀握在手裏，出屋去開門，嚇得于二和謝老媽媽等人全都捏着一把汗。

冒寶昆雙手叉着腰，身後跟着的四五個人，也全都亮出梢子棍和明晃晃的短刀。不想雙門一開，冒寶昆抬頭一看，門內站着的是位青衣褲的年輕姑娘，那秀麗的姿容十分眼熟。這時秀蓮姑娘也認出來了，這個姓冒的就是巨鹿縣的那個冒六。因為冒六也認得自己的父親，所以早先自己也與他見過兩次面，不過覺得這個人非常討厭，想不到他也跑到這裏來了。當下她便面帶怒容地說："冒六，你幹什麼到這兒來了？你也要找打嗎？"

冒寶昆一認出這位姑娘是鐵翅雕俞老鏢頭的女兒俞秀蓮，立刻就嚇得退後了兩步。他本想要跟姑娘親近些，叫她一聲大妹妹，可是看見俞姑娘那生氣的樣子，而且手裏還握着一把刀，他可不敢造次了，遂就連連作揖，賠笑說："原來是俞大姑娘，你好呀！聽說我俞大叔也故去啦？"

秀蓮姑娘聽冒寶昆提起她的父親，不由面上現出一陣悲慘之色，她把牙咬了咬，就說："你先別說這些廢話！我就問你，為什麼仗着苗振山來欺負謝家母女？"

冒寶昆趕緊賠着笑說："姑娘是知道我的，我跟孫正禮是盟兄弟，在巨鹿的時候，俞老叔也常常照應我。現在我在四海鏢店當鏢頭，向來我不做那些欺寡凌弱的事。這謝老婆子的女兒實在是苗振山苗員外的妾。她們由河南拐了許多金銀，逃到北京來，先在窰子裏混事，後來跟了李慕白……咳！我也不敢跟姑娘細說。乾脆一句話吧！她們娘兒倆，看着彷彿可憐，其實是頂可恨不過。今天苗員外找了她們來，她的女兒還拿刀子把苗員外的臉給扎傷了，要不是我給勸說着，苗員外早把她們打死了。現在我就是來接她們，送到苗員外住的店裏，過幾天苗員外就把她們帶回到河南去。姑娘你就別管啦！"說着，他就翻起小眼睛向秀蓮姑娘看着，只見姑娘那黑亮亮的俏媚眸子，

第二十四回　義憤護殘花人欽俠女　寒宵憐薄命腸斷金釵

略一凝視，仿佛射出了一道憤怒的火焰。

秀蓮姑娘把手中的短刀猛然一抬，冒寶昆趕緊就退後了兩步，只聽姑娘厲聲說："快些給我滾開！你仗着苗振山欺凌人家貧弱母女的事，我早就知道了，現在還容你在我的眼前這樣顛倒是非？要不是看着你是我的同鄉，我現在就要你的性命。快告訴我，苗振山、張玉瑾他們住在哪裏？我還要找他們報仇去呢！"

冒寶昆見秀蓮姑娘怒了，就趕緊把跟着他來的那幾個人推到一邊，心說：我們惹不起你！你要找苗振山、張玉瑾去，那可倒很好。於是就拱着手，卑怯地笑着說："姑娘別跟我生氣呀！我因為跟苗振山、張玉瑾是朋友，如今也不過是給他們管管閒事兒罷了！"

秀蓮姑娘又逼問苗振山、張玉瑾的住處，冒寶昆就說："他們現住在磁器口慶雲店內。此次前來是應瘦彌陀黃驥北黃四爺之請，專來找李慕白比武。可是李慕白卻是個軟弱的小子，沒等苗、張二位來到他就跑了。前兩天，苗、張二位倒是與銀槍將軍邱廣超、神槍楊健堂比起武來，邱、楊二人可是全都敗了下風。"

秀蓮姑娘一聽，知道冒寶昆是故意恫嚇自己，便冷笑道："別人怕他苗振山、張玉瑾，我可不怕他們！你回去就告訴他們，他們若有本領，可以找我來，不必欺負那謝家母女。"

冒寶昆笑着點頭說："得，只要有了姑娘的這句話就完了，我們走了！"說着，回首向那兩個受傷的和幾個跟他來的人說道："咱們回店裏去吧！"

那跟着他來的幾個人又是詫異，又是憤憤不平，就一面走着，一面齊向冒寶昆問說："冒六爺，這麼一個黃毛丫頭，難道咱們幾個人一齊上前，還打不過她嗎？冒六爺你怎的那麼怕她？"

冒寶昆聽了，就微笑着說："怪不得你們常在外碰釘子，原來一點兒經驗閱歷全沒有。俗語說'好漢不吃眼前虧'，你們是不知道，這位姑娘就是巨鹿縣鐵翅雕俞雄遠的女兒俞秀蓮，會使一對雙刀，本領真是可以的。你想，連你們張大爺的太太女魔王，全都敗在了她的手裏，受了傷，咱們這幾個就行啦？剛才幸虧她認得我是她父親的朋友，要不然咱們都休想整着回去！"他這樣一說，把那幾個人也嚇得暗暗吐舌，都想着：這還算便宜，要不然把那個姑娘招惱了，真許賠掉了性命也沒有人給報仇。

這幾個人垂頭喪氣地說着話，回到了磁器口慶雲店內，就聽苗振山住的屋內，一片雜亂的喧笑之聲。原來這時黃驥北來了，並送來兩桌酒席，叫來四個妓女，並請來了鐵棍馮懷、花槍馮隆等人。那苗振山擁着兩個妓女，大杯地飲着酒，正是興高采烈，連臉上被纖娘砍的刀傷全都忘了。

金槍張玉瑾擎着酒杯，正驕傲地向黃驥北等人敘述自己的生平得意之事，並說此次北上走在高陽時，曾遇着一個黃瘦少年。這人騎着黑馬，手使寶劍，一見面就與自己這幾個人拼鬥，武藝頗是不錯，後來被苗振山用鏢打傷。雖然沒有眼看着他咽氣，可是大概已不能有活命了。據自己想：那人必是由北京去的，或者就是李慕白的朋友。黃驥北等人聽了，想了半天，也想不出那個黃瘦的少年是誰。又想：李慕白在北京除了鐵小貝勒與德嘯峰外，原沒有什麼朋友呀？

這時冒寶昆向屋裏一探頭，看見這個景況，就趕緊又到外面來，向那兩個受傷的說："你們先到別的屋裏，把頭上、胳臂上的血洗一洗，換一換衣裳吧。現在苗員外正在飲酒歡樂，倘若把剛才那些事告訴他，他也許不管，也許立刻就能到粉房琉璃街去把她們都殺死。那樣一來，事情可就越弄越大了。等着我回頭慢慢地再向他們提說吧。"這兩個受傷的人此時疼得什麼都顧不過來了，只好憑着冒寶昆說什麼就是什麼，他們就回到屋裏洗血敷藥去了。

冒寶昆才重進屋中，與眾人歡呼暢飲。他眯縫着小眼睛望着侍酒的幾個妓女笑着，腦子裏卻仍舊印着俞姑娘那一雙使人着迷，又使人害怕的眼睛，想着尋機會把剛才碰釘子的事說出。

俞秀蓮姑娘將冒六等人打走之後，院裏和門外的一些人，莫不把她看成了天神。尤其是那于二，這時他也有了威風了，就向秀蓮姑娘說："我想他們也不敢再來了。俞大姑娘，我帶着你到磁器口慶雲店去找他們，索性叫他們知道知道，咱們也不是好惹的！"

秀蓮姑娘卻說："再等他們一會兒。"遂拿出錢來，叫于二出去給叫來菜飯，連同謝老媽媽，一起吃過。

謝老媽媽就央求俞秀蓮姑娘，說道："姑娘，他們若不再來，也就算了吧！別太結下仇恨。我一個苦老婆子，帶着一個病懨懨的女兒，現在連飯都沒得吃，哪裏還敢成天價跟人家慪氣呀！"

秀蓮姑娘一聽，謝老媽媽才把自己請來，現在卻又說這樣的話，未免心中不大高興。不過看她們母女實在是可憐，所以也不願和她生氣，便冷笑道："你們放心吧！就是跟他們結下仇，也自有我自己去擋，不能叫你們受累。"

纖娘倒是歎息着說："其實到了現在，還怕什麼結仇？我的父親是被他們用亂棍打死的，我們娘兒倆在河南時，也不知道叫他打死過幾次了。現在，至多也不過一死。我們倒沒有什麼害怕的，不過累姑娘為我們這樣……"說到這裏，她又哭得接不上氣。

此時纖娘心中又想着：不知李慕白是往哪裏去了？到今日自己才曉得，李慕白雖然也會武藝，性情也很驕傲，但他為人的俠義慷慨，憐貧救難，確實與一般江湖人不同。假使在幾個月以前，自己嫁了李慕白，或許不至於到如今這樣窮苦凄慘的境地吧？自己也實在是太對不起李慕白了！又想：這位俞姑娘一定就是李慕白所說的那個意中人。可是李慕白又說過，因為俞姑娘已有了婆家，他才不能求婚。可是現在一看，俞姑娘卻仍是處女的裝束，也不像是已有婆家的樣子。

纖娘心中納着悶，仔細打量着俞姑娘，覺得這位姑娘真是又溫柔，又端秀，令人不信她會有一身武藝。纖娘的心中不禁對俞姑娘很是羨慕，同時覺得自己這死灰一般的生命，又有了一些希望，她盼望自己的病快些好了，再去找李慕白。她隨手又摸了摸枕畔藏着的那口匕首，打算拿出來給俞姑娘

第二十四回　義憤護殘花人欽俠女　寒宵憐薄命腸斷金釵

看，並想對她說一說自己十幾年來江湖的奔波、命運的險惡，以及三載以來懷刃報仇的決心。以使俞姑娘曉得，自己雖然是個卑賤柔弱的妓女，可是也有些剛烈的心腸。尤其是自己嫁徐侍郎、背李慕白，那全是萬不得已的事情，而且別有難言之隱。

當下她剛要忍痛帶愧地向俞秀蓮姑娘去細說，忽見秀蓮姑娘站起身來，把長衣穿上，說：「我要回去了，晚間我再來看你們。」

謝老媽媽立時害怕着說：「要是姑娘一走，他們又來了，那可怎麼辦呢？」

秀蓮說：「我少時就來，大約他們也不能再與你們為難了。我與那冒六已然說過了，他們若不服氣，可以找我俞秀蓮去。」說畢，她把奪來的那口短刀帶在身邊，就出門去了。

雇來的那輛車此時還在門前等着，秀蓮姑娘上了車，就說了聲：「回三條胡同去。」趕車的直着眼看着剛才在這門前打傷了幾個大漢的姑娘，口裏連聲答應着，心裏卻納悶着想：這位姑娘是德五爺的什麼人呀？遂就揮動皮鞭，趕着車回東城去了。

俞秀蓮在車上想着：那謝纖娘實在是可憐！她既與李慕白相好，何不等着她病好了，李慕白回到北京時，就叫他娶她呢？由此又想起今年春天，李慕白到巨鹿找自己比武求婚之事，那時自己也以為他是個輕浮少年，後來在路上相遇，他幫了許多忙，一路上處處守禮，時時照顧，由此自己才知道李慕白確實是一個誠實的人。而且他那超群出眾的武藝，英俊的丰姿，實在是使人羨慕！只不知那遠在天外的孟思昭，又是個怎樣的人？據李慕白和那鐵小貝勒說，孟思昭倒是個武藝高強、心地豪爽的人，可是為什麼聽說自己前來，他反倒走了呢？他若是想着窮困微賤，無顏見自己之面，那麼他也應當想一想，我父母俱亡，在孟家又不能居住，風塵僕僕地到外面來，究竟為的是什麼？不就為的是找他嗎？這樣一想，秀蓮就覺得自己更是可憐，並且這一顆可憐之心無人了解。她希望自己能立刻尋着孟思昭，把自己為他所受的苦難都告訴他，看他有人心沒有？

俞秀蓮坐在車裏，邊想邊暗暗地流着淚，少時走到了東四牌樓，就見有德宅的兩個僕人迎面走來。一看見車上坐着俞姑娘，兩人就趕過來着急地說：「俞大姑娘快回去吧！我們老爺剛才回家，聽說姑娘走了，他直着急，正叫我們找姑娘回去呢！」

俞秀蓮姑娘眼淚未乾，就勉強微笑着說：「有什麼不放心的？你們老爺也太膽小了！」口裏雖然這樣說着，心裏卻覺得德嘯峰夫婦實在都是好人，他們對自己太關心了。趕車的依舊揮着鞭子，心裏卻笑着德五爺，其實這麼厲害的姑娘，走到哪裏去，她也吃不了虧呀！當下德宅的兩個僕人也跟着車往回走去。

到了德宅門首，秀蓮姑娘跳下車去，就往裏院走。進到裏院，只見德嘯峰連官衣都沒顧得脫換，正在廊子上焦急地來回走着。一見秀蓮姑娘回來了，他就歎了口氣，說：「俞姑娘，你回來了，真急着我啦！」

-241-

德大奶奶也從屋裏出來，拉着秀蓮的手，一邊笑一邊半抱怨地說："我的妹妹，你真急死我啦！你五哥回來把我好抱怨了一頓！"

秀蓮姑娘就笑着說："這算什麼的，我怎麼由宣化府出來的呢？"說時，德大奶奶就拉着秀蓮進了屋。

德嘯峰也跟着進到屋裏，說："俞姑娘，北京城這地方什麼壞人都有，什麼想不到的事兒都能發生。你是不知道，在這裏關着門過日子，比在大江大海去闖蕩還難得多呢！"

秀蓮姑娘坐在一個杌凳上，由身畔取出那把短刀來，笑着向德嘯峰說："德五哥，剛才我在那謝家門前，搶過這一把刀來，還扎傷了苗振山手下的兩個人！"說話時，她面帶得意之色，又把謝繼娘與苗振山的關係，她母女現在為苗振山所逼迫，以及自己打抱不平的詳細情形，全都告訴了德嘯峰。

德嘯峰一聽，心裏覺得很不自在，暗想：想不到那翠纖原是吞舟魚苗振山的逃妾，這真是"不是冤家不聚頭"！便很後悔自己早先帶着李慕白涉足花叢，使他們這半年來結下了孽緣。結果李慕白下了一場獄，翠纖現在是病體纏綿，賠上了徐侍郎和胖盧三的兩條性命還不夠，現在苗振山又找到北京來了。李慕白雖然沒回來，可是俞秀蓮今天已然出了馬，這一場爭鬥恐怕是怎麼也躲不了啦，說不定還得扔掉幾條人命呢！於是便皺着眉，只聽俞姑娘說着，他卻一聲也不響。

俞秀蓮說完剛才爭鬥的事，忽然又撲簌簌地流下淚來。她慘淒淒地，帶着抱歉之意，向德嘯峰說："德五哥，你是當官差的人，按說我現在住在你家，就不應該給你惹事兒。可是我已知道逼死我父親的仇人張玉瑾、何三虎、何七虎和女魔王等人，現在全都來到了北京，我不能再忍耐了！一半日我就要找他們去拚命。勝了自然沒得話說，倘或惹了禍，我也自身承當，絕連累不着五哥……"

德嘯峰連連搖頭，說："俗語說'冤家宜解不宜結'，俞姑娘，你何必要這樣量狹呢！"

秀蓮姑娘一面拭着淚，一面決然地說："我一定要為我的父親報仇，並且要剪除了苗振山那個惡霸！"說完，秀蓮姑娘把眼淚拭乾，那口短刀依然帶在身畔，真仿佛立時要找那苗振山、張玉瑾決鬥去。

德嘯峰皺了半天眉，就向秀蓮姑娘勸解道："我勸姑娘不要急躁。張玉瑾、苗振山等確實武藝高強，不能輕敵，尤其是苗振山的飛鏢，聽說是百發百中。邱廣超就因為跟他們爭鬥，中了一鏢。剛才我去看他，他左臂上還腫起了多高，痛得夜裏連覺也睡不着！"

德大奶奶在旁聽着，更是害怕，就向秀蓮姑娘勸說："大妹妹，千萬別去惹他們了！他們那都是殺人不眨眼的強盜，什麼鏢啦、箭啦，全都會使。倘若妹妹你受了點兒傷，我們的心裏有多難受呀！"

德嘯峰說："剛才我見着鐵小貝勒了，他也勸我現在不要惹氣，看着苗振山他們。假若他們做出什麼犯法的事，自會由衙門裏抓他們。等過些日李慕白回來，再想辦法跟他們比武。"

第二十四回　義憤護殘花人欽俠女　寒宵憐薄命腸斷金釵

秀蓮姑娘聽着，不禁微微冷笑，說："何必什麼事兒都要等着李慕白回來呢？"

德嘯峰覺得秀蓮姑娘這樣性傲，她連李慕白都瞧不起，自然更瞧不起自己了，於是就做出激昂憤慨的樣子，說："並不是什麼事兒都非李慕白回來就不成，而是因為現在的這些麻煩，全都是他的事情。苗振山、張玉瑾是黃驥北請來，專為與他決鬥的；謝翠纖那個婦人，本來也是與慕白相好的。"說話時他就望着秀蓮姑娘，卻見秀蓮姑娘冷笑不語，彷彿她的心裏早已有了什麼打算。

待了一會兒，秀蓮姑娘的態度又轉為和緩，就說："德五哥也不必再說了，現在我報仇的事暫且不提。只是剛才我在謝家曾打傷了苗振山手下的兩個人，倘若他們再找了去，那謝家母女不是更苦了嗎？我的心裏真不安！"

德嘯峰說："這不要緊。我派人拿上我的職名，到南城衙門裏知會一聲兒，請他們派幾個官人在謝家門首照應照應。苗振山就是親自找了去，他也未必就敢把謝家母女怎樣了。"說着，德嘯峰就起身出了屋。這裏德大奶奶又向秀蓮姑娘勸慰了半天。秀蓮姑娘的內心雖然依舊不痛快，可是她表面上不能不做出寬心的樣子，並說："自從我來到這裏，就給五哥和嫂子添麻煩！"

德大奶奶就笑着說："大妹妹，你這話是從哪裏說起！你五哥素日最愛交朋友、管閒事兒，我現在也學學他，咱們姊兒倆也交一交。"又說："現在我只盼望那位孟二少爺快點兒回來，你們倆人見了面，我們也就都放了心。要不然，你一個年輕的姑娘，就說是會武藝、不能受人的欺負吧，可是這樣漂流着，長了也不像話呀！"說時，她也不禁替秀蓮姑娘流淚。秀蓮姑娘也俯首微歎。又談了幾句話，秀蓮便回到自己住的屋內，歇息去了。

當日德嘯峰就派人到南城去托官人保護謝家母女，並為提防着苗振山派人來家裏搗亂，叫門上的人特別謹慎些。到了晚間，神槍楊健堂來了，談了談俞秀蓮的事，德嘯峰就發愁沒有辦法。楊健堂卻說："據我想，俞秀蓮要找張玉瑾去報仇，咱們也攔不住她。或許她的武藝真比張玉瑾等人高強。至於李慕白，大概他也不能回北京來了，我看他並不是躲避張、苗二人，卻是躲避俞秀蓮。"德嘯峰唉聲歎氣地說："想不到把事情弄得這麼糟，連邱廣超都負了重傷！再過幾天，那苗振山、張玉瑾等人若是不走，還不定要出什麼事情呢！"二人談了半天，楊健堂就回店房去了。

德嘯峰在屋中發了半天愁，又看了一會兒書，德大奶奶就從俞秀蓮的屋中回來了。燈畔無人，夫妻就對坐談話，德大奶奶悄聲說："剛才我在俞姑娘的屋裏又說了半天話。她又直流眼淚，想她死去的父母。看那樣子，她還是非得找那姓張的去報仇不可！"

德嘯峰就搖頭道："她若一定要去，我們也攔不住她。因為李慕白咱們才認識她的，她若一定不聽咱們的勸說，咱們可又有什麼法子呢！"

德大奶奶又低聲說："幸虧咱們沒莽撞了，沒勸她去嫁李慕白，看她還是很貞烈呢！剛才她叫我看了她由家中帶出來的一枝金釵，那就是當初孟二少爺給她下的訂禮。她拿着金釵，對我哭了半天！"

德嘯峰一聽，也十分感動，覺着俞秀蓮姑娘真是一個既可敬又可憐的女子，同時又憤恨那孟思昭，就說道："孟思昭那小子也真沒福，這麼好的姑娘，他一點兒也不體念，卻跟李慕白這樣推推讓讓的！"

　　德大奶奶推了德嘯峰一下，說道："你小點兒聲兒！"說話時向着窗戶努嘴兒，二人半晌無語。

　　這時窗上淡淡地蒙着一層月色，窗外西北風颯颯地吹着，並無別的響聲。德大奶奶就叫進僕婦來鋪放被褥，並悄聲問道："俞姑娘睡了沒有？"

　　僕婦說："俞姑娘的屋裏燈可是滅了，大概是睡了吧。"德嘯峰看了看表，天色已不早了，便站起身來，到前後院子查看了一番，方才回屋就寢。

第二十五回　揮刀縱馬俠女殲強徒　正色直言貝勒息惡鬥

　　到了次日，德嘯峰恐怕俞秀蓮又出去惹事，家中的人攔擋不住她，就非常地不放心，可是自己又必須上班去，沒有法子，他只得囑咐妻子一番，就帶着跟班的壽兒上班去了。家中的德大奶奶，雖然婆母屋中不必她時時侍奉，小孩子也有僕婦奶娘們看着，但內宅瑣事，也夠她忙的，哪能夠時時看着俞秀蓮呢？

　　秀蓮姑娘在她的屋內悄悄地換上了緊身的衣褲，就提着一對雙刀走到了外面。她先到了車房內，親自把自己的那匹馬備好，就有僕人趕過來問：「俞大姑娘，你要上哪兒去呀？」

　　秀蓮姑娘把雙刀掛在鞍下，冷冷地說：「我要騎着馬出去走走。怎麼，你們還敢攔阻我嗎？」那僕人被秀蓮姑娘那厲害的眼睛逼視得一聲也不敢響，就看着秀蓮姑娘牽馬出了車門。等到僕人進裏院回報的時候，秀蓮姑娘早已騎上馬出了三條胡同，順着大街向南城去了。

　　北京城這地方婦女雖較別處開通，可是大家的奶奶姑娘，出門來總是坐車，並且都要垂着車簾。除了偶爾有鄉間的婦人騎着驢進城之外，絕看不見有年輕女子，像秀蓮這樣短衣騎馬在街上行走。當下路上就有許多人注意地看着，並有人在馬後跟着，都不曉得從哪裏來了這麼一位美貌而潑辣的短裝的姑娘。俞秀蓮並不正眼去看那些人，她只催着馬快走。此時朝陽映照着她的鬢髮，馬蹄嘚嘚地敲在石頭道上，那裝着雙刀的鞘子，也與銅鐙相擊作響。

　　俞秀蓮衝着峭寒的晨風，不多時就走到了南城粉房琉璃街。到了謝老媽媽住的門前，只見那兩扇破門板緊緊地閉着，秀蓮姑娘就騙身下馬，拿着馬鞭子上前敲門。待了半天，才聽見裏面是那于二的聲音，問道：「找誰呀？」秀蓮姑娘在外面答道：「是我，我姓俞。」

　　聽出是俞姑娘的聲兒，于二才敢把門開開了。門裏的于二蓬散着頭髮，披着一件破棉襖，臉上還有昨天被人打的傷痕，跟個小鬼似的。見了俞姑娘，他就笑着說：「俞姑娘，你起得真早，你裏邊坐吧！謝家娘兒倆都還睡着啦，我叫她們去。」

秀蓮姑娘卻擺手說："不用。我問你，昨天我走之後，這裏沒有事兒嗎？"于二說："怎麼沒有事兒？你走後不多一會兒，那苗振山又派人來搗亂了。幸虧官廳上派了兩個人，在門前鎮壓着，他們才沒敢發橫。可是他們直問你住在哪兒，我們沒敢告訴他們。"

秀蓮姑娘聽了，冷笑了笑，就說："不用他們找我，我現在就找他們去。"遂問于二那磁器口慶雲店在什麼地方。于二一面指告着地方，一面看着秀蓮姑娘的那匹健馬和鞍下的一對雙刀，心說：這位姑奶奶還真要找那苗老虎打仗去嗎？

此時秀蓮姑娘問明白了路，就扳鞍上馬，說了聲："我找他們去！"遂就放馬跑出了胡同口，順着大街直往東走去。街上有幾個騎着馬跑公事的官人，他們便也縱馬跟着秀蓮，並且說說笑笑，品評着秀蓮姑娘的衣飾和容貌。但是秀蓮姑娘的騎術甚好，只揮了幾鞭，馬就往東飛馳而去，把後面的馬落下很遠。

少時到了磁器口，秀蓮姑娘就把馬勒住。她一手掠着鬢髮，一手提着轡慢慢地行走，不覺就走到那慶雲店的門前。慶雲店的斜對過就是一家小茶館，此時那個何七虎耷拉着在高陽被孟思昭砍傷的一隻胳臂，正在茶館裏閑坐，聽旁邊的人談天。忽然見有幾個人爭着跑到外面去，說是看一個騎馬的姑娘。何七虎也是好奇心勝，趕緊到門前去看。一看到馬上那青衣短裝的俞姑娘，他立刻嚇得膽戰，想起前番兩次尋俞老鏢頭報仇，都是被這位姑娘給打跑了的。秀蓮姑娘的身手厲害，武藝高強，他是領教過的，所以看到俞秀蓮的馬匹往東走了過去，他趕緊就跑回到慶雲店。

這時慶雲店的門前也有幾個人正看着這位騎馬的姑娘，何七虎就說："你們還看什麼？這個姓俞的丫頭可不是好惹的！"遂說着就往裏邊跑去。只見苗振山臉上貼着膏藥，背着鏢囊，提着單刀，氣憤憤地正往外走，何七虎就說："苗大叔快看看去吧，那鐵翅鵰俞老頭子的女兒，騎着馬在門外呢！"

苗振山口裏罵着說："我倒要看看，是怎麼樣的一個小娘兒們就把你們嚇成這個樣子！"說着，他就帶着兩個惡奴到了門首。俞秀蓮向東走了不遠，又撥馬轉回來了。吞舟魚苗振山一看，秀蓮姑娘身軀俏拔，容貌妖艷，立刻心裏的怒氣就全沒有了。

他掀着大鬍子，咧着嘴，怪笑了笑，說道："你娘的，聽你們把這小娘兒們說得比妖精還厲害，現在一看，竟是這麼好看。我苗振山非得把她收服了，帶回河南做我的小老婆不可！"遂回首叫人給他牽來了一匹黃色的健馬。苗振山把刀插在鞍下，翻身上了馬，揮鞭催馬，迎上俞秀蓮的馬匹，就喊道："小妹子，你別跟我姓苗的耍着玩，我早就想認識認識你了！得啦，快點兒下馬來，到店裏陪着太爺喝兩盅酒去！"說着就在馬上張着手撲奔過去。旁邊看着的人，有的笑，有的便哦哦地起哄。

俞秀蓮見這苗振山竟是這樣醜惡，口裏還亂噴着下流話，氣得她掄起皮鞭，就向苗振山的頭上去抽。苗振山仍狂笑着，說道："好厲害，你這小鞭子，真敢打你苗太爺！"說時在馬上探身要搶俞秀蓮的鞭子，卻被俞秀蓮

第二十五回　揮刀縱馬俠女殲強徒　正色直言貝勒息惡鬥

又連抽了幾下。

這時可真把苗振山惹惱了，腦門子上立刻紅筋繃起，鬚髮怒張，他瞪着兩隻兇眼罵道："好個小娘兒們，你真是給臉不要臉啊！"這句話尚未說完，秀蓮姑娘已催馬逼近，驀地用手一推，就把苗振山摔落馬下。那匹馬嘶了一聲，跳到旁邊，幾乎將苗振山踏了一下。

俞秀蓮剛要由鞍下抽刀去殺苗振山，卻見旁邊的人一陣驚慌亂嚷，苗振山手下的人都提着單刀木棍，趕過來了。秀蓮姑娘卻不願與這些打手們爭鬥，就撥馬揮鞭又往東跑了去。

後面的苗振山哪裏服氣？他趕緊爬起身來，連土也不拂，就飛身上馬，連抽幾鞭，追俞秀蓮去了，他邊追邊喊道："姓俞的小娘兒們，你別走……"口中還罵着十分粗野的話。

俞秀蓮氣得要回身殺他，又想這是在北京城內的大街上，闖了禍可不容易跑開，於是就想出一個主意來。她回身向苗振山冷笑着說："你先別胡罵，你若有膽子可以跟着我走！"

苗振山見秀蓮對他這麼一笑，雖然是冷笑，可是也覺得身子發軟，剛才挨鞭子時的怒氣又全都消散了。他摸了摸鬍子，按了按臉上的膏藥，就笑着說："還論什麼膽子不膽子？今天苗太爺一見着你，我的魂就丟啦。你走到哪兒，我得跟你到哪兒去！"

秀蓮姑娘氣得啐了他一口，催馬又往正東走去。苗振山的馬就跟在後面跑。雖然街上的人都看着他們覺得奇怪，可是苗振山卻不管不顧，心裏只想着：看你這小娘兒們往哪裏跑？

此時俞秀蓮的馬已跑出了沙渦門，苗振山也騎馬追出了城。俞秀蓮的馬依舊往東去跑，越跑越快，蕩得塵土飛揚，苗振山的馬幾乎趕不上了。這時苗振山驀然勒住了馬，由鏢囊中取出一隻鏢來，照準秀蓮姑娘的坐騎一鏢打去。因為相離過遠，這一鏢沒打着。苗振山就又摸出一隻鏢來，催馬趕了過去。

前面的俞秀蓮聽到嗖的一聲，發覺後面有了暗器，她知道苗振山的飛鏢打得很是準確，就撥過馬來，小心提防着。這時苗振山又一揚手，喊道："給我滾下來吧！"秀蓮姑娘眼快手疾，看見飛鏢打來時，她一伸手就接着了，把那邊的苗振山嚇了一大跳。

苗振山趕緊伸手，又由囊中取出第三枝鏢來。卻聽嗖的一聲，一鏢飛來，他就覺得前胸一陣奇痛，哎喲了一聲，頭一暈就摔下馬去。那匹馬又向他的後腰踏了兩蹄子，這吞舟魚苗振山就趴在土道旁昏暈過去了。俞秀蓮抽刀催馬過去，又向苗振山的大腿狠狠地砍了兩刀，就見腿下流出血來，那苗振山卻連叫一聲也沒有。

因見遠處有行人走來，俞秀蓮就趕緊收起刀來，撥馬向岔路上跑去。飛塵蕩土，跑出了有一二十里路，她才停住馬，歇了一會兒。想着苗振山大概是已被自己殺死了，秀蓮心中既覺得痛快，可又怕給德嘯峰惹下了禍。

她對着正南的太陽，認了認方向，又見枯田荒野之外，西南角就是一座城樓，雉堞像鋸齒似的排列着，秀蓮姑娘才知道，原來自己已然由北京的東南角跑到東北城角來了。她勒住馬尋思了一會兒，就想：我還是進城回德家去吧！於是她便下了馬，查看了一下身上和刀鞘上，見全都沒染上血，就放了心。

　　她牽着馬走了有半里多地，方才上馬，往北京的城門走去。進了東直門，她打聽着三條胡同，穿着小巷走了不多一會兒，便回到了德家門前。只見壽兒正在那裏東張西望，一見秀蓮姑娘回來，他就說："俞姑娘，你回來了，你快進去吧！我們老爺剛回來，聽說你是騎着馬走的，他十分不放心，罵了門上的人一頓！"

　　秀蓮姑娘從容地微笑着，在門前下了馬，她由鞍上摘下雙刀，把馬匹交給壽兒，便蓮步裊娜地進到裏院。她先把雙刀放在屋內，然後穿上長衣，去到德嘯峰的屋內，只見德嘯峰夫婦全都十分着急的樣子。

　　德嘯峰見了俞秀蓮，他就皺着眉說："俞姑娘，你千萬別再一個人出去了！不然倘或出了什麼舛錯，將來就是找着了孟思昭，我們也沒有臉再見他了！"

　　德大奶奶在旁也說："我們老太太聽說你一個人騎着馬出去了，就罵我看得不嚴。說是人家一個沒出閣的姑娘，在咱們家裏住着，你們不照應着，怎麼就叫人家一個人出去？街上的壞人多，要是出上點兒事兒，那可怎麼好呢！"

　　秀蓮姑娘本來因為剛才砍傷了吞舟魚苗振山，心中還有一股兇殺之氣，可是一聽德嘯峰提到孟思昭，她又有點兒心軟了。後來又聽說德嘯峰的母親德老太太對自己也是這樣關心，就不由得心中越發感動，撲簌簌地落下幾點眼淚，她歎了口氣，道："五哥和五嫂子也別為我的事着急，以後我謹慎一些就是了！"又說："我見見老太太去！"遂往德老太太的屋裏去了。

　　德嘯峰又發了半天愁，就站起來跺腳說："我看姑娘在這裏，早晚要出事兒。李慕白和那孟思昭全都不回來，可叫我怎麼辦呢？"

　　德大奶奶說："要不然叫人把她送回宣化府她婆家去吧！"德嘯峰想了一會兒，就說："將來也就是這個辦法。不過我們總盼着那孟思昭回來，叫她們小夫婦團聚呀！"

　　這時忽見壽兒進裏院回道："楊大爺來了！"德嘯峰心說：今天楊健堂怎麼來得這麼早？遂就趕緊到了前院客廳內。只見今天楊健堂的神色與往日不同，他披着大棉襖，裏面是箍身的夾衣褲，同他來的除了他手下的鏢頭鐵腦袋孫七之外，並有一個夥計，手持着他那白杆黑穗子的神槍。

　　楊健堂一見德嘯峰穿的是絳紫寧綢的棉袍，青絨馬褂，腳下還登着朝靴，就說："五哥，你還不快把你的官衣脫了，趕緊預備着點兒。再待一會兒，金槍張玉瑾就許找咱們來，替他的舅舅報仇！"說時氣憤憤的，仿佛坐也坐不住。

　　德嘯峰十分納悶，就問道："什麼事兒？你急成這個樣子！"

　　楊健堂驚訝道："你連什麼事兒全不知道嗎？我問你，俞姑娘回來了

第二十五回　揮刀縱馬俠女殲強徒　正色直言貝勒息惡鬥

沒有？"

德嘯峰聽了就一怔，臉色立刻變了，就悄聲問道："怎麼，莫非俞秀蓮到了外面，把吞舟魚苗振山給殺死了嗎？"

楊健堂歎了一口氣，說："俞秀蓮住在你家裏，原來她所做的事兒，你還不知道哩！昨天俞姑娘在粉房琉璃街謝家的門前，打傷了苗振山手下的兩個人。後來冒寶昆去了，才認出她是俞秀蓮姑娘，當時他就回到店裏告訴了苗振山。那苗振山大概是因為喝醉了酒，沒有立刻就找俞秀蓮去。張玉瑾帶着兩個人去了一趟，也沒找着秀蓮，又因為謝家門首有官人看守着，才沒許他們鬧事。這是昨天的事情。今天一早，秀蓮姑娘就騎着馬，帶着雙刀，到磁器口慶雲店門首去挑釁。大概苗振山既是負氣，又沒懷着好心，他就追上了俞姑娘。聽說是俞姑娘的馬在前，苗振山的馬在後，二人跑出了沙渦門，就再沒有進城。及至苗振山手下的人追出城去尋找，就見苗振山在道旁被人殺傷了，只剩了一點兒氣兒，抬進城裏就死了。聽說現在金槍張玉瑾十分氣憤，把瘦彌陀黃驥北和冒寶昆等人都請了去，正商量着尋找俞姑娘的下落，要為他舅舅苗振山報仇呢！"

德嘯峰聽了楊健堂這一番話，他既是驚訝，又是喜歡，就哈哈大笑道："苗振山當了一輩子的魔頭，在他的飛鏢之下，死傷的人也不知有多少，想不到現在他竟死在俞秀蓮姑娘的手裏。這位姑娘真行！不怪李慕白說她的武藝高強！"說話之時，他手舞足蹈，十分高興。

楊健堂就問："到底俞姑娘回來沒有？"

德嘯峰說："俞姑娘才回來不多時候。"

楊健堂就說："現在既然出了這事，我們什麼也不必避諱姑娘了。五哥你快把俞姑娘請出來，咱們跟她一同商量商量對付張玉瑾的辦法。"德嘯峰連連點頭答應，就親自回到裏院，把俞秀蓮請到客廳裏來。

楊健堂見了秀蓮之面，就先稱讚她這兩日所辦的事，真是俠義爽快，令人佩服。秀蓮姑娘笑靨嫣然的，看得出她心中很高興。她又說："現在我雖殺死了苗振山，但是我還不甘心，因為苗振山不過是一個惡霸，並非我的仇人。我父親是被張玉瑾、何三虎等人給逼死的，我非得殺死他們，才算是給我父親報了仇呢！"說到這裏，眼淚又一雙一雙地落下。她用手帕拭着眼淚，又說："我既殺死了苗振山，無論打官司或是拼命，我願意一人承當。德五哥，楊三哥，你們也不要攔阻我了！"

楊健堂說："那張玉瑾也是河南的英雄，他們那些人全都來頭不正，我想他們一定不敢打官司。不過爭鬥的事，恐怕是免不了的。"

俞秀蓮尚未在旁答言，德嘯峰就說："咱們原不怕張玉瑾，只是顧慮苗振山的飛鏢，現在苗振山既被秀蓮姑娘剪除了，咱們還怕他們什麼？我一個人足夠跟黃驥北、冒六等人拼一拼。健堂，你跟俞姑娘還不能把金槍張玉瑾打敗嗎？"

楊健堂就說："話雖如此，可是他們到底比我們的人多，我們總要特別小心一點兒才好！"

俞秀蓮在旁，一隻手扶着桌子，從容地笑道："無論他們有多少人，我倒是一點兒也不懼怕！"

楊健堂剛要說話，忽見從外面慌慌張張地進來一個僕人，向德嘯峰說："老爺，外頭有一個叫金槍張玉瑾的人，帶着幾個人，全都拿着刀槍，說是要請老爺出去，有要緊的事情相商！"德嘯峰聽了，立刻面上變色。

旁邊的俞秀蓮也趕緊站起身來，往外就走，並氣憤地說"我去見他們！"

楊健堂上前把門擋住，就勸秀蓮姑娘說："俞姑娘，你還是暫且不要出去，我跟德嘯峰先出去見他。等到他們必要動武的時候，姑娘再去幫助我們也不晚！"

德嘯峰也說："對了，姑娘先請回裏院去。"說畢，德嘯峰、楊健堂就匆匆地往外走去。

這裏俞秀蓮姑娘憤怒地咬着牙，走出了客廳。她本想張玉瑾現在帶着人找到這裏，一定是為給苗振山報仇，自己何妨到門前去見他，是拼鬥或是打官司，全由自己一人承當。可是轉又一想：這是德嘯峰的家裏，倘若在他們門前傷上幾個人，難免給他招事。他又是個當官差的人，名聲最要緊。本來我自延慶到北京就是住在他家，蒙他們夫婦和老太太對我處處關心、款待，倘若他真為我的事打官司，我實在良心上太難安了！

她這樣一想，便不敢貿然闖出門去，遂走到屏門前往外去探聽。只見門外雖有不少的人，可是說話的聲音並不雜亂。秀蓮姑娘曉得雙方還沒有打起來，於是便退身站在廊子下，心裏倒覺得十分緊張。

待了一會兒，就見壽兒走進來，秀蓮姑娘趕緊過去問說："外面怎麼樣了？你看那姓張的能夠跟你們老爺打起來不能？"壽兒搖頭說："大概不至於，他們正在那兒講理呢！"秀蓮姑娘聽了，又覺得有點兒掃興，就暗想：莫非那張玉瑾也不敢爭鬥了嗎？

她剛要再出去偷聽他們到底講些什麼話，這時外院傳來一陣腳步雜亂之聲，就見德嘯峰、楊健堂二人，全都面上浮着傲然的微笑，帶着人走進屏門來。秀蓮姑娘就上前問道："那張玉瑾走了沒有？"德嘯峰笑着說："走啦！"又回首向楊健堂說："你聽出他那話來沒有？我看這還是瘦彌陀黃四在其中挑撥着。"一面說着，一面重進到客廳。

秀蓮姑娘也跟着走到屋內，壽兒給倒上茶。德嘯峰喘了口氣，就向秀蓮姑娘說："剛才在門首，我跟那金槍張玉瑾費了許多口舌。張玉瑾倒還不是十分不講理的人，他現在已知苗振山是被你所殺。那黃驥北並告訴他說，姑娘是我由延慶特給請來的，專為和他們作對。這些話咱們也不管他。剛才張玉瑾把話說明白了，他要與姑娘拼個生死。並且他說在京城裏動手有許多不便，打算後天一早，在齊化門外三角地見面比武。我可替你姑娘答應他們了！"

秀蓮姑娘一聽，興奮得拍着手說："這可好極了！後天一早，我就到齊化門外見一見他們，他就是不想跟我拼命，我也得要為我的父親報仇！"

德嘯峰說："後天我同健堂也跟姑娘一起去。不過我看那金槍張玉瑾

第二十五回　揮刀縱馬俠女殲強徒　正色直言貝勒息惡鬥

還是個好漢子，不像苗振山那樣兇惡。到時姑娘只要把他勝了就是，也不必太為已甚，莫真的殺死了他！"

楊健堂也說："他們雖與俞老伯為難過，可是他們並沒得手，俞老伯也是壽終的，原不能算是什麼大仇！"

俞姑娘本來聽說後天就要與金槍張玉瑾拼鬥，心中很是高興，可是如今聽德嘯峰、楊健堂二人又向自己這樣勸解，並提到已故去的父親，不禁一陣悲慘，眼淚又簌簌地落下。

楊健堂在旁又說："江湖人做事不可太為已甚，否則冤仇相結，就是幾萬年也解不開。"並說："與張玉瑾等人爭鬥，這還都是小事，最要緊的，還是設法把孟二兄弟尋找回來。"

秀蓮姑娘在旁聽着，覺得楊健堂說話雖是太直爽，但也很有道理，不過她還是忍耐不住內心的傷感，流了些眼淚，最後索性哭出聲兒來了。德嘯峰看着着急，趕緊向楊健堂使眼色，不叫他再多說話，他又向秀蓮姑娘勸慰了半天，才請秀蓮姑娘回到裏院。

這裏德嘯峰見姑娘走了，就抱怨楊健堂說："你不應該提起俞老鏢頭和孟思昭，你不知道這位姑娘是個好傷心的人嗎？一提起這些事來，她就受不了！"

楊健堂無可奈何地笑着說："那麼你說，將來可怎麼辦呢？難道孟思昭的一些事，就絕口不提，姑娘就永遠在你家住着了不成？"

德嘯峰搖頭說："她一個年輕的姑娘，在我家長久住着自然不大好，何況姑娘也未必能安心住在這裏。將來只有等着張玉瑾那些人走後，李慕白再一回來，我就跟李慕白商量，如若尋不着那孟思昭，就得把姑娘送回宣化府孟家去了。"兩人又談了一會兒，就叫家人開了午飯，一同飲酒談話。少時飯畢，楊健堂把鐵腦袋孫七等人遣回店房，他就同着德嘯峰坐車到西城溝沿邱廣超的家中去了。

這時邱廣超的鏢傷已然好些了，見德嘯峰、楊健堂來了，很是高興，就坐在木榻上與德楊二人談話。德嘯峰就把俞秀蓮姑娘殺死了苗振山，並約定後天與張玉瑾比武的事，詳細說了。銀槍將軍聽了，心中十分痛快，就說："苗振山那個東西，平生慣用暗器傷人，這回竟遭了惡報。黃驥北把苗振山、張玉瑾二人請來，原是想借着這兩個人，把北京有些名氣的人全都打服，將來苗、張二人走後，北京城就唯他瘦彌陀獨霸。現在還沒做出什麼露臉的事，卻先死了一個，我想黃驥北這時也一定很覺難過的啊！"說畢，不禁望着德、楊二人微笑。旋又歎道："我邱廣超在北京也充了幾年的好漢，想不到一遇見苗振山、張玉瑾，就為他們所傷，可見還是我的本領不行。如今比起俞秀蓮姑娘來，真叫我太慚愧了！"

德嘯峰便勸慰邱廣超說："苗振山以暗器取勝，不算英雄。廣超兄你雖然受了傷，但不能就算是敗在他們手裏。"

楊健堂也說："廣超，你別覺得咱們不行了。後天俞姑娘與張玉瑾比武，倘若俞姑娘佔了上手，那咱們也不便再打死老虎；若是張玉瑾勝了，那我也不能放他走，我還要跟他較量較量槍法，倒看是誰強誰弱！"

邱廣超也微笑着，說道："後天我若能夠掙扎，我也要看看去，給那位俞姑娘助助威呢！"

當時德嘯峰、楊健堂又在這裏與邱廣超談了一會兒，因見邱廣超有些疲倦了，二人便告辭出了邱廣超的宅子。依着楊健堂要回去，德嘯峰卻說："咱們還得到鐵二爺那裏，回稟他一聲去，因為現在已然出了人命，後天說不定還得出事。我德嘯峰因此傾家敗產都不足惜，但鐵二爺人家是尊貴人，這些日跟咱們又常來往，倘或咱們的事牽拉上人家，那可真叫咱們對不起人了。"

楊健堂說："那麼我回店房去了，你一個人到鐵貝勒府去吧。"

德嘯峰想了一想，就點頭說："也好。"

當下楊健堂另雇了一輛車走了，德嘯峰坐着自己的車就往鐵貝勒府去。走在街上他便放着車簾，恐怕遇見黃驥北、張玉瑾等人，他自己一個人要吃虧。

少時到了鐵貝勒府，門上的人就把他讓到了外書房。候了一會兒，鐵小貝勒出來接見，還沒容德嘯峰詳述情由，他就正顏厲色地說："嘯峰，你們把事情鬧得太大了。跟黃驥北賭氣，跟張玉瑾比武，也都沒有什麼不可以，怎會今天竟弄出人命案來了？我剛把九門提督毛大人給送走。"

德嘯峰聽了，心中很是吃驚，就賠笑說："我這些日處處忍氣，下了班連門也不出，真沒想到把事情弄成這個樣子。那位俞姑娘我真看不住她，這兩天她就出來惹了這麼個事。可是也不大要緊。苗振山雖然死了，張玉瑾也不願意打官司，他就跟俞姑娘約定了，後天一早在齊化門外比武。"

鐵小貝勒聽了又好氣又好笑，就說："豈有此理，俞姑娘住在你家，你就容許她騎着匹馬，拿着雙刀，在街上尋仇殺人嗎？你須知這是北京城啊！你也是當官差的人呀！"

德嘯峰坐在一旁皺着眉發怔，心想：鐵小貝勒說得對。不然就叫俞秀蓮離開我家，好歹由着她去吧！可是又想：我把俞秀蓮帶到北京來，原是為給李慕白成全婚事，就是自己與黃驥北、張玉瑾等人結仇，也是為李慕白而起。交朋友交到底，不如我豁出家私性命，幫助俞秀蓮跟他們拼了！

德嘯峰正待要慷慨陳詞，就聽鐵小貝勒又說："剛才毛提督來找我，就是說你們的事弄得太大了，他要干涉。他並聽說，俞秀蓮是李慕白的妻子，李慕白現在仍匿居在城中，殺死胖盧三、徐侍郎的事，也是他們做的。"

德嘯峰驚訝道："這是哪兒的事？胖盧三、徐侍郎死的時候，李慕白正在病着，我跟俞秀蓮那時還在延慶哩！"

鐵小貝勒擺手說："那件事至今尚是疑案，此時也不必提。李慕白、俞秀蓮和你的關係，剛才我也都告訴毛提督了。他也沒說別的，只叫我告訴你們，不要再惹氣爭鬥，一半日內他就要把張玉瑾那些人驅出北京了。"

德嘯峰一聽，心裏方才明白，知道這大概是瘦彌陀黃驥北幹的事了。黃驥北見苗振山死了，剩下張玉瑾等人也不能再替他報仇出氣了，而且事情鬧得他也無法收拾，所以他又托出毛提督來解決此事。當下他心中又有些痛快了，就向鐵小貝勒說："二爺是知道的，兩個月以前我就處處忍事，現在這苗振山等人不都是黃驥北給邀來的嗎？既有毛大人的話和二爺的囑咐，我拼出不上班去了，就在家看着那位俞姑娘，絕不叫她再出外惹事。就是金槍張玉瑾再找到我的家門，我也是只有閉門不見，不與他鬧氣！"

　　鐵小貝勒點頭說："好，你回去吧！千萬看守住那俞姑娘。要不然再出了什麼事兒，連我也難以為力了！"

　　德嘯峰連連答應，就起身出府，坐着車回去。他心裏十分喜歡，暗想：瘦彌陀黃驥北這回又算是失敗了！他費了很大力，請來這苗振山、張玉瑾，結果沒尋着李慕白，也未能奈何我，只傷了他的好友邱廣超，現在又賠上了苗振山一條性命。果然提督衙門若將張玉瑾他們驅出北京，那時看他黃驥北還有什麼面目見人？不過轉又一想：黃驥北那個人陰險毒辣，恐怕不能甘心吃這個虧，我還是小心提防他才好。

　　這樣想着，車輛已走到東四北大街，眼看着就要到他的家了。忽見趕車的福子，回身掀着車簾，說："老爺，前面那不是黃四爺的車嗎？"德嘯峰趕緊扒着車簾望外去看，只見前面一輛簇新車圍子的轎車，菊花青的騾子，很快地往南邊去了。德嘯峰認得正是黃驥北的車，心裏不禁驚訝，暗道：看這樣子黃驥北是很忙呀！不知道他又奔走什麼事情去了？

　　少時，福子趕着車回到了三條胡同德家門首。德嘯峰下車進去，就囑告門上的人，說是除了至親好友，無論什麼人來找我，就都說我沒在家。進到裏院，他就給楊健堂寫了一封信，派人送去。然後就想應當怎樣婉轉措辭，把鐵小貝勒阻止爭鬥的事去告訴秀蓮姑娘。

第二十六回　寒夜揮刀單身驅悍賊　俠心垂死數語寄深情

剛才德嘯峰在路上遇見的那輛車，車上坐的正是瘦彌陀黃驥北。這些日來，黃驥北不斷地在各處奔走，尤其今天更是忙得很。頭一回出城是到慶雲店為苗振山探喪，後來因為聽說提督衙門要驅逐張玉瑾等人出京，他又進城來給打點。

其實提督衙門裏辦的事，也是黃驥北給使出來的。他為的是收束這個難以了結的局面，並想借此激怒張玉瑾等人，叫他們沒什麼顧忌，而對德嘯峰等人使出殘忍的手段來。在大街上，他也看見了德嘯峰的車輛，便暗暗地冷笑着，心說：德五，由你去想辦法吧！反正咱們的仇兒是解不開了！車出了城，他就先到春源鏢店裏，托了花槍馮隆去請張玉瑾。

少時張玉瑾來到，黃驥北就故意皺着眉，說："我到提督衙門也沒見着毛大人，說是他出外拜客去了。我看大概是故意不見我。"接着又跺腳大罵德嘯峰，說："這都是德五使出來的手腕。他一面指使他家裏養着的那個姑娘把苗員外給害死了，一面又在衙門托了人情，花了錢，反說你們的來歷不明，要逼你們諸位離開這裏。他好再把那李慕白架出來，在這北京城橫行。"又說："我看他家裏養的那個姑娘才真是來歷不明，不定跟德五是怎麼回事兒呢！"

金槍張玉瑾倒是很沉穩，並不怎樣暴躁，聽黃驥北提到俞秀蓮，他反倒搖頭說："俞秀蓮並不是沒有來歷的，他們父女與我們是仇家，我們無論是誰見着誰，都可以拼命。所以我的舅父苗振山死了，我並不悲傷，也不怨恨俞秀蓮。只是德嘯峰這個人，真真是個小人。今天我到東四三條見着了他和楊健堂，他還跟我假客氣了一陣。我提到要與俞秀蓮比武之事，他立刻就替俞秀蓮答應了，並且由他訂的地方，說是後天一早准在齊化門外三角地見面。當時我還覺着他這個人很是慷慨，哪裏想到他是在支吾我，一轉臉他就使出衙門裏的官人來跟我們發威！"說到這裏，他恨恨不已。

黃驥北便趁勢說道："德嘯峰是內務府旗人，他們有錢又有勢力，本來就沒有人敢惹他，何況他又養了李慕白、楊健堂和那姓俞的姑娘，給他當

第二十六回　寒夜揮刀單身驅悍賊　俠心垂死數語寄深情

打手呢！張老弟你們若走了，我也不能在此安居，也得找個地方躲一躲去，要不然我非吃德嘯峰的虧不可。"

張玉瑾氣得站起身來，跺腳說："別叫他德嘯峰高興！我們雖然走了，也饒不了他。"說畢，他把黃驥北請出屋去，背着馮家兄弟又談了幾句，就走了。

回到磁器口慶雲店，只見苗振山的屍體已然入了殮。苗振山雖非他的親舅父，但也相處多年。因為與苗振山彼此相助，他才有了這麼大的名氣。此次他們又是一同被冒寶昆邀請前來的。想到如今李慕白沒有見着，苗振山反倒賠了一條性命，現在德嘯峰又使出衙門的人，要驅逐他們離開北京，張玉瑾就暗自想出了毒計。

此時何三虎、何七虎、女魔王何劍娥，以及苗振山帶來的那些人，也全都氣憤得連飯也吃不下去。何三虎就向眾人說："你們沒聽見剛才衙門裏的人說嗎？限咱們今明兩日之內必得滾出北京，要不然就把咱們全都抓起來問罪。他娘的，原來這個地方更不講理！難道苗大叔就白白死在這裏，咱們就這麼栽了跟斗，就算了嗎？"

眾人被何三虎這話一激，全都抄起兵刃，立刻要找德嘯峰、俞秀蓮拼命去。張玉瑾趕緊把眾人攔住，說："咱們在京城裏絕鬥不過德嘯峰，何必要白饒上一回？我有一個辦法……"於是他就把所想的毒辣手段向這幾個人秘密地說了出來。何三虎等人聽了，也都覺得這個辦法不錯，於是大家先忍耐了下來。

晚間，黃驥北又派了大管家牛頭郝三，給他們送來了路費。金槍張玉瑾收下了，就吩咐手下的人收拾行李，說是明天一早就起身離京，並叫人去找冒寶昆說話。但那冒寶昆也找不着了，他聽說苗振山死了，早就藏躲起來了。張玉瑾等人憤恨了一夜。

到了次日，天色才明，張玉瑾等人就雇了車，拉着苗振山的棺材離開北京走了。他們出的是彰儀門。瘦彌陀黃驥北派了家人郝三等，在關廂中還擺了供桌，迎接苗振山的棺材，又祭奠了一番。張玉瑾等人心中倒是很感謝，覺得黃驥北不愧是個好朋友，遂就幾輛車十幾匹馬，又往下走。

走到午飯時，張玉瑾就囑咐何七虎、何劍娥兄妹，帶着那幾個僕人和打手們，跟着苗振山的靈柩暫往南去，他卻帶領他的內兄鐵塔何三虎和一個精悍健壯的僕人，全都騎着馬又折回了北京城。他們繞到齊化門關裏，找了店房歇下，也沒有人注意他們。

到了吃晚飯的時候，金槍張玉瑾和鐵塔何三虎，就暗藏短刃又混進了城。二人在東四三條徘徊了一會兒，便找了一個小茶館去聽書，為的是等到夜間，好下毒手殺害德嘯峰和俞秀蓮。

鐵掌德嘯峰因為知道金槍張玉瑾那一干人已被衙門逐出北京，明天齊化門外比武決鬥的事，自然也不須履行了，所以心裏頗為舒服，彷彿這些日來的憂慮驚恐，至此全都解除了。只是俞秀蓮姑娘的事情，還是想不出辦法來。

德大奶奶見丈夫今天的神色似乎好了些，她也就高興地談着話，兩個小少爺也在旁邊。德嘯峰望着一個十二三歲、一個七八歲的兩個兒子，心裏感慨着，就說：「別的事都不要緊，反正跟黃驥北，我們兩家的仇恨算是結上啦！咱們的孩子若不學點兒真本事，將來難免要受黃驥北之害！」

德大奶奶聽了就不服氣，說：「黃驥北又怎麼樣？難道他還能把咱們這兩個孩子全都殺了嗎？」

德嘯峰搖頭歎息說：「你哪裏知道？黃驥北那個人最是陰險不過，他現在不能奈何我，就許將來要坑害咱們的兒子。自然，咱們這旗人的孩子，長大了還是要當差去，可是也得叫他們練點兒功夫，將來好不受別人的欺負。」德大奶奶說：「既然這樣，沒事兒你就教教他們，你不是說學武藝非得從小時候練起嗎？」

德嘯峰一聽他太太的話，不由得笑了，說道：「我這點兒本事哪兒行？咱們的孩子要拜師父，無論如何也得拜李慕白和俞秀蓮那樣兒的。所以，我最盼望的就是李慕白娶了俞姑娘，他們小倆口兒在北京一住，就叫咱們這兩個孩子跟着他們習學武藝去。」德嘯峰正高興地說着，就見軟簾一啟，進來一個僕婦，說道：「俞姑娘來了！」

德嘯峰夫婦全都站起身來，就見俞秀蓮姑娘依舊穿着青布的長旗袍，裊裊娜娜地走進屋來。德嘯峰很怕剛才自己說的話被她聽見了，於是借着燈光看了看姑娘，就見她清秀的臉上，仿佛不似往日那樣地憂鬱了。嘯峰夫婦一齊讓座，秀蓮姑娘也略略謙遜，就在一張椅子上坐下。

僕婦給她送過茶來，秀蓮姑娘就問德嘯峰說：「德五哥，明天早晨我們到底還出不出城呢？」

德嘯峰說：「自然不用再出城了。今天張玉瑾那班人已叫官人給趕走了，他們把苗振山的棺材也抬走了。」說到這裏，不禁笑了笑。

他由桌上拿起水煙袋來，點着了吸着，又說：「張玉瑾他們都是在江湖間做過案子的人，最怕見官，所以苗振山死了，他們也不敢打官司。這次衙門裏的人把他們趕走，據我猜着也是黃驥北的主意，因為黃驥北把這些人請了來，於他自己沒有一點兒好處。苗振山死後，剩下張玉瑾一人更無能力，所以黃驥北耍了個手腕，把這些人打發走了，以免幫他不成，再給他闖禍。不過我知道，張玉瑾走後，倒許不致再找咱們為難了，那黃驥北必然還不死心。可是，他也不過是和我作對，不能對姑娘怎樣。」

俞秀蓮點了點頭，咬着下唇，默默地坐了半天，忽然向德嘯峰說道：「德五哥，一半天我就要走了。我想先到榆樹鎮給我父親的墳上燒幾張箔去，然後我還要回巨鹿家鄉看看去呢！」

德大奶奶聽說秀蓮姑娘要走，她就有點兒捨不得，說道：「俞大妹妹，你要走了，以後可還再到北京來不來啦？」

俞秀蓮微歎了一聲，正要答話，就見德嘯峰皺着眉，勸阻說：「姑娘你要走，我不能攔阻你，不過你得等李慕白回來。因為他與姑娘相識在先，再說他又見過孟二少爺，不論姑娘將來要往哪裏去，總是見見他的面，說一

第二十六回　寒夜揮刀單身驅悍賊　俠心垂死數語寄深情

說才好。要不然姑娘由我這裏走了，再出什麼事情，我實在難對李慕白和孟二少爺。」俞秀蓮聽德嘯峰提到了李慕白和孟思昭，心中不免又是一陣痛楚，便用手帕拭了拭眼淚。她也不願因此與德嘯峰爭辯，遂又談了幾句閒話，便回到自己住的屋內去了。

俞秀蓮住的這間屋子，本來是一間小書房，收拾得頗為整潔。秀蓮姑娘自從到北京來，就住在這間屋裏，已有半個多月了。這時她便想着：苗振山已死，張玉瑾等人也走了，自己還在這裏住着做什麼？又想到剛才聽到德嘯峰背着自己跟他太太說，盼望李慕白回來娶了自己，不由臉上又一陣發燒。回想起今年春天，自己住在家鄉時，那時父親正小心謹慎地防範着仇人，那梁百萬家的少爺，又在很討厭地追着自己胡纏。那天晚上，他竟扒着牆到了自己家裏，也不知是要做什麼？幸被自己發覺，把他踹下房去，孫正禮把他打了幾下，才放走，那天若不是父親在旁攔阻，自己就將姓梁的殺了。……一面想着，一面側着兒上的一盞油燈，眼望着紙窗。

窗外的寒風呼呼地吹着，吹得窗子上的紙沙沙地亂響，昏暗的燈光一搖一搖的，也像是要滅，秀蓮姑娘驀然想道：那張玉瑾、何三虎和女魔王何劍娥等人，全都是飛簷走壁的大盜，難道如今他們就甘心走去？他們不能夠趁着黑夜來到這裏，殺死我和德嘯峰的全家嗎？一想到這裏，她便覺得不能不謹慎提防着，遂就到床邊，把那一對雙刀抽出鞘來，拿到燈畔。

她挑了挑燈，低頭細看。這一對雙刀是三年前自己父親特地托朋友打的，十分地鋒利光亮，而且輕便合手。昨天就是用它殺死了吞舟魚苗振山，仿佛那鋒刃上猶帶着那惡賊的血腥似的。於是她心中又有些自矜，想着自己的武藝，真是除了李慕白之外，還沒遇見過對手。一想到了李慕白，秀蓮姑娘的心中就不禁湧出一種感激和羨慕之情，她對燈捧刀，呆了半晌，那眼淚又不知不覺地汩汩流下。

此時遠處的更聲已交了三下，燈裏的油都快乾了。秀蓮姑娘輕輕把門閉上，剛要熄燈睡去，這時忽聽德嘯峰的屋裏一聲怪喊，正是德大奶奶的聲音，接着一陣桌椅門戶亂響，又聽有鐵器鏗鏘相擊的聲音，只聽德嘯峰喊着說：「我姓德的跟你們拼了！」

俞秀蓮趕緊手提雙刀出屋，遙見星月慘淡之下，院中有三個人掄刀殺在一起。俞秀蓮便喊了一聲：「德五哥快閃開，讓我來殺他們！」

德嘯峰此時正在手忙腳亂，一見俞秀蓮姑娘趕來，趕緊閃在一旁。他提着刀跑回他的屋裏，去看他的妻子，就見德大奶奶藏在桌後，桌子上被強盜砍了一刀，痕跡宛然，桌上的花瓶、茶碗全都被震到地下摔破了。德嘯峰攙起他妻子來問道：「沒傷着你嗎？」德大奶奶嚇得渾身打哆嗦，搖着頭說：「倒沒傷着我。」德嘯峰一面向妻子擺手說：「你不要怕。」一面側耳聽着外面，只聞院中鋼刀磕得鏗鏘作響，又有賊人相呼之聲。德嘯峰本想再奔出去，幫助俞秀蓮姑娘，可是他的妻子揪着他的胳臂，哆嗦得十分可憐。德嘯峰橫刀望着窗外，心中十分焦急。

此時前院裏也有人喊起拿賊來了，德嘯峰就隔着窗子大罵："張玉瑾，你要是好漢子，你們就住了手，我德嘯峰出去見你。有本事咱們光明正大地較量較量，何必使出這飛賊的手段呢？"這話還沒有說完，就聽屋上的瓦一陣亂響，震得窗上的紙和玻璃全都亂動。德嘯峰仰面看着屋頂，待了一會兒，響聲隨着過去了，又半天沒有動靜。德大奶奶這才把她的丈夫放了手，德嘯峰也深深地出了一口氣。

這時外院住的壽兒和僕人們全驚醒了，都穿上了衣裳，打着燈籠進到裏院來問。德嘯峰把刀放下，出屋來對眾僕人說："不要緊的！一點小事兒。你們別大驚小怪的，留神把老太太給嚇着了。"原來德老太太因為年老耳朵背晦了，所以院外吵鬧的事她都不知道。兩位小少爺是被僕婦看着睡覺，也沒有驚醒。

德嘯峰到各處看了看，幸喜家人無恙，也沒有別的損失。只是俞秀蓮姑娘追下了賊人，尚未回來。他心中未免着急，就吩咐僕人們在前後巡守着，自己便回到屋裏坐着發怔。

德大奶奶這時驚魂甫定，看見丈夫臉上煞白，坐在那裏發怔，她又是着急又是憂慮，遂問道："到底剛才闖進屋來的那兩個人是誰呀？"

德嘯峰說："頭一個闖進屋來的那個人就是金槍張玉瑾。幸虧我躲得快，手下又預備着刀，要不然此時早就沒有命了！"說時，指着紅木桌子上的深深刀痕，說："你看這個人多麼兇狠！"

德大奶奶想起剛才的情景，也不禁害怕，身上又打起哆嗦來。她剛要勸丈夫以後莫要再與江湖人結仇，忽聽院中的壽兒等人又喊了起來，說："房上有人啦！"德嘯峰吃了一驚，趕緊隨手抄刀，要撲出屋去。這時就聽一個柔細而嚴厲的聲音說道："是我，你們拿燈籠照什麼？"又聽是壽兒聲音說："俞姑娘，你把賊追上了嗎？"俞秀蓮說："你們睡去吧，沒有什麼事兒啦！"遂就咳嗽了一聲，進到德嘯峰夫婦的屋裏。

德嘯峰把刀放下，說道："俞姑娘回來了！"遂順着燈光，上下打量秀蓮姑娘。只見秀蓮姑娘身穿青布短衣褲，臂挾雙刀，頭髮被風吹得微微散亂。

秀蓮姑娘把刀立在牆角上，略略喘了兩口氣，便說："我把他們追到了齊化門城根。他們跑上了馬道，用磚頭往下扔打，我才沒敢再往上追。這兩個賊的刀法都不怎樣好，手腳也很笨，幸虧他們是兩個人，教我顧不過來，若是一個人，我早就把他捉住了。"

德嘯峰見秀蓮姑娘把兩個賊人驅走，她自己一點兒也沒有吃虧，心裏不禁佩服，又自覺慚愧，便紅着臉歎氣道："本來我們還沒睡下，屋門就被人踹開了，闖進來這兩個強盜。幸虧我手下也預備着兵刃，要不然非要吃虧不可！"說時指着桌子被砍的刀痕，叫俞秀蓮瞧。又說："那身材高一點兒的就是金槍張玉瑾。大概他們今天並未離京，不過造出他們已然走了的話，為的是叫咱們防備疏忽，他們晚間好來下手。這個張玉瑾也真狠毒呀！"

第二十六回　寒夜揮刀單身驅悍賊　俠心垂死數語寄深情

秀蓮姑娘聽了，倒覺得這是自己給他惹的禍事，因此很覺抱歉，就過去又看了德大奶奶。德大奶奶這時已倒緩過氣兒來了，說："多虧有俞大妹妹在這兒，不然憑他一個人，哪打得過兩個強盜呢！"俞秀蓮就向德大奶奶安慰道："嫂子你不要擔心了，我敢保那強盜不能再來了。我也暫且不離開你這兒啦。"德嘯峰聽秀蓮姑娘說是暫且不離開這裏，他也略略放心了，就到前院吩咐僕人們輪流着守夜。秀蓮姑娘跟德大奶奶又說了半天話，方才回屋安寢。當夜德嘯峰把鋼刀放在身旁，也沒睡好覺。

次日德嘯峰就通知了衙門，說昨夜自己的宅裏鬧賊。衙門裏的老爺與德嘯峰全都素有交情，就派了兩個官人到他宅裏來保護。白天官人們就在門房一坐，晚上在宅子附近巡看巡看。過了兩三天，什麼事兒也沒有。

德嘯峰夫婦雖然驚魂已定，可是秀蓮姑娘卻覺得十分煩躁和鬱悶，又因德嘯峰極力勸阻，她也不好意思再出門。除了因為繫念那謝家母女，她派僕人去看了看，送了幾兩銀子之外，是什麼事也沒做，每日只望着雙刀感歎。

現在，俞秀蓮只盼望李慕白快些回京，把關於尋找孟思昭的事跟他談一談。並盼他能替自己想想辦法，告訴自己離開德家之後，應當往哪裏去，才能得到將來的歸宿。因為心裏思索着事情，有時德大奶奶跟她說閒話，她都不甚愛理。晚間倚燈擁衾，又是無限地傷懷，她既悲自身命途多艱，孤零無靠；又悔父母在一年內相繼物化，遺骨一在望都榆樹鎮，一在宣化府，不知何日才能起運回鄉安葬？她並且憤恨孟思昭的無情無義，懷疑李慕白的態度突變。時常這樣思慮紛紜，淚痕斑斑，一夜也不能安眠。

又過了兩天，神槍楊健堂就向德嘯峰和秀蓮姑娘來辭行，帶着手下的鏢頭出北京回延慶去了。德嘯峰送走了楊健堂，見李慕白還不回來，也覺得十分煩悶。尤其自思與黃驥北結下深仇，將來仍難免要遭他暗算。

這時天氣是越發寒冷，屋中已生上了炭盆。這天晚飯後，德嘯峰夫婦在屋裏逗着孩子說話。少時姑娘也進屋來，坐在炭盆旁與德大奶奶閒談了幾句。她剛要再向德嘯峰提說自己要離京的話，忽聽窗外是壽兒的聲音，回道："李大爺回來啦！"

德嘯峰吃了一驚，趕緊隔着窗子問道："哪個李大爺？"

外面壽兒答道："是李慕白李大爺！"

德嘯峰聽了，立刻跳起身來，笑着說："我這位大爺，怎麼這時候才回來！"說着趕緊跑出屋子去見李慕白。俞秀蓮聽說李慕白回來了，她也不禁驚喜，本已站起身來，要跟着德嘯峰去見李慕白，可是見德大奶奶望着她，面上露出笑容，她就覺得有些不好意思，便又坐下了。

德嘯峰順着廊子跑到前院客廳裏，只見李慕白正對着燈坐着，一見嘯峰，他就站起身來說："大哥，你這些日可好？"

德嘯峰就上前拉住李慕白的手，很懇切又像帶着些抱怨地說道："兄弟，你這些日子到了一趟哪兒呀？你不知道自你走了之後，這裏就天翻地覆了嗎？"說時順着燈光去看李慕白。只見李慕白的頭上、臉上全都是塵土，面目越發消瘦，並且神情十分憂鬱。他穿着一件長棉襖，衣襟和袖子全都磨破了。

德嘯峰心裏懷着驚疑，就問說："你是剛進城嗎？"李慕白點了點頭，說道："我進城時，天就快黑了。我是騎着馬回來的，將馬匹牽回到廟裏，我連臉也沒洗，就趕緊雇車來了。"說到這裏，他微歎了一聲，又說："我這些日無時不在憂慮悲傷之中。我也聽說苗振山、張玉瑾到北京找我來了，但我卻無法分身前來呀！"

德嘯峰聽了，就有些不耐煩地問道："到底你上哪兒去啦？找着孟思昭了沒有？"李慕白先抬眼看了看窗外，仿佛唯恐被人偷聽似的。德嘯峰使眼色叫壽兒退出屋去。李慕白坐在德嘯峰的對面，他背着燈，用一隻手支着頭，很傷感地低聲說道："今天我是由高陽縣來。孟思昭在高陽被苗振山等人所傷，傷勢太重，在前兩天就死了！"德嘯峰聽了，不禁吃驚，剛要發話，就聽李慕白又詳細地往下說去。

原來，那天史胖子找着李慕白後，兩匹馬就連夜趕路到了高陽縣。這時孟思昭在店房裏住着養傷，由史胖子的那個小夥計服侍着。李慕白一見孟思昭，就十分悲痛感慨，他說："兄弟，你也太任性了！無論你有什麼為難的事情，我們都可以慢慢商量。你怎可拿了我的寶劍，借了鐵二爺的馬，就出了北京，憑着你一個人就要鬥苗、張眾人呢？"

孟思昭聽了李慕白這話，只是冷笑，仿佛認為李慕白說得完全不對。因為身上的鏢傷刀創甚重，他雖然心中有許多話，但是沒有力氣說出來。這高陽縣地方又沒有什麼好的外科醫生，只仗着史胖子帶着點兒刀創藥，給孟思昭敷治。孟思昭的傷勢反倒日益加重了。李慕白十分着急，就托史胖子到保定請來了一位醫生，給孟思昭診治，可是也不見好。

史胖子在往保定時，他就得到了消息，知道吞舟魚苗振山、金槍張玉瑾等一干人，在保定鬧了幾日，現在已往北京去了。史胖子回來告訴了李慕白，李慕白又恨不得立刻趕回北京，去與苗振山、張玉瑾等人爭鬥，並替孟思昭報仇。怎奈孟思昭此時呻吟病榻，發着燒，傷勢一點兒不見起色，有時且要疼得昏迷過去。

依着李慕白，本是想要雇輛穩當的車子，把孟思昭拉到北京，再去延醫診治，或許還能傷勢轉好。但是史胖子卻極力攔阻，他說："李大爺，你不仔細看看！孟二爺的傷勢已經重成什麼樣子了！要是在這兒，托老天保佑也許能夠好了；可是要想上路，不用說是到不了北京，就是抬到車上那麼一晃蕩，恐怕孟二爺也就斷了氣兒啦！"李慕白也怕孟思昭的傷勢禁不住路上的勞頓，但是在這裏又沒有好醫生和好藥，急得他日夜看守，不能睡眠。

這天孟思昭是迴光返照，忽然清醒了一些，他就說："我的傷大概治不好了，你們也不必費事去請大夫。"又望着李慕白說："李大哥，你來了很好！我有幾句話要跟你說……就是我死了也甘心！"於是這孟思昭就述說了他以往的經歷。

第二十六回　寒夜揮刀單身驅悍賊　俠心垂死數語寄深情

原來孟思昭幼年時曾從家中逃走過一回，在口外各處流浪，學了一身好武藝。後來回到家中，他父親孟永祥雖然對他仍有父子之情，但總不如對長子那樣地疼愛。孟思昭的胞兄孟思昶為人驕傲毒狠，行為又不正，因欲父死之後獨佔家產，所以對孟思昭就處處逼迫。思昭本想要離家他往，可是他父親已為他訂下俞秀蓮姑娘為妻。思昭聽人說秀蓮不但貌美，而且有一身好武藝，因此他便忍氣吞聲，想着過兩年與俞秀蓮完婚之後，再行離家到外面去闖一番事業。

不料在去年春天，宣化府的惡霸張萬頃竟強佔了有夫之婦。孟思昭聽說了，就氣憤不平，提着寶劍找到張萬頃的家中，將那張萬頃的兩條腿全都砍掉了。然後他就身邊一文不帶，逃出了宣化，在外面漂流了些日。他雖然有一身好武藝，但因不屑與江湖人為伍，更不肯做那些盜賊的勾當，所以落得十分窮困。

後來他在北京遇見了舊日在口外相識的一個喇嘛僧。這個喇嘛僧也知道他在宣化闖禍的事情，便勸他說："你把這張萬頃砍成了殘廢，他們現在已告到官中，派人往各處捉拿你了。張萬頃的叔父張太監，是宮中的大總管，極有勢力，若叫他們把你捉住時，你一定活不了。所以你得趕緊找個地方安身。過上兩三年，案情一擱置起來，那時你再出頭，也就沒有什麼妨礙了。"於是喇嘛僧就叫孟思昭改換了姓名，又把他薦到了鐵小貝勒的府中。

本想鐵小貝勒平日最喜歡會武藝的人，一定能對孟思昭另眼看待。可是想不到孟思昭一到鐵貝勒府，鐵小貝勒見他衣服襤褸，相貌不揚，便沒有怎樣注意他，竟派他到馬圈中去做刷馬的賤役。孟思昭本來性情孤高狂傲，他見鐵小貝勒對他不加重視，也就不願再顯身手，以邀恩寵。他只想在這裏暫且耐時，將來張萬頃的案子一冷了，自己再往外省去闖蕩。倘能得些事業，便親往巨鹿去迎娶俞秀蓮姑娘。

不料後來就遇着了李慕白。李慕白能於賤役之中看出他是位英雄，他就不禁感念知己之情，而且李慕白的名聲、武藝和人品，尤為孟思昭之所傾慕。所以當李慕白臥病之時，孟思昭便殷勤服侍。

相處多日，二人的友情日深，孟思昭就想要把自己的真實姓名和來歷，一一告訴慕白。不料這話尚未出口，李慕白就把他自己戀慕俞秀蓮的事情，無意之中向孟思昭說出來了。雖然李慕白說得明白，他與秀蓮姑娘毫無越禮的地方，而且因為事情的不可能，早已不敢有什麼希望了，可是孟思昭聽了，心中卻十分難過，他就想：李慕白早先曾向秀蓮比武求婚，後來又幫助他父女殺退仇人，並為俞老鏢頭打點過官司。俞老鏢頭死在半路，也是李慕白幫助給葬埋的。雖然李慕白是個光明正大的人，不能與秀蓮有什麼曖昧之事，但他們在路上相處多日，彼此必有愛慕之情。只因為我孟思昭一人，使他們不能彼此接近。秀蓮對於李慕白的恩義不能報答，內心不知要怎樣傷感。李慕白也是因為在秀蓮身上失了意，所以他才志氣頹靡，才發生迷戀謝翠纖，以及坐牢得病種種事情。

孟思昭如此一想，就覺得自己十分慚愧，十分傷心，便暗中責問自己說：我雖然自幼與秀蓮訂婚，但我們卻未曾見過一面。我在家中不見容於父兄，得罪了豪紳，闖下了大禍，不敢出面見人，如今做着刷馬的賤役，自身衣食都不能維持，我又哪一點配與秀蓮姑娘成為夫婦呢？反觀李慕白，不但他人才出眾，武藝高強，而且在京中又有很大名聲，認識許多好友。秀蓮若嫁了他，也不辱沒了她的才貌，我何必在其中作梗呢？

　　後來他讀了德嘯峰給李慕白的信，知道秀蓮姑娘將要來到北京，因為一時傷心難忍，露出形跡來，便被李慕白識出。他當時奪門而逃，就想：李慕白如今既知道了自己是孟思昭，他縱是傷着心，也要等俞姑娘來到，促成自己婚事。到時自己又有什麼臉面去見秀蓮姑娘呢？所以孟思昭才借馬盜劍，走出北京，迎到高陽道上，想與苗振山、張玉瑾拼死，以酬李慕白知己之情，而成全俞秀蓮的終身幸福。

　　如今他簡略地把內心的衷曲都向李慕白傾訴出來了。雖然話才說完，傷處就是一陣劇痛，頭也發昏，暈了半天，方才呻吟着緩醒過來，但他的心中此時是快慰極了。他微睜着他那雙大眼，瘦臉上湧出微笑，又向李慕白說："李大哥，大英雄應當慷慨爽快！心裏覺得可以做的事，便要直接去做，不可矯揉造作，像書生秀才一般。還是那句話，俞家姑娘雖與我有婚姻之名，但我們卻一點兒緣分也沒有，我若活着也是無力迎娶她，何況現在我又快要死了呢！李大哥，你既對她很有恩情，又有德嘯峰等朋友們給撮合着，你就不妨應允了，姑娘也可因此得個依靠。至於我，你應當認為我就是鐵府馬圈裏的小俞，不要想着我是什麼孟思昭！"

　　李慕白聽孟思昭說了他以往的事情，心裏就像劍扎槍戳一般地難過，怎麼也壓制不住那汪然的淚水。他本想要跟孟思昭去解說爭辯，表明自己當初與俞姑娘是毫無私情，甚至同行千里，彼此並未說過幾句話，他不應當以為自己和俞姑娘就是有什麼難割難捨之處。同時又想對孟思昭說：即使你死了，我也不能與姑娘成親。這並不是我固執，實在是因為我們這多日的友情，和你因我而身受重傷之事，這將使我終生痛惜，我還有什麼心思再去娶俞姑娘呢？

　　李慕白本想趁孟思昭神智清醒時，把這些話向他說出，可是又知道孟思昭的性情最為剛烈，或許他聽了自己的話，覺得不順耳，立刻就能爭吵起來，然後氣絕身死。那自己更要終生悔恨了！這許多話憋在李慕白的心中，他覺得心臟都要爆裂了。當下李慕白低着頭，咬着牙，兩隻手緊握着，那眼淚就像泉水似的不住向下流。

　　這時史胖子也在旁邊，他聽了孟思昭的那些話，又見李慕白這種情景，為難極了，也怔怔地一句話也不敢說。見孟思昭又閉上眼呻吟，史胖子一拉李慕白的胳臂，李慕白便皺着眉，拭着淚，跟着史胖子到了屋外。史胖子就嚴肅地向李慕白說："孟思昭這人我佩服他，真是個好朋友！他剛才說的那些話有多麼痛快！"李慕白剛想要分辯，史胖子已明白他的意思，就說："我也知道，李大爺你也有自己的難處，可是現在你千萬別和他爭辯。他沒有那麼大的力氣。只盼望他的傷勢能夠好一點兒，不至於死了，以後的事就都好辦！"李慕白悽楚地落着眼淚，點了點頭，又轉身進屋去了。

史胖子望着李慕白的背影，心說：這麼大的英雄，正在年輕力壯，卻叫感情折磨成這個樣子！以前我還以為就是那謝翠纖纏住了他，我想剪除了那胖盧三、徐侍郎，把他的情人還給他，也就完了，他也就不必再害相思病啦，沒想到他卻還有俞姑娘這麼一件事兒呢！現在弄得一個是受了重傷，眼看着就要一命嗚呼，一個是害相思病，果然李慕白這樣下去，他可就完了，叫我史胖子有什麼力量去幫助朋友呢！

史胖子歎息了半天，心裏又納悶，實在不明白為什麼李慕白、孟思昭這兩個小伙子，為一個俞姑娘竟落得這樣。他同時又慶幸自己，多虧了有這一身胖肉，蠢得難看，才得不到姑娘的愛憐，也就害不了相思病。他迎着寒風站了半天，看着店中的夥計和客人們來來往往，都像比李慕白、孟思昭他們舒適似的，心說：我史胖子也倒霉，怎麼單交了這麼兩個朋友呀？可是無論交情深淺，總是朋友一場，能夠看着他們害相思病不管嗎？一想到這裏，又不禁笑了。

此時孟思昭的呻吟之聲更慘。史胖子趕緊轉身進屋，只見自己的那個夥計和李慕白，全都站在炕邊望着孟思昭，直着眼着急，沒有一點兒辦法。孟思昭呻吟了一陣，忽然睜開眼睛大罵道："苗振山，你憑仗暗器傷人，能算是好漢嗎？"接着又斜着眼望了李慕白一下，帶着悲慘痛苦的神色叫了聲："慕白大哥！"

李慕白趕緊低下頭，問道："兄弟你有什麼事？"只見孟思昭的眼角迸出幾點眼淚，話卻說不出來了，接着就是一陣痙攣，嘴張開，頭沉下，眼睛翻起。

李慕白大驚，趕緊去握他的手，只覺得他的手漸漸涼了，硬了，他立刻就哽咽着痛哭起來。史胖子也抹了抹眼淚，然後把李慕白拉起來，說："李大爺，這哭哭啼啼的事兒是謝翠纖、俞秀蓮她們幹的。咱們是打江湖的好漢，若是這樣兒，可叫人家笑話。現在孟二爺是死啦，趕緊就買棺材把他埋了，咱們還得回北京城，找苗振山、張玉瑾拚命去呢！"說着就叫過店家來，叫他那小夥計跟着去買棺材。這裏李慕白依舊不勝感傷，彷彿振作不起精神來。

少時，史胖子的那個夥計同着棺材匠，抬來了一口柳木棺材，就將孟思昭的遺體盛殮了。李慕白流着淚，又將孟思昭生前帶到高陽來的那口寶劍，也就是鐵小貝勒送給李慕白的那口劍，很珍重地放在了他的棺中。李慕白撫棺哭了一場，然後和店家商量，打算借地方暫且將孟思昭葬埋。

那店家帶着李慕白和史胖子出去奔走了一天，結果才在城南找了一塊地。這地方名叫黃土坡，一道低低的土山，山下有幾畝田地，就是那店掌櫃的親戚朱姓的。經這店掌櫃說着，李慕白並送了朱姓幾兩銀子，這才允許把人寄葬在這裏。

到了第二日，便將孟思昭下了葬，李慕白並叫人刻了一塊短碣立在墳前。寒風蕭蕭，吹着黃土坡上的塵土，李慕白望着墳又灑了幾點眼淚。

旁邊史胖子就催着李慕白跟他回到店中，向李慕白說："李大爺，現在孟二爺是已經入了土內，人死不能復生，你也就不必再難過了。再有那俞姑娘的事，現在也不必提。只是苗振山、張玉瑾等人，此時恐怕他們早已到了北京。他們到北京找不着你，一定要說你是因為怕他們才逃出來的。我想這口氣你得給咱們爭爭，趕忙回去鬥一鬥他們，也替孟二爺報報仇！"

史胖子把這話連說了幾番，李慕白卻只是悶悶地坐着，一句話也不回答。其實他是在盤算如何應付俞秀蓮姑娘之事，並不急於回去與苗、張等人爭強鬥氣。

史胖子在旁說了半天，見李慕白全然不理，他都有些氣了。他站起身來，捋着袖子，露出他那粗壯的胳臂，說："李大爺，到底你是打算怎麼樣？孟二爺可是為你鬥苗振山，他才死的，他是個好漢子，也教人佩服，你現在怎麼樣？你若是打算永久在這兒住着給孟思昭看墳，那我也不管你，我可要走了。憑我史胖子，也要回到北京鬥一鬥他們去，到時給你看看！"說時他氣憤憤地要叫他那個小夥計收拾行李，即刻就要回北京去。

不防此時李慕白一聳身起來，推了史胖子一把，史胖子的肥屁股就撞在了牆上。李慕白發怒道："簡直你們都是在愚弄我！我李慕白做事有我自己的主意，豈能隨着你們左右？"

史胖子靠着牆，翻着眼睛瞧了瞧李慕白，他又不禁眯嘻地笑着，說："那麼李大爺，你到底回北京不回呢？"

李慕白冷笑道："我怎麼不回去？我在北京還有許多旁的事情要辦。"遂又上前拍了拍史胖子的肥肩膀，說："老史，你是好朋友，我姓李的知道，將來咱們一定要深交一交。可是我要求你，現在我的一些事情，你不要在裏面搗亂行不行？"

史胖子笑道："我搗亂？我全是為朋友好啊！"

李慕白微歎着點了點頭，說道："我曉得你都是好意，不過我李慕白的事情，卻不能像你看的那樣省事！"說着就叫那小夥計出去，把孟思昭騎來的那匹馬給備上，自己遂就動手去收拾隨身的行李。

史胖子這時就想：李慕白說的話也對。依着自己，那次就幫助他越獄出來了，後來自己把胖盧三、徐侍郎剪除了，李慕白就可以接了翠纖去過日子。自己要是李慕白，這些事早就完了，可是到了李慕白的身上就是這樣麻煩。現在又加上了俞姑娘這件膩人的事。恐怕他還是不能痛痛快快地依着孟思昭的遺言，與俞姑娘成親。這樣想着，他便冷笑着看着李慕白。

這時李慕白已打好了隨身的小包裹，他就過來向史胖子說："老史，我現在就動身回北京。在北京把我的事情辦完了，我還要離京南下，回我的家鄉南宮縣。老史，你若是暫時不離開此地，可以等我幾天，我就回來了，咱們再見面。"

第二十六回　寒夜揮刀單身驅悍賊　俠心垂死數語寄深情

史胖子卻搖頭說："我還不一定往哪裏去呢！咱們後會有期吧！"

李慕白點頭說："也好，反正我在一個月內外必要回南宮家鄉去。以後你若有什麼事，可以到南宮去找我。"

史胖子點頭微笑，說道："好，好！以後我免不了有事要求你李大爺。"然後又說："這裏的店錢你都不用管了，我們還得住兩天才走，到時我就一塊兒算清了。"

李慕白曉得史胖子不像自己和孟思昭，他在江湖上混了這些年，手中很有幾個錢了，便點頭說："好，謝謝你了。"

這時，史胖子的夥計和店家已把孟思昭由鐵府騎來的那匹黑馬備好。李慕白佩劍牽馬出了店門，史胖子和他的夥計都送了出來。李慕白上了馬，向史胖子抱拳，面帶着感謝的神色說："再會吧！"史胖子也抱拳說："再會，再會！祝你李大爺諸事順心！"李慕白揮動絲鞭，這匹馬便迎着凜凜的北風，古道揚塵，連夜趕回北京去了。

這裏爬山蛇史胖子在送走李慕白之後，他就望着他那個小夥計，不住地微笑，說："徒弟，收拾着東西，咱們爺兒倆也走吧！"

第二十七回　血湧刀橫寒宵驚慘劇　心枯淚盡風雪別燕都

　　李慕白連夜趕回到北京，這日黃昏時才進了城。他先將馬匹行李送到法明寺的寓所，當時就到了德宅，在那客廳中對燈感歎，把孟思昭身死的事詳細說了。說的時候他低着聲音，唯恐又被秀蓮姑娘隔窗聽見。

　　德嘯峰聽罷，也不禁歎息，說道："孟思昭這個人可也太性傲了，怎麼會一個人就可以跑到高陽，迎着苗振山那些人去拼命？如今死得這樣慘，把俞姑娘拋到我這裏，可怎麼辦呢？"他搖晃着頭，歎息了半天。忽然他又高興起來，就笑着說："慕白兄弟，我還告訴你，說起來這才真叫冤冤相報呢！你猜怎麼着，那苗振山來到北京後，卻叫俞姑娘給殺死了，俞姑娘也可稱是替夫報仇啊！"

　　李慕白一聽，十分驚訝。德嘯峰就把李慕白走後發生的事詳細地對李慕白說了，說時他頗為興奮。李慕白聽着也很是驚訝，心想：俞秀蓮竟能殺死苗振山，趕走張玉瑾，她的武藝一定比早先更是進步了。可是她的未婚夫現在已然亡故，她的身世卻太可憐了！因此由一陣愛慕之情，又轉為惋惜。他又想：想不到那謝纖娘原是苗振山的逃妾，怪不得她總似心中有什麼難言的事，而且常說什麼江湖上沒有好人。她本來對自己很有情義，後來因為自己打了胖盧三，她又忽然對自己變為冷淡了，那時自己還不明白。現在才知道原來她是受了苗振山的凌虐，所以才懼怕江湖人。直到現在，恐怕她還以為自己也是苗振山一流的人呢！

　　李慕白一面想，一面皺着眉歎氣，德嘯峰在旁是不住地抽水煙。少時，德嘯峰咳了一聲，便問李慕白吃了飯沒有。李慕白搖頭說："此時我也吃不下。只是我跑了一天，還沒洗臉，你叫人先弄點兒臉水來。"德嘯峰就叫壽兒去打臉水，並吩咐廚房做兩樣點心來。壽兒答應着出了客廳，少時就端進洗臉水來。李慕白洗過臉，雖然容顏煥發了些，但他依舊不住地歎息。德嘯峰坐在旁邊，一面抽着煙，一面也像在想着什麼。

　　少時廚子把酒飯送上來，卻是一壺酒、兩盤涼葷和兩盤油煎餃子。德嘯峰就招呼着李慕白說："兄弟，你喝盅酒，用些點心。現在天還早，你先

第二十七回　血濺刀橫寒宵驚慘劇　心枯淚盡風雪別燕都

不用忙着回去，咱們今天總要談出個辦法來才好。"

李慕白心中只想着怎樣推脫俞姑娘的事，聽德嘯峰這樣說，他也就落了座。喝了一杯酒，他便說道："現在我已決定了，明天我就去向鐵二爺和我表叔辭行，我要回南宮家鄉去了！"

德嘯峰聽李慕白說是要回家鄉去，他就不禁一怔，趕緊問道："你回家去，幾時才能重到北京來呢？"李慕白說："我此番來到北京，已然半年多了。雖然事情沒有辦成，可是交了許多朋友。尤其是大哥，對我的種種關心和幫助，真使我感激。我回家以後，只要沒有什麼旁的牽累，我一定要常看大哥來。"

德嘯峰卻搖頭冷笑着說："兄弟，你別跟我說這些話，你我的交情說不着什麼叫幫助，什麼叫感激。我德五平生交朋友，最是赤膽熱心，尤其是我對於你，敢說曾有幾次，是拿我的身家性命來維護你！"德嘯峰說到這裏，用眼看着李慕白，只見他低頭長歎，眼淚一對一對地落下來，遂就接着說："這些話我說出來，並不是教你答情，實在是求兄弟你體諒體諒我的苦心。俞秀蓮……"

說到這裏，他驀然覺得聲音太大了，便又壓下聲兒說："我跟那位姑娘本不相識，我把她請到北京來，是為讓她與你見面。可是你始終躲避着人家姑娘，教姑娘在我家裏住着，並且險些給我惹出官司來，你完全不聞不問。將來可教她怎麼樣呢？難道永久教她在我這裏住着嗎？也不像話呀！要說由着她到別處去，她現在是父母俱死。未婚的丈夫才有了下落，可又沒有了性命。婆家既不相容，娘家又沒有人，一個十七八歲的大姑娘，就是會使雙刀，不怕強暴，可也不能永久在江湖上漂流呀！"

李慕白聽了德嘯峰這話，覺得說得都對，句句都感動着自己，可是自己實在想不出什麼好的辦法，能夠給俞秀蓮姑娘找一個歸宿。

德嘯峰說完了那些話，見李慕白只是點頭歎息，卻不說什麼，心裏實在有些氣憤，就想：你這樣的英雄，竟不知痛痛快快地把這件事成全了，叫朋友們也放心。於是就正色說："兄弟，現在苗振山已死，張玉瑾是被驅出北京，暫時總算沒有人與你作對了，你也可以安心了。現在咱們要說老實話。俞秀蓮姑娘的人品武藝，本來是你所羨慕的。記得夏天你在這裏也對我說過，因為俞秀蓮已許字他人，不能與你成為夫婦，這件失意的事使你終生難忘。你的那些頹廢、悲傷，也完全是因此事而起。可是，現在這件事卻好辦了。

"孟思昭已然死了，俞秀蓮雖是他的未婚妻子，實際上二人連面也沒見過，她現在要改嫁，也說不了什麼失節。至於你，可以爽爽快快地與秀蓮姑娘成親，幫助秀蓮姑娘把她父母的靈柩運回。你們夫婦或在家鄉居住，或到北京來，如此不獨俞秀蓮終身有了依靠，你也心滿意足了。大丈夫做事總要體念別人，不可淨由着自己的脾氣，把好事往壞裏辦。現在只要兄弟你一點頭，俞秀蓮那裏由我們去說，就是將來辦喜事，找房子，一切都有哥哥給你辦。"說時他含着笑，用眼去望李慕白，心裏想着：我把話都說到這裏了，你還不給朋友一個面子嗎？

不料李慕白聽了德嘯峰的話，雖然很露感動之色，但卻仍舊不住地搖頭，并且冷笑着說："這件事是絕不能辦的。我如不認識孟思昭，孟思昭若不是為我而慘死，事情或者還可以斟酌。現在……"說到這裏他不禁又滴下眼淚來，歎了一聲說："孟思昭因疑我與俞姑娘彼此有情，他才慷慨走出北京，為我的事情受傷死了。現在他的屍骨未寒，我若真個娶了俞姑娘，豈不被天下人笑我嗎？而且我的良心上也太難過！"

德嘯峰聽李慕白說出這樣的話，就說："你也太固執了！那麼你想俞姑娘將來怎麼辦呢？你與她的父親相識，而且又住在鄰縣，就以鄉誼來說，你也得給這孤苦可憐的女子想一個辦法呀？"

李慕白說："自然，我們得盡力幫助俞姑娘。據我所知，俞老鏢頭在巨鹿還有點兒產業，並有幾個徒弟。我可以把他們找來，叫他們或把俞姑娘送往宣化，或是接回巨鹿。"李慕白說完這話，自己覺得這個辦法是很好的了。那五爪鷹孫正禮等人，一定能夠把他師妹安置好了。何況俞家又是巨鹿縣的土著，在家裏未必沒有什麼親友啊！

德嘯峰卻不住地冷笑，認為李慕白這是在故意逃避責任，便說："將來的事我也不管了，只是孟思昭已死，這事絕瞞不住俞姑娘。我得把她請出來，你把孟思昭身死和葬埋的情形，當着面告訴俞姑娘。"說着站起身來，就要到裏院把俞秀蓮姑娘請出來。

李慕白本不願見俞姑娘之面，看了德嘯峰這樣的舉動，他未免有些驚慌，趕緊放下酒杯，起身把德嘯峰攔住，說："大哥，你何必立刻就要把俞姑娘給叫出來呢？告訴她孟思昭的事，她當時就得痛哭起來。我說是要走，至少也是一兩日，我一定能夠見着秀蓮，把我和孟思昭的事，全都詳細地告訴了她！"

看着李慕白憔悴的面龐和憂鬱的眼光，德嘯峰也是不禁痛心，他就跺着腳說："兄弟，你可真急死我了！告訴你，咱們兩人自相交以來，也快有一年了，什麼馮家弟兄的事和黃驥北、苗振山的事，都沒叫我着急，只有你跟俞秀蓮這件事，真叫我看着焦心。好容易把孟思昭找着了，偏偏他沒造化，又死了！"說着把身子往椅子上一倒，不住地搖頭歎氣。

李慕白知道德嘯峰是個熱心直性的人，假若自己應許了與俞秀蓮成婚，他一定要歡天喜地，當時就什麼話也沒有了，可是他哪裏曉得我自己的難處呢！當下給德嘯峰斟了一杯酒，兩人又談起話來。德嘯峰又借題發揮了一陣，總之他是主張李慕白與俞秀蓮結婚，兩全其美，然後他騰出個院子來，請李慕白夫婦住。以後或是湊本錢給李慕白開鏢店，或是幫助李慕白在官場中覓前程。李慕白聽德嘯峰這樣說，他也不表示自己的態度，心裏卻覺得德嘯峰雖然是一位熱心腸、有肝膽的好友，但並非自己的知己，自己也就不必再向他多說了。

李慕白吃過飯，也微有醉意，就向德嘯峰告辭，說是明天自己一定來，有什麼話再商量。德嘯峰要叫車把他送回去，李慕白卻搖頭說："不用了！天還不太晚，我慢慢地就走回去啦！"德嘯峰就叫壽兒把李慕白送出大門外。

李慕白拖着沉重的腳步往東四三條西口外去走，心裏感覺悲痛萬分。

第二十七回　血濺刀橫寒宵驚慘劇　心枯淚盡風雪別燕都

又因為喝了幾盅酒，胸口覺着微痛，頭眼發暈。此時已打到二更了，天空烏雲密佈，所以也不顯得怎樣昏黑，他仰臉望着天，只覺有一些似雨非雨似雪非雪的東西往臉上落。寒風吹得倒不甚緊，街上也還有往來的車馬行人，李慕白就雇了一輛車往南城去走。

那趕車的抽着短煙袋，一邊搖着鞭子，一邊感歎着說："天氣真冷啦，都下了雪啦！"李慕白在車裏往外去看，只見四周是深青的夜色，車旁掛着一個紙燈籠，射出暗淡的燈光來，可以看見一片一片的雪花雜亂地往下落着。李慕白就想：自己離家已有半年多了，叔父那裏來了兩封信，自己也沒有信回去。這樣一想，覺得自己確實是應該回家看看去了。

車往南走出了城，雪越發下得緊。李慕白忽又想起，在夏天時，有一日由德嘯峰的家中出來，遇見下雨，自己就到了寶華班纖娘那裏。那天的雨是越下越大，纖娘就留自己在她那裏住宿。回想起來，自己那時的心境自然是過於頹廢，行為太不檢點了，可是纖娘對於自己的情義也真不薄呀！那夜由她的枕匣之中發現了一口匕首，就覺得她的身世必有一段極悲慘的事，可是總是未得詳細問她。如今才知道她原來是由苗振山家中逃出來的，她的父親就是被苗振山打死的。此次苗振山到北京來，若不是有俞秀蓮救護她，恐怕這可憐的女子早就遭了苗振山的毒手了。

李慕白想到這裏，就覺得應該到謝纖娘那裏看看去，因為一兩日內自己就要離開北京走了。此後縱使纖娘能夠病傷痊癒，自己恐怕也不能再與她見面了。無論如何，這一點餘情也應該結束了啊！這樣想着，他就覺得男女有愛情實在是一件最痛苦、最麻煩的事，人生也太無味。

車走到虎坊橋，李慕白叫車住了。他給了車錢，就自己冒着雪，踏着地下的濕泥，走進了昏黑的粉房琉璃街。找到了謝纖娘住的門首，只見兩扇破板門緊閉着，李慕白上前敲了敲門，少時裏面有男子聲音問道："找誰呀？"李慕白說："我姓李，來這裏看看謝家母子。"裏面把門開開，出來一個拱肩縮背的男子，正是這院子裏住的于二。

于二看見李慕白那昂藏的身材，就問道："是丞相胡同住的李大爺嗎？"李慕白點頭說："我今天晚上才進的城。聽說纖娘這幾日受了欺負，我特來看看她。"于二說："可不是！這幾天的事兒真夠她們娘兒倆受的。幸虧有那位俞姑娘，把苗老虎嚇得不敢再來了。可是纖娘的病現在更厲害了。"說着回身到了謝家母女住的屋前，隔着窗子叫道："謝老嫂子，謝老嫂子！李慕白李大爺來啦。"裏面的謝老媽媽答應了一聲，接着又是纖娘的呻吟痛楚之聲。

少時屋中的燈光一亮，謝老媽媽開門出屋，見着李慕白，就像見了親人一般，說道："哎喲，我的李老爺，你可盼死我們娘兒倆啦！你快看看去吧，再晚一步，你就見不着你的翠纖啦！"

李慕白見謝老媽媽對他這個樣子，既覺得悲痛，又覺得厭煩。進到屋內，就聞見有一種濃烈的穢氣。炕頭放着一盞暗淡的油燈，這麼冷的天氣，屋中也沒有火爐。那纖娘躺在炕上，一見李慕白進屋，她就把被角微微掀起，露出她那散亂的頭髮和憔悴得不成樣子的臉龐,說道:"李大爺,你才來呀!我現在就剩着一口氣兒,等着要見你一面了!"

謝老媽媽站在李慕白的身旁,不住地抹眼淚。她剛要把苗振山來找過她們,多虧有那位俞姑娘幫忙的事詳細地說給李慕白聽,李慕白卻擺手說:"不要說了,德五爺把那些事全都告訴我了。現在就是纖娘的病怎麼樣了?你們請了大夫沒有?"

謝老媽媽哭得眼淚直往嘴裏流,說道:"哪有錢請大夫呀?李大爺上回借給我們的那錢,現在也快花完了,眼看着我們娘兒倆又要挨餓了。翠纖的舅母金媽媽,現在又一死逼着我們搬出去!"

李慕白皺着眉,心裏正替她們盤算着。這時纖娘又呻吟了一聲,就說:"李大爺,請你也不用再管我們啦,反正我的病是沒有指望啦!我死了也不要緊,我的媽,她還不太老,還可以給人家去使喚,或是要飯去!"謝老媽媽在旁一聽她女兒說的這話,便放聲大哭起來。

李慕白本來極力狠着心,但是看此情形,心中又不禁發軟了,他就勸慰謝纖娘說:"你何必要說這樣的話!你才二十多歲的人,過些日病好了,再想法兒生活。那苗振山已經死了,也不能有人再來逼你們的命了!"

纖娘流着眼淚,借着昏暗的燈光去看李慕白,也不曉得自己這時是悔恨還是悲傷。她哭泣着,又低聲向李慕白說:"李大爺,我當初錯打了算盤啦!"

李慕白明白纖娘現在是後悔了,早先她以為自己也是苗振山那樣的惡人,所以她才心甘情願嫁給徐侍郎,卻不願嫁自己。想起在校場五條的那夜裏,自己前去找她,要把她救出,那時她不但不明白自己的好意,反倒向自己說了許多無情無義的話。像這樣的女人,自己憐恤她則可,何必還要在這個時候對她戀戀不捨呢?想到這裏,他便暗道:我李慕白一生的事,都是被這柔軟的心腸給害了!於是他振作起精神,爽直地向纖娘說道:"你這話我都明白了。可是,事到如今,後悔也沒有用了。我來到北京雖然不到一年,但人情世故,一切我早先所想不到的事,都嘗過受過了。早先那些傻事,我絕不再幹了!"纖娘一聽李慕白說了這話,心裏就完全冰冷了,眼淚也不再往下流了。

李慕白歎了一口氣,又說:"我現在比你們還要可憐,被事情折磨得心都碎了。我想一兩日內就離開北京,此後也許永不再到北京來了。所以,咱們認識了一場,今晚大概是最後的一面。你現在弄得這個樣子,我雖無力救你,但也不能一點兒法子不替你們想。明天午後,你們可以到我廟裏去一趟,我給你們再借一二十兩銀子。你先把病治好,你們母女再去謀生路吧!"說着就要出屋。

謝老媽媽聽說李慕白要走,本來就有些着慌,可是後來又聽說李慕白要借給她們錢,不由又喜歡了。剛要道謝,卻見纖娘仿佛有些生氣,她微微抬起頭來,向李慕白說:"李大爺你走你的吧,奔你的遠大前程去吧!我們現在也用不着什麼錢,李大爺留着自己做盤纏吧!今天咱們還能見這一面,就算沒白認識了一場……"纖娘說到這裏,便悲痛不勝。

第二十七回　血濺刀橫寒宵驚慘劇　心枯淚盡風雪別燕都

　　李慕白也是心如刀絞，同時又有些生氣，本要和她辯駁辯駁，但又想：自己何必再惹出許多麻煩來呢！於是歎道：「纖娘，你若仍然覺得我李慕白不是人，我也不必和你爭論，以後你慢慢想去吧！我走了！」說畢，轉身出屋。

　　一步邁到門外，只覺得寒風挾着雪花迎面打來，天上陰沉得更是難看了。于二由他的屋裏出來，跟着李慕白去關門，並問說：「李大爺，你回去呀？」李慕白答應了一聲，便邁着沉重的腳步，踏着地下的濕泥爛雪往外走去。

　　這時忽聽謝老媽媽鬼嚎似的叫了一聲，接着她就大哭着說：「我的孩子呀！你這可是坑了我啦……」

　　李慕白大吃一驚，趕緊跟着于二搶回到屋裏去看，只見炕上、被褥上濺得到處是血。纖娘頭髮散亂，兩手緊抱着前胸，渾身亂顫着，但呻吟不出聲音來。一口匕首橫放在枕畔，謝老媽媽就趴在纖娘的身上痛哭。李慕白趕緊把謝老媽媽拉開，借着那昏暗的燈光去看，只見那血色紅得怕人。

　　這時房東金媽媽聽見聲音，趕緊由被窩裏爬出來，披着皮斗篷，跑過來看，並指着謝老媽媽說：「你們這不是成心害我嗎？白住我的房子，還幹這些事兒！把我的房子也給弄髒了！」說時她就要揪住謝老媽媽不依。

　　李慕白便上前攔住，瞪起眼來說：「你別發愁！出了什麼事兒，毀了你什麼東西，都有我姓李的賠你。現在纖娘她是自己用刀扎傷的，先救她要緊。你別來到我們跟前搗亂！」金媽媽認得這對她發橫的人就是李慕白。李慕白打過胖盧三，北京城的光棍們全都怕他，金媽媽自然也不敢再說什麼了。

　　李慕白把金媽媽壓下去之後，回身再看那以匕首自刺前胸的纖娘，只見她的身體已不再抽動。李慕白大驚，趕緊用手去抬她的胳臂，只覺得冰涼而且無力。李慕白立刻眼淚似湧泉一般地滾下。此時謝老媽媽在旁喚她女兒，並不見答應，便趕緊擎起燈來去看。看見她女兒那種淒慘的樣子，她知道女兒是已經死了。她顫抖抖地把燈放下，立刻鼻涕眼淚同時流出，趴在纖娘的身上痛哭起來。

　　金媽媽也近前看了看，臉上也變了色，就說：「人是不行了。你們是趕緊到舖裏看棺材去呢？還是報官去呢？」李慕白把眼淚拭了拭，便說：「她雖然是用刀自己刺死的，但並不是誰逼得她如此。難道還非要報官，跟誰打官司嗎？」

　　旁邊于二見纖娘死得這樣可憐，也不禁十分難受。他先把謝老媽媽勸得不哭了，然後就說：「天這麼晚了，外面又下着大雪，壽衣和棺材也買不來。再說也沒有錢呀！」又向李慕白說：「沒有別的說，李大爺跟她好過一場，現在她死得這麼慘，李大爺還得行點好事，拿出點兒錢來，葬埋了她！」

　　李慕白拭淚點頭說：「那是自然，想不到我竟眼看着她這樣慘死！」他歎了口氣，又向謝老媽媽說：「明天早晨你到我廟裏去吧，我給你預備下幾十兩銀子。」謝老媽媽這時候已然哭昏了，聽李慕白這樣說，她只是掩着面，點頭應聲。

　　李慕白不忍再看纖娘那血跡斑斑的屍體，更忍受不了這屋子裏的愁慘氣氛，他就要起身走開。忽然又想到在炕上扔着的那口匕首，他恐怕今夜謝老媽媽再趁着無人也自盡了,遂就將那口匕首拿起來,流着淚帶在自己的身邊。然後他便搖頭歎息着,說道:"我走了!"

金媽媽又叮問着說:"李大爺,明天你可得來,反正這件事你得給辦。我們雖說是親戚,可是我在她們身上花的錢、出的力,也夠了,這件事兒我可真管不了啦!"

李慕白正色道"你放心,明天我來不來雖不一定,但錢總能給她們辦到。什麼事都有我擔當,即使叫我替纖娘抵命也行。不過你們既是親戚,你就不可再在中間搗亂,不然我是不能依的!"說完這話他就出了屋子。于二跟着去開門,李慕白就回身囑咐于二,叫他今夜守着謝老媽媽,免得她也尋了短見。于二連聲答應,李慕白就出門去了。

此時寒風越發凜冽,雪下得更大,鉛色的天空也顯得愁慘荒涼。李慕白的心中冰冷,兩眼卻是熱熱的,他踏着雪,茫然地走出了粉房琉璃街,竟像連方向也分辨不出了。他站着發了一會怔,只見這大街上連一輛車、一個行人也沒有。李慕白伸着那凍得僵硬的手,擦了擦眼睛,眼淚在睫毛上已凍成了冰屑,擦了半天方才擦淨。認清了方向,他就順着大街往西走去。風雪愈緊,行人絕無,只有一條狗追着他亂吠。

李慕白的腳步是越走越感覺沉重,好容易方才到了丞相胡同法明寺的門前。那條狗仍舊跟着他汪汪地亂叫。李慕白生了氣,真想取出懷中藏着的那口匕首,去把狗扎死。可是當手指觸到那濡血未乾的匕首之時,心中就像被刺了一下那般疼。

他站住身,歎了口氣,心裏想着:偏偏今天自己又到纖娘那裏去,因為兩三句話的誤會,她就以匕首自刺身死!咳,早知道有今日這樣的淒慘結局,當初自己何必到妓院裏去充嫖客?又何必與一個落溷的女子去談情說愛呢?其後,徐侍郎被殺,纖娘下堂養病,自己不再理她也就完了,又何必再去找她?仿佛是餘情未絕似的。以致使一個被辱受虐、窮苦漂泊的女子,才僥幸脫開了苗振山的魔手,卻又死在自己的眼前。我李慕白竟成了一個什麼樣的人了!他一面自責自恨着,一面探手去叩廟門,眼淚不禁又汪然而下。

雪花一團一團地向李慕白的頭上身上打着,仿佛是在懲罰他。那條狗像是聞着李慕白的身上有什麼特別氣味,又像是纖娘的幽怨靈魂在驅使着牠,總是不肯放開李慕白。汪汪的吠聲,夾雜着叭叭的叩門之聲,在這雪夜裏噪鬧着。

待了半天,裏面才有和尚的聲音問道:"是誰呀?"李慕白應道:"是我,我是李慕白!"和尚把門開開,李慕白便道了聲勞駕。和尚一面關着門,一面說:"李大爺的那匹馬,我們給買了點兒草料餵好了。"李慕白說:"謝謝你們了。"又站住身向和尚說:"我才回來,一半天又得走。等我臨走時再給師父們道謝吧!"和尚也說了幾句客氣話,李慕白就進到他住的那跨院裏。只見他騎來的那匹黑馬繫在廊下,不住地踢着跳着,並且嘶叫着,仿佛是要找牠的主人孟思昭。

李慕白進到屋內,點上燈,默默地坐了一會兒,眼淚仍舊不住汪然下落。

第二十七回　血濺刀橫寒宵驚慘劇　心枯淚盡風雪別燕都

因為屋中太冷，李慕白便關門熄燈，上炕掩被。他仰臥在炕上，眼淚直向枕畔流，窗外的馬嘶、遠處的犬吠，更攪得他難以入夢。忽然又想起：自己走後，德嘯峰會不會把孟思昭身死的事告訴俞姑娘了？倘若他把那話說與了秀蓮，秀蓮立刻就能夠冒着風雪，到這裏來向自己追問真情，那時自己可怎樣對秀蓮去說呢？其實自己居心無愧，也沒有什麼不可以說的，不過那孟思昭究竟是為什麼走的，他對自己和秀蓮之間有怎樣的誤會，臨死之時又說了什麼話，豈能都據實告訴秀蓮呢？倘若再叫秀蓮出了什麼舛錯，那時自己更是天地不容了！他這樣尋思着，一夜也沒有合眼。

到了次日，起來開門一看，外面白皚皚的，雪堆得很厚，已成了個銀妝的世界。天空的雪花雖然依舊飄搖，但已微得很了。李慕白因為惦記着給謝老媽媽借錢的事，便連臉也不洗，拿上德嘯峰的那個取錢的摺子，到銀號裏取了五十兩銀子。及至回到廟裏，雪已住了，廟裏的和尚拿着掃帚正在院中掃雪，一見李慕白，就說："有一個老婆婆來找你。"

李慕白趕緊到了跨院，就見謝老媽媽在廊子下倚着桌子站着，揣着手兒，凍得身上直打戰。她的兩隻眼泡都哭得紅腫了，臉上也是又黃又瘦，堆滿了皺紋，顯得十分地難看、可憐。李慕白就向謝老媽媽說："你來了，我替你把錢辦來了。"遂將手裏的一封白銀交給了謝老媽媽，並說："這是五十兩庫平銀子，你拿了去好好收着。發葬孅娘至多也就用二十兩，其餘三十兩你要小心謹慎地度日，並且想法找個傭工的地方才好，要不然將來是沒有人可憐你的！"

謝老媽媽伸出兩隻胳臂，把那一封沉重的銀子抱在懷裏，眼淚不住地往下流。本來今天來的時候，金媽媽就教唆她要借着孅娘慘死的事，敲詐李慕白一下。所以謝老媽媽一見李慕白時，本也想要來賴住他，叫他給自己的後半輩子想辦法。可是如今接到了這麼重的一封銀子，連抱都抱不動，她真感激得要流淚了，恨不得要趴在雪地裏給李慕白叩一個頭。李慕白不忍看謝老媽媽這副可憐的樣子，就連連擺手說："你快些回去吧！銀子千萬要好好拿着！"謝老媽媽連聲答應着，就緊緊地抱着銀包走了。

李慕白回到屋內，覺得精神十分不濟，心中更是抑鬱難舒，便出門去了澡堂子。他本想要在那裏睡些時，恢復精神，可是心亂如麻，無論怎樣也是睡不着。看見由玻璃窗上射進來些陽光，原來天已晴了，他忽然想到：現在我在北京也沒有什麼事了，為什麼不走呢？現在天晴雪化，大概路上還不至於十分難行。我若今天就動身，不到十日也就回到家鄉了。雖然來到北京這半年多，得了些名聲，交了幾個朋友，一時離開此地，心中也不無戀戀，但是想起在北京所遭受的這些傷心的事，覺得還是快些離開這裏才好。想定了主意，他便出了澡堂，雇車直往鐵貝勒府去了。

李慕白自從被史胖子找走離京，與鐵小貝勒已有半個多月沒見面。如今相見，李慕白倒覺得很慚愧，就向鐵小貝勒詳述了自己此次離京的緣由，並說了孟思昭在高陽縣慘死的詳情。鐵小貝勒略略地聽了，就點頭說："德嘯峰剛才到我這裏來了，他才走了不多時。你的事他也都跟我說了。"

李慕白一聽，德嘯峰今天先自己來見鐵小貝勒，心裏就不禁詫異，暗想：不知嘯峰在鐵小貝勒面前說了些什麼？於是，用眼去看鐵小貝勒的神色。只見鐵小貝勒今天仿佛不大高興，他很鄭重地向李慕白說："慕白，你是個年輕有為的人，而且文武全才，人品也很好。憑你這樣的人物，不要說闖江湖，就是入行伍、立軍功，別人也比不了你。不過你可有一件短處，恕我直言，你對於兒女私情看得太重了！"

李慕白一聽鐵小貝勒這句話，正正揭着了自己心裏的傷疤，不由十分慚愧，同時又覺得難過，幾乎要流出淚來。不過又想：鐵小貝勒這也是局外人所說的話。假若他能夠設身處地替自己想想，他就知道自己的所作所為都非得已。只要是一個有感情重肝膽的男子，遇見了自己這些事，誰也難以脫開呀！

李慕白長歎了一聲，剛要還言，就聽鐵小貝勒又說："苗振山、張玉瑾那件事，大概已然完了。本來我想着黃驥北把他們兩個人請到北京，至多了像金刀馮茂似的，與你比比武，分個高低勝負，那也不要緊，可是沒想到苗振山、張玉瑾那些人一來，簡直比強盜還要兇！苗振山先用暗器打傷了邱廣超，後來聽說又欺占人家的婦女，鬧得簡直不成話。偏偏你又不知往哪兒去啦！德嘯峰家裏住着的那位俞姑娘又跟張玉瑾有仇，因此幾乎把事情弄大了。

"俞姑娘在城外把苗振山給殺傷了，當日他就死了。張玉瑾他們雖然沒敢告狀打官司，可是又要跟俞姑娘訂日期拼命，把衙門全都驚動了。黃驥北也弄得尾大不掉，德嘯峰是急躁得了不得。我看着太不像話，才跟提督衙門說了，把張玉瑾等人驅出了北京。現在聽說黃驥北也病了，在家裏忍着，絕不出門。你回來了可以放心，絕不能有人再找你麻煩了。

"小俞死在高陽的事，我也聽德嘯峰說了。這件事你也不必難過，因為他走的時候，咱們也並不是沒有攔他。既然他一定要盜走了我的馬匹逃走，跑到高陽中了苗振山的暗器，咱們可又有什麼法子呢？不過我也覺得他是個年輕的人，這樣死了，未免太可惜些！現在只有那俞姑娘的事。小俞死了，她是更沒有倚靠了，婆家既不能回，娘家也沒有人了，長在德嘯峰家中住着，也有許多不便。依着德嘯峰還是那個主意，他要給你們做媒。"

李慕白聽到這裏，就把頭搖了搖。又聽鐵小貝勒說："可是我覺得這件事也不是能勉強的，剛才我也勸了嘯峰半天。現在就問你一句話，你斬釘斷鐵地說吧！到底你喜歡不喜歡那俞姑娘？"說話時他便逼視着李慕白。

李慕白這時的面色已變得又紅又紫，他真想不到鐵小貝勒會這樣地問他。本來憑良心說，李慕白若是不愛俞秀蓮，怎能弄得他傷心失意，後來有這許多事情發生？可是現在鐵小貝勒叫他斬釘斷鐵地說一句話，他雖然心裏猶豫、痛楚，但卻絕不敢說出模棱兩可的話。當下李慕白略一遲疑，便正色斷然說："我不喜歡那俞姑娘！"

他接下去還要用話解釋，鐵小貝勒卻點頭說："好，這樣就完了，大丈夫應當說痛快的話！可是有一樣，你既是不愛俞姑娘，那麼過去的事就都不能再提了，以後你要打起精神來，好好幹自己的正事。現在你到底是想做怎樣的打算？"

李慕白又決然說："今天或者明天，我就要離京先回家看看去，過幾個月再作計較。也許再回北京，也許往江南去。"

鐵小貝勒便點頭說："你來到北京這些日子了，也應該回家看看去。那麼你現在的盤纏夠用不夠用呢？"

李慕白連說夠用。鐵小貝勒就說："好，咱們後會有期吧！將來我這裏如有什麼事情，我再派人去請你。"

李慕白說："二爺待我的恩義，我李慕白沒齒難忘！"說到這裏，心中又十分難過。鐵小貝勒面上也帶着戀惜之色。兩人又談了幾句話，李慕白就告辭出府，乘車到德嘯峰家去了。

今天德嘯峰還是愁眉不展，李慕白就提說自己要離京回家。德嘯峰歎了口氣，半晌沒有表示。李慕白又提到那取錢摺子，說自己為周濟謝家母女花去了幾十兩，說時就要取出來還給德嘯峰。德嘯峰卻擺擺手，說道："你要是把那錢摺子還我，你就是打算不認得我了。我德嘯峰雖不是富人，但那點兒錢還不等着用。摺子你先拿着，你若不屑於提用，就可以隨便放置着，這都是小事。最要緊的我就是要問你，你對於俞秀蓮還有一點兒餘情沒有？大丈夫不但要揚名顯身，也應當成家立業。你也親口對我說過，唯有俞秀蓮才配為你的妻子。現在俞秀蓮未嫁，孟思昭既死，我若費些唇舌，給你們撮合撮合，大概沒有不成……"

李慕白不等德嘯峰說完，已然面現淒慘之色，連連搖頭說："我與俞姑娘的事是絕不能再提了，剛才我在鐵小貝勒府已經回復了鐵二爺！"

德嘯峰怔了一怔，就微微冷笑說："既然這樣，朋友也不能勉強你。那麼你現在是一定要走了，我想送送你！"

李慕白說："大哥也不必送我，我今天大概就要走。"

德嘯峰問說："你出哪一個門？"

李慕白說："我出彰儀門。"他歎了口氣，又感慨地說："我李慕白平生交友也不少，但我所敬佩感激的唯有德大哥一人，將來只要此身不死，我必要報答德大哥的厚情！"說到此處，李慕白的心裏不禁生出一種慷慨悲壯的情緒，便黯然落下淚來。

弄得嘯峰的心裏也很難受。他便連連勸慰李慕白說："兄弟你何必要說這樣的話？我德五向來交朋友是剖心析肝，何況對你！兄弟你雖暫去，將來我們見面的日子尚多，只盼你把心地放寬大些，無論什麼事都不要發愁失意。遇有難辦的事可以來找我，我必能幫你的忙！"李慕白便點了點頭。德嘯峰曉得李慕白尚未吃午飯，遂就叫廚子擺了幾樣菜，二人又對座飲酒，談了半天。

李慕白因為急於今天動身，喝了兩杯酒，他就向德嘯峰告辭。本來還應當到內宅向德老太太和德嘯峰之妻拜別，但又怕見着俞秀蓮姑娘，所以李慕白只說："我也不進去拜見伯母和嫂夫人去了。"

德嘯峰擺手說："你不用多禮，我替你提到了吧！"李慕白遂即起身，德嘯峰送他到屏門，二人方才作別。

李慕白坐車回南城，路過粉房琉璃街時，他就想要向纖娘的靈柩去弔祭一番。但又想：事情已經完了，何必還去徒惹傷心？所以就坐着車直到南半截胡同祁家門首。李慕白進去見了他的表叔祁殿臣，就說自己在京居住，無甚意味，打算要回家去。

他表叔祁主事近來在官場中也頗不得意，又知李慕白來京半載，曾以拳腳驚動一時，並且結識了鐵小貝勒、邱小侯爺這一般闊人，想着自己也無法再為他安頓事了，遂就點頭說："你要回家去，也很好！將來我遇見好事，再去叫你吧。"遂寫了兩封信，叫李慕白帶回家去，並送他二十兩銀子作為路費。他表嬸並且囑託了他許多話，都是些回到家裏代問誰好等等的家庭瑣事。李慕白一一答應。

來升把李慕白送出門首，就說："李大爺，你幾兒走？先言語一聲。我去幫助收束收束東西。"李慕白隨口答應着，就回了法明寺。

他此時事情都已辦完，心身頓感清爽。隨身行李更是簡單，少時就都已紮束完畢，連馬都備好了。然後他就向廟中的和尚辭行，並佈施了十兩銀子的香資。和尚也很喜歡，打着問訊，祝李慕白一路平安。李慕白遂牽馬離廟，出了丞相胡同，到大街上才騎上馬，搖動皮鞭便往彰儀門去了。

李慕白才走到彰儀門臉，剛要出城，忽見那裏停着一輛車，德嘯峰由車上下來了。德嘯峰身穿便衣，頭上戴着小帽，滿面笑容，說道："慕白兄弟，你真是說走就走！我在這兒等你半天啦，特地送送你！"

李慕白要下馬，又被德嘯峰攔住，他說："你別下馬！我上車去。我也不遠送，只送你出了關廂，我就回去。"說着他跨上車轅，福子趕着車往城外走去。李慕白的馬就靠着車往前走，兩人一在馬上，一在車上，談着話。德嘯峰的心裏倒是敞亮快慰，說道："兄弟，你走後，我可寂寞了。"李慕白卻滿懷着惜別之意，尤其是想到德嘯峰對自己如此厚情熱心，不禁感激涕零。

這時天上才晴了一會兒，雪尚未化。忽然北風又呼呼地吹起，吹得樹枝上的雪花直往人的臉上灑，陰雲又一片片地飄蕩起來了。德嘯峰掏出表來看了看，已是下午三點多鐘了。他望着騎在馬上皺着眉頭的李慕白，就不禁微笑，又歎息了一聲，說："兄弟，你真是性情孤傲！昨天才回來，今天就要走。現在已三點多鐘了，你走不到三四十里地，大概也就黑了。我看這天氣怕還要下雪！"

李慕白仰面望着陰沉沉的天空，也覺得會再下一場大雪。忽然又想起夏天自己由宣化南來，走到居庸關殺傷了幾個山賊，後來就下了一場大雨，淋得渾身都濕了。那夜自己就住在沙河城店房內。次日賽呂布魏鳳翔找了自己爭鬥，自己將魏鳳翔刺傷，那時德嘯峰也正住在那店房裏，他因看到自己武藝高強，便與自己結交。雖然至今僅僅半載有餘，但人事變遷得極快，自己下獄、染病，受了諸般折磨，德嘯峰也為自己耗費了許多錢財，惹了許多氣惱。但他卻毫無怨言，還要為自己與俞秀蓮撮合。雖然他是不明了自己的苦衷和隱情，但他那番好意是很令人感佩的！

李慕白又想道：如今我匆匆而返，又匆匆而去，並且辜負了德嘯峰的種種好心。若教別人看着，我李慕白是太不懂交情了，心腸太冷了。可是德嘯峰不但不氣惱，反倒這樣懇切地、戀戀不捨地送我，這樣的朋友實在太難得了。他心中感動，便慨然長歎，向德嘯峰說："大哥，請回去吧！你我兄弟後會有期。大概來年春天，我還要到北京來看望大哥！"

德嘯峰點頭說："好，好！來年春天，或是你到北京來，或是我派人請你去。不過人事是想不到的，來年還不定怎麼樣呢！"說到這裏也慘然笑了笑。他心裏就想着：這半年以來，自己因為李慕白，與不少的人結了仇。頭一個冤家是黃驥北，其次是春源鏢店的馮家兄弟和金槍張玉瑾。李慕白走後，俞秀蓮恐怕在自己的家中也住不久。他們全走了，那些個冤家恐怕就要來收拾我了。雖說我住家在京城，而且當着官差，仇人們未必能把我害死，但是禍事恐怕是免不了的。不過李慕白現在既是急於要走，這些話自己也不便再對他說。

李慕白也看出德嘯峰心裏的事，便慨然說："我走之後，望大哥也少與江湖人往來，更不可再和那黃驥北惹氣。有什麼人若招惹大哥生氣，也請暫時忍耐着，等我再到北京時，必替大哥出氣！"說到這裏，他就勒住馬，眼含熱淚望着德嘯峰說："大哥回去吧，不必再送我了！"遂就一抱拳。

德嘯峰的車也停住了，他便在車上也拱了拱手。就見李慕白露出不捨之意，一面催着馬，一面回首叫道："大哥請回去吧！"

德嘯峰直着眼看着李慕白的那匹黑馬，在雪色無垠的大地上越走越遠，越走越小。

郊外的幾行枯柳搖動着枝幹，沙沙地響着，寒風卷起了雪花，好像眼前迷漫着大霧。德嘯峰的手腳都凍僵了。趕車的福子也冷得直哆嗦，他就問說："老爺，咱們是回去嗎？"德嘯峰抬頭又往遠處去望，只見早已沒有李慕白人馬的影子了，他不禁吁了一口氣，心中悵然若失。又怔了一會，他才點頭說："咱們回去吧！"福子趕緊把車轉過來，德嘯峰也進到車裏，遂又進了彰儀門。德嘯峰此時的情緒實在不好，坐在車裏不住地歎氣。

車才走到虎坊橋，就見迎面走來了一人，仿佛是有什麼要緊事情似的。他把車攔住，就說："德五老爺，您把車停一停，我有點事要告訴您！"德嘯峰坐在車裏一看，只見這人衣服襤褸，面黃肌瘦，十分眼熟。想了一想，才記起來，這人曾替李慕白到自己家裏送過信兒，是叫什麼小蜈蚣，遂就問說："有什麼事兒，你說吧！"

那小蜈蚣吳大便走近車來，仿佛很害怕的樣子，低着聲音說："德五老爺，我正要到您的府上給您送信兒去呢！現在我聽說那金槍張玉瑾並沒回河南，他們在保定住下了，瘦彌陀黃驥北前天還派了牛頭郝三到保定去，大概還是想着要跟德五老爺為難吧！"

德嘯峰一聽，不禁嚇了一跳，心想：果然我沒猜錯，黃驥北還是不肯跟我善罷甘休！又想：這小蜈蚣雖然是個窮漢，可是他知道的事兒倒不少，我現在正缺少這麼一個人。於是他面上做出毫不在乎的樣子，冷笑了笑，就說："由他們想法子去吧，我等着他們。"遂又故意問說："你知道李慕白上哪兒去了嗎？"小蜈蚣說："李大爺不是昨天晚上進的城嗎？他沒上德五老爺宅裏去嗎？"德嘯峰微微笑道："我是故意問問你，看你知不知道他回來了。現在告訴你吧，李慕白他又走了，我剛把他送出城去。李慕白此次走，可暫時不能回來了。你若見着黃驥北的人，就可以這樣告訴他們，我德嘯峰並不是非得有姓李的給我保鏢，我才敢在北京充好漢！"

小蜈蚣趕緊賠笑，奉承德嘯峰說："德五老爺的大名誰不知道？這不是一年半年的了。"

德嘯峰就告訴小蜈蚣，說："以後聽了什麼事兒就趕快去告訴我，要是用錢，也自管跟我說話。"說畢，就叫福子趕着車走了。小蜈蚣今天巴結上了德五爺，自然心裏十分喜歡。他趕緊往茶館去打聽關於黃驥北的事情，以便報告德五爺，並去討賞錢。

第二十八回　風雪走雙駒情僑結怨　江湖驅眾盜俠女施威

　　德嘯峰坐着車回到家裏，心裏總思慮着黃驥北的事，就想：李慕白走了的事必然是瞞不住人的，所以我叫人告訴了黃驥北。他要是想得開呢，就應當知道我現在已不再借李慕白充英雄，有能耐他可以找李慕白去，卻不必再向我尋釁。可是黃驥北他絕不能這樣寬宏大量，也許要趁着我現在沒有幫手了，他就來收拾我吧！
　　他一面憂慮地想着，一面叫壽兒給他換了那沾了許多雪與污泥的官靴。正要再換衣裳，這時俞秀蓮姑娘就進屋來了。德嘯峰立刻站起身來賠笑說："姑娘請坐，姑娘請坐！"心裏卻又很窘，恐怕俞姑娘又向自己追問孟思昭與李慕白的事，自己無言可對。
　　果然，俞秀蓮開口就問李慕白昨天回來說了什麽，孟思昭到底有了下落沒有。德嘯峰窘得不住歎氣，想了一想，就說："孟二少爺的消息嘛，我可沒聽說。不過李慕白回來了一天，現在他又走了，我才把他送出彰儀門去！"
　　俞秀蓮一聽，面上立刻變色，趕緊問說："為什麽李慕白才來了又走呢？"
　　德嘯峰歎道："李慕白的脾氣很怪，他既要走，誰也攔不住他。現在他是回南宮去了，大概來年春天二三月之間，才能再到北京來。"
　　俞秀蓮一聽李慕白這樣匆匆地走去，不禁芳容變色。她咬着下唇，凝想了一會兒，就決定了主意，但是她暫時並不言語，只微微地歎息。德嘯峰又說："姑娘也別着急！就先在這兒住着得了，等李慕白到巨鹿把姑娘的師兄請來，再商量辦法。"
　　秀蓮姑娘聽德嘯峰這樣說，心裏很是悲痛，想着：我還有什麽師兄？不過就是有個父親的師姪金鏢郁天傑，但他遠在河南。還有就是早先給父親做過夥計的孫正禮、崔三和劉慶，但他們又能幫我什麽忙呢？心裏雖然如此想着，但是她表面上並不表示什麽，只說："請五哥歇息吧！"遂就回到她住的屋內。當日也沒有什麽事情，不過天氣越發陰沉，風刮得也很緊。
　　晚間秀蓮姑娘獨自坐在燈畔沉思，用銅筷子撥着炭盆裏的灰。她從頭想起，由李慕白到巨鹿找自己去比武求婚，以及這些日他故意躲避自己，就覺得其中一定有緣故。孟思昭的去處李慕白一定曉得，不過他是不肯見我的面，對我實說罷了。事到今日，自己絕不可再避什麼嫌疑。明天趕緊騎馬追上李慕白，向他詳細詢問，他若再不把實話告訴我，那我寧可與他翻臉，讓旁人說我是忘恩負義的女子，也絕不能放他走！當下絕早就熄燈就寢。

到了次日，天空又飛起雪花。德嘯峰有照例的公事，他一清早就起來盥洗更衣，帶着壽兒上班去了。俞秀蓮看德嘯峰走後，她才着手收束隨身行李。然後又待了半天，她隔窗看見德大奶奶到老太太房中問安去了，就趁空溜出屋來。她一手提着隨身包裹，一手提着雙刀，順着廊子走出，一直到了車房內，就自己動手備馬。旁邊有僕人看見，也不敢攔阻她，就進裏院報告了德大奶奶。德大奶奶聽了雖然十分着急，但自己又不能到車房裏去與秀蓮拉拉扯扯，就打發了兩個婆子去勸說。

此時秀蓮姑娘已經牽馬出門，才要上馬，就見有兩個婆子追了出來。一個就說："俞姑娘，你回去吧！我們大奶奶都要急死啦！她說你要是一走，回頭我們老爺一定要跟我們大奶奶鬧！"另一個婆子就上前拉俞秀蓮的衣襟，嬉皮笑臉地說道："我可不能放姑娘走！"秀蓮姑娘把眼一瞪，說："你少動手！"那婆子嚇得往後一退，一屁股就摔在了石階上。

秀蓮不禁又笑了，就說："今天無論是誰也攔不住我！你們回去告訴大奶奶，就說我走了，過幾個月我再來看她。你們老爺跟前也替我道謝！"說着就扳鞍上馬，一揮皮鞭，馬蹄踏着地下的積雪，就直出三條胡同的西口走了。

此時天際的雪花還是那樣鵝毛般，輕輕地飄着。大街上也沒有多少車馬，所以俞秀蓮能夠放轡而行。她本來不認得京城的路徑，向人打聽着，才出了彰儀門。一到郊外，行人越發稀少，雪卻下得更大。秀蓮姑娘身上只穿着青布短夾衣和夾褲，被北風吹着，就覺得有些寒冷，她便揮鞭催馬快行。

她由宣化騎來的這匹馬倒是很健壯，不過地下的冰雪太滑，有幾次馬都幾乎失蹄。秀蓮無奈，只得又勒住馬，慢慢地向前走。她心中十分焦躁、悲憤，就流着淚恨恨地想：孟思昭，我為找你可真不容易！將來尋到你時，我看你對我有什麼話說！又想：我知道李慕白不是個冷漠無情的人。可是我父母在時，他倒肯幫助我們；現在我孤苦伶仃，這樣可憐，他卻對我連一面也不肯見，這到底是為了什麼緣故呢？莫非他以為我俞秀蓮是什麼江湖上的淫蕩女子嗎？俞秀蓮這樣一想，更覺得風寒、天冷、雪大，她就不禁勒着轡繩，低着頭，傷心地痛哭起來，只由着座下的馬往前慢慢行走。

也不知走了多遠，忽聽後面一陣鈴鐺琅琅的響聲，又聽有人喊道："前面的馬閃開呀！閃開呀！"秀蓮姑娘趕緊回頭去看，就見身後來了一匹黑馬。馬上是一個矮胖子，他頭戴黑色狗皮帽子，身上反穿着老羊皮襖，皮毛上落着很厚的雪，嘴裏噴着一團一團的白氣。

秀蓮姑娘當時駐馬去看，感到很驚奇，心說：這是個幹什麼的人呢？就見這人騎馬來到臨近，翻着眼睛看了自己一眼，遂就策馬走過。秀蓮姑娘眼望這胖子臃腫的後影，就想：這莫非是苗振山、張玉瑾的一黨？是不是他

第二十八回　風雪走雙駒情儔結怨　江湖驅眾盜俠女施威

們知道我離京了，特地追趕下來，要在道上殺害我？於是她振作起精神來，用腳拍了拍鞍下的雙刀，心說：我既然出來了，還怕什麼？

秀蓮姑娘策馬往下走去，可是卻看不見前面的馬影了。她此時心中也不再悲傷了，只想着兩件事情：第一是決定要追上李慕白，向他問出實情；第二是在路上要謹慎防範，若有什麼人企圖暗算自己，就揮動雙刀，絕不留情。

當日過了永定河，夜內二更時分才走到長辛店，她便找了店房歇下。秀蓮一個孤身的年輕女子，短衣匹馬的，在雪夜之時前來投店，本來很惹人注目。但是秀蓮姑娘態度十分從容鎮定，她就向店家說：「你給我找一間乾淨的房子，馬匹給我餵好了。我是延慶全興鏢店的鏢頭，現在是到大名府去辦事。過些日回來我還住你們這兒！」那店家一聽，哪敢怠慢，就趕緊給秀蓮找了一間乾淨的屋子。

秀蓮姑娘提着雙刀和行李進到屋內，店家把手裏拿着的一盞油燈掛在牆上，然後就問說：「這裏有麵飯，姑娘吃過了沒有？」俞秀蓮說：「煮一碗湯麵就行。」店家答應一聲，出去煮麵，並對夥計們說：「東屋裏來了一位女保鏢的，手提着雙刀，大概武藝一定不錯。」

此時，秀蓮姑娘坐在炕上，因為炕裏燒着柴草，所以很暖，她歇了一會，身體也不覺得疲乏了。窗外寒風依舊吹得很緊，大概雪還沒有住，秀蓮就想：現在自己離開北京有七八十里地了。德嘯峰這時一定急得不得了，依着他是要叫自己嫁給李慕白，但他豈知……想到這裏，俞秀蓮又芳心痛楚，眼淚不禁落下。她拭了拭眼淚，忽然又記起今天在路上遇見的那個反披皮襖的胖子。那時雪下得很大，路上除了自己再無別人，那個人獨自而行，或許他也是有要緊的事情。不過總覺得那個人的形跡有些可疑。

此時，店家已把一碗熱麵端來，秀蓮就問外面的雪還下不下了。那店家說：「雪下得越來越大，我看一天半天怕住不了。姑娘你別着急，在我們這兒多住一兩天不要緊。」又說：「大雪的天，路上可不好走。現在到了冬天，劫路的強人也都出來了！」秀蓮姑娘就冷笑着說：「我可不怕！」

店家看了看炕上放着的那一對雙刀，又看了看秀蓮姑娘那年輕嫵媚的樣子，覺得太不相稱，就想：憑這麼一個小姑娘兒會能夠保鏢？他心裏納悶着，可又不敢問，只搭訕着說：「麵要是不夠，姑娘再叫我。」說着就出屋去了。

秀蓮姑娘拿起筷箸來吃麵，才吃了幾口，忽聽院中有人大聲喊道：「借光呀掌櫃的！你們這兒住的有一位李大爺沒有？」俞秀蓮一聽「李大爺」這三個字，她就吃了一驚，趕緊向外側耳靜聽，只聽院中有夥計答道：「哪個李大爺？是做什麼買賣的？」那人又用很高的聲音喊道：「不是做買賣的，是一位年輕的人，昨天才從北京出來的。我想他因為下雪，大概許歇在這裏了。你們的店裏到底有沒有？這人名叫李慕白。」

此時秀蓮姑娘趕緊把筷箸摔下，走出屋去，就見院中冰雪滿地，天空依舊大雪彌漫，倒看得很清楚，院中問話的正是那個反穿皮襖的胖子。秀蓮心裏覺得很詫異，就暗想：莫非此人與李慕白相識嗎？李慕白也住在這店房裏了嗎？因就站在簷下看他們的動靜。

只見店家往各屋裏全都問了問，便回來告訴那個胖子說："這兒住的倒有兩位姓李的，可都是皮貨行的，沒有叫李慕白的。你上隔壁張家店再問問去吧。"

那胖子站在雪地裏發了一會怔，彷彿還不大相信，又自言自語地說："別的店裏我全都問過了，也都說是沒有。莫非老李在這大雪的天，又趕路走下去了嗎？好，我非得連夜追上他去不可！"說畢，這個胖子就像一隻大白羊似的轉身出去了。

秀蓮趕緊踏着雪追出店門，只見那胖子已在門前解下黑馬來，秀蓮姑娘就招着手說："喂，喂！你先別走，我要問你……"那胖子竟像沒有聽見似的，騎上馬就往南跑去了。

秀蓮姑娘眼看着那胖子的身影，消失在茫茫的暮色之中，急得直歎氣。回到店房內，她彈去身上的雪花，摸了摸碗裏的麵湯還溫着，就又吃了幾口。秀蓮對燈發着怔，想了半天，便暗道：這麼說李慕白是在前面不遠呀，大概也就是一日的路程！假若我趁着這個雪天趕行一夜，到明天就許能夠追上他了！

這樣一想，秀蓮姑娘便決定即刻走下去。她立刻叫來店家，把錢開發了，就提着行李雙刀出屋，到院中把馬牽上，要出店門。弄得那店家也莫名其妙，他就跟在秀蓮後面，說道："姑娘，你還是歇下吧！明天天晴了再走。現在快到三更天了，路上這麼大的雪，馬也容易滑倒啊！"秀蓮卻搖頭說："你不曉得，我那裏有急事，非得連夜走下去不可！"於是她就一橫身，扳鞍上馬，馬踏着地上的冰雪往南走去。

因為地下很滑，秀蓮只得策馬慢慢地走。她看見路上有着深深的馬蹄印跡，曉得是那胖子的馬才由此走過的，就依着馬蹄印去走。心裏又想：我沒聽說過李慕白有這樣一個朋友，莫非此人是個強盜，他本來認識我，並且知道我的來意，所以他特意把我騙出來，要糾眾在這雪夜之下打劫我嗎？轉又傲然地想着：我怕什麼？金槍張玉瑾，我父親在世時都很懼怕他，但依舊被我給趕走了；苗振山的飛鏢據說是百發百中，但他也喪身在我的手中。江湖上還有比他們更兇橫的賊人嗎？當下馬蹄踏在冰雪地上，發出喳喳之聲，刀鞘磕碰着鐵鐙叮噹地響。

天沉地厚，渾然一片白色，少時秀蓮姑娘的青衣褲也全都落滿了雪。行過了幾個村子，沒看見一家茅舍裏還有燈光，也許因為冷的緣故，連聲狗吠也沒有。那胖子的馬在地下留的殘跡，也被雪厚厚地蓋住，看不出了。秀蓮姑娘也只是茫然地策着馬一直往前走，這銀色的天地彷彿被她一個人佔據了。秀蓮四下觀望，見什麼東西也沒有，正如她的身世一般，於是不由又背着寒風流下熱淚來，她連擦也不擦，任憑淚水在她那凍得紫紅的臉上去結冰。

走下三四十里路，腹中也餓了，兩腳也凍得僵硬，可是雪已住了。又走下幾里，天已發曉，東方現出了朦朧的霞光，路上也有抬着行李、挑着擔子的往來行人了。秀蓮姑娘這才下了馬，把自己身上的積雪拍淨了。那匹馬噓着白氣，身上的汗珠滾下，落在雪上就是一個個小深坑兒。秀蓮由頭上解

第二十八回　風雪走雙駒情僑結怨　江湖驅眾盜俠女施威

下首帕，擦了擦臉，然後依舊繫好，便上馬再往前行。

走了不遠，就來到一處很熱鬧的市鎮，因為天晴了，所以往來的人很多。見道旁有一個挑着擔子賣茶湯的，秀蓮就下了馬，去買茶湯充饑。這時陽光漸升，屋頂上的積雪也染上了一抹橘色。秀蓮喝了一碗茶湯，便覺得腹中舒服，身體溫暖了。她正要再喝第二碗，忽見街東的一家店房裏，走出一位牽着馬的客人。馬是純黑色的，鞍後只有一隻小小行囊和一把寶劍。客人是個青年，身穿青緞短襖，頭上戴着風帽。秀蓮姑娘看了個半面，便驚訝地喊道："李大哥！李大哥！"

她本想要即刻追過去，但那賣茶湯的又張着手向她要錢，秀蓮便急忙忙地向衣袋裏去掏錢，同時眼睛卻直直地望着李慕白。只見李慕白似乎聽見了有人叫他，向人群裏投了一眼，也不曉得看見秀蓮了沒有，接着他就扳鞍上馬，分開道上的行人往南走去了。

這裏俞秀蓮又是驚慌又是憤恨，她趕緊向賣茶湯的扔下錢，上馬就追出了這市鎮。不想李慕白的那匹黑馬走得很快，相離已有半里之遙。俞秀蓮心中十分着急，一面催馬去追，一面招着手大聲呼道："李大哥！李慕白！"但是李慕白卻依舊策着馬在這雪後的朝陽大道上款款而行，並不回頭來望。俞秀蓮急得眼淚都流下來了，心中既悲痛又憤恨，真想抽出刀來先殺死李慕白，然後就自刎，又想即時撥回馬去，永遠不認識李慕白了，因為她以為李慕白是故意不理自己。

其實李慕白確實不知道俞秀蓮在後面追着他，他正在馬上回憶着平生所遭遇的種種不幸，面對着冬日的朝陽，一面走一面發呆。這時對面來了三匹馬，馬上的全都像是官差，忽然有一個官差直着眼睛叫道："哎呀！摔下來了！"李慕白這才回頭去看，只見在自己身後兩箭之遠，有一個騎馬的人跌倒在雪地裏。就聽那幾個官人又驚訝着說："是個女的！"

李慕白也看出來了，那由雪地上爬起來的人，身軀靈便，衣服緊瘦，果然是個女子。再細看時，竟然是俞秀蓮姑娘！李慕白驚詫極了，他也顧不得一切，趕緊撥馬回來，就說："是俞秀蓮姑娘嗎？"

俞秀蓮是因為急着追趕李慕白，以至地下的雪將馬滑倒，就把她摔在雪地上了。她急忙爬了起來，氣憤得直流淚。等到李慕白回馬來到臨近時，她已然把鞍下的雙刀鏘的一聲抽了出來。兩道寒光一閃，姑娘就橫刀揚眉，芳容上現出嚴厲憤恨之色，顫顫地向李慕白說："姓李的，你不要再理我！因有我父親臨死時曾託付過你，叫我們作兄妹一般……"姑娘說到這裏，哭得亂跺着腳，雪地上都跺出了個深坑。她一面把馬拉過來，一面仍舊哭着說："在北京時，你就不理我。現在我追下你來，在後面叫着你李大哥，你卻裝作沒聽見！好，好，原來你卻是這樣的一個人，我永遠不認識你了！"說時收下雙刀，扳鞍上馬，就要往回去走。

李慕白急得心如油煎，他趕緊催馬搶上前，把秀蓮的馬匹攔住，說道："姑娘，不是那麼回事兒，你聽我細說！"秀蓮姑娘見李慕白攔住她的馬，便又要去抽鞍下的雙刀，並冷笑着說："怎麼，你還要跟我動手嗎？我俞秀

-283-

蓮可不怕你李慕白！"

此時旁邊那三個騎馬的官人又過來解勸，連說："有什麼事好好地說，不必生氣。"又向李慕白說："老哥，你也不必急成這個樣子。夫妻打架是常事，不過別在路上爭吵，這樣可叫人笑話！"

他們在裏面一胡攪，令李慕白對姑娘更是有口難辯。此時秀蓮姑娘已催馬往回走去，李慕白便又去追，他一面策着馬，一面喊着說："姑娘，你駐下馬，聽我說幾句話！只有幾句話！"但是秀蓮卻像聽不見似的，氣憤憤地催着馬向岔路走去了。

李慕白便勒住了馬，怔了半晌，眼淚也不住地流了下來。他怕姑娘再有什麼舛錯，並想要把自己心中的委屈，盡可能地向姑娘說一說，但此時秀蓮卻緊緊地揮着鞭子，刀鞘磕得銅鐙亂響，漸漸地連馬影都看不見了。

李慕白目送着雪地上的一串馬跡，心中又有些生氣，他勒着馬，抹淨了眼淚，就想：我哪裏曉得她從後面追下我來？她的馬被雪滑倒了，卻把氣撒到我的身上，並且不容我向她解釋，她也太性急了！唉！她說從今以後不再認得我了，其實那也很好，不過是太屈了我的心！一切事想不到都落成這樣的結果，是我李慕白的命苦，還是我的人不好呢？他長長地歎了口氣，就狠心道：什麼都由她去吧，我且回家去！於是便撥馬又往南走了。

俞姑娘本來是誤會了李慕白，以為他是故意不理自己，而且從馬上摔下來之後，又羞又氣，所以就憤憤地走開。李慕白追了半天，她也不理。可是往西南行了六七里地，回首看不見李慕白的身影，她又不禁有點兒後悔了。暗想：我為什麼冒雪連夜追下他來，不就為的是向他詢問孟思昭的事情嗎？就是對他翻了臉，也得先把話問明白了啊！現在好容易追上了他，自己卻又生氣走開，弄得以後就是再見了面，誰也不能再理誰了。想到李慕白也不是壞人，而且早先幫助自己葬父，並且護送自己和母親到宣化，哪一種情義也不為淺，自己現在的舉動也未免太對不起他。想了想，又很盼望李慕白再趕來。

秀蓮姑娘在雪地裏駐馬等了一會兒，卻不見李慕白前來，自己當然也不好意思再回馬去追他，轉又微微冷笑，想道：難道我非得求人不行？難道我非得找着孟思昭就不能活着了嗎？在早先有我父母在世時，遇事都攔住我，要叫我做個安嫻的姑娘。現在我是孤身一人，拋頭露面地也走了不少的路，手下也殺死過人，難道我還有什麼事不能自己去辦嗎？我就不能憑這一對雙刀走江湖嗎？於是，秀蓮姑娘就改變了主意，她想要自己先到望都縣榆樹鎮，去祭掃父親的墳墓；然後再回巨鹿家鄉，找着孫正禮等人，籌備好了錢，再出來接父母的靈柩回籍安葬。

秀蓮策馬慢慢地往前行走。這時太陽已升得很高，地下的積雪也漸漸融化了，馬蹄踏在濕泥和殘冰之上更覺得滑。秀蓮恐怕再將自己掀下馬去，就謹慎地行走。又走了四五里地，來到一座小村鎮，秀蓮便找了一家店房，牽馬進去找了一間單屋子歇息。她換了鞋，吃過了早飯，因為身體疲倦，就倒在炕上睡去。及至醒來，已是下午三點多鐘了。秀蓮洗過臉，喝了兩碗茶，精神也恢復過來。不過想起早晨的事，也覺得確實是自己太急躁了。自己不該對李慕白說那樣決裂的話，後來李慕白追趕自己，也不該不理他，無論如何，早先人家對於自己總有許多的好處呀！

秀蓮站起身來，要到店門外去看看路上好走不好走，遂出了屋。只見院中積雪盡消，地下盡是泥水。各屋裏出入的客人很是雜亂，全都很注意地看着她，秀蓮姑娘卻很大方持重地走出店門。只見街上雖然有不少往來的行人、車馬，但是地下卻是泥濘難行。她看了看偏西的陽光，知道天色已不早了，就想：索性我在這裏再歇一晚，明天早晨再走吧。

她剛要回身進店，忽見由對門的一家店房裏跑出來三四個青年漢子，全都擠眉弄眼地向她看。秀蓮知道這幾個一定不是好人，遂就退身進門依舊回到屋內。她悶悶地坐着，覺着十分無聊，便抽出雙刀來，盤膝坐在炕上，用一塊手絹擦刀，越擦那兩口鋼刀越亮。同時秀蓮的雙目也不禁瑩然落下淚來，就想起早先父親傳授自己刀法，那時他老人家的精神是多麼好。誰能想到這一載之內，兩位老人竟都故去了呢？由此又想到自己漂泊一身，青春無主，更不禁一陣傷心，眼淚滴滴地落在刀鋒上，越發顯得那兩口刀光潔晶瑩。

這時，店家忽然進屋來，問秀蓮姑娘吃什麼飯。秀蓮就說："待一會再說，今天我還住在你們這裏，明天才走呢。"遂又問："這裏是什麼地方？往望都榆樹鎮去還有多遠？"店家就說："我們這裏是涿州地面，往望都去有多遠我可不知道，大概總要走五六站吧！"說話時，他帶着驚訝的神色，看着秀蓮手裏的那兩口亮得怕人的刀。秀蓮見這店家仿佛也有些神色可疑，遂就說："你出去吧，我要吃飯的時候再叫你！"店家連聲答應着："是，是！"就趕緊轉身出屋了，仿佛唯恐秀蓮從後面拿刀砍他似的。

店家出屋之後，秀蓮就坐着發了一會怔，就暗歎：一個女子走到外面，確實不如男子方便。因此便很謹慎地把一對雙刀收起。到了晚間，叫店家開了飯，便點上燈，閉了屋門，夜間睡眠也很警醒。到了次日，不獨天已大晴，出門看了看，路上也很好走了。秀蓮便回到屋內，一面叫店家給她備馬，一面自己收拾行囊。開發過店錢，就牽馬出門，騎上馬直往正南走去。

此時，朝陽才起，天空中飄蕩着一團一團的白雲。北風雖然吹得不緊，但是寒意逼人。地下的雪有的還殘留着，有的已化成了水又結上冰。村舍裏的雄雞依舊高唱着，道旁柳樹的枯枝上，還掛着絨一般的殘雪。這條路上來往的行人不少，騎馬的、乘車的、荷囊挑擔的，各色的人全都有，見到馬上的俞秀蓮姑娘，沒有一個人不仰着臉去看。秀蓮這時依舊是緊身的青布夾衣褲，發上罩着青首帕，白鞋踏着銅鐙，鐙旁就掛着帶鞘的雙刀。秀蓮騎馬的姿勢又極為好看，加以那籠罩着一層風塵之色的嬌艷容顏，行路的人哪個能不注意她呢？

秀蓮從容大方地策着馬往南行走，走了三十幾里路，已將走出涿州地面。此時已近午，秀蓮從早晨起並沒吃什麼東西，腹中已覺得饑餓。來到一處市鎮上，秀蓮就找了一家小飯舖，在門前下了馬。她將馬繫在椿子上，然後就叫飯舖的人把草料筐籮，放在馬前。進到飯舖內，只見屋中座客雜亂，人語喧嘩，爐火中的熱氣和客人呼出的蔥蒜氣、煙酒氣彌漫在屋中，使秀蓮簡直不敢去呼吸。這屋裏坐的多半是些趕車的和本地的土痞、賭徒，除了那個坐在地下一邊奶着孩子一邊燒火的老闆娘之外，再沒有女人。

秀蓮覺得這裏太不好了，於是又一推屋門出去。屋內的人全都直着眼看着她的背影，更加高聲地談笑。此時小飯舖的掌櫃的跟了出來，就說："大嫂，屋裏太亂，你到東邊店房裏去吧。"秀蓮心中很不耐煩。見門外有磚砌的台子，在夏天時，這台子就算是桌子板凳，一般人都在這外邊吃飯，現在因為天氣冷，人才都擠到屋裏。秀蓮就在磚台上坐下，向飯舖掌櫃的說："你快給我下一碗麵湯，我就在這兒吃吧！"

那掌櫃的因見秀蓮的身上還穿着夾衣裳，就說："大嫂，這兒冷呀！"秀蓮見他連聲叫自己為大嫂，心中更不耐煩，就生着氣說："你快給我下麵去吧！我不怕冷。"掌櫃的只得進屋去給她下麵。

秀蓮坐在磚台上，望着在泥途中往來的車馬行人，少時麵就端出來了。忽見由北邊又來了四匹馬，也在這飯舖門前停住了，馬上的四個短衣漢子全都下了馬，彼此笑着說："這兒倒不錯！"說時都把那賊亮亮的眼睛盯在俞秀蓮的身上。

秀蓮也看出來了，這四個人就是昨天在對門店房裏住的那幾個人，自己站在店房門前時，他們曾見過自己，於是就想：這幾個人莫非是特意追我來的？因見他們的馬上都捆着個長包裹，裏面露出刀把來，秀蓮就明白了，知道這幾個都是江湖人。又想：說不定就是苗振山、張玉瑾的一夥，現在是追自己來了，沒懷着好意。遂就暗自冷笑道：好，好！我倒要看看你們這幾個人有多大的本領？

當下秀蓮就像沒事人兒似的，挑着麵慢慢地吃着。那四個人往屋裏探了探頭，就彼此說："屋裏沒座兒了，人太多！"有一個人就說："咱們也在外頭吃好不好？"說時又盯了秀蓮一眼。另一個人卻說："外頭這麼冷，我可受不了。走，到旁處再看看去。"說時一齊去牽馬。一個眼睛有疤瘌的青年漢子，竟伸手去解秀蓮的那匹馬。秀蓮趕緊把筷子一扔，說道："喂！那是我的馬，你動牠幹什麼？"

那個疤瘌眼兒的人本來解秀蓮的馬就是故意的，為的是招她說話，如今見秀蓮生氣了，他就斜着疤瘌眼兒笑道："是啊，我瞧錯了，我不知道這匹馬是你小嫂子的！"旁邊那三個人也齊都哈哈大笑。

他們這一陣笑，把秀蓮弄得滿面通紅，她便氣憤憤地站起身來，罵道："你們這夥無賴，敢拿着我取笑！"說時馬鞭子就掄了過去，那疤瘌眼的臉上立刻就是一道青痕。

旁邊一個黑臉漢子生了氣，一手將秀蓮的馬鞭揪住，瞪着眼威嚇道："你這個潑婦，竟敢動手打我的兄弟嗎？"說着就要抓秀蓮的肩膀。秀蓮兩隻手將鞭子奪過，一腳踢起，正踹在那黑臉漢子的肚子上。只聽咕咚一聲，那黑臉漢子就倒在了泥水中，旁邊幾個人嚇得全都啊了一聲。秀蓮趕緊由鞍下抽出雙刀，兩道寒光一閃，那三個人便嚇得拋下馬跑到一邊。那個黑臉漢子才爬起來，看見秀蓮一掄刀，嚇得又一屁股坐在了泥水中。

第二十八回　風雪走雙駒情俦結怨　江湖驅眾盜俠女施威

此時飯舖裏出來許多人給解勸，秀蓮姑娘才憤憤地把雙刀收起。然後她把麵錢給了，一句話也不說，就上馬揮鞭往南走去。她的心中怒猶未息，就想：江湖上怎麼淨是這樣的壞人呢？看來像李慕白那樣規矩而慷慨的人，真是少有呀！因之又覺得自己前天與李慕白那樣決裂，實在是太不對。

正自想着，忽聽後面又是一陣馬蹄之聲，俞秀蓮趕緊回頭去看，只見是那四個人又都騎着馬追下來了。那個黑臉的滾了一身泥水的人在前，幾個人全是十分氣憤的樣子，仿佛是要追上秀蓮來拼命。

秀蓮這時就要抽出雙刀來，迎上他們去，但又想：這才離了市鎮不遠，倘或與他們爭吵起來，又必要招得許多人前來給解勸，我何必要給旁人當笑話看呢？她心裏這麼一想，突然生了一計，就想把這幾個人誘遠了，然後再下毒手，就像那天殺死苗振山的辦法一樣。當下她就放了轡頭，馬便向南飛跑下去，把地上的殘雪和泥水濺起多高。道旁的人全都趕緊往兩旁讓路。後面的那四個人齊都加鞭追趕，口中並且喊着罵着。

秀蓮放馬走出四五里，聽後面那四個人在馬上罵的話很是難聽，心中着實忍耐不住了。見路旁沒有別的行人，村舍也離此很遠，秀蓮就由鞍下抽出刀來，撥轉馬頭，怒聲問道："你們幾個人追下我來，是要打算怎樣？莫非你們不要命了嗎？"

那四個人本來全都抽出刀來了，他們來勢很猛，可是忽見秀蓮姑娘橫刀迎上來，他們卻齊都收住了馬，嚇得直往後退。頂頭的那個滾了一身泥水的漢子，倒仿佛還略有膽量，就問說："喂，你一個婦人家，拿着雙刀單身走路，一定不是好人。到底你是幹什麼的？"

秀蓮便冷笑着說："這個事兒你可問不着！我是幹什麼的，也不能告訴你們這一夥江湖小賊。現在沒有旁的說的，你們若是不服氣，就一齊過來，跟我較量較量。先說好了，死傷由命，不准反悔。你們要是惜命，怕被我的刀砍上了流血，那就趕緊給我滾開。若敢再追我，嘴裏再敢胡罵，我就叫你們一個也活不了！"說話時秀蓮姑娘怒視着那四個人，兩手握着刀，態度昂然，仿佛立刻就要廝殺的樣子。那四個人嚇得又把馬匹往後退了退，彼此直着眼呆呆地望着，誰也不敢上前。

那個疤瘌眼的人看出秀蓮姑娘一定不是好惹的，不然她一個女人，哪敢說這樣的大話呢？遂就向那三個夥計說了幾句江湖的暗話，意思是這個女的一定大有來歷，咱們可別去碰釘子。他遂就上前向秀蓮拱了拱手，說道："這位嫂子，你的話我聽明白了。你是有本事的，不把我們哥兒四個放在眼裏，這時我們也不必跟你惹氣。從此往東二三里地有一處劉家村，那裏的劉七爺是好武藝，在江湖上大有名氣。你敢跟我們見他去嗎？"

秀蓮一聽，這幾個人又抬出一個什麼劉七爺來，想着大概是本地的一個大土痞，遂就冷笑着說："無論是什麼人，你們就叫他來吧！我可以在這兒等他一會兒。要叫我去拜訪他，這我可不幹。"

四個人一聽這話，便要撥馬走開，去找那個劉七爺去。但俞秀蓮跟這四個人搗了半天麻煩，心中的氣還未出，就想：假若他們借此逃走再不來了，累得自己在此傻等，豈不是上了他們的當嗎？因此便催馬奔過去，說："你們要全走可不行，多少得留下點兒什麼押賬。"說時就掄起雙刀向那疤瘌眼兒砍去。那疤瘌眼兒手中的鋼刀招架不住，馬往後一退，身子往旁一歪，整個就掉下馬來，屁股上就挨了一刀。那三個人齊都跳下馬來，掄刀去戰秀蓮。秀蓮姑娘也下了坐騎，雙刀飛舞。那三個人被逼得哪敢上手？就一齊搶上馬去，向回跑了。

秀蓮也不去追他們，就看了看趴在泥水裏的那個受傷的人。憑着氣頭上，她本想再過去砍他兩刀，但又轉想：何必呢，平日又沒有什麼仇恨，要他的命做什麼？遂就扳鐙上馬，向地下趴着的那個人說："我走了。他們要是來了，你就叫他們往南追趕我去，反正我不怕他們！"地下趴着的那個人就一邊呻吟，一邊答應着。秀蓮才將雙刀插入鞘中，揮着皮鞭，馬蹄嘚嘚的，迎着正午的陽光往南走去。

旁邊行路的人就過來把那個受了刀傷的人揪起，扶到道旁的一個土坡上臥着。他的那匹馬本來已經驚走了，又被人截了回來。這時他那三個夥伴就把那位劉七爺給請來了。這個劉七爺身後跟着五六個人，全都帶着兵刃，他一個人騎馬在前，後面跟着三匹馬，其餘的人就在馬屁股後面跟着跑。來到近前，他先問："那個使雙刀的婦人，往哪邊跑去了？"受傷的疤瘌眼說："往南去了。她說自管追她去，她不怕咱們！"說時就捂着屁股，不住地呻吟着。那劉七爺聽了，一張棗紅臉就漲成了紫色，他把兩隻帶棱兒的眼睛一瞪，說："好啊，真太欺負咱們啦！"遂就叫人把那受傷的抬回他莊子去，他就帶着三匹馬，四五個人往南追趕下去，把地下的冰雪和泥水濺起多高。路上的人差不多全都認得這位是涿州有名的劉七太歲，現在把他氣得這個樣子，那招惹了他的人還想活命嗎？

這時秀蓮姑娘策馬正在前面款款而行，並沒把剛才自己砍傷了人，惹了什麼劉七爺的事放在心上。往南走了不到四里地，就聽身後又傳來一陣雜亂的馬蹄聲，秀蓮驀然驚覺，心說：趕下我來了！她趕緊撥轉馬頭，就見合共是四匹馬追趕過來，頂頭的是一個紫紅臉、高身軀的老漢。

秀蓮姑娘一點兒沒有驚惶之意，就將馬鞭插在鞍下，飛身下馬，很從容地將馬帶到道旁，然後才抽出雙刀來。這時那四匹馬也趕到了，秀蓮就迎上幾步，用眼瞪着他們，厲聲說："都給我滾下馬來！"

那劉七等人齊都把馬勒住。劉七此時倒驚訝了，他在馬上仔細打量秀蓮，就問說："你是幹什麼的？姓什麼？"

秀蓮冷笑道："你不用問我！你下馬來跟我較量較量就是了。"

劉七也有眼力，一見秀蓮這樣從容鎮定，就知必是久走江湖的。而且見秀蓮雖然身段窈窕，像是個小姑娘一般，但是手中那兩口頗有分量的鋼刀，以及她橫刀挺身而立的姿勢，劉七一看，就知是練過功夫的人。但是他究竟覺得女子易欺，遂就嘿嘿地一陣冷笑，說："我劉七爺闖了二十多年的江湖，也碰見過不少英雄好漢。近幾年我懶着，不願再在江湖上與晚輩們去爭名，所以也不願為一點小事兒同人惹事。想不到如今你這麼一個黃毛丫頭，就敢

第二十八回　風雪走雙駒情僑結怨　江湖驅眾盜俠女施威

在我面前來逞能，還傷了我的兄弟。我要是跟你動起手來吧，顯見我劉七爺是太量窄了，本來就是好男不跟女鬥，何況你這個黃毛丫頭！若說不管教管教你吧，我又太不像江湖長輩了。來，你先告訴我，你的雙刀是跟什麼人學來的？"

秀蓮聽這人說話是這樣自大，這樣絮煩，她心裏哪能再忍耐，便說："你何必要問這些話？你既然追下我來，你們要想動手就一齊過來吧！"說時，她掄着雙刀撲奔過去，跳起腳來，向那劉七的馬上就砍。

劉七趕緊勒馬後退了幾步，氣得他紫紅的臉色越發難看，他就大罵道："好個丫頭！劉七爺跟你說好話，你卻不懂！"遂令手下人都躲開，說："叫我一個人鬥這丫頭！"於是他由鞍下抽出鋼刀，跳下馬來，向俞秀蓮就砍。

秀蓮先要試試這劉七的氣力大小，便先用左手的刀照着劉七的刀用力磕去。當時鏘的一聲，秀蓮覺得左腕有點兒發麻，劉七也仿佛震得手疼，兩人就全都向旁邊跳開。此時秀蓮知道這個劉七的力氣不小，不得不在刀法上使出些花樣來贏他，於是只用右手的刀去迎戰，左手的刀卻專找他的隙處，去砍他的下身。

劉七卻冷笑道："好毒的刀法呀！"遂把一口鋼刀掄起來，白光上下飛躍，又兼這劉七的身手敏捷，竟叫秀蓮一點兒也尋不出破綻來。秀蓮曉得這劉七的武藝很可以，於是刀法更加謹慎。交手了三十餘回合，秀蓮一點兒也不示弱，因此真叫劉七覺得驚異，他就說："好個丫頭，真有幾手兒呀！"

旁邊那三個人也齊都抽出刀來，要幫助劉七與秀蓮殺。他們還沒上手，就見劉七的刀法占了上風，逼得秀蓮直往後退。這邊的三個人齊都拍着手哈哈大笑道："好好，這回七爺非贏她不可！"

笑聲尚未停止，忽見秀蓮姑娘雙刀翻飛，身軀前進，又逼住了那劉七。劉七此時已不住地喘氣，便把刀狠狠地向下剁，身子往前衝去。他原想趁着猛勢把秀蓮砍倒，但不想秀蓮此時的刀法更猛，左手的刀擋住了劉七的兵刃，右手的刀便向劉七的腰際砍去。那劉七往起一跳，沒有跳起來，左大腿上就挨了一刀，疼得他立刻就喊叫了一聲，把刀也撒手了。他兩手按住左大腿，疼得他紫紅的臉變得煞白。

旁邊那三個人見他們的七爺受了傷，就一齊奔上來要與秀蓮拼命。秀蓮一點兒也不畏懼，把雙刀掄起來敵住了那三個人，戰了十幾回合，秀蓮就又用刀砍了一個。

此時那個劉七太歲，腿疼得他立足不住，就坐在了地下的污泥中。頭上的汗珠像黃豆般大，不住地往下流。他扯開了嗓子大喊道："他媽的！我都受傷了，你們還打什麼？還不快住手！"

此時正在與秀蓮殺砍的那兩個人，聽了他們七爺的喊聲，就趕緊住了手。劉七就叫人把他攙了起來。就見他沾了一身的泥水，大腿直往下流血，兩隻手也沾滿了血污和泥水。他瞪着兩隻兇狠的眼睛，向秀蓮說："算你有本領，我現在認輸了，可是你得把姓名留下！"

這時秀蓮得了全勝，心中十分痛快，就把兩口刀在一隻手裏提着，微微冷笑着說："你要問我的姓名呀……"秀蓮本想不把真實姓名告訴他，但又想：現在自己是孤身一人，在江湖間可以任意闖蕩，還有什麼顧忌的？遂就說："我叫俞秀蓮。這一對雙刀，哼！提起來你可別害怕，是跟我父親鐵翅雕俞老太爺學來的！"說畢，她嬌軀一轉，便將馬牽過，一聳身騎上了馬，然後雙刀入鞘，由鞍下抽出皮鞭來。姑娘撥轉馬頭，帶着輕蔑的微笑，望了一眼那被兩個人攙扶着的劉七，遂就揮着鞭，在這雪後的大道之上，迎着太陽向正南飛馳而去。

俞秀蓮策馬行了一天的路，晚間就在定興縣境內找了店房住下。大雪之後，風靜天寒，秀蓮就在屋內，叫店家升了一盆炭。她坐在炕上慢慢地撥着盆內的炭灰，心中卻想着今天的事頗是痛快。那個什麼劉七爺，大概是那個地方的惡霸。看他的刀法純熟，足見他也是個江湖上有名的人。他受傷之後又問了自己的姓名，可見他以後還想尋找自己報仇。遂就用鐵筷子在炭盆裏畫着道兒，暗記着說：張玉瑾和何三虎兄妹倒是我的舊仇家，苗振山和今天這個劉七是我的新仇家，以後自己要加提防才是。

想了一會兒，不由又微微歎息，覺得現在外面有父母的兩口靈，有孟思昭下落不明的事，更有李慕白之誤會未解，德嘯峰夫婦的恩情未報，再加上這些仇人，有多少的事情要做啊！就憑自己一個女流之身，雙刀匹馬，又沒有一個人幫助，真是難辦呀！因此她彷彿又銳氣全失，對前途產生了許多憂慮。

這時，各房中都有人在高聲談笑，大半都是些做生意的人。秀蓮又覺得自己是個女子，所以特別艱難，假若自己是個男人，真不能叫他李慕白稱雄一世！這時忽然房門一開，進來一個店家，秀蓮就問說："什麼事兒？"那店家就說："你是俞大姑娘嗎？"秀蓮點頭說："不錯，我姓俞。"說時就由炕上下來，詫異地望着店家，就聽店家說："外頭有一位姓史的客官要見你。"

第二十九回　墮淚傷心驚言聞旅夜　刀光鬢影惡鬥起侵晨

秀蓮一聽，十分納悶，心說：我並不認識什麼姓史的呀？便要出屋去看看。這時那姓史的正在窗外站着，他知道屋裏確實是俞姑娘了，就一邁腿進到屋內，說："俞姑娘，今天可氣着了吧？"他說話是帶着山西的口音，肥短的身子很費力地彎下去，給秀蓮打了個躬。秀蓮詫異極了，及至這姓史的揚起他那圓圓的胖臉來，她才認出，這人就是前天在風雪道上遇見的那個反穿皮襖騎着黑馬的人。

因見這人很有禮貌，秀蓮就和氣地說："噢！你請坐，有什麼事你就跟我說吧！"那史胖子也不坐下，只呀呀地喘氣，仿佛是剛從很遠趕來似的。他的身上只穿着青布夾褲和短棉襖，頭上卻流着汗。此時店家把牆上的燈挑亮了，就出屋提水去了。

因見他半晌不語，秀蓮未免心裏起急，就瞪了他一眼，說："你找了我來到底是有什麼事兒呀？"

史胖子用袖子擦着臉上的汗，說道："我想要告訴姑娘的事兒可多極了，只是李慕白那傢伙，他不叫我來告訴你！"

秀蓮一聽，立刻驚得變色，眼睛也瞪了起來，便問說："什麼事？李慕白他要瞞着我！"

史胖子卻擺手說："俞姑娘你先別着急，聽我慢慢跟你說。"史胖子先說了他自己的來歷，又說了他與李慕白相交的經過以及他對李慕白怎樣幫忙。後來因為替李慕白殺了胖盧三和徐侍郎，他在北京不能立足了，才拋下了小酒舖，重走到江湖來。

俞秀蓮一聽說這個爬山蛇史健也是江湖上有名的人物，自然更是不勝驚異，不過覺得他說的這許多話，都與自己無關。正要叫他簡潔地往下說，這時史胖子就提到了小俞，並且說："小俞就是宣化府孟老鏢頭的次子，姑娘的女婿孟思昭！"然後就說了孟思昭由北京出走，到高陽地面迎着苗振山、張玉瑾等人，因為爭鬥受了重傷。史胖子他跑回北京把李慕白找了去，孟思昭就在李慕白的眼前死了，現在葬埋在高陽郊外。史胖子述說這些事情之時，真是宛轉詳細，尤其是他還說了孟思昭臨死時，囑咐李慕白應娶秀蓮為妻之事。他是一點兒也不管姑娘聽了心裏好受不好受，全都毫無隱瞞地說出來了。

此時，秀蓮姑娘方才如夢初醒，才知道孟思昭是為什麼離京遠去，才知道李慕白是為什麼處處躲避着自己，才知道德嘯峰是為什麼對自己那樣地諸事隱瞞。事情到現在雖然全明白了，但是秀蓮卻如同陷在了絕望的深淵裏，心裏覺得痛楚、煩亂，頭也覺得昏暈，眼睛裏已被淚水湧滿。

她坐在炕上，怔了半天，方才伸手擦了擦眼淚，微微慘笑着說："原是這麼一回事情呀！孟思昭、李慕白他們，倒都不愧是有義氣的人，德五爺也真是他們的好朋友，總歸就是欺騙我一個人呀！咳！到底是女子好欺騙，我……我全都佩服他們就是了！"說到這裏，秀蓮不禁掩面痛哭。她越哭聲音越是淒慘，哭得店中的客人全都止住了談笑，到院子裏來打聽。店家也借着送茶為名，進屋來看，就見燈光之下，這位姑娘用一塊手絹掩着臉，哭得氣都要接不上。站在炕旁的那個胖子，直着眼，皺着眉，急成了個傻子樣。

店家也不敢問，就站着怔了一會，問史胖子說："你那匹馬怎麼樣？"

史胖子這才知道店家也進屋裏來了，遂就說："把馬給我卸了鞍，喂起來吧！另外給我找一間房子。"店家答應一聲，放下了茶壺，就出屋去了。

這裏史胖子心中好生後悔，覺得剛才那些話說得太莽撞了，現在姑娘哭成了這個樣子，自己也不曉得用什麼話去勸慰她才好。秀蓮姑娘哭了半天，忽然想着哭也無益，遂就止住了眼淚。她站起身來，一面仍自抽搐着，一面向史胖子說："多謝你的好意，把這些事情告訴了我，要不然我就是死了也不知道！"

史胖子見姑娘向他道謝，又有些受寵若驚，就咧着大嘴笑了笑，趕緊又作揖，說："姑娘這是哪裏的話？這些事我史胖子也是後來才知道的。在涿州我遇見小俞時，我要知道他就是孟思昭，是姑娘你的女婿，我一定要攔住他，不能叫他替李慕白跟人拼命去！"秀蓮點了點頭，又不禁流淚歎息。

史胖子又彷彿有些埋怨李慕白，他說："我們把孟二爺葬埋了之後，李慕白就回北京去了。他並且不叫我跟他去，也許就是怕我見着姑娘，把這些事告訴你。可是我這個人向來對朋友熱心，恐怕李慕白到北京之後，見着苗振山等人，他人孤勢弱，抵不過那夥人，所以我到底帶着我的一個夥計跟下去了。到了北京，我也沒進城，可是苗振山被姑娘殺死，張玉瑾那夥人叫衙門趕走的事，我全都知道。李慕白是前一天到的北京，第二天下着大雪他就走了。我就打算去見姑娘，把這些事告訴你。可是我是個犯過案子的人，不敢進城去給人家德府惹事兒，所以我就打算托人把姑娘請出城來再說。可是我托的人還沒有去，姑娘你就騎馬冒雪離了北京。看那樣子，我猜出你是要追上李慕白。我知道李慕白是前一天走的，至多他比你走下幾十里路，所以那天我找着姑娘住的店房，我就去嚷嚷，為是叫姑娘你連夜趕下去。你若是能追上李慕白，要是那俞二爺的陰魂有知，他也是喜歡的嘛！"

秀蓮姑娘聽史胖子說到這句話，她又是傷心，又是臉紅，剛要解釋，又聽史胖子往下說道："憑良心說，李慕白那個人雖說性情有點兒彆扭，可實在是個好人！而且他那身武藝，在江湖間真找不出對兒來。孟二爺既然死了，姑娘你嫁給李慕白，也真不算辱沒你。說句實話，我史胖子替李慕白出這麼大的力，也就是為讓他老哥娶上個好媳婦兒……"

他剛說到這裏，秀蓮就正色把他攔住，說："你不要說了！"

史胖子點頭說："是，是，我先不說這些話。我再告訴姑娘，那天夜裏，我本想跟上姑娘，看姑娘與李慕白見面，不料我的馬被雪滑倒了，我的腰摔了一下還不要緊，馬也摔瘸了，因此我才落在後頭。不知姑娘到底追上李慕白沒有？我走到今天過午，才到了涿州劉家莊，去訪我的好友劉七爺。不料他卻受傷了。我一問，才知道他是因為得罪了姑娘，被姑娘砍了一刀。我當時也沒同劉七說什麼，就趕緊追下姑娘來，為是把這些話告訴姑娘！"

秀蓮這時心中亂極了，便點頭說："好，好！我都聽明白了。謝謝你的好意，你請吧！"

那史胖子一聽，連聲答應。他又想再說些別的話，卻見秀蓮姑娘的眼邊掛著淚珠，臉上露出不耐煩的樣子。史胖子曉得姑娘這時是煩極了，他就不敢再多說話，遂就怔了一怔，說："姑娘先歇著吧，我今夜也住在這店裏，有什麼話明天再說。有用我之處，請姑娘自管吩咐，我史胖子一定豁出命去幫助姑娘！"

秀蓮對於史胖子倒是很感激的，就點頭說："好，好！以後我有事一定求你幫助！"史胖子又向俞姑娘一哈腰，就到旁的屋裏歇宿去了。

史胖子出屋以後，俞秀蓮姑娘就狠狠地一跺腳，歎了一聲，眼淚立刻又汪然而下。她想：我的命也太苦了！風塵千里來尋未婚夫孟思昭，想不到孟思昭卻又被苗振山鏢傷身死。雖然自己殺死了苗振山，算是給他報了仇，可是他已然是人死不能復生，茫茫人世，可叫自己怎麼往下活呀！由此又想到李慕白，想他此時一定也是很傷心，並且不願把這些事告訴我。假若沒有孟思昭這事，或者孟思昭是個壞人，我也可以改嫁給李慕白，然而，然而……

想到自己與李慕白、孟思昭三人之間的這段孽緣，真仿佛是有鬼神在其中顛倒著似的，她一時覺得灰心，恨不得要橫刀自盡。可是當她摸到了那雙寶刀之時，心裏又一轉念，驀然想到：父親養我的時候，就是當男兒一般地看待，後來我在江湖上也折服了不少兇橫強蠻的男子，難道此後我俞秀蓮，竟離了男人就不能自己活著了嗎？當下她一橫心，把眼淚擦了擦，再也不哭了，遂就關上門熄燈睡去。

旅夜淒涼，俞秀蓮心中又有這樣痛楚之事，哪能夠安然入夢？但是秀蓮卻極力橫著心，打算今後絕不再做女兒之態，什麼死去的孟思昭，走了的李慕白，一概不去管他。以後只憑著這一對雙刀，闖蕩風塵，給故去的父親爭爭名氣。一夜之內，她把一顆淒涼的心磨得像刀刃一般堅強鋒利。

到了次日，天未明她就起來，很暴躁地喊着店家，說："快給我備馬！"

　　這時史胖子也起來了，聽見俞秀蓮在屋裏呼喊，他就趕緊跑過來，隔着窗子問道："姑娘起來了嗎？"

　　俞秀蓮在屋裏說："你是史大哥嗎？你進來！"

　　史胖子遂進到屋內。只見屋裏依然黑洞洞的，秀蓮姑娘不但衣服穿得齊整利便，連隨身的行李都包紮好了。史胖子就問："怎麼？姑娘你現在就走嗎？"

　　秀蓮姑娘這時說話的聲音都似與昨日大不相同了，就聽她決然地說："現在我就要走。史大哥，多虧你把那些事告訴了我，要不然我直到現在還糊塗着。李慕白雖是我的恩兄，而且他的武藝我也很佩服，可是現在既有了此事，我也不願再與他見面了！你們不必再給胡作什麼主張了！"

　　史胖子嚇得一縮脖子，心說：這姑娘的性情怎麼比李慕白還彆扭！既然這樣，我也就不必再給他們撮合好事了，由着他們去吧！別再惹惱了姑娘，抽出她那殺苗振山、砍劉七的雙刀來，我史胖子可惹不起她！於是就連連賠笑，說："是，是！姑娘的事我們不能給胡出主意，可是……"說到這裏，史胖子更是恭敬謹慎地說："我想要知道知道，姑娘離開這裏，是打算往哪裏去呢？"

　　秀蓮說："我先到望都縣榆樹鎮，看看我父親的墳墓，以便將靈柩運回巨鹿。然後我再托人到宣化去接我母親的靈！"

　　史胖子點點頭，說了聲："是！"又說："可是高陽縣孟二爺的墳上，姑娘就不想看看去嗎？"

　　秀蓮一聽，那極力堅忍、不乞憐、不徒自哀痛的心上仿佛又被觸動了一下，眼淚又要湧出，但是她咬着牙，說："我也去一趟。不過將來要通知孟家，再起他的靈。因為我雖是由父母做主許配了他，但我並沒見過他一面，以後我不再嫁人就是了！但我仍然是俞家的女兒，並不是孟家的寡婦！"說到這裏，真真難以矜持了，若不是因為屋中很昏暗，史胖子一定可以看得見，秀蓮的臉上又流下淚來了。

　　當下史胖子也歎了口氣，他知道俞姑娘是絕不嫁人了，李慕白的相思病也是治不好了。他見姑娘這個脾氣，也不敢多說話，怔了一會，就說："可是有一樣，現在金槍張玉瑾可還沒走遠。我聽說他住在保定府黑虎陶宏家裏，黃驥北也時常打發人去跟他們商量事兒，也不知道他們現在正安排着什麼手段。不過姑娘你要是往望都去，一定得路過保定，那他們就非要跟你為難不可！"

　　俞秀蓮一聽張玉瑾等人現在還在保定，又勾起來她舊日的仇恨，就說："他們現在保定，那很好，我一定得找他們鬥一鬥去。他是我家的仇人，若沒有他逼迫着我父親，我們也不至落到這個地步。"想到父親，她又不禁心中一陣感傷。

史胖子就說："張玉瑾的本領倒沒有什麼大不了的。只是那個黑虎陶宏，這人是深州金刀馮茂的徒弟，會使一對雙刀，聽說武藝不在他師父以下。現在他在保定城西他自己的莊子裏開着兩家鏢店，手下有幾十名鏢頭、莊丁和打手。姑娘你若是路過保定，可真不能不留神！"俞秀蓮聽了，依然不住地冷笑，就向史胖子說："謝謝你的好意。你說的這些事，我都記住了，你去吧！咱們後會有期！"

史胖子知道秀蓮姑娘藝高心傲，要是叫她設法繞路不走保定，以免與張玉瑾、黑虎陶宏等人再起爭鬥，那是絕不行的。當下也只得拱了拱手，說："那麼姑娘多加珍重，再會吧！"說畢，便搖晃着肥胖的身軀，又回到他自己住的屋內去了。

這裏俞秀蓮便付了店賬，牽馬出門。走到門外，見東方已吐出了霞光，但曉寒刺骨，殘雪未消。秀蓮便上了馬，加緊快行，一來因此可以免去身上的寒冷；二來想要當日趕到保定，去重會金槍張玉瑾。只要能將他殺死，就算冤仇已報。然後即往望都，啟運先父靈柩送回原籍。同時想到孟思昭現在埋骨高陽，自己也要順便去他的墳上看一看。雖然他與自己平生未會一面，未交一談，但是無論如何他是自己的未婚夫，自己現在這樣風塵漂泊，也完全為的是他呀！這樣想着，不禁眼淚又汪然落下，但是她只顧策馬疾馳，連拭淚的工夫都沒有。

此時寒風愈緊，吹得地下的殘雪飛揚。直走到天色近午的時候，秀蓮方勒住馬，慢慢走到前面的一座小鎮市上。她找了店舖用過了午飯，歇息了一會兒，便依舊策馬順着南下的大道前行。北風在背後猛烈地吹着，吹得秀蓮頭上包着的首帕也掉落了幾次，秀蓮只得跳下馬去追着揀回。此時秀蓮的頭髮散亂，頭上、身上全都是沙土和雪花，心中真是又氣又煩，並且路上走着的人，沒有一個不注意看她的。她滿懷着幽怨和憤怒，恨不得立時就找到一兩個仇人，揮刀殺死，方才甘心。

當下她依舊急急前行，在下午五時許就到了保定，遂在北關內找了店房歇下。因為是冬天，所以才到下午五時，天就黑了。秀蓮一進屋，就叫店家把燈點上，然後催着店家快點兒打洗臉水來。本來俞秀蓮一個孤身的女客就非常惹人注意，何況她又是騎着馬，穿着短衣褲，帶着一對雙刀。當她初進到店裏時，鬢髮蓬亂，渾身的塵土，若不是看見她下面的那雙泥污不堪的鞋，簡直叫人當她是一個男子。可是等到秀蓮姑娘揮去了身上的塵土，洗淨了臉，攏了攏頭髮之後，店家才看出這位客人不但是個年輕的姑娘，而且是品貌清秀。店家連正眼也不敢看，就問說："姑娘吃過飯了嗎？"秀蓮把炕上放着的刀往旁推了推，就盤腿坐在炕上，叫店家去煮麵。店家看了看秀蓮身旁放着的那帶鞘的雙刀，便退身出屋，他臉上帶着驚訝的神色，仿佛猜不透這位姑娘是個怎樣的人。

秀蓮在炕上脫下鞋，歇了一會兒，炕漸漸熱了，秀蓮的身上也覺得鬆緩了一些。想起這幾日的憂煩、急氣和馬上的勞頓，真夠辛苦的，然而現在又做了什麼？前途不是依舊渺茫嗎？想到這裏，心中又是一陣悲痛。此時忽然屋門一開，店家又進來了。在這店家的身後，還有一個人跟着進來。這人身穿着灰布棉袍，套着絳紫色的棉坎肩，店家就說："這是我們這裏的張鄉約。"秀蓮翻着眼睛看了看這個人，就顯出不悅的樣子，說道："你既是鄉約，為什麼到店裏來胡串？我又沒請你！"

那張鄉約垂着兩撇小鬍子，還做出些官派來，大模大樣地說："因為我聽說你帶着刀，我才來問問你。到底你是從哪兒來？往哪兒去？你的當家的是幹什麼的？"秀蓮姑娘一聽此人問得這麼不講理，她立刻暴躁起來，怒聲罵道："這些話你問不着我！快給我滾出去！"張鄉約一聽，立刻急了，說："喂，喂！你一個婦道人家，怎麼開口就罵人呢？"說時他瞪着眼，仿佛要把俞秀蓮揪下炕來似的。秀蓮也滿面怒色，立刻穿鞋下來，口中罵道："你不過是一個鄉約，又不是知府知縣，就敢這麼欺負人。你是仗着什麼勢力呀？"說時就由行李旁抄起馬鞭子來，要打那人。

店家不願鬧出事來，他就趕緊從中勸解，不住向秀蓮姑娘作揖，說："姑娘先別生氣，你聽我說。這是我們這裏的規矩，凡是往來的客人，或是保鏢的，或是護院的，只要身邊帶着兵刃，就得由鄉約記下名字來！"

秀蓮把眼睛一瞪，冷笑說："我還沒聽說，保定府敢情還有這麼一個規矩！"

店家賠笑說："這規矩也是新立的。因為城西廣太鏢局的陶大爺怕有江湖人在這裏鬧事，所以才托張鄉約給辦。沒有什麼的，姑娘只把姓名說出來就得了。"身後那個張鄉約見姑娘的脾氣太烈，他也不知道這位姑娘有多大本事，因此態度反倒軟了，就說："我也是受陶大爺之托，你要是有氣，何妨跟陶大爺撒去！"

秀蓮一聽他們都提到那陶大爺，她更是氣憤，就罵着說："什麼叫陶大爺？是那黑虎陶宏不是？我現在到保定來，就為的是要找他鬥鬥。你們自管把他叫來吧，現在先給我滾開！"

秀蓮一手拿着皮鞭，一手叉着腰，說完了這些話，氣得她真真難受，就想：黑虎陶宏不過是江湖上一個無名小輩，他在保定就可以如此橫行，居然連本地的鄉約都要受他的指使，可見他平日一定是個惡霸。如今若再勾結上金槍張玉瑾那夥人，他一定更覺得沒有人敢惹他們了。

這時那個張鄉約就咳了一聲，說："我才倒霉呢！無故惹了這場氣。一個女的，我也不好跟她怎麼樣了。得啦，她既連陶大爺全都罵下了，我也就只好告訴陶大爺去了！"他嘴裏嘟噥着，就走出屋去，店家也跟着出去了。

第二十九回　墮淚傷心驚言聞旅夜　刀光鬢影惡鬥起侵晨

待了一會，店家又給秀蓮姑娘送進麵飯來，他就說："姑娘，剛才你胡亂說一個名字就得啦！幹嗎招惹他們呀？"說到這裏，他又壓下聲音，很害怕地向秀蓮姑娘說："這個張二混子本來就是我們這條街上的土痞。現在他做了鄉約，又巴結上了黑虎陶宏，更是了不得啦！就拿我們這座店說，每天就得給他一吊錢，要不然這買賣就不能好好地開！"

秀蓮氣得拿鞭子敲着桌子，說："他們這不是惡霸嗎？"

那店家說："誰說不是呢！姑娘可小點兒聲兒說話，他們的耳目多。要叫他們的人聽見了，姑娘你就不用打算離開這裏！"

秀蓮氣憤憤地問說："這是為什麼？黑虎陶宏有什麼可怕的地方？"

店家悄聲說："姑娘原來不知道。黑虎陶宏是我們這裏的一位財主少爺，他跟深州的金刀馮茂學過武藝，一對雙刀耍得好極了。紫禁城裏的張大總管，那又是陶宏的乾爹，所以人家在官面兒上也很有勢力。現在保定城的大買賣多半是他家開的，家裏還掛着廣太鏢局的牌子，雇着幾十個鏢頭。其實人家也不靠着保鏢吃飯，不過是仗着這個交朋友罷了。"

他又說："其實陶大爺還不怎樣欺負人，就是他手下的那些人太難惹，簡直是無所不為。上月，陶大爺請來了河南的一些鏢頭，有個叫苗振山，還有個叫什麼金槍張玉瑾，一大幫人，在這裏鬧了好幾天才往北京去。可是到了北京就碰了個大釘子，苗振山叫人家砍死啦，張玉瑾大概也栽了個跟頭。棺材從這裏路過，陶大爺還在街上祭了祭。現在聽說苗振山的棺材倒是運走啦，可是金槍張玉瑾還在這兒。"

這店家說了半天，又去瞧俞姑娘的神色。秀蓮卻不住冷笑，說："我可不怕他們！我告訴你吧，我就是為要鬥鬥他們，才到這裏來！"接着一拂手說："你出去吧！"那店家又看了俞姑娘一眼，也就出屋去了。

這裏俞秀蓮坐在炕上，對着燈生了半天氣，就想：連這店家對於苗振山、張玉瑾的事，都知道得很詳細，可見那些人在這裏必是大鬧過些日。因此又不禁暗笑李慕白，想他自南宮到北京來，未及一載，打服了許多有名的好漢，結交了不少慷慨仗義的朋友，真可算是現在江湖上最有名聲的一個人物了，可是此次黃驥北邀來苗振山、張玉瑾與他決鬥，他卻未在京都，所以很招了些人恥笑。倒是自己，第一把苗振山殺死，第二把張玉瑾戰敗，算起來倒是替他把仇人剪除了。秀蓮想到這裏，心裏十分驕傲，覺得自己的武藝比李慕白還要高強。

可是繼而一想：李慕白曾在巨鹿與自己比過武藝，在半路也幫助過父親和自己戰敗了女魔王何劍娥等人，他那劍法的精奇，身手的敏捷，直到現在，自己偶一想起還是如在目前。實在說，他的武藝確實比自己要強一籌，苗振山與張玉瑾若是遇到他的手裏，也非敗不可。此次李慕白所以未與苗、張二人較量，實在是因孟思昭在高陽負傷，他急於去看孟思昭，所以無心再與他人爭強鬥勝了。如此一想，心中又是一陣淒惻，同時對於李慕白避免與自己相見的事，也有了一些諒解。並且覺得那天自己因為跌在雪地裏，就向李慕白髮起脾氣來，以致決裂，絲毫不念當初的情義，實在是太不對了。

正在想着,就聽院中起了一陣雜亂沉重的腳步聲,俞秀蓮立刻摒除思慮,振起精神,注意地向外去看。這時就見窗紙上有燈光一晃一晃的,有幾個人在院中高喊着說:"在哪間屋裏?在哪間屋裏?"又聽是那張鄉約的聲音,說:"就在靠東頭兒那間屋子。"

　　俞秀蓮知道是那張鄉約把人勾來了,她立刻由鞘中抽出雙刀,把門一推,挺身而出。只見院中來了五六個人,打着兩隻燈籠,秀蓮把雙刀一橫,厲聲問道:"你們是找我來的嗎?哪個是黑虎陶宏?哪個是張玉瑾?快滾過來,旁人千萬別上來找死!"

　　雖然俞秀蓮的語氣很嚴厲,但她的聲音畢竟是柔細的,當時對面就有兩個人笑着說:"喲,我的小妹子,你還真夠厲害的!"

　　秀蓮不等他們再往下胡說,立刻奔過去,向那兩人揮刀就砍。對方手中也都提着刀了,只聽鏘鏘兩聲,對方的兩個人便各持鋼刀把俞秀蓮的雙刀架住。那張鄉約卻嚇得哎喲一聲,暈倒在地下了,有那打燈籠的人就把他拉在了一邊。這時俞秀蓮抽回刀來,又向那兩人去砍,兩人一面用刀相迎,一面喝道:"你先住手,把名字說出來!"

　　秀蓮哪裏理他們,只把手中的一對雙刀,左削右搠,上下翻騰,矯軀隨着刀勢去進。那兩個人雖然也都會幾手武藝,可是抵擋不到五六回合,就手忙腳亂,頭昏眼花,趕緊轉身往店門外去跑。其中有個人還催着說:"快走,快走!"這時秀蓮的鋼刀已砍在了另一個人的肩膀上。那人像殺豬似的叫了一聲,把燈籠撒手扔在地下,跑出了店門,就一頭栽倒在地爬不起來了。

　　秀蓮用刀將這幾個人驅走,心中才暢快了許多。她一面冷笑着,一面提刀回到屋裏,心說:這一定是黑虎陶宏手下的人!他們這一跑回去,一定要把陶宏和張玉瑾找來。我就在這裏等着他們吧!看他們怎麼樣?

　　這時那店家又驚慌慌地進來了,俞秀蓮就說:"你們放心!我惹出事兒來我自己擋,絕不能叫你們開店的跟着受累。"

　　那店家也看出來了,俞秀蓮是有本事的,一定是個久走江湖的女子,他就說:"既然姑娘你這麼說,那只好求姑娘多住半天,擋一擋他們。我們開店的可惹不起陶大爺!"

　　俞秀蓮氣憤憤地說:"什麼陶大爺?明天我就要割下那陶宏的頭給你們瞧!"說時,把雙刀向炕上一扔,嚇得那店家打了一個哆嗦,幾乎要坐在地下。秀蓮就指揮着說:"把這碗麵再給我熱熱去!"那店家連聲答應,愁眉苦臉地看了秀蓮一眼,然後就端着麵碗出屋去了。

　　秀蓮歇了一會兒,心中覺得又可氣,又可笑,及至那店家再把麵送來時,秀蓮就問那黑虎陶宏的住家離此有多遠。店家說:"遠倒不遠。陶大爺就住在城西,離這裏至多有五六里地。可是他手下的人常在街上亂串,走到哪兒都能遇得着。剛才來的那幾個人,本來正在南邊酒舖裏喝酒,是叫那鄉約給找來的。他們這一回去,黑虎陶大爺一定要親自來!"

第二十九回　墮淚傷心驚言聞旅夜　刀光鬢影惡鬥起侵晨

俞秀蓮就笑着說："讓他來吧！他今晚若不來，明天早晨我還要找他去呢。我現在到保定來，就是為找張玉瑾報仇，也順手兒給你們這兒剪除這個惡霸！"她慷慨地說着，臉上真是毫無懼色。

因為腹中饑餓，秀蓮就拿起麵碗來吃，那店家也出屋去了。少時秀蓮吃完了飯，就把麵碗和筷箸向桌上一放，盤腿坐在炕上，咬着下唇在沉思。同時，只要院中微微有一點兒響動，她就以為是黑虎陶宏、張玉瑾他們找來了，立刻就要抽刀出屋，與他們廝殺。可是直等到街頭的更鑼已打了三下，卻還不見有人找來。秀蓮反倒不由得笑了，就想：這些人可也太丟臉了，怎麼叫我打走之後，他們就不敢來了呢？莫非是那金槍張玉瑾猜出是我來到了此地，他曉得我的厲害，所以不敢再來找我決鬥？於是她就把屋門關好，氣憤憤地自語道："誰能夠等他們一夜？到明天，他們若不敢來找我，我還要找他們去呢！"當即滅了燈，臂壓着雙刀，躺在炕上睡去。因為勞累了一天，雖然身旁還有許多事情，但她也能沉沉地睡去。

不覺就到了次日清晨，秀蓮被院中的雞聲催起，她穿鞋下炕，忽然又想起昨晚的事，就暗道：我既然來到這裏，豈可又輕易地走開！無論如何，我得叫金槍張玉瑾非傷即死，也好去見我父親的墳墓呀！當下她便決定立刻去找黑虎陶宏家，會會那張玉瑾。遂開開屋門，叫店家打來洗臉水，然後給了店錢，就說："快給我備馬，我要找黑虎陶宏去，省得他們來了又攪亂你們這裏。"那店家也彷彿巴不得俞秀蓮快點兒走，當下他連連答應，到院中去給秀蓮備馬。

過了一會兒，秀蓮姑娘就提着自己的行李包兒和護身的雙刀出了屋，她將包裹放在鞍後，刀掛鞍下，便牽馬出門。這時寒風吹得很緊，太陽剛從東方吐出，街上往來的人還不多。秀蓮依舊是緊身的夾衣褲，黑紗的首帕包頭，她剛要上馬，忽聽身後有人高聲叫道："姓俞的！"

秀蓮趕緊回頭去看，只見身後一箭之遠來了一匹紫馬，馬上是一個年輕漢子，圓臉膛，濃眉大眼，面帶兇悍之色。他身穿青緞子的小皮襖，青緞夾褲，腳下是抓地虎的靴子，登着白銅馬鐙。身後帶着三個穿着短衣裳的莊丁模樣的人，其中一個給他掮着一杆白蠟杆子上纏着金線穗子的長槍。秀蓮一看，這人眼熟，彷彿在哪裏見過一次似的，遂就一手牽馬，一手按着刀把，瞪了那馬上的人一眼，厲聲問道："你就是金槍張玉瑾嗎？"

那馬上的人冷笑着說："你既然是特意找張大爺來的，如何反不認得你張大爺了？你有膽子就跟着我走，在這大街上，我張玉瑾羞於跟你一個女流爭鬥！"說時，他盤過馬去，並回首傲笑着。這裏俞姑娘氣得芳容變色，便罵道："你先別說大話，往哪裏去我也不怕你，今天我非得割下你的頭來，去祭我父親不可！"說着秀蓮姑娘飛身上馬，催馬奔了過去。

-299-

那張玉瑾卻勒着彎繩，讓馬慢慢往前去走，他帶着的那三個人就躲在馬旁跟着往前跑。等着俞秀蓮的馬來到臨近，他才冷笑着說："俞秀蓮，咱們是仇深似海！我的岳父是在七年前被你父親殺死的，我的女人在你的手裏受了傷，我的舅父苗振山也慘死在你的手裏。俞秀蓮，現在咱們也不必彼此相罵，再走幾步兒，咱們找個寬敞地方索性拼個死活！"秀蓮在馬上氣憤憤地點頭說："好，今天我非要給我父親報仇不可！"

當下俞秀蓮策着馬，緊跟着金槍張玉瑾往西去走。走了不到半里地，就來到了一片荒地上，地上滿是殘雪，四下既無村舍，附近也沒有行人。忽然那張玉瑾在馬上接過了他的金槍，回身就向俞秀蓮猛刺。秀蓮的馬本來緊跟着他，相距很近，而且手中未持兵刃，冷不防張玉瑾這一槍刺來。幸虧俞秀蓮手疾眼快，她趕緊一歪身，雙手就將張玉瑾的槍頭握住，罵道："你算什麼英雄？竟想以暗算傷人嗎？"

張玉瑾本來知道俞秀蓮的雙刀厲害，所以打算乘她不備，將她一槍刺死，可是不想金槍反被俞秀蓮給揪住了，他趕緊用力去奪。可是想不到俞秀蓮一個纖弱的女子，原來力量卻是這樣的大。張玉瑾奪了幾下，竟奪不過來自己手中的金槍，他便急得在馬上亂嚷說："好刁婦！"

此時跟着他的那三個人，齊都取出短刀和梢子棍來，要來助威。他們還未上前，就見秀蓮姑娘左手揪着張玉瑾的槍，右手由鞍下抽出一口刀來，她飛身跳下馬來，掄着刀向張玉瑾的馬上去砍。張玉瑾趕緊催馬跑了幾步，同時把手中的槍奪過去，跳下馬來，轉身反追上秀蓮，撐槍狠狠地刺去，口中並罵道："跑江湖的小娼婦，你以為張大爺真怕你嗎？"

秀蓮看着地上的殘雪往後退了幾步，又由馬鞍下把左手的那口刀抽出，然後雙刀並掄，反撲向張玉瑾去。旁邊的三個人就都嚇得躲在了遠處，兩匹馬也驚跑了，俞秀蓮與張玉瑾就交戰起來。

張玉瑾的槍法極為惡毒，他仗着兵器長，只向俞秀蓮挑逗，打算尋找秀蓮的刀法疏忽之處，他再驀地刺去，想要一槍就結果了俞秀蓮的性命。可是俞秀蓮的刀法也頗有章法，她曉得張玉瑾的長槍占着便宜，自己的雙刀很容易失敗，她也有主意。她除了用刀去砍張玉瑾的槍桿，就是順着槍桿去削張玉瑾的手指。所以交戰二十幾個往來，只見秀蓮的兩口刀是寒光飛舞，一刀緊一刀向張玉瑾逼近，張玉瑾反倒不住往後退。並且因為他是用槍桿去擋秀蓮的雙刀，就聽喀喀地亂響，眼看着槍桿也要被刀砍折了。張玉瑾連退幾步，抖起金槍，又向秀蓮的喉際腳下，上搠下刺，但是都被秀蓮用刀磕開，槍尖休想近得她的身。

又交手數合，張玉瑾的槍法就有些慌亂了，秀蓮姑娘的刀法卻愈緊，直往張玉瑾進逼。旁邊那三個人一看到他們的張大爺要不好，就想要過去幫助。這時忽見西邊跑來了一匹馬，馬後跟着十幾個人，全都手裏拿着兵刃。這裏的三個人喜歡得亂跳，就招着手喊道："好啦，好啦！陶大爺來了！"

秀蓮姑娘仍專心地與張玉瑾決鬥，也顧不得西邊是有什麼人來了。她只是把雙刀上削下刺地向張玉瑾進逼，恨不得一刀將張玉瑾砍死，然後再去敵後面來的這些人。

此時黑虎陶宏已騎馬來到臨近，並大呼道："住手，住手！"張玉瑾便趁勢把秀蓮的雙刀架住。秀蓮姑娘雙手橫刀，站了個丁字步兒，往馬上去打量黑虎陶宏。只見黑虎陶宏年紀不過二十三四歲，確實生得很黑，並且短小精幹，衣著闊綽，像是個會些武藝的闊少。秀蓮姑娘一點兒也不氣喘，只瞪着俊目，向馬上問道："你就叫黑虎陶宏嗎？"

陶宏往下看着秀蓮姑娘的俊俏容顏、窈窕的身段和她手中的那一對雙刀，心裏又是有些愛惜，又是有些不服氣。他騙身下了馬，身後的人趕緊把他的馬匹接過去。黑虎陶宏便向秀蓮拱了拱手，驕傲地笑了笑，說道："你就是俞秀蓮姑娘嗎？哈哈，我是久仰你了！"

秀蓮見這個黑虎陶宏的樣子很討厭，她就把刀一掄，近前一步，說道："有什麼話你快說！我沒有那麼多的工夫跟你磨煩。我現在是找張玉瑾為我的父親報仇，你要是躲遠點兒，就連累不上你，要不然，我非連你也殺了不可！"

黑虎陶宏退後兩步，顏色微變，但還故意地微笑着說："真兇，真兇！陶大爺學藝十年，練了一對雙刀，想不到今天遇見一位女娘兒又要拿雙刀來殺我。我也知道你是巨鹿縣俞老鵰之女，本事頗有兩下子，連河南的苗大員外都死在了你的手裏，並且現在還敢找到陶大爺的頭上，昨晚在店裏傷了我手下的人，好啊！你的本事還怪不小的！來，你也是雙刀，我也是雙刀，陶大爺今天倒要鬥一鬥你！"說時，他向張玉瑾拱手，說："請張大哥歇歇，讓我跟她幹幹！"遂就由莊丁手中接過一對把子上繫着紅綢子的雪亮的雙刀。他把手下的人都驅開，雙刀左右一分，說："你過來吧！"

秀蓮此時又是氣憤，又是想看看他的刀法到底怎樣，當時就掄起雙刀去砍陶宏。陶宏也用雙刀去迎。就見四口鋼刀上下翻騰，並有陶宏刀上的兩條紅綢迎風飄舞，白刃相磕，身隨刀轉。黑虎陶宏是短小精悍，刀法極猛；秀蓮姑娘是矯軀疾轉，刀法絕不讓人，往來不下二十回合。旁邊的張玉瑾等人看着二人勢均力敵，心中不禁稱讚，其餘的莊丁們也都手持着兵刃，呆呆地站着，看得眼睛都直了。

這時黑虎陶宏與俞秀蓮越打相逼越近，四口刀纏在一起，其勢極危，眼看着非得要死一個不可。張玉瑾大驚，剛要挺槍過去幫助陶宏，就見那黑虎陶宏咕咚一聲跌倒在地下，兩口帶綢子的雙刀扔在一旁，接着秀蓮姑娘的雙刀又向着黑虎陶宏狠狠地砍下。金槍張玉瑾和那陶宏手下的十幾個莊丁，有的掄刀，有的挺槍，有的揮着梢子棍，便一起撲奔俞秀蓮而來。秀蓮趕緊棄了地下躺着的黑虎陶宏，與這些人去廝殺。

這些人本想一陣刀槍齊上，將秀蓮當時殺死在這裏，然後去打官司，或是私埋了，可是不想秀蓮姑娘的刀法真叫厲害。她舞動着兩口刀，遮前顧後，簡直沒有一點兒疏忽，無論什麼人着刀槍，都無法近得她的身。厮殺了一會兒，反倒叫她又砍倒了兩個人。

　　此時張玉瑾真氣憤極了，挺着金槍拼命地向秀蓮去刺。秀蓮一口刀去敵他，另一口刀還得去抵擋別人，因此她就有些招架困難了，何況她殺了這半天，力氣也有些不濟了，於是便轉身向東跑去。她那匹馬在東邊一箭之遠，正在啃地下的殘雪，秀蓮就直奔着那邊，連蹦帶跑地飛跑過去。後面的張玉瑾等十餘人還不肯放她走，就一齊挺着兵刃追過來，並且喊着說：「好個兇惡的娼婦，今天你休想逃走了！」

　　俞秀蓮拼命跑過去，一把將她的那匹馬抓住，她把雙刀挾在脅下，就飛身上馬，拍馬向東跑去。她又回首向張玉瑾等十幾個人笑了笑，仿佛是在說：你們若有本事，就快追趕上我俞秀蓮來！

　　後面的十幾個人依然緊緊追趕，張玉瑾也騎上馬提着他那杆金槍，拼命地追。前面的俞秀蓮本想撥轉馬去，再與張玉瑾拼一生死，為父親報仇，可是覺得自己的力氣實在不堪再與人拼鬥了。而且張玉瑾的馬後還跟着跑來了十幾個人，全都手中有兵刃，自己縱使刀法好，但也敵不過他們的人多呀！於是秀蓮索性將臂下挾着的雙刀收入鞘中，揮鞭催馬，連頭也不回，就直往正東跑去。

　　也不知往下跑了多遠，跑得都有些氣喘了，秀蓮才將馬勒住。再回頭看時，已然沒有了那金槍張玉瑾等人的蹤影。秀蓮姑娘這才長長地出了一口氣，心裏覺得十分痛快，不過又想，兩次與金槍張玉瑾交手，全都沒殺了他給父親報仇，也未免有些遺憾。

　　秀蓮策馬往前走着，因為口渴，很想找一個地方喝碗茶，歇息一會兒，再往望都榆樹鎮去。這時就忽聽後面有人大聲喊道：「前面的俞姑娘等我一等！」

第三十回　曠野飛沙孤墳沾痛淚　黃昏細雨怪客報驚音

俞秀蓮心中十分驚訝，暗想：這裏是誰認得我？於是在馬上回頭去望。只見後面跑來一騎黑馬，馬上是一個胖子，原來正是那爬山蛇史健。秀蓮就想：這個人可真怪，怎麼我走到哪裏，他也跟我到哪裏？

此時史胖子的馬匹已來到臨近，秀蓮就面帶得意之色，向他問道："剛才我跟陶宏、張玉瑾等人殺砍了一陣，你知道嗎？"

史胖子在馬上一面吁吁地喘氣，一面點頭說："我知道了，我可沒去看。因為金槍張玉瑾那小子認得我，我鬥不過他，所以我沒敢去看。可是我有一個徒弟，他是前兩天到保定來的，他在遠處看着你們來着。他說姑娘的武藝真是高強，與李慕白不分上下，假若他們不是仗着人多，金槍張玉瑾一定要死在你的手裏了。"

俞秀蓮聽了，便不禁微笑，問道："我砍了黑虎陶宏一刀，不知陶宏死了沒有？"史胖子說："大概是沒死吧！我聽說是叫幾個人給攙走了的。"

秀蓮說："我與黑虎陶宏倒沒有仇恨，不想傷害他的性命，現在不過是懲戒懲戒他，叫他以後休在這保定再欺壓良民。張玉瑾是我的仇人，我父親就是被他給逼死的，我沒殺他，心中真有點兒氣不出！"

史胖子說："現在沒有法子。姑娘你雖然武藝高強，可是也寡不敵眾。只好先記上這個仇兒，以後請了李慕白幫助，再跟他拼一下。"秀蓮便暗自笑道：為什麼遇見事兒便都要找李慕白呢？

這時又聽史胖子問道："姑娘你現在要往什麼地方去？"秀蓮就說："因為我父親葬埋在望都縣，我要去到墳前掃祭掃祭！"史胖子說："從這裏到望都需要兩天的路程，可是往高陽去只一天也就到了。我給姑娘出個主意，姑娘何妨先到高陽黃土坡孟二少爺的墳前看看，也盡一盡夫妻之情，然後再到望都老叔墳上去弔祭呢？"

俞秀蓮一聽史胖子這話，立刻心如刀絞，雙淚滾下，她勉強抑制住心中的悲痛，就決然地點頭說："好，我這就往高陽去看看他的墳墓。"當下由爬山蛇史胖子領路，兩人就催馬東去。

晚間，就到了高陽地面。因為天色黑了，不便到郊外黃土坡墓地裏去，所以就在城外找了一家店房住下。次日清晨，史胖子和秀蓮姑娘二人依舊都騎着馬，到了南郊黃土坡。此時晨寒刺骨，北風卷起坡上的沙土，不住地向人的臉上擊打。秀蓮因為心中悲痛，倒顧不得風沙，可是爬山蛇史健那肥胖的身體往前衝風走着，實在困難。

二人先把兩匹馬都放在野地上，然後史胖子就將秀蓮領到了一座墳前。史胖子一面用脊梁擋風，一面指着墳墓說："這裏埋的就是孟二少爺。我的這位老弟，生前性情古怪，寧可忍窮受苦，也不受別人憐恤。我跟他是在法明寺李慕白那裏認識的。李慕白的病也多虧他給扶持好了的。可是，他反倒為李慕白的事情慘死了！"

此時俞秀蓮已忍不住雙淚如雨，她一手扶着墳前的短碑，一手掩面嗚嗚地痛哭，心裏就像有一把極鋒利的刀子在割着，疼得她幾乎要昏倒在這狂風黃沙之下。秀蓮在心中默默地說道："孟思昭，我和你平生雖未晤一面，但我自幼由父親做主，許配給你為妻。後來我父親為仇人所迫，全家北上，一半是為避仇，一半也是為送我到宣化就親。可是，我父親在中途急病而死，臨死托李慕白送我母女到宣化去。李慕白在當初雖曾與我比武求婚，但後來他知道我已許婚於你，便慷慨光明，對我不但再無別意，並且同行千里，連話也輕易不說一句。後來到了宣化，知你已於年前殺傷惡紳，惹禍逃走，李慕白對你很加欽佩。那日我也不避嫌疑，夜間去見李慕白，求他到外面去尋訪你，以便我與你夫妻團聚。次日李慕白就走了，以後也再沒有下落。

"後來，我母女寄食你家，備受冷淡，我母親也因病去世，你的胞兄更對我處處凌辱。我因看在你的面上，才遇事忍氣吞聲。將母親葬厝之後，我就單身匹馬，到外面去尋找你。後來隨德嘯峰、楊健堂入都，只見了李慕白一面，但他們仍說未尋着你的下落。其實那時你是因為聽說我將來北京，你反倒先走了。在你不過是因為聽說當初李慕白與我相識，疑惑我們彼此間有什麼情意，並且你自覺落魄，怕我瞧不起你。其實我豈是那樣的人？

"你如今為李慕白的事受傷慘死，臨死還說什麼叫李慕白娶我，但那豈能做到？不獨李慕白他不肯，就是我，在情義上、道理上，也萬難依從。現在我與李慕白已然決裂，此後彼此連認識也不認識了。可是我到這裏看你時，你只是一抔黃土，你假若是有知的話，你應當怎樣對我呢？你想我以後的生活是怎樣的傷心呢……"

秀蓮在墳前哭了半天，眼淚把地下的乾沙都浸濕了。風沙吹到面上，把她那秀麗的容顏全都掩住，頭上身上盡是黃土，但秀蓮姑娘的眼淚依然不斷。

旁邊史胖子可真着了急，心想：倒霉！倒霉！都因為認識了一個李慕白，由他又認得了一個孟思昭，把我的小酒舖也弄丟了，連北京城門也不敢再進去了，現在又跟上這麼一位姑娘來到這裏受風寒。這位姑娘比李慕白、孟思昭的脾氣還要古怪，我也不敢勸她，倘若勸錯了一句話，她掄起雙刀來，我可真敵不過！於是他只在旁皺着眉怔着，風沙打得他直咧嘴。

第三十回　曠野飛沙孤墳沾痛淚　黃昏細雨怪客報驚音

待了半天，他見姑娘的哭聲還不止，而且聲音力氣也漸微了，他就直著急，心說：本來現在這些事，就已把那鋼筋鐵骨的李慕白給毀得不得了，把那好志氣好身手的孟思昭也送到墳裏住着去了，倘若現在再把這位殺苗振山、打張玉瑾的俠女俞秀蓮哭死在這兒，那我史胖子可真灰心了！我真要看破紅塵，出家當胖和尚去了！於是史胖子就勸說："姑娘也就別哭啦，反正是人死不能復生，只要姑娘對得起他就是了。姑娘不是還要上望都去嗎？回店房歇一會兒，咱們就走吧！"

秀蓮姑娘聽史胖子說到往望都去的事，她才止住了哭，心想：自己尚有許多事情未辦，哭壞了身體，那時就更難了。於是，秀蓮姑娘就拭淨了眼淚，轉首向史胖子說："回店房去吧！"此時那兩匹馬正在野地上嘶鳴，二人走過去，各自把馬牽住，就一同上馬回店房去了。

到了店中，秀蓮姑娘拂了身上的土，淨過面，在房中獨坐沉思。少時史胖子又進到屋裏，他就說："姑娘，今天風太大，咱們何妨歇一天，明天再往望都去？"秀蓮姑娘說："今天我也想在此歇一天，不過明天我往望都去，你就不必再跟我去了。你幫我的忙，我謝謝你，將來我再報答你！"

史胖子聽了俞姑娘這話，他簡直喜歡得了不得，就說："姑娘，這話我史胖子可不敢當。我是個最愛管閒事兒的人，現在我又沒有事兒，何不叫我跟姑娘到一趟望都。姑娘若想給俞老叔起靈，我可以幫個忙兒。"

秀蓮搖頭說："現在地凍着，要想起靈也須待來年春天。你若是現在無事……"說到這裏，她略略地沉思了一下，就歎息了一聲，說："好在你與孟思昭也是朋友。你可以替我到一趟宣化府，找着永祥鏢店的孟老鏢頭，盡可以把他二兒子死在外頭的詳情告訴他，叫他們設法來高陽起靈。還有，你可以對孟老鏢頭說，我雖是他家訂下的兒媳，但未成婚，所以我仍算俞家的女兒。不過我是立誓此後絕不嫁人。他家給我的一枝金釵，那是我與孟思昭婚姻的訂禮，我將永遠佩帶身邊，我就算為那枝金釵而守寡……"說到這裏，秀蓮姑娘滴下淚來。接着她又向史胖子說道："還煩你再見着那裏的短金剛劉慶，叫他無論如何也要把我母親的靈柩送到巨鹿去，並且至遲要在來年三月以前，以便與我父親合葬！"

史胖子聽畢，就很爽快地答應，說："姑娘放心，這些事都交我辦了。我還是受人之托，忠人之事，我史胖子立刻就走！"

秀蓮姑娘說："今天風大，史大哥你何必要立刻就走呢？"

史胖子搖頭說："不，我這個人只要想去辦一件事，就非辦不可，這點兒脾氣我比李慕白、孟思昭他們還古怪。再說我還有個小夥計在保定呢，我也得找上他，叫他幫助我。"

秀蓮聽了很納悶，就問："你那夥計在保定是幹什麼？"史胖子笑了笑說："我那個小夥計，他是我的探子。現在他正在保定給我探聽，那黃驥北的大管家牛頭郝三與張玉瑾等人在商量什麼惡計。姑娘你是不知道，這許多人裏誰也沒有黃驥北厲害。那小子是表面慈祥，內心狠毒，他對李慕白、德嘯峰二人恨之入骨，早晚他還得非想法子坑害他們不可！"

秀蓮一聽，不住歎息，就說："江湖人講究的是憑仗武藝，分別高低，像黃驥北，他也不出頭，他也不打架，只仗以機巧和財勢害人，也未免太卑鄙了！這樣吧，以後如若黃驥北等人再找尋到德嘯峰、李慕白的頭上，就求你去通知我，我一定要幫助他們，報一報他們對我的恩情！"說時，秀蓮面上又現出悲慘之色。

當時史胖子連連答應，他就回到屋內去收拾他隨身的東西。然後便向俞姑娘來說："我走了。"秀蓮又託付了他許多話。這史胖子就反披着他那件老羊皮襖，出門上馬，衝着狂風飛沙往西北去了。

這裏俞秀蓮對於史胖子很是欽佩，心說：這樣的人，才不愧是江湖俠客。當日她在店中歇息了一天，次日就起身往望都去。兩日的路程，便到了望都榆樹鎮，秀蓮一直到了關帝廟後，去看望他父親的墳墓。只見那俞老鏢頭的墳上枯草縱橫，十分淒涼。秀蓮跪在墳前，痛哭了半天，然後就到廟中去見和尚。那廟裏的和尚幾乎不認得秀蓮了。本來秀蓮春季在此葬父之時，尚有她母親，尚有李慕白，彼時秀蓮也是溫文纖弱，像是個小姑娘一般。現在，秀蓮已經是滿面風塵，因為穿着緊箍着身子的夾衣褲，顯着她的身材也高得多了。而且她還是牽着馬，帶着刀，簡直像個保鏢的男子。

和尚認了半天，方才認出來，便說："阿彌陀佛，原來是俞大姑娘呀！"當下把姑娘讓到禪堂裏。

和尚就說："姑娘早來半個月也好，就可與那位孫大爺見面了。"秀蓮聽了，不禁一怔，趕緊問說："是哪位孫大爺？"和尚就說："這位孫大爺有三十多歲，樣子很雄壯，騎着一匹馬，帶着一口刀。十幾日前他由巨鹿到這裏來，給俞老爺墳上燒了些紙，直哭師父，後來他又跟我們問了些話，就走了。大概是上宣化府去了。"

俞秀蓮這才知道，一定是那五爪鷹孫正禮，他是到宣化看我去了。也許他還不知道我母親也去世了呢！因此又不禁落下幾點眼淚。又想：五爪鷹孫正禮他若到了宣化，再會着史胖子，他們與劉慶商量着，一定能將我母親的靈柩送到巨鹿，對於母親靈柩回籍的事倒可以放心了。

她便向這裏和尚說明，來春必來起運父親的靈柩。和尚也答應了，又問："俞姑娘，那位李大爺怎麼沒同你來呢？"秀蓮一聽提到李慕白，心中又一陣難過。想起春天李慕白在此幫助自己營葬父親，那一種濃情厚意着實可感。可是，那天自己在雪地裏追着他，向他說了那些決裂無情的話，也真使他太傷心了！因此又覺得十分對不起他。假若沒有孟思昭那些事，自己願意立刻到南宮縣去向他道歉，可是現在卻不能。即使走在路上與李慕白相遇，自己也不能理他了。想到這裏，她暗歎道：唉！是誰叫我們做成這樣的局面呢？

當下她悲痛地牽馬出廟，上馬揮鞭，便向南走去。一路走的都是熟路，那是今年春天父親攜妻帶女北上時，路遇李慕白，同戰何三虎等人，以及陷獄墮馬的一些熟地方。如今荒涼滿目，令人無限傷心。

秀蓮姑娘趕行了幾日路，這日午後四時許，便於寒風殘照之下，回到了故鄉巨鹿。進了城，回到他們早先住的那胡同，到故居門前下了馬，她便

第三十回　曠野飛沙孤墳沾痛淚　黃昏細雨怪客報驚音

上前叩門，一面叩門，一面流淚。

少時，門裏就有人問道："是誰？"秀蓮姑娘聽出是崔三的聲音，就說："崔三哥，開門吧！是我，我是秀蓮，我回來了！"裏面地裏鬼崔三趕緊把門開開，就見秀蓮哭着走了進來。他就說："怎麼，姑娘你一個人回來了？"秀蓮姑娘便哭着點了點頭。崔三把姑娘的馬匹牽進門來，又把門關上，他就讓秀蓮姑娘進到屋裏。原來俞老鏢頭全家避仇走後，就叫崔三在這裏住着看家。崔三並娶了個老婆，就在這外院住着，裏院的房可還空閒着。

當下，崔三就跟着姑娘進屋給他的老婆引見了。秀蓮就坐在炕上歇息，仍然掉着眼淚。崔三用袖子擦着眼睛，說："自從俞老叔帶着老太太跟姑娘走後，就沒有音信。今年秋天才有北邊來的人，說俞老叔是死在半路了，是由南宮縣一個叫李慕白的人，把姑娘和老太太送往宣化府去了。我們早就想看看去，可是總沒湊上路費。上月，孫正禮才借了些盤纏，想先到宣化去看姑娘，然後再往北京去找朋友謀事。他現在也走了快一個月了，不知姑娘在路上見着他沒有？"

秀蓮說："我雖沒見着孫大哥，但我知道他是往宣化去了。"崔三的老婆給姑娘倒過一碗茶來，姑娘飲過了，就接着把自己母親也已病故在外及自己本身所遭遇的事和孟思昭為李慕白慘死的詳情都對崔三說了。

崔三哪裏聽說過這些事呢，當下他又是咧着嘴哭，又是頓足歎息，然後就勸慰秀蓮姑娘說："既然這樣，姑娘就先在家裏住着吧！等到把老叔和老太太安葬完了，姑娘再想久遠之計。"

秀蓮姑娘一面拭淚一面說："我還想什麼久遠之計？反正我還算是俞家的女兒。但是我不能忘了我曾許配孟家，我也不能再嫁別人！"崔三一聽姑娘說這樣的話，他也不敢再做進一步的勸解。當日他就給姑娘把裏院的屋子收拾好了，請姑娘去住。

從此秀蓮姑娘就住在她的故居，終日依然青衣素服，永不出門，茶水飯食都由崔三夫婦給預備。秀蓮姑娘在家中無事，有時也自己做些針黹，不過她卻不敢把武藝拋下，因為這身武藝是她父親的傳授，並且又想起自己在外尚有許多仇人，將來難免再以刀劍相拼。所以她每天晨起，必要打一趟拳，練一趟雙刀，夜間還有時起來練習躥房越脊的功夫。

過了些日，巨鹿縣城裏的人，又都知道俞老鏢的那個美貌絕倫的女兒現在回來了。這風吹到泰德和糧店裏，就又被那梁文錦、席仲孝兩個人聽見了。本來梁文錦自從春天在俞家挨了打，他就沒有臉再到巨鹿來，後來俞家父女離了巨鹿，他才慢慢地又溜到了這裏。那席仲孝自然是永遠跟他做搭檔，兩人各在巨鹿戀着一個私娼，一月內，他們總要在這裏住上十幾天。

這天，兩人在泰德和糧店裏聽說俞秀蓮回來的事，那梁文錦立刻又要回南宮去。席仲孝就譏笑他說："怎麼，你怕她呀？"梁文錦說："我也不是怕她。不過我早先發過誓，只要她姓俞的在巨鹿住，我就不到這裏來！"

席仲孝笑着說："你倒真有記性，挨過一回打，永遠忘不了疼。現在你沒聽人說嗎？俞老頭子和俞老婆兒全都死在外頭啦，什麼孟家的二少爺也

-307-

死了,現在俞姑娘是回到家裏來守望門寡。就憑她那不到二十歲的人兒,要守得住,我敢賭點兒什麼!文錦,你趁着這時候再鑽一鑽,管保成功。"

梁文錦一聽,心裏很有點兒動搖,可是後來一想:我別再去挨那傻打了!我梁少東家拿出錢來買女人,那有多麼省事兒,誰找那玫瑰花兒去扎手呢?於是,梁文錦就嬉笑着說:"仲孝,我可不上你這個當。你要是有這個心,你可以去鑽一鑽,鑽上了我佩服你的本事。"

席仲孝搖頭說:"我向來是叫女人巴結我,我不去巴結女人。"又說:"現在李慕白可是回來了,不如咱們再去激一激他,叫他們再唱一回戲,給咱們開開心。"

梁文錦一聽提起李慕白,又不由有些妒恨,就說:"找那個倒霉鬼幹什麼?李慕白到了一趟北京,混了快有一年了,事情也沒找着。回來是又黑又瘦,比蘇秦還不如,現在在家裏連人都不敢見。我就沒去瞧過他一回。"

席仲孝知道梁文錦是怕把李慕白找來,李慕白真個把俞姑娘弄到手裏,那時得把他氣死,所以他才這樣攔阻。當下席仲孝只笑了笑,就再也沒說什麼。因為梁文錦即日要走,他也只好跟着又回到南宮。到了家中,席仲孝卻忘不了那俞秀蓮的事,就瞞着梁文錦找李慕白去了。

此時李慕白已然回到家中。他叔父嬸母因為李慕白去了一趟北京,事情既沒找着,錢也沒掙回來,反倒弄得面黃肌瘦,終日愁眉不展,因此對他十分冷淡。並且言語之間,還說李慕白一定是在北京眠花宿柳、打架毆人,所以才弄成這個樣子。李慕白卻也不管他叔父嬸母對他的態度怎樣,他只是時時難忘自己這一年來的遭遇。那俞秀蓮姑娘的俠骨芳姿,謝纖娘的悲慘結局,而孟思昭這位意志堅忍、勇敢有為的人,竟為自己的事而慘死,以及鐵小貝勒的愛才仗義,德嘯峰的慷慨熱心,這一切的事時時在他眼前浮現,常常在心中湧起。

他就想:俞秀蓮那方面的誤會,雖然自己不必再去解釋,但是她在那天雪後氣走了之後,究竟往哪裏去了?是回巨鹿了,或是往宣化去了?自己應知道知道才好放心。謝纖娘死後,自己資助了她母親幾十兩銀子,諒那謝老媽媽一時不致有凍餒之虞。不知她埋葬在何處?自己也應當看看去啊!

因此李慕白想好,明春天暖之時自己再往北京一趟。先到高陽孟思昭的墳墓弔祭一番,然後即入京城,見鐵小貝勒叩謝當初營救之恩;並看望德嘯峰,以踐那天風雪出都,德嘯峰相送時所訂之約;末後再看看謝纖娘埋骨之處,以盡餘情。至於黃驥北累次加害自己的仇恨,張玉瑾與自己勝負未分,以及史胖子的一切事情,他倒未放在心上。因為現在的李慕白已然心灰意懶,他只思量將來怎樣報俠友之恩,補情天之恨,卻不願再與一般江湖人爭雌雄、定生死了。

李慕白回到家裏之後,除了一兩家親戚,不得不去見見之外,其餘的同學及友人,他都一一謝絕。只有席仲孝曾來看過他一次,但他也說是自己在路上受了風寒,身體不舒適,所以並沒與席仲孝談多少話。

這天是臘月中旬,昨天下了一場大雪,今日雪後天晴。李慕白就在茅

第三十回　曠野飛沙孤墳沾痛淚　黃昏細雨怪客報驚音

舍前，踏着地上的殘雪散步，心裏卻不斷地回憶着他那些殘情舊恨。這時就見遠遠的有一人前來。來到臨近，李慕白才看出是席仲孝，心裏不禁有些厭煩，暗道：他幹什麼又來了？

席仲孝踏雪走着，面上帶着笑容，來到臨近，他就招呼李慕白說："慕白師弟，你今天覺得病好些了吧？"李慕白也就迎上去，含笑說道："今天才下過雪，路又難走，師兄你何必還來看我？"席仲孝卻笑着說："若不是下雪，昨天我就來了。我現在來，第一是看看你的病好了沒有，第二……"說的時候他拍了拍李慕白的肩膀，哼着鼻子笑了笑，又接着說："我是來再給你報個喜信兒！"

李慕白一聽，不獨心中更加厭煩，且有些怒意，就繃着臉說："你怎麼又來拿我打耍！"席仲孝笑着說："這回不是打耍，真是喜信兒。走，咱們到屋裏說去！"當下席仲孝就把李慕白拉到屋中。

李慕白此時已滿面愁容，他連歎了幾口氣，說道："你坐下，咱們可以談些別的話。千萬別提什麼喜信兒，我現在厭煩聽那些話！"

席仲孝聽了，不由得一發怔，臉面上稍微稍露出些不悅的樣子，接着他又笑着說："今天大冷的天，我就為這件事跑來告訴你，你沒等我說，卻先給我擋了回去，這是什麼意思呢？"又說："師弟，你得明白，我對你全是好意。你今年二十多歲，尚未成家，跑了一趟北京，也沒帶回一位弟媳婦來，我不能不給你張羅些。春天，我帶你到巨鹿找那俞老雕的女兒俞秀蓮比武求親，雖然親事沒成，可是也叫師弟你看見了，天地之間還有那樣美貌的、武藝好的女子。可是你總恨着我，以為我拿你打耍。"

李慕白一聽提到俞秀蓮，他又連聲歎氣，連連擺手說："那過去的事兒，何必再說呢！"席仲孝卻笑着說："不，我還是非說不可。今天我來告訴你，還是俞秀蓮的事兒！"

李慕白本以為席仲孝今天來，不定又是說誰家的姑娘好，又給自己來做媒。可是如今一聽提到了俞秀蓮，立刻他的心中又是一陣悲痛，同時又不由得往下聽去。就聽席仲孝說："前天我跟着梁文錦到巨鹿去，聽說那俞秀蓮姑娘現在已然回到家中。她的父母全都死了。她不是許配給什麼宣化府開鏢局的孟家了嗎？現在那孟家二少爺也死了，聽說還是跟什麼人拼命受傷而死的。現在俞秀蓮在家守望門寡，可是她那麼年輕的人，守寡哪能守得住？以後還不知道會便宜誰。我想與其便宜別人，不如師弟你再到巨鹿去一趟。你不是跟俞老雕見過面兒嗎？你還可以借着探問俞老雕的喪事為名，去拜會拜會俞姑娘。那麼，憑師弟你這個人才，她又是知道你的，你耐着性兒鑽一鑽，管保能把姑娘弄到手。然後我們一喝你的喜酒兒，那有多麼開心！"說時，席仲孝笑得閉不上嘴，並且要拉着李慕白即刻就去。

李慕白此時悲痛得幾乎要落下淚來，同時對俞秀蓮也是非常地欽佩與憐惜。並且又想着：秀蓮現在已平安回到她自己的家中，我也算可以放心了。他深深地歎了口氣，本想要把自己與俞秀蓮和孟思昭三人之間的一段孽緣恨史，詳細告訴席仲孝。可是又想：席仲孝原是一個俗人，而且愛多說話，倘若他知道了自己的事情，必要到處去說。那時不僅叔父更要對自己不滿意，而且就許有人又給俞秀蓮編出許多壞話來。於是他便向席仲孝慘笑了一下，說："我李慕白豈能做那種事呢？秀蓮姑娘是守寡，還是將來另嫁，我全不願聞問。她父親俞老鏢頭雖與我見過一面，談過幾句話，但彼此並無什麼深交。俞老鏢頭去世了，她家又沒有開吊，我又何必去探喪呢？"

席仲孝還沒聽明白李慕白的話，就連說："那不要緊，你可以想個別的法子去見她。只要你能跨進她家的門檻，那你的媳婦就算娶成了。"遂又笑着說："慕白，據我想你跟那俞秀蓮一定是有緣，所以她才先把那個沒有造化的姓孟的小子妨死，好來嫁你。"

李慕白一聽席仲孝又污辱到孟思昭，不禁又生出些怒氣，他就狠狠地把腳一跺，說："咳，你不要再提了！什麼姓孟的、姓俞的，人家與我毫不相干，你何必要在我的耳旁絮絮不休呢！"席仲孝見李慕白竟對他發起脾氣來，不由也把臉繃了起來，說："怎麼，你倒跟我鬧起脾氣來了？我是為給你找老婆，難道你娶來老婆，我還能沾什麼便宜嗎？"李慕白歎了口氣，便轉頭不理席仲孝。

席仲孝看着李慕白的背影，只見李慕白的頸項和肩膀都比先前消瘦得多了，便心說：這個倒霉鬼，在北京不定困了多少日子。現在落拓而歸，竟連娶媳婦的事也不敢叫人再提了。於是他就嘿嘿地冷笑了兩聲，說："慕白，你不願去也就完了，何必跟我生氣？為一個俞家的丫頭，咱們傷了師兄弟的和氣，也對不起師父！"

李慕白聽席仲孝叫俞秀蓮為俞家的丫頭，他就更是生氣，可是一聽提到了他們的師父，心中又不由一陣淒惻。想起當年師傅傳授武藝之時，雖然他的徒弟很多，但他對自己卻另眼看待，常常瞞着他人，在背地裏傳授他平生的絕技。師父的意思原是為叫自己在江湖上立些名聲，做些俠義的事情，以為他爭光，不想自己如今卻叫這種情愛的事情，消磨得毫無志氣。這真辜負了師父當年傳授武藝時的苦心了！李慕白由於心中難過，竟連席仲孝是在什麼時候離去的也都不知道，他只坐在椅子上仰頭長歎。從此，李慕白對於俞秀蓮的事是稍稍放心了，但想起孟思昭與纖娘二人的事情，依舊不勝哀感，因此仍覺得志氣頹唐，人生無味。

過了殘年，便入新春。自從把席仲孝得罪了之後，李慕白這間小屋，更是沒有人來了。轉眼之間，已到陽春二月，桃李將開，一片芳春麗景更是惱人。李慕白終日愁居，身體日漸衰弱，後連他自己都有些害怕了，覺得若這樣下去，可真連命都要完了。於是他略略振奮精神，就想再整行裝，北上赴都，以踐德嘯峰今春相會之約，兼吊纖娘墳墓。

正在行意已動，未定動身之期的時候，忽然史胖子來了。這天黃昏時候，窗外落着淒涼的細雨，屋中昏暗得看不見東西。李慕白正要點起燈來，看書以作消遣，忽聽外面有敲打柴扉之聲，又聽見兩聲馬嘶。李慕白心中詫異，暗道：這是什麼人，在這時候來找我？於是走出屋去，到柴扉前問道："是誰，你找什麼人？"

第三十回　曠野飛沙孤墳沾痛淚　黃昏細雨怪客報驚音

柴扉外的人似乎聽出來是李慕白的語聲兒了，就用那男子的嗓子，學着嬌滴滴的女人聲音說："你快開門吧，我是俞秀蓮呀！翠纖姑娘兒也同着我來啦！"

李慕白又驚詫又生氣，罵道："什麼人，敢來打耍我李慕白！"遂就要開門去打那人。當他把柴扉啟開之時，就見外面有一個胖子在哈哈大笑，李慕白才於黃昏細雨之中看出這個人來，原來正是爬山蛇史健。李慕白又是氣，又是笑，就問道："史掌櫃，你有什麼事到我這裏來？"

史胖子先拱了拱手，說："李大爺，別來無恙？今天我來到府上，一來是拜訪，二來……"說時他牽着一匹黑馬，往柴扉裏就走。李慕白十分納悶，就叫史胖子牽馬進門，將馬繫在院子裏的一棵桃樹上。然後李慕白讓史胖子到屋裏，他一面點燈，一面問道："我知道，你找我來一定有事。到底是什麼事？快對我說！"

史胖子坐在椅子上，脫下身上那件被雨淋濕了的短夾襖，然後一邊用手巾擦着辮子上的雨水，一邊說道："事情可是要緊的事情，我是由北京連夜趕來找你的，等我歇一歇再跟你說！"李慕白一聽，史胖子是由北京連夜趕來的，不由更是驚異，就着急地問道："什麼事？你快告訴我！"

那史胖子初進門時，本來是一張笑嘻嘻的臉，這時忽然變得嚴肅了，他說："你猜是什麼事？"

李慕白說："莫非是德嘯峰家出了事？"

史胖子點頭說："不錯，你猜得對。現在紫禁城中，深宮大內裏丟失了幾件珍寶。瘦彌陀黃驥北為報去年結下的仇恨，便唆使宮中的大總管張太監，竟誣德嘯峰為盜寶的要犯。現在德嘯峰已被押在刑部獄中，並且牽連了許多京城中富貴人物。恐怕德嘯峰的身家性命眼前就要保不住了！"

李慕白未等聽完，面上就變了色，趕緊問道："你快告訴我！詳細的情形是怎麼樣？"

史胖子說："詳細的情形我也不怎麼知道，不過聽說是因為一個北京的鉅賈楊駿如。"

李慕白驀然想起，此人也是一個胖子。自己初到北京時，就在石頭胡同遇見他同着德嘯峰，後來一起到班子裏逛過一回。於是他就點點頭說："我知道，此人是開當舖的。"

史胖子點頭說："不錯，他是京城有名的當楊家，開着好幾處當舖，家中很有錢。上月，他的當舖裏收進了幾十顆珠子，還有張字畫。其實這也不是什麼要緊的東西，可是不料就被御史給查出來了，原來宮中大內現正丟失了許多珍寶，這幾件珍珠字畫，正是宮中所失之物。當時就將楊駿如抓了去，並且押起幾個太監和兩個侍衛。其實這件事與德嘯峰也毫無相干。不料德嘯峰因與楊駿如原是至友，他又出頭去營救楊駿如。因此黃驥北才乘機會陷害德嘯峰，說德嘯峰是全案的主謀，因此才被押了起來，家裏也抄查了兩次。現在除了鐵小貝勒和邱廣超還替德嘯峰打點打點，其餘的親友全都躲避不及。我想李大爺你是德嘯峰的好友，他與黃驥北結仇也是由你而起，現在他押在

-311-

監獄，你雖無力救他，可是也應當前去看看他，也算朋友的義氣！"

李慕白這時急得坐都坐不住了，聽史胖子談到朋友的義氣，他便苦笑道："我與德嘯峰相交雖只一載，但我們卻非泛泛之交。當我離開北京之時，那天正下着大雪，德嘯峰送我出了彰儀門，就與我訂的是今春之約。這幾日我也正要往北京去看望他，不料你就來了。多謝你連夜自京趕來，告訴我朋友受害的事。好！我準備立刻就走，我們以後再盤桓吧！"

史胖子一聽李慕白要即刻起身，連夜赴都，前去營救德嘯峰，不由十分欽佩，他趕緊伸出大拇指來，說："好，我佩服你李慕白！鐵掌德五不枉交你這個朋友。"

當下李慕白忙碌了一陣，就把隨身的行李收束好了，然後向史胖子說："你先到門外等候我，等我辭別我的叔父。"

史胖子點頭道了聲："好。"他就出了屋，由桃樹上解下馬匹，啟開柴扉，在黃昏細雨之下等候李慕白。

此時李慕白卻不向他的叔父辭行，他知道他叔父李鳳卿在這時候已就寢了，而且若曉得他即刻起身到北京營救朋友，那也是絕不能允許的。於是他便濡筆抽箋，為他叔父留下一封字柬，在寫信時又不禁落了幾點眼淚。然後他熄了燈，攜帶包裹及寶劍悄悄地出了門。

他把東西先交給史胖子拿着，重又進到門內，到房後將那匹黑馬備好牽出。看他叔父的屋中並無燈光，李慕白又揮了幾點眼淚。然後他將柴扉倒帶上，由史胖子手中接過行李及寶劍，捆在鞍後，便與史胖子牽馬出了村子。

這時，天色已然黑了，雨下得更大，才行不遠，二人的身上便都淋濕了。史胖子就停住腳步，說："咱們上馬吧！你往北京去，我還要到旁的地方。半月之後，咱們再在北京見面。"

李慕白知道史胖子行蹤詭秘，自己也不便問他到什麼地方去，去找什麼人，遂就點頭說："也好！其實你與德嘯峰並不相識，你也不必再到北京為他的事奔忙了！"

史胖子說："我並不是為德嘯峰，我卻是為幫助你。"又問："你的盤費夠不夠？"

李慕白說："盤費我已帶着了。"

當下二人各自上馬。走到一股岔路前，史胖子就拱手說："再見吧，我往西去了。"

李慕白也在馬上拱手，說聲再見。當時史胖子的黑馬蹄聲嘚嘚就順岔路走去。

這裏李慕白緊緊策馬，順着北上的大路，連夜趕行，走二日才歇宿一夜。如此曉風殘月，山色斜陽，他一點也不顧行旅之苦，只盼急急趕到北京，好去與德嘯峰見面。路上不稍停留，只有路過高陽縣之時，走在黃土坡前，李慕白曾下馬走到孟思昭的墳前，揮了幾點眼淚。然後依舊上馬，很快地向前行走。他因為心中焦急，所以也不計路程和日期。不過他記得，他是二月底離開的南宮，及至到了北京，那春城中的柳色才青，桃花尚未開放。

第三十回　曠野飛沙孤墳沾痛淚　黃昏細雨怪客報驚音

　　李慕白一進北京城，他並不先找下處歇息，卻一直進到城內，到了東西牌樓三條胡同的德家門首。只見德宅雖然門庭依舊，但是景象全非了，一對大紅門緊緊地關閉着，門前不要說有人，連一條車走過的痕跡也沒有。
　　李慕白在門前下了馬，自己將馬匹拴在樁子上，然後就上台階去拍門。拍了半天門，裏面才有人問道："是找誰呀？"
　　李慕白很急快地說："快開門吧，我是德五爺的好友李慕白！"
　　裏面的人一聽是李慕白來了，這才趕緊把門開開，又驚又喜地說："哎呀，我的李大爺，你來了才叫好呢！"說時，趕緊請安。
　　李慕白一看，原來是給德嘯峰趕車的那個福子，他就向福子說："你給我看着馬匹，我進去見老太太！"
　　當下李慕白不待僕人通報，他就直往裏院走去。順着廊子走過了客廳，這時才見有一個僕婦由裏院往外走來，李慕白就說："你先給我回稟老太太或是大奶奶，就說我是李慕白，現在是由南宮家鄉特來看五爺！"
　　那僕婦本來沒有見過李慕白，可是她卻知道李慕白是她主人的好朋友，當下她就向李慕白請安，並且說："我們老爺是……"
　　李慕白說："五爺的事我全曉得，現在我就是要見見老太太和大奶奶！"當下那僕婦在前面走着，李慕白在後面跟隨，進到裏院，那僕婦就先到德大奶奶的房中去稟報。
　　德大奶奶一聽說李慕白來了，心中也很是喜歡。因為李慕白是她丈夫平生最佩服的人，又因這許多日，家中被人攪得時刻不得安寧，李慕白現在來了，一定能給她家擋些事情。當下德大奶奶就告訴僕婦說："你把李大爺請到我的房裏來！"
　　本來德家是滿族在旗的家庭，很重禮節，外面的男客絕不能進內院。但李慕白卻不同旁人，德嘯峰待他如兄弟一般。去年李慕白初次到德宅來，德嘯峰就請他到裏院，見了老太太和大奶奶。所以現在李慕白也不避嫌忌，他聽了僕婦的話，就進了德大奶奶的房中。
　　德大奶奶已起身迎到外間，李慕白不敢仰視，一躬到地，叫了聲嫂嫂。
　　那德大奶奶這時已然滿面是淚，她一面還禮，一面說道："李大兄弟請坐吧！你五哥的事情，你聽說了嗎？"說話的時候，聲音很是淒慘。
　　李慕白此時也不禁垂淚，就說："我因為聽說我哥哥被黃四所陷，現在打了冤屈官司，我才急急趕來，但是還不甚知道詳細情形。請嫂嫂告訴我，我一定盡我的心力給我哥哥想點兒辦法！"說時，就在旁邊一隻紅木小凳上坐下。僕婦送過茶來，他也不喝。
　　當下那德大奶奶就一面哭泣，一面把德嘯峰為營救朋友楊駿如，以致打了詿誤官司，黃驥北買通了宮中張太監，給德嘯峰捏造罪名等事道來。所說的事情倒與史胖子告訴李慕白的那些完全相合。
　　德大奶奶又說，德嘯峰現在已由慎刑司轉解到刑部。因為有鐵小貝勒和邱廣超給打點，倒受不了什麼苦處。並且聽說嘯峰這官司雖然不能釋脫乾淨，可是將來定罪時，或許不至於死。可是聽說現在黃驥北在外面揚言，他

-313-

非把德嘯峰置諸死地不可。並且那黃驥北又使出胖盧三家開的錢莊，拿了些假造的借據，來到家門口要賬，說是德嘯峰欠過他們十萬兩銀子，非叫償還不可。可是到監獄裏去問德嘯峰，德嘯峰卻說自己平生不欠外賬，而且與胖盧三的錢莊向無來往。可是他們錢莊的人非常蠻橫，一定要逼着在月內還錢，並且帶着證人。證人就是春源鏢店裏的馮懷、馮隆和四海鏢店的冒寶昆。這些人平日與德嘯峰毫無交情，如今忽然都來登門索債，講理也沒處去講理，要驅逐他們走開，他們就要打人。並且自德嘯峰打了官司，至今不過一月，家中已被官人抄查了兩次。每次官人走後，必要短少許多值錢的東西。為打點官司，也花了三千多兩銀子。

德家雖然頗有祖遺財產，但他平生好交朋友，已花去了不少，如今要再籌劃幾萬兩銀子，那非要典屋賣地才行。早先家中男女僕人本有十幾個，可是自從遭事以來，有幾個男僕就很不安分，常常深夜在門房裏聚賭。所以德大奶奶就辭散了幾個男僕，現在家中只留下壽兒、福子和一個廚子、一個男僕，因此很感覺孤單。

李慕白聽了德大奶奶的這些話，心中十分難受，並且很痛恨那黃驥北，暗罵道：你把德嘯峰陷入監獄就夠惡毒的了，何必還要使出胖盧三家錢莊的人和馮懷、馮隆、冒寶昆等人假造借據，向人家孤單的婦女訛詐錢財呢？未免太該殺了！又想：京城是大地方，竟容許黃驥北這樣的人胡作非為，也太奇怪了！好！黃驥北，這次我到北京來，非跟你拼個死活不可！

當下李慕白就勸慰德大奶奶說："嫂嫂不要着急，也不必心裏難過。我現在來了，黃驥北和那些來訛詐的人，都由我去擋。回頭我再去見見鐵小貝勒，催他快點兒給我哥哥的官司想辦法。我想北京城這裏，雖然有些惡霸貪官橫行，可是也不能毫無情理地就把人給害死。嫂嫂放心吧！我哥哥待我恩如山厚、義同手足，我就是死了，也得救他出來！"說到這裏，李慕白不禁用手巾拭淚。

德大奶奶也哭着向李慕白相托，並請李慕白就住在外院，以應付那些持着假借據來訛詐的人。當下李慕白答應了，又要去拜見德老太太。德大奶奶卻攔住李慕白說："老太太年紀高了，不敢叫她老人家知道這些事情。現在只說是嘯峰出京辦外差去了。連前兩次官人來到這裏搜查，都是花了好些錢請求，才沒驚擾到老太太的屋裏去。"

李慕白聽了，不禁長歎一聲，便說："既然這樣，我也不敢拜見伯母去了。我現在就到刑部監獄裏去看看我嘯峰哥哥，然後我到鐵小貝勒府拜見鐵二爺。嫂嫂還有什麼話吩咐嗎？"

德大奶奶一面拭淚，一面搖頭，說："我剛才打發壽兒看他老爺去了。李大兄弟若見着你五哥，千萬勸他在監裏別着急，並叫他放心家裏！"

李慕白點頭，連聲答應，並說："嫂嫂放心，我哥哥若知道我來了，他一定就不着急了，並且他也能放心家中，絕不會受人欺負！"

德大奶奶又問李慕白用錢不用。李慕白搖頭說："不用，我手下有一個取錢的摺子，那還是去年我哥哥給的，我並沒用了多少。大概還很夠些日

第三十回　曠野飛沙孤墳沾痛淚　黃昏細雨怪客報驚音

花用的。"說畢,他站起身來,向德大奶奶打躬,就走出屋去。

　　李慕白順着廊子走着,心裏想着瘦彌陀黃驥北的卑劣惡毒行為,實在怒氣難忍。到了前院,他就把福子叫過來,說道:"把我的馬匹牽到車房裏好好地喂,把我的行李和寶劍都送在外院書房裏。從今日我要在這裏照應家中的事,倘若那什麼錢莊裏的人和那姓馮的、姓冒的前來訛詐,就告訴我,我去擋他們。若是我沒在家,你就叫他們等着我,告訴他們說,只要見着我李慕白,別說十萬,就是一百萬我也有!"

　　福子連連答應,心裏卻說:得啦!李大爺,只要把你的名頭說出去,他們跑都跑不及,還敢要賬?

　　當下李慕白先到書房裏洗過臉,換上一件乾淨的衣裳,然後就出門雇車,往刑部去了。走在路上,李慕白並不坐在車廂裏,卻跨着車轅,揚目四顧。他恨不得立刻就能看到瘦彌陀黃驥北由對面走來,自己就跳下車去,一頓拳腳將他打死。

第三十一回　相會鐵窗正言規俠友　獨來青塚悲淚吊芳魂

　　李慕白坐的這輛車走了多時才來到刑部街。還沒走到刑部門首，就見一個身穿灰布夾襖青坎肩的小廝模樣的人，低着頭迎面走來。李慕白認得這是德嘯峰的跟班壽兒，遂在車上叫道："壽兒，壽兒！"
　　那壽兒抬頭找了半天，才看見了跨着車轅的李慕白，他立刻又驚又喜，趕緊跑過來請安，並問說："李大爺，你是什麼時候來的呀？"
　　李慕白叫車站住，說："我是今天過午才進的城，剛才見了大奶奶。你們老爺的事情我全都知道了，現在我特來看你們家老爺。"
　　壽兒說："我也是才看了我們老爺。李大爺你要去，我同着你去，咳，我們老爺這官司真……"說着，壽兒竟在道旁哭了起來。
　　李慕白跳下了車，就叫趕車的在這裏等着他。李慕白就對壽兒說："你也不要發愁了，我現在來了，對你們老爺的事多少總有點兒辦法。我跟你們老爺的交情你也知道。"
　　壽兒連說："是，是，我們老爺在監裏還常常提你呢！"李慕白聽了這話，心中又不禁覺得一陣淒惻。
　　當下壽兒在前，李慕白在後，就一同到了刑部的監裏。因為德家的錢打點到了，所以看獄的官吏，對於這才來看了一次現在又回來了的壽兒，也不加以攔阻，派了一個獄卒帶着他和李慕白，就到了監獄的鐵柵欄外。
　　德嘯峰押在這裏已近一月。因為他是京城有名的內務府德五爺，所以管獄的也特別優待，給他預備了一間乾淨的獄房，並給安置了一張床舖。當下壽兒先跑到鐵窗前，向裏面叫道："老爺，老爺！李慕白李大爺來了！"
　　少時德嘯峰走到鐵窗前，一見李慕白，他就歎息了一聲，說："咳！兄弟，我就怕你來，到底你還是來啦！"
　　此時李慕白早已滿眼是淚，但是見德嘯峰雖然形容稍見消瘦，面上卻並沒有愁容，眼角也沒有淚跡，李慕白就說："大哥，我自離京後，本想要來京，以踐今春與大哥相會之約，不料忽聽人說大哥被黃驥北所陷，打了冤枉官司，所以我趕緊來了。剛才到大哥家裏見了我嫂嫂，嫂嫂也對我詳細說了大哥的事情，我才趕緊前來看望大哥！"

德嘯峰點了點頭，很從容地說："兄弟你別發愁，連我自己都不發愁，頂多黃驥北託人情把我弄個斬立決，那也算不了什麼的，照舊有朋友到墳上看我去。只有兄弟你，千萬要自尊自重，不必和他們那幫小人一般見識。現在兄弟你既來了，也好，你就先住在我家，照應照應你嫂子和你姪兒。至於我們老太太，那倒不要緊，黃驥北雖狠，難道他還能派人把我母親害死嗎？"

李慕白聽了愈是揮淚，就說："大哥放心吧，我絕不能給大哥再惹事兒。可是黃驥北若再找到我的頭上，或是馮懷、馮隆等架着那錢莊的人，拿着假字據，再到大哥的門前去訛詐，那我絕不能饒他們！"說時瞪着眼，憤憤地握着拳頭。

德嘯峰又歎了一聲，說："兄弟，我不願意你來就是因為這個，你給我惹禍倒不要緊，可是你跟他們值得一拼嗎？兄弟，在哥哥的眼中，一萬個人裏也找不出你這麼一個來，可是黃驥北，別瞧他有錢有勢，我德五實在看不起他。"

李慕白聽了德嘯峰這話，他越發感激得落淚，就說："大哥，你現在的事我不能不焦心，因為你與黃驥北結的仇，全是因我而起。我若不把大哥的官司洗清，不把大哥的仇恨報了，我還算是什麼人？"

德嘯峰搖頭說："不是，兄弟你說錯了。你記不記得去年夏天咱們兩人逛二閘時，遇見了黃驥北，他不大愛理我。那時我就跟你說過，我們兩人早先因為親戚之事情，曾有點兒小小仇恨。現在這件事還是由早先的那事而起。再說，我也不能全怪黃驥北。假如我不幫楊駿如的忙，也不至於拉到這件官司裏。兄弟，你千萬別因一時的氣憤，又弄出什麼麻煩來，咱們就是有氣，也先存在心裏。我這件官司也未必就成死罪，日子也還長着呢，有什麼話咱們將來再說！"又說："兄弟你千萬聽我的話！至於胖盧三家開的那幾個錢莊，假造借據到我家吵鬧，我確實有點兒氣，可是也不發愁。只要兄弟你在我家住着，天大的膽子他們也不敢再去吵鬧。你不知道北京這些個土棍地痞們，是多麼怕你哪！"說到這裏，德嘯峰反倒笑了笑。

此時鐵窗外的李慕白，仍然難抑胸中悲憤之情。不過德嘯峰既然這樣勸他，他也只好點頭說："是，我聽大哥的話，望大哥在這裏多多保重。我回頭就見鐵小貝勒去，再請他給大哥想些辦法。"

德嘯峰說："鐵二爺和邱廣超他們對我這件官司都是很關心的，每天必要打發人來看我。你去若見了他們，千萬替我道謝。"說到這裏，德嘯峰忽然想起一件事兒來，又說："還有一件事兒，似乎我不該再問你，就是那位俞秀蓮姑娘。自去年十月間，你在雪天走後，次日她忽然不辭而別，也不知道她是往哪裏去了。我想她一定是追下你去了，不知你曉不曉得那位姑娘現在的下落？"

李慕白一聽德嘯峰提起俞秀蓮來，不禁又另有一種傷心，他就想：德嘯峰為我自己與俞秀蓮的事，真是不知費了多少事，着了多少急。他雖然不明白我和俞秀蓮雙方的衷曲，但是他的熱心、他的好意，真是叫我難忘。如今他在危難之間，還不忘我的閒事，還問俞秀蓮下落，可見他真是古道熱腸了！遂就說：「俞姑娘去年追了我去，我並沒有見着她。但是我知道她現在已然回到巨鹿她的家中，一個人獨自度日，不常出門。好在她父親留下一點兒財產，不至於受苦。」

德嘯峰連道：「好好，這樣我也放心了。你把這話也告訴你嫂子，因為她也是很惦記俞秀蓮姑娘的。」李慕白也答應了。

當下因為話說得很多，旁邊的獄卒已耍出臉子來了。李慕白知道獄卒的厲害，不願招他說出難聽的話來，遂就向鐵窗裏說：「大哥你歇一歇吧，我現在就見鐵二爺去。」

德嘯峰點頭說：「好吧！你去見鐵二爺替我問好道謝。能順便見見邱廣超更好，他為咱們的事，跟黃驥北絕了交，現在鏢傷才好。我這官司他也幫了不少的忙。」

李慕白點頭說：「好，好，我先去見邱廣超，然後再去見鐵二爺。」

德嘯峰說：「對，這樣也順路。兄弟你放心吧，哥哥的武藝雖不如你，但是心腸卻比你硬。我在家裏雖是享福慣了，可是現在監裏也不覺得怎麼苦。以後你也不必天天來，每隔幾天咱們哥倆見個面就行啦，你還是照應我們老太太和嫂子姪兒們要緊！」

李慕白聽了，眼淚又流下，他極力忍着悲痛，向德嘯峰深深一躬，方才同壽兒走出獄門。

李慕白先打發壽兒回去，然後就上了車，叫趕車的趕到西城北溝沿。及至到了邱侯爺的府前，門上卻說邱廣超帶着他的夫人看親戚去了。李慕白就在房裏寫了一個帖子留下，並對門上的人說：「我叫李慕白，現在是特來看望你們大少爺，並為德五爺的事向他道謝。」說畢，就出了邱府。

李慕白剛要上車，忽見由門裏出來了一個高身材的人。這人披着件大夾襖，像是練功夫的人的樣子，他不住地用眼看李慕白。李慕白認得此人是邱府教拳的師傅秦振元，自己在春源鏢店打服金刀馮茂時，曾與他見過一面，心說：他跟那馮家兄弟、冒寶昆等人都相好，叫他知道我來了也很好。他若把話一傳過去，那群土痞就不敢再幫助錢莊的人向德家訛詐了。

這時，秦振元見李慕白來了，也像是頗為驚訝，他直着眼，張着嘴，似乎是要跟李慕白說話。可是李慕白並不理他，就叫趕車的將車趕往安定門內鐵貝勒府去了。

在鐵貝勒府門前下了車，李慕白就走到府門。門上有不少認得李慕白的，就齊都說：「李大爺你好呀！現在從哪兒來呀？」李慕白笑着說：「我是從家裏來，今天才到北京。煩勞哪位大哥，替我回稟一聲，我要見見二爺。」門上立刻有人帶李慕白進到二門裏，然後李慕白就在廊下站着等候，門上的人進去回報。

不一會那得祿就跑了出來，向李慕白請安說：「二爺有請！」李慕白笑着點了點頭，就跟着得祿，順着廊子往裏院走，依舊到西廊下那小客廳裏落座。得祿送過茶來，並小聲地與李慕白談話，說：「我們二爺常常想你，說你的寶劍真是走遍天下也找不出對手兒來了。"

李慕白聽到鐵小貝勒背地讚揚自己，因此又想到了孟思昭。孟思昭的劍法實在不在自己之下，可惜他竟為自己的事而慘死了！因此心中又是一陣悲痛。

這時得祿聽見窗外有腳步聲兒，他趕緊去開門，鐵小貝勒就進屋來了。李慕白趕緊起身，向鐵小貝勒深深施禮。鐵小貝勒含笑問道："你是今天才來的嗎？家裏都好？"

李慕白恭謹地答道："是，我是今天午前進的城。家裏也全托二爺的洪福，還都好。"

鐵小貝勒先在椅子上坐下，然後向李慕白說："你請坐！"

李慕白就在對面凳子上落座。

鐵小貝勒問說："你見着德嘯峰了嗎？他的事情你全知道了吧？"

李慕白說："我因在家中聽說了嘯峰的官司，我才連夜趕來，現在就住在他家。剛才我到那刑部監獄裏看了他一次，他還叫我來問二爺好，並向二爺道謝！"

鐵小貝勒點點頭，歎了口氣，說："德嘯峰那個人太好交朋友了！對朋友的事他是不管輕重，全都熱心給辦。譬如那楊駿如，此次他實在有私買宮內之物的嫌疑，德嘯峰倘若不出頭營救楊駿如，他也許不致被拉到裏頭。現在黃驥北成心跟他作對，是由裏闈子托的人情，我也有的地方莫能為力。不過慕白你可以告訴德嘯峰，叫他放心，他這官司若想洗清楚了，大概很難，不過我敢保證，絕不能叫他因為這件官司就死了。"

李慕白連連點頭稱是，又不禁流下幾點眼淚。

鐵小貝勒歎息了一聲，又說："我與嘯峰相識多年，無論如何我得救他。只是你，千萬別因為朋友的事，又做出什麼莽撞的行為。黃驥北恨你比恨德嘯峰還要厲害，你又有早先那檔子官司，倘若他要再花出點兒錢來收拾你，不用說你再有別的舛錯，就是你再被陷到提督衙門的獄裏，那時你叫我顧你呢，還是顧嘯峰？"

李慕白連連答應，只說："我一定不惹事，一定忍耐。"心裏可是怒不可遏，他恨不得立刻將瘦彌陀黃驥北殺死才痛快。又談了些話，李慕白就向鐵小貝勒告辭。鐵小貝勒命得祿送他到府門外。

李慕白上了車，就叫趕車的往東走。他此時很是氣憤，暗罵道：這麼一個黃驥北，非官非吏，只仗着有些錢，他在京城竟可以如此橫行，鐵小貝勒都不能奈何他。天地之間還有王法在嗎？我非要殺了他不可！又想：德嘯峰早先為自己的事曾在鐵小貝勒面前，以他的身家作保，救我出獄；俞秀蓮的事與人家有什麼相干，但他卻着急惹氣，極力想給我們成全；這次他被陷在獄，生死難卜，但他還不願我來，以免我因他的事又惹禍吃苦。德大哥呀！你這樣的朋友，真叫我李慕白除死不能報答你了啊！李慕白坐在車上邊想邊流淚，少頃，他決定了主意，便不再傷心。

車往東四牌樓去走，才走在三條胡同西口外，就見南邊亂七八糟地來了一夥人。其中有兩個是青衣小帽，像是做買賣的；還有兩個穿着紫花布褲褂、披着大夾襖的人，卻是那春源鏢店裏的馮懷、馮隆兄弟；另有一個身穿寶藍軟綢棉襖、青緞坎肩的，就是那個壞蛋冒寶昆。李慕白知道他們一定是又要到德家吵鬧訛詐去，便忍不住心中的怒氣，心說：好，好，碰得真巧！說時他跳下車去，掖起長衣裳，向那一群人奔了過去，怒喝一聲："都站住！"

這一群人這時正在氣昂昂地往前走着。冒寶昆攥着兩個乾瘦的拳頭，對那兩個錢莊的夥計說："這回無論如何得跟德嘯峰的媳婦要銀子。他們要是不給，就把他們家裏的老小全都趕了出去，咱們佔住房子，然後再請黃四爺處置。"

他正想着倘若訛到了德家的錢，黃四爺至少又得送給自己一二百兩，那有多麼好呢！這時忽然聽得面前有人大喝了一聲，嚇得他們幾個人趕緊站住。揚目一看，冒寶昆的腿立刻就軟了。馮懷、馮隆兩人本想抹身就跑，可是見李慕白掖着衣裳，握着拳頭，已來到面前，他們明知是跑不了啦，就齊都由身邊抽出短刀。

李慕白拍着胸脯說："好，好，你們先不用去訛詐德家去，我李慕白先看看你們到底有多大的本事，黃驥北竟會這麼重用你們！"馮懷、馮隆兩個人手中雖然全都握着刀，但臉色卻全都嚇得慘白，不敢上手。

冒寶昆本來想跑，可是兩腿不給他出力，他只得翻着兩隻小眼睛，向李慕白做出一種媚笑來，然後伸着頭，拱着手說："原來是李大哥回北京來了，你這一向好呀？"話還沒說完，就被李慕白一腳踢倒在地，立刻他就像一個球似的滾在了一邊。冒寶昆就趁此一滾，爬起來往南跑了。

這裏花槍馮隆握刀向李慕白就扎。李慕白一伸左手，托住了他的腕子，右手一拳就擂到了他的胸上。馮隆痛得一咧嘴，向後緊退幾步。李慕白把馮隆手中的短刀已奪在手中，就又向鐵棍馮懷說："你只吃過鐵掌德五爺的打，還沒在我的手裏嘗過滋味，你也過來吧！"

馮懷的武藝本來連馮隆都不如，他這時嚇得哪敢動一動，遂就拱了拱手說："我不行，連我們老四金刀馮茂都叫你給打了，我還能敢和你李大爺動手嗎？我認輸了！"

李慕白進前一步，把馮懷揪住，怒聲說："你認輸也不行。我問你，你們為什麼架着錢莊的夥計，到德五爺家裏去訛詐，攪鬧得人家宅不安？你們是欺負德家，還是欺負我？"

馮懷嚇得趕緊作揖，說："那不怪我們，那都是黃四爺的主意。我們若不聽他的話，我們在北京連飯也飽不了！現在我們既知道李大爺來了，以後絕不再聽他的指使，我敢對天起誓！"

依着李慕白此時胸中的怒氣，本要將那馮懷一刀刺死，可是又想到德嘯峰和鐵小貝勒的囑咐，因就想：為他這麼一個人打人命官司，實在不大值得。於是將馮懷放手，冷笑着說："既然你這樣央求我，我就饒了你，一半我也是衝着你們四弟的面子。金刀馮茂是好漢子，他叫我打敗了，從此就不再走江湖！"那馮懷被李慕白放了手，他就像逃了活命，趕緊攙着他兄弟馮隆走了。

第三十一回　相會鐵窗正言規俠友　獨來青塚悲淚吊芳魂

那兩個錢莊的夥計都嚇怔了，就問旁邊看熱鬧的人這個人是誰。就有認得李慕白的人說："這是德五爺的好朋友李慕白，去年在北京打了好幾個鏢頭。"那兩個夥計一聽，嚇得全都渾身打戰，心說：原來這個人就是李慕白呀！我們東家胖盧三，去年不就是因為他才死的嗎？於是急忙拔腿就走。李慕白就追了過去，說道："你們回來！"

那兩個人見李慕白手中拿着短刀，嚇得他們哪敢邁腿，齊都回身，臉上帶着驚慌，向李慕白說："李大爺，這不干我們的事，我們是櫃上派下來的！"

李慕白搖頭道："那不要緊，欠債的還錢。果然若是德家欠你們櫃上的錢，我可以替你們向他家去要！可是你們得把借據拿出來給我看。"說時他揪住一個人，喝道："快把借據給我拿出來！"

那兩個夥計嚇得戰戰兢兢，就由一個人的身邊掏出一張紙來。李慕白放開那人，搶過那張假字據一看，就見上面大略寫的是："今因彌補虧空，借到寶號庫平銀子拾萬兩整，言明二分利，一年歸還，利錢先扣，恐後無憑，立字為憑。"下面有德嘯峰的假圖章和中人冒寶昆、馮隆畫的押，無論什麼人一看，也知道是假的。

李慕白看了，不禁冷笑，他把那張借據拿給旁邊看熱鬧的人看，並說："請你們諸位看看，這是外館黃四爺出的主意，假造憑據，使出他們這些人來訛詐德五爺家。不用說德五爺家道殷實，不能跟他們借銀子，即使借過，難道他們那麼大的錢莊，就能憑這一張字據，這麼幾個土鏢頭作保，就能借出十萬銀子嗎？這簡直是黃驥北欺天蔑法！"說到這裏，李慕白一生氣，就將這張借據撕得粉碎。旁邊看熱鬧的人有的在笑，有的一聽提到了黃四爺，就嚇得趕緊溜了。

李慕白撕了假借據，扔了短刀，就揮手將那兩個錢莊的夥計趕開。他過去開發了車錢，氣憤憤地步行回到德嘯峰的家裏。他心中又有些後悔，覺得不應該一賭氣就撕毀了他們那張假借據，應該拿着那借據找黃驥北去。可是又想：黃驥北那人真狡猾！他雖然叫人假造了借據，可是那上面並沒有他的名字，找到他，他也是不能認帳。因此心中越發惱恨黃驥北。

這時壽兒早已回來了。李慕白就把自己見着鐵小貝勒，鐵小貝勒說一定能保護德嘯峰生命安全的話，告訴了壽兒，並說了剛才自己打了馮隆、冒寶昆，撕了假借據的事。他叫壽兒進內院去全都告訴德大奶奶，以使她放心，自己卻回到外書房裏歇息。

李慕白因為心中關心着德嘯峰的官司，惱恨着黃驥北的惡毒行為，他便覺得渾身發熱，心中冒火，不但坐立不寧，頭也覺得昏暈。他不禁自語道：這時候我可別病啊！我若一病了，不但德嘯峰更要苦了，黃驥北也就要無顧忌了。

他在屋中來回走了半天，便一頭躺在炕上，昏沉沉地才睡着，忽然福子驚慌慌地跑來，說："大爺快出去看看吧！門前來了個高身大漢，自稱是四海鏢店的鏢頭。他一定要見李大爺。"

李慕白一聽，立刻心中怒火又起，暗想：一定是那四海鏢店的冒寶昆，

-321-

被自己打了回去，又把他們鏢店裏的什麼人給找來了，要跟我鬥一鬥。於是李慕白挺身而起，由身邊掣出寶劍，冷笑着說："好，我出去見他！"

當下李慕白手提寶劍，很快地走到門前。只見門前站着一個高身大漢，年三十餘歲，穿着一件青布大夾襖，身邊並沒帶着兵刃。李慕白覺得此人十分眼熟，正想是在哪裏見過此人，這時那大漢已向李慕白抱拳，面帶笑容說："慕白兄，少見，少見！"李慕白這時才想起，原來此人卻是自己去年春天在巨鹿俞家門前見過的，俞老鏢頭的徒弟五爪鷹孫正禮。李慕白趕緊把寶劍給了身後的福子，抱拳賠笑說："原來是孫大哥，請進，請進！"

李慕白讓孫正禮到他住的那間外書房落座，他親自給孫正禮倒了茶，就問說："孫大哥是幾時到北京來的？"五爪鷹孫正禮說："我來到北京還不到一個月，我是由宣化府來的。"接着他大口地喝了一碗茶，就用粗重的聲音，很誠懇地向李慕白說："去年春天，在巨鹿我師父的家裏，咱們鬧了一場笑話！後來李兄弟你走了，我師父就誇獎你，說是他老人家走了二十多年的江湖，從沒見過像你這樣武藝高強、性情爽快的人。李兄弟，現在我師父死了我才對你說，他老人家確實跟我歎息過，說是可惜姑娘自幼配給了孟家，要不然，把李慕白招贅了，哪還怕什麼金槍張玉瑾！"李慕白聽了這幾句話，他既慚愧又傷心，便歎了口氣。

孫正禮接着往下說："後來，聽說張玉瑾要到巨鹿縣找我師父拼命，我師父就很發愁。我跟我師妹可不怕張玉瑾，我們就向他老人家說：'你老人家別發愁。張玉瑾來，有我們去擋他，擋不過我們就到南宮請慕白兄幫助。'可是他老人家總覺得有你跟我師妹比武求親的那件事，不好再叫你們見面。而且他老人家又恐怕女兒與人爭鬧，倘若出了舛錯，自己對不起那孟家。所以他老人家就帶着老婆兒和閨女走了。

"我知道我師父的為人，我師父並不是就怕了張玉瑾。他老人家雖然不似早先那樣好勝，可是憑張玉瑾那小輩，他老人家還沒怎麼放在眼裏。他老人家就是打算把老婆兒和閨女送到宣化府孟家，然後他老人家再去迎着張玉瑾拼個死活，他老人家的心我知道。可是，自從我師父攜家去後，半年多也沒有音信，後來我才聽人說，原來他老人家是死在望都榆樹鎮了！"說到這裏，五爪鷹孫正禮不禁揮淚痛哭，李慕白在旁也慨然長歎。

孫正禮擦着眼淚又往下說："我當時很哭了一場，想要立刻就到望都，看看他老人家的靈柩，並看看我師母、師妹到底到了宣化府沒有。可是李兄弟你是知道我的，我家中一點兒產業也沒有，只仗着給人家教拳，一節掙幾兩銀子吃飯，所以我總湊不上盤費。去年冬天，我的教拳的事兒也散了，我想要到北京來找盟兄弟冒寶昆找事，才好容易湊了點兒錢，借了匹馬，離了巨鹿。我先到望都榆樹鎮哭了我師父一場，後來又到了宣化府，我才知道我師母也去世了，師妹也走了，不知下落。

"當時我非常着急。後來倒是那短金剛劉慶在背地裏對我說：'你不要着急，師妹是到外面尋找孟二少爺去了。'並說在望都葬埋我師父和把我師母、師妹送到宣化，多虧有李兄弟你幫助。所以我跟劉慶都對你非常感激。

第三十一回　相會鐵窗正言規俠友　獨來青塚悲淚吊芳魂

那時我就聽說了李兄弟你在沙河打敗了賽呂布魏鳳翔，在北京打敗了金刀馮茂和瘦彌陀黃驥北，名氣很大。我就想到北京來，一半找事，一半會會你。

"不料短金剛劉慶他一死兒地留住我，叫我等到年底，他在孟家鏢店把賬結了，他就辭工，然後叫我幫他送師母的靈柩回巨鹿。我當時也覺得這事是義不容辭，就在宣化府住下了。住了不多的日子，忽然那天就去了一個姓史的胖子，名叫爬山蛇史健……"

李慕白一聽史胖子在去年冬天，也到宣化府去了一趟，他就不禁暗笑，想着：史胖子到底是怎樣的一個人呢，為這些與他不相干的事東走西跑？

孫正禮又說："史胖子說是我師妹俞秀蓮托囑他，特到宣化府來接我師母靈柩的。我們見了史胖子，才知道孟二少爺已死，我師妹在北京殺死了苗振山，她現在已回巨鹿家鄉去了，並知道李兄弟也回到了南宮，我這才放了心。史胖子在宣化府住了有一個多月，他因見只是一口靈柩，有我和劉慶就可以給運回去了，所以他說還到別處有事，就走了。

"直到今年正月底，劉慶才運送我師母的靈柩南下，並到榆樹鎮起了師父的靈，將他老夫婦一同運回巨鹿祖墳去安葬。同去的並有永祥鏢店的許玉廷和兩個夥計，為的是回來時好到高陽黃土坡，起那孟二少爺的靈運回宣化府。我因見他們去的人不少，我又急着到北京來找事，所以就沒跟他們南下。我一個人騎着馬到北京來了，現在由盟兄弟冒寶昆給我在四海鏢店安頓了一個事情，終日也很閒散。

"我本不知道李兄弟你又到北京來了。是因剛才冒寶昆回到鏢店裏，他對我說李慕白來了，現在住在德嘯峰家，剛才在街上把他打了一頓。他叫我來找你，給他出氣。我聽了只是笑他，就特來這裏拜訪李兄弟。一來是謝謝李兄弟幫助葬埋我師父，照應我師妹的恩情；二來我是要跟李兄弟打聽打聽，那瘦彌陀黃驥北和德嘯峰的仇恨，究竟是由何而起？到底是誰曲誰直？"

李慕白聽孫正禮說了這一番話，他曉得俞老鏢頭夫婦的靈柩，已由短金剛劉慶給送回了巨鹿，孟思昭的靈柩亦將由宣化府的鏢頭許玉廷等給運回去，對於死者，他現在是完全放了心。只是孫正禮提到向他道謝的話，李慕白未免心中有些慚愧，而且傷感。又想：史胖子既然在宣化府見過了孫正禮，那麼自己與俞秀蓮、孟思昭三人之間的那段恨事，孫正禮也未必不曉得，不過他不好意思對自己提說罷了！如今孫正禮又問到德嘯峰和黃驥北的事，不由勾起了他心中的怨氣，於是他就很憤慨地把德嘯峰與黃驥北結仇的經過，以及黃驥北的笑面狠心的卑劣行為，都原原本本地對孫正禮說了。

不想孫正禮原是個性情直爽、好打不平的急性子的人，聽了李慕白的話，他就氣得面上變了色，跺着腳說："這還成！北京城這大地方，能叫黃驥北這個東西任意橫行嗎？平白地就陷害人？不瞞李兄弟說，我來到北京才半個多月，黃驥北那東西就請我吃了三次飯，送了我兩次銀子。我知道他這麼拉攏我，是必有用我之處，所以他送給我的銀子，我都沒動用。現在我才知道，原來不但黃驥北那個東西不是人，連我的盟兄弟冒寶昆那小子，也跟着他們欺凌婦女、陷害好人。我這就回去，回去先跟冒寶昆絕交。然後我拿上刀和銀兩，去找黃驥北，把他送給我的銀子扔還他，還要跟他鬥一鬥，替德五爺——我那個慕名的朋友，出這口氣！"他一邊說着，一邊站起他那高大雄壯的身軀，立刻就要走。

李慕白上前一把將他揪住，說："孫大哥，你先不要急躁，聽我還有話跟你說呢！"孫正禮就覺得李慕白揪他的這一把，力量很大，他看了看李慕白那消瘦的臉兒，又是驚訝又是佩服，心說：到底是李慕白有本事，有力氣，不怪他連直隸省的金刀馮茂也給打了。

當下李慕白又請孫正禮落座，他就說："現在德嘯峰在獄中，我們無論如何也要多多地忍事。譬如說，對於黃驥北那個心地奸險、最難鬥的人，我李慕白跟德嘯峰是生死之交，我不會找着黃驥北把他殺死，給德嘯峰出氣嗎？而且黃驥北若是死了，也就沒有人再花錢托人陷害德嘯峰了。但是不行！把黃驥北殺了，不但於德嘯峰無益，而且他的案情還許更要加重！"

李慕白才說到這裏，五爪鷹孫正禮就瞪着眼睛反駁他道："你跟德嘯峰是好朋友，這是誰都知道的，你若殺了黃驥北，自然又得連累了德嘯峰。可是我跟德嘯峰卻素不相識。我想找黃驥北去鬥一鬥，是因為我聽着這件事情太叫人生氣。我就是惹了禍也累不了別人！"

李慕白依舊勸慰他說："我知道，孫大哥你是個俠義漢子，可是你要打算跟黃驥北去鬥一鬥，現在還不是那時候。你跟冒寶昆現在也不要立刻就絕交。"

孫正禮氣得搖頭說："你不知道。冒寶昆跟我是同鄉，早先我們常在一處，才拜的盟兄弟。可是後來我知道他常常不做好事，我就不願再見他的面。這回我來北京投他，實在是生計所迫，沒有法子，我並打算由他結識幾位北京城鏢行的朋友。現在我知道他竟壞到這樣，我還認識他這樣的盟兄弟幹什麼？我憑着一口刀，走江湖賣藝也能吃飯呀！"

李慕白略想了一想，就說："泰興鏢店，那是令師俞老鏢頭當年在北京保鏢之所。現在那裏的老鏢頭劉起雲與令師還是舊交，我也與他相識。孫大哥得暇可以拜訪拜訪他，再提一提我，我想他一定能約你在他的鏢店做鏢頭，那又比在四海鏢店強得多了。你同冒寶昆也不必提說見了我的事，跟他還暫時敷衍，因為他們現與黃驥北等人不定還懷着什麼心，不定還想要怎麼坑害德嘯峰家，你若能聽些消息來告訴我，我也可以做個準備。

"總之，我此次到北京來營救德嘯峰，到處都是仇人，沒有一個幫手。如今孫大哥你既在這裏，沒有什麼說的，你只好幫助我盡力將德嘯峰營救出來，並把他的家口保住。德嘯峰夫婦待秀蓮姑娘也頗有好處，你幫助我，就如同幫助你師妹是一樣！雖然咱們現在並不懼怕黃驥北，但是他若逼得咱們沒有路的時候，自然還是要跟他拼命。不過現時還是得忍就忍。只盼德嘯峰的官司結了案，然後我李慕白是有恩的報恩，有仇的報仇！"說到這裏，李慕白的眼中露出一種殺氣。

這時恰巧福子把他那口寶劍給送到這裏，李慕白接過寶劍就笑了笑，向孫正禮說："孫大哥，你來找我的時候，門上的人沒說明白，我還以為是

第三十一回　相會鐵窗正言規俠友　獨來青塚悲淚吊芳魂

冒寶昆請人跟我拼命來了，所以我是提着寶劍出去見你的。現在說是咱們忍氣，可是誰要是找到咱們的頭上，咱們還是不能夠吃虧！"

孫正禮聽了李慕白這些話，他仰着臉細細地想了一番，然後就點頭說："好吧，我就依着李兄弟，暫時我不惹氣。我走了！"李慕白一直把孫正禮送出門首。回到了屋中，他就想：遇見了孫正禮很好，他是個剛強好義的人，一定能夠幫助我。

李慕白想躺在床上歇息一會兒，一隻手無意中觸到了包裹上，他忽然想起，應該取出那個取錢的摺子，到錢莊取幾十兩銀子來，以備不時之需。他動手去打開那包裹，忽然由疊着的一件棉衣裳裏，摸着了一件很硬的東西，李慕白反倒詫異了。他探手取出一看，原來是個一尺長的油紙包兒，李慕白立刻心中一陣慘痛，又發了半天怔。

原來油紙包兒裏包的正是謝纖娘三載蓄志復仇，在枕中所藏，後來用以自戕的那柄匕首。因為當那去歲寒宵雪夜，纖娘與李慕白因幾句話的誤會，她就在李慕白轉身尚未出門之際，以此刺胸慘死，那時李慕白因恐謝老媽媽在她女兒死後，再尋什麼短見，所以他就將這匕首帶回廟中，找了張油紙包好，然後便收藏在一件不常穿的衣裳裏了。後來又帶回了家鄉，他也就忘了。這次由家中被史胖子找來，因為起身時匆忙，他竟無意中又將這匕首帶了回來，如今才發現。

李慕白想起自己與謝纖娘當初的癡情，後來的失意，以及最後的悲慘結局，不由又淒然感歎了一陣。就想過兩天應當打聽出來纖娘的墳墓在那裏，看一看去，然後這筆孽債就算完了。他望着這小小的油紙包兒不住歎息，實在不忍再打開看這餘血猶存的匕首，心想：找個地方把它拋了吧！留着這種使人傷心的東西做什麼？

當下李慕白將這油紙包着的匕首放在了床褥底下，找出來取錢的摺子，就叫福子出去到錢莊裏取一百兩銀子。及至福子取銀回來，李慕白也歇息了一會兒，精神也覺得爽快些了。在將吃晚飯的時候，銀槍將軍邱廣超又派人送來一封信。李慕白拆開看了，就見信上的大意是：

适才出外，承訪未遇，深為悵悵。意欲即刻回拜，無奈傷勢初愈，不能坐車遠行，故此遣價，謹致歉意。嘯峰五哥之事，實為令人憤慨，但弟絕可保證彼必無性命之憂。前日弟已派人往延慶去請楊健堂，以便托彼照料德府眷口，如今兄來，弟更放心矣。祈兄代弟向五嫂夫人面前叱名問安，以後如有需用之處，請即隨時通知。我等皆嘯峰之至友，同是為朋友，為義氣而奔忙，諒兄必不能以外人待弟也……

李慕白看了，見得邱廣超確實是個好朋友，他與德嘯峰原無深交，而就因此關心，着實可感。當下李慕白趕緊拿着邱廣超的來信到裏院去給德大奶奶看。德大奶奶見邱小侯爺的信上也說是德嘯峰絕無性命之憂，她便放了點心。

李慕白依然回到前面的書房裏。因見今天自己將馮懷、馮隆、冒寶昆等人打走了之後，他們就沒再來吵鬧，他反倒不放心了，所以晚間他恐怕黃驥北再使出那張玉瑾的故技，派了人深夜來此行兇，便不敢脫衣安寢。他穿着一身短衣褲，手提寶劍，一夜之內，在房上房下，前院後院，巡看了四五次，但是一點兒驚動也沒有。

　　李慕白反倒暗自笑了，心想：德嘯峰在監裏對我說，北京城這些地痞土棍們全都怕我極了，大概也是真的。也許我現在一來，無論什麼人也不敢再來此攪鬧了。不過黃驥北那個人，向來他不常出頭與人作對，專在暗地裏設計害人。他現在曉得我來了，必要想盡方法來陷害我，我倒是不可不防備。又想：現在有鐵小貝勒、邱廣超和五爪鷹孫正禮幫助我，過些日神槍楊健堂必然還要來，我也不算勢孤呀！

　　差不多到了天色將明的時候，李慕白方才就寢。次日上午也沒有出門，下午又到監獄裏去看德嘯峰。德嘯峰知道了李慕白昨天打了馮懷、馮隆、冒寶昆，並撕了那張假借據的事，他反倒發愁了，就向李慕白說：“兄弟，你這次是為我的事到北京來的，本來那黃驥北就像是眼中長疔，肉中生刺，昨天你又幹了那件事，他一定更要想法兒對付你，非得把你剪除了他才甘心。兄弟你千萬要謹慎點兒，並把這件事跟鐵二爺和邱廣超說一說去，以便遇事他們能夠給你擔起來！”

　　李慕白聽了德嘯峰這話，心中大謂不然，但是他也並不向德嘯峰爭辯，只是點頭說：“大哥不必囑咐，我都知道！”然後又說昨天邱廣超來了信，說是已派人去請神槍楊健堂來京的事。德嘯峰聽了，很是喜歡，就說：“楊健堂要來到北京，那可真是給咱們添了個膀臂。我在監獄裏倒不怎樣需要他，你在外面確實是應當有一個好幫手。”

　　說到這裏，德嘯峰的面上又露出了笑容，說：“你猜怎麼着？這許多日子那金槍張玉瑾就沒回河南，聽說他是在保定府金刀馮茂的徒弟黑虎陶宏家裏住着了。黃驥北常常派人去給他們送禮，並跟他們商量事情。還聽說他們把那賽呂布魏鳳翔也給找去了。賽呂布魏鳳翔本來是最恨黃驥北的人，當初因為黃驥北請了邱廣超，兩個人與他比武，魏鳳翔才敗了。他一怒棄了鏢行，到居庸關山上當了強盜，專打劫黃驥北往口外做買賣去的車輛。按說他們兩人的仇恨可也不小，不知為什麼，他現在又跑到保定陶宏家裏去了。聽說黃驥北常派人去給他送銀子，兩人倒像又交好起來。江湖人這樣地反覆無常，也真令人可笑！”

　　李慕白冷笑道：“這還有什麼難明白的！不過是因為魏鳳翔也被我刺傷過，他與黃驥北捐棄舊嫌，重新和好，也不過是為要協力來對付我。可是，這些人都是我手下的敗將，他們就是湊在一起，我也不怕他們！”

　　德嘯峰說：“不是這麼說，無論你怕不怕他們，將來那場爭鬥總是免不了的。近來有個給我跑腿的，外號叫小蜈蚣，他說他也認識你。這個人在北京的街面上最熟，什麼事兒也都能探聽得出來。以後你若見着他，可以給他幾吊錢，叫他給你探一探關於黃驥北的事情。”

第三十一回　相會鐵窗正言規俠友　獨來青塚悲淚吊芳魂

李慕白點頭說："我知道此人。再說我現在已有了幫手，請大哥放心吧！"遂又把昨天五爪鷹孫正禮來找自己的事，向德嘯峰說了。德嘯峰一聽是俞秀蓮的師兄孫正禮現在這裏，並且也要幫助自己，他心裏也很喜歡。同時又想：倘若俞秀蓮姑娘現在也在北京那才好呢！她可以住在自己家裏，不但可以保護自己的眷口，還可以隨時勸慰自己的母親和妻子。德嘯峰雖然想起這事，可是沒有說出口去，因為他知道，假若一提起俞秀蓮來，李慕白必要變色，而且又要皺上眉歎氣。

二人談了一會，那鐵小貝勒又派得祿來探望德嘯峰。李慕白一見得祿來了，不禁又想起去年自己在提督衙門的監獄時，得祿差不多也是天天去看自己。便想：去年自己為黃驥北、胖盧三所陷，遭的那件官司，後來雖是鐵小貝勒出力將自己救出來的，但若沒有德嘯峰以他的身家性命為我作保，恐怕鐵小貝勒也未必便肯為我這麼一個沒什麼來歷的人出偌大的力。可是我現在成了自由之身，德嘯峰卻又陷在獄裏，身家性命也正在危難之間。

李慕白想到這裏，不禁又悲痛又焦急。假若德嘯峰不是旗人，不是做過官的人，不是在北京有眷屬有產業，他真想以史胖子的故技，到監獄裏把德嘯峰救出來。

得祿跟德嘯峰說了一會兒話，他就向德嘯峰、李慕白請了安走了。李慕白又與德嘯峰談了半天，就也走了。出了刑部監獄門首，他忽然想起應當到南半截胡同表叔那裏去一趟，因為表叔是刑部主事，他或許也能對德嘯峰這官司出些力。當下就雇了一輛車，出了順治門，到了南半截胡同。

李慕白在祁家門前下了車，便上前叩門。少時他表叔的跟班的來升出來，見了他就請安，問說："李大爺幾時來的呀？"李慕白就說："我今天才到。你們老爺在家嗎？"來升連說："在家，在家，我們老爺才回來。李大爺你請進吧！"

李慕白隨着來升進去，見了他的表叔、表嬸，先敘了些家中的事情，然後就向他表叔祁殿臣提到了德嘯峰的官司。祁殿臣也彷彿很肯定地說："德五那件官司不要緊，絕不會成死罪。一來他不過是嫌疑，說他主謀盜竊宮中之物，那是一點兒憑據也沒有；二來是有鐵小貝勒和邱小侯爺等人給他託人情。再說，德五素日在北京又有點兒名氣，衙門裏絕不能錯待他。不過就是黃驥北他成心跟德五作對，又有宮裏的那個張大總管，也不知他收了黃驥北多少錢？就非要置德五於死地不可。"李慕白聽了氣得忘了形，在旁不住地嘿嘿冷笑。

祁殿臣又說："現在無論官私兩方面可是全都知道了，都說德五跟黃驥北結仇是因你而起。你可千萬要留神！那黃驥北神通廣大，他連德五那麼闊的人都能夠給陷在獄裏，他要想害你，那還不容易？去年你打的那官司，說是胖盧三害的你，其實也有黃驥北在裏頭作祟，我都知道。直到現在各衙門裏的捕役們，還都記得你的名字呢。胖盧三、徐侍郎被人殺了的事，至今還有許多人都說是你幹的。若不是你認得了鐵小貝勒，你在京城一天也待不住。現在你又到京城來了，可千萬別給我惹事兒！"

李慕白聽了，心中自然是很不痛快，但在表叔面前，他也不能說什麼氣憤的話。他只得連連答應，並求他表叔在刑部對於德嘯峰的官司多加照應。

　　祁殿臣說："不用你託付，我們衙門裏的人誰也不能跟德五故意為難。有的人是因為與德五有交情，有的人是想着：別看德五一時倒霉，他總是內務府的人，他有好親友，家裏又有錢，即使判了罪，將來也還能夠翻身。"

　　李慕白一聽他表叔說刑部衙門裏的人對於德嘯峰並無什麼為難之意，就更放了些心。少時，便向表叔、表嬸告辭出門。他本想要順便打聽打聽纖娘的墳墓，以便前去弔祭一番，但又不放心德家，恐怕那黃驥北又唆使人去攪鬧，所以就趕緊坐着車回到德家。當日也沒有人去找他，李慕白就在那書房歇息，未再出門。晚間他依舊警戒着，可是也無事發生。

　　次日上午，李慕白又到刑部監裏去看了德嘯峰。下午就有那小蜈蚣來找他，小蜈蚣說："我在茶館裏聽見黃驥北手下的幾個人說，黃驥北聽說李大爺來了，這兩日他就沒有出門。並且因為李大爺在大街上打了馮家兄弟、撕扯了借據，真把他氣得不得了，聽說他現在對外人說，他不跟姓德的幹了，要專跟姓李的幹了！他在這裏有馮家兄弟和冒寶昆，還有一個新來的鏢頭五爪鷹孫正禮，他又派人到涿州去請劉七太歲，到保定府去請黑虎陶宏和金槍張玉瑾等人，大概半月以內就可全到北京。他現在天天在家裏練護手鈎，預備到時跟李大爺拼命！"

　　李慕白聽了，不禁微笑，傲然地點頭說："很好，我敬候他們！"遂就給了小蜈蚣幾吊錢，叫他走了。

　　李慕白知道了現在黃驥北要想專跟自己鬥，而且請的不過是那一幫人，自己還天天在家裏練護手鈎，便覺得十分好笑。不過又想着：黃驥北為人奸險異常，別是他故意在外面散佈這些話，叫自己專心等着與他們決鬥，其實他卻在暗地裏又要用官司來坑害我吧！因此便覺得自己的行動確實應該謹慎些。

　　當日孫正禮又來訪李慕白，也談說了黃驥北現在正派人到外邊去勾請人，專為對付李慕白。李慕白依舊是傲然地回答，說是自己一點兒也不懼怕他們。孫正禮便很慷慨地說，到時候他願意幫助李慕白與那些人拼個死活。李慕白對於孫正禮自然也很感謝，說是到時必請他相助。孫正禮走後，李慕白並未出門，德家也沒有什麼事故發生，這一日又算平安度過。

　　到了次日，李慕白因為對於德家的事放了心，就想今天應當到纖娘的墳墓上去看一看了。看過之後，便應將纖娘的一切完全拋在腦後，再也不去做無謂的回憶了。當下他便帶上了纖娘自戕時的那枝匕首，先坐車到刑部監獄看了德嘯峰，然後坐車出前門，到了粉房琉璃街。

　　一進了這條胡同，李慕白的心中便湧起了陣陣悲痛。他想起了去年來到這裏看纖娘的病，想起了在那天雪夜纖娘自戕之後，自己踏雪回廟的情景，覺得真如同一場噩夢。車到了謝家門首，這時有一個男子在門前買油，卻正是那于二。于二看見一輛車來了，車上又是李慕白，他就趕緊迎了過來，叫道："李大爺，好些日子沒見你，你出外去了吧？幾兒到的北京呀？"李慕白也

第三十一回　相會鐵窗正言規俠友　獨來青塚悲淚吊芳魂

不下車，只叫車停住，就問說："纖娘的媽媽還在這裏住嗎？"于二說："纖娘的媽媽也不在了，是去年年底死的，也是我們給發葬的。就埋在南下窪子義地裏，跟她女兒的墳墓挨着。"

李慕白一聽謝老媽媽也死了，他又不禁歎息了兩聲，然後就問于二說："你現在有工夫嗎？你帶我到纖娘的墳上看看去，我給她燒幾張紙去！"于二連說："行，行！我一點事兒也沒有，我帶着你去！"遂就把手裏的油瓶子，交給街坊的一個小孩叫他拿回屋去。他也不進去穿長衣服，就跨上了李慕白的車，叫趕車的趕着，一直往南去了。

出了粉房琉璃街，就是宣南曠地，所謂"南下窪子"即在眼前。此時正是三月初旬，桃李花正開，柳條兒也青了。下野草如茵，墳墓無數，東風吹着塵土，在眼前布出了一片愁黯景象。李慕白坐在車上不住歎氣，那于二跟他問那俞姑娘現在的景況和德五爺的官司，他全不答言。

走到一個小村落前，李慕白就叫于二下車，到一個小雜貨舖裏買了幾疊燒紙。于二又上了車後，就叫車偏東走，少時就到了南下窪子。這附近什麼也沒有，只有無數低矮殘破的墳墓，並且有的連破棺材板全都露了出來。于二跳下車來，說："就是這兒。"李慕白也下了車，他望着這片墳墓，不住地皺眉，就問于二說："這裏的一些墳墓，怎麼全都沒有人管呢？"

于二笑了笑說："誰管呀？這兒說是義地，其實就叫亂葬崗子，在這兒埋的全都是在窯子裏混事的姐兒們。在她們活着的時候，穿綢着緞，搽脂抹粉，金銀隨手來隨手去。熟客這幾天來了，過兩日又走了，她們陪着人吃酒席，給人家彈唱，還有比翠纖更標緻的紅姑娘兒呢！可是一死了，唉，有誰管呢？不過是由着領家兒的買一個四塊板的棺材，雇兩個人抬到這兒，挖個一尺來深的坑兒，埋了也就完了。過些日子，墳頭兒也給風刮平啦，死屍也叫狗給刨出來了，沒親人，沒骨肉，誰還照顧她們那把乾骨頭呢！

"你瞧這些個墳，這頂多也就埋了有兩年，以前的那些墳早就平了。要不然人家怎麼說當妓女的是紅顏薄命呢？李大爺，你沒聽人唱過'妓女告狀'嗎？那裏不是說：管抬不管埋呀！頭上披着青絲髮，底下露着繡花鞋……"

聽于二說了這麼多話，又聽他唱了幾句悲哀婉轉的小調兒，李慕白的鐵骨俠心抑制不住多情的眼淚，因就不禁淒然淚下。他並不是在專哭謝纖娘，卻是在哭普天下的不幸女子。他自己年近三十未娶，就是想要物色一個聰慧秀麗的女子，然而，他理想中的那些女子，都被人世給摧殘了！被黃土給埋沒了！

李慕白跟隨着于二走進了墳地，于二就從南邊數起，走到第七座墳前，他就說："李大爺，李大爺，快來快來，這就是翠纖的墳！那邊，就是謝老媽媽的。"李慕白走近一看，只見纖娘的墳上已長出了短短的青草，還開着一朵二月蘭。這棵野花兒，仿佛就是纖娘的幽魂所化。

李慕白凝神看着這朵野花，回憶着自己與纖娘結識的經過。由去歲初夏與德嘯峰偕訪俠妓，華燈麗影，從此銷魂，又想到那天在纖娘的床上嘔吐，並在纖娘的枕中發現匕首，以及雨夜留宿，啼香笑粉，種種柔情和後來纖娘下嫁徐侍郎，自己深夜去見他，遭受她的冷淡拒絕，更想到最後纖娘臥病，自己探病，纖娘刺傷苗振山，並自戕慘死的事情。他從頭至尾地一想，忽然完全明白了，原來纖娘始終鍾情着自己，只是因她恐怕自己也是苗振山那一流的江湖匪人，所以才發生了後來的變故。到最後，苗振山死了之後，纖娘才明白自己不是那樣的人。她那病懨懨的身子仍舊餘情未死，還希望自己能憐愛她。可是那時自己卻因為孟思昭、俞秀蓮的事傷了心，所以不願再在京中居住，因就說也許此後永不能再與她見面。於是她才心灰意冷，再無生趣，才至以匕首自戕身死。

　　唉！這些事情到底該怨誰呢？不能怨她，因為她並非薄情；也不能怨我，因為我對她並非毫無真情實意，只怨命運，只怨事情糾纏錯誤，只怨人世坎坷。我們都是命苦，都是受人傷害的人，才至彼此反倒不能了解。唉！這都是前生孽債，情海浩劫！

　　李慕白一面揮淚想着，一面叫于二劃開了紙燒着。望着那火光飛灰，李慕白強按住胸中的悲感。他探手去懷中，摸着了那隻染着塚中人碧血的匕首，又發了一會怔。但是他並沒取出那隻匕首，卻取出了兩張銀票來，交給于二說：「去年為纖娘的事，你也很麻煩。那時我就想要謝謝你，可是因為我走得倉促，就沒有顧得。現在送給你這點兒錢，算是我替死的人給你道謝了。以後你若有工夫呢，可以到這裏給纖娘的墳上添些土，只要不至叫她的屍骨露出來就得了！」

　　于二接過了錢，請安道謝，並且笑着說：「李大爺，你放心吧！逢年按節我准到翠纖的墳上來添土，絕不能叫她像『妓女告狀』裏唱的那樣，沒有人管！」他還要往下說，李慕白卻揮手叫他先回去了。

　　李慕白叫車停在這裏，他就一個人往南走去。走了一裏多地，那邊就是一片葦塘，塘裏蘆葦初生，一叢一叢地在那汪洋的水面上露出。李慕白在塘邊站立了一會兒，看得四下無人，他就由懷中取出那枝匕首來，使出力量來遠遠地一拋。只見遠處濺起了水花，李慕白隨即轉身走去，連頭也不回。走到停車之處，他就叫趕車的快走，回東四三條去。

　　李慕白坐在車上，此時他精神奮起，已無剛才那悽惻悲傷之意。他極力想着營救德嘯峰和對付黃驥北的辦法，以摒除對於纖娘那已盡的情思。趕車的也莫名其妙，這位大爺是怎麼回事兒？他只得聽李慕白的吩咐，急急地趕着車往回走去。

　　車進了前門，經過東長安街，便往東四三條走。李慕白在車上坐着，心裏很痛快地想着：身邊的一切兒女私情全都結束了。現在只有德嘯峰的友情未報，與黃驥北的爭鬥未決，然而那都好辦。

　　車將要轉過東四牌樓時，忽然聽得車後傳來一陣急快的馬蹄聲，是有人騎馬趕來。並有人用嬌細清亮的聲音，呼道：「李慕白，李大哥！」

第三十二回　駿馬嬌姿微言感情義　明槍暗箭薄暮起凶謀

　　李慕白很驚訝,心說:這是誰叫我?剛要叫車停住,回頭去看,車後的馬匹已然趕到了。馬上是一位年輕女子,青帕包頭,渾身青色的緊身衣褲,一雙白布鞋蹬着紅銅馬鐙,鞍下掛着雙刀,鞍上帶着簡便的行李包裹。馬上的姑娘是芳頰俊眼,略帶風塵之色,頭上、身上、包裹上也都浮着一層沙土。

　　李慕白一看,原來不是別人,正是巨鹿縣的俞秀蓮姑娘,不禁又驚訝、又慚愧、又傷心。他驚訝的是,俞秀蓮姑娘怎麼也到北京來了,看她這個樣子還是才進城;慚愧的是去年冬天,那雪地寒晨,秀蓮姑娘因追趕自己,雪滑馬跌,她竟因羞憤要抽刀與自己決鬥,如今又見了面,她還招呼着自己,未免使自己無顏對她;傷心的是,見秀蓮現在還穿着白鞋,可知她這些日來依舊在故鄉青春獨處,過着淒涼的歲月。

　　這時俞秀蓮芳頰微紅,也似乎很難為情的樣子,她一手勒馬,一手提鞭,向李慕白說:"我不知道李大哥來了,要知道李大哥在此處,我在路上也不至於這麼急。德五哥的官司現在到底怎樣了?"

　　李慕白這才知道,原來秀蓮姑娘也是在家裏聽見德嘯峰陷獄的事情,才趕到北京來的。心說:這一定又是史胖子做的事。那日黃昏細雨之下,他到南宮把我找着,後來他又與我分手走了,大概他就是又往巨鹿請俞姑娘去了。俞姑娘現在來到也好,她可以保護德嘯峰的家眷,總比自己要方便得多。不過俞秀蓮是個性情剛烈的女子,她第一次到北京來,就在郊外把吞舟魚苗振山給殺了。這次她又來到北京,一定聽史胖子說了不少黃驥北陷害德嘯峰的事,她現在一定是懷着滿腔的憤怒而來,以後實在難免她又會在北京做出什麼激憤的事情,那時不但不能保護德家,倒許給德家惹禍。

　　李慕白原不想與秀蓮多談,但到此時也是不可能了,於是他就叫車慢慢地向前走着。俞秀蓮騎着馬跟着車,李慕白就詳細地向秀蓮說了德嘯峰的一切事情,然後並囑咐秀蓮千萬要暫時忍耐,不可再惹出什麼事端。他說:"咱們現在心中有什麼氣憤,也應當暫時存在心裏,等着德五哥的官司有了定局,咱們再找黃驥北那些人去出氣!"

李慕白幾乎是在央求秀蓮姑娘，他以為憑秀蓮姑娘那樣剛烈的脾氣，絕不能像自己這樣隱忍謹慎，以顧全德家，一定要再說出什麼帶鋒芒的話來。可是不想秀蓮姑娘聽了李慕白的這些話，她並未表示出激憤難捺，卻勒着馬慢慢地隨着李慕白的車走。她並且微歎了一聲，說："李大哥，我現在不像是早先那種性情了。在去年，我還是個小孩子，那天在雪地裏我因追李大哥，自己的馬滑倒了，我卻和大哥翻了臉。後來我也很後悔，並且覺得對不起我死去的父親。因為我父親在榆樹鎮將去世時，曾當着李大哥的面囑咐我，叫我以後應當以恩兄對待大哥！"說到這裏，秀蓮姑娘就在這街前馬上哭了。

　　李慕白也不禁低頭，心中既是傷感，又是慚愧。就聽秀蓮姑娘又說："後來我知道了孟思昭的死信，我就對什麼事全都心灰意冷了，所以我回到家裏就沒有出門。李大哥住在南宮，離着巨鹿很近，我也沒去看望李大哥，沒去向大哥賠罪，可是我的心裏常常難受。在上月，宣化府的劉慶和幾個鏢頭，才將我父母的靈柩運回巨鹿。因為辦得很省事，所以也沒有去通知李大哥。

　　"我原想待守孝三年以後，我再出來，想法報答李大哥對我家的恩情，報答德五哥、德五嫂對我的好處。但是，才將我父母安葬之後不到十幾天，那史胖子就去找我，我才趕到北京。假若李大哥沒在此地，我還或許會因為急着救德五哥出獄，做出什麼莽撞的事來，現在既有李大哥來了，那外間的事情就全都不用我管了。我只想住在德宅，保護德老太太、德五嫂和他的少爺們，以後我連門也不出。德五哥的獄裏我也不想去，只求李大哥把我來到北京的事告訴他，叫他放心就得了！"

　　李慕白聽秀蓮姑娘說的這些話，真是又明白又爽快，並於話中可以聽出，俞秀蓮是十分尊敬自己的，然而自己對她又怎樣？當初既已知她許字孟家，既已知與她的婚娶是不可能的，並且早已斷絕了希望，可是自己還那麼情思纏綿，仿佛難忘難捨似的。以致使孟思昭對自己生了疑心，竟讓他為自己的事而慘死了，秀蓮姑娘也落得如此淒涼！想到這裏，就覺得俞秀蓮現在可憐的身世，仿佛完全是被自己給害了似的，因此心中又是無限地慚愧和悔恨。

　　再看秀蓮姑娘執轡策馬，於嬌態之中顯出一種英風，李慕白不禁心中又生出敬慕之意。同時想起去歲夏初，在望都榆樹鎮葬埋了俞老鏢頭之後，自己遵從俞老鏢頭的遺囑，護送俞秀蓮和她的母親往宣化府去。那時是她們母女坐在車上，自己騎馬相隨，如今卻是自己坐在車上，秀蓮姑娘騎馬隨着車走了，今昔恰恰相反，這一年之內，人事變遷得太快了！

　　看着秀蓮在馬上英氣勃勃的，反襯着自己在車上這種頹唐的樣子，李慕白就覺得自己實在不及秀蓮。自己徒然稱了一時的英雄，實在不及一女子。譬如剛才自己若是先瞧見秀蓮，就未必有膽氣先去招呼她，然而她一看見了我，就急忙趕來，並向自己解釋去年冬天的誤會。可見自己這個闖江湖的英雄，真不如一個閨中少女了！因此他便極力振奮精神，做出爽快的樣子，以改變自己以前對俞秀蓮避免嫌疑的那些態度。

　　談完了這些話，李慕白又說到了五爪鷹孫正禮現在北京的事。俞秀蓮一聽，十分喜歡地說："哎呀！我孫師哥也在這兒啦，我可得見一見他去！"

李慕白說："今天大概他還要找我來，姑娘一定能夠見着他。只是那史胖子呢？"

俞秀蓮說："史胖子那天找了我，恰巧我父親的師姪金鏢郁天傑也在。他是由河南趕來的，專為幫助料理我父母安葬的事，我父母安葬以後，他還沒回河南去。史胖子一去，他們見了面，談起話來，原來他們彼此都有些相識。次日我走的時候，他們還在一起盤桓呢。不過史胖子說，他隨後就到北京來。"

李慕白說："他就是來到北京，也不敢光明正大地進城。"

俞秀蓮似乎是很驚訝，就問說："那是為什麼呢？"

李慕白尚未對俞秀蓮說史胖子的事情，這時車馬就進了東四三條胡同，在德家門首停住了。李慕白下車上前叩門，待了一會兒，裏面把門兒開開了，出來的卻是壽兒。壽兒一瞧見俞秀蓮，他就又驚又喜，趕緊請安說："俞大姑娘你也來啦，我們大奶奶可想你極了！"

秀蓮下了馬，便進門順着廊子一直進裏院去見德大奶奶。壽兒把李慕白的車錢都開發了，並叫出一個男僕來，把秀蓮姑娘騎來的馬匹送到車房裏，雙刀和行李是由壽兒自己給送到裏院的。

李慕白回到書房裏去歇息。此時他的心裏倒是十分痛快，覺得自己對謝纖娘的事現在是完全盡了心，再也不提她想她了。俞秀蓮現又來到德家，德家的事也不必自己再照料了。只有營救德嘯峰，對付黃驥北，那卻是自己目前的當務之急。這天孫正禮也沒有來。次日李慕白派福子去請他，孫正禮才來與俞秀蓮姑娘見了面。

李慕白又到刑部監裏見了德嘯峰，說是俞秀蓮姑娘現在也來了。德嘯峰一聽也很是喜歡，因為他想着俞姑娘在他家裏照料，一定比李慕白方便得多，並且還能夠隨時勸慰他的妻子。就是一樣，他怕俞姑娘再惹出什麼事來。不過又聽李慕白說，俞姑娘現在的性情與去年已不同了，她說她只在家裏照料，絕不管外面的事。因此德嘯峰放了心，他就託李慕白回家替他向俞姑娘道謝。

出了刑部監獄，李慕白又去了邱廣超和鐵小貝勒那裏。凡知道俞秀蓮來到北京的，都囑咐李慕白回去要向俞姑娘勸解，不可叫她因激憤又生些事端。因為德嘯峰的官司現在已快完了，不可再因小故再出什麼枝節。李慕白回到德家，也並沒到內宅去見俞秀蓮姑娘。

秀蓮也真如她自己所言，連街門也不出了。在內宅她是與德大奶奶同住在一間屋裏，她每天除了談些閒話，勸慰德大奶奶和晚間提着雙刀，在各處巡查巡查之外，並不再做別事。所以李慕白也很放心了。他便整天地出去，為德嘯峰的事情而奔走，並打探黃驥北現在究竟是要怎樣對付自己。

一連過了半個多月，德嘯峰的官司已然漸漸審斷清楚，聽說不久就要定案了。神槍楊健堂也來到北京，他就住在邱廣超的宅中。只是黃驥北卻一點兒動靜也沒有，不見他出門，也沒見他把什麼金槍張玉瑾、黑虎陶宏和劉七太歲等請來，與李慕白決鬥。並且馮懷、馮隆、冒寶昆等人，自吃了李慕白一頓打之後，也都縮在鏢店裏不敢出頭。

李慕白覺得他們既不找自己來，自己也犯不上去找他們。至於自己與黃驥北一年以來結下的仇恨，等將來再為清算。只是五爪鷹孫正禮，他因為幫不了李慕白的忙，跟黃驥北等人打不了架，他就仿佛手腳全都覺得發癢，屢次想要找黃驥北去鬥一鬥，但全被李慕白給攔住了。他的心裏怒憤難捺，便在鏢局裏拿他的盟兄弟冒寶昆撒氣。冒寶昆本來就怕孫正禮，在這時候更是不敢惹他，只得用好話來對付他。

　　又過了些日子，殘春已去，炎夏又來，正是去年李慕白初到北京漂流落拓之時。李慕白這時心中情思已冷，只有義憤未出，精神倒還不太壞，可是身體日見瘦弱。他自己都有些發愁，他明白，自從去年由提督衙門監獄裏出來，那時就已染了病。後來雖經孟思昭服侍，疾體暫愈，但是病根未除。其後又加上孟思昭與謝纖娘那兩件使自己痛心的事，因之身體所受的損傷更大，所以直到現在還沒有恢復。更加上德嘯峰的陷獄，與黃驥北的惡計坑人，種種憂慮、焦急、氣憤全都擱在自己的心裏，以致如此。李慕白心說：唉！果若長此下去，我恐怕又要病倒在京都，連德嘯峰的官司也照顧不了，與黃驥北之間的仇恨也無法報復了！所以，他極力調養自己的身體，每天除了到監獄裏看看德嘯峰，到鐵小貝勒府上托託人情，及至表叔那裏打聽消息之外，便不再出門，只在德家休養。

　　又過了幾天，這日李慕白正在屋裏睡午覺，忽然壽兒進來將他叫醒。就見壽兒面上帶着驚喜之色，說："李大爺的表叔祁大老爺那裏，打發跟班的來了，說是我們老爺的官司判定了。"李慕白一聽，便興奮地坐起身來，連說："快點兒把來升叫進來！"

　　這時來升正在廊子下站着，聽屋裏李慕白叫他進去，他就趕緊到屋裏向李慕白請安，說："李大爺，我們老爺才下班兒，就趕緊打發我來了。說是德五爺的官司快定罪了，大概一兩天內公事就能批下來了。"

　　李慕白趕緊問說："定的是什麼罪？"

　　來升說："我們老爺說，全案只有德五爺的罪名判得輕。有兩個太監和一個侍衛全都定的是秋後斬決，楊駿如也定的是絞監候，只有一個姓柏的侍衛和德五爺，定的是發往新疆充軍效力。"

　　李慕白一聽，立刻雙淚落下。想着德嘯峰現在雖已免去了死罪，但是發往新疆，這遙遠的路程，窮苦的地方，他哪裏受得了呢？而且妻離子散，尤其使人情難堪！

　　又聽來升似是勸慰着又說："發到新疆受不了什麼苦，尤其是德五爺他是內務府的人。我們老爺說，德五爺若是到了新疆，跟閑住着是一樣。雖然沒有在京裏舒服，可是只要有錢，也受不了什麼苦。頂多了住上一二年，再在京裏托託人情，也就回來了。"

　　李慕白點了點頭，又問說："那麼我表叔他老人家說，定了罪之後，幾時才能離京上道呢？"

　　來升說："大概也快吧！定了罪之後，一個月就能夠起身。李大爺，你替德五爺放心，夏天走路雖然熱一些，可是也比在監獄裏強得多呢！"

第三十二回　駿馬嬌姿微言感情義　明槍暗箭薄暮起凶謀

李慕白聽罷，點了點頭，遂給了來升幾吊錢，叫他回去了。

李慕白心裏暗想：這個消息想是確實的了。可是到底要不要預先告訴德大奶奶呢？倘若告訴她丈夫將要遠發新疆，她不知道要傷心成什麼樣子！可是，她若知道了她丈夫現在的死罪總算免了，也一定能夠放心了。想了一想，他覺得還是告訴德大奶奶比較好些，於是就進到裏院去見德大奶奶。

此時秀蓮姑娘也在旁邊，李慕白就把剛才自己的表叔派人送信來，說是德五哥的案子快判定了，死罪是一定免了，可是須要發往新疆充軍的事說了。然後又說到新疆也受不了什麼苦，並且在路上還比在監獄裏度一夏天要強得多呢！

德大奶奶初聽丈夫將要遠配邊疆，自然也是不禁傷心墜淚，可是後來一想，只要丈夫不至於死罪就好了。雖然發配新疆，可是將來花些錢，再托些人情，也許不到一二年便能贖回來。因此便拭淚說："這也好，叫他到外面住一二年去，也躲一躲那黃驥北。只是他一發往新疆，家裏更得要受別人的欺負了！"

旁邊的俞秀蓮就說："這件事五嫂子不要發愁，我五哥一日不在家，我就一日不離開這裏。只要有我在這裏，無論什麼人來尋事，也不用怕！"李慕白也勸德大奶奶說："嫂嫂放心，有俞姑娘在這裏，一定什麼事也不會有。"說畢，他又到了前院，就叫福子套車。

李慕白先到刑部監獄，見了德嘯峰，就說了剛才表叔祁主事派人送去的那消息。他本想德嘯峰一聽說自己將要發配新疆，拋家棄子，往那冰天雪地之中，去度罪犯的生活，一定很是難過。卻不料德嘯峰聽了，反倒臉上現出笑容，仿佛十分歡喜。就聽他說："這可好極啦！借此機會我可以到新疆去玩一趟。不瞞兄弟你說，我們旗人平日關錢糧吃米，沒有什麼機會可以到外面去玩，而且國法也不准私自離京。所以我們旗人，十個之中倒有九個連北京城門也沒出去過。

"我雖然出過幾趟外差，可是也就到過東陵、西陵和熱河承德。譬如去年你回家去了，其實南宮才離北京有多遠，可是我就不能前去看你。現在好了，不是說要把我充發新疆嗎？我覺得再遠一點兒都好，我可以穿過直隸、走山西、入潼關，過西安府、走伊涼、直到新疆，什麼太原府、黃河、華山、祁連山、萬里長城、玉門關，我都可以路過玩玩，增長些閱歷，交些朋友，有多麼好呀！

"再說我家裏也沒有什麼不放心的。兄弟，你也不必為我的家庭瑣事耽誤你的前程，有一位俞秀蓮姑娘就夠了，花十萬兩銀子也請不來那麼好的姑娘給護院，這總算我德五人緣好才能夠這樣。兄弟，你現在別為我發愁了，你應該給我道喜。我在新疆住上兩三年，回來咱們再會面時，嘿！兄弟你看，那時候有多麼樂！"說畢，德嘯峰在鐵窗裏不住哈哈大笑。

李慕白看德嘯峰還是真笑，並不是勉強地笑，自己倒真佩服他。覺得他這種暢快、曠達，實為自己所弗如。又談了些話，德嘯峰就催着李慕白快點兒到邱廣超和鐵小貝勒那裏去，把自己將要發配的事去告訴他們，請他們諸位放心。李慕白遂辭了德嘯峰，走出刑部監獄，依舊坐着福子趕的車，往北溝沿邱廣超的宅中去。

到了邱宅見了邱廣超和楊健堂，李慕白就說了德嘯峰案子將要判定，大概他是發往新疆。並且說德嘯峰聽了這消息，他心裏反倒很暢快，一點兒也不發愁。邱廣超就說："嘯峰平日就是那麼一個人，什麼事兒也想得開。他還年輕，家裏又有人照應，出去走一趟也好，只是在路上要多加小心。因為我曉得，黃驥北在外省頗結識了不少江湖盜賊，難免要在嘯峰所經過之地預先埋伏，等到嘯峰經過之時，就將嘯峰殺害了。所以淨憑着官差們跟着是不行，咱們這裏得有人隨去保護。"

李慕白一聽，不由怔了一怔，剛要說這自然是我隨着嘯峰去了，可是又想着：自己等着嘯峰發配走了之後，還要留在北京，尋那瘦彌陀黃驥北報仇出氣呢！

他略一猶豫，尚未說話，那神槍楊健堂已然在旁發言了。就聽楊健堂慷慨地說道："我送德五哥到新疆去。現在已到了夏天，我那鏢局裏也沒有什麼買賣，有幾個夥計們照應着也就行了。我帶上我那杆槍，跟着德五哥哥走一趟，路上出了什麼事都由我來擋。把他平安送到新疆之後，我再回來，那時至多也就是秋天。"

李慕白一聽神槍楊健堂願意護送德嘯峰到新疆去，自己很放心，便說："楊三爺若送五哥前去，那路上管保什麼事兒也沒有。不過就是楊三爺太辛苦些了！"

神槍楊健堂搖頭說："沒有什麼的。廣超他知道，我跟嘯峰的交情也不是一年半年了，這點兒忙我應當幫他。再說我們以保鏢為生的人，把走遠路就沒當作一回事兒。"

邱廣超在旁也說："健堂陪嘯峰去，那真是最好不過，因為健堂在外面有很多朋友，到處都有點兒照應。"

當下便商定將來德嘯峰發配新疆之時，是由楊健堂沿路護送。不過李慕白又想，神槍楊健堂雖然武藝高強，在江湖上也頗有名頭，不過只有他一人護送，若遇着大幫的強盜，也難免有點兒勢孤力弱。所以李慕白又想到孫正禮，就說："我有一個朋友，名叫五爪鷹孫正禮，是巨鹿縣俞老鏢頭的徒弟，俞秀蓮的師兄。這個人身高力大，武藝也很好，性情更是豪俠爽快。他現在四海鏢店裏。因為他知道那冒寶昆在此做了很多的壞事，他也不願意再在那裏居住了。我想將來德五哥出京之時，可以叫他也隨行護送，給楊三爺做個幫手。"

楊健堂點頭說："很好，鐵翅雕俞老鏢頭的徒弟，武藝是絕不會錯的。一半天李兄弟可以把他請來，我見見他。"

當下三個人又談了半天閒話，李慕白就走了。他坐着福子趕的車，又到了安定門內鐵小貝勒府，見了小虯髯鐵小貝勒。還沒容李慕白說出德嘯峰的事情，那鐵小貝勒就面帶喜悅之色，說："慕白知道嘯峰的官司快判定了嗎？"

第三十二回　駿馬嬌姿微言感情義　明槍暗箭薄暮起凶謀

李慕白點頭說："我知道了，聽說他將來是要發配新疆。剛才我到監獄裏去看他，他聽了這個消息，倒像是很喜歡的樣子。"

鐵小貝勒又說："我也願意叫嘯峰出去走一趟。嘯峰若長在北京住着，恐怕還得出事。他那個人對於朋友雖然熱心，可是缺少閱歷。譬如說這件案子裏的一個很要緊的人楊駿如，那本來是個市儈，就因為常常與德五在一塊兒逛班子，所以兩人也成了好朋友。這回要不是他營救楊駿如，哪能到這步田地！"

李慕白見鐵小貝勒對德嘯峰那樣的俠骨熱心人，似是不甚了解，未免暗暗地慨歎，又聽鐵小貝勒說："所以這回叫嘯峰出外闖練闖練，受點兒苦也好。只是在路上須有一個人護送才好。雖然說無論多麼大膽子的強盜，也絕不敢打劫官差，不過嘯峰近年結下的仇人太多。像金槍張玉瑾什麼的人，倘或在路上打劫，意圖傷害嘯峰的性命，那時嘯峰可非得要吃虧不可！"

李慕白就說："這一層我們也考慮到了。剛才在邱廣超家中，我們已然商量好了，到時是由神槍楊健堂跟隨去。並有一個五爪鷹孫正禮，是俞秀蓮姑娘的師兄，他也跟着隨行保護。"

鐵小貝勒一聽，就仰着頭想了一會兒，然後說："神槍楊健堂若隨去沿路保護嘯峰，那自然是很好了。可是，我想還是你跟去，才叫人放心。"

李慕白聽了卻半晌無語，他想了一想，才歎着氣說："我不能隨我五哥去。其實以他待我的好處，我原應該借此對他盡些心力，但是我還有別的事情要辦，恐怕到時不能隨他走！"

鐵小貝勒聽了，便微笑着說："慕白，我也知道你心裏的打算。你是想要等德嘯峰出京走後，你就專力要鬥一鬥黃驥北，跟黃驥北拼個死活，是不是？"

李慕白一聽鐵小貝勒猜透了他的心事，未免有些變色，但是他還不敢就在鐵小貝勒的眼前承認了，遂就勉強笑着，搖頭說："不是，不是，我為對付黃驥北，何必要費那麼大的事兒呢？又何必要等着嘯峰走了以後呢？"

鐵小貝勒依然微笑道："不用說了，我全都知道。你現在處處忍氣吞聲，就是等着德嘯峰的案子定了之後，你再獨自出頭去與黃驥北拼命。黃驥北他現在也是天天在家裏練護手鉤，預備對付你。我也知道，你們兩個人的仇恨是無法解開了。並且黃驥北近年鬧得也太不像樣子，我也願意有你這麼一個人來懲戒懲戒他。不過我又細想，你跟他還是合不着。你現在是年輕有為，前程遠大，黃驥北能算是什麼人？不過就仗着他有些錢罷了。所以我勸你還是暫時忍下小事，往遠大之處去着眼。"

李慕白聽了鐵小貝勒這些話，心中十分感動，就想：鐵小貝勒真愛我至深。其實我李慕白本來是與黃驥北相拼不着，但怎奈黃驥北一天不除去，德嘯峰就一天不能安居，而且京城也永久留着這一大害，將來還不知他要陷害多少人呢！他雖然這樣想着，但並未說出口去。

他與鐵小貝勒又談了一會兒閒話，就要起身告辭。鐵小貝勒卻挽留他說："這次你重來北京，我早就想給你設宴洗塵，只為德嘯峰的官司，你我心緒同是不佳。現在總算好了，嘯峰的事情總算有了定局了。今天我想叫下邊預備點兒酒，咱們多談一會兒，也不算是宴請你。等到一二年後，嘯峰回到北京時，那時我必要備豐盛的酒筵，咱們幾個人歡聚！"

李慕白見鐵小貝勒這樣地盛意挽留，自己當然不能再急着要走，遂就重又落座。並由鐵小貝勒所說的那句等到一二年後，嘯峰再回到北京時，那時再為歡聚。李慕白心中就不禁發生無限感慨，暗想：自從我第一次離家外出之後，至今才不過一年多，但是其間人事紛紜變遷得極快。再過一二年之後，還不定要怎麼樣呢！於是便暗暗地歎了口氣。

鐵小貝勒同李慕白又談了一會兒話，他就叫李慕白在這裏暫坐，自己又往內院去了。待了半天，他帶着一個小廝走了出來，那小廝手中捧着兩口寶劍，全都用紅緞子包裹着。鐵小貝勒打開包裹，抽出那兩口寶劍給李慕白去看，並說："這兩口劍是我祖傳之物，全是古代名將佩帶過的。我曾請人鑒賞過，據說這兩口劍在現在世上誠屬難得，比去年我送給你的那口劍，可又強得多了。"說時鐵小貝勒面上滿浮着喜愛之色。

李慕白細細地觀賞着這兩口寶劍，看那深青色的劍鋒以及劍身金嵌的七星，覺得確實是名物，是無價之寶。同時他的心中又有一陣淒涼的感覺，因為他聽鐵小貝勒又提到去年贈劍之事，就想起了為那口寶劍自己才結識的孟思昭。孟思昭已為自己的事慘死，現在那口寶劍，也伴那俠骨情心的孟思昭而長眠了！想到這裏，李慕白便面現悲哀之色。

鐵小貝勒在旁也看出來了，他心裏也明白，李慕白是又想起孟思昭來了，遂就叫小廝將寶劍送回內院，他便吩咐得祿去傳命擺酒。少時，有三個廚房裏的人來上酒上菜，這小蚪觰鐵小貝勒便與李慕白飲酒暢談，由德嘯峰的事又談到李慕白的將來。鐵小貝勒就說："慕白，你若是不打算送嘯峰到新疆去，你可以就在我這裏住着，一節我送你二百兩銀子，大概也夠你花的了。我也並不是要叫你給我看家護院，我仍然以賓客待你，只要我們能常在一處，我時常跟你討教些武藝，我就很高興了。"

李慕白聽鐵小貝勒這話，自己當然很是感激。不過他卻說："二爺待我的深恩盛情，我當然沒齒不忘。現在德嘯峰往新疆去，有楊健堂及孫正禮送他，諒不至有什麼舛錯；德宅的眷屬有俞秀蓮保護，我也很是放心。所以我想等到德嘯峰走後，到江南走一趟，訪一訪我的盟伯江南鶴。然後我再回北京來，那時再在二爺府上常住！"

鐵小貝勒就點頭說："江南鶴這位老俠客，乃是近數十年來大江以南獨一無二的英雄。我是久仰其名，只是沒聽說這位老俠曾到北方來過。而且據我想，這位老俠年事已高，此時未必尚在人世。你若往江南去，亦恐見不到這位老俠了。"

李慕白說："我八歲時父母同時因疫病故。江南鶴老俠是先父鳳傑公的盟兄，蒙他將我父母安葬。隨後他老人家即帶我北上，將我交給了我的叔父撫養，他老人家就走了。後來先師紀廣傑來南宮招徒授藝，其實也是受了他的老友江南鶴之托，專是為到南宮將武藝傳授給我。所以生我雖然是父母，

第三十二回　駿馬嬌姿微言感情義　明槍暗箭薄暮起凶謀

但愛護我，栽培我，全仗江南鶴老俠一人。我與他老人家分別後，至今已近二十年，即使現在見了面，恐怕我也不大認識他老人家了。但是我卻常想要往江南去，一來是為尋訪我這位盟伯，二來也是要遊覽遊覽江南名勝。"他口中雖然這樣說着，但心裏卻很淒惻地想着：早先我要往江南去，是愁沒有路費，現在路費雖可由德嘯峰處湊到，但是身邊的殘情難補，恩仇未報，生命都不能預定。江南勝地能否重遊，實在是未可知了！

此時鐵小貝勒聽完了李慕白的話，他就撚髯凝視，沉思了一會兒，然後點頭說："也好，你若往江南去走一趟，一定更能增長許多經歷閱歷。等你由江南回來，再在我這裏住着。"說着話，他又向李慕白擎杯勸飲，並不因李慕白謝絕了他的好意而面上有不高興的樣子，使得李慕白倒是十分感愧。

當日鐵小貝勒談的話極多，酒也飲得不少。李慕白卻因現在身邊有維護德嘯峰，及應付黃驥北之事，所以他不敢多飲。直到酒肴半殘，又談了一會兒閒話，李慕白方才告辭。

此時屋中已點了燈燭，外面的暮色漸深，餘霞未落。李慕白走出府門，到車前一看，趕車的福子不知往哪裏去了。據旁邊鐵府的人說："李大爺你那個趕車的，他吃飯去了。"李慕白便笑了笑，暗想：福子在這裏等了半天，我也不出來，他一定是餓極了。遂就在車旁站立等候。

等了一會兒，福子才回來，他笑着說："李大爺你等得着急了吧？我是到東邊小舖裏吃飯去了。"

李慕白笑道："我倒是沒有着急，卻叫你等了我多半天，實在是對不起你！"

福子說："李大爺你這是哪兒的話，我們趕車的還怕等人嗎？早先我們老爺逛班子，時常由這時候等到半夜裏，那我還能夠有什麼怨言？"他一面說，一面嘻嘻地笑着把車上的坐褥鋪平展了，就請李慕白上車。

李慕白聽福子提到他們老爺逛班子的事，就想起去年夏間由宣化府初到北京時，有一天晚上，自己無意之中走入柳巷煙花之中，就碰見了德嘯峰坐着福子趕的車。由那次起，自己才漸漸與德嘯峰深交，才常往那班子裏去走，才惹出了謝纖娘那幕慘劇。想到這裏，他便坐在車上歎息。

福子趕着車，嘴裏吆喝着："唔唔！喝喝！"地下坎坷不平，車輪咕咚咕咚地響着。李慕白又想起鐵小貝勒剛才勸勉自己的那些話，心中深為感動。但是德嘯峰的友情未報，黃驥北的仇恨難消，實在令自己心中義憤難忍。最後自己恐不能不拋去那無謂的前途，而與黃驥北以性命相拼了！這時四周的暮色愈深，蝙蝠在車前飛動，街上已有人噹噹地打着頭一更的鑼。

又行了多時就到了北新橋，剛要向南轉去，忽聽跨着車轅趕車的福子怪叫了一聲，說："這是誰呀？"車立刻就停住了。緊接着叭叭叭幾枝弩箭，全都射在了車圍子上。

李慕白在車裏冷笑着說："好啊！到底他黃驥北忍耐不住了，找到我的頭上來了！"遂就一面下車，一面抽出車坐褥，並叫福子趕緊躲到車裏去。

暮色之中，就見在道旁站着十幾個人，有的手裏還拿着明晃晃的兵刃。

此時弩箭嗖嗖地又射來幾枝，但全都被李慕白用車坐褥擋住了。李慕白氣憤極了，雖然手無寸鐵，但他不顧一切，一面舉着坐褥擋着對方的弩箭，一面飛奔了過去，怒喝道："你們這不是強盜嗎？竟敢在這大街上劫車傷人。是黃驥北指使你們來的不是？"

對方有兩個使花槍的、三個使單刀的，還有幾個拿木棍的人，此時便一齊擁上來打李慕白。李慕白一伸手，就把一個人的槍桿揪住，用力一奪，立刻得槍在手。他扔下坐褥，雙手抖起來花槍，就前遮後刺，與對方交戰了十幾回合。

李慕白用槍刺傷了兩個人，剩下還有十三四個人。他們見勢不好，就彼此喊着說："快走！快走！"說話時就逃走了幾個。李慕白又追過去扎倒了一個，這時又聽叭叭叭幾枝弩箭迎面射來，他才不敢去窮追了。旁邊又奔過來兩個持刀的和一個拿木棍的人，向李慕白打來。李慕白又將槍抖起，豈容那三個人近前。此時忽見遠遠地來了幾匹馬，頭兩匹馬上掛着大燈籠，燈籠上還有幾個紅紙做成的字。那三個人趕緊棄下兵刃，抱頭就跑，口中喊着："官人來了，官人來了！"

這時李慕白又怔了，他見那三個人是迎着官人跑去的，頓然心頭生出一計，遂將手中的長槍往遠處扔去，然後他上了車，叫福子快點兒趕着車走。福子的腿上剛才挨了一箭，他雖然把這箭拔出去了，可是腿上還刺骨地疼。因為李慕白催着他趕車快走，他也是急於逃命，就忍着痛，趕緊用力揮鞭趕着騾子，他這輛車就轉過了北新橋，像飛似的往正南跑去。

眼看快走到東四牌樓三條胡同了，後面的幾匹馬就追趕上來了，來的原是九門提督衙門的官人。李慕白一見官人趕到，他就叫福子把車停住。等着官人騎馬來到車旁時，李慕白就由車中探出身來，只聽官人厲聲問道："你們跑什麼？剛才那幾個人是叫你拿槍扎傷的不是？"

李慕白卻搖頭說："我不知道什麼人受了傷。我姓李，叫李慕白，就住在這東四三條德宅。我剛才在鐵貝勒府，因為鐵二爺請我吃酒，所以回來晚了。走在北新橋，就見那裏有十幾個人在打架，並且有人放弩箭。我的這個趕車的人腿上也受了一弩箭。我因不願惹事，所以趕緊叫車快點兒走，躲開那一群打架的人。請你們諸位過來看看，這輛車上放得下一桿槍嗎？你們再到鐵貝勒府去問一問，剛才我去拜見鐵二爺的時候，我帶着什麼槍刀沒有？"

那幾個人本想硬把李慕白帶了衙門裏去，可是因為李慕白抬出鐵小貝勒來一壓他們，他們就彼此相望，不敢貿然下手了。又商量了一會兒，就有一個官人將馬靠近了車，並打着燈籠照了照李慕白。看到李慕白那從容鎮定的容貌，這官人就冷笑着說："李慕白，就算你聰明吧！你是個幹什麼的，我們也都知道。現在你就先走吧！反正明天那幾個受傷的人若是死了，我們還得找你。大概你也跑不出北京城去！"

李慕白一聽官人這話，他立刻就翻了臉，說："豈有此理！大街上有人打架傷了人，你們不去找正兒，卻來麻煩我們這走道兒的人，這像當官差

第三十二回　駿馬嬌姿微言感情義　明槍暗箭薄暮起凶謀

的嗎？好了，我請鐵二爺問問你們提督大人，是這樣交代下來的不是？"

旁邊就有氣盛的官人說："呵！你還敢發橫？把他帶走！"

這時就有另一個官人把他給攔住了，並向李慕白一拂手，說："你走吧！"李慕白又冷笑了一聲，這才叫福子把車趕回東四三條。

回到德家，李慕白先叫壽兒把刀創藥取出來，給福子療治腿上的傷處。他回到書房裏，壽兒給他點上燈，就問在街上到底是遇見了什麼事兒？福子是叫什麼人在腿上射了一箭？李慕白卻氣得連話也說不出來，就擺了擺手，叫壽兒出屋去了。

他獨自坐在椅子上，想着剛才的事，十分氣憤，就想：一定是那黃驥北，他因知德嘯峰的官司有了定局，判的罪名不太重，他無法制德嘯峰於死地；又因有自己現在京都，他的陰謀毒計完全施展不開，所以他就想先制自己於死地。今天一定是知道我往鐵小貝勒府裏去了，他才派了那十幾個人，在我回來的必經之地北新橋，攔路害我。他也曉得，他派去的那十幾個人絕不是我的對手，所以他才命人以弩箭暗算我。並且預先買通了官人，到時趕了去，為是他們那些人打不過我時，好將我帶到衙內，押在獄裏。幸虧今天我應付得法，要不然非得叫他們打傷害死不可。就是跟他們到了衙門裏，反正也只有我吃虧！

他越想越氣，更覺得非報黃驥北的仇恨不可，並且自己也應當為京城剷除了這個惡霸。當晚他氣得一夜也沒睡好覺。次日，他便加緊防備，出門時永遠帶着寶劍。那福子腿上受的那一弩箭，過了半個多月才好。又過了許多日，李慕白的身邊及德嘯峰家中，卻再無別的事故發生。

第三十三回　炎天起解摯語囑良朋　驛路飛駒鋼鋒殲眾盜

　　正值六月中旬的一天，天氣炎熱。忽然得了消息，說是德嘯峰和那個柏侍衛，後天就要起解發往那新疆去了。李慕白聽了，又不由氣憤，暗想：這麼熱的天氣，偏要將官犯起解，這不是故意要將人熱死在中途嗎？於是李慕白又去見鐵小貝勒，想要托鐵小貝勒在衙門裏疏通疏通，把德嘯峰起解的日期改在秋天。但是鐵小貝勒卻對李慕白說："衙門裏定的起解日期，是不能更改的，除非這時候你叫嘯峰裝病。可是據我想，與其教嘯峰在監裏受那蚊叮蟲咬，悶熱得和在蒸籠裏一般，還不如叫他到外邊去。反正押解的官差他們也都是人，太熱的時候，正午他們也得找涼快的地方歇着。犯官若是在半道兒熱死了，他們也沒有好兒。"

　　李慕白想了一想，覺着也對，於是就辭別鐵小貝勒，又到刑部監裏，打算問問德嘯峰他自己的意見。可是管獄的人就不許德嘯峰見人了。李慕白又趕緊去求他表叔祁主事。祁主事派了個人到監裏去問了，然後便對李慕白說："剛才我派人到監裏看了德五，德五說他很願意到外邊去。他並囑咐到時無論什麼親友也不要送他，只叫家裏給他預備點兒錢就是了。"李慕白一聽，就不住地流淚，趕緊回去向德大奶奶說了。

　　德大奶奶一面揮淚，一面開箱取銀子。李慕白也把德嘯峰給他的那錢折，由錢莊裏盡數提取出來，共湊足了二千五百兩銀子。李慕白曉得犯官的身邊不能多帶錢財，而且若帶的錢多了，在路上也容易出事。所以他又趕緊去找邱廣超，由邱廣超托了一個在新疆有聯號的大商家，開了兩千兩銀子的匯票。然後李慕白就拿着這匯票和五百兩現銀，到了他的表叔那裏，求他表叔設法將匯票交給德嘯峰，並給德嘯峰三百兩現銀作為路上零用。其餘的二百兩，一百兩是打點隨解的官人，一百兩是作為德家敬送給祁主事的。

　　祁主事卻擺手說："你告訴德家，別送給我錢，我不要。我幫德五的忙，全都是衝着你！"李慕白曉得他表叔是嫌銀子太少，遂就趕緊跑回德家，又跟德大奶奶要了一百兩，湊足二百兩送給他表叔祁主事，祁主事方才收了。李慕白回到德家，心裏又很是難過，就想：自己的表叔幫了德嘯峰這一點兒忙，

第三十三回　炎天起解摯語囑良朋　驛路飛駒鋼鋒殲眾盜

卻用去人家二百兩銀子，這也是自己難對德家之處。所以想着，非要報答德嘯峰對於自己的恩情不可。

到了次日，鐵小貝勒派了得祿到德家來見李慕白，說是鐵小貝勒跟刑部裏面的官人說好了，允許德嘯峰可以帶兩個僕人隨行侍候，並送了四百兩銀子，作為德嘯峰的路費。李慕白跟德大奶奶和俞秀蓮一商量，就決定派壽兒跟他老爺到新疆去。壽兒也很願意去。俞秀蓮又打算叫五爪鷹孫正禮也跟去。

李慕白因為曉得孫正禮的性情暴躁，很容易惹事兒，所以不敢叫他隨在德嘯峰的身邊。便想先到邱廣超家裏，和楊健堂商量去。他到邱侯府見了神槍楊健堂，那楊健堂就慨然說自己願意隨德嘯峰往新疆去，並說："跟着官人一起走，如長槍不便攜帶，我可以帶着單刀隨行。反正路上遇着什麼強人盜匪，我是饒不了他們的。"

邱廣超卻說："大概路過之處，縱使有強人盜匪，他們也必不能打劫起解的犯人。因為他們也知道，犯人們的身邊絕不會有多少錢。只怕的是黃驥北使出什麼強盜來，在路上要謀害嘯峰。"

李慕白聽了邱廣超的話，倒不由心中一動，當下便決定了，明天是由楊健堂隨護前去。李慕白將鐵小貝勒送給德家的那銀子，給了楊健堂二百兩，作為路上的費用。

李慕白出了邱府，又到前門外打磨廠泰興鏢店，見了劉起雲老鏢頭。他請劉老鏢頭派人到四海鏢店，把五爪鷹孫正禮找來。李慕白就向孫正禮說："明天德嘯峰起解往新疆去，現在已有神槍楊健堂隨行保護。但仍恐他身單勢孤，在路上如遇了什麼事，他一個人照顧不過來。所以我想請孫大哥也隨了去。你也不必跟官人們接頭見面，只在路上裝作一個平常做買賣人的樣子，在暗中保護他們，以便遇着事情，好幫助神槍楊健堂。"

五爪鷹孫正禮一聽，連連答應。李慕白便又送給了他二百兩銀子，以作來回的盤纏。孫正禮毫不推辭，就收下了。

那劉起雲老鏢頭並向孫正禮說："將來你從新疆回來時，就在這裏幫助我吧！不必再在四海鏢店，跟冒寶昆那些人在一起混了。"

孫正禮說："那是最好了。我幫助你，劉老叔你就是一個錢也不給我，我也是願意幹的。因為這泰興鏢店是我師父俞老鏢頭以前保鏢的地方，我若能再在這裏保鏢，也算是給我的師父爭光！"

當下，劉起雲留李慕白和孫正禮在鏢店裏用過午飯，李慕白方才回德家去。這日內宅裏的德大奶奶就給德嘯峰預備隨身的東西及衣服，以便叫壽兒給帶了去，足忙了一天。次日一清早，李慕白就帶着壽兒到了刑部衙門，在門首等候着。少時，鐵小貝勒府中的一個侍衛和得祿也來了。那侍衛一直進到衙門，去見押解德嘯峰的官人，傳達了鐵小貝勒吩咐的話。

又等了一會兒，銀槍將軍邱廣超同着神槍楊健堂，也坐車前來。楊健堂此時身穿灰衣褲褂，頭戴草帽，隨身的一隻包裹裏露出刀鞘來。邱廣超揮着扇子，站在衙門前與李慕白談話。衙門裏出來了幾個官人，特意來見邱廣超，向他請安，並請他進去歇息。邱廣超卻搖頭說："謝謝你們了！我不進去，我在這裏等着我德五哥出來，跟他說幾句話，我就回去了。"

旁邊還有那與德嘯峰同時起解的柏侍衛的幾家親友，就齊都私下談論，哪個是邱小侯爺，哪個是李慕白；並說就是因為這個李慕白，德嘯峰才與黃驥北結的仇。李慕白在旁隱隱聽得別人談論，他的心裏就非常悲痛，邱廣超對他說的話，有時他都忘了回答。

這時監獄的門前，擺列了五輛帶棚子的走遠路的騾車，最末後的一輛是邱廣超出錢雇的，特為楊健堂和德嘯峰的僕人乘坐。

等了半天，才見鐵府的那個侍衛急急地走了出來。他見了邱廣超先屈腿請安，然後說："德五爺快出來了！"正說話間，就由衙門的旁門裏，出來了二十幾個官人，少時就把德嘯峰同那個柏侍衛押出來了。

德嘯峰身穿便衣，雖在監獄多日，衣履還很乾淨，只是面色略顯着黃瘦，但是精神卻十分飽滿。他拖着很輕的鎖鏈，邁着方步，滿面的笑色，一出門，就向邱廣超和那鐵府的侍衛作揖，說："多謝，多謝！諸位關心兄弟就得了，大熱的天，何必還親自來送我！"

邱廣超趕緊上前，把自己安排的事都對德嘯峰說了，並勸德嘯峰在路上要多加珍重，到了新疆也要寬心自慰。又說這裏的朋友必會想辦法，至多二年，必能叫德五哥回來。說着，又將自己手中的一柄檀香骨子的摺扇和帶來的兩匣痧藥，奉送給德嘯峰。

德嘯峰拜謝收了，交給壽兒拿着，然後又向那鐵府的侍衛說："這位仁兄請回吧！煩勞代稟鐵二爺，就說等我由新疆回來時，再報他的大恩吧！"

旁邊的李慕白看了這種情景，不禁感動得落下淚來。但是德嘯峰依舊談笑自若，然後他又向楊健堂抱拳，說："三哥，累你陪着我跑這麼一趟，我真心裏不安。可是咱們兄弟，我也就不必說什麼啦！"

楊健堂本來是拙於辭令，當下他只慨然說："五哥你放心吧，在路上出什麼事都有我啦！"

德嘯峰說："路上也不至於有什麼事。這算是我平生頭一次出遠門，所以我也很放心。家裏我更放心！"說到這裏，他才轉頭向李慕白很懇切地說："兄弟，哥哥也不再跟你說別的話啦！我就是盼你保重身體，無論什麼事，都應當像哥哥似的，往寬裏想，往將來想。我走後，頂好你也緊跟着就離開北京，千萬別在此多留。你嫂子、你姪子和老太太，那都有俞秀蓮姑娘照應，我都十分放心。就是你，千萬要聽我的話，快離開此地為是！一兩年後我回來時，我再叫人去請你。"說完了，他更無別話，就上了第三輛車。

柏侍衛坐第二輛，跨車轅都坐的是官人，第一輛車和第四輛車上也都是官人，楊健堂和壽兒坐最末的一輛車。德嘯峰在車上又探出頭來，向邱廣超、李慕白等人拱手，笑着說："諸位請回，再會！再會！"說時，五輛車就一排走着往南去了。

邱廣超和鐵府侍衛及得祿等人，都各自回府了。只有李慕白，含着兩眼熱淚，步行着緊跟隨那五輛車出了彰儀門。這裏就是去年德嘯峰親送李慕

第三十三回　炎天起解摯語囑良朋　驛路飛駒鋼鋒殱眾盜

白出京的那個地方。去年德嘯峰送李慕白時是風寒天冷，大雪飄飄；今天李慕白送德嘯峰，卻是槐柳成蔭，田禾無際。中午的驕陽如火一般的炙人，李慕白一面擦着汗，一面拭着淚，在道旁站了半天，看着押解德嘯峰的那五輛車走遠了，他這才轉身往回走。

　　李慕白還沒有進城，就見一匹棗色的馬馳來。馬上的人身高體大，頭戴一頂大草帽，身穿青布大褂，像是一個做買賣的人，鞍下卻掛着一口帶鞘的鋼刀。來人正是那五爪鷹孫正禮。孫正禮見了李慕白，他就在馬上笑了笑，並沒說什麼。李慕白就說："前面的車才走了不遠。孫大哥，你不必緊跟着他們，只要不離着太遠就是了！"孫正禮在馬上點了點頭，就策着馬走過去了。

　　李慕白卻頭也不回，就一直進了城，他回到德家，就先去見了德大奶奶和俞秀蓮，把剛才德嘯峰被解出京時的詳細情形都說了。德大奶奶聽了很是傷心，她不住地流淚，俞秀蓮姑娘就在旁勸着她。李慕白遂回到外院書房裏。他坐在椅子上暗暗地盤算主意，瞪着眼看那掛在牆上的寶劍。此時他心中的悲痛已然減少，他只有一個打算，就是等着再過兩三天，索性叫德嘯峰離北京遠些，那時他就要下手去結果那瘦彌陀黃驥北的性命，以使將來德嘯峰回京之後，得以安居，並為京都除此一害。至於自己的生命，即使是為殺了黃驥北而受刑法，那也是不必顧慮的。

　　李慕白的主意都已定妥，只待自己的寶劍去濡那惡人的鮮血，但是竟然又發生了變故。當日黃昏時，那跑腿探消息的小蜈蚣，又到德家來找李慕白。見了李慕白，他略說了幾句話，當時李慕白連長衣也沒穿，只帶上一口寶劍，就跟着小蜈蚣走了。

　　小蜈蚣領着李慕白走到崇文門迤東的角樓下，那地方名叫泡子河，是一片曠地，連一戶人家也沒有，真比鄉下還要荒涼。這時本來天氣很熱，可是這城根下曠地間卻有點兒涼風，天色還不算太黑，模糊卻還能看得見人。來到城根下，就見有一個不太高可是很粗壯的身影迎面走來。

　　李慕白迎了過去，就說："史胖子，你又到北京來有什麼事？"對面的正是爬山蛇史胖子，他那山西腔兒又吹進了李慕白的耳鼓。他先笑了笑，說："我早就到北京來了，要想幫助你們，只是插不上手！"

　　李慕白說："事情已然完了，德嘯峰今早已經走了，還用你幫助幹什麼？"

　　史胖子又哈哈一笑，說道："事情哪裏就這麼容易完了？你們和瘦黃四的仇恨，就能夠這麼容易解開嗎？那可敢情好了。現在我先問你李大爺，你跟德五爺，你們的交情最厚，為什麼這次他發往新疆去，你倒不跟着他去呢？"

　　李慕白說："有神槍楊健堂跟隨他去了，何必還用我？我還要在這裏照應他的家眷。"

　　史胖子搖頭說："李大爺，你這個朋友可真不容易交，到了現在你還是不對我說實話。我知道，現在有延慶的神槍楊健堂，假作是德家用的僕人，跟着德五爺走了。不單是他，還有個姓孫的呢，也暗中跟下保護去了！"

　　李慕白一聽，不勝驚訝，心說：史胖子的耳風倒真快，他怎麼全都知道了，一定是小蜈蚣告訴他的吧？不禁也笑了笑。又聽史胖子接着往下說："不但德五爺在路上有人保護，就是德五爺的家裏，我知道也用不着你。現在那位孟二少奶奶俞秀蓮姑娘不是在德宅住着了嗎？有她，還怕豹子能跳進牆去嗎？"

　　李慕白見史胖子稱呼俞秀蓮為孟二少奶奶，不由驀然想起孟思昭來，心中又是一陣傷感。那史胖子依舊往下說道："我也知道你李大爺的打算。你是故意留在北京，等德五爺走後，你再獨自出頭，去找那瘦彌陀黃驥北鬥一鬥。好李大爺，你是英雄，我佩服你！可是現在還有事呢！黃驥北早就勾結好了金槍張玉瑾、黑虎陶宏、賽呂布魏鳳翔，還有我認識的那個涿州的劉七太歲，這些人都是受了黃驥北許多銀兩。他們都商量好了，沿路撒下探子，專等着押解德嘯峰的車輛經過保定之時，他們就將車截住，殺害德嘯峰的性命。

　　"現在只有黑虎陶宏，大概到時他還許不至於出頭：第一是因為他去年被俞秀蓮姑娘砍傷，傷勢還沒有大好；第二是有他師父金刀馮茂的囑咐，不許他做這給江湖人丟臉的事情。可是張玉瑾、魏鳳翔那些人如果去截車，恐怕楊健堂跟孫正禮二人，就對付不了他們吧！"

　　李慕白聽了史胖子這些話，他立刻點頭說："既然這樣，我得趕緊跟上他們。今天已快關城門了，大概走不了啦，只好明天一早我再走！"

　　史胖子說："好啦，明天一早你就去吧！你騎着馬一定能夠跟上他們。等着把張玉瑾那夥人打回去，叫德嘯峰的車平安地過了保定，那就沒事兒啦！然後咱們再回來，我幫助你剷除那黃驥北。"

　　李慕白說："謝謝你，但我不用你幫助！"

　　史胖子笑了笑說："好，你既不叫我幫助，那麼我就歇一會兒。"

　　李慕白又問他現在住在什麼地方，史胖子便笑着說："我沒有准地方住。反正我在這北京城裏是個黑人，天黑了才能夠出來。"

　　李慕白也不再問，就拱手說："我要回去了，再會吧！"

　　史胖子也拱手說："再會，再會！"

　　當下李慕白頂着深深的暮色，步行回到德家。他先到內院去見德大奶奶和俞秀蓮，就說自己明天要起身到一趟保定，見一個朋友，再托他照應德嘯峰。大約至多四五天就可以回來了。德大奶奶不好意思攔阻李慕白，但又恐怕他走了之後，家裏再出什麼事故，所以面上帶出為難之色。

　　旁邊的俞秀蓮姑娘，看出李慕白的情狀有些急憤，而且他所要去的地方又是那陶宏、張玉瑾橫行的保定，就知道李慕白一定是要尋他們決鬥去，於是她就慨然地說："李大哥若有急事，就請走吧。這裏的事你放心，有我一個人就全行了！"

　　李慕白這才點頭說："那麼，姑娘就多分心吧！"

　　俞秀蓮也並不說什麼，只答應了一聲。

　　李慕白走出內院，回到屋裏，就想着黃驥北又施毒計，勾結張玉瑾、魏鳳翔那些人意圖攔路殺害德嘯峰之事，他愈想愈氣憤，恨不得立刻催馬趕到保定，不等張玉瑾他們下手，就先結果了他們的性命，以使德嘯峰平安走過。一夜他也沒得好好睡覺。

到了次日，李慕白一清早就起來，一面叫福子去備馬，一面囑咐僕人說："我走後，家中諸事都要謹慎，外面如有什麼事，都要請示俞姑娘。"囑咐畢，他就拿上寶劍和大草帽，出門上馬走了。

這時東方的太陽漸高，雖有微微的晨風，但是天氣依然很熱。李慕白頭上戴着大草帽，身穿黃繭綢褲褂，頭上身上覺得汗出涔涔。走出彰儀門，李慕白就放轡快走。走出約十幾里地，忽見前面道旁橋下，拴着一匹黑馬，旁邊有一個大胖子，穿着黑暑涼綢的短褲，敞胸露懷，正在那裏扇着烏金面子的摺扇乘涼。

李慕白一看，知道是史胖子，心說：這個人也真怪，他為什麼這樣不辭辛苦地給我們幫忙呢？他一面笑着，一面催馬走到史胖子的臨近，說："我料想你今天一定在這裏等着我了。好，你上馬吧！陪着我到一趟保定。"

史胖子笑着說："今天你李大爺這話還算痛快。其實到時我也許幫不上手，不過大熱的天，我給你做個伴兒，也省得你煩惱。"

李慕白慘笑了笑，說："我現在倒是沒有什麼煩惱了！"

當下史胖子把扇子插在他那寬寬硬硬的腰帶上，由馬鞍上摘下大草帽來，戴在頭上，遂解下馬來騎上，便與李慕白雙馬並行，在這炎夏的大道之上，直往正南走去。爬山蛇史健因身體肥胖，走了不多遠，身上便汗出如雨。他就把暑涼綢的小褂脫下來，光着肥胖紫黑的脊背，騎着馬走，但他一點也不肯歇息。

走到中午，才在一座鎮市上找了一家小茶館，二人用飯。因為天氣熱，李慕白也沒吃多少，可是史胖子依舊吃了二斤多大餅，半斤多驢肉。吃完了，李慕白見史胖子直打哈欠，便想叫他睡一覺再往下走，並說："反正德五爺他們的車輛，至多也就比咱們多走了六七十里地。咱們的馬又快，今天趕不上他們，明天還趕不上他們嗎？不必忙。"

但是史胖子卻像不服氣似的，用涼水洗了臉，非要立刻就往下去走不可。於是兩匹黑馬，又在這暑熱的天氣下，如飛似的向前走去。

當日晚間就追趕上了五爪鷹孫正禮。李慕白給孫正禮向史胖子引見了，然後問他德嘯峰的車輛在前面有多遠。孫正禮就說："在前面不過四五里地，一放馬就能夠趕上了。"李慕白說："不必趕了。咱們還是分着走，以免被那些官人看見了，他們要生疑。"當下分頭投店。李慕白和史胖子在一起，那孫正禮依然是商人不像商人，鏢客不像鏢客的，一個人單住在店房裏。

次日清晨，先後起身。走了不多路，就在一條空曠的大道上，望見了那押解德嘯峰的五輛騾車。此時李慕白與史胖子便勒住了馬，看着前面的五輛車又走出了二裏多地，他們才慢慢地再往前走。

又走了一天，次日就來到了涿州地面。史胖子就向李慕白說："咱們也分着走吧！因為這涿州有一個劉七太歲，他是我的朋友。向來我由此路過時，必要在他那裏住幾天，他也對我很好。可是去年，他因與秀蓮姑娘爭鬥，被俞秀蓮砍傷了，所以他最恨俞秀蓮。現在他又因聽了黃驥北的話，把德嘯峰和你李大爺也給嫉恨上了，所以他這次也幫助張玉瑾。果然他此時若是往保定去了，那還好；他若是還在家裏，看見我跟着你一路同行，那你李大爺倒不要緊，我可就非要被他們殺害了不可！他手下的人多，耳目眾，他本人也刀法精通，我可惹不起他！"

　　李慕白一聽史胖子這樣怕那劉七太歲，就不由冷笑，點頭說："那麼咱們就暫時分手。你慢慢地走，我先在前邊走了！"說着，李慕白就拋下史胖子，縱馬向前走去。少時，眼看得要追上押解德嘯峰的車輛了，他就收住了馬又慢慢地走。但是既已知這涿州地面的劉七太歲也受了黃驥北的收買，正要劫害德嘯峰，他就不敢離着前面的車輛太遠了，並且他時時地四下觀望，看有什麼形跡可疑的人沒有。可是走了一天，竟平安地走過了涿州，一點兒事也沒有發生。

　　當日晚間，李慕白在高碑店找了客店歇下，那史胖子就趕來了。他並帶來了消息，說是劉七太歲現在已往保定去了。他還聽說這回黑虎陶宏不但不幫他們，連他手下的人也不派一個，因此他與金槍張玉瑾幾乎爭打起來。這全都是因為他聽了師父金刀馮茂的話。

　　李慕白一聽此話，便對於金刀馮茂不勝欽佩，暗想：這才不愧是江湖好漢！去年他在北京被我打敗了，他不但不與我結仇，反倒從此絕跡江湖。如今還攔阻他的徒弟與德嘯峰作對。將來只要是我李慕白不死，我必要與他交交朋友！

　　當日在高碑店歇息了一夜，次日他依舊與史胖子往前去走。又走了兩天，走過了定興，來到徐水縣境，眼看着要到保定了。於是李慕白的精神更為振奮，兩匹馬也不敢離前面的車輛遠了。這股道路非常迂曲，因為天氣太熱，也沒有多少行人往來。地下的土又鬆又乾，一被馬蹄踢起，就像是起了煙霧似的。兩邊的田禾全都呆板地立在那裏，像是僵死了一般。

　　史胖子說："今年的年成不好呀！再有幾天不下雨，麥子可就都完了！"李慕白卻像沒有聽見似的，只是直直地瞧着前面。

　　又往下走了五六裏，忽然見西面一股岔路上起了一片煙塵。少時，嘚嘚的一陣馬蹄響聲，就由那岔路跑來四匹馬，馬上的人全都身穿短汗褂，頭戴大草帽。他們先停住了馬四下張望，然後就一齊撥馬往南走去，一邊走一邊還不住地回頭觀望，大概他們也是看見後面的李慕白和史胖子了。

　　李慕白此時已看見那四個人的馬鞍下都掛着兵器，且有兩個是帶着長兵器的。他並看出其中一個人十分眼熟，似乎是曾在沙河城被自己打敗過的那個賽呂布魏鳳翔，當下他就要由鞍下抽出劍來，過去與他們廝殺。

　　忽然，史胖子勒住了馬，向李慕白說："先別往前走！"就見他滿面驚慌之色，向前指着說："快看！那個穿黑褲褂的就是金槍張玉瑾，另外那三個人我可不認得。哎呀！他們大概瞧見咱們了！"

　　李慕白冷笑着說："現在冤家路窄，遇見他們，正好乘勢把他們剪除了，

第三十三回　炎天起解挚語囑良朋　驛路飛駒鋼鋒殲眾盜

也省得驚動德五爺。老史，你怎麼反倒怕起來了！"說時，李慕白就催馬飛馳過去，他一面由鞍下抽劍，一面大喊着說："前面的人，趕快給我站住！"

此時前面那四匹馬也全都站住了。他們彼此交談了幾句，大概是那魏鳳翔告訴了張玉瑾，後面追來的這個人就是李慕白。於是他們四個人全都跳下馬來，各由鞍下抽出兵刃。那張玉瑾手提金槍，在大道當中一站，向魏鳳翔等人說："你們都退後，讓我一個人與這李慕白較量較量，看看他到底有多大本領！"

魏鳳翔也挺着他那杆畫戟，氣憤憤地說："我今天非要報仇不可！"

這時李慕白的馬匹已然來到臨近，只見他在馬上翻身一跳，就下了馬。他把寶劍一揮，緊步走上來，先用劍指着魏鳳翔說："你是我手下的敗將，先不要過來送死。我先問問你們，哪一個是張玉瑾？"金槍張玉瑾一抖槍，說："我就是金槍張大太爺，你是李慕白嗎？"

李慕白拍了拍胸脯，把寶劍一舉，說："不錯，我就是李慕白。聽說去年你曾被黃驥北雇到了北京一趟，那時恰值我有要緊的事情，出都去了，未能跟你見面分個高低。可是你就在外面揚言，說是我李慕白怕了你們，不敢見你們。那時我雖然氣憤，可是因為我另有旁的事，就無暇與你這群小輩去計較。現在聽說你們又受了黃驥北的唆使，要來沿途陷害德五爺，這真是小人的行為！我才趕來尋你們。不過我李慕白向來寬宏大量，你我又無多大的仇恨，你們若能趕緊悔改，不再與德五爺為難，我也可以放你們逃命。否則，我現在的性情可又與去年不同了，動起手來，難免要殺害你們的性命！"

李慕白說了這些話，本是想着自己的仇人只有一個黃驥北，像張玉瑾這些人，並無多大深仇，很不必傷害他們的性命。但是張玉瑾卻氣得跺腳，他說："我能叫你饒我的性命？張大太爺在河南開着鏢店，我都不回去，我就是為等着你來，咱們較量較量。若沒有你，我早就殺了那俞老雕，替我的岳父把仇報了！俞秀蓮、德嘯峰他們欺侮黃四爺，殺了我的舅父，砍傷了我的朋友劉七爺、陶大爺，他們還不都是仗着你的威風？今天，咱們既遇着了，不是你死，就是我死，來吧！你姓李的別再逞能了！"說時，抖槍向李慕白的咽喉就刺。

李慕白用劍將槍磕開，閃身抽劍，反向張玉瑾的前胸刺去。張玉瑾趕緊退後兩步，掄槍再刺李慕白，卻被李慕白伸手將他那杆金槍揪住。旁邊賽呂布魏鳳翔也持戟上前。李慕白一手握着張玉瑾的金槍，一手揮劍，將魏鳳翔的畫戟磕開。他斜着連進兩步，掄劍向魏鳳翔去砍。

這時張玉瑾雙手奪槍，急得亂跺腳，李慕白卻握得很緊，他休想奪出去了。旁邊的那兩個人全都是魏鳳翔的朋友，也一齊掄刀上前與李慕白廝殺。但是才一上手，就被李慕白用劍劈倒了一個。

李慕白便將張玉瑾的槍放了手，反撲過魏鳳翔，打算先把他砍倒了，然後再專鬥張玉瑾。魏鳳翔這時也拚出死命，把他那一枝畫戟向李慕白亂抖亂刺。但李慕白勢極兇猛，一劍磕開魏鳳翔的畫戟，他飛身上前，寶劍揮起。那賽呂布魏鳳翔招架不及，當時右臂遭了李慕白一劍，他就慘叫一聲，立時撒手扔戟，摔倒在地，翻了一個身就死了。

此時張玉瑾掄槍狠狠地向李慕白的後背刺去。李慕白趕緊回身，橫劍將張玉瑾的金槍架起，他又逼近兩步，擺劍向張玉瑾的前胸刺去。張玉瑾趕緊拽槍退身，緩了一口氣，再抖槍去刺李慕白。

兩人又交手三四回合，李慕白的劍光擾得張玉瑾眼花繚亂，他敏捷的身手，張玉瑾也照顧不過來。就聽張玉瑾急喊："你先住手，我有話說！"但是此時李慕白的寶劍已向他的前胸刺去。只見張玉瑾的金槍向上一舉，啊的叫了一聲，劍鋒已插入他的左脅。張玉瑾將金槍撒手，雙手掩着脅部仰身摔在地上，鮮血湧出，不住地慘叫。李慕白的寶劍舉起，本想再刺他一劍，結果了他的性命，但是轉又一想，彼此並無深仇，何必非要殺死他不可！於是就把持劍的那隻手放下。

這時旁邊剩下的那個魏鳳翔的朋友，就扔下了刀，向李慕白跪下了，求李慕白饒他的性命。李慕白擺手說："你起來！我不殺你，連殺傷他們我都非得已。我並非是那些兇狠之徒，咳！這些話我也不必和你說。不過你要記住了，人是我李慕白殺傷的，無論官方私方若是不依，都可以在十天內到北京找我去，與旁人是毫不相干！"那個人連連磕頭答應。

李慕白將要收劍上馬，忽見那史胖子又由前面騎馬跑來，向李慕白喊叫說："李大爺你快去吧！南面現在也打起來了，是那劉七太歲！"李慕白一聽，也不暇細問，立刻飛身上馬，又往南馳去。

走了不到四五里路，就見前面那押解德嘯峰的五輛官車全都停住了。神槍楊健堂和五爪鷹孫正禮，各掄鋼刀正與十幾個人廝殺。李慕白一面催馬飛奔，一面揚劍大喊。馬來到臨近，他便飛身下去，一上手，就砍倒了對方的兩個人。

對方的劉七太歲光着膀子，正與五爪鷹孫正禮拼鬥。楊健堂因要保護德嘯峰的車輛，只能在車旁抵擋劉七手下的幾個人，卻不能過去幫助孫正禮。所以孫正禮與劉七太歲廝殺，未免有些吃力。及至李慕白趕了來，孫正禮就更抖起了精神，一刀逼近一刀，去砍那劉七太歲。李慕白卻喊道："你快閃開！"說時搶上前去，持劍向劉七太歲就刺。那劉七太歲一閃身，背上就被孫正禮砍了一刀，摔在地下。孫正禮又亂殺了一陣，砍傷了幾個人，經李慕白攔住，他才住了手。這時，那十幾個強盜已受傷的受傷，跑的跑。

劉七太歲的背上被砍去了一塊肉，已然暈死過去。孫正禮還要再砍他兩刀，卻被李慕白把刀奪了過去，硬插在了他鞍下的鞘內。李慕白向他拂手說："你先在前邊走吧！"孫正禮知道李慕白還是不叫他露出保護德嘯峰的樣子來，他就笑了笑，上了馬，一面擦着身上的汗，一面高興地往前走了。

這時德嘯峰已下了車，那些官人也都過來向李慕白道謝。李慕白見這些官人全都沒有驚慌神色，他就明白了，想着：此次劉七太歲、張玉瑾等人打劫官車，意圖殺害德嘯峰，這些官人一定全都預先知道，連他們也許都是被黃驥北收買好了的。遂就滿面怒容，冷笑着向眾官人說："你們諸位放心往下走吧！准保沒有什麼事了，連那金槍張玉瑾和魏鳳翔，全都被我殺死

第三十三回　炎天起解摯語囑良朋　驛路飛駒鋼鋒殲眾盜

了！"他又拍了拍胸脯，說："現在我李慕白已然走到了這個地步，我就什麼也不怕了。你們諸位可要小心一點兒，無論什麼人若是敢怠慢德五爺，我的寶劍是絕不容情！"

他這話一說出，嚇得那些個官人全都面如土色，齊都賠笑說："我們絕不敢怠慢德五爺，李大爺請放心吧！"這時德嘯峰就走了過來，說道："兄弟，你怎麼也來了，你不是要回家去嗎？"

李慕白微微搖了搖頭，望着德嘯峰那親切的面容，悲痛得禁不住流下淚來。他一面收了寶劍，牽馬上鞍，一面向德嘯峰抱拳說："哥哥珍重，我走了！"又向神槍楊健堂也拱了拱手。

李慕白撥轉馬頭，順着來時的道路往北走去。一面走着，一面還不住回首向德嘯峰那邊去望，及至看見幾輛官車慢慢向前走了，他才放心往北而去。此時卻不曉得那史胖子騎着馬又跑往哪裏去了，李慕白也顧不得去找他，只是冒着暑熱，流着汗水，懷着一顆義憤的心，連夜往北走去。他決定回到北京去剷除那瘦彌陀黃驥北，以為京城除此巨憝，而使將來德嘯峰回京之後，得以安居。至於自己在殺死黃驥北之後，是生是死，則在所不計了。

連行了兩天多，這天在將近黃昏時候，就來到了京畿琉璃河地面。此時滿天的雲霞，如同碎錦一般，但在李慕白看去直似一塊一塊的鮮血。他策馬行在空曠的原野上，只見碧綠的田禾一望無邊，經夏日的晚風吹動着，沙沙作響，像是水鳴，又像是劍嘯。附近沒有村落，看不見一縷炊煙，也看不見一個行人。

李慕白孤獨地往下又走了一二里地，雖然天色晚了，卻因急於趕回京城，所以他也不想找鎮店投宿。正在走着，忽聽身後有嗒嗒的馬蹄響聲，李慕白趕緊回身去望，只見遠處有一匹馬飛也似的趕來。他心中十分驚訝，暗想：莫非又是那史胖子找我來了？於是勒馬回頭去望。

這匹馬漸漸來到了臨近，借着天際的雲光霞影，李慕白方才看出，來的是一匹白馬。馬上是一個高身材的鬚髮皆白的老者，並不是那騎黑馬的史胖子。李慕白便不甚介意，依舊回過頭來往前去走。不想才走了十幾步，後面那騎白馬的人已然趕上，只聽得叭的一聲，李慕白背後就挨了一皮鞭。那老者哈哈地大笑着，搖着皮鞭，催馬越過了李慕白的馬頭，就像一股白煙似的飛馳而去。

雖然李慕白的後背被皮鞭抽得並不十分疼痛，但是這個氣他卻忍受不了，遂就催馬向前去追，口中並高聲叫道："前面的老頭子，你站住！我問你為什麼用鞭子打我？"追了不遠，那老者的白馬就沒有了蹤影，只見暮色深深，餘霞紛落。

李慕白驚訝地勒住馬，回想着剛才隱隱看見的那位老者的容貌，覺得頗有些眼熟。他想了半天也沒想起來，便暗道：哦！剛才這老者的面貌，頗有些像俞秀蓮的父親俞老鏢頭，大概這也是一位江湖上的老俠客。我雖不認識他，但他卻可能知道我，所以在此偶然相遇，他才這樣地戲耍我。他並未以十分的力量用鞭抽我，可見他對我也並沒什麼惡意。我現在還要趕回京城去辦要緊的事，又何必要去追他，何必要與一位老人惹氣呢？因此他便不再去追，也不再介意此事。

　　李慕白策馬順着往京城去的大道，緊緊地走，又走了有一天多的路程，就回到了北京。進了城，他不回德家，也不去見鐵小貝勒和邱廣超，卻在安定門關廂找了一家小店住下。對店家他只說姓陳，是從張家口來的。歇息了一會兒，他就將寶劍抽出鞘來，用一件長衣裳包裹起來。身上只穿着青布短衣褲，也未戴草帽，他就挾着寶劍，懷着一顆焦急義憤的心，直入城中，來尋仇人黃驥北。

第三十四回　小院死奸徒銷仇盡義　鐵窗來奇俠匿劍驚釵

　　李慕白進了安定門，這時不過午後五時左右，太陽還很高，炎威一點兒也不減。他挾着寶劍走進城裏，向人打聽了一下，就找到了北新橋那瘦彌陀黃驥北的門前。只見門庭很大，磚上雕刻着很精細的花樣，一對包着銅葉子的大黑門緊緊地閉着，門前一個人也沒有。李慕白心想：黃驥北這個人真是機警，他早就防備下了！

　　李慕白知道黃驥北的手下，有不少人全都認識自己。所以他不敢在此停留，就趕緊走開，找了個僻靜的胡同，在一棵槐樹下歇息了半天。

　　這時已過了吃晚飯的時候，樹上的蟬聲已停止了嘶叫，天際的晚風也微微吹起。各家各戶的老太太、小孩子和大姑娘們，全都吃過了晚飯在門前乘涼。老太太們彼此談着家常瑣事，小孩們是亂跑亂鬧。搽胭抹粉的大姑娘們在門前俏立，用手帕掩着口笑着，彼此談話。又有幾個年輕的無賴子弟，披着小汗褂，盤着大松辮，擺擺搖搖地走着，嘴裏唱着淫詞浪曲，目光卻向大姑娘們的身上飛去。

　　李慕白一個落拓無聊的人，拿着個長包裹卷兒，在這樹下坐着，實在惹人注目。而且此時他的腹中也有些饑餓了，遂就站起身來，彈了彈衣褲，拿着寶劍走出了胡同。他進了一家切麵舖，就叫麵舖的夥計煮了兩碗過水的切麵，用芝麻醬拌了，就着兩條黃瓜慢慢地吃。吃完了，天色就已薄暮，又是那黃驥北使人坑害李慕白的時候。現在李慕白卻滿懷着凶心殺氣，今夜非要殺死那黃驥北不可！

　　李慕白在大街小巷繞了幾個彎兒，不知不覺地就走到了一家小茶館的門前。茶館門前搭着涼棚，點着油燈，圍着許多人，都在那裏聽評書。說評書的人披着一件夏布小褂，手持一柄摺扇，就將那柄摺扇比作刀槍架式。說的是《水滸傳》，正是"林沖雪夜上梁山"那個節目。

　　李慕白在旁找了個凳子，夥計給他倒了一蓋碗茶。他將寶劍立在桌角，就一邊喝茶，一邊聽書，藉以消磨時間。聽到林沖為高衙內及陸虞侯所害，流配充軍，林沖極力隱忍，但是仇人還非要陷害他的性命不可，以致他殺死陸虞侯，上了梁山之時，不禁勾引起自己心中的無限感慨。李慕白就想："我去年到北京來，原是為找個差事謀生，後來謀事未成，困在北京。蒙德嘯峰接濟我，寬慰我。但那是我們私人之間的友情，並不是他要借着我欺淩誰，也不是我要仗着他，在京城胡作非為。就是我與馮隆、馮茂比武爭鬥，那也是他們找的我，並非我去惹的他們，與黃驥北又有何干？

可是，黃驥北竟認為我在北京壓了他們的名頭，他親自到法明寺與我比武。被我打了一拳，他輸了，但他還假意和我交好，其實他卻是蓄意要陷害我。後來他與胖盧三共商陰謀，以強盜的罪名將我誣陷獄中，若不是德嘯峰肯以他的身家性命為我作保，鐵小貝勒仗義救我，此時恐怕我早已冤屈死了！後來，黃驥北又打算謀害德嘯峰，但也未能得手，他才把那金槍張玉瑾和吞舟魚苗振山請來北京，想要借着那兩個人的力量來害德嘯峰和我。

恰巧那時孟思昭為我在高陽受了重傷，我離京走了。德嘯峰雖然有楊健堂和邱廣超幫助，但卻不是他們的對手。幸虧有俞秀蓮住在德家，將苗振山殺死，他們才勢力大減。後來我雖由高陽返回京都，但只去住了一天，次日因纖娘慘死的事情我又走了。我既不在北京，德嘯峰也在家斂跡，不再惹事，本來事情已完了，仇恨也可以釋去了，卻不料黃驥北他仍然想盡了方法，運用他的毒計，將德嘯峰陷在獄內。而且他仍不甘心，還必要害死德嘯峰的性命！

德嘯峰此次發配新疆，本來已是十分地冤屈痛苦了，可是他還要使出張玉瑾那般強盜，要在半路上殺害德嘯峰。那天晚間他還派人在北新橋攔住我的車，用弩箭射我。他的手段是多麼毒辣呀！這樣的惡人，我若不把他剪除了，不要說德嘯峰將來回京不能安居，就是這北京城，受他害的人還不知要有多少！即使水滸上的林冲，他若處了我這地步，他也必是無法再忍了！

一想到這裏，李慕白就怒氣填胸，哪裏還能聽得下書去？他立刻付下茶資書錢，提着那包裹着的寶劍，衝進那黑沉沉的夜色之中。他渾身的血液急速地流着，兩條腿就像被什麼催動着似的，急急地走去。穿過幾條曲折的小巷，又到了黃驥北的住家門首，就見那兩扇大門依然緊緊地關閉着。不但門前一點兒聲息沒有，就是牆裏也十分地沉寂，仿佛像座古塚一般。李慕白本想要越牆進內，找到黃驥北住的房屋，亮出劍來將他殺死。但是這時街頭的更鑼才交兩下，這北新橋還有稀稀的往來人口。李慕白恐怕下手早了，反倒打草驚蛇，使黃驥北逃匿起來。所以他一點兒也不敢莽撞，便又離開了黃驥北的家門，走進了一條小巷。

穿過小巷一直地走，不知不覺地就走到了安定門的東城根。這裏連住戶都很稀少了，城垣巍巍，野草叢樹被晚風吹得亂動，像是有鬼魂在黑暗中出沒。李慕白走到城根下，把寶劍放在一旁，坐在地下，他仰面看着天空無數閃爍的繁星，心裏歎着：真是世路坎坷，人情鬼蜮，我李慕白當初在家鄉攻書學劍之時，哪裏想得到人間還有這許多的事情？現在自己雖未三十歲，但世事都嘗受盡了，不但身體恐怕一時不易恢復，而且生活也覺得懶憊了。說實在話，即使自己現在忽然揚名顯身，得意起來，但也無法忘了那因我而

第二十四回　義憤護殘花人欽俠女　寒宵憐薄命腸斷金釵

死的義友孟思昭與俠妓謝翠纖，而且仍然無法將秀蓮姑娘救出那淒涼的環境。自己內心既已損傷了，表面上的榮華又有什麼趣味？何況以我這個性情，還未必就能夠得意呢！所以倒不如殺死黃驤北，了結仇恨，自己也隨之一死倒好！

他默默地想了半天，覺得時候差不多了，遂就站起身來，又穿過那條小巷，走到黃驤北的門首。這時街上一個行人也沒有，並且連更聲和犬吠全都聽不見。李慕白到了牆根下，解開那包着寶劍的衣裳，亮出來青鋒，然後將長衣裳繫在腰間，將寶劍插在背後，就一聳身上了牆。

他由牆上又跳進院內，就慢慢地找到了正院，順着廊子往裏院去走。還沒有進到裏院，忽聽有幾聲犬吠，李慕白趕緊盤着廊柱，上了房。只見有三四條狗由裏院跑了出來，汪汪地亂吠。李慕白心中更是氣憤，暗想：黃驤北倒真有本事，不但張玉瑾那些人肯替他賣命，連狗也真替他看家。可是我李慕白就不能明目張膽地闖進他的內院，把他殺死嗎？

他剛想跳下房去，卻見一陣犬吠之後，各屋裏不但還是那麼黑洞洞的，沒有燭光，並且連一點兒動靜也沒有。李慕白忽然想起：我把黃驤北估量得太小了！他既知德嘯峰走後，我絕饒不了他，他豈能還待在家中等死？狡兔尚有三窟，黃驤北他在旁處就再沒有住的地方了嗎？看這樣子，他大概是沒在家中住着。我若跳下房去，結果尋不着黃驤北，再傷了別人，那時反倒使他更要加緊防備了。

當下李慕白就慢慢地由房後跳下，越過牆去，又順着小巷走到安定門城根，就在城根下睡了一覺。及至睜眼醒來，只見星斗稀稀，東方已現出魚肚白色。李慕白的身上已被露水濕透了，他便站起身來。想到黃驤北的狡猾，使自己不容易下手復仇，他實在是心裏急躁，又想：現在還是不要急，先設法探聽探聽，他是在家住，還是在外面住。只要知道了他的確實住處，那就好辦了。於是他又把寶劍用長衣裳包好，在城根下來回地走了走。露水濕了的衣服經曉風一吹，就漸漸地乾了。

此時東方已微露出曙光，就有起早的人，提着鳥兒籠子到城根來閑走。李慕白又經過那條小巷到了黃驤北的家門附近，遠遠地看到那兩扇大門還沒有開。此時在東邊兩箭之遠，有一個賣豆漿的擔子，李慕白就走過去買豆漿喝，同時兩眼卻注視着那黃驤北的家門。他喝完了一碗豆漿，又喝第二碗，這時候就見由西邊來了一個穿着青洋縐大褂、青紗坎肩，頭戴涼紗小帽，小廝模樣的人，來到黃家叩門。李慕白認得這人就是黃驤北隨身的那個小廝，心中十分驚訝，暗道：這是永遠跟隨着黃驤北的那個小廝，為什麼他家的大門尚未開，他就從外面回來了呢？可見黃驤北一定是住在外面了。幸虧昨夜我沒有魯莽行事！李慕白喝完了第二碗豆漿，便提着那個包裹着的寶劍，靠着黃家對面的牆，匆匆向西走去。走到很遠之處，他便站在一棵柳樹後，往黃家這邊來看。此時那個小廝已進了黃家。又待了一會兒，那小廝才出來，手裏拿着一個長約二尺的東西，彷彿是一杆煙槍，用布包着。小廝一出來，那兩扇大黑門隨着又緊緊地閉上。那小廝東西張望了一下，就拿着那個包裹往西

-355-

去了。

　　李慕白見那小廝沒有坐車，就曉得黃驥北住的地方一定距此不遠。等小廝走過去之後，李慕白便挾着那包裹着的寶劍，遠遠地跟着他，並且低着頭走。那小廝雖然也回頭望了幾次，可是並沒有看見有人在後面跟着他。他走過了北新橋，一直往西，進了路南的一條胡同。李慕白的步就快了些，跟着進了胡同，往南走了不遠，就見那個小廝又轉彎進了一條窄小的胡同，到了路北的一個小門前去叩門。

　　李慕白看准了那個門首，反倒退身回去。在小巷外站了一會兒，他就向一個手裏提着煙袋的老者和藹地問說："請問老叔！這條小胡同路北的小門，可是張家嗎？"那老者怔了一怔，就搖頭說："那是黃家，不姓張。你找誰吧？"李慕白一聽那老者說那家小門裏住的是姓黃的，心裏很高興，趕緊笑了笑，說："大概就是那家，他是北新橋黃四爺家用的人。"那老者點頭說："這就對了。他本來姓什麼連我也不知道，不過他是黃四爺的常隨，名叫順子，人家都管他叫黃順。他是新搬來的，那小房子是黃四爺給他買的，媳婦也是黃四爺給他娶的。"

　　李慕白一聽，完全對了，便謝過老者。心裏就想着：黃驥北，你也有今日呀！無論你怎樣狡猾，到底難逃出我的手中！當下李慕白進了小巷，就將寶劍亮出，走到那路北的小門前，去叩門環。他因為心中急憤，所以把門叩得很急。

　　少時才聽得裏面有人問說："你找誰？"

　　李慕白急中生智，就說："你開門吧，我是四海鏢店的冒寶昆，有要緊的事要見黃四爺！"

　　裏面的人半天也沒有說話，似乎是進門裏請示去了。又待了一會兒，才聽門裏另換了一個人的聲音，說道："這裏沒有什麼黃四爺，你大概是找錯門了，你到別處再問去吧！"接着就聽咕咚一聲，仿佛是又加上了一塊頂門的石頭。

　　這時李慕白在門外氣得渾身全都亂抖，明知仇人黃驥北一定是藏在這個門裏了，可是他們不把門開開，自己也無法下手殲此惡賊呀！他抬眼看了看，這所小房子的院牆很矮，牆頭上雖砌着許多鐵釘子、尖玻璃，但那並不能阻止他進去。這條小胡同十分僻靜，統共不過三五戶人家。因為天色尚早，家家都沒有開門，所以此時這條小胡同裏，除了提劍叩門的李慕白之外，就再沒有別人。李慕白一時急憤難忍，就不顧一切了，他嗖的一聲躥上了牆頭，一跳就跳到了這窩藏黃驥北的小院子裏。

　　此時，順子和一個高身量的黃臉大漢，還在那裏搬石頭頂門，一見李慕白跳進牆來，全都嚇得喊叫了一聲。那黃臉大漢就是給黃驥北家護院的坐地虎侯梁，當下他就揀起了放在地下的一口鋼刀，奔過來向李慕白就砍。李慕白磕開他的刀，翻手一劍，就將侯梁砍倒在地，然後他便往二門裏闖去。

　　此時北屋裏就出來了一個雲鬢不整，胭粉凋殘，像是才起床的妖豔少婦，她用手把門攔住，說："哎喲！你是幹什麼的呀？拿着寶劍闖進人家來，你

第二十四回　義憤護殘花人欽俠女　寒宵憐薄命腸斷金釵

沒有王法啦！快出去！要不然我可就喊官人啦！"李慕白挺劍直奔那婦人，喝道："快躲開！叫黃驥北出來見我！"他把寶劍一揮，那婦人立刻嚇得哎喲了一聲，跑進屋裏，又去關那屋門。李慕白就上前一腳將屋門踹開。

這時屋裏的瘦彌陀黃驥北知道藏不住了，他就由桌上抄起一對護手鈎，急慌慌地向李慕白說："李慕白，你先在院中等我，我這就出去。屋裏有女人。"李慕白點頭說："好，我還怕你逃走嗎？"遂退了兩步，在院中挺劍站立。

黃驥北身穿藍綢衣短褲，手提雙鈎，就出了屋子。他那瘦臉上雖已嚇得慘無人色，但還強作着笑容說道："李兄弟，咱們兩人素日有交情呀？去年你在監獄裏時，我還去看過你呢。現在你怎麼聽了德老五的教唆，竟找我拼命來了？"

李慕白一聽黃驥北提到去年自己在監獄時，他假意去探望自己，並給自己與德嘯峰離間交情的事，就不由更是氣憤，冷笑道："黃驥北，你何必還說這些廢話？你幾次陷害我，幾次陷害德嘯峰，難道我現在還不明白嗎？你何必還向我套這些假交情呢？告訴你吧，今天說什麼也不行了，我李慕白非要殺了你這笑面狼心的人，為德嘯峰報仇，為北京除一大害不可！"說時掄劍奔將過去，向黃驥北就砍。

黃驥北趕緊用鈎架住劍，說："李兄弟你再聽我說幾句話。你若是肯跟我再交好，我送你五萬兩銀子！"李慕白瞪眼道："誰要你那些臭銀兩！"說時抽回劍來，又向黃驥北刺去。黃驥北急得只好以性命相拼，雙鈎展開，去戰李慕白。在這小院裏單劍雙鈎，往返四五回合。

黃驥北雖然武藝也不太壞，近兩月來又天天練習護手鈎，但哪裏抵得住那兇猛的寶劍。所以他一面招架，一面向後退，並且急得大喊道："官人！官人！這裏殺了人啦……"喊聲未畢，李慕白就已逼近了，一劍直搠到他的前胸。黃驥北慘號一聲，雙手扔鈎，鮮血直湧，身子向後倒下。李慕白用寶劍搠着他，直將他搠得躺在地下，看他的手腳亂動了幾下，瘦臉上眼閉口張，才拔出劍來。

李慕白深深地出了一口氣，心裏覺得痛快極了，便走到外院。只見那坐地虎侯梁坐在地下，雙手撫着傷處不住地呻吟。那個順子便向李慕白叩頭，哭着說："求李大爺饒命！"李慕白擺手說："不要怕，我不能隨便殺人。現在殺了黃驥北，我也是給他抵命的，我到衙門自首去！"說着他便從容不迫地把門開開，提劍出去，就直到官廳上見官人去自首投案。

見了官人他別的話全都不說，只說自己名叫李慕白，因為與黃驥北素有仇恨，才在那順子的家中將黃驥北殺死。現在自己情願打官司。那官人們本來認得李慕白，都知道李慕白是黃驥北的對頭。如今李慕白來自首，說是他把黃驥北給殺死了，這還了得！嚇得幾個官人個個面上變色。他們便先用話安慰了李慕白幾句，並給他帶上鎖，就將他押在了提督衙門，又派人去到出凶事的地點去查看。當下官人們忙個不休，同時，這個驚人的消息也就傳遍了北京城。差不多誰都知道了，外館的瘦彌陀黃四爺，今天早晨在剪子巷他的小廝順子的家中，被李慕白用劍殺死了。並聽說李慕白他殺完了人，並

-357-

没逃走，自己到提督衙门打官司去了！本来黄骥北平日时常花些小钱，做点儿假好事，所以也有些人觉得黄四爷死得太惨，李慕白应当给黄四爷偿命。可是那些曾受过黄骥北的坑害，晓得黄骥北是笑面狼心的人，莫不拍掌称快，都说李慕白是个好汉子，现在为京城除去了这个恶霸。

消息传到银枪将军邱广超的耳里，邱广超也不禁慨叹，毕竟自己与黄骥北原是多年的好友。只因为黄骥北依仗财势，要想剪除了李慕白，不使铁掌德啸峰在北京与他争名头，所以他才不择手段，使尽了恶毒的方法，以致两家结怨日深，才至有今日这样的悲惨结局。虽然自己因被苗振山用镖打伤，与黄骥北绝了交，但如今听他惨死，也未免心里悲痛。又想李慕白现在已自首投案了，如果他那样一位武艺超群、重肝胆的好汉被定了死罪，也实在可惜！于是邱广超就赶紧坐车去到铁府，见铁小贝勒，以便商量营救李慕白的办法。

此时铁小贝勒也听说这件事了。他满面愁黯之色，一见了邱广超，就叹息着说："我早就知道能有今天这事！黄骥北对付德啸峰和李慕白的手段也太毒了，屡次三番地要想害德啸峰跟李慕白的性命。德啸峰还能忍受，但李慕白他岂能受这个气？我早就看出来李慕白是安心等着德啸峰的官司有了结局之后，他就要去收拾黄骥北，所以这次德啸峰起解出都，李慕白却不随去，他就是安着这个心了！"又说："你看他杀死黄骥北之后，就提剑投案自首，这不也是怕连累了德家吗？所以他才自己做事自己当！"

邱广超听了，也不胜感叹，就说："我虽早先与黄骥北是好友，但这次黄骥北的惨死，我以为他是自找。不过，李慕白如果受了官刑，确实可惜，二爷还是设法营救他才是！"

铁小贝勒叹道："这次我怕是不能营救他了。而且我想李慕白此时必不愿有人营救他，他大概是要以一死来酬谢他的朋友德啸峰了！"说到这里，铁小贝勒感到这样的生死至交实在难得，不禁流了几点眼泪，就说："我先叫得禄给看看去吧，然后咱们慢慢地再想办法！"

当下二人又谈说了一会儿，邱广超就辞了铁小贝勒走了。然后铁小贝勒就派得禄到提督衙门监里去看李慕白。去年李慕白被胖卢三和黄骥北所陷，押在这里之时，得禄就常来看他，所以得禄跟这里的管狱官吏全都熟识了。得禄也想不到如今他又到这里来瞧这位李大爷。此时李慕白才过完了堂，在堂上他是直认因仇杀死黄骥北不讳，

与旁人全无关系，供完了，便被押在监里。因为管狱的官吏晓得这个李慕白与铁小贝勒相识，去年押在这里就是被铁小贝勒营救出去的，所以这回他们还是不敢对他苛待，又给找出一间干燥一点儿的狱房，将李慕白收下。

李慕白坐在地下的破席头上，回忆着今天早晨杀死黄骥北时的那种痛快，简直要狂笑出来。这时，就听得禄在铁窗外叫他，说："李大爷，我们二爷打发我看你来了！"

李慕白站起身来，走到铁窗前，他面带感激之色，微微笑着说："你回去上覆二爷，就说我谢谢他了！并求他放心，不要再为我的事而操心着急

第二十四回　義憤護殘花人欽俠女　寒宵憐薄命腸斷金釵

了！我這次入獄是與去年不同。去年我是被黃驥北等人所害，被屈含冤，而且他們給我捏造的罪名是江湖大盜。這回卻不是了，這回是我自己願意入的獄。我殺死黃驥北我應當投案入獄，將來我為黃驥北抵命論死，那我毫無怨尤，因為這是朝廷的王法，我罪有應得。即使鐵二爺他再施恩救我出獄，我也要辜負他的好意，絕不出這獄門！得祿兄，你上覆鐵二爺吧，就說我李慕白來世再報他的大恩！"說到這裏，李慕白感念鐵小貝勒的恩義，不禁又揮了幾點眼淚。

得祿也在鐵窗外直擦眼睛，又問李慕白在獄裏還要什麼東西不要。李慕白卻連連搖頭說："我什麼也用不着。得祿兄，以後你也不用再來看我了！"得祿見李慕白的態度這樣慷慨剛烈，也不敢再用什麼話去勸，遂託付了獄官獄卒一番，就回鐵府稟告鐵小貝勒去了。

次日得祿又到這裏來，恰值邱廣超也派了一個僕人提着食盒來看李慕白。據管獄官吏說："昨天李慕白水米未進，只在地下的席上坐着。"得祿和邱廣超派來的那個僕人，就扒着鐵窗向裏面連喚了十幾聲李大爺，但李慕白背身坐在地下的席上，兩手扶着膝蓋，一聲也不語，仿佛他什麼也沒有聽見，又仿佛死了一般。

鐵窗外的得祿和那邱府的僕人，全都着了半天的急，沒有法子，只好各自回府去覆稟鐵小貝勒和邱廣超，說是李慕白在獄中不理他們了。其實此時的李慕白，知道鐵小貝勒和邱廣超對於自己如此的厚情，感激得已不知流了多少眼淚。但是現在他已決意拒絕飲食，要將自己這副鋼筋鐵骨，使膽柔腸，餓死在監獄裏。

這時天氣極熱，獄中蟲蟻極多，加上腹饑口渴，心灰意冷，到了第三天，李慕白就覺得有一種死的力量在壓着他，呼吸也有些低微了。但是他心裏仍然明白，眼睛還能看得清獄中的鐵窗和地下的破席，他便不禁傲笑着，暗想：我李慕白也許真是一個英雄，不然為什麼連死都不敢來制服我？他瞪着眼睛四下看了半天，便閉上眼睛昏昏睡去。

不知睡了多少時候，李慕白忽然覺得被一個人的手推醒。他十分驚訝，睜眼一看，只見獄中黑沉沉的，蚊蟲圍着他的臉亂唱，只有鐵窗上透進幾線月光來。用手推他的這個人，就蹲在他的腳前。

李慕白未容此人說話，就知道來者一定是史胖子，遂就笑了笑，說："老史，你怎麼又來了？這回我還要辜負你的美意。你快走吧，咱們這個朋友下世再交！"

史胖子很粗地歎了口氣，說："不是我一個人來的。"說時監獄的鐵門微微啟開了一道縫，又有一個人進到獄裏。

當這個人從那鐵窗透進來的幾線月光之處經過之時，他看見這個身影是娉婷婀娜，姍姍走近。李慕白大驚，就扶着史胖子的肩膀勉強站起身來，驚恐地低聲說："俞姑娘，這是什麼地方，你怎麼也來了？快走吧！快走吧！我是絕不出去的！"此時史胖子已立起身來，仍在一聲一聲地歎氣。

秀蓮姑娘走到近前，李慕白雖看不清她的容貌，但卻能聽出她嗚咽哭泣的聲音，只聽她低聲悲泣着說："李大哥，你快跟我們走吧！你這麼年輕，武藝又高強，難道就甘心死在獄中嗎？"李慕白就覺得秀蓮的纖手握着了自己的胳臂，他歎了口氣，兩行眼淚便流了下來。

史胖子蹲下身去給他卸腳鐐，李慕白卻退了一步。他的脊背碰在了石壁上，就覺得頭一暈，身子便往下倒去。秀蓮姑娘趕緊用手將他的身子托住，並低聲哭着說："李大哥！你叫史大哥背着你走吧！你若不走，我也不離開這裏！"

李慕白仰着臉，眼淚就滴落在了俞秀蓮的胳臂上。他用低微的聲音，很決斷地說："姑娘不可，即使不為姑娘自身想，也應該為德五哥的家裏着想。我殺死黃驥北，非是為我自己報仇，乃是為使德五哥將來回京之後，得以安居度日，我死無遺憾！我不是故意要使姑娘傷心，實在是自去歲孟二弟在高陽為我的事慘死之後，我對於人世便已覺無味。那時我就想死，只因對德五哥的恩義未報，故延至今日。俞姑娘，你現在身世如此淒涼，完全是因我所致，我一日不死，也一日不能心安。姑娘！你快走！你為我照應德五哥的家眷去吧！"

秀蓮姑娘聽了李慕白這些話，她心如刀絞，雙手一顫，就將李慕白的身子放倒在席上。李慕白仍然揮手說："請姑娘跟史大哥快去吧！"這時巡更的人敲着梆子走了過來，俞秀蓮和史胖子趕緊蹲下身去，連大氣也不敢出。

少時，外面巡更的人把四更打過去了，俞秀蓮便站起身來。史胖子仍然蹲在那裏，他扒着耳朵向李慕白說："我若是知道你這麼快就把黃驥北給殺死了，我應當趕早奔回北京來，替你把這件事情辦了。在徐水縣你殺死了魏鳳翔，又殺傷了金槍張玉瑾和劉七太歲。那張玉瑾是死是活我倒不管，可是劉七他卻與我素有交情，他受的傷很重，我不能不把他送回他的家中去養傷，因此就耽誤了兩天。事情完了，我趕緊再趕到北京來，打算幫助你大爺再去收拾那黃驥北。可是昨天我才到，就聽小蜈蚣說了你這件事。昨天我就想來請你李大爺出獄，可是因為有去年那件事，我不敢再來碰你的釘子，所以我今天才請了俞姑娘跟着我來。本想看在俞姑娘的面上，你也得跟着我們走，可是不想你李大爺的性情還是這麼怪癖。

"李大爺，你真枉做了一世的英雄。在我史胖子的眼裏，你是江湖上獨一無二的英雄。我因為在山西老家被人打了，栽了跟頭，我才出來。我想跟你李大爺交個朋友，將來好請你跟我到山西，給我出出氣。一年以來，我對你李大爺出的力也不少。去年我到監獄裏救你，你不出去，那是因為你怕連累了朋友，可是現在，你在北京的朋友還有誰？還有誰怕連累的？我的大爺，快跟我們走吧，現在快四更天了！"說時，他也不管李慕白答應不答應，就要去給李慕白卸腳鐐。

但是李慕白卻伸腳一踹，就聽咕咚一聲，史胖子一屁股坐在了地下，同時腳鐐也是一聲巨響，將俞秀蓮嚇了一跳。史胖子爬起身來，急得直頓腳。他不敢在此久留，遂就向俞秀蓮說："快走，快走，明天再說！"當下二人又出了獄門，史胖子並將擰開的鎖照舊掛在獄門上。史胖子一肚子急氣，俞

第二十四回　義憤護殘花人欽俠女　寒宵憐薄命腸斷金釵

秀蓮滿懷傷感，就一同飛身上房，各自回去了。此時，那李慕白已然悲痛得昏倒在席上。

又過了兩天，這兩天之內，鐵小貝勒、邱廣超都在極力為李慕白的官司想辦法。但因案情太重，證據與口供全都十分確實，無論托多大的人情，也全都莫能為力。那史胖子與俞秀蓮姑娘，雖然前夜去獄中救李慕白，遭到了李慕白的拒絕，但是他們仍不死心，仍然每夜相約在提督衙門的附近，打算再乘機偷入獄中，強迫着將李慕白救出來。可是，大概是前天衙門裏的人，發現了李慕白那獄門的鐵鎖有異，所以加緊防備，巡邏守衛極為森嚴，使得史胖子、俞秀蓮二人不但不能下手，而且簡直不敢在衙門附近多停留。

到了第六天晚上，史胖子忽然派了那小蜈蚣到德家去給俞秀蓮送信，只說："風緊，今晚可別去了！"俞秀蓮一聽，便十分地驚慌，心說：那夜自己在獄中見到李慕白，他就已奄奄一息，現在又過了兩日，恐怕他必是命在頃刻之間了！

秀蓮姑娘本來對於李慕白是處處以禮自範，平日真是以恩兄之情對待李慕白，並沒有其他的想法。可是到了如今，李慕白做了這件殺死黃驥北，自首投案的轟轟烈烈的事情，秀蓮的心裏不知是為了什麼，忽然很真實地對李慕白產生了一種欽敬愛戀之意。她雖自己極力抑制着，但是卻克制不住這種纏綿不斷的柔情。

她至今才明白，李慕白本是一位年輕有為的烈性漢子。只因為他愛慕了自己，而偏偏自己又已許配給了孟思昭，所以他才落得志氣頹唐，才覺得人世無味，他才願意以死報德嘯峰、謝孟思昭，並想以死來斷絕他對自己的癡念。因此，俞秀蓮那堅硬、冰冷的心，又轉為柔弱、火熱，背着人也拭了幾次眼淚。尤其是前兩天到獄中見了李慕白，李慕白那淒慘低微的聲調，慷慨壯烈的言語，以及自己托着他那站立不住的英雄身軀，他滴淚在自己臂上的種種情景，秀蓮全都傷心地一一地回憶着。所以今天雖然史胖子傳來話說"風緊"，但她絕不忍心叫李慕白就這樣地死在獄中。

到了二更天后，俞秀蓮就趁着德大奶奶已然就寢，前後院都沒人聲之時，越過牆去。她穿着短衣裳，身邊只帶着一把短刀，穿着迂回的小巷走着，又往提督衙門去了。今天她已下了決心，如若不能把李慕白救出獄來，那她自己也就情願死在那裏。因為自己的這種傷心黯淡的生活，也實在沒有什麼值得留戀的。

走了多時，就來到了一條小胡同裏，秀蓮也不知道這條胡同的巷名是叫什麼，不過她知道離着提督衙門已然不遠了。此時天空上繁星亂閃，一彎眉月，似在那裏窺着這個行動蹊蹺的女子。歇了一會兒，眼看着就要走出這條胡同了，忽然覺着身後有人拍了她的柔肩一下，並問道："你是做什麼的？"

秀蓮吃了一驚，趕緊回頭去看，就見身後立着一個身材很高的人。借着星月的光定睛去看，就見此人拖着很長的白髯，原來是一位老者，相貌卻看不甚清楚。秀蓮剛要問："你這老頭兒，為什麼拍我的肩膀？"

這位老人卻又說道："快回去！快回去！"他說話有南方口音，不過說着官話，說時又推了秀蓮一下。

這位老人的力氣很大，秀蓮的身子不禁向後一仰，她趕緊立定了身子，生着氣說道："你為什麼推我？"

但是話未說完，只見眼前的人影一晃，那個老人已經一點兒蹤影也沒有了。並且這老人來去全都沒有腳步聲兒。秀蓮驚訝得打了個冷戰，心中疑惑着：莫非這是鬼嗎？莫非是我父親的靈魂？可是我父親的身材沒有那樣高呀！一想起亡父俞老鏢頭，一陣悲傷又襲到了她的心頭，她覺得父親死得很是可憐，而父親給自己定下的那件婚事也使自己真是可憐。

她強忍住眼淚，腳步加快，又穿過了幾條小巷，直到那提督衙門的後牆。雖然這裏更聲交響，防範得正嚴，但秀蓮姑娘一心要救出李慕白，以報他當初助己葬父之恩，而盡以往的柔情，所以她不顧一切，乘着官人防範疏忽之時，就越過牆去，到了提督衙門裏。

本來秀蓮的夜行工夫就是得自他父親的真傳，由去年冬季到今年春天的這幾個月之內，她在巨鹿家中又加緊着練習，所以更是進步了。她在房上伏着身走，穿過了幾重寬敞的院落，就到了監獄的院落裏。從房上向下一看，見院裏有幾個官人手提腰刀，握着杆子，打着燈籠，正在那裏巡邏，她就趕緊趴在了房後的瓦上。

秀蓮姑娘屏聲靜氣地趴在房後，待了足有半點多鐘，院裏的官人們才走了過去。秀蓮的心裏寬鬆了一些，看來這些官人並不是永遠在這裏看守，大概是一夜之內巡查幾次。秀蓮於是乘着獄院無人，便輕輕下房，直找到了李慕白的那間獄房。當她用手去撐鐵鎖時，不禁又驚訝得幾乎叫出聲來。原來不但門上沒有鎖，連鐵門都開着一道縫兒。

秀蓮雖然驚訝，但也不敢遲疑，她便抽出身畔帶着的短刀，側身走進了獄房。獄房裏黑洞洞的，連一線月光也沒有。秀蓮就伸着手四下去摸，摸索了半天，上下左右全都摸到了，只摸着了一隻破碗和一塊破席頭，哪裏還有李慕白的蹤影呢？

這時俞秀蓮的心裏突然緊跳，她情知有變，便不敢在此稍加停留，趕緊出了獄門。她飛身上房，由房頂走到牆上，剛要往下去跳，就見兩個打着梆子的更夫由對面走來。秀蓮趕緊趴在牆上，等着那兩個打梆子的走過去，走遠了，才跳下牆去。她穿着小巷貼着牆根急走，很快地往德家走去。

回到德家內院的屋中，此時那德大奶奶還在裏屋睡得正酣，也許她的夢已飄到了遙遠的新疆，與她的丈夫相會去了。秀蓮姑娘把屋門關好，挑起燈來，自己倒了一碗茶飲過，這才開始細想那些可驚可疑的事情。她想：李慕白莫非是自己越獄逃走了嗎？又想：不能，李慕白他自己絕不肯出獄，不然他殺完黃驥北何必要投案自首呢？可是他往哪裏去了呢？莫非他已死在獄中，屍首叫獄卒們給拉出去了嗎？想到這裏，她就覺得李慕白一定是已經死了！當時便芳心如絞，雙淚滾下。

秀蓮姑娘哭了一會兒，忽然又想起了剛才在小胡同裏遇見的那個老人。那老人莫非是個瘋子？可是後來怎麼又看不見他了呢？也許那時是自己的眼

第二十四回　義憤護殘花人欽俠女　寒宵憐薄命腸斷金釵

花了？她想來想去，也想不出到底是怎麼一回事，因此一夜也未得安寢。

到了次日，俞秀蓮依然神不守捨地思索着昨夜的那兩件事。到了天色將黑時，忽然那小蜈蚣又來找她。秀蓮正想要托他去探聽探聽，李慕白到底是死了還是逃去了，所以趕緊到前院去見那小蜈蚣。

就見那小蜈蚣神色驚慌，像是連站都站不住，他悄聲對俞姑娘說："李慕白李大爺昨夜已由獄中逃走了。提督衙門裏的官人，今天在九門內整整搜查了一天。他們查出史胖子藏在彰儀門關廂的茅家店內，就派了官人去捉拿史胖子，可是史胖子早聞風跑了。現在都知道是史胖子把李慕白給盜走了，因為他們兩人是好朋友。我現在在北京也待不住了，求姑娘賞我幾個錢，叫我逃命去吧！姑娘這幾天也得小心點兒！"俞秀蓮一聽，也十分驚慌，趕緊到裏院取了十幾兩銀子，出來交給小蜈蚣，那小蜈蚣就匆匆地走了。

這裏秀蓮姑娘趕緊叫福子把門關嚴，然後回到裏院，坐在椅子上發怔。她心想：莫非李慕白真是叫史胖子給盜走了嗎？可是她又覺得不太可信，史胖子他未必有那麼大的本領。雖然秀蓮心中仍舊驚疑，但是因為知道李慕白現在是逃走了，她也就放了心。

由次日起，秀蓮姑娘就囑咐福子和門上的僕人，說是除了廚役出外買菜之外，大門絕不許開。她擔心提督衙門的官人會來這裏搜查，可是又想：李慕白既不是我給盜出獄的，又沒有窩藏在這裏，即使官人前來搜查，那我又有何可懼？秀蓮姑娘終日這樣地疑慮着，可是過了四五天，卻一點兒事情也沒有發生。因為秀蓮囑咐僕人將大門緊閉，福子等男僕全都不能出門，所以也就聽不見外面有什麼消息。

這天，是李慕白逃出獄後的第六天了。深夜四更時分，在德家的內院房中，裏間是垂着紅緞門簾，德大奶奶在那裏孤獨睡眠。俞秀蓮是在外屋木床上就寢。因為天氣炎熱，心緒紛亂，所以她睡得很不安，夢境也是迷離紊亂，她夢見了父母，又似夢見了李慕白。及至一覺醒來，翻身想要再睡，可是她的玉臂忽然觸到了一物，是冰冷的，很長，似是一條蛇，但卻不蠕動。秀蓮大驚，趕緊起身跳下床去，隨手取火將油燈點着。纖手擎燈來到床前一看，嚇得她面色全都變了。原來是在她的床上枕邊，放着一口明晃晃的寶劍，寶劍之下並壓着一張紅紙帖子。

秀蓮姑娘暫且不去動那寶劍和紅紙，卻先在屋中各處查看了一番，只見門窗戶壁全都絲毫未動，不知是什麼人竟能夠進到屋內，在秀蓮的枕畔放下這寶劍與紅紙帖。秀蓮的心中彷彿很不服氣，她便由桌上抽出雙刀，開門出屋，飛身上房，向四下尋看。只見星月之下，一片沉靜，連一聲更鼓也聽不到。秀蓮心說：怪呀！趕緊又跳下房去。

進到屋裏，她先把那張紅紙帖拿起，就着燈光去看，只見帖上是墨筆寫的十四個核桃大的字，卻是："斯人已隨江南鶴，寶劍留結他日緣。"

這十幾個字秀蓮雖都認識，可是話中的意思她卻不懂，什麼叫"江南鶴"呢？"斯人"又是什麼人呢？不過"寶劍留結他日緣"這幾個字，確實使她驚疑，而且臉上也飛紅了。她又將那口寶劍持起，細細觀看，覺得確實是李慕白所用的那口寶劍，因此更是驚訝，就想：李慕白的寶劍，怎麼會送到我這裏來了？莫非是他自己給送來的？但他又不是那樣冒昧的人呀？

俞秀蓮百思不解，就將這一個疑團悶在了自己的心裏，並將那口寶劍和紅字帖秘密地收藏起來。她本想要出外尋訪尋訪關於這些事的線索，但因需要照顧德家的眷口，所以連大門都不能出。她每天只是與德大奶奶閒談，並教給德嘯峰的兩個小少爺練刀打拳。

德大奶奶是連李慕白殺死黃驥北的事情，她全都不知道，旁的事她更是不曉得了。偶爾向俞秀蓮談起李慕白來，她倒像是很不放心似的，問說："李慕白怎麼一去就不回來了呢？"俞秀蓮就說："他大概是追上了我德五哥，他們一同往新疆去了。"德大奶奶想着李慕白與她丈夫至好，便也信以為真。

這樣呆板的日子過了三個多月，神槍楊健堂就由新疆回來了。他見了德大奶奶，說是德嘯峰已然平安到了新疆，在那裏並不受什麼苦。並說那孫正禮也在新疆暫時住下了，為的是將來德嘯峰赦還之時，好沿途保護他，請德大奶奶放心。楊健堂在邱廣超家住了兩天，因為李慕白的事情，他恐怕負上嫌疑，便趕緊回延慶照料他的鏢店去了。這裏德大奶奶知道丈夫已平安到了新疆，她也略略放心。李慕白雖仍無下落，但她倒不甚關心了，有俞秀蓮陪伴着她，她也頗不寂寞。一連又過了兩個寒暑，這天正是深秋，鐵掌德嘯峰方由新疆赦還。他回到北京，一看家中因有俞姑娘保護，兩年以來什麼事也沒有，他就心中甚喜，並向俞姑娘道謝。俞秀蓮這才當着德大奶奶，對德嘯峰說了李慕白的事。說是李慕白殺死了黃驥北，投案自首，在獄中絕食求死。自己與史胖子前去救他，他卻不肯出來。可是後來他忽然在獄中失蹤，至今兩載有餘，並無一點兒音信。

德嘯峰一聽李慕白替自己復仇、慷慨投獄的事，他又是驚訝，又是着急，並且感到極度地悲痛，他便想：不會是李慕白早已死在獄裏了吧？那越獄逃走的話可能是一種謠傳吧？這時又聽俞秀蓮說，在李慕白由獄中逃走的第六日夜間，她在枕畔發現了一張紅字帖和一口寶劍，說時，就見她把那兩件東西取了出來。

德嘯峰這時驚訝得兩隻眼睛全都直了。他先把那口寶劍接到手裏，仔細地看了看，就點頭說："不錯，這正是李慕白所用的那口寶劍！"遂又接過那張紅紙帖子來。一看到"斯人已隨江南鶴，寶劍留結他日緣"這十四個字，德嘯峰立刻就張開嘴笑了，那風塵滿面的臉上滿是喜色，他就向俞秀蓮說："姑娘放心吧！李慕白是隨着他的盟伯父江南鶴老俠客走了。"

俞秀蓮驚訝地問說："江南鶴老俠客，又是怎樣的一個人？"

德嘯峰說："這位老俠客我雖沒見過，但是在十年前，我就久聞這位老俠客的大名。這位老俠客不但是在江南獨一無二，就是在當世，論起武藝、名聲、資望，也沒有一個人能比得過他。他與李慕白之父為盟兄弟。李慕白自幼本生長在江南，後來因他的父母死了，江南鶴才把李慕白帶回到南宮縣，交給他的叔父撫養。據李慕白說那時他才八歲。不用說，那位老俠客一定是始終惦念着他的這個盟姪，所以聞說李慕白下了獄，他就趕到北京，將李慕

第二十四回　義憤護殘花人欽俠女　寒宵憐薄命腸斷金釵

白救出，帶着走了。我想現在李慕白一定是隨着這位老俠客在江南住着了。過幾年，他或者還能回到北京來，到那時我想我們那位李大爺，武藝更得進步，性情也得改變了！"說時，他喜歡得手舞足蹈。

秀蓮姑娘這才明白了"斯人已隨江南鶴"這句話的意思，但是她又問道："可是，李慕白既隨江南鶴去了，他為什麼不帶着他的寶劍，卻將寶劍送到我這裏呢？"問話的時候，秀蓮不由浮出兩腮紅暈，似乎她也知道了江南鶴送劍的意思，並且"留結他日緣"這五個字她也像是明白了。可是她故意要再問問德嘯峰，聽德嘯峰是怎樣解釋。

德嘯峰面上露出一種窘態，他微笑了笑，就說："那夜送劍的人不是李慕白，一定是江南鶴。江南鶴老俠客他也許曉得，李慕白與姑娘是義同兄妹，姑娘又曾身冒危險，到獄中救過李慕白，所以他才將李慕白的寶劍送給姑娘，也就仿佛道謝送禮似的！"

聽德嘯峰這麼勉強地解釋了，秀蓮姑娘就點了點頭。她忽又想起兩年前的那天夜裏，自己去救李慕白，停在離着提督衙門不遠的那條胡同裏時，就遇見了一個高身材、白鬍子的古怪老人。他叫自己快回去，並用很大的力量推了自己一下。莫非那人便是李慕白的盟伯，老俠江南鶴嗎？

正自想着，又見德嘯峰把那口寶劍遞給她，說道："這口寶劍姑娘好好地收存吧！雖然這也是一件平常之物，但李慕白曾持此劍殺傷過賽呂布魏鳳翔、花槍馮隆、金槍張玉瑾，也殺死過瘦彌陀黃驥北，戰敗過金刀馮茂。物以人名，這也可以說是一件名物。這張字帖，我要拿着去給鐵小貝勒看看，因為鐵小貝勒這兩年也不定多麼惦念李慕白呢！"說着，他就叫僕婦出去，吩咐福子套車。

德嘯峰回到裏間去換衣裳，立刻就要走，德大奶奶追到裏屋說："你今兒才回來，歇一天，明天再見鐵二爺去好不好？"

德嘯峰搖頭說："我不用歇着，這一年多我在新疆淨歇着了。再說黃驥北已被我的兄弟給除去了，我也沒有仇人了，以後愛怎麼歇着就怎麼歇着！"說到這裏，又想到李慕白為他殺仇下獄，逃走在外下落不明的事，就不勝歎息，兩眼也潮潤潤的。

德大奶奶又說："你也得刮刮臉，再見鐵二爺去呀！"

德嘯峰卻說："我也用不着刮臉。現在我也不當官差了，就是這樣去見鐵二爺，我想鐵二爺他也不能不見我。"

見俞秀蓮沒在這屋裏，他就把手裏拿着的那張紅紙帖，在他太太的眼前晃了晃，又指了指外屋，笑着悄聲說："江南鶴那老頭兒把李慕白的寶劍送給她，是有用意的，你沒看這帖上寫着？"說時他一個字一個字地指給他太太看，並笑着唸道："寶劍留結他日緣！哈哈，這緣字兒多麼有意味呢？"說完他就換了一身闊綽的便衣，頭戴嵌着寶石的青緞小帽，把那紅紙帖帶在身邊，就帶着壽兒出了門，坐上車往安定門內鐵小貝勒府去了。

德嘯峰揚眉吐氣地坐在車上，心裏很是高興，仿佛想叫街上的人都看看：你們瞧！我德五現在又回來了，還是這個樣兒，也沒窮也沒死。可是他黃驥北呢？這時候連骨頭都許糟朽了！

　　車過北新橋時，趕車的福子就說，兩年前的一天，李慕白坐着他趕的車從這裏走。那時天都快黑了，就遇見了一群土痞，都拿着刀槍，放着冷箭。後來官人也趕來了。幸虧李慕白把這群土痞打散，把官人給支走了，可是自己的大腿上卻挨了一弩箭。德嘯峰這才知道，自己在刑部監獄裏時，原來李慕白在外面與黃驥北爭鬥得很厲害。

　　少時，車就到了鐵小貝勒府。德嘯峰先向鐵小貝勒道謝，然後就談到了李慕白的事情，並把那張紅紙帖取出給鐵小貝勒看。鐵小貝勒就笑道："我早就知道，李慕白一定是被一個本事比他還要好的人給盜出獄去了。衙門裏的人都說盜去李慕白的人，是一個開酒舖的史胖子，但我絕不相信。憑史胖子一個江湖無名的人，李慕白如何能跟着他走？現在這就對了，李慕白一定是隨着他的盟伯江南鶴往南邊去了。"

　　他接着又笑道："你還不知道，江南鶴送給俞秀蓮的那口寶劍，卻是從我這裏拿去的。李慕白越獄的第二日，九門提督毛得袞就來見我，說是李慕白跑了。我說李慕白跑了，你找我來做什麼？莫非你想跟我要人嗎？毛得袞卻說他不敢。不過他知道我很照顧李慕白，他不能不把這件事來告訴我。然後他又說什麼黃驥北作惡多端，死有餘辜；李慕白雖然是逃犯，但他也很是佩服。並且聽那話味兒，就仿佛李慕白是他故意給放走了似的。還說如果李慕白沒逃出北京，叫我轉過話去，好叫李慕白遠走高飛。

　　"我當時把毛得袞款待了一頓，跟他說明了我與李慕白結識的經過，並叫他把李慕白殺了黃驥北投案時的那口寶劍，掉換出來給我，我留着做個紀念物兒。毛得袞聽了我這話，他當日就把寶劍給我送來了，我就放在了書房的條案上。我本想要配上一個劍鞘收起來，將來李慕白回到北京時，我再將劍送還他，可是沒想到劍鞘還沒配成，寶劍在書房裏放了不到三天，就丟了。我當時也很是詫異，可是因為那時候李慕白越獄的事正在緊張，我也不便為一口寶劍派人到各處去找。哈哈！想不到原來是江南鶴將劍取走，送給了俞秀蓮，給他的盟姪做訂禮去了！"

　　德嘯峰聽鐵小貝勒說到這裏，不禁也笑了，他又說："李慕白在獄中時，俞秀蓮也曾去救他。他雖沒跟着俞秀蓮逃走，可是我想，他們兩人一定在那黑洞洞的獄裏說了不少的知心話兒。李慕白向來是性情怪僻，誰說話他也不肯聽，可是他的盟伯江南鶴若是給他硬做主意，大概他可不敢不聽話。我想江南鶴既有那'寶劍留結他日緣'的話，將來一定能夠給他們撮合成了這件美事。"

　　鐵小貝勒就說："現在俞秀蓮既是住在你的家裏，你可千萬要把她給穩住了。若是她再久靜思動，跑到外面闖江湖去，那時可連江南鶴也沒法子找她去了！"德嘯峰連連點頭，說道："我有辦法，絕不能放俞秀蓮走了。"

　　說完了關於李慕白的事情，鐵小貝勒又囑咐德嘯峰說："現在雖然沒有黃驥北那樣的人再坑害你了，但是你可更要謹慎，因為你那件案子至今並沒有完。宮中所丟失的珍寶很多，只珠子一項就有一百多顆。楊駿如當舖裏

第二十四回　義憤護殘花人欽俠女　寒宵憐薄命腸斷金釵

取出的那幾十顆珠子，還都是些小的，聽說尚有四十多顆大珍珠，都是世間稀有之物，現在尚無下落。你現在回來了，千萬要處處小心，否則，怕又要重翻舊案！"德嘯峰連連答應，又與鐵小貝勒談了一會兒，他就告辭了。

德嘯峰出了鐵府，又往北溝沿邱府，去見邱廣超。給邱廣超道完了謝，又談了談李慕白與江南鶴的事情，他就回到了家裏。當日他闔家團聚，十分高興。德嘯峰又向俞秀蓮談述了他此次發配，往來經過了多少名勝之地，遇見多少江湖豪傑，聽見了多少新奇事情，真如海客奇談。直說到晚間九點，他方才歸書房就寢。

到了次日，他便閉門謝客。除了與鐵小貝勒、邱廣超和那與他一同返京、現在泰興鏢店做鏢頭的五爪鷹孫正禮時有往來之外，其餘的親友他都一概不見。每天只在家中練大字、讀《綱鑒》以作消遣。他又在這東四牌樓三條胡同另買了一所小房，請俞秀蓮姑娘在那裏常住，以便教授他的兩個小少爺武藝，以備將來應付仇人，保護身家之用。

俞秀蓮姑娘也很有耐心地住在那裏，有兩個僕婦服侍着她。她每日除了將刀法拳術教給德嘯峰的兩個兒子之外，便自己練習功夫，絕不敢荒廢。有時也將德大奶奶請過來，彼此閒談。生活雖是岑寂，但秀蓮姑娘並不感覺苦悶，不過有時偶檢隨身之物，看見了李慕白的那口耀眼的寶劍、孟思昭訂婚的那枝燦爛的金釵，卻又不禁柔情引起，幽恨頻生，背人處彈上幾滴眼淚。

跋 – 尋找父親的足跡（Epilogue）

王宏

一、影壇驚世

2000年，由臺灣著名導演李安執導，根據已故作家王度廬的武俠小說系列「鐵鶴五部」改編，由周潤發、楊紫瓊、章子怡、張震等主演，拍攝了《臥虎藏龍》電影。

該電影大獲成功，獲第73屆奧斯卡包括最佳影片在內的10項提名，獲4項獎（最佳外語片、最佳藝術指導、最佳原創配樂和最佳攝影）。獲3項金球獎提名，其中兩項獲獎（最佳導演獎和最佳外語片）。這是華語電影歷史上第一部榮獲奧斯卡金像獎最佳外語片的影片。《臥虎藏龍》電影在西方尤為受到廣泛好評。世界總票房為2.1億美元，其中美國為1.3億，打破了美國外國語電影票房的歷史記錄。

愛屋及烏，西方對該電影的喜愛甚至擴展到它的名字：Crouching Tiger, Hidden Dragon，以致創造了許多類似的用法，例如

Crouching Confusion, Hidden Hassles
Crouching Manager, Hidden Database
Crouching Impact, Hidden Attribution
Crouching Market, Hidden Value……

對中國的傳統理念和價值觀，特別是對來自於中國民間的俠義精神有所認識。這些自然應該歸功於李安先生的高超導演才能。然而，對於其原著的作者王度廬，國外一無所知，甚至國內也很少有人知道。

二、深隱市井

王度廬是我的父親，可是我以前並不十分了解他的過去。小時候，我就知道父親是一個普通的中學老師。不擅交際，朋友不多，家裏的裏裏外外，都是母親一人張羅。父母從來不過節，不慶生。年三十我只好跟別人家的孩子一起放鞭炮，到鄰居家吃年夜餃子。父親是老教師，初一，一大早校長就領着一大幫幹部和老師來拜年，父親基本上是年年被堵被窩，大家也見怪不怪。

父母工作都很努力，晚上父親還要到學校給學生輔導。母親負責學生的舍務，晚間回來更晚，有時甚至不回家住。有一天晚上，我跟着母親去學生宿舍樓，困了就睡在一個職工的床上，半夜被母親喚醒，發現我的兩隻耳朵都被臭蟲咬腫了。晚上常常是我一人在床上躺着，等父母回家。父親從來都是體弱多病，當他走到離家還很遠的地方時，我就會聽到他強烈的咳嗽聲，趕緊去給他開門。

六十年代困難時期，從來都吃食堂的家出現了食品危機，媽媽只好支起爐子，生火做飯。煤柴不夠，媽媽沒辦法，就打開了一個裝滿了書的大木箱，問爸爸："燒不燒？"爸爸答道："燒就燒吧，反正都交代了。"媽媽轉過頭來對我說："這都是你爸過去寫的書，你看不看？"我一瞧，書的顏色都發黃了，封面上的畫也很怪，心想，一定不好看，就搖頭說不看。於是，媽媽就一本一本地，把這些書燒掉炊飯了。

初中時，團支部組織我們去撫順階級教育展覽館參觀學習，當我走到一個展示反動、黃色書籍的櫥窗時，霍然發現裏面有署名王度廬的書，嚇得我趕緊走開，沒對任何人講，把這件事埋在心裏。

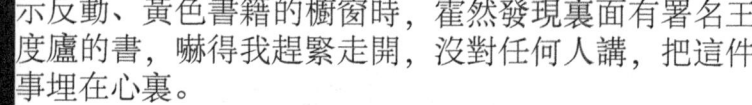

文革期間，父親受到了衝擊，遭到大字報揭發，可是缺少"罪證"（都燒了）。學校的紅衛兵對他還是比較客氣的，來抄家也只是翻翻書架，拿走了一個相冊。在批判會上一個學生指着相冊裏的一個照片，問："王老師，你說你在舊社會的日子很窮，可是你們這張全家照都穿得挺好，這是怎麼回事？"父親笑了笑，答道："李老師抱着的那個嬰兒是王宏，他是解放後出生的。"

每天早上，所有人必須到院子裏去跳忠字舞。我出去一看，這幫老師和家屬，一個個笨手笨腳，跳起來簡直就是群魔亂舞，心裏覺得好笑。母親讓父親也去，他就是不去。逼急了，他就說："不去，打死我也不去！"母親也沒辦法。父親在家裏對母親從來都是言聽計從，令行禁止，這次居然堅決"反抗"，使我感到很吃驚。

　　1970年，母親被下放農村，"走五七道路"，父親被指令退休，作為家屬隨行。當時我已經在農村插隊。學校領導對父母說：現在是照顧你們，派你們到你兒子下鄉的縣裏，以後下放的還指不定要去哪呢。我雖然那時思想很左，決心扎根農村幹革命，可是當我得知父母也要被趕到農村時卻十分不理解。父母已經分別61和54歲了，而且父親體弱多病。我趕緊往家裏趕，要跟領導理論一番。沒想到一到家，看到家裏的東西已經全都被裝到了卡車上，就準備出發了！一路上，年邁的父母坐在裝滿物品的敞篷卡車上，隨着顛簸的汽車搖晃，痛苦不堪。爸爸半路下車解手時，站了半天也解不出來。媽媽暈車，走一路吐一路，膽汁都吐出來了。那情景，我現在回憶起來都止不住要流淚。

　　父母去的是一個窮困的小山村，借住在農民的半間屋裏。母親每天要去勞動，父親在家裏常常吃不上飯，生活上遇到了很多困難。唯獨可以慶幸的是，淳樸的農民並沒有歧視他們，並給了他們許多幫助。父親覺得像是躲開了喧囂的亂世，來到了世外桃源。尤其是後來姐姐把孩子送到了他們的身邊，使他們看到了希望，嘗到了天倫之樂。四年後，"五七戰士"陸續被調回安排工作，而母親卻被動員退休，無緣回城。所幸我當時已經畢業留校，他們便搬到了我這裏。1977年，父親因帕金森氏綜合症離世。

　　改革開放以後，海內外學者開始尋找父親王度廬，並研究他的作品。天津藝術研究所張贛生先生多方查詢作者的生平，詢問過不少津京老報人，但一無收穫。臺灣葉洪生先生批校的《近代中國武俠小說名著大系》收入了度廬的"鶴—鐵五部曲"等七部作品。他在文章一開始就說："王度廬之生平不詳。"

　　80年代初，葉洪生先生托小說家宮白羽之子宮以仁先生在大陸尋找王度廬。宮先生根據小說內容，推測王度廬可能是北方人，便與蘇州大學徐斯年教授聯繫。徐先生回憶道：

"我所在的學科決定立項研究通俗文學，這一課題並被列為'七五'國家社科重點專案。不久，幾位研究通俗文學的朋友相繼來信，說起'武俠北派四大家'中，寫白羽、李壽民、鄭證因三人的生平，人們多已知曉，惟王度廬，至今不知何許人也，問我可有這方面的線索。經過他們的'強化刺激'，猛然想起母校的王度廬老師。

他是我高中同班同學王膺的父親，沒給我們上過課，也從未聽說他寫過武俠小說，但姓名倒一字不差，姑且問問看。很快就收到了母校回信，得知王老師已經逝世，但因此卻找到了王老師的夫人，我們當年的舍務老師李丹荃女士，並且確認了那位四十年代聞名全國的'俠情小說大師'果然就是王膺的爸爸。正是：踏破鐵鞋無覓處，得來全不費功夫！"

後來徐先生為《王度廬武俠言情小說集》寫的序言，就是以《尋找王度廬老師》為題

母親回憶道：

四十多年前，我和我的丈夫王度廬同在一所中學裏工作，那時，徐斯年是這所學校裏的一個朝氣蓬勃、多才多藝的學生。以後我們多年未見，再見面時他已成了一位學識淵博的學者。我和王度廬共同生活了四十多年。如今，我已是耄耋之年，以後的時間不會太多了，所以我願意將我能憶及的一些往事和想法寫下來，留給熱心的讀者和關注通俗文學及其發展的學人。

從此，母親便帶領姐姐和我，開始艱難地搜集、整理父親的作品，追尋他曾經走過的足跡。

三、出身寒門

父親生於1909年9月，他的青少年時代是在北京的皇城根下度過的。父親原名王葆祥，字霄羽，王度廬其實是他後來的筆名之一。爺爺曾是清宮管理車馬機構裏的一名職員。父親七歲時爺爺不幸病故，遺腹的弟弟葆瑞出生，一家人老的老，小的小，生活困頓。

父親9歲那年，姐弟三人又相繼患上傳染病。他昏迷了好幾天，慢慢地又蘇醒活過來了。當他睜開眼時，卻見屋裏全變了樣子，空蕩蕩的少了不少東西，桌子和炕頭上的櫃子也全不見了。奶奶坐在炕邊掉淚，為了給孩子們治病，把家中能賣的東西全都賣了。父親病癒後，由於長期營養不良，身體很不好。

儘管貧窮，奶奶還是支撐着讓父親斷斷續續地上了幾年學，讀完了舊制高等小學。父親十二、三歲時，家裏曾送他到眼鏡舖當學徒。原想這活兒較輕，三年出師，學門手藝，一個月也能掙幾塊錢養家。誰知幹了沒幾天，掌櫃的嫌他身體瘦弱，不會幹活，就打發他回家了。以後又送他去給一個獨身的小軍官當聽差，試工三天，人家嫌他太小，半天生不着一個煤爐，給了幾個銅板，就叫他捲舖蓋了。後來，父親在他寫的小說裏曾經一而再、再而三地寫及城市下層民眾生活的困苦景況和貧民青年求生之難，應該是來自他親身的感受。

父親讀書勤奮，人也聰明。當時有位姓李的小學教師很賞識他，經常借給他書籍，並且教他音律和詩詞格律。

他的學識主要來自於自學。北京大學一院當時離他家很近，所以他有時就到那裏去旁聽。那時的北京大學很開放，外邊的人進去聽課，也無人過問。若有名家來講課，常常是連窗外都站滿了旁聽的人。

父親也常去三座門的北京圖書館看書，一坐就是一天。那時候"鼓樓"那裏還有個民眾圖書閱覽室，可以進去任意翻閱書報雜誌，那裏也是他常去的地方。

父親在十幾歲時就常向報刊投稿，寫些小文章和舊體詩詞。

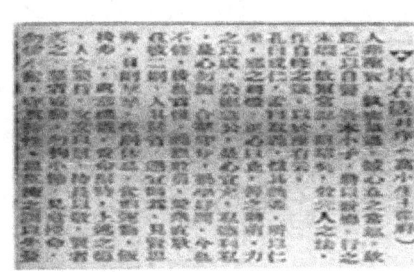

四、少年修箴

1924年6月5日，父親在北京《平報》上發表了《座右箴並序》一文，署名"高小生王葆祥"，時年不足15周歲。他寫道：

人非聖賢，孰能無過？撼心意之常忽，故箴之以自警。吾本小子，將以致德，行之未嫺，故爾常忽，昭昭矣。效先人之法，作自修之箴，以於座右云：

孔曰成仁，孟曰取義。惟其義盡，所以仁至。邪之將熾，正心以止；善之將萌，力之以成。公德急公，是心宜充；私欲利私，是心勿滋。合群守分，勤學好問。今也不修，後也為恨。義烈敢勇，愛眾直耿。茲彼二則，人其猛省。遇宜則為，見賢思齊。日則孜孜，夜則休息。食前運動，飯後步走。處恭禮儀，安命耐時。上述之德，人之要持。交友以信，待長以敬。賢者炙之，惡者感動。勿拘小節，見危授命。勿爭小奮，守真持性。思范淹之訓以先憂，三衛武之詩而謹語。樂然後笑，義然後取。盡己之謂忠，推己之謂恕。拳拳服膺之謂慎，己所獨知之謂獨。忠恕慎獨，聖賢之素。力行忠恕，再加慎獨。黽黽上者，難至極處。要哉要哉，要在勿忽。

接著，他又在平報上發表了《座右銘並敘》。從此，父親用這座右箴和座右銘激勵自己，成為指導自己行為的指南，開始了持續了27年寫作的生涯。

1925年2月1日，父親（15周歲）在《平報》上發表了第一部武俠小說《浮白快》，約二十萬字。
此書開頭有題詞：

勁梅獨逞歲寒姿，英沾玉碎落池硯。鴻孤天冷無聊趣，呵冰筆寫易水詞。劍光激目奸心悚，翩舞定跡遊俠兒。毫勞一時談千古，傳贊高著史遷遺。
少林外派武當門，藥歌俠士幾人存。冷劍抽出心驟悚，光斑猶具淚珠痕。惜哉未涉咸陽地，難質薛家秦客門。德薄姑敗狂遊志，轉向烏毫快談論。

大都王葆祥避菲氏自題

舒翼和貿貿居士在他們所作的序和評注中對《浮白快》讚不絕口，有的地方也許有些過譽，如說《浮白快》堪比《水滸》和《紅樓夢》。但他們盛讚父親對情感描述的真切和深刻應該是恰當的。《浮白快》連載了九個多月，頗受歡迎，隨即被報社印行出版。

《浮白快》完成後，父親便一發不可收拾，接連不斷地發表小說、短文和詩詞。由於大量報紙缺失和有些發表過父親的文字的報刊，如《升報》就根本沒有找到，我們尚無法找到父親全部的作品。至1933年的八年內，我們發現父親在《平報》和《小小日報》上發表了四十餘部小說和一千多篇包括雜文、筆記小說和詩詞的短文。

五、長安定情

1933年6月，父親去了西安，在那裏他做過《民意報》的編輯，在"戲劇與電影週刊"上發表了一些文章。他還做過陝西省教育廳編輯室的辦事員，編輯了《陝西謠諺初集》，撰寫了《民間歌謠之研究》。父親在西安工作得並不順利，他既無背景，又不會逢迎，而且物價飛漲，薪金低微。

但這些都算不得什麼，因為父親去西安的目的是追隨與他相愛的人

—— 母親，她在早些時候隨父母從北京遷往西安。1935年父親與母親結婚。

根據母親的回憶，她在北京讀中學時，在一個同學家裏認識了做家庭教師的父親，從此彼此相愛。父親曾送給母親兩本書，一本是沈三白的《浮生六記》，另一本是納蘭性德的《納蘭詞》。母親不太喜歡《浮生六記》，卻很喜歡那本詞。《納蘭詞》中既有刻骨銘心的愛情詩，更有蒼涼悲愴的邊塞詩。

父母一起遊逛過許多北京的名勝古跡，北海、景山、中山公園、太廟、十刹海、陶然亭等地都去過，所以在父親的作品裏常會提到這些地方。陶然亭在永定門外，俗稱"南下窪子"，是明清時期文人騷客、落第舉子聚會賞景、飲酒賦詩之處，人稱"城市山林"。他們慕名前去遊覽，跑了許多路，結果大為掃興，看到的只是遍地荒草、成片污塘、一座破亭，和幾間坍屋。然而，父親曉得有關的典故，帶着母親找到了那座著名的"香塚"和"鸚鵡塚"，並去誦讀那香塚石碣上鐫刻的銘文（香塚毀於十年浩劫）。那銘文母親在晚年時仍能背出：

浩浩愁，茫茫劫。短歌終，明月缺。鬱鬱佳城，中有碧血。碧亦有時盡，血亦有時滅，一縷煙痕無斷絕。是耶非耶？化為蝴蝶。

後來，當父親撰寫俠情小說《寶劍金釵》時，便把書中的那位身後淒涼的"俠妓"謝翠纖的墓地設置在了此地。

父母在西安居住的時間雖然不長，但是那段經歷對父親後來的創作卻意義不小。西北地方，自然環境嚴峻，民風剽悍，加以窮困，乃多鋌而走險者。母親的父親因猝發心臟病，卒於三原縣。父親從西安前去接靈，途中就曾遭遇綠林強盜，衣物被洗劫一空，他只得返回西安，重新打點，再走一趟。後來父親在《鐵騎銀瓶》中寫韓鐵芳在那一帶被匪幫劫持，應是滲入了那時的切身體驗。

1936年，父母回到了北京，接着在《平報》上連載了武俠小說《黃河遊俠傳》、《燕趙悲歌傳》和《八俠奪珠記》（未完成）。

六、開創先河

　　1937 年，父母去青島看望母親的伯父。父親的身體一直不好，青島的氣候很適合他養病，於是他決定"在此住一夏天，陪着闊人們避暑，休養我的身體，恢復我的健康，為預備我的衣食，繼續效力。但是我還需要回去……"

　　不久，叔叔與幾個北平青年同來青島。小住之後，父母送他們離開青島，去參加抗戰。叔叔是遺腹子，父親對他格外疼愛，甚至在小說裏也寫進了他的小名。母親回憶道："他們兄弟一向感情很好，分手時不無留戀。最後王度廬慨然說：'你就放心走吧，我們以後會團聚的，母親的生活，家裏的一切，有我呢。'他把自己的懷錶給了弟弟。"

　　後來的事情則是始料不及的，7 月 30 日，日寇佔領了北平。1938 年 1 月，青島也被日寇侵佔。父親一家只得滯留青島。父親給自己起了個新的筆名"度廬"，他說"度"就是"渡"，希望能夠度過這一段艱辛的日子。"廬"就是簡陋居室。

　　1938 年 6 月 2 日，他在《海濱憶寫》中寫下了這段經歷，署名"度廬"：

> 去年櫻花開的時節，我由北京初次來到青島，目的第一是看望多年未晤的戚友，其次便是因為我過了多年的寫作生活，把身體弄壞，需要覓一個適當的地方休養幾個月。……然而，命運，不久便發生時局的變化。
>
> 把避暑變成了避難，快樂休養變成了憂患戰亡，度了半載多的恐怖生活……自然，在我是僥幸的，然而我的身體卻因為一往的憂患，需要更長時期的休養了，換句話說：我需要更長時期地住在青島了……

　　"時局的變化"，當然是指"七七"事變和青島淪陷。父親雖然只是個文弱書生，可是愛恨分明、嫉惡如仇，可以想像得出，他的內心有多麼痛苦。但是為了養活家人，為了能在淪陷區不失尊嚴地生活下去，他只能賣文為生。

　　父親在青島的作品主要為俠情小說和社會言情小說，俠情小說多為清末故事，社會小說則多發生在上世紀二十年代至戰前，而地點多被設置在北京。北京是父親魂牽夢繞的地方，他熟悉那裏的地理環境、民風民俗，而且那裏還有他的母親。他只能在小說中寄託自己的鄉愁，通過小說裏的豪傑行俠仗義、除暴安良，以去心中之塊壘。想起父親在北京時寫的那些痛斥日本帝國主義的雜文，更能理解他此時內心的苦悶。儘管在日本人的鐵蹄下，他的作品仍保持了中國人的尊嚴，……沒有媚骨。

父親在青島寫了《臥虎藏龍》五部系列和《風雨雙龍劍》等二十餘部俠義、俠情小說和《落絮飄香》、《燕市俠伶》等八部社會言情小說,並將其創作成就推向了新的高峰。

臺灣學者葉洪生先生指出:

> 作者悲憫地將玉嬌龍這種對封建門第觀念視同'原罪',並予以無情地揭露、鞭撻,正要世人認清其禍害本質所在。"而其震撼人心的力量,正是借玉嬌龍的悲劇性格和悲劇命運方得以顯示。在揭示人物內心上,作者甚得力於佛洛伊德的心理分析學說,運用較為成功。

張贛生先生曾寫道:

> 度廬先生是一位極富正義感的作家,這在他的社會言情小說中表現的格外鮮明。《風塵四傑》《香山俠女》中天橋藝人的血淚生活,《落絮飄香》《靈魂之鎖》中純真少女的落入陷阱,都是對黑暗社會的控訴,很能引起讀者的共鳴。度廬先生自幼生活在北京,熟知當地風土民情,常常在小說中對古都風光作動情的描寫,使他的作品更別具一種情趣。
>
> 度廬先生是經受過"五四"新文化運動洗禮的人,他內心深處所尊崇的實際上是新文藝小說,因而他本人或許更重視較貼近新文藝風格的言情小說和社會小說創作。但從中國文學史的全域來看,他的武俠言情小說大大超越了前人所達到的水準,而且對後起的港臺武俠小說有及深遠影響的,是他創造了武俠言情小說的完善形態,在這方面,他是開山立派的一代宗師。

七、留芳身後

父親是一個窮苦人家的孩子,從十幾歲起就開始寫作,從北京的皇城根一直寫到青島海濱,竟寫了上千萬字。我們不清楚他到底寫了多少,因為至今仍不時有新的作品發現,每每想到體弱多病的父親連續數年同時寫着幾部小說,想到他當時經歷的苦難、內心的苦悶,不禁淚目。

 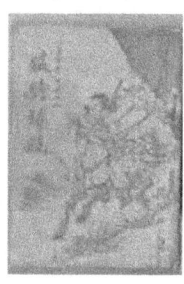 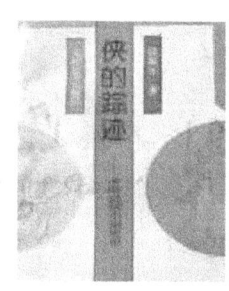 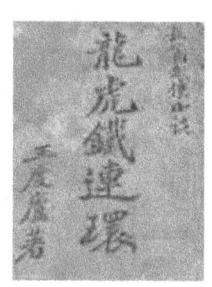

父親生前擱筆從教27年，寡言少語，絕口不提以前寫書的事。當別人問起時，他也只是敷衍作答。在長期左的思潮的影響下，我也誤以為父親過去寫的東西肯定不好，也從來沒想去問問父親。只是在改革開放以後，社會上開始"引進"，重新認識和接受我的父親早年的作品，學者、專家們開始研究和評價其文學價值和社會意義，這才使我們開始重新"發現"父親，了解父親，現在真是追悔莫及。

父親到底是如何看待他的作品的？我想父親或許對他的作品有不滿之處，因為那些畢竟是為了養家糊口，不打稿，不修改，一氣呵成，與有的武俠作家反復修改、精雕細琢、屢出新版的作品相比，難免時有粗糙。但細讀父親的作品，不但發現其才華橫溢、妙語連珠，更感受到充滿的激情、正義感、同情與憐憫及嫉惡如仇，是父親傾注全部心血甚至生命寫出的。所以，父親的內心，對他的作品應該又是喜愛的，珍惜的。

父親雖然已經去世幾十年了，但他的作品仍未被遺忘，他寫的故事被一版再版，被拍成了電影，被譯成了多國文字，還被收入了中學語文讀本。根據《臥虎藏龍》拍攝的同名電影對世界的震動遠遠大於其對中國大陸和華人社會的影響，這是一個很獨特的現象。這固然同李安先生的導演有關，但也說明了父親幾十年前的作品所表達的理念得到了西方現代文明的理解和認同。這一現象引起了海外許多學者的研究，及至於對中國的傳統文化和價值觀的興趣和重新認識。

英國曼徹斯特大學 Hubertus M.G.van Malssen 在他以《"俠"的重新定義：王度廬的鶴—鐵系列中的現實與虛構，1938-1944》（Redefining xia: Reality and Fictionin, Wang Dulu's Crane-Iron Series, 1938-1944）為題的博士論文（2013）中指出：過去國外對"俠"(xia)的定義通常是同暴力和武藝(wu)相關。通過對民國史、王度廬生平及他的小說的分析，認識到"俠"的含義是正面的，是一種包括善良，利他，忠誠、正義等特點的美德，這種美德與武藝的強弱無關。而"義"(yi)即公正、正義，則是俠的一個道德方面的表現。把"俠"理解為歐洲中世紀騎士(knight)也是不恰當的。騎士只是男性，屬於特殊的社會階層，騎着馬，手執利劍和長矛到處遊逛，證實自己的勇氣，最後以贏得一個女人的芳心和美好的結局告終。而"俠"，既有男性也有女性，而且男女是平等的。俠士的愛情往往歷經波折並以悲劇告終。俠的道德往往高於盜匪、保鏢、捕頭、軍隊將領和朝廷官員。因此，他認為，對於"俠"，並沒有恰當的英語翻譯，應該引進新的詞彙'xia'。

T.D. Sang 在《形體，代表性和中國文化所體現的現代性》（Embodied Modernities: Corporeality, Representation, and Chinese Cultures）一書中指出，雖然王度廬在中國文壇被忽視了幾十年，他其實是一個很有抱負的作家，他能在三、四十年代就能將中國的傳統同新思想結合起來。例如，他把中國長期以來就存在的俠女文學與現代的婦女平等、獨立、自主的思想聯繫在一起，從而得到了推崇女權主義和人道主義現代文明的共鳴。

2011年9月14日，我們在北京的八達嶺陵園為父親母親舉行了落葬儀式。墓地坐落於陵園的仙泰園內，這裏背依青山，松柏常綠，能聽到鳥鳴蟲叫，能遠眺巍巍長城，放眼望去，莽莽蒼蒼，群山峻拔，林木蔥籠。父親母親在外漂泊多年，終於魂歸故土，葉落歸根了，他們將在這裏，在八達嶺的蒼松翠柏之中，被後人長久垂念。想起父親1930年所寫的：

月上樹梢，晚風徐起，我也有些困倦了……

願他們安息！

已知王度廬著作目錄 (BIBLIOGRAPHY)

序號 (Order)	作品名稱 (Title)	始載年份 (Publication Year)	出版社 (Publisher)	筆名 (Pen Name)
1	浮白快	1925	平報	葆祥
2	夫妻殘殺記	1925	平報	霄羽
3	玻璃島	1926	平報	霄羽
4	血衫記	1926	平報	霄羽
5	草澤英雄傳	1926	平報	霄羽
6	半瓶香水	1926	小小日報	王霄羽
7	黃色粉筆	1926	小小日報	王霄羽
8	紅綾枕	1926	小小日報	王霄羽
9	殘陽碎夢	1926	小小日報	王霄羽
10	青衫劍客	1927	小小日報	王霄羽
11	俠義夫妻	1927	小小日報	王霄羽
12	琪花恨	1927	小小日報	王霄羽
13	孀母孤兒	1927	小小日報	王霄羽
14	風塵雙俠	1927	平報	葆祥
15	飄泊花	1927	平報	葆祥
16	甘肅響馬記	1927	平報	霄羽
17	紅手腕	1927	平報	霄羽
18	護花鈴	1927	小小日報	霄羽
19	怪皮鞋	1927	平報	王霄羽
20	江湖十六奇俠	1928	平報	王霄羽
21	獅子頭	1928	平報	王霄羽
22	蝶魂花骨	1928	平報	王霄羽
23	疑真疑假	1928	小小日報	葆祥
24	女刺客	1928	平報	王霄羽
25	雙鳳隨鴉錄	1928	小小日報	王霄羽
26	紅旗嶺	1929	平報	王霄羽
27	戰地情仇	1929	平報	王霄羽
28	脂粉英雄	1929	平報	王霄羽
29	塵海遊俠	1930	平報	王霄羽
30	自鳴鐘	1930	平報	王霄羽

(接上表)

31	驚人秘束	1930	平報	王霄羽
32	神獒捉鬼	1930	平報	王霄羽
33	空房怪事	1930	平報	王霄羽
34	繡簾垂	?	平報	王霄羽
35	玉藕愁絲	1930	小小日報	香波館主
36	煙靄紛紛	1930	小小日報	香波館主
37	鼇汊海盜	1930	小小日報	霄羽
38	燕北雙雄	1930	平報	王霄羽
39	深宮奇俠	1930	平報	霄羽
40	胭脂劍	1931	平報	王霄羽
41	舞女啼痕	1931	平報	霄羽
42	北平新鏡	1931	平報	霄羽
43	纏命絲	1931	小小日報	王霄羽
44	觸目驚心	1931	小小日報	王霄羽
45	燕燕鶯鶯	1931	小小日報	香波館主
46	寶劍明珠	1931	平報	王霄羽
47	滄海雙鷹	1932	平報	王霄羽
48	洛水蛟龍	1932	平報	王霄羽
49	湖海龍蛇	1932	平報	霄羽
50	鸞鳳戟	1933	平報	霄羽
51	黃河四俠	1933	平報	霄羽
52	鷂子高三	1933	平報	霄羽
53	紅衣飲劍錄	1934	平報	霄羽
54	黃河遊俠傳	1936	平報	霄羽
55	燕趙悲歌傳	1937	平報	霄羽
56	八俠奪珠記	1937	平報	霄羽
57	河岳遊俠傳	1938	青島新民報	王度廬
58	寶劍金釵記	1938	青島新民報	王度廬
59	落絮飄香	1939	青島新民報	霄羽
60	劍氣珠光錄	1939	青島新民報	王度廬
61	古城新月	1940	青島新民報	霄羽
62	舞鶴鳴鸞記	1940	青島新民報	王度廬
63	風雨雙龍劍	1940	京報（南京）	王度廬
64	臥虎藏龍傳	1941	青島新民報	王度廬
65	海上虹霞	1941	青島新民報	霄羽
66	彩鳳銀蛇傳	1941	京報（南京）	王度廬
67	虞美人	1941	青島新民報	霄羽
68	纖纖劍	1942	京報（南京）	王度廬
69	鐵騎銀瓶傳	1942	青島大新民報	王度廬
70	舞劍飛花錄	1943	京報（南京）	王度廬

（接上表）

71	寒梅曲	1943	青島大新民報	霄羽
72	大漠雙鴛譜	1944	京報（南京）	王度廬
73	紫電青霜錄	1944	青島大新民報	王度廬
74	春明小俠	1944	京報（南京）	王度廬
75	瓊樓雙劍記	1945	京報（南京）	王度廬
76	錦繡豪雄傳	1945	民民民	王度廬
77	紫鳳鏢	1946	青島時報	魯雲
78	太平天國情俠傳	1947	民治報	魯雲
79	清末俠客傳	1947	大中報	魯雲
80	晚香玉	1947	青島時報	魯雲
81	雍正與年羹堯	1947	青島時報	魯雲
82	粉墨嬋娟	1948	青島時報	綠蕪
83	風塵四傑	1948	島聲旬刊	佩俠
84	寶刀飛	1948	青島時報	魯雲
85	燕市俠伶	1948	青島時報	綠蕪
86	金剛玉寶劍	1948	青島公報 聯青晚報	王度廬
87	龍虎鐵連環	1948	軍民晚報	王度廬
88	玉佩金刀記	1949	民治報	王度廬
89	香山俠女	1949	上海勵力出版社	王度廬
90	春秋戟	1949	上海勵力出版社	王度廬

www.ingramcontent.com/pod-product-compliance
Lightning Source LLC
Chambersburg PA
CBHW081404080526
44589CB00016B/2478